Freudvoller Weg

Vorgeschlagene Reihenfolge, in der die Bücher des Ehrwürdigen Geshe Kelsang Gyatso Rinpoche studiert oder gelesen werden sollten:

Wie wir unser Leben verwandeln
Wie wir den Geist verstehen
Freudvoller Weg
Das neue Herz der Weisheit
Moderner Buddhismus
Tantrische Ebenen und Pfade
Führer ins Dakiniland
Essenz des Vajrayana
Die mündlichen Anleitungen des Mahamudra
Große Schatzkammer der Verdienste
Acht Schritte zum Glück – Neuausgabe
Einführung in den Buddhismus
Wie wir unsere menschlichen Probleme lösen
Sinnvoll zu betrachten
Das Bodhisattva Gelübde
Allumfassendes Mitgefühl
Das neue Meditationshandbuch
Sinnvoll leben, freudvoll sterben
Ozean von Nektar
Herzjuwel
Das klare Licht der Glückseligkeit
Mahamudra Tantra

Dieses Buch wurde unter der Schirmherrschaft des **Internationalen Tempelprojekts der NKT-IKBU** veröffentlicht und der Erlös aus seinem Verkauf ist durch diesen Fonds für das Wohl der Allgemeinheit bestimmt. Eingetragen unter VR 33517 B
Mehr dazu unter
www.tharpa.com/de/allen-helfen-weltfrieden

Ehrwürdiger
Geshe Kelsang Gyatso Rinpoche

Freudvoller Weg

DER VOLLSTÄNDIGE
BUDDHISTISCHE PFAD ZUR
ERLEUCHTUNG

THARPA
DEUTSCHLAND • SCHWEIZ

Originaltitel: *Joyful Path of Good Fortune*
1. Auflage 1995
2. Auflage 1998
3. völlig neu bearbeitete Auflage 2009
4. überarbeitete Auflage 2017

Herausgeber:
Tharpa Verlag Deutschland
ein Teil des Dipankara Kadampa Meditationszentrum e. V.
(VR 33517 B)
Chauseestrasse 108
10115 Berlin

Der Tharpa Verlag hat überall auf der Welt Niederlassungen und Tharpa
Bücher werden in den gängigsten Sprachen veröffentlicht.

Siehe Seite 728 für Kontaktadressen.

Titelbild: Atisha

ISBN 978-3-947058-00-6 – Hardcover
ISBN 978-3-947058-01-3 – Kindle
ISBN 978-3-947058-02-0 – ePub

Satz: Tharpa Verlag Deutschland
Druckerei: Elbedruckerei Wittenberg

Inhalt

Abbildungen

Danksagung

Im Jahre 1981 gab der Ehrwürdige Geshe Kelsang Gyatso den vom Glück begünstigten Schülern des Manjushri Kadampa Meditation Centre in Ulverston, England, ausführliche Unterweisungen über die Stufen des Pfades zur Erleuchtung. Diese Unterweisungen liegen diesem Buch zugrunde. Wir möchten dem Autor unseren tiefsten Dank dafür aussprechen, dass er diese kostbaren spirituellen Lehren in englischer Sprache weiten Kreisen zugänglich gemacht hat. Es sind Anleitungen, die vielen Menschen Frieden und Freude bringen, wenn sie aufrichtig in die Praxis umgesetzt werden.

Wir danken auch all den engagierten und erfahrenen Dharma Schülern, die den Autor im englischen Ausdruck unterstützten und das Manuskript für die Veröffentlichung vorbereiteten.

Mögen durch die Verdienste, die durch die Herausgabe dieses Werkes geschaffen wurden, alle Lebewesen das Glück finden, das sie suchen.

Roy Tyson
Administrativer Direktor
Manjushri Kadampa
Meditation Centre
Oktober 1997

Vorwort

Obwohl es unzählige menschliche und nichtmenschliche Lebewesen gibt, können alle in drei Arten eingeteilt werden: diejenigen, die hauptsächlich weltliches Glück erstreben, diejenigen, die hauptsächlich die Erlangung der Befreiung von Samsara erstreben und diejenigen, die hauptsächlich die Erlangung der vollen Erleuchtung erstreben.

In der Schrift, die unter dem Namen die *Stufen des Pfades* (tib. *Lamrim*) bekannt ist, wird die erste Art der Wesen eine Person anfänglicher Ausrichtung genannt, weil sich ihre geistige Ausrichtung oder Fähigkeit auf einer anfänglichen Stufe der Entwicklung befindet. Die zweite Art der Wesen wird eine Person mittlerer Ausrichtung genannt, weil ihre geistige Fähigkeit größer ist als diejenige der ersten Art der Wesen, aber weniger weit entwickelt ist als diejenige der dritten Art der Wesen. Die dritte Art der Wesen wird eine Person großer Ausrichtung genannt, weil solch eine Person von der anfänglichen Ausrichtung durch die mittlere Ausrichtung fortgeschritten ist, sodass ihre geistigen Fähigkeiten groß geworden sind.

Die eigentliche Praxis der Stufen des Pfades erfüllt die Wünsche aller drei Arten von Wesen. Die Praxis der Stufen des Pfades einer Person anfänglicher Ausrichtung, die im ersten Teil dieses Buches erklärt wird, bringt uns das Glück der Menschen und Götter. Die Praxis der Stufen des Pfades einer Person mittlerer Ausrichtung, die im zweiten Teil dieses Buches erklärt wird, bringt uns das Glück der Befreiung. Die Praxis der Stufen des Pfades einer Person großer Ausrichtung, die im dritten Teil dieses Buches erklärt wird, bringt uns das endgültige Glück der vollen Erleuchtung. Die

Hauptfunktion der Lamrim Unterweisungen ist es somit, die Wünsche und Bedürfnisse aller Lebewesen zu erfüllen.

Die Unterweisungen des Lamrim bilden den Hauptteil des Buddhadharma. Sie entstanden aus der allwissenden Weisheit Atishas (982-1054 n. Chr.) und die Tradition setzt sich bis zum heutigen Tag fort. Es ist wundervoll und ein Zeichen großen Glücks, dass diese kostbaren Lehren jetzt auch in den westlichen Ländern zu erblühen beginnen. Ich empfing diese Lehren von meinem spirituellen Meister Trijang Dorjechang, der eine Emanation Atishas war. Somit stammen die Erklärungen, die in diesem Buch *Freudvoller Weg* gegeben werden, eigentlich von ihm und nicht von mir. Dennoch habe ich mit großem Bemühen und lange Zeit daran gearbeitet, dieses Buch zu vollenden.

Die Praxis des Lamrim ist sehr wichtig, weil jedermann friedvolle Geisteszustände fördern muss. Durch das Lesen oder Hören dieser Unterweisungen können wir lernen, unseren Geist zu beherrschen und immer eine gute Motivation in unserem Herzen zu tragen. Dies wird alle unsere täglichen Handlungen rein und sinnvoll werden lassen. Bändigen wir unseren Geist, können wir alle unsere täglichen Probleme lösen. Und indem wir unsere tägliche Praxis des Lamrim allmählich verbessern, können wir von unserer gegenwärtigen Stufe zu der Stufe eines Bodhisattva fortschreiten. Durch weiteren Fortschritt können wir ein voll erleuchtetes Wesen werden. Das ist die essenzielle Bedeutung unseres menschlichen Lebens. Solch eine große Erlangung wird das Ergebnis unserer Lamrim Praxis sein.

Geshe Kelsang Gyatso
Tharpaland
November 1988

TEIL EINS

Grundlagen und die anfängliche Ausrichtung

Buddha Shakyamuni

Die Stufen des Pfades

Die großen buddhistischen Klosteruniversitäten Nalanda und Vikramashila entwickelten beide ihren eigenen Vortragsstil. Wenn ein spiritueller Meister nach der Tradition von Nalanda den Dharma lehrt, beginnt er oder sie damit, drei Reinheiten zu erläutern. Wann immer wir den Dharma hören, darüber lesen oder ihn unterrichten, sind diese drei Reinheiten notwendig: ein reiner Geist vonseiten des Schülers, reine Rede vonseiten des spirituellen Meisters und reiner Dharma. Der Geist des Schülers ist rein, wenn er oder sie frei von falschen Sichtweisen ist, Vertrauen in den spirituellen Meister und den Dharma hat, der gelehrt wird, und eine richtige Motivation hat. Die Rede des spirituellen Meisters ist rein, wenn sie fehlerlos und klar ist, wenn er oder sie diese von einem authentischen spirituellen Meister empfangen hat und wenn die mündliche Überlieferung und die Unterweisungen der Überlieferungslinie Segnungen haben. Der Dharma ist rein, wenn er den gesamten Pfad enthüllt, der zur Erleuchtung führt, jeden Punkt fehlerfrei darlegt und in ungebrochener Linie seit Buddha Shakyamuni überliefert wurde. Der hier erklärte Dharma, Lamrim, ist rein, weil er diese drei notwendigen Voraussetzungen hat. Unsere Aufgabe als Leser ist es daher sicherzustellen, dass unser eigener Geist rein ist, während wir die dargelegten Bedeutungen lesen, darüber nachdenken und meditieren. In erster Linie müssen wir eine gute Motivation entwickeln, indem wir denken:

> *Ich habe jetzt eine großartige Gelegenheit, Buddhaschaft zu erlangen und andere zum gleichen Zustand zu führen. Um erleuchtet zu werden, muss ich alle Stufen des Pfades praktizieren. Deshalb werde ich diese Lehren studieren und in die Praxis umsetzen.*

Wenn wir den Lamrim mit solch einer reinen Absicht lesen, werden wir unsere Ansammlung von Verdiensten von Augenblick zu Augenblick vergrößern. Wir können unser Leben nicht sinnvoller einsetzen. Für mich selbst, den Autor, gibt es nichts Bedeutungsvolleres in meinem Leben, als den reinen Dharma zu lehren und zu erklären.

Nach der Tradition von Vikramashila beginnt ein spiritueller Meister, wenn er oder sie Dharma lehrt, immer mit der Erklärung der drei Punkte:

(1) Die herausragenden Qualitäten des Autors der Urtexte, auf denen die Unterweisungen beruhen
(2) Die herausragenden Qualitäten der in diesen Texten dargelegten Unterweisungen
(3) Wie man Dharma hört und lehrt

Es bringt uns großen Nutzen, wenn wir diese Erklärungen erhalten, bevor wir die eigentlichen Unterweisungen der Stufen des Pfades studieren. Wenn wir die herausragenden Eigenschaften des Autors kennen, werden wir leicht verstehen, dass der Dharma, den er oder sie lehrt, authentisch sein muss. Wenn wir die herausragenden Qualitäten des Lamrim kennen, werden wir ganz natürlich Interesse, Respekt und Vertrauen entwickeln. Wenn wir wissen, wie man die Unterweisungen anhört, wie man sie liest und wie man sie unterrichten sollte, werden wir den größten Vorteil aus Gelegenheiten, wie wir sie jetzt haben, gewinnen können; und schließlich werden wir anderen von größtem Nutzen sein, wenn wir diese Unterweisungen an sie weitergeben.

Alle in diesem Buch dargelegten Erklärungen sind in den folgenden vier Teilen enthalten:

1. Die Erklärung der herausragenden Qualitäten des Autors, die zeigen, dass die Unterweisungen des Lamrim authentisch sind
2. Die Erklärung der herausragenden Qualitäten des Lamrim, um Vertrauen und Respekt für die Lamrim Unterweisungen zu wecken
3. Die Erklärung, wie man Dharma hört und lehrt
4. Die Erklärung der eigentlichen Anleitungen zu den Stufen des Pfades zur Erleuchtung

Die Qualitäten des Autors

DIE ERKLÄRUNG DER HERAUSRAGENDEN QUALITÄTEN DES AUTORS, DIE ZEIGEN, DASS DIE UNTERWEISUNGEN DES LAMRIM AUTHENTISCH SIND

Die Lamrim Unterweisungen wurden ursprünglich von Buddha Shakyamuni gelehrt. Sie wurden in zwei getrennten Überlieferungslinien weitergegeben: in der Weisheitsüberlieferungslinie Nagarjunas und in der Methodenüberlieferungslinie Asangas. Die Weisheitsüberlieferungslinie oder der tiefgründige Pfad wurde von Buddha Shakyamuni an Manjushri, von Manjushri an Nagarjuna und dann über weitere Lehrer an Atisha weitergegeben. Die Methodenüberlieferungslinie oder der weite Pfad wurde von Buddha Shakyamuni an Maitreya, von Maitreya an Asanga und dann über weitere Lehrer an Atisha weitergegeben. Beide Überlieferungslinien enthalten Unterweisungen über Methode und Weisheit, unterscheiden sich aber in der Schwerpunktsetzung.

Der Autor des Lamrim ist Atisha, denn er war es, der als erster alle Unterweisungen dieser zwei großen Mahayana Überlieferungslinien in seinem Werk *Lampe für den Pfad zur Erleuchtung* miteinander verband und seiner Darlegung den Kurztitel *Lamrim* gab. Er vereinte die zwei Traditionen in einer Weise, die es leichter machte, beide zu verstehen und zu praktizieren, und dieses Werk wurde das Vorbild für alle nachfolgenden Lamrim Texte.

Atishas Leben und Werk wird in drei Teilen erklärt:

1. Atishas Geburt in eine königliche Familie und seine frühen Jahre
2. Atishas Erlangung von Wissen und spirituellen Verwirklichungen
3. Atishas Werk der Verbreitung des Buddhadharma in Indien und Tibet

ATISHAS GEBURT IN EINE KÖNIGLICHE FAMILIE UND SEINE FRÜHEN JAHRE

Atisha wurde 982 n. Chr. als Prinz in Ostbengalen, Indien, geboren. Der Name seines Vaters war Kalyanashri (Glorreiche Tugend) und der seiner Mutter war Prabhavarti Shrimati (Glorreiches Strahlen). Er war der zweite von drei Söhnen und bei seiner Geburt erhielt er den Namen Chandragarbha (Mondessenz). Der Name Atisha, der «Frieden» bedeutet, wurde ihm später vom tibetischen König Jangchub Ö verliehen, weil er stets ruhig und friedvoll war.

Als Chandragarbha noch ein Kind war, nahmen ihn seine Eltern zu einem Tempelbesuch mit. Entlang des ganzen Weges hatten sich Tausende von Menschen versammelt, um einen kurzen Blick auf den Prinzen zu erhaschen. Als er die Menge sah, fragte Chandragarbha: «Wer sind diese Menschen?» Und seine Eltern antworteten: «Sie alle sind unsere Untertanen.» Im Herzen des Prinzen entstand spontan Mitgefühl und er betete: «Mögen alle diese Menschen genauso großes Glück genießen wie ich selbst.» Sobald er jemandem begegnete, entstand in seinem Geist ganz natürlich der Wunsch: «Möge dieser Mensch Glück finden und frei von Leiden sein.»

Schon als kleiner Junge hatte Chandragarbha Visionen von Tara, einem weiblichen Buddha. Manchmal, wenn er auf dem Schoß seiner Mutter saß, fielen blaue Upala Blumen vom Himmel und er begann zu reden, und es sah so aus, als ob er sich mit den Blumen unterhalten würde. Yogis erklärten später seiner Mutter, dass die blauen Blumen, die sie gesehen hatte, ein Zeichen dafür waren, dass Tara ihrem Sohn erschien und mit ihm sprach.

Als der Prinz älter wurde, wollten seine Eltern eine Heirat für ihn arrangieren, aber Tara gab ihm den Rat: «Wenn du Anhaftung an dein Königreich entwickelst, gleichst du einem Elefanten, der im Schlamm versinkt und sich nicht wieder selbst daraus befreien kann, weil er so riesig und schwer ist. Entwickle keine Anhaftung an dieses Leben. Studiere und praktiziere den Dharma. Du warst in vielen früheren Leben ein spiritueller Meister, und auch in diesem Leben wirst du ein spiritueller Meister werden.» Inspiriert durch diese Worte, entwickelte Chandragarbha sehr großes Interesse, Dharma zu studieren und zu praktizieren und er war entschlossen, alle Verwirklichungen der Lehren Buddhas zu erlangen. Er wusste, dass er einen voll qualifizierten spirituellen Meister finden musste, um sein Ziel zu erreichen. Als erstes ging er zu einem berühmten buddhistischen Lehrer namens Jetari, der in der Nähe lebte, und bat um Dharma Unterweisungen darüber, wie man sich aus Samsara befreit. Jetari gab ihm Unterweisungen über Zuflucht und Bodhichitta und sagte ihm dann, dass er nach Nalanda gehen und vom spirituellen Meister Bodhibhadra lernen solle, wenn er rein praktizieren wolle.

Als der Prinz Bodhibhadra traf, sagte er: «Ich sehe ein, dass Samsara sinnlos ist und dass nur Befreiung und volle Erleuchtung wirklich lohnend sind. Bitte gib mir Dharma Unterweisungen, die mich schnell zum Zustand jenseits allen Leidens führen.» Bodhibhadra gab ihm kurze Unterweisungen über das Entwickeln von Bodhichitta und erteilte ihm dann den Rat: «Wenn du Dharma rein praktizieren möchtest, solltest du den spirituellen Meister Vidyakokila aufsuchen.» Bodhibhadra wusste, dass Vidyakokila ein großer Meditierender war, der eine vollkommene Verwirklichung der Leerheit erlangt hatte und sehr geschickt im Unterrichten der Stufen des tiefgründigen Pfades war.

Vidyakokila gab Chandragarbha vollständige Unterweisungen sowohl über den tiefgründigen als auch über den weiten Pfad und schickte ihn dann für sein weiteres Studium zu dem spirituellen Meister Avadhutipa. Avadhutipa gab ihm nicht sofort Anleitungen, sondern schickte den Prinzen zu Rahulagupta, damit er Unterweisungen über die *Hevajra* und *Heruka Tantras* erhalten konnte. Dann sollte er zu ihm zurückkehren, um genauere Unterweisungen über das Geheime Mantra zu bekommen. Rahulagupta gab Chandragarbha den geheimen Namen Janavajra (Unzerstörbare Weisheit) und die erste Ermächtigung, die die Ermächtigung zur Praxis des Hevajra war. Dann schickte er ihn nach Hause, um die Zustimmung seiner Eltern einzuholen.

Obwohl der Prinz nicht am weltlichen Leben hing, war es doch wichtig für ihn, die Einwilligung seiner Eltern zu haben, um so praktizieren zu können, wie er es wünschte. Er kehrte also zu seinen Eltern zurück und sagte: «Wenn ich Dharma rein praktiziere, werde ich, so wie es Arya Tara vorhergesagt hat, eure Güte und die Güte aller fühlenden Wesen erwidern können. Kann ich dies tun, wird mein menschliches Leben nicht verschwendet sein. Andernfalls wird mein Leben sinnlos sein, selbst wenn ich mein ganzes Leben in einem prächtigen Palast verbringen kann. Bitte gebt mir eure Zustimmung, damit ich das Königreich verlassen und mein ganzes Leben der Dharma Praxis, Buddhas Lehren, widmen kann.» Chandragarbhas Vater war unglücklich über diese Worte und wollte seinen Sohn daran hindern, seine Anwartschaft auf den Thron aufzugeben; aber seine Mutter war erfreut zu hören, dass ihr Sohn sein Leben dem Dharma widmen wollte. Sie erinnerte sich, dass bei seiner Geburt wunderbare Zeichen, zum Beispiel Regenbogen, erschienen waren, und sie erinnerte sich an Wunder wie die blauen Upala Blumen, die vom Himmel fielen. Sie wusste, dass ihr Sohn kein gewöhnlicher Prinz war, und sie gab ihre Einwilligung ohne Zögern. Nach einiger Zeit gewährte auch der König den Wunsch seines Sohnes.

Chandragarbha kehrte zu Avadhutipa zurück und erhielt sieben Jahre lang die Anleitung der Tantras. Seine Fähigkeiten wurden so groß, dass er eines Tages Stolz entwickelte und dachte: «Wahrscheinlich weiß ich mehr über Tantra als irgendjemand sonst auf der Welt.» In jener Nacht kamen im Traum Dakinis zu ihm und zeigten ihm seltene Schriften, die er noch nie zuvor gesehen hatte. Sie fragten ihn: «Was bedeuten diese Texte?», aber er hatte keine Ahnung. Als er aufwachte, war sein Stolz verschwunden.

Später dachte Chandragarbha, dass er Avadhutipas Praxis nachahmen und sich als Laie bemühen sollte, schnell durch Mahamudra Praxis mit einer Handlungsmudra Erleuchtung zu erlangen. Er hatte jedoch eine Vision Herukas, die ihm sagte, dass er zahllosen Wesen helfen und den Dharma weit verbreiten könne, wenn er ordinieren würde. In jener Nacht träumte er, dass er einer Prozession von Mönchen in der Gegenwart Buddha Shakyamunis folgte, und dieser wunderte sich, warum Chandragarbha noch nicht ordiniert war. Als er aus diesem Traum erwachte, entschloss er sich ordiniert zu werden. Er empfing die Ordination von Shilarakshita und bekam den Namen Dipamkara Shrijana.

Vom spirituellen Meister Dharmarakshita erhielt Dipamkara Shrijana ausführliche Unterweisungen über die *Sieben Gruppen des Abhidharma* und den *Ozean der Großen Erklärung*, Texte, die aus der Sicht des Vaibhashika Systems geschrieben waren. Auf diese Weise meisterte er die Hinayana Unterweisungen.

Noch immer nicht zufrieden, ging Dipamkara Shrijana nach Bodhgaya, um genauere Unterweisungen zu erhalten. Eines Tages hörte er zufällig eine Unterhaltung zweier Frauen mit an, die in Wirklichkeit Emanationen Arya Taras waren. Die Jüngere fragte die Ältere: «Welches ist die wichtigste Methode, schnell Erleuchtung zu erlangen?», und die Ältere antwortete: «Es ist Bodhichitta.» Als er dies hörte, fasste Dipamkara Shrijana den festen Entschluss, den kostbaren Geist des Bodhichitta zu erlangen. Später, während er den großen Stupa in Bodhgaya umrundete, sprach eine Statue Buddha Shakyamunis zu ihm: «Wenn du schnell Erleuchtung erlangen willst, musst du die Erfahrungen des Mitgefühls, der Liebe und des kostbaren Bodhichitta gewinnen.» Da wurde sein Verlangen, Bodhichitta zu verwirklichen, sehr stark. Er hörte, dass der spirituelle Meister Serlingpa, der sehr weit weg an einem Ort namens Serling in Sumatra lebte, eine ganz besondere Erfahrung des Bodhichitta erlangt hatte und Unterweisungen über die *Sutras der Vollkommenheit der Weisheit* geben konnte.

Dipamkara Shrijana benötigte dreizehn Monate, um mit dem Schiff nach Sumatra zu gelangen. Bei seiner Ankunft brachte er Serlingpa ein Mandala dar und trug ihm seine Bitten vor. Serlingpa sagte ihm, dass es zwölf Jahre dauern würde, die Unterweisungen zu vermitteln. Dipamkara Shrijana blieb zwölf Jahre in Sumatra und erlangte schließlich die kostbare Verwirklichung des Bodhichitta. Dann kehrte er nach Indien zurück.

ATISHAS ERLANGUNG VON WISSEN UND SPIRITUELLEN VERWIRKLICHUNGEN

Indem er sich auf seine spirituellen Meister verließ, gewann Atisha das besondere Wissen der drei Gruppen der Lehren Buddhas – der Gruppe der moralischen Disziplin, der Gruppe der Vorträge und der Gruppe der Weisheit – sowie der vier Klassen des Tantra. Außerdem beherrschte er Künste und Wissenschaften, so zum Beispiel Poesie, Rhetorik und Astrologie. Er war ein hervorragender Arzt und sehr geschickt in Handwerk und technischen Dingen.

Atisha erlangte auch alle Verwirklichungen der drei höheren Schulungen: Schulung in höherer moralischer Disziplin, Schulung in höherer Konzentration und Schulung in höherer Weisheit. Da alle Stufen des Sutra, wie die sechs Vollkommenheiten, die fünf Pfade und die zehn Ebenen, sowie alle Stufen des Tantra, wie die Erzeugungs- und Vollendungsstufe, in den drei höheren Schulungen enthalten sind, erlangte Atisha alle Verwirklichungen der Stufen des Pfades.

Es gibt drei Arten höherer moralischer Disziplin: die höhere moralische Disziplin der Pratimoksha Gelübde oder Gelübde der individuellen Befreiung, die höhere moralische Disziplin der Bodhisattva Gelübde und die höhere moralische Disziplin der Tantra Gelübde. Die Gelübde, zweihundertdreiundfünfzig Übertretungen aufzugeben, die ein voll ordinierter Mönch ablegt, sind in den Pratimoksha Gelübden enthalten. Atisha brach niemals auch nur ein einziges davon. Dies zeigt, dass er sehr starke Achtsamkeit und sehr große Gewissenhaftigkeit besaß. Er hielt auch die Bodhisattva Gelübde – das Vermeiden der achtzehn Hauptübertretungen und sechsundvierzig sekundären Übertretungen – und all seine tantrischen Gelübde in reiner Weise ein.

Die Erlangungen der höheren Konzentration und höheren Weisheit sind in allgemeine und außergewöhnliche Erlangungen unterteilt. Eine allgemeine Erlangung wird sowohl von Sutra- als auch Tantra Praktizierenden erreicht, und eine außergewöhnliche Erlangung wird nur von tantrisch Praktizierenden erreicht. Durch die Schulung in höherer Konzentration erlangte Atisha die allgemeine Konzentration des ruhigen Verweilens und auf dieser Grundlage Hellsicht, Wunderkräfte und die allgemeinen Tugenden. Er erreichte zudem außergewöhnliche Konzentrationen, wie die Konzentrationen der Erzeugungs- und Vollendungsstufe des Höchsten Yoga Tantra. Durch die Schulung in höherer Weisheit erlangte Atisha die allgemeinen Verwirklichungen der Leerheit und die außergewöhnlichen Verwirklichungen des beispiel- und des sinnklaren Lichts des Höchsten Yoga Tantra.

ATISHAS WERK DER VERBREITUNG DES BUDDHADHARMA IN INDIEN UND TIBET

Atisha meisterte sowohl die Hinayana als auch die Mahayana Lehren und wurde von Lehrern beider Traditionen respektiert. Atisha war wie ein König, das Kronjuwel der indischen Buddhisten, und wurde als zweiter Buddha betrachtet.

Vor Atishas Zeit lud der 37. König Tibets, Trisong Detsen (ca. 754-797 n. Chr.) buddhistische Lehrer wie Padmasambhava, Shantarakshita und andere nach Tibet ein und unter ihrem Einfluss blühte der reine Dharma. Doch einige Jahre später zerstörte ein tibetischer König namens Lang Darma (ca. 836 n. Chr.) den reinen Dharma in Tibet und schaffte die ordinierten Mönche und Nonnen ab. Bis zu jener Zeit waren die meisten der Könige religiös gewesen, doch die schreckliche Herrschaft Lang Darmas war für Tibet eine dunkle Zeit.

Etwa siebzig Jahre nach seinem Tod fing der Dharma durch die Bemühungen solch großer Lehrer wie des Übersetzers Rinchen Sangpo in den oberen Teilen Tibets wieder an zu blühen und auch in den unteren Teilen Tibets begann er durch die Bemühungen eines großen Lehrers namens Gongpa Rabsäl wieder zu blühen. Allmählich verbreitete sich der Dharma bis nach Zentraltibet.

Zu jener Zeit gab es keine reine Praxis der Vereinigung von Sutra und Tantra. Man hielt beide für widersprüchlich wie Feuer und Wasser. Wenn Menschen Sutra praktizierten, gaben sie Tantra auf, und wenn sie Tantra praktizierten, gaben sie Sutra und sogar die Regeln der Vinaya auf. Falsche Lehrer kamen aus Indien, um sich einiges von dem in Tibet reichlich vorhandenen Gold zu beschaffen. Unter dem Vorwand, spirituelle Meister und Yogis zu sein, führten sie Abartigkeiten wie schwarze Magie, das Erzeugen von Geistererscheinungen, sexuelle Praktiken und rituellen Mord ein. Diese Missbräuche verbreiteten sich ziemlich weit.

Ein König namens Yeshe Ö und sein Neffe Jangchub Ö, die in Ngari in Westtibet lebten, waren sehr besorgt darüber, was mit dem Dharma, Buddhas Lehren, in ihrem Land geschah. Der König weinte, wenn er an die Reinheit des Dharma in früheren Zeiten dachte und ihn mit dem unreinen Dharma verglich, der zu seiner Zeit praktiziert wurde. Es betrübte ihn sehr zu sehen, wie verhärtet und unkontrolliert der Geist der Menschen geworden war. Er dachte: «Wie wunderbar wäre es, wenn der Dharma in Tibet wieder erblühen und den Geist unserer Menschen zähmen würde.» Um diesen Wunsch zu erfüllen, sandte er Tibeter nach Indien, die Sanskrit lernen und sich im Dharma schulen sollten, aber viele dieser Menschen konnten das heiße Klima nicht vertragen. Die wenigen, die überlebten, lernten Sanskrit und schulten sich sehr gut im Dharma. Unter ihnen war der Übersetzer Rinchen Sangpo, der viele Unterweisungen erhielt und dann nach Tibet zurückkehrte.

Da dieser Plan nicht sehr erfolgreich gewesen war, entschied sich Yeshe Ö, einen authentischen Lehrer aus Indien einzuladen. Er sandte eine Gruppe von Tibetern mit einer großen Menge Gold nach Indien und beauftragte sie, den fähigsten spirituellen Meister in Indien zu suchen. Er riet ihnen allen, den Dharma zu studieren und perfekte Kenntnisse in Sanskrit zu erwerben. Diese Tibeter ertrugen alle Strapazen des Klimas und der Reise, um seinem Wunsch nachzukommen. Einige von ihnen wurden berühmte Übersetzer. Sie übersetzten viele Schriften und sandten sie dem König, der sich sehr darüber freute.

Als diese Tibeter in ihr Land zurückkehrten, berichteten sie Yeshe Ö: «In Indien gibt es viele sehr gelehrte buddhistische Lehrer, aber der angesehenste und erhabenste unter ihnen ist Dipamkara Shrijana. Wir würden ihn gerne nach Tibet einladen, aber er hat Tausende von Schülern in Indien.» Als Yeshe Ö den Namen Dipamkara Shrijana hörte, war er erfreut und fasste den Entschluss, diesen Meister nach Tibet einzuladen. Da er bereits das meiste seines Goldes verbraucht hatte und nun noch mehr davon benötigt wurde, um Dipamkara Shrijana nach Tibet einladen zu können, ging der König auf eine Expedition, um nach weiterem Gold zu suchen. Als er an eine der Grenzen kam, wurde er von dem bösen König dieses Landes gefangen genommen und ins Gefängnis geworfen. Als die Nachricht bei Jangchub Ö eintraf, überlegte dieser: «Ich bin mächtig genug, gegen diesen König Krieg zu führen, aber wenn ich das tue, werden viele Menschen leiden und ich muss viele schädliche, zerstörerische Handlungen ausführen.» Er entschied sich, um die Freilassung seines Onkels zu bitten, doch der König gab folgende Antwort: «Ich werde deinen Onkel nur freilassen, wenn du entweder mein Untertan wirst oder den Körper deines Onkels mit Gold aufwiegst.» Unter großen Schwierigkeiten gelang es Jangchub Ö, Gold entsprechend des Gewichts des Körpers seines Onkels zusammenzubringen, außer dem Gewicht seines Kopfes. Da der König auch die restliche Menge forderte, bereitete sich Jangchub Ö darauf vor, nach weiterem Gold zu suchen, aber bevor er aufbrach, besuchte er seinen Onkel. Er fand Yeshe Ö zwar körperlich schwach, doch in gutem Geisteszustand vor. Jangchub Ö sprach durch die Gitterstäbe des Gefängnisses: «Schon bald werde ich dich befreien können, denn ich habe fast alles Gold zusammengebracht.» Yeshe Ö antwortete: «Behandle mich bitte nicht, als wäre ich wichtig. Du darfst diesem bösen König das Gold nicht geben. Verwende alles, um Dhipamkara Shrijana aus Indien in unser Land einzuladen. Dies ist mein größter Wunsch. Ich werde freudig mein Leben hingeben, um den reinen Dharma in Tibet wiederherzustellen. Bitte bringe Dipamkara Shrijana diese Nachricht. Lass ihn wissen, dass ich mein Leben hingegeben habe, um ihn nach Tibet einzuladen. Da er Mitgefühl für das tibetische Volk hat, wird er unsere Einladung annehmen, wenn er diese Nachricht erhält.»

Jangchub Ö sandte den Übersetzer Nagtso zusammen mit einigen Begleitern und dem Gold nach Indien. Als sie Dipamkara Shrijana trafen, berichteten sie ihm, was in Tibet vor sich ging und dass die Menschen einen spirituellen Meister aus Indien einladen wollten. Sie erzählten ihm, wie viel Gold der König als Darbringung gesandt hatte und wie viele Tibeter gestorben waren, um den reinen Dharma wiederherzustellen. Sie sagten ihm, wie viel Gold der König aufgebracht hatte, um ihn einzuladen und wie viele Tibeter, um dies zu erreichen, schon gestorben waren. Schließlich trugen sie ihm Yeshe Ös Botschaft vor: «Um den reinen Buddhadharma in Tibet wieder herzustellen, möchte ich den qualifizierten Lehrer Dhipamkara Shrijana aufrichtig einladen. Und aus diesem Grund habe ich mein Los angenommen, im Gefängnis zu sterben.» Nachdem sie ihre Bitte vorgebracht hatten, dachte Dipamkara Shrijana über ihre Worte nach und nahm ihre Einladung an. Obwohl er in Indien sehr viele Schüler hatte und dort sehr hart für den Dharma arbeitete, wusste er, dass es in Tibet keinen reinen Dharma gab. Zudem hatte er eine Vorhersage von Arya Tara erhalten, dass er zahllosen fühlenden Wesen helfen würde, wenn er nach Tibet ginge. Mitgefühl entstand in seinem Herzen, als er daran dachte, wie viele Tibeter in Indien gestorben waren, und besonders das Opfer von Yeshe Ö bewegte ihn sehr.

Dipamkara Shrijana musste seine Reise nach Tibet geheim halten, denn hätten seine indischen Schüler davon gewusst, dass er Indien verlassen wollte, hätten sie ihn daran gehindert.

Er sagte, dass er eine Pilgerreise nach Nepal unternehmen würde, aber von Nepal ging er weiter nach Tibet. Als seine indischen Schüler schließlich verstanden, dass er nicht zurückkehren würde, protestierten sie und warfen den Tibetern vor, dass sie Diebe seien, die ihren spirituellen Meister gestohlen hätten!

Da es damals genau wie heute üblich war einen Ehrengast gebührend zu begrüßen, sandte Jangchub Ö ein Gefolge von dreihundert Reitern zusammen mit vielen bedeutenden Tibetern an die Grenze, um Atisha willkommen zu heißen und ihm ein Pferd anzubieten, um seine schwierige Reise nach Ngari zu erleichtern. Atisha ritt in der Mitte der dreihundert Reiter und saß mittels seiner Wunderkräfte eine Elle über dem Rücken des Pferdes. Diejenigen, die ihn vorher nicht respektiert hatten, entwickelten bei seinem Anblick sehr starkes Vertrauen und jedermann sagte, dass der zweite Buddha in Tibet angekommen sei.

Als Atisha Ngari erreichte, bat ihn Jangchub Ö: «O mitfühlender Atisha, bitte gib Unterweisungen, um dem tibetischen Volk zu helfen. Bitte erteile Ratschläge, die jedermann befolgen kann. Bitte gib uns besondere Unterweisungen, damit wir alle Pfade von Sutra und Tantra zusammen praktizieren können.» Um diesem Wunsch nachzukommen, verfasste und lehrte Atisha *Lampe für den Pfad zur Erleuchtung*. Er erteilte diese Unterweisungen zuerst in Ngari und dann in Zentraltibet. Viele Schüler, die diese Unterweisungen hörten, entwickelten große Weisheit.

Als Atisha in Indien war, hatte er eine Vorhersage von Arya Tara erhalten: «Wenn du nach Tibet gehst, wird ein Laie kommen, um Unterweisungen von dir zu erhalten, und dieser Schüler wird den Dharma weit und breit erblühen lassen.» Diese Prophezeiung bezog sich auf Atishas engsten Schüler Dromtönpa. Zuerst unterrichtete Atisha hauptsächlich Dromtönpa im Lamrim und anderen Schülern gab er Unterweisungen über Geheimes Mantra. Als Dromtönpa ihn fragte: «Warum gibst du die Lamrim Unterweisungen hauptsächlich mir und nicht den anderen?», antwortete Atisha, dass er besonders würdig sei, Lamrim Unterweisungen zu erhalten. Nach Atishas Tod wurde Dromtönpa als sein Nachfolger angesehen und wie Atisha respektiert. Dromtönpa lehrte ausführlich Lamrim in Tibet.

Es wurden drei Überlieferungslinien der Lamrim Unterweisungen von Dromtönpa weitergegeben. Kadam Shungpawa wurde von Dromtönpa an Geshe Potowa und weiter an Geshe Sharawa und über weitere Lehrer an Je Tsongkhapa überliefert. Kadam Lamrimpa wurde von Dromtönpa an Geshe Gönbawa, Geshe Neusurpa und über weitere Lehrer an Je Tsongkhapa überliefert. Kadam Männgagpa wurde von Dromtönpa an Geshe Chengawa, Geshe Jayulwa und über weitere Lehrer an Je Tsongkhapa überliefert. Bis zu der Zeit Je Tsongkhapas werden diese drei Überlieferungslinien «Alte Kadam Überlieferungslinien» genannt. Die drei Überlieferungslinien seit der Zeit Je Tsongkhapas bis heute werden «Neue Kadam Überlieferungslinien» genannt. Alle drei werden auch heute noch praktiziert. Die Praktizierenden der drei Schulen unterscheiden sich in Bezug auf den Umfang ihrer philosophischen Studien. Kadam Shungpawas studieren sehr ausführlich, Kadam Lamrimpas studieren weniger ausführlich und Kadam Männgagpas studieren am wenigsten ausführlich. Ihnen allen ist jedoch Kadam Lamrim als Hauptpraxis gemeinsam und sie integrieren ihre gesamten philosophischen Studien in die Praxis des Lamrim.

Der große spirituelle Meister Ngawang Chogden ist ein Beispiel für Kadam Shungpawa. Er studierte in Zentraltibet viele Jahre Philosophie und kehrte, nachdem er die Geshe Prüfung abgelegt hatte, in seine Heimat Kham in Osttibet zurück. Dort empfing er Unterweisungen von Jamyang Shaypa und erlernte den gesamten Lamrim. Er verstand dann, dass alle Lehren Buddhas als verlässliche persönliche Ratschläge angenommen und in die Praxis umgesetzt werden sollten. Er erkannte, dass alle seine philosophischen Studien ein Teil des Lamrim und nicht getrennt davon waren. Er dachte: «Als ich ein Student in Zentraltibet war, habe ich eigentlich Lamrim studiert, aber ich hatte noch keine vollständigen Unterweisungen erhalten und deshalb konnte ich nicht erkennen, wie alle meine Studien in die Praxis umgesetzt werden können. Jetzt kann ich sie jedoch gut verwenden, indem ich sie in meine Praxis des Lamrim integriere.»

Heutzutage studieren die Kadam Lamrimpas Texte wie Je Tsongkhapas *Große Darlegung der Stufen des Pfades* und *Mittlere Darlegung der Stufen des Pfades*. Die Kadam Männgagpas von heute studieren einige kurze Texte wie *Glückseliger Pfad* des ersten Panchen Lama und *Schneller Pfad* des zweiten Panchen Lama. Obwohl diese Texte kurz sind, enthalten sie alle Übungen des Lamrim.

Alle drei Überlieferungslinien gelangten von Je Tsongkhapa zu unserem gegenwärtigen spirituellen Meister. Nachdem Je Tsongkhapa *Die drei Hauptaspekte des Pfades* geschrieben hatte, die er zusammen mit dem Titel direkt vom Weisheitsbuddha Manjushri erhalten hatte, ging er für ein intensives Lamrim Retreat ins Kloster Reting. Während dieser Zeit schrieb er einen Lobpreis aller Gurus der Lamrim Überlieferungslinie mit dem Titel *Öffnen des Tores zum erhabenen Pfad*. In diesem Kloster gab es eine sehr kostbare Statue von Atisha. Je Tsongkhapa richtete vor dieser Statue Bitten an Buddha Shakyamuni und brachte ihm und allen Gurus der Lamrim Überlieferungslinie Lobpreis dar, und er erhielt Visionen von Atisha, Dromtönpa, Geshe Potowa und Geshe Sharawa. Diese blieben einen ganzen Monat lang bei ihm und sprachen mit ihm wie eine Person zu einer anderen. Nach einem Monat lösten sich Dromtönpa, Geshe Potowa und Geshe Sharawa in Atisha auf, der dann den Scheitel Je Tsongkhapas mit seiner rechten Hand berührte und sagte: «Du musst für das Wohl des Buddhadharma arbeiten und ich werde dir helfen.» Dann schrieb Je Tsongkhapa seine *Große Darlegung der Stufen des Pfades*, den König aller Lamrim Texte. Später schrieb er seine *Mittlere Darlegung der Stufen des Pfades* und schließlich schrieb er die *Zusammengefasste Darlegung der Stufen des Pfades* für diejenigen, die die längeren Texte nicht studieren können.

Die Qualitäten der Unterweisung

DIE ERKLÄRUNG DER HERAUSRAGENDEN QUALITÄTEN DES LAMRIM, UM VERTRAUEN UND RESPEKT FÜR DIE LAMRIM UNTERWEISUNGEN ZU WECKEN

Dies hat zwei Teile:

1. Die herausragenden Eigenschaften des Lamrim
2. Die herausragenden Merkmale des Lamrim

DIE HERAUSRAGENDEN EIGENSCHAFTEN DES LAMRIM

Lamrim hat drei herausragende Eigenschaften, die kein anderer Text hat. Diese sind:

1. Die Lamrim Unterweisung ist die Zusammenfassung des gesamten Buddhadharma
2. Die Anleitungen des Lamrim sind leicht in die Praxis umzusetzen
3. Die Darlegung der Anleitungen des Lamrim ist anderen Traditionen überlegen

Diese drei Eigenschaften hat ausschließlich der Lamrim. Nicht einmal der König der Tantras, das *Guhyasamaja Tantra*, oder der König der Sutras, die *Sutras der Vollkommenheit der Weisheit*, haben diese Eigenschaften. Andere Texte beinhalten weder alle Themen noch alle Übungen der gesamten anderen Schriften, und sie können nicht leicht und nicht von jedem praktiziert werden. Wenn wir beispielsweise Ermächtigungen und Unterweisungen über *Guhyasamaja Tantra* erhalten und dies zu unserer täglichen Praxis machen, es aber nicht mit Lamrim verbinden, werden wir nicht jede andere Praxis darin integrieren können. Außerdem sind die Unterweisungen selbst nicht leicht zu verstehen. Ähnlich ist auch Maitreyas *Schmuckstück der klaren Verwirklichung* schwer zu verstehen, selbst wenn wir Kommentare dazu erhalten; und wenn wir die Kommentare verstanden haben, ist es immer noch schwer zu verstehen, wie alle anderen Dharma Übungen darin enthalten sind. Wenn wir keine vollständigen Unterweisungen über Lamrim erhalten, ist es schwierig, solche fortgeschrittenen Lehren in die Praxis umzusetzen. Wir können sehr gelehrt werden, aber wir werden nicht wissen, wie unsere gestörten Geisteszustände zu bändigen sind. Begehrende Anhaftung, Wut, Neid und andere Verblendungen bleiben so stark wie zuvor. Ist unser Geist derart aufgewühlt, können wir kein stabiles reines Glück für uns selbst, geschweige denn für andere finden; und unsere Studien, ganz gleich wie fortgeschritten sie sind, werden keinen wirklichen Nutzen bringen.

Alle anderen buddhistischen Schriften sind entweder ein Teil oder eine Vorbereitung des Lamrim. Beispielsweise sind die *Sutras der Vollkommenheit der Weisheit* Teil des Lamrim. Sie sind die Quelle der Hauptunterweisungen des Lamrim, der Sutra Unterweisungen. Explizit lehren die *Sutras der Vollkommenheit der Weisheit* die Stufe des höheren Sehens gemäß Sutra. Auf dieser Stufe ist unser Meditationsobjekt Leerheit. Alle Stufen des Pfades, die Leerheit als ihr Meditationsobjekt haben, sind die Stufen des tiefgründigen Pfades. Deshalb lehren die *Sutras der Vollkommenheit der Weisheit* explizit die Stufen des tiefgründigen Pfades gemäß Sutra. Implizit lehren sie die Stufen des weiten Pfades gemäß Sutra.

Alle Stufen des Pfades von Sutra und Tantra sind in die Stufen des tiefgründigen Pfades und die Stufen des weiten Pfades unterteilt. Alle Schriften Buddhas und alle philosophischen Texte, die nach ihm verfasst wurden, wie Nagarjunas *Sechs Sammlungen von Begründungen* und Asangas *Fünf Gruppen über die spirituellen Ebenen*, sind entweder in den Stufen des tiefgründigen Pfades oder den Stufen des weiten Pfades enthalten. Maitreyas Text *Schmuckstück der klaren Verwirklichung* ist im weiten Pfad enthalten und Chandrakirtis *Leitfaden zum Mittleren Weg* ist im tiefgründigen Pfad enthalten. Atishas Lehrer Vidyakokila lehrte sehr geschickt die Stufen des tiefgründigen Pfades und Atishas Lehrer Serlingpa lehrte sehr geschickt die Stufen des weiten Pfades. Lamrim verbindet die Unterweisungen dieser zwei Lamas in einer Weise, die es uns ermöglicht, sie leichter zu verstehen und zu praktizieren, und ist deshalb anderen Traditionen überlegen.

Wenn wir damit beginnen, philosophische Texte wie die eben erwähnten zu studieren, denken wir vielleicht zuerst, dass wir unterschiedliche Schriften studieren, die nicht im Lamrim gefunden werden können; und vielleicht denken wir sogar, dass sie für intelligentere Studenten gedacht sind, weil sie schwieriger zu verstehen sind. In Wirklichkeit sollen alle diese philosophischen Texte nur als Teil unserer Hauptpraxis, der Praxis des Lamrim, studiert werden. Wenn wir versuchen würden, uns nur mit Philosophie und Logik zu beschäftigen, ohne sie in unsere Praxis des Lamrim zu integrieren, würden wir das Wesentliche verfehlen; denn ohne beständige Praxis des Lamrim werden wir keine Kontrolle über unseren Geist gewinnen und wir werden anderen nicht helfen können, ihre Probleme zu überwinden.

Diese drei herausragenden Eigenschaften werden nicht ersichtlich sein, wenn wir nicht den gesamten Lamrim studiert haben; aber wenn wir jemandem begegnen, der wirklich den gesamten Lamrim in die Praxis umsetzt, werden wir die herausragenden Eigenschaften allein schon durch sein Beispiel verstehen, ohne selbst alle Lehren studieren zu müssen. Unglücklicherweise ist solch ein Mensch sehr selten. Selbst das Studium des gesamten Lamrim wird nicht zu einer vollständigen Würdigung aller seiner Qualitäten führen. So wie wir Tee kosten müssen, um seine guten Eigenschaften zu würdigen, was wir nicht durch das bloße Lesen der Werbung erreichen können, so müssen wir den vollständigen Lamrim in die Praxis umsetzen, um seine ganze Vortrefflichkeit vollständig würdigen zu können.

DIE HERAUSRAGENDEN MERKMALE DES LAMRIM

Wenn wir Lamrim Erfahrung gewinnen, erhalten wir Folgendes:

1. Wir werden verstehen, dass sich Buddhas Lehren nicht widersprechen
2. Wir werden alle Lehren Buddhas als persönlichen Ratschlag betrachten und in die Praxis umsetzen
3. Wir werden Buddhas endgültige Absicht leicht verwirklichen
4. Wir werden ganz natürlich frei vom großen Fehler und allen anderen Fehlern werden

WIR WERDEN VERSTEHEN, DASS SICH BUDDHAS LEHREN NICHT WIDERSPRECHEN

Durch das Studium und die Praxis des gesamten Lamrim werden wir erkennen, dass es keine Widersprüche zwischen Hinayana- und Mahayana Schriften, zwischen Sutra und Tantra oder zwischen Urtexten und ihren Kommentaren gibt. Bei oberflächlichem Lesen der Schriften sieht es vielleicht so aus, als ob es Widersprüche gäbe. Beispielsweise betonen einige Hinayana Schriften die Meditation über die Unsauberkeit und Widerwärtigkeit des Körpers sowie die Unreinheit der Umgebung, während tantrische Schriften uns lehren, unseren Körper als den Körper einer Gottheit und unsere Umgebung als rein anzusehen. Hinayana Schriften lehren uns, wie wir Befreiung für uns allein erlangen, während uns Mahayana Schriften lehren, wie wir volle Erleuchtung zum Wohle anderer erlangen. Manche Schriften raten uns davon ab, Fleisch zu essen, während uns andere ermutigen, den Yoga des Essens zu praktizieren, wobei selbst die Handlung des Fleischessens in eine reine Handlung umgewandelt wird. Durch das Studium aller Stufen des Pfades werden wir erkennen, wie solche Unterschiede in Einklang miteinander gebracht werden, weil wir verstehen, dass jede Unterweisung eine Methode ist, um ein bestimmtes Problem zu lösen, und zu einer bestimmten Zeit angewandt werden muss. Beispielsweise vermindert die Meditation über die Unsauberkeit und Widerwärtigkeit des Körpers Anhaftung, während die Meditation über unseren Körper als denjenigen einer Gottheit gewöhnliche Erscheinungen beseitigt, die die Ursachen samsarischer Existenz sind.

Wenn ein kranker Mann zum Arzt geht, um von einem Fieber geheilt zu werden, gibt sein Arzt ihm vielleicht den Rat, kein Fleisch zu essen. Kommt derselbe Mann später wieder zu seinem Arzt, weil er an Blutarmut leidet, rät ihm der Arzt vielleicht dieses Mal, Fleisch zu essen. Wenn der Mann den Rat seines Arztes ignoriert, weil dieser widersprüchliche Heilmethoden verschrieben hat, wird er nicht gesund. Ein Arzt verordnet verschiedene Heilmittel für verschiedene Krankheiten. In der gleichen Weise gab Buddha verschiedene Unterweisungen für verschiedene Leiden. Kein einziges Mittel ist überflüssig oder unnötig. Zu unserem eigenen Wohl müssen wir jede einzelne der unterschiedlichen Unterweisungen zu verschiedenen Zeiten anwenden. Und wenn wir anderen helfen wollen, deren Situation und Erfahrungen sich von unseren eigenen unterscheiden, müssen wir alle Methoden kennen und wissen, wann und wie sie anzuwenden sind.

Wenn wir wissen, wie der gesamte Lamrim geübt wird, werden wir wissen, wie alle anderen Schriften zu praktizieren sind. Wann immer wir eine andere Unterweisung erhalten, werden wir wissen, an welche Stelle des Lamrim sie gehört. Auf diese Weise wird jede neue Unterweisung, die wir erhalten, diejenigen unterstützen und verstärken, die wir bereits gelernt haben. Stellen wir uns vor, jemand bekommt eine Handvoll Reis, die er oder sie nicht sofort gebrauchen kann. Wenn er keinen Platz hat, um den Reis zu lagern, wird er keine Verwendung dafür haben und ihn wegwerfen müssen. Wenn er aber einen Lagerraum gebaut hat, um Säcke mit verschiedenen Getreidesorten aufzubewahren, wird er den Reis in den entsprechenden Sack geben und seinen Vorrat vergrößern können. Zu gegebener Zeit wird er den Reis gut gebrauchen können. Lamrim gleicht einem solchen Lagerraum. Zum Beispiel können Hinayana Lehren in den

Stufen des Pfades einer Person mittlerer Ausrichtung aufbewahrt werden, Mahayana Lehren können in den Stufen des Pfades einer Person großer Ausrichtung aufbewahrt werden, Vajrayana Lehren können in den Stufen des Geheimen Mantra innerhalb des Lamrim aufbewahrt werden, Unterweisungen über abhängige Beziehung und den mittleren Weg können in den Stufen des höheren Sehens aufbewahrt werden und so weiter. Wenn wir nicht den gesamten Lamrim studieren, kann es sein, dass wir viele verschiedene Unterweisungen erhalten und uns noch immer fragen, was zu tun ist, wie jemand, der mit einer Handvoll Reis dasteht und sich fragt, was er damit anfangen soll. Wenn wir uns auf diese Weise verhalten, werden wir die meisten Unterweisungen verschwenden, die wir erhalten.

Als der große tibetische Meister Kyabje Phabongkha in Kham in Osttibet lebte, kam ein Geshe von einem der großen Gelug Klöster in diese Gegend, um praktische Unterweisungen von einem Nyingma Lama zu erhalten. Die Leute in der Umgebung schlossen daraus, dass die Gelugpas keine Praxis hätten, da ein solch großer Geshe nach einer Praxis suchen musste. Als Kyabje Phabongkha davon hörte, sagte er, es sei jammerschade, dass dieser Geshe so viele Studienjahre verschwendet hätte, indem er nicht erkannt habe, dass alle seine früheren Studien in die Praxis umzusetzen sind. Der Geshe konnte nur deshalb so viel Zeit verlieren, weil er den Lagerraum des Lamrim in seinem eigenen Geist nicht errichtet hatte.

WIR WERDEN ALLE LEHREN BUDDHAS ALS PERSÖNLICHEN RATSCHLAG BETRACHTEN UND IN DIE PRAXIS UMSETZEN

Indem wir den gesamten Lamrim studieren, werden wir erkennen, dass es keine Widersprüche zwischen den Lehren Buddhas gibt und dass alle in die Praxis umgesetzt werden sollten. Dessen bewusst, werden wir jede Unterweisung als persönlichen Ratschlag betrachten und selbst Erfahrungen gewinnen und dadurch entdecken, dass jede Unterweisung vollkommen und verlässlich ist.

Wenn wir Buddhas Lehren praktizieren, sollten wir weder etwas auslassen noch etwas hinzufügen. In *Erhabenes Kontinuum des Großen Fahrzeuges* sagt Maitreya:

> In dieser Welt gibt es niemanden, der geschickter als Buddha ist.
> Sein allwissender Geist nimmt alle Objekte des Wissens ohne Ausnahme direkt wahr.
> Deshalb sollten wir alles praktizieren, was Buddha lehrte.
> Wenn wir unsere eigenen Interpretationen vornehmen oder etwas auslassen, zerstören wir den Buddhadharma.

Reine buddhistische Unterweisungen sind nur diejenigen, die über eine reine, ununterbrochene Linie direkt auf Buddha Shakyamuni zurückgehen. Lamrim enthält all diese Unterweisungen und ist die eigentliche Methode, sie in die Praxis umzusetzen.

WIR WERDEN BUDDHAS ENDGÜLTIGE ABSICHT LEICHT VERWIRKLICHEN

Buddhas endgültige Absicht ist, dass alle fühlenden Wesen volle Erleuchtung erlangen, indem sie alle Verwirklichungen der Stufen des Pfades erreichen. Diese sind in folgenden fünf enthalten: den Verwirklichungen der drei Hauptaspekte des Pfades – Entsagung, Bodhichitta und der richtigen Sicht der Leerheit – und den Verwirklichungen der Erzeugungs- und Vollendungsstufe des Geheimen Mantra. Buddhas endgültige Absicht zu verwirklichen bedeutet, alle diese Verwirklichungen zu erlangen und somit den größten Wunsch zu erfüllen, den er für uns hat.

Die drei bisher erklärten herausragenden Merkmale können am besten voneinander unterschieden werden, wenn wir das Beispiel eines Malers betrachten. So wie ein Maler weiß, dass alle seine Arbeitsutensilien nötig sind, um ein Bild zu malen, und so wie er die besondere Funktion eines jeden kennt, so verstehen Praktizierende des Lamrim, dass sie alle Lehren

Buddhas benötigen, wenn sie Erleuchtung erlangen wollen, und dass es keine Widersprüche zwischen den Unterweisungen gibt. So wie ein Maler beim Malen des Bildes alle seine Hilfsmittel benutzt, so verstehen Praktizierende des Lamrim, dass jede einzelne Unterweisung Buddhas als persönlicher Ratschlag betrachtet und in ihrem Leben angewandt werden muss. So wie ein Maler durch das Benutzen seiner Arbeitsutensilien schließlich seine Arbeit vollendet und den Wunsch seines Auftraggebers oder Gönners erfüllt, genauso werden Praktizierende des Lamrim Erleuchtung erlangen und dadurch Buddhas endgültige Absicht erfüllen.

In *Zusammengefasste Darlegung der Stufen des Pfades* sagt Je Tsongkhapa, dass wir nur schon durch einmaliges Hören oder Lehren des Lamrim die Vorteile erhalten, die das Hören oder Lehren des gesamten Buddhadharma mit sich bringt. Gleichermaßen werden wir direkt oder indirekt alle Lehren Buddhas praktizieren, wenn wir den gesamten Lamrim praktizieren. Deshalb müssen wir uns mit Lamrim nicht unzufrieden fühlen oder nach Unterweisungen für eine andere Praxis suchen.

WIR WERDEN GANZ NATÜRLICH FREI VOM GROSSEN FEHLER UND ALLEN ANDEREN FEHLERN WERDEN

Der große Fehler ist, den Dharma infolge falscher Unterscheidung zwischen den Schriften Buddhas zurückzuweisen. Wenn wir denken, dass manche Schriften gut und andere schlecht sind, oder wenn wir denken, dass manche vernünftig sind und andere nicht, begehen wir den großen Fehler, Dharma zurückzuweisen. Wir weisen den Dharma auch zurück, wenn wir aufgrund von Sektierertum die Theorie vertreten, dass einige Schriften für höhere Praktizierende unnötig sind, indem wir beispielsweise denken, dass einige Schriften für Bodhisattvas und andere nur für diejenigen mit begrenzterem Bestreben sind. Durch das Studium und die Praxis des gesamten Lamrim werden wir davor bewahrt, diesen Fehler zu begehen. Wenn wir den eigentlichen Zweck jeder Unterweisung verstehen und erkennen, dass keine von ihnen widersprüchlich ist, und wenn wir die Unterweisungen selbst praktizieren und durch unsere Erfahrung beweisen, dass jede einzelne richtig und verlässlich ist, werden wir niemals auch nur eine einzige dieser Unterweisungen zurückweisen oder herabsetzen.

Durch das Studium und die Praxis des gesamten Lamrim werden wir auch jeden anderen Fehler überwinden, weil jede Unterweisung ein vollkommenes Gegenmittel ist und alle Fehler ihre Gegenmittel innerhalb des Lamrim finden. Beispielsweise zerstört die Stufe, die uns lehrt, unseren Geist in Vertrauen und Respekt gegenüber unserem spirituellen Meister zu schulen, falsche Geisteshaltungen der Wut oder Respektlosigkeit gegenüber unserem Lehrer und befreit uns davon, ihn als gewöhnliche Person anzusehen. Alle anderen Stufen der Geistesschulung wirken auf die gleiche Weise und beseitigen fehlerhafte Geisteszustände und die durch sie hervorgerufenen Handlungen.

Es ist recht leicht zu lernen, welches die herausragenden Qualitäten des Lamrim sind, aber es ist selten, jemanden zu finden, der diese durch direkte Erfahrung verwirklicht hat. Um eine solche Erfahrung zu erlangen, müssen wir jede Unterweisung in die Praxis umsetzen. Wenn wir verstehen, dass Lamrim in seiner Gesamtheit praktiziert werden sollte, werden sich unsere Verwirklichungen und Einsichten vergrößern, und schrittweise werden wir mit tugendhaften Geistesgewohnheiten vertraut werden. Unser Geisteszustand wird nächstes Jahr besser sein als dieses Jahr. Schließlich werden wir die höchsten Verwirklichungen erlangen. Wenn wir immer an die herausragenden Qualitäten des Lamrim denken, werden wir niemals entmutigt sein und uns freudig bemühen, die Methoden anzuwenden, die uns helfen, mit unseren Problemen des täglichen Lebens fertig zu werden.

Dharma hören und lehren

DIE ERKLÄRUNG, WIE MAN DHARMA HÖRT UND LEHRT

Traditionell lernen Schülerinnen und Schüler Dharma, indem sie zuerst die mündlichen Unterweisungen ihres spirituellen Meisters anhören. Da Zuhören die Grundlage ist, um über Dharma nachzudenken und zu meditieren, ist es besonders wichtig, mit einem offenen und aufmerksamen Geist gut zuzuhören, sodass man sich nach dem Vortrag an die Unterweisungen erinnern und darüber nachdenken kann. Wann immer wir die Gelegenheit haben, Dharma Vorträge zu hören, sollten wir diese Anleitungen über das Zuhören anwenden. Sie lassen sich leicht auf unsere Situation als Leser übertragen. Der große Meditierende Ngawang Dragpa sagte:

> Diese Anleitung, wie man Dharma hört und wie man ihn lehrt, ist eine Methode, Zuhören und Lehren in den spirituellen Pfad umzuwandeln. Es ist auch eine erhabene Anleitung, die als Einführung zu Unterweisungen gegeben werden kann. Nehmt sie euch deshalb zu Herzen.

Die Unterweisungen haben drei Teile:

1. Wie man Dharma hört
2. Wie man Dharma lehrt
3. Der Abschluss, der für Lehrer und Schüler gemeinsam gilt

WIE MAN DHARMA HÖRT

Dies hat drei Teile:

1. Über die Vorteile nachdenken, Dharma zu hören
2. Respekt für Dharma und seinen Lehrer entwickeln
3. Die eigentliche Methode, Dharma zu hören

ÜBER DIE VORTEILE NACHDENKEN, DHARMA ZU HÖREN

Wenn wir über einige der zahllosen Vorteile Dharma zu hören nachdenken, werden wir die Unterweisungen ganz natürlich mit Freude hören und lesen, und wir werden es mit eifrigem Interesse tun. Wenn wir mit einer solch positiven Geisteshaltung Dharma hören und lesen, werden wir als Ergebnis die Vorteile, über die wir nachgedacht haben, auch tatsächlich erleben. In Buddha Shakyamunis *Sammlung vieler besonderer Verse*, auf Tibetisch *Tshom*, heißt es:

> Durch Zuhören wirst du alle Dharmas kennen.
> Durch Zuhören wirst du alle nichttugendhaften
> Handlungen beenden.
> Durch Zuhören wirst du alles Sinnlose aufgeben.
> Durch Zuhören wirst du Befreiung erlangen.

Der Begriff «Dharma» bezieht sich hier speziell auf die Bedeutung der Dharma Unterweisungen. Die Bedeutung des Dharma enthüllt, welche Objekte aufzugeben sind, welche Objekte zu erlangen sind und so weiter. Indem wir die Dharma Unterweisungen anhören, werden wir die Bedeutung des Dharma klar verstehen und wir werden schrittweise Dharma Verwirklichungen erlangen. Jede reine Dharma Verwirklichung entsteht in Abhängigkeit von Meditation und erfolgreiche Meditation hängt davon ab, dass wir richtige Unterweisungen erhalten. Wie bereits erläutert, sind alle Unterweisungen von Sutra und Tantra in den drei Gruppen der Lehren Buddhas enthalten. Durch das Empfangen und Praktizieren der Unterweisungen der Gruppe der moralischen Disziplin werden wir keine nichttugendhaften Handlungen mehr ausführen. Durch das Empfangen und Praktizieren der Unterweisungen der Gruppe der Vorträge, in denen Buddha erklärt, wie Konzentration erreicht wird, werden wir alle sinnlosen Handlungen und Ablenkungen aufgeben, die Hindernisse für die Konzentration sind. Durch das Empfangen und Praktizieren der Unterweisungen der Gruppe der Weisheit werden wir Befreiung erlangen.

In den Geschichten der Wiedergeburt erwähnt Aryasura die folgenden Vorteile des Zuhörens:

> Zuhören ist ein Licht, das die Dunkelheit der Unwissenheit vertreibt.
> Zuhören ist der beste Reichtum, der nicht von Dieben gestohlen werden kann.
> Zuhören ist eine Waffe, die unseren Feind der Verwirrung zerstört.
> Zuhören ist unser bester Freund, von dem wir unseren besten Rat erhalten.
> Zuhören ist ein Verwandter und Freund, der uns selbst in der Armut treu bleibt.
> Zuhören ist eine unschädliche Arznei, die die Krankheit der Verblendungen heilt.
> Zuhören ist das erhabene Gegenmittel, das große Fehler zerstört.
> Zuhören ist der größte Schatz, weil es die Grundlage für allen Ruhm und alle Ressourcen ist.
> Zuhören ist das beste Geschenk, das wir unseren Freunden geben können.
> Zuhören ist das beste Mittel, viele Menschen zu erfreuen.

Zuhören ist ein Licht, das die Dunkelheit der Unwissenheit vertreibt. Nichts ist wichtiger, als die Unwissenheit zu beseitigen, die die Hauptursache all unseres Leidens und die Wurzel ist, aus der alle anderen Verblendungen entstehen. Unwissenheit ist eine innere Dunkelheit, die durch das erhellende Licht Dharma zu hören beseitigt wird.

Zuhören ist der beste Reichtum, der nicht von Dieben gestohlen werden kann. Wenn wir gewöhnlichen Reichtum und gewöhnliche Güter anhäufen, wird unser Leben mit praktischen Problemen und Sorgen angefüllt. Wir leben in Angst, unseren Reichtum zu verlieren, und um ihn zu behalten, müssen wir hart arbeiten und manchmal sogar andere betrügen. Wir müssen Steuern zahlen und viel Zeit und Energie darauf verwenden herauszufinden, wie wir unseren Reichtum nutzen und wo wir ihn investieren können. Der Reichtum, Dharma zu hören, verursacht hingegen niemals Probleme. Er kann nie verloren gehen, selbst wenn wir ihn anderen großzügig anbieten. Je mehr wir fortgeben, desto reicher werden wir. Nach dem Tod ist er der einzige Reichtum, den wir mit uns nehmen können. Im Gegensatz zu weltlichem Reichtum nützt er uns sowohl in allen zukünftigen Leben als auch in diesem.

Die tibetischen Lehrer sind lebendige Beispiele für den großen Wert, den das Hören von Dharma hat. Als sie gezwungen waren, aus Tibet zu fliehen, mussten sie alles zurücklassen, selbst ihre Bettelschalen; aber nichts konnte sie dazu bringen, sich von ihrem Reichtum, Dharma zu hören, zu trennen. Dieser wird ihnen immer bleiben. Es ist genau dieser Reichtum, den sie jetzt ihren westlichen Schülern geben, der einzige Reichtum, der Tod und äußere Zerstörung überdauern kann.

Zuhören ist ein Verwandter und Freund, der uns selbst in der Armut treu bleibt. Wenn uns schweres Unglück und großes Leiden widerfährt, gibt es sehr wenig, was unsere Freunde und Verwandten dagegen tun können. In solchen Zeiten wird uns nur der spirituelle Ratschlag helfen, den wir erhalten haben. Wir sollten uns an das Beispiel Yeshe Ös erinnern, der dem Tod mit Gleichmut entgegensehen konnte, weil er sich auf den guten Rat und die Ermutigungen verließ, die er von seinen spirituellen Meistern erhalten hatte. Wenn wir viele Dharma Unterweisungen hören oder lesen, können auch wir die Schwierigkeiten, denen wir begegnen, in den spirituellen Pfad umwandeln und sie benutzen, um unsere Weisheit zu vergrößern. Unsere Probleme sind Gelegenheiten, das Gesetz der Handlungen und ihrer Wirkungen, das Gesetz des Karmas, zu betrachten und darüber nachzudenken. Sie sind

Gelegenheiten, um über Leiden und seine Ursachen nachzudenken und um Geduld und freudige Beharrlichkeit zu praktizieren. Wenn wir zu solchen Zeiten Dharma anwenden, den wir gehört und gelesen haben, werden wir feststellen, dass er ein wahrer Freund ist, durch den wir unsere Praxis ununterbrochen und mit Freude aufrechterhalten können.

Unsere gewöhnlichen Freunde und Verwandten sind keine Hilfe für uns, wenn wir großes Leid erleben. Manchmal verlassen sie uns sogar in unserer größten Not. Als Lama Kachen Yeshe Gyaltsän in seiner Höhle meditierte, war er so arm wie Milarepa. Eines Tages reiste er zum Kloster Tashi Lhunpo und auf dem Weg dorthin sah er einen seiner Onkel. Sein Onkel bemerkte, wie verarmt sein Neffe zu sein schien, und täuschte vor ihn nicht zu kennen. Später wurde Lama Kachen Yeshe Gyaltsän in den Rang des Tutors des achten Dalai Lama befördert. In der Annahme, dass sein Neffe jetzt sehr reich sei, besuchte ihn dieser Onkel und erklärte: «Hallo Neffe, ich bin dein Onkel.»

Einst wurde ein Mann, der sehr arm war und weder Freunde noch Verwandte hatte, dank seiner Geschäftstätigkeit sehr reich. Da begannen die Leute ihn zu besuchen und gaben vor, seine Freunde zu sein, oder behaupteten, sie seien seine Verwandten. Eines Tages lud dieser Mann alle seine neuen Freunde und Verwandten zum Essen ein. Er legte einen riesigen Sack mit seinem gesamten angesparten Geld in die Mitte des Tisches. Als seine Gäste eingetroffen waren, machte er feierliche Verbeugungen vor dem Sack und sprach folgende Worte des Lobes: «O Herr des Geldes, durch deine große Güte habe ich jetzt viele Freunde und Verwandte, die ich vorher nicht hatte, deshalb verbeuge ich mich vor dir.»

Gewöhnliche Freunde und Verwandte können ihre Gefühle und Einstellungen uns gegenüber ändern, hauptsächlich in Abhängigkeit davon, ob wir reich sind und Erfolg haben; aber unser Freund, das Hören von Dharma, wird uns nie im Stich lassen. Er kommt uns zu Hilfe, wenn wir erfolgreich sind und hilft uns, wenn wir arm sind. Er ist der einzige Freund, der den Tod mit uns erträgt und uns in allen unseren zukünftigen Leben unterstützt, bis wir Erleuchtung erlangen.

In einem Sutra sagt Buddha:

> Durch Zuhören wirst du starkes Vertrauen in Dharma entwickeln.
> Durch Zuhören wird dein Geist von Dharma angezogen und du wirst kraftvolle Ergebnisse erzielen.
> Durch Zuhören wird deine Weisheit wachsen und deine Verwirrung wird beseitigt.

Nur um diese drei Zeilen zu hören, brachte Prinz Chandra eintausend Goldstücke dar. In der Vergangenheit betrachteten diejenigen, die sich für den spirituellen Pfad entschieden hatten, das Empfangen von Unterweisungen als derart kostbar, dass selbst ein Geschenk des eigenen Fleisches kein zu hoher Preis dafür war.

Der erste Panchen Lama hörte einmal in einem Traum Je Tsongkhapa sagen:

> Wenn du dir selbst und anderen von Nutzen sein willst, solltest du dich nicht mit dem, was du gelernt hast, zufriedengeben. Du solltest dir diejenigen Bodhisattvas auf der dritten spirituellen Ebene als Beispiel nehmen, die noch nicht zufriedengestellt sind, da sie noch nicht genug gehört haben.

Wir müssen Dharma Unterweisungen viele Male hören und lesen. Das Hören und Lesen von Dharma ist erst dann abgeschlossen, wenn wir alle Verwirklichungen der Stufen des Pfades zur Erleuchtung erlangt haben.

RESPEKT FÜR DHARMA UND SEINEN LEHRER ENTWICKELN

Im *Sutra über die Essenz der Ebenen* sagt Buddha:

> Du solltest Dharma mit außergewöhnlichem Vertrauen und Respekt hören, den Lehrer nicht als fehlerhaft betrachten oder mit ihm unzufrieden sein. Wenn du Dharma anhörst, solltest du den Lehrer als Buddha betrachten.

In *Fünf Gruppen über die spirituellen Ebenen* gibt uns Arya Asanga den Rat, fünf Unaufmerksamkeiten zu praktizieren, wann immer wir Dharma hören:

(1) Wenn unser Lehrer seine moralische Disziplin gebrochen hat, sollten wir diesem Fehler keine Beachtung schenken oder daraus schließen, dass seine moralische Disziplin schwach ist. Es bringt uns keinen Nutzen, unsere Aufmerksamkeit auf einen derartigen Fehler zu lenken. Im Gegenteil, es wäre zu unserem eigenen Nachteil, denn wenn wir uns zu sehr mit dem scheinbaren Unvermögen unseres Lehrers beschäftigen, werden wir seine Unterweisungen und Ratschläge nicht schätzen können. Statt sie uns zu Herzen zu nehmen, werden wir unsere ganze Zeit damit vergeuden, negatives Karma anzusammeln.

(2) Stammt unser Lehrer aus einer niederen sozialen Schicht, sollten wir dem keine Beachtung schenken oder es als eine Minderwertigkeit ansehen. Andernfalls werden wir unsere ganze Zeit damit verbringen, unseren Stolz zu fördern und wir werden nicht richtig zuhören können.

(3) Wenn unser Lehrer hässlich oder körperlich nicht anziehend ist, sollten wir seine körperliche Erscheinung nicht beachten. Es hat keinen Wert, über die Hässlichkeit unseres Lehrers nachzudenken. Wenn wir dies tun, machen wir es uns nur schwerer, Vertrauen zu entwickeln. Die körperliche Erscheinung unseres Lehrers ist unwichtig; was von Bedeutung ist, ist der Dharma, den er oder sie lehrt.

(4) Wenn die Art, wie unser Lehrer spricht, unangenehm ist, seine Sprache ungeschliffen oder die Art und Weise, wie er die Unterweisungen darlegt, grob und holprig ist, sollten wir dem keine Beachtung schenken. Wichtig ist, dass der Lehrer uns die Bedeutung vermittelt.

(5) Wenn unser Lehrer Dinge sagt, die für uns unangenehm sind, wie Worte des Tadels oder der Kritik,

> sollten wir nicht denken, dass er oder sie im Unrecht ist. Wenn wir das tun, werden viele Missverständnisse und nichttugendhafte Geisteszustände entstehen.

Zusätzlich zu diesen fünf sollten wir gegenüber jedem anderen Fehler, den wir in unserem Lehrer zu sehen glauben, Unaufmerksamkeit praktizieren. Wenn unser Lehrer beispielsweise nicht berühmt ist und sehr gewöhnlich zu sein scheint, sollten wir Ruhm und gewöhnliche Erscheinung nicht beachten. Für uns reicht es, dass wir richtige Unterweisungen erhalten. Welchen Nutzen hätte es für uns, Dharma von jemandem zu erhalten, der in der ganzen Welt berühmt ist, dessen Unterweisungen aber unrichtig sind? Wenn wir unsere Aufmerksamkeit auf die Fehler lenken, die wir in unserem Lehrer zu sehen glauben, gehen alle Vorteile verloren, die es uns bringt, Dharma zu hören, und es entstehen uns daraus nur Nachteile.

Genauso wie wir den Respekt für unseren Lehrer vergrößern müssen, müssen wir auch den Respekt für den von ihm oder ihr gelehrten Dharma vergrößern. Wenn wir die Unterweisungen unseres Lehrers als das eigentliche Dharma Juwel betrachten, als die beste Methode, vorübergehendes und endgültiges Glück zu erlangen, werden wir ganz natürlich Respekt empfinden.

DIE EIGENTLICHE METHODE, DHARMA ZU HÖREN

Dies hat zwei Teile:

1. Das Aufgeben von drei Fehlern
2. Das Entwickeln von sechs Erkenntnissen

DAS AUFGEBEN VON DREI FEHLERN

Immer, wenn wir Dharma hören oder lesen, müssen wir drei Fehler aufgeben, die uns daran hindern, einen Nutzen aus dem Zuhören oder dem Lesen zu ziehen:

1. Der Fehler, wie ein umgedrehter Topf zu sein
2. Der Fehler, wie ein schlecht riechender Topf zu sein
3. Der Fehler, wie ein undichter Topf zu sein

Der erste Fehler ist, wie ein umgedrehter Topf zu sein: Wir sind zwar bei einem Vortrag körperlich anwesend oder haben die Haltung eingenommen ein Buch zu lesen, aber wir sind so unaufmerksam und abgelenkt, dass nichts vom Dharma in das Gefäß unseres Geistes eintritt, ganz gleich wie viele Unterweisungen durch unsere Ohren fließen oder wie viele Seiten wir auch umblättern.

Der zweite Fehler ist, wie ein schlecht riechender Topf zu sein: Wir hören oder lesen aufmerksam, ohne unseren Geist abschweifen zu lassen, aber unsere Motivation ist nicht richtig. So wie gutes Essen verunreinigt wird, wenn wir es in einen schlecht riechenden Topf geben, so wird der Dharma verschwendet, wenn wir mit einer falschen Motivation zuhören.

Der dritte Fehler ist, wie ein undichter Topf zu sein: Wir hören oder lesen aufmerksam und mit einer guten Motivation, aber wir vergessen schnell, was gelehrt wurde. Wenn wir uns nicht an den Dharma erinnern, wie sollte es uns gelingen, ihn in die Praxis umzusetzen?

Es gibt zwei Methoden, die wir anwenden können, um unser Erinnerungsvermögen für Dharma zu verbessern. Die erste ist, dass wir uns gleich nach Ende eines Vortrages oder nach dem Lesen eines Kapitels in einem Dharma Buch bemühen, uns an das zu erinnern, was wir gehört oder gelesen haben. Wir können dies mehrere Male in gewissen Abständen wiederholen. Wenn wir durch Erinnern und Überdenken des Gelernten ein größeres Verständnis oder ein neues Gefühl gewinnen, sollten wir diese Erfahrung durch Meditation vertiefen. Auf diese Weise wird unsere Praxis sehr kraftvoll.

Die zweite Methode ist, Dharma mit unseren Dharma Freunden zu diskutieren, ihnen Fragen zu stellen und zu erklären, was wir verstanden haben. Das ist eine hervorragende Art und Weise, unser Verständnis zu vergrößern, Zweifel zu beseitigen und Dharma fest in unserem Geist zu verankern.

DAS ENTWICKELN VON SECHS ERKENNTNISSEN

Wann immer wir Dharma hören oder lesen, sollten wir sechs Erkenntnisse entwickeln:

1. Wir sollten uns selbst als krank betrachten, weil wir an begehrender Anhaftung, Hass, Unwissenheit und anderen geistigen Krankheiten leiden
2. Wir sollten Dharma als erhabene Medizin gegen unsere geistige Krankheit betrachten
3. Wir sollten unseren Dharmalehrer als erhabenen Arzt betrachten
4. Wir sollten das Umsetzen des Dharma in die Praxis als die Methode betrachten, die uns von unserer geistigen Krankheit heilt
5. Wir sollten Vertrauen in Buddha Shakyamuni als heiliges Wesen entwickeln, auf das vollkommen Verlass ist
6. Wir sollten einen starken Wunsch entwickeln, dass Dharma für lange Zeit erblüht und bestehen bleibt

Wenn wir diese sechs Erkenntnisse haben, werden wir keinen Moment verschwenden, während wir den Unterweisungen zuhören oder während wir sie lesen, und unsere anschließenden Überlegungen und Meditationen werden sehr viel kraftvoller werden. Durch unsere Handlungen des Zuhörens und Lesens werden wir große Verdienste ansammeln und sie werden zu kraftvollen Ursachen für unsere Erleuchtung werden.

WIE MAN DHARMA LEHRT

Dies hat vier Teile:

1. Das Nachdenken über die Vorteile, Dharma zu lehren
2. Das Vergrößern des Vertrauens und Respekts für Dharma und seinen Lehrer
3. Die zu fördernden Einstellungen und das Verhalten während man Dharma lehrt

4. Erkennen, wer unterrichtet und wer nicht unterrichtet werden sollte

DAS NACHDENKEN ÜBER DIE VORTEILE, DHARMA ZU LEHREN

In *Schatzkammer des Abhidharma* sagt Vasubandhu, dass unser Geist nicht von Verblendungen verunreinigt sein sollte, wenn wir Dharma Unterweisungen geben, und dass wir den Dharma nach den von Buddha gegebenen Unterweisungen lehren sollten.

Wenn wir Dharma lehren, um Geschenke oder die Verehrung unserer Schüler zu erhalten oder um für unser Verständnis der Lehre Buddhas bekannt zu werden, missbrauchen wir den kostbaren Dharma und behandeln ihn als bloße Ware. Andererseits sind die Vorteile unendlich, wenn wir die Großzügigkeit praktizieren, Dharma mit einer guten Motivation zu lehren. Zwanzig dieser Vorteile werden im *Sutra der Ermahnung zu höheren Absichten* erwähnt. Wir werden Folgendes erlangen:

(1) Eine besondere Achtsamkeit, die Dharma nie vergisst
(2) Eine besondere Weisheit, die durch das Hören von Dharma entsteht
(3) Eine besondere Weisheit, die aus dem Nachdenken über Dharma entsteht
(4) Eine besondere Weisheit, die aus der Meditation über Dharma entsteht
(5) Eine besondere Weisheit auf den Pfaden der Ansammlung und der Vorbereitung
(6) Eine besondere Weisheit auf den Pfaden des Sehens und der Meditation
(7) Freiheit von Anhaftung
(8) Freiheit von Hass
(9) Freiheit von Unwissenheit
(10) Freiheit von dämonischen Störungen
(11) Die Buddhas werden sich sehr über uns freuen

(12) Die Gottheiten werden unsere körperliche Stärke und Kraft anwachsen lassen
(13) Die Gottheiten werden uns schützen
(14) Äußere Feinde werden uns nicht schaden können
(15) Unsere Beziehungen zu Freunden und Verwandten werden sich verbessern
(16) Unsere Rede wird sehr einflussreich
(17) Wir werden im Erklären von Dharma sicher werden
(18) Wir werden von den Weisen gelobt und respektiert werden
(19) Die Menschen werden dem, was wir sagen, vertrauen
(20) Wir werden immer glücklich sein

Die ersten sechs Vorteile sind Auswirkungen, die der Ursache ähnlich sind. Es sind zukünftige Erfahrungen, die den Erfahrungen ähnlich sind, die andere als Ergebnis unserer Dharma Unterweisungen erlangen konnten. Wenn wir Dharma lehren, nehmen beispielsweise die Achtsamkeit und Weisheit der Zuhörer zu und als Ergebnis vergrößern sich unsere eigene Achtsamkeit und Weisheit. Die nächsten vier Vorteile sind Auswirkungen der Trennung oder Freiheit von vier Fehlern. Die nächsten neun Vorteile sind Umweltauswirkungen und der letzte Vorteil ist eine gereifte Auswirkung.

Weiter unten werden die verschiedenen Auswirkungen der Handlungen genauer erklärt. Im Moment reicht es aus zu wissen, dass es zwei Arten der Auswirkungen gibt, die der Ursache ähnlich sind: Erfahrungen, die Auswirkungen ähnlich der Ursache sind, und Neigungen, die Auswirkungen ähnlich der Ursache sind. Die oben genannten sechs Auswirkungen, die ähnlich der Ursache sind, gehören alle zur ersten Art. Neigungen, die Auswirkungen ähnlich der Ursache sind, werden nicht explizit erwähnt, aber sie sind darin enthalten. Beispielsweise werden wir uns infolgedessen, dass wir Dharma lehren, in Zukunft darüber freuen, Dharma Unterweisungen zu geben, Dharma zu hören, Dharma zu studieren und zu praktizieren.

Bevor wir Dharma lehren können, müssen wir viele Unterweisungen studiert und persönliche Erfahrungen gemacht haben, indem wir sie in die Praxis umsetzten. Wenn die Zeit zum Unterrichten für uns kommt, sollten wir über alle Vorteile, Dharma zu lehren, nachdenken. Dann werden wir begeistert sein und uns außergewöhnlich glücklich schätzen, dass wir so viel gutes Karma erschaffen können, indem wir anderen Unterweisungen geben. Vorausgesetzt, dass diejenigen, die die Unterweisungen erhalten, sie auch wirklich in die Praxis umsetzen wollen, ist das Geben von Dharma viel nützlicher als das Geben materiellen Reichtums. Materieller Reichtum kann nur in einem kurzen Leben helfen, während das Geschenk des Dharma in diesem Leben und in allen zukünftigen Leben hilft.

DAS VERGRÖSSERN VON VERTRAUEN UND RESPEKT FÜR DHARMA UND SEINEN LEHRER

Jedes Mal, wenn wir andere Dharma lehren, erinnern wir uns an die Güte Buddha Shakyamunis und an die herausragenden Qualitäten des Dharma und denken:

> *Wenn ich jetzt die Fähigkeit habe, Dharma zu lehren, liegt das ausschließlich an der Güte Buddhas. Der Dharma, den ich lehre, ist das erhabene Geschenk, das anderen von vorübergehendem und endgültigem Nutzen ist.*

DIE ZU FÖRDERNDEN EINSTELLUNGEN UND DAS VERHALTEN WÄHREND MAN DHARMA LEHRT

Wenn wir Dharma lehren, tun wir es aus Liebe und Mitgefühl und denken:

> *Diese Menschen haben noch keine Erfahrung mit Dharma gemacht, weshalb sie ohne Wahl oder Freiheit Probleme erfahren. Wie wundervoll wäre es, wenn sie diese überwinden und sich an der erhabenen Glückseligkeit der Erleuchtung erfreuen könnten! Ich werde jetzt Dharma erklären, um ihnen zu helfen, ihre Probleme zu beseitigen und endgültiges Glück zu erlangen.*

Mit dieser Motivation lehren wir und erkennen:

(1) Alle fühlenden Wesen haben geistige Schmerzen, weil sie von der Krankheit der Verblendungen befallen sind
(2) Dharma ist Medizin für diejenigen, die sie erhalten
(3) Ich selbst bin ein spiritueller Arzt
(4) Die Güte Buddha Shakyamunis ist die Quelle meiner eigenen Fähigkeit zu lehren und der Fähigkeit anderer, Dharma zu empfangen
(5) Wie wundervoll wird es sein, wenn Dharma mit Hilfe meines eigenen Lehrens und meiner Praxis für sehr lange Zeit in dieser Welt erblüht

Wenn wir Dharma lehren, sollten wir sauber und angemessen gekleidet sein, weil es von den Zuhörern geschätzt wird und es ihnen hilft, Respekt zu entwickeln. Aus Respekt für den Dharma sollte der Lehrer einen erhöhten Sitz haben. Als sich die Schüler Buddha Shakyamunis nach dessen Tod das erste Mal versammelten, nahmen fünfhundert Feindzerstörer ihre Safranroben ab und legten sie aufeinander, um so einen Thron für Ananda zu errichten. Indem sie ihre Roben in dieser Weise auf den Boden legten, ehrten die Schüler den Dharma. Der Lehrer selbst kann sehr bescheiden sein, aber er sollte auf einem erhöhten Sitz Platz nehmen, um die herausragende Qualität des Dharma zu würdigen. Dies gilt selbst dann, wenn der Lehrer die acht Mahayana Grundsätze praktiziert, die den Grundsatz einschließen, nicht auf einem erhöhten oder luxuriösen Sitz Platz zu nehmen.

Bevor sich der Lehrer hinsetzt, macht er drei Verbeugungen mit der Vorstellung, dass sich sein eigener spiritueller Meister auf dem Sitz befindet, umgeben von allen Gurus der Überlieferungslinie der Unterweisungen, die er geben wird. Er stellt sich vor, dass sich die Gurus der Überlieferungslinie in seinen hauptsächlichen spirituellen Meister auflösen, der dann zu seinem Scheitel kommt und zu seinem Herzen hinabsinkt. Dann setzt sich der Lehrer und bereitet sich auf das Lehren vor. Gemäß der Tradition beseitigen der Lehrer und die Schüler vor dem Vortrag Hindernisse, indem sie Mantras oder das *Herz Sutra* rezitieren und die Methode zur Überwindung der Behinderungen anwenden. Dann führen sie die sechs Vorbereitungen aus, um Verdienste anzusammeln und Negativität zu reinigen; beides ist nötig, wenn die Schüler die Verwirklichungen des Dharma, der gelehrt werden wird, erlangen wollen. Der Lehrer und die Schüler bringen dann das Mandala dar und bitten die Gurus der Überlieferungslinie, Segnungen und Inspiration zu gewähren, damit sie die Verwirklichung erlangen können. Um die beste Motivation zu entwickeln, leitet der Lehrer die Rezitation des Gebetes der Zufluchtnahme und des Erzeugens von Bodhichitta an. Falls wir nicht alle diese Vorbereitungen ausführen können, müssen wir zumindest das Mandala darbringen und ein Gebet der Zufluchtnahme und des Erzeugens von Bodhichitta rezitieren. Bodhichitta zu erzeugen hat die gleiche Wirkung, wie das *Herz Sutra* zu rezitieren. Der Lehrer rezitiert:

Bis wir Erleuchtung erlangen, nehmen ich und alle fühlenden Wesen
Zuflucht zu Buddha, Dharma und Sangha.
Möge ich aufgrund der Tugenden, die ich durch das Lehren des Dharma ansammle,
Ein Buddha werden zum Wohle aller.

Die Schüler rezitieren:

Bis wir Erleuchtung erlangen, nehmen ich und alle fühlenden Wesen
Zuflucht zu Buddha, Dharma und Sangha.
Möge ich aufgrund der Tugenden, die ich durch das Hören des Dharma ansammle,
Ein Buddha werden zum Wohle aller.

Wenn der Lehrer Dharma erklärt, sollte er oder sie einen freundlichen, lächelnden Gesichtsausdruck haben. Um die Bedeutung klarer darzustellen, sollte er oder sie diese näher ausführen, indem er geschickt logische Begründungen anwendet, öfters aus den Schriften zitiert und lebhafte

Beispiele benutzt, die einen Bezug zu den Erfahrungen der Zuhörer haben.

ERKENNEN, WER UNTERRICHTET UND WER NICHT UNTERRICHTET WERDEN SOLLTE

In den *Vinaya Sutras* sagt Buddha, dass Dharma im Allgemeinen nur dann gelehrt werden sollte, wenn darum gebeten wird. Kommt eine Bitte allerdings von jemandem, der kein Vertrauen in Dharma und keinen wirklichen Wunsch hat zu praktizieren, sollten die Unterweisungen nicht gegeben werden. Andererseits kann Dharma gelehrt werden, wenn jemand einen aufrichtigen Wunsch hat zu praktizieren, auch wenn keine Bitte vorgebracht wurde.

DER ABSCHLUSS, DER FÜR LEHRER UND SCHÜLER GEMEINSAM GILT

Wenn eine Unterweisung beendet ist, widmen Lehrer und Schüler die angesammelten Verdienste der Erlangung der Erleuchtung zum Wohle aller fühlenden Wesen. Wenn genügend Zeit ist, kann ein Mandala dargebracht werden um dem Lehrer zu danken, aber es ist kein Fehler, wenn dies weggelassen wird.

Die Vorbereitung auf die Meditation

DIE ERKLÄRUNG DER EIGENTLICHEN ANLEITUNGEN DER STUFEN DES PFADES ZUR ERLEUCHTUNG

Diese Erklärung hat zwei Teile:

1. Wie man sich auf einen spirituellen Meister verlässt: der Ursprung spiritueller Pfade
2. Wie wir die Essenz unseres menschlichen Lebens gewinnen

WIE MAN SICH AUF EINEN SPIRITUELLEN MEISTER VERLÄSST: DER URSPRUNG SPIRITUELLER PFADE

Dies hat zwei Teile:

1. Wie der Geist während der Meditationssitzung geschult wird
2. Wie der Geist während der Meditationspause geschult wird

Die Unterweisungen sind für jede Stufe des Pfades in diese zwei Teile gegliedert. Die Meditationssitzung ist die Zeit, die wir in formeller Meditation über Lamrim verbringen, und die Meditationspause ist der ganze Rest unserer Zeit, in der wir die verschiedensten Aktivitäten ausführen. Die Unterweisungen geben Anleitungen für die gesamte Zeit, sodass wir sie in jedem Moment unseres Lebens in die Praxis umsetzen können. Da wir die meiste Zeit außerhalb der Meditation verbringen, ist es wichtig, uns in der Schulung unseres Geistes

Maitreya

Vasubandu

Asanga

zu bemühen, während wir mit Arbeit und anderen Aktivitäten beschäftigt sind, genauso wie wir uns während der Meditationssitzungen in der Schulung unseres Geistes bemühen. Wenn wir beständig praktizieren und alles, was wir tun, in den spirituellen Pfad umwandeln, werden unsere Meditationen erfolgreicher und unser ganzes Leben wird sinnvoll werden.

WIE DER GEIST WÄHREND DER MEDITATIONSSITZUNG GESCHULT WIRD

Alle Lamrim Meditationen haben drei Stufen:

1. Die Vorbereitung auf die Meditation
2. Die eigentliche Meditation
3. Der Abschluss der Meditation

In den folgenden Abschnitten wird erklärt, wie man sich auf eine Meditationssitzung vorbereitet, wie die eigentliche Meditation ausgeführt wird und wie die Meditationssitzung abgeschlossen wird. Diese Erklärungen werden am Beispiel der eigentlichen Meditation «Sich auf einen spirituellen Meister verlassen», der ersten Lamrim Meditation, gegeben. Da die erste Stufe, die Vorbereitung auf die Meditation, und die dritte Stufe, der Abschluss der Meditation, für alle Lamrim Meditationssitzungen gleich sind, werden diese Erklärungen nur einmal angeführt. Bei den nachfolgenden Meditationen wird dann nur noch die zweite Stufe, die eigentliche Meditation, erklärt.

DIE VORBEREITUNG AUF DIE MEDITATION

Der Erfolg unserer Meditation hängt von sechs Vorbereitungen ab. Genauso wie wir eine Prüfung oder ein Fest sorgfältig vorbereiten müssen, wenn wir Erfolg haben wollen, so müssen wir uns sorgfältig auf die Meditation vorbereiten, wenn wir gute Ergebnisse erzielen wollen. Die sechs vorbereitenden Übungen sind:

1. Die Reinigung des Meditationsraumes und das Errichten eines Altars mit Darstellungen von Buddhas Körper, Rede und Geist
2. Das Aufstellen geeigneter Darbringungen
3. Das Sitzen in der richtigen Meditationshaltung, die Zufluchtnahme und das Erzeugen und Verstärken des Bodhichitta
4. Das Feld für die Ansammlung von Verdiensten visualisieren
5. Das Ansammeln von Verdiensten und das Reinigen von Negativität durch das Darbringen der siebengliedrigen Praxis und des Mandalas
6. Das Feld für die Ansammlung von Verdiensten im Allgemeinen und die Gurus der Lamrim Überlieferungslinie im Besonderen um ihre Segnungen bitten

DIE REINIGUNG DES MEDITATIONSRAUMES UND DAS ERRICHTEN EINES ALTARS MIT DARSTELLUNGEN VON BUDDHAS KÖRPER, REDE UND GEIST

DIE REINIGUNG DES MEDITATIONSRAUMES

Wir reinigen normalerweise unser Zimmer oder unser Haus, damit wir uns fröhlicher und tatkräftiger fühlen, oder wir geben uns bei der Reinigung besondere Mühe, weil wir wichtige Gäste erwarten. Wenn wir unser Zimmer vor der Meditation reinigen, sollten wir es jedoch mit einer Motivation tun, die uns die größten Verdienste bringt. Wir reinigen unser Zimmer, um alle heiligen Wesen einzuladen, damit wir Verdienste ansammeln und negatives Karma reinigen können, indem wir die siebengliedrige Praxis und das Mandala darbringen. Es ist weitaus angebrachter und wertvoller, uns bei der Reinigung unseres Zimmers zu bemühen, wenn erleuchtete Wesen unsere Gäste sind!

Wenn wir unseren Meditationsraum mit dieser Motivation reinigen, entstehen fünf gute Ergebnisse:

(1) Unser Geist wird klarer
(2) Der Geist anderer, die unser Zimmer betreten, wird klarer
(3) Die Gottheiten freuen sich, unser Zimmer zu betreten
(4) Wir erschaffen die Ursache, mit einer schönen Form wiedergeboren zu werden
(5) Wir erschaffen die Ursache, in einer reinen Umgebung wiedergeboren zu werden, etwa in einem Reinen Land

Während wir sauber machen, sollten wir den Staub und Schmutz als den Dreck unserer eigenen nichttugendhaften Handlungen und Verblendungen betrachten und denken: «Das ist der Schmutz meiner Unwissenheit – ich beseitige ihn. Dies sind die Flecken meiner zerstörerischen Taten – ich beseitige sie.» Haben wir ein besonders starkes emotionales Problem, beispielsweise starke begehrende Anhaftung, können wir uns darauf konzentrieren und energisch sauber machen, während wir denken: «Das ist der Schmutz meiner Anhaftung. Ich entferne ihn aus meinem Geist.»

Es gab einmal einen Mönch namens Lam Chung, der zur Zeit Buddha Shakyamunis lebte. Schon bevor er ein Mönch wurde, hatte er den Ruf, dumm und nicht lernfähig zu sein. Er wurde zur Schule geschickt, aber schon bald von dort verwiesen, weil die Lehrer sagten, er könne keine seiner Lektionen im Gedächtnis behalten. Später sandten ihn seine Eltern zu einem Brahmanen, damit er die vedischen Schriften lerne. Doch wiederum war er nicht in der Lage, sich an irgendetwas zu erinnern oder zu verstehen, was man ihn gelehrt hatte, und wurde einmal mehr fortgeschickt.

Seine Eltern dachten, dass ihm eine klösterliche Umgebung vielleicht mehr entspräche und sandten Lam Chung zu seinem älteren Bruder Arya Lam Chen, der ihn als Mönch ordinierte. Lam Chen übernahm die Verantwortung für die Ausbildung seines jüngeren Bruders und begann damit, ihn einen Dharma Vers zu lehren. Lam Chung studierte diesen Vers drei Monate lang, war aber nie fähig ihn zu behalten!

Wenn er ihn am Morgen auswendig gelernt hatte, hatte er ihn bis zum Abend vergessen, und wenn er ihn in der Nacht gelernt hatte, hatte er ihn bis zum folgenden Morgen vergessen. Er versuchte im Freien zu studieren in der Hoffnung, dass dies seinem Geist helfen würde, aber ohne Erfolg. Während er in den Hügeln war, rezitierte er diesen Vers so oft, dass sogar die Schafhirten, die ihre Herden hüteten, den Vers auswendig konnten und verstanden, aber der arme Lam Chung beherrschte ihn noch immer nicht. Die Schafhirten versuchten, ihm den Vers beizubringen, aber Lam Chung war immer noch nicht fähig, ihn zu lernen. Aufgrund seiner vielen Misserfolge war selbst sein älterer Bruder Lam Chen gezwungen, ihn fortzuschicken.

Lam Chung war völlig niedergeschlagen und weinte, als er langsam die Straße entlang ging. Er dachte: «Jetzt bin ich weder ein Mönch noch ein Laie. Wie schlecht ich doch bin!» Durch die Kraft seiner Hellsicht sah Buddha alles, was mit Lam Chung geschehen war, und ging zu ihm. Er fragte ihn, warum er weine, und Lam Chung antwortete: «Ich bin so dumm, dass ich nicht einmal einen einzigen Vers der Schriften auswendig lernen kann. Jetzt hat mich selbst mein eigener Bruder aufgegeben.»

Buddha sagte zu ihm, er solle sich keine Sorgen machen. Um seinen Geist von der Negativität der Vergangenheit zu reinigen, lehrte Buddha Lam Chung nur ein paar Worte des Dharma und ernannte ihn zum Tempelausfeger. Lam Chung war mit seiner neuen Stellung sehr zufrieden. Er fegte den Tempel mit großer Hingabe, während er die wenigen Worte rezitierte, die Buddha ihn gelehrt hatte.

Er fegte und fegte für lange Zeit, aber durch die Kraft Buddhas erschien Staub auf der linken Seite des Tempels, wenn Lam Chung die rechte Seite fegte, und wenn er die linke Seite des Tempels fegte, erschien auf der rechten Seite wieder Staub. Trotzdem fuhr er fort zu fegen und zu reinigen, genau wie Buddha ihn angewiesen hatte. Die Situation blieb so für eine lange Zeit, bis Lam Chung plötzlich von der Einsicht getroffen wurde, dass dem Staub, den er ständig fegte, wahre, unabhängige Existenz fehlte. Das war eine tiefgründige Verwirklichung und dadurch erlangte er ein direktes Verständnis der Leerheit, der endgültigen Natur der Wirklichkeit. Durch fortgesetzte Meditation über diese Leerheit konnte er bald die völlige Befreiung von Leiden erlangen. Er war ein glorreicher Feindzerstörer geworden.

Buddha sah, dass die Reinigungstechniken, die er Lam Chung gegeben hatte, außerordentlich erfolgreich waren und entschied, Lam Chungs neue Fähigkeiten öffentlich bekannt zu machen. Er schickte seinen Schüler Ananda, um eine bestimmte Nonnengemeinschaft zu informieren, dass ihr neuer spiritueller Meister von nun an Lam Chung sei. Die Nonnen waren außer sich und hatten das Gefühl: «Wie können wir einen Mönch als unseren Abt annehmen, der so dumm ist, dass er sich selbst nach monatelangen Unterweisungen nicht einmal einen einzigen Vers merken kann?» Sie kamen überein, dass sie Lam Chung nicht als ihren Lehrer akzeptieren müssten, wenn sie seine Mängel in der Öffentlichkeit bloßstellten. So verbreiteten sie in einer nahe gelegenen Stadt die Nachricht, dass ein Mönch, der so weise wie Buddha selbst sei, bald kommen würde um Unterweisungen zu geben und dass alle, die daran teilnähmen, mit Sicherheit große Verwirklichungen erlangen würden. Um die erwartete Demütigung noch zu vergrößern, errichteten die Nonnen einen großen, prunkvollen Thron, der aber keine Stufen hatte, die zu seinem erhöhten Sitz führten.

Am Tag der angekündigten Unterweisungen ging Lam Chung zu der Nonnengemeinschaft, wo sich über hunderttausend Menschen versammelt hatten, die einen um zuzuhören, und die anderen um seine Demütigung zu sehen. Als er den großen Thron ohne Stufen sah, sah er, dass er auf diese Weise gebaut worden war, um ihn lächerlich zu machen. Ohne Zögern streckte er seine Hand aus, sodass sie wie ein riesiger Elefantenrüssel aussah, und damit verkleinerte er den Thron, bis er ganz winzig war. Dann brachte er den Thron auf seine alte Größe zurück und zur zunehmenden Verwunderung der Versammlung flog er hinauf! Nach einer kurzen Zeit der Meditation flog er in den Himmel und umkreiste die Versammlung, bevor er zum Thron zurückkehrte. Als er wieder saß, sagte er: «Hört aufmerksam zu. Ich werde jetzt einen einwöchigen Vortrag über die Bedeutung eines einzigen Dharma Verses geben. Das ist der gleiche Vers, den ich früher selbst nach dreimonatigem Versuchen nicht auswendig lernen oder verstehen konnte.»

Als die siebentägigen Unterweisungen abgeschlossen waren, hatten Tausende von Zuhörern eine direkte Verwirklichung der Leerheit erlangt, während andere die erhabenen Zustände eines In-den-Strom-Eintretenden, eines Einmal-Wiederkehrenden, eines Niemals-Wiederkehrenden und eines Feindzerstörers erlangt hatten. Andere Anwesende konnten den kostbaren Bodhichitta entwickeln und diejenigen, die gekommen waren, um ihn zu prüfen, vergrößerten ihr Vertrauen in die Drei Juwelen. Danach sagte Buddha voraus, dass unter all seinen Schülern Lam Chung das größte Geschick haben werde, den Geist anderer zu zähmen. Noch heute können wir Bilder von Lam Chung sehen, der einer der sechzehn Feindzerstörer ist, die oft in der buddhistischen Kunst dargestellt werden.

DAS ERRICHTEN EINES ALTARS MIT DARSTELLUNGEN VON BUDDHAS KÖRPER, REDE UND GEIST

Vor unserem Meditationsplatz errichten wir in einer erhöhten Position einen Altar mit einem Bild oder einer Statue Buddha Shakyamunis in der Mitte. Wir können zur Rechten Buddhas eine Schrift und zu seiner Linken einen Stupa oder das Bild eines Stupas aufstellen, sofern wir diese Gegenstände besitzen. Die Statue oder das Bild Buddhas repräsentiert seinen Körper, die Schrift repräsentiert seine Rede und der Stupa repräsentiert seinen Geist. Dazu können wir weitere Statuen von Buddhas, Bodhisattvas oder spirituellen Meistern auf unseren Altar stellen.

Mit unserem gegenwärtigen, gewöhnlichen Geisteszustand können wir den eigentlichen Körper, die eigentliche Rede und den eigentlichen Geist Buddhas nicht wahrnehmen; aber wenn wir das Bildnis Buddhas als eigentlichen Buddha betrachten und Verbeugungen und Darbringungen davor machen sowie Bitten vorbringen, werden unsere Handlungen die gleichen Verdienste oder den gleichen Wert haben, als ob wir sie in der Gegenwart des lebenden Buddha ausgeführt hätten. Buddha Shakyamuni sagte:

> Meine vier Schüler und andere bringen mir jetzt unmittelbar Gaben dar. In der Zukunft werden viele Menschen vor einem Bildnis, das meine Form darstellt, mit Vertrauen Gaben darbringen. Diese Handlungen haben die gleiche Bedeutung.

Da beide Handlungen gleichermaßen verdienstvoll und ihre gereiften Auswirkungen die gleichen sind, macht es hinsichtlich des Nutzens keinen Unterschied, ob wir dem eigentlichen Buddha begegnen und ihm Gaben darbringen oder ob wir mit Vertrauen vor einem Bildnis Buddhas Gaben darbringen. Wir können uns davon überzeugen, indem wir drei Begründungen folgen. Da erstens eine Darbringung per Definition etwas ist, das die Buddhas erfreut, können wir sicher sein, dass alle Buddhas der drei Zeiten und zehn Richtungen jedes Mal äußerst erfreut sind, wenn wir dem Bildnis Buddhas eine Gabe darbringen. Da Buddhas zweitens Hellsicht haben, wie die Hellsicht des göttlichen Auges, die Hellsicht des göttlichen Ohres und die Hellsicht, den Geist anderer zu kennen, können wir sicher sein, dass alle Buddhas unsere Darbringungen mittels der Hellsicht ihres göttlichen Auges jedes Mal erkennen, wenn wir eine Gabe vor einem Bildnis eines Buddha darbringen; wir können sicher sein, dass alle Buddhas unsere Lobpreisungen mittels der Hellsicht ihres göttlichen Ohres jedes Mal hören, wenn wir den Buddhas Lobpreisungen singen, und dass jedes Mal, wenn wir innerlich Gaben oder Lobpreisungen darbringen, alle Buddhas dies mittels ihrer Hellsicht erkennen, den Geist anderer zu kennen. Da drittens der Körper eines Buddha nicht durch materielle Objekte behindert wird, können wir sicher sein, dass die Buddhas jedes Mal zu uns kommen, wenn wir mit Vertrauen Verbeugungen machen oder Gaben darbringen, ungeachtet der Tatsache, dass unser Geist so von Verblendungen umwölkt ist, dass wir sie nicht sehen können.

In manchen philosophischen Schriften wird gelehrt, dass kein Ort existiert, wo es keinen Buddha gibt. Gemäß dem Geheimen Mantra haben der Geist und der Körper eines Buddha die gleiche Natur, und so ist alles, was vom allwissenden Geist eines Buddha durchdrungen ist, auch von seinem göttlichen Körper durchdrungen. Da Geist und Körper gewöhnlicher Wesen in ihrer Natur verschieden sind, können ihre Körper nicht überall dorthin gehen, wohin ihr Geist geht. Wenn wir beispielsweise an Indien denken, geht unser Geist dorthin, aber unser Körper tut es nicht. Der Körper eines Buddha geht spontan überall hin, wohin auch immer sein Geist geht. Wann immer ein Buddha unsere Gebete hört, kommt daher sein Körper zu uns. Wir können ihn nicht sehen, weil unser Geist wie ein Fenster mit geschlossenen Läden ist.

Als Atisha bei seinen Schülern in Tibet war, begann er einmal plötzlich zu schmunzeln und zu lachen. Als seine Schüler ihn fragten, warum er so glücklich sei, gab er zurück: ‹Gerade jetzt bringen mir meine Schüler in Magadha in Indien vor meiner Statue Gaben dar und singen wunderschöne Lieder.› Wenn sich Atisha durch die Kraft seiner Hellsicht an den Liedern seiner Schüler erfreuen konnte, kann es dann irgendwelche Zweifel geben, dass die Buddhas unsere Lobpreisungen, Gaben und Bitten erhalten, wann immer wir sie mit Vertrauen darbringen?

Es bringt uns großen Nutzen, wenn wir jeden Tag Verbeugungen vor dem Bildnis Buddhas auf unserem Altar machen, Gaben darbringen und Bitten vortragen. Wenn wir sehr beschäftigt sind, ist selbst das Betrachten des Bildes voller Vertrauen und mit respektvoll zusammengelegten Händen eine Verbeugung und erschafft ein starkes Potenzial, dass wir in der Zukunft tatsächliche Buddhas sehen werden. In einem seiner früheren Leben betrat Shariputra einen Tempel, wo es viele Bilder und Statuen von Buddhas gab. Als er sie erblickte, fragte er sich: «Wann werde ich den wirklichen Buddha von Angesicht zu Angesicht sehen?» Die ganze Nacht lang schaute er die Bilder an und sehnte sich danach, dem wirklichen Buddha zu begegnen. Infolge des guten

Karmas, das er bei dieser Gelegenheit erzeugt hatte, wurde er in einem späteren Leben einer der Hauptschüler Buddha Shakyamunis und erreichte in jenem Leben Befreiung.

Die einzige Möglichkeit, mit unserem gegenwärtigen unreinen Geist Buddha wahrnehmen zu können, ist in der Gestalt von jemandem wie unserem spirituellen Meister oder als Bildnis, wie dasjenige, das auf unserem Altar steht. Aufgrund unserer karmischen Hindernisse nehmen wir diese Formen als unrein wahr; aber unsere Unreinheiten existieren nicht von ihrer eigenen Seite. Wenn unser Geist tugendhafter wird, nehmen wir Buddhas Bildnis anders wahr. Wenn unser Geist rein ist, nehmen wir das Bildnis Buddhas als Buddhas Emanationskörper und nicht als bloßes Kunstwerk wahr. Wenn wir die Konzentration des Dharma Kontinuums erlangen, nehmen wir das Bildnis Buddhas als Buddhas erhabenen Emanationskörper wahr und wir können direkt von ihm Unterweisungen empfangen, so wie Atisha Unterweisungen von seiner Arya Tara Statue empfing. Atisha brachte diese Statue mit nach Tibet, und immer wenn ihm eine wichtige Frage gestellt wurde, pflegte er zu sagen: «Als erstes werde ich die Dame Tara um Rat fragen.» Wenn wir die erste spirituelle Ebene eines Bodhisattva erreichen, nehmen wir das Bildnis Buddhas als Buddhas Freudenkörper wahr, und wenn wir volle Erleuchtung erlangen, nehmen wir das Bildnis Buddhas als Buddhas Wahrheitskörper wahr.

DAS AUFSTELLEN GEEIGNETER DARBRINGUNGEN

Vor dem Bildnis Buddhas auf unserem Altar stellen wir schöne Darbringungen auf und vergewissern uns, dass unser Geist dabei frei von groben Verblendungen, weltlichen Belangen und jedweder schlechten oder unreinen Motivation ist. Wir stellen beispielsweise keine Darbringungen mit dem Gedanken auf: ‹Ich werde diese Darbringungen sehr schön herrichten, sodass die Leute, die in mein Zimmer kommen, meinen guten Geschmack bewundern können.›

Wir können eine oder viele Reihen von sieben Darbringungssubstanzen aufstellen: Wasser zum Trinken, Wasser zum Waschen, Blumen, Weihrauch, Licht, parfümiertes Wasser und Speisen. Diese können als eigentliche Substanzen oder in der Form von Wasser dargebracht werden. Diese sieben Substanzen repräsentieren die Objekte, die die Sinne erfreuen. In gewissen asiatischen Ländern war es für Gastgeber üblich, diese Dinge ihren Gästen anzubieten, wann immer sie das Haus betraten. In diesem Sinne können wir alles darbringen, was wir schön oder einladend finden.

Wenn wir Gaben darbringen, ist es besonders wichtig, uns vor Gefühlen wie Gier oder Geiz in Acht zu nehmen, weil diese leicht in unseren Geist eintreten und die Tugend unserer Handlung zerstören können. Beispielsweise kaufen wir vielleicht einige köstliche Sahnetörtchen um sie Buddha darzubringen, aber auf unserem Heimweg haben wir den starken Drang eines davon zu essen. Selbst wenn wir dieser Versuchung widerstehen können, haben wir vielleicht immer noch ein Gefühl von Verlust, wenn wir die Törtchen auf unseren Altar stellen, und wir bemerken, dass wir darüber nachdenken, wann wir sie wieder herunternehmen können. Andererseits stellen wir vielleicht fest, dass wir versucht sind, die billigste Sorte zu wählen, wenn wir Darbringungen kaufen, weil wir glauben sparen zu können, da die Darbringungen ja nur auf den Altar kommen. Solche Gedanken zerstören die Verdienste unserer Darbringung.

Wenn wir Wasser darbringen, das die sieben Darbringungssubstanzen repräsentiert, und wenn das Wasser, das wir darbringen, acht gute Eigenschaften hat, werden wir acht besondere Vorteile erfahren:

(1) Das Darbringen kühlen Wassers wird bewirken, dass wir reine moralische Disziplin entwickeln
(2) Das Darbringen wohlschmeckenden Wassers stellt sicher, dass wir in zukünftigen Leben immer wohlschmeckendes Essen und Getränk finden werden
(3) Das Darbringen leichten Wassers wird bewirken, dass wir die Glückseligkeit der körperlichen Geschmeidigkeit erfahren

(4) Das Darbringen weichen Wassers verursacht, dass unser Geist ruhig und sanft wird
(5) Das Darbringen klaren Wassers verursacht, dass unser Geist klar und wachsam wird
(6) Das Darbringen süß duftenden Wassers wird leichte und kraftvolle Reinigung unseres negativen Karmas bringen
(7) Das Darbringen von Wasser, das gut für die Verdauung ist, vermindert unsere Krankheiten
(8) Das Darbringen von Wasser, das wohltuend für den Hals ist, wird unsere Rede schön und kraftvoll machen

Wenn wir Buddha Wasser darbringen, sollten wir es als reinen Nektar betrachten, weil Buddha es in dieser Weise wahrnimmt. Wir können auch viele Reihen zu je sieben mit reinem Wasser gefüllte Schalen aufstellen, die unsere zukünftige Erlangung der sieben herausragenden Qualitäten der Vereinigung eines Buddha symbolisieren.

Die Praxis der Darbringungen ist eine sehr wichtige Vorbereitung, da sie eine große Menge an Verdiensten erschafft und unseren Geist sehr stark macht. Das besonders Schöne daran ist, dass dies jeder ohne Umstände tun kann, denn sieben Schalen sind nicht schwierig zu finden und Wasser ist leicht zu erhalten. Außerdem besteht beim Darbringen von Wasser nicht die Gefahr, dass wir Gier oder Geiz entwickeln wie bei anderen Darbringungen. Deshalb ist dies eine Praxis, die wir von Anfang an sehr rein ausführen können.

Wenn Menschen, die nicht religiös sind, unser Zimmer betreten, unseren Altar sehen und uns fragen, warum wir einem Bildnis Gaben darbringen, können wir darauf hinweisen, dass es in jedem Land üblich ist, Blumen vor den Bildern und Statuen wichtiger Bürger aufzustellen, und dass viele Menschen Blumen vor den Porträts und Fotografien geliebter Menschen aufstellen.

DAS SITZEN IN DER RICHTIGEN MEDITATIONSHALTUNG, DIE ZUFLUCHTNAHME UND DAS ERZEUGEN UND VERSTÄRKEN DES BODHICHITTA

DAS SITZEN IN DER RICHTIGEN MEDITATIONSHALTUNG

Wenn wir meditieren, brauchen wir einen bequemen Sitzplatz und eine gute Haltung. Das Wichtigste an der Haltung ist, unseren Rücken gerade zu halten. Dabei hilft es uns, wenn der hintere Teil des Kissens, sofern wir eines benutzen, etwas höher ist als die Vorderseite, sodass unser Becken leicht nach vorne geneigt ist. Zu Beginn ist es nicht notwendig, mit gekreuzten Beinen zu sitzen, aber es ist sicherlich gut, sich mit dem Sitzen in der Haltung Buddha Vairochanas vertraut zu machen. Wenn wir diese Position nicht einnehmen können, sollten wir in einer Haltung sitzen, die dieser so ähnlich wie möglich, aber dennoch bequem ist.

Die sieben Merkmale der Haltung Vairochanas sind:

(1) Die Beine sind in der Vajrahaltung gekreuzt. Dies hilft uns, Gedanken und Gefühle begehrender Anhaftung zu vermindern.

(2) Die rechte Hand liegt in der linken Hand, mit den Handflächen nach oben; die Spitzen der Daumen sind leicht erhoben und berühren sich sanft. Die Hände werden ungefähr vier Fingerbreit unterhalb des Nabels gehalten. Das hilft uns, eine gute Konzentration zu entwickeln. Die rechte Hand symbolisiert Methode und die linke Hand symbolisiert Weisheit; beide zusammen symbolisieren die Vereinigung von Methode und Weisheit. Die zwei Daumen auf der Höhe des Nabels symbolisieren das Lodern des inneren Feuers.

(3) Der Rücken ist gerade, aber nicht angespannt. Das hilft uns, einen klaren Geist zu entwickeln und aufrechtzuerhalten, und es erlaubt den subtilen Energiewinden, frei zu fließen.

(4) Die Lippen und Zähne sind in der üblichen Position, aber die Zunge berührt die Rückseite der oberen Zähne.

Das hilft, übermäßige Speichelbildung zu vermeiden, während gleichzeitig verhindert wird, dass unser Mund zu trocken wird.

(5) Der Kopf ist etwas nach vorne geneigt, mit leicht angezogenem Kinn, sodass die Augen nach unten gerichtet sind. Das hilft, geistige Erregung zu verhindern.

(6) Die Augen sind weder weit offen noch ganz geschlossen, sondern bleiben halb geöffnet und schauen entlang der Nase nach unten. Wenn die Augen weit geöffnet sind, neigen wir dazu, geistige Erregung zu entwickeln, und wenn sie geschlossen sind, neigen wir dazu, geistiges Sinken zu entwickeln.

(7) Die Schultern sind gerade und die Ellbogen sind leicht nach außen gerichtet, um Luft zirkulieren zu lassen.

Ein weiteres Merkmal der Haltung Vairochanas ist die einleitende Atemmeditation, die unseren Geist darauf vorbereitet, eine gute Motivation zu entwickeln. Wenn wir uns zur Meditation hinsetzen, ist unser Geist normalerweise voller störender Gedanken, und wir können einen derartigen Geisteszustand nicht sofort in den tugendhaften Zustand umwandeln, den wir als Motivation benötigen. Ein negativer, störender Geisteszustand ist wie pechschwarzer Stoff. Wir können pechschwarzen Stoff nicht umfärben, bevor wir nicht zuerst die schwarze Farbe entfernt und den Stoff wieder weiß gemacht haben. Genauso müssen wir zuerst alle unsere negativen Gedanken und Ablenkungen beseitigen, wenn wir unseren Geist mit einer tugendhaften Motivation färben wollen. Wir können dies vorübergehend erreichen, indem wir Atemmeditation praktizieren.

Wenn wir uns bequem auf unser Meditationskissen gesetzt haben, beginnen wir uns der Gedanken und Ablenkungen gewahr zu werden, die in unserem Geist entstehen. Dann richten wir unsere Aufmerksamkeit sanft auf unseren Atem, wobei wir ihn in seinem natürlichen Rhythmus belassen. Beim Ausatmen stellen wir uns vor, dass wir alle störenden Gedanken und Ablenkungen in der Form schwarzen Rauches ausatmen, der sich im Raum auflöst. Beim Einatmen stellen wir uns vor, dass wir alle Segnungen und Inspirationen der heiligen Wesen in der Form weißen Lichts einatmen, das in unseren Körper eintritt und sich in unser Herz auflöst. Wir halten diese Visualisierung bei jeder Ein- und Ausatmung einsgerichtet aufrecht, einundzwanzig Mal oder so lange, bis unser Geist friedlich und wachsam geworden ist. Konzentrieren wir uns in dieser Weise auf unseren Atem, werden negative Gedanken und Ablenkungen vorübergehend verschwinden, weil wir uns nicht auf mehr als ein Objekt auf einmal konzentrieren können. Am Schluss unserer Atemmeditation sollten wir denken: «Jetzt habe ich die Segnungen und Inspiration aller heiligen Wesen erhalten.» In diesem Stadium ist unser Geist wie ein sauberer, weißer Stoff, den wir jetzt mit einer tugendhaften Motivation wie Mitgefühl oder Bodhichitta färben können.

DIE ZUFLUCHTNAHME

Wenn wir einmal in der Meditationshaltung sitzen und einen friedlichen und wachsamen Geisteszustand erzeugt haben, können wir Zuflucht nehmen und Bodhichitta erzeugen. Wir beginnen mit der Zufluchtnahme.

Die Objekte, zu denen wir Zuflucht nehmen, sind die Drei Juwelen: das Buddha Juwel, das Dharma Juwel und das Sangha Juwel. Es folgt jetzt eine ausführliche Beschreibung, wie die Drei Juwelen zu visualisieren sind, wann immer wir über Lamrim meditieren. Da wir immer wieder üben müssen, um mit der ganzen Visualisierung vertraut zu werden, sollten wir uns zuerst darauf konzentrieren, die zentrale Figur Buddha Shakyamunis zu visualisieren. Bald wird diese klar werden und wir werden den Bereich der Visualisierung ausdehnen können. Wir sollten uns nicht entmutigen lassen, wenn uns die Visualisierung zu Beginn schwerfällt, weil es mit Sicherheit leichter wird, wenn wir mit den Objekten vertrauter werden. Jeder kann mühelos jemanden visualisieren, den er gut kennt. Wenn wir beispielsweise unsere Augen schließen und versuchen unsere Mutter zu visualisieren, werden wir sie deutlich visualisieren können. Visualisierungen werden nicht wie ein Fernsehbild eingeschaltet, aber indem wir uns immer wieder damit vertraut machen, können wir lernen, wie größere Visualisierungen schnell aufgebaut und fest in unserem Geist gehalten werden. Zu Beginn sollten wir mit einem ungefähren Bild zufrieden sein und uns daran erinnern, dass es das Wichtigste ist, starkes Vertrauen zu entwickeln, dass die heiligen Wesen sich wirklich vor uns befinden, voller Leben, und uns mit großer Güte anschauen, bereit unsere Darbringungen zu erhalten und auf unsere Gebete zu antworten.

Im Raum vor uns, auf der Höhe unserer Augenbrauen und etwa eine Armeslänge entfernt ist ein hoher, mächtiger Thron. Er ist quadratisch und mit Juwelen, wie Diamanten, Smaragden und Lapislazuli, verziert. Darauf sind fünf kleinere Throne, einer in der Mitte etwas höher als die anderen und je einer in den vier Hauptrichtungen. Die Throne werden von Schneelöwen getragen, zwei an jeder Ecke. Ein achtblättriger Lotos in verschiedenen Farben bedeckt die gesamte Oberfläche des mittleren Thrones, der nach Osten gerichtet ist, wo wir sitzen. Die Blütenblätter in den Hauptrichtungen sind rot und die anderen sind: im Südosten gelb, im Südwesten grün, im Nordwesten gelb, im Nordosten schwarz. Die Mitte des Lotos ist eine flache, grüne Scheibe, die von gelben Staubgefäßen umgeben ist. Darüber liegt eine weiße Mondscheibe und darüber ist eine gelbe Sonnenscheibe. Darauf sitzt unser hauptsächlicher spiritueller Meister im Aspekt des Eroberers Buddha Shakyamuni. Sein Körper hat eine goldene Farbe und er ist in der Haltung, die als «Buddha Shakyamuni, der die Dämonen besiegt» bekannt ist. Seine Beine sind in der Vajrahaltung. Er hält seinen rechten Arm so, dass sich der Ellbogen bei seiner Hüfte befindet, der Unterarm auf dem rechten Oberschenkel zum Knie gestreckt ist und seine Finger die Sonnenscheibe berühren. Diese Geste zeigt, dass er den Devaputra Dämon besiegt hat. In seiner linken Hand hält er, mit der Handfläche nach oben, unterhalb des Nabels in der Geste des meditativen Gleichgewichts eine kostbare Schale aus Lapislazuli, worin sich drei Nektare befinden, die zeigen, dass er den Dämon des unkontrollierten Todes, den Dämon der verunreinigten Anhäufungen und den Dämon der Verblendungen besiegt hat. Er trägt die drei Roben eines Ordinierten, und sein Körper ist mit den zweiunddreißig Hauptzeichen und den achtzig Nebenmerkmalen eines Buddha geschmückt. Buddha Shakyamuni ist das Hauptobjekt der Zuflucht, weil er der Gründer der gegenwärtigen Dharma Lehre ist.

Wir stellen uns den Körper Guru Buddha Shakyamunis nicht hohl oder zweidimensional wie ein Bild vor oder als ob er aus materiellen Substanzen zusammengesetzt wäre, wie eine Statue oder ein menschlicher Körper aus Fleisch, Knochen, inneren Organen und so weiter. Buddhas Körper besteht aus Licht, klar und durchscheinend. Er strahlt eine Aura aus fünffarbigem Licht aus: weiß, gelb, rot, grün und blau. Es ist der Körper einer wirklichen Person, eines erleuchteten Wesens. Wenn wir Guru Buddha Shakyamuni vor uns sehen, erinnert uns seine Erscheinung an alle guten Eigenschaften seines erleuchteten Geistes: seine Weisheit, die alle Objekte des Wissens klar und direkt wahrnimmt, sein Mitgefühl für jedes einzelne Lebewesen ohne Ausnahme, das wie das Mitgefühl einer Mutter für ihr einziges Kind ist, und seine vollkommenen, geschickten Mittel, mit denen er unaufhörlich daran arbeitet, alle fühlenden Wesen zum unübertroffenen Glück der vollen Erleuchtung zu führen.

In Guru Buddha Shakyamunis Herzen befindet sich ein Lotos und darüber eine Sonnenscheibe. Darauf sitzt der Eroberer Vajradhara. Sein Körper ist dunkelblau mit einem Gesicht und zwei Armen. Seine rechte Hand hält einen goldenen, fünfzackigen Vajra und seine linke Hand hält eine Glocke aus weißem Silber. Er trägt acht mit Juwelen geschmückte Ornamente: eine Krone, Ohrringe, drei Halsketten von unterschiedlicher Länge, Armringe, Fußringe und ein juwelenbesetztes Hüftband. Sein Körper ist mit Seidengewändern und anderen Kleidungsstücken geschmückt. Er sitzt in der Vajrahaltung und umarmt seine Gefährtin Vajradhatu Ishvari, deren Körper ebenfalls dunkelblau und mit ähnlichen Gewändern und Ornamenten geschmückt ist. Sie ist in der Lotoshaltung.

In Vajradharas Herzen befindet sich ein blauer Samenbuchstabe HUM, der fünffarbiges Licht ausgiebig in alle Richtungen ausstrahlt. Dieses blaue HUM ist das Konzentrationswesen, das Buddhas Wahrheitskörper darstellt; Vajradhara ist das Weisheitswesen, das Buddhas Freudenkörper darstellt, und Guru Buddha Shakyamuni ist das Verpflichtungswesen, das Buddhas Emanationskörper darstellt. Indem wir diese drei Wesen visualisieren, werden wir mit den drei Körpern eines Buddha vertraut und erschaffen die Ursache dafür, sie in der Zukunft wirklich wahrzunehmen. Indem wir unseren hauptsächlichen spirituellen Meister als in seiner Essenz eins mit diesen drei Wesen betrachten, erhalten wir schneller Inspirationen.

Aus dem Herzen Guru Buddha Shakyamunis strahlt Licht nach rechts aus, wo er als Emanation Maitreyas erscheint, der auf einem Thron, einem Lotos und einer Mondscheibe sitzt. Maitreya ist im Aspekt des Freudenkörpers, mit Ornamenten und Seidengewändern geschmückt. Er sitzt in der halben Vajrahaltung. Sein Körper ist rotgelb mit einem Gesicht und zwei Händen, die er auf der Höhe seines Herzens in der Geste des Drehens des Dharma Rades hält. Zwischen Daumen und Zeigefinger jeder Hand hält er den Zweig eines Naga Baumes. Neben seinem rechten Ohr blüht die Blume des einen Zweiges und trägt ein goldenes Rad. Neben seinem linken Ohr blüht die Blume des anderen Zweiges und trägt eine Vase mit langem Hals.

Vor Maitreya sitzt Arya Asanga auf einem Lotos und einer Mondscheibe. Seine Beine sind so gekreuzt, dass sein linkes Bein unter seinem rechten Oberschenkel herausragt und die Fußsohle nach außen gerichtet ist, und sein rechtes Bein kreuzt das linke und ragt einige Zentimeter über das linke Knie hinaus. Seine rechte Hand ist in der Geste des Dharma Lehrens und seine linke ist in der Geste des meditativen Gleichgewichts. Er trägt die drei Roben eines Ordinierten und den Hut eines Pandits. Zu seiner Linken ist ein kugelförmiges Gefäß. Alle Überlieferungsliniengurus des weiten Pfades bilden einen Kreis, der mit Asanga beginnt und im Uhrzeigersinn um die mittlere Figur Maitreya herumgeht.

Aus dem Herzen Guru Buddha Shakyamunis strahlt Licht nach links aus, wo er als Emanation Manjushris erscheint, der auf einem Thron, einem Lotos und einer Mondscheibe sitzt. Sein Körper hat die gleiche Farbe wie Maitreya und er hat die gleiche Haltung, außer dass er die Stängel von Upala Blumen hält. Die Blume, die neben seinem rechten Ohr blüht, trägt ein Weisheitsschwert und die Blume, die neben seinem linken Ohr blüht, trägt einen Text des *Sutra der Vollkommenheit der Weisheit in achttausend Zeilen*. Diese Haltung ist als ‹Manjushri, der das Rad des Dharma dreht› bekannt.

Vor Manjushri sitzt Nagarjuna, der die Roben eines Ordinierten trägt, in der halben Vajrahaltung. Seine Hände sind in der Geste des Dharma Lehrens. Er hat eine kleine Scheitelerhebung und über seinem Kopf wölbt sich ein Baldachin aus sieben Schlangen, ohne ihn zu berühren. Alle Überlieferungsliniengurus des tiefgründigen Pfades bilden einen Kreis, der mit Nagarjuna beginnt und im Gegenuhrzeigersinn um die mittlere Figur Manjushri herumgeht.

Auf der rechten Seite der Überlieferungsliniengurus des weiten Pfades sitzen die Überlieferungsliniengurus des Kadam Lamrimpa und auf der linken Seite der Überlieferungsliniengurus des tiefgründigen Pfades sitzen die Überlieferungsliniengurus des Kadam Shungpawa. Hinter den Überlieferungsliniengurus des weiten Pfades sitzen die Überlieferungsliniengurus des Kadam Männgagpa. Jeder dieser Kadampa Gurus sitzt auf einem Lotos und einer Mondscheibe.

Aus dem Herzen Guru Buddha Shakyamunis strahlt Licht nach hinten aus, wo er als Emanation Buddha Vajradharas erscheint, der auf einem Thron, einem Lotos und einer Mondscheibe sitzt. Er ist von allen Überlieferungsliniengurus des Geheimen Mantra umgeben, von Tilopa bis zu unserem gegenwärtigen spirituellen Meister.

Aus dem Herzen Guru Buddha Shakyamunis strahlt Licht nach vorne aus, wo er als Emanation unseres hauptsächlichen spirituellen Meisters erscheint. Wir visualisieren ihn als strahlend und jugendlich, ohne körperliche Mängel. Seine rechte Hand ist in der Geste des Dharma Lehrens, was zeigt, dass er die Unwissenheit seiner Schüler vertreibt. Seine linke Hand ist in der Geste des meditativen Gleichgewichts, eine Lebensvase haltend, was zeigt, dass er die Macht zerstört, die der Tod über seine Schüler hat. Unwissenheit und Tod sind die größten Hindernisse für unsere spirituelle Entwicklung. Unwissenheit hindert uns daran, Dharma zu verstehen, insbesondere die Unterweisungen über höheres Sehen, die das eigentliche Gegenmittel gegen Unwissenheit ist; und der Tod zerstört genau das Leben, das die Grundlage für die Dharma Praxis ist. Rund um unseren hauptsächlichen spirituellen Meister visualisieren wir alle anderen spirituellen Meister, die uns in diesem Leben reinen Dharma direkt gelehrt haben.

Vor diesen Gruppen von Gurus visualisieren wir die Gottheiten des Höchsten Yoga Tantra. Auf der rechten Seite ist Vajrabhairava, auf der linken Seite Heruka, in der Mitte Guhyasamaja, Vajrayogini oder wer immer unsere persönliche Gottheit des Höchsten Yoga Tantra ist. Vor diesen sind in aufeinanderfolgenden Reihen: die Gottheiten des Yoga Tantra wie die Versammlung von Sarvavid, der Hauptgottheit des Yoga Tantra; die Gottheiten des Ausführungstantra wie die Versammlung der Gottheiten Vairochanas; die Gottheiten des Handlungstantra wie Amitayus, Grüne Tara und Weiße Tara; die Buddhas des Sutra wie die tausend Buddhas des Glücklichen Äons, die fünfunddreißig Bekenntnisbuddhas und die acht Medizin Buddhas; die Sanghas des Sutra, darunter Bodhisattvas wie die acht großen Söhne, die Alleinigen Verwirklicher wie die zwölf Alleinigen Verwirklicher, und die Hörer wie die sechzehn Feindzerstörer; die Sanghas des Tantra wie die Heldinnen und Helden der vierundzwanzig glückverheißenden Stätten, und die überweltlichen Dharma Beschützer wie Mahakala, Dharmaraja, Vaishravana und Kalindewi.

In dieser riesigen Versammlung sind alle Gurus, Gottheiten und Buddhas das Buddha Juwel; und alle Bodhisattvas, Alleinigen Verwirklicher, Hörer, Helden, Heldinnen und Dharma Beschützer sind das Sangha Juwel. Vor jedem der heiligen Wesen ist ein kleiner Marmortisch, auf dem Schriften liegen, die sie verfasst haben. Die Schriften haben die

Natur von Weisheitslicht und repräsentieren das Dharma Juwel. Wenn wir sie visualisieren, betrachten wir sie in ihrer Essenz als die inneren Verwirklichungen der heiligen Wesen. Diese inneren Verwirklichungen sind das eigentliche Dharma Juwel.

Wir bauen diese Visualisierung schrittweise auf und stellen sie uns so groß wie nur möglich vor, weil die Zufluchtsobjekte unzählig sind und den ganzen Raum durchdringen. Jedes ist eine Emanation des Hauptobjekts der Zuflucht, Guru Buddha Shakyamuni.

Wenn wir diese Visualisierung aufgebaut haben, stellen wir uns vor, dass wir von all den unzähligen Lebewesen umgeben sind, die die Leiden der sechs Bereiche Samsaras erleben. Wir stellen sie uns alle in menschlicher Form vor. Uns am nächsten sind unsere eigenen Eltern, unsere Familie und unsere Freunde. Um Mitgefühl für sie alle zu erzeugen, meditieren wir:

> *Seit anfangsloser Zeit habe ich unaufhörlich die verschiedenen Arten des Leidens erlebt. Immer wieder habe ich ohne Freiheit oder Wahl die Schmerzen jedes der sechs Bereiche unkontrollierter Wiedergeburt erlitten. Nun habe ich ein kostbares menschliches Leben mit allen notwendigen Freiheiten und Ausstattungen erlangt, und ich habe Dharma entdeckt. Jetzt habe ich die seltene Gelegenheit, Befreiung zu erlangen, indem ich Dharma in die Praxis umsetze.*
>
> *Trotzdem ist es sehr schwierig, Befreiung zu erlangen, weil mein Geist mit Verblendungen schwer beladen ist, die mich daran hindern, Verwirklichungen zu erlangen. Außerdem kann ich nicht sicher sein, wie lange mir diese Gelegenheit erhalten bleibt, weil der Zeitpunkt des Todes höchst ungewiss ist. Wenn ich heute oder in ein paar Monaten sterbe, werde ich keine Kontrolle über meinen Tod oder meine Wiedergeburt haben. Ich könnte leicht in einem der niederen Bereiche wiedergeboren werden, wo das Leiden unerträglich ist. Wenn ich Glück habe und in meinem nächsten Leben als Mensch wiedergeboren werde, müsste ich immer noch die Leiden der Geburt, der Krankheit, des Alterns und des Todes und alle anderen Leiden des menschlichen Lebens ertragen. Selbst wenn ich als Gott wiedergeboren werde, wäre ich nicht frei*

von Leiden. Deshalb muss ich diese Gelegenheit nutzen, um Befreiung zu erlangen.

Ich bin nicht das einzige Lebewesen, das in diesem erbärmlichen Zustand von Schmerz und Unzufriedenheit gefangen ist; wie kann ich nur nach meiner eigenen Erlösung streben? Jedes Lebewesen, das in den sechs Bereichen Samsaras wandert, war zu irgendeiner Zeit in der Vergangenheit meine eigene, liebe Mutter, und jedes einzelne dieser Wesen erfährt die gleichen Leiden wie ich. Deshalb muss ich für die Befreiung aller arbeiten. Da nur die Drei Juwelen die Kraft haben, uns zu beschützen und uns zu helfen, werde ich aus tiefstem Herzen Zuflucht nehmen, um alle anderen fühlenden Wesen von ihren Leiden befreien zu können.

Auf diese Weise erzeugen wir die Ursachen für die Zufluchtnahme und vergrößern unseren Wunsch, für uns selbst und andere Befreiung aus Samsara zu erlangen. Diese Art der Zufluchtnahme vergrößert unsere Verwirklichung der Entsagung und des Mitgefühls. Mitgefühl führt zu der höheren Absicht: «Ich muss dafür arbeiten, alle Wesen zu befreien.» Weil wir erkennen, dass wir Zuflucht nehmen müssen, wenn wir diesen Wunsch erfüllen wollen, richten wir unsere Aufmerksamkeit auf die vor uns visualisierten Gruppen von Gurus und rezitieren fünfzig Mal: «Ich nehme Zuflucht zu den Gurus.» Wenn wir diese Rezitation beendet haben, bitten wir die Gurus, ihre Segnungen zu gewähren. Dann stellen wir uns vor, dass weißes Licht aus ihren Herzen strömt, sich in unseren Körper und Geist auflöst und all unser negatives Karma reinigt, insbesondere das negative Karma, das wir gegenüber unserem spirituellen Meister durch solche Handlungen erschaffen haben, wie Abneigung oder Respektlosigkeit ihm gegenüber zu entwickeln, ihn zu stören, ihn körperlich zu verletzen, ihm Lügen zu erzählen, gegen seine Wünsche zu handeln oder wütend auf ihn zu werden. Wenn diese Visualisierung abgeschlossen ist, sollten wir das Gefühl haben, dass unsere gesamte Negativität gereinigt und unser Körper in die Natur von Licht umgewandelt worden ist.

Dann rezitieren wir die gleiche Zeile weitere fünfzig Mal und wenn wir geendet haben, richten wir unsere Bitten an die Gurus und stellen uns vor, dass goldener Nektar aus ihren Herzen strömt und sich in unseren Körper und Geist auflöst. Dieser Nektar bewirkt, dass sich unsere Verwirklichungen, unsere Lebensspanne, unsere Verdienste und unsere Tugenden vermehren.

Als nächstes richten wir unsere Aufmerksamkeit auf die Buddhas und Gottheiten und rezitieren fünfzig Mal: «Ich nehme Zuflucht zu den Buddhas.» Wenn wir diese Rezitation beendet haben, bitten wir die Buddhas, ihre Segnungen zu gewähren. Dann stellen wir uns vor, dass weißes Licht aus ihren Herzen strömt und unser gesamtes negatives Karma reinigt, insbesondere das negative Karma, das wir gegenüber den Buddhas durch Handlungen erschaffen haben, wie Abneigung gegen sie zu entwickeln, den Wunsch zu haben, ihnen körperlich zu schaden, gegen ihre Wünsche zu verstoßen, Buddha Statuen für unseren eigenen finanziellen Gewinn zu verkaufen oder über Buddha Bildnisse hinwegzuschreiten mit dem Gedanken, dass sie unbedeutend sind. Dann rezitieren wir die gleiche Zeile weitere fünfzig Mal und wenn wir geendet haben, richten wir unsere Bitten an die Buddhas und stellen uns den goldenen Nektar wie oben beschrieben vor.

Wir setzen die Praxis in der gleichen Weise fort und rezitieren: «Ich nehme Zuflucht zum Dharma», wobei wir unsere Aufmerksamkeit auf das Dharma Juwel richten, und: «Ich nehme Zuflucht zur Sangha», wobei wir unsere Aufmerksamkeit auf das Sangha Juwel richten. Wenn wir alle diese verschiedenen Durchgänge der Rezitation und Meditation beendet haben, richten wir unsere Aufmerksamkeit auf alle Zufluchtsobjekte zusammen und rezitieren, so oft wie wir können, das kurze Gebet der Zufluchtnahme:

Bis wir Erleuchtung erlangen, nehmen ich und
alle fühlenden Wesen
Zuflucht zu Buddha, Dharma und Sangha.

Dann richten wir besondere Bitten an die verschiedenen Zufluchtsobjekte, entsprechend der Art der Hilfe, die sie uns geben können. Die Gurus helfen uns, indem sie unseren

Geist durch Inspirationen und Segnungen umwandeln; die Buddhas helfen uns, indem sie uns zu Befreiung und voller Erleuchtung führen; die Gottheiten helfen uns, indem sie Erlangungen gewähren; die Sangha hilft uns, indem sie uns in unserer Dharma Praxis unterstützt; die Helden und Heldinnen helfen uns, indem sie spontane große Glückseligkeit gewähren und uns somit ermöglichen Geheimes Mantra zu praktizieren, und die Beschützer helfen uns, indem sie Behinderungen unserer Dharma Praxis beseitigen. Wenn wir diese besonderen Bitten vorgebracht haben, visualisieren wir das Licht und den Nektar wie oben beschrieben.

Wenn es uns zu Beginn schwerfällt, die Zufluchtsobjekte in dieser ausgedehnten Form zu visualisieren, können wir uns einfach vorstellen, dass die Drei Juwelen im Raum vor uns anwesend sind, und rezitieren dann mit Vertrauen das kurze Gebet der Zufluchtnahme.

BODHICHITTA ERZEUGEN

Nachdem wir Zuflucht genommen haben, erzeugen wir Bodhichitta, indem wir meditieren:

> *Wie wird es sein, wenn ich erleuchtet bin? Ich werde jede gute Eigenschaft haben und vollständig frei von allen Fehlern, allen Leiden und jeder Art von Behinderung sein. Ich werde die vollkommene Fähigkeit haben, allen anderen Lebewesen zu helfen. Meine Emanationen werden so zahlreich sein wie die Lebewesen, und ich werde sie zum Wohle aller nutzen. So wie sich das Licht eines Mondes am Himmel in allen Seen und Gewässern dieser Erde spiegelt, so werden meine Emanationen jedes Lebewesen erreichen und beschützen, wenn ich erleuchtet bin.*

Wenn diese Meditation in unserem Geist eine starke Absicht hervorruft, Erleuchtung zum Wohle anderer zu erlangen, halten wir diesen Gedanken deutlich und einsgerichtet, so lange wir können, und machen uns mehr und mehr mit ihm vertraut. Dann rezitieren wir das Gebet für das Erzeugen des Bodhichitta:

Möge ich aufgrund der Tugenden, die ich durch Geben
und andere Vollkommenheiten ansammle,
Ein Buddha werden zum Wohle aller.

Bodhichitta ist ein Geist, der zwei Bestrebungen hat; beide kommen in diesem Gebet zum Ausdruck. Das Hauptbestreben, anderen zu nützen, wird durch die Worte «zum Wohle aller» ausgedrückt. Das sekundäre Bestreben, das Erlangen der Fähigkeiten, die nötig sind, um das Hauptbestreben zu erfüllen, wird durch die Worte «Möge ich ein Buddha werden» ausgedrückt.

Da Bodhichitta die Hauptursache für die volle Erleuchtung ist, ist Guru Buddha Shakyamuni hoch erfreut, wann immer Bodhichitta in unserem Geist entsteht. Nachdem wir das Gebet rezitiert haben, sollten wir uns daher vorstellen, dass Buddha als Antwort eine weitere Form im gleichen Aspekt ausstrahlt, die zu unserem Scheitel kommt, in unseren Körper eintritt und alle unsere Nichttugenden und Behinderungen reinigt. Wir werden in einen Buddha des gleichen Aspekts wie Guru Shakyamuni umgewandelt. Aus unserem Körper strahlen wir Licht in alle Richtungen aus, das jedes einzelne fühlende Wesen erreicht und seine Nichttugenden und Behinderungen reinigt. Alle Lebewesen lösen sich in Licht auf und erscheinen wieder als Buddhas im gleichen Aspekt wie Guru Buddha Shakyamuni. Diese Art der Praxis ist als «das Ergebnis in den Pfad bringen» bekannt. Sie heißt so, weil wir uns mit Nachdruck vorstellen, dass wir das zukünftige Ergebnis unserer Praxis bereits erreicht haben. Das Ergebnis selbst ist die volle Erleuchtung und die Fähigkeit eines erleuchteten Wesens, anderen zu helfen, den gleichen Zustand zu erreichen. Diese Praxis lässt unser Potenzial, Buddhaschaft zu erlangen, schneller reifen. Dieses Potenzial wird «Buddha Ursprung» oder «Buddha Samen» genannt.

BODHICHITTA VERSTÄRKEN: DIE PRAXIS DER VIER UNERMESSLICHEN

Bevor wir diese Praxis beginnen, müssen wir unseren göttlichen Stolz vermindern und uns daran erinnern, dass wir uns lediglich vorgestellt haben, das zukünftige Ergebnis unserer Praxis erreicht zu haben, und dass wir selbst und unzählige andere Lebewesen in Wirklichkeit noch nicht erleuchtet sind.

Um unsere Bodhichitta Motivation zu verstärken, praktizieren wir die vier Unermesslichen:

(1) Unermesslichen Gleichmut
(2) Unermessliche Liebe
(3) Unermessliches Mitgefühl
(4) Unermessliche Freude

Sie werden «unermesslich» genannt, weil wir sie praktizieren, indem wir alle Lebewesen, deren Zahl unermesslich ist, als unser beobachtetes Objekt nehmen. Wenn wir unermesslichen Gleichmut praktizieren, entwickeln wir den Wunsch, dass alle Wesen die Verwirklichung des Gleichmuts erlangen mögen, und wir widmen uns selbst aktiv der Aufgabe, ihnen dabei zu helfen. Wenn wir unermessliche Liebe und unermessliches Mitgefühl praktizieren, entwickeln wir den Wunsch, dass andere nur Glück und Freiheit von Leiden erfahren mögen, und wir widmen uns selbst aktiv der Aufgabe, dies geschehen zu lassen. Wenn wir unermessliche Freude praktizieren, entwickeln wir den Wunsch, dass andere niemals die Vergnügen und das Glück, das sie in den glücklichen Zuständen als Menschen und Götter erleben, oder die erhabene Freude der Befreiung verlieren, und wir widmen uns selbst aktiv der Aufgabe, zu verhindern, dass sie jemals von vorübergehendem oder endgültigem Glück getrennt sind.

Alle vier Unermesslichen haben jeweils vier Teile: einen unermesslichen Wunsch, ein unermessliches Gebet, eine unermessliche höhere Absicht und eine unermessliche Bitte.

Unermesslicher Gleichmut Wir betrachten alle Wesen, die um uns versammelt sind, und meditieren:

Irgendwann in ihren vergangenen Leben waren alle Lebewesen miteinander verwandt wie eine Mutter mit ihrem eigenen geliebten Kind; aber sie erinnern sich nicht daran und so entwickeln sie Anhaftung, Hass und Gleichgültigkeit und fühlen sich manchen nah und anderen fern. Hass und Anhaftung motivieren sie, schädliche Handlungen zu begehen, und als Ergebnis müssen sie weiterhin Probleme erfahren. Würden alle Gleichmut entwickeln, wären sie nicht von Anhaftung und Hass beherrscht, und sie würden Freiheit von Leiden finden.

Diese Art der Meditation ruft in unseren Herzen einen unermesslichen Wunsch hervor: «Wie wundervoll wäre es, wenn alle Lebewesen in Gleichmut verweilen würden, frei von Hass und Anhaftung, ohne sich einigen nah und anderen fern zu fühlen.» Die Meditation über diesen unermesslichen Wunsch führt zu einem unermesslichen Gebet: «Mögen alle Wesen in Gleichmut verweilen.» Diese Art des Betens führt zu einer unermesslichen höheren Absicht: «Ich selbst werde dafür sorgen, dass es geschieht.» Die Meditation über diese Absicht bringt uns dazu, eine unermessliche Bitte vorzubringen: «Bitte, o Buddhas und spirituelle Meister, segnet mich, damit ich dies tun kann.»

Wenn wir einen völlig wolkenlosen, blauen Himmel betrachten, werden wir den Osten nicht dem Westen und den Westen nicht dem Osten vorziehen. Genauso werden wir die einen Menschen nicht den anderen vorziehen, wenn wir die Verwirklichung des Gleichmuts erreichen. Alle Wesen werden gleich wichtig für uns sein. Bevor wir diese Verwirklichung haben, ist unser Blick so, als ob er auf unebenen Boden gerichtet wäre. Manche Bereiche sehen hoch aus und manche sehen tief aus.

Die meisten persönlichen Probleme, die wir erleben, werden durch unseren eigenen, voreingenommenen Geist verursacht. Wir denken, dass wir selbst, unsere Familie und unsere Freunde am wichtigsten sind. Wir schätzen diejenigen, die uns nahe stehen, und nehmen uns ihre Sorgen zu Herzen, aber wir vernachlässigen beinahe alle anderen und halten ihre Sorgen für unbedeutend. Wenn wir Gleichmut erlangen, werden wir alle Wesen als gleich kostbar ansehen und infolgedessen werden wir feststellen, dass viele unserer eigenen Probleme überwunden sind.

Gleichmut bedeutet gleichmäßige Sorge um alle und nicht bloße Gleichgültigkeit. Gleichgültigkeit ist genauso weit von Gleichmut entfernt wie von Hass und Anhaftung. Wenn wir Gleichmut entwickeln, werden wir großen Frieden und großes Glück erfahren. Unser Geist ist dann wie ein gut gepflügtes Feld, in das wir die Samen von Mitgefühl, Liebe und Bodhichitta setzen können.

Unermessliche Liebe Wir betrachten alle Wesen, die um uns versammelt sind, und meditieren:

Alle diese Wesen sehnen sich nach Glück; doch die meisten von ihnen wissen nicht, was die Ursache für Glück ist, und diejenigen, die es wissen, können sie nicht erschaffen. Deshalb hat niemand das, was er sich wünscht.

Diese Art der Meditation ruft in unserem Herzen einen unermesslichen Wunsch, ein unermessliches Gebet, eine unermessliche höhere Absicht und eine unermessliche Bitte hervor:

Wie wundervoll wäre es, wenn alle Lebewesen Glück und seine Ursache hätten.
Mögen alle Lebewesen diese haben.
Ich selbst werde dafür sorgen, dass dies geschieht.
Bitte, o Buddhas und spirituelle Meister, segnet mich, damit ich dies tun kann.

Wenn wir diesen unermesslichen Wunsch ständig und spontan erzeugen, haben wir die Verwirklichung der unermesslichen Liebe erlangt. Da die Lebewesen zahllos sind, sind es auch die Vorteile der unermesslichen Liebe. Selbst wenn unsere Meditation schlecht verläuft und wir kein besonderes Gefühl erfahren, hat die Meditation über unermessliche Liebe dennoch großen Nutzen für uns.

Unermessliches Mitgefühl Wir betrachten alle Wesen, die um uns versammelt sind, und meditieren:

Alle diese Wesen fürchten sich vor Leiden und wollen frei davon sein; doch in ihrer Unwissenheit begehen sie ständig negative Handlungen, die die eigentliche Ursache des Leidens sind.

Diese Art der Meditation ruft in unserem Herzen einen unermesslichen Wunsch, ein unermessliches Gebet, eine unermessliche höhere Absicht und eine unermessliche Bitte hervor:

Wie wundervoll wäre es, wenn alle Lebewesen frei von Leiden und deren Ursache wären.
Mögen alle frei davon sein.
Ich selbst werde dafür sorgen, dass dies geschieht.
Bitte, o Buddhas und spirituelle Meister, segnet mich, damit ich dies tun kann.

Unermessliche Freude Wir betrachten alle Wesen, die um uns versammelt sind, und meditieren wieder, um einen unermesslichen Wunsch, ein unermessliches Gebet, eine unermessliche höhere Absicht und eine unermessliche Bitte zu erzeugen:

Wie wundervoll wäre es, wenn alle Lebewesen niemals das Glück der Menschen und Götter oder die erhabene Freude der Befreiung verlieren würden.
Mögen sie niemals davon getrennt sein.
Ich selbst werde dafür sorgen, dass dies geschieht.
Bitte, o Buddhas und spirituelle Meister, segnet mich, damit ich dies tun kann.

DIE BODHICHITTA MOTIVATION FÜR EINE BESTIMMTE PRAXIS ERZEUGEN

Bevor wir mit unserer eigentlichen Meditation beginnen, erzeugen wir die Motivation, sie einzig aus dem Grunde auszuführen, die volle Erleuchtung zum Wohle anderer zu erlangen. Wenn wir beispielsweise darüber meditieren wollen, wie wir uns auf unseren spirituellen Meister verlassen, so motivieren wir uns selbst folgendermaßen:

Ich werde jetzt meinen Geist in Vertrauen und Respekt für meinen spirituellen Meister schulen, damit ich anderen nützen kann und das Fundament errichte, das alle anderen Verwirklichungen der Stufen des Pfades zur Erleuchtung trägt.

Dieser Bodhichitta wird «ausübender» oder «praktischer» Bodhichitta genannt. Er veranlasst uns eine bestimmte Praxis auszuführen, die dazu dient, das Ziel des anstrebenden Bodhichitta tatsächlich zu erreichen, nämlich den Wunsch zum Wohle aller anderen Lebewesen erleuchtet zu werden.

DAS FELD FÜR DIE ANSAMMLUNG VON VERDIENSTEN VISUALISIEREN

Es gibt zwei Arten, das Feld für die Ansammlung von Verdiensten zu visualisieren. Nach der ersten Art stellen wir uns vor, dass sich die Zufluchtsobjekte allmählich in Guru Buddha Shakyamuni sammeln, der zu unserem Scheitel kommt und in unser Herz hinabsinkt; und dann visualisieren wir das Feld für die Ansammlung von Verdiensten im leeren Raum vor uns. Die zweite Art ist leichter. Wir schreiben das Feld für die Ansammlung von Verdiensten einfach unserer Visualisierung der Zufluchtsobjekte zu.

Die Zufluchtsobjekte werden jetzt als Feld für die Ansammlung von Verdiensten bezeichnet, denn die heiligen Wesen wirken als ein Feld, in das wir unsere Samen der Tugend setzen und nähren, wenn wir die Praxis der sieben Glieder und das Mandala darbringen. Durch diese Darbringungen schaffen und vergrößern wir unsere tugendhafte Energie, reinigen unser negatives Karma und vergrößern unser Potenzial, die Verwirklichungen der Stufen des Pfades zu erlangen. Diese Ergebnisse sind die gute Ernte unserer Tugend.

Wir beginnen diese Praxis, indem wir uns an alle Einzelheiten der vorangegangenen Visualisierung erinnern, von Guru Buddha Shakyamuni in der Mitte bis zur äußersten Reihe der Dharma Beschützer. Um den Schutz des Dharma zu vergrößern, visualisieren wir zusätzlich einen Wächter in jeder der vier Hauptrichtungen des Feldes für die Ansammlung von Verdiensten. Auf dem Scheitel jedes heiligen Wesens visualisieren wir ein weißes OM, den Samenbuchstaben Vairochanas, am Hals ein rotes AH, den Samenbuchstaben Amitabhas, am Herzen ein blaues HUM, den Samenbuchstaben Akshobhyas, am Nabel ein gelbes SÖ, den Samenbuchstaben Ratnasambhavas, und an der geheimen Stelle ein grünes HA, den Samenbuchstaben Amoghasiddhis. Diese Samenbuchstaben zeigen, dass alle heiligen Wesen des Feldes für die Ansammlung von Verdiensten in ihrer Essenz den fünf Buddha Linien gleich sind.

Dann erneuern wir die Überzeugung, dass wir uns in der Gegenwart der lebendigen heiligen Wesen befinden. In dieser Hinsicht gleichen wir einem Blinden, der in einen Raum geführt wird, in dem ein Vortrag stattfindet und dessen Freund beschreibt, wie die Leute aussehen. Der Blinde glaubt ohne zu zögern, was ihm erzählt wird. Er stellt sich die Leute lebhaft vor, als ob er sie wirklich sehen würde, und er spürt tatsächlich ihre lebendige Gegenwart.

Als nächstes rezitieren wir das Gebet, um das Feld für die Ansammlung von Verdiensten einzuladen. Wir laden alle Weisheitswesen ein, in den Raum vor uns zu kommen und sich mit den vor uns visualisierten Verpflichtungswesen zu vereinen:

Du, Beschützer aller Wesen,
Großer Zerstörer von Dämonenscharen,
Bitte, o Gesegneter, Allwissender,
Komme an diesen Ort mit deinem Gefolge.

Von den Herzen aller heiligen Wesen strahlt Licht aus, das alle Buddha Länder erreicht und die Weisheitswesen in unsere Gegenwart bringt, wo sie mit dem visualisierten Feld für die Ansammlung von Verdiensten untrennbar eins werden.

Buddha Shakyamuni sagte: «Immer wenn jemand Vertrauen in mich entwickelt, bin ich anwesend.» Deshalb ist es sicher, dass die Weisheitswesen kommen werden, wenn wir das Gebet der Einladung mit Vertrauen rezitieren. Dann können wir alle Zweifel, dass die heiligen Wesen wirklich anwesend sind, aufgeben.

Zu der Zeit Buddha Shakyamunis lebte eine junge Frau namens Magadhabhatri, die sehr großes Vertrauen in Buddha Shakyamuni und seine Schüler hatte. Sie verließ ihr

Land, um mit ihrem nichtbuddhistischen Ehemann und seiner Familie zu leben. Obwohl sie oft von ihrem ehrwürdigen nichtbuddhistischen Lehrer besucht wurden, war Magadhabhatri nie richtig zufrieden und sprach immer wieder über die guten Eigenschaften ihres eigenen Lehrers Buddha Shakyamuni. Die Schwiegermutter entwickelte dadurch großes Vertrauen in Buddha und bat Magadhabhatri, ihn zu einem Besuch einzuladen. Als Magadhabhatri den Familienmitgliedern versprach, dass Buddha und sein Gefolge am nächsten Tag ankommen würden, konnten sie ihr kaum glauben. Sie sagten, selbst wenn Buddha bereits unterwegs wäre, wäre es unmöglich für ihn, so schnell dorthin zu gelangen. Magadhabhatri begab sich mit Blumen und Weihrauch auf das Dach des Hauses und bat Buddha zu kommen, indem sie ein Gebet zur Einladung des Feldes für die Ansammlung von Verdiensten rezitierte.

Kraft seiner Hellsicht hörte Buddha ihre Bitte und versammelte seine fünfhundert Feindzerstörer, wobei er ihnen sagte, dass diejenigen, die Wunderkräfte hätten, am nächsten Tag mit ihm kommen könnten. Ein Schüler, der nicht zurückgelassen werden wollte, meditierte die ganze Nacht, um die nötigen Wunderkräfte zu erlangen, damit er Buddha auf seinem Flug begleiten konnte!

Magadhabhatris Schwiegermutter erzählte inzwischen allen Leuten in der Umgebung, dass Buddha Shakyamuni an diesem Tag mit fünfhundert Schülern eintreffen würde: «Magadhabhatri sagte mir, dass sie auf wundersame Weise aus dem Land ihres Vaters hierher geflogen kämen!» Es herrschte große Überraschung und Aufregung. Viele Menschen versammelten sich auf den umliegenden Hügeln und schauten in den Himmel, um zu sehen, aus welcher Richtung Buddha kommen würde. Für das Wohl der Menschen strahlte Buddha achtzehn Formen eines ihm ähnlichen Aspekts an jedem der achtzehn Stadttore aus. Obwohl nur ein Buddha Magadhabhatris Haus betrat, sah ein jeder in der Stadt und in der Umgebung Buddha und entwickelte sehr starkes Vertrauen in ihn. Von jener Zeit an verpflichteten sie sich ganz der Praxis des Dharma.

DAS ANSAMMELN VON VERDIENSTEN UND DAS REINIGEN VON NEGATIVITÄT DURCH DAS DARBRINGEN DER SIEBENGLIEDRIGEN PRAXIS UND DES MANDALAS

DIE SIEBENGLIEDRIGE PRAXIS

Die sieben Glieder sind:

(1) Verbeugung
(2) Darbringung
(3) Bekenntnis
(4) Sicherfreuen
(5) Die Buddhas und spirituellen Meister inständig bitten nicht hinzuscheiden
(6) Die Buddhas und spirituellen Meister bitten das Rad des Dharma zu drehen
(7) Widmung

Durch die Praxis der Verbeugung, der Darbringung, des inständigen Bittens und des Bittens sammeln wir Verdienste an; die Praxis des Sicherfreuens und der Widmung vervielfacht Verdienste, und die Praxis des Bekenntnisses reinigt negatives Karma. Diese sieben Übungen werden ‹Glieder› genannt, weil sie unsere Meditation unterstützen, wie Glieder einen Körper unterstützen. Ohne die Gliedmaßen zu benutzen, können wir bei körperlichen Handlungen nicht viel erreichen. Ähnlich können wir in der Meditation ohne die Glieder des Ansammelns von Verdiensten und des Reinigens von Negativität nicht viel erreichen.

Jede der Übungen hat eine unterschiedliche Funktion: Verbeugung überwindet Stolz; Darbringung überwindet Geiz; Bekenntnis überwindet alle drei Ursprungsverblendungen – begehrende Anhaftung, Hass und Unwissenheit; Sicherfreuen überwindet Eifersucht; inständiges Bitten überwindet unsere falschen Sichtweisen und das negative Karma, das wir durch negative Handlungen gegenüber den Buddhas und spirituellen Meistern erschaffen haben; Bitten überwindet die negative Handlung, Dharma aufzugeben; und Widmung verhindert, dass die Kraft unserer Wut die Verdienste all der guten Handlungen zerstört, die wir widmen.

VERBEUGUNG

Die Praxis der Verbeugung wurde von Buddha Shakyamuni gelehrt und war eine der Hauptübungen Naropas und Je Tsongkhapas. Es gibt drei Arten der Verbeugungen: körperliche, sprachliche und geistige. Wir machen körperliche Verbeugungen, indem wir durch eine physische Handlung unseres Körpers Respekt erweisen, zum Beispiel indem wir volle oder halbe Verbeugungen machen, unseren Kopf neigen oder unsere Hände falten. Wir machen sprachliche Verbeugungen, indem wir mit unserer Rede Respekt erweisen, zum Beispiel indem wir den Lobpreis der Buddhas und Bodhisattvas rezitieren. Wir machen geistige Verbeugungen, indem wir geistig Respekt erweisen, zum Beispiel indem wir Vertrauen in die Drei Juwelen entwickeln. Wir können alle drei Arten von Verbeugungen zusammen ausführen, indem wir voller Vertrauen körperliche Verbeugungen machen, während wir Lobpreisungen oder Mantras rezitieren.

Um körperliche Verbeugungen zu machen, legen wir unsere Handflächen zusammen, wobei die Daumen zwischen den Handflächen sind, und berühren dann der Reihe nach zuerst unseren Scheitel, dann den Punkt zwischen unseren Augenbrauen, dann unseren Hals und dann den Punkt auf der Höhe unseres Herzens. Dann legen wir uns auf den Boden, entweder in einer halben Verbeugung, indem wir mit unseren Handflächen, unseren Knien und unserer Stirn den Boden berühren, oder in einer vollen Verbeugung, indem wir unseren ganzen Körper mit dem Gesicht nach unten auf dem Boden ausstrecken. Den Scheitel und die Stirn zu berühren ist die Ursache, den Körper eines Buddha zu erlangen. Im Besonderen ist das Berühren unseres Scheitels die Ursache, die Scheitelerhebung eines Buddha zu erlangen und das Berühren des Punktes zwischen unseren Augenbrauen ist die Ursache, die Haarlocke eines Buddha zu erlangen. Den Hals zu berühren ist die Ursache, die Rede eines Buddha zu erlangen und den Punkt auf der Höhe unseres Herzens zu berühren ist die Ursache, den Geist eines Buddha zu erlangen.

Nach dem Geheimen Mantra beginnen wir, indem wir unsere Hände auf der Höhe unseres Herzens halten, wobei die Handflächen sich berühren. Die fünf Finger der rechten Hand repräsentieren die fünf Ursprungswinde und die fünf Finger der linken Hand repräsentieren die fünf Zweigwinde. Die Hände zusammenzulegen symbolisiert das Sammeln dieser subtilen Energiewinde im Zentralkanal. Die Stelle auf der Höhe des Herzens zu berühren symbolisiert das Auflösen der Winde im unzerstörbaren Tropfen beim Herzen. Wenn dies tatsächlich durch Meditation erreicht wird, erhalten wir die höchsten Erlangungen des Geheimen Mantra, wie die Verwirklichungen des beispiel- und des sinnklaren Lichts.

Wenn wir während unserer körperlichen Verbeugungen das folgende Mantra rezitieren, wird die Kraft jeder Verbeugung tausendfach vermehrt:

OM NAMO MANJUSHRIYE
NAMO SUSHRIYE
NAMO UTAMA SHRIYE SÖHA

NAMO bedeutet «Huldigung» und MANJUSHRIYE bedeutet der «Glorreiche Friedvolle». Der Geist eines Buddha ist friedvoll, weil er vollkommen frei von den zwei Behinderungen ist: den Verblendungsbehinderungen, das heißt den Verblendungen und ihren Samen, sowie den Behinderungen zur Allwissenheit, das heißt den Prägungen der Verblendungen. Jedes Wesen, das völlig frei davon ist, ist ein Buddha. SU bedeutet «edel» oder «gut» und SHRI bedeutet «glorreich» und bezieht sich auf die Eigenschaften des Dharma Juwels. UTAMA SHRIYE bedeutet «glorreich und unübertroffen» und bezieht sich auf das Sangha Juwel. Somit ist die Bedeutung des ganzen Mantras:

Ich huldige dem Buddha Juwel.
Ich huldige dem Dharma Juwel.
Ich huldige dem Sangha Juwel.

Wir können auch Gebete rezitieren, während wir uns mit dem Körper verbeugen. Beispielsweise können wir die vier Verse der Verbeugung aus dem *Sutra König der Gebete der höheren ausgezeichneten Taten* rezitieren:

Wie viele Löwen der Eroberer Buddhas es auch gibt,
In den Welten der zehn Richtungen und drei Zeiten,
Vor all diesen ohne Ausnahme
Verbeuge ich mich mit Körper, Rede und Geist.

Durch die Kraft meiner vortrefflichen, reinen Sichtweise
Erscheinen alle Eroberer Buddhas klar meinem Geist;
Indem ich mich mit Körpern so zahlreich wie die Atome dieser Welt verbeuge,
Verneige ich mich vor all diesen Eroberer Buddhas.

Auf jedem Atom befinden sich Buddhas so zahlreich wie Atome,
Umgeben von allen Bodhisattvas;
Auf diese Weise visualisiere ich die Eroberer Buddhas,
Die den Boden und den ganzen Raum füllen.

Mit einem unerschöpflichen Chor des Lobpreises
Und dem Klang unendlicher Gebete
Verkünde ich die guten Eigenschaften aller Buddhas
Und preise alle jene, die zur Glückseligkeit gegangen sind.

Wenn wir uns mit dem Körper verbeugen, während wir den ersten Vers rezitieren, machen wir Verbeugungen mit unserem Körper, unserer Rede und unserem Geist. Der zweite Vers zeigt, wie die Verbeugungen mit dem Körper vervielfacht werden, indem wir uns vorstellen, dass wir zahllose Körper haben, die sich gleichzeitig verbeugen. Der dritte Vers zeigt, wie geistige Verbeugungen gemacht werden, indem wir Vertrauen erzeugen und uns an die unzähligen guten Eigenschaften Buddhas erinnern, die jenseits unserer Vorstellungskraft liegen. Der vierte Vers zeigt, wie sprachliche Verbeugungen gemacht werden, indem wir Buddha lobpreisen.

Wenn wir diese vier Verse nicht rezitieren können, können wir Buddha Shakyamunis Gebet rezitieren, während wir uns verbeugen, nachdem wir die Rezitation des Mantra beendet haben:

Guru, Gründer, Gesegneter,
Tathagata und Arhat,
Vollkommen erwachter Buddha,
Großer Sieger, Shakyamuni, Herr,
Vor dir verbeugen wir uns, nehmen Zuflucht und bringen Gaben dar,
O bitte segne uns.

Während wir dieses Gebet darbringen, verbeugen wir uns vor Guru Buddha Shakyamuni, der unser wichtigstes Verdienstfeld ist. Dann verbeugen wir uns vor allen fünf Gruppen von Gurus, einschließlich Guru Buddha Shakyamuni in der Mitte, und vor allen heiligen Wesen, die das Buddha Juwel sind, während wir rezitieren: «Ich verbeuge mich vor allen Buddhas, wie den Yidams aller vier Klassen des Tantras und den tausend Buddhas.» Dann verbeugen wir uns vor dem Dharma Juwel und rezitieren: «Ich verbeuge mich vor dem heiligen Dharma, dem wahren Schutz.» Schließlich verbeugen wir uns vor den heiligen Wesen, die das Sangha Juwel sind, wie den Bodhisattvas, Alleinigen Verwirklichern, Hörern, Helden, Heldinnen und Dharma Beschützern, während wir rezitieren: «Ich verbeuge mich vor der erhabenen Sangha.»

Wenn wir Verbeugungen machen, ist es hilfreich, sich alle Vorteile in Erinnerung zu rufen. Gemäß Sutra sind die wichtigsten Vorteile, die wir in der Zukunft gewinnen werden, folgende:

(1) Eine gesunde und schöne Form
(2) Wiedergeburt in einer angesehenen Familie
(3) Einen großen Kreis von Helfern
(4) Darbringungen und Respekt von anderen
(5) Eine Fülle von Mitteln
(6) Die vielen Vorteile, Dharma zu hören
(7) Starkes Vertrauen in die Drei Juwelen
(8) Ein gutes und umfassendes Erinnerungsvermögen
(9) Große Weisheit
(10) Eine tiefgründige und große Verwirklichung der Konzentration

Es gibt noch viele andere Vorteile. Beispielsweise reinigen Verbeugungen negatives Karma und sind die Ursache, den Formkörper eines Buddha zu erlangen.

DARBRINGUNG

Es gibt zwei Arten von Darbringungen, gewöhnliche und erhabene. Alle materiellen Darbringungen sind gewöhnliche Darbringungen. Man kann sie entweder tatsächlich auf den Altar stellen oder sie sich vorstellen, und sie können entweder jemandem gehören oder nicht. Wenn wir einen schönen Garten sehen und ihn im Geist den Drei Juwelen darbringen, ist dies eine Darbringung, die jemandem gehört, weil der Garten im Besitz von jemandem ist. Wenn wir wilde Blumen sehen und sie im Geist darbringen, ist dies eine Darbringung, die niemandem gehört.

Es gibt vier Arten von erhabenen Darbringungen. Zwei werden im *Sutra, das von Sagaramati erbeten wurde* erwähnt – die Darbringung, Dharma in die Praxis umzusetzen, und die Darbringung, Bodhichitta zu erzeugen. Sich bemühen den Dharma zu lernen, darüber zu meditieren und ihn anderen zu erklären sind allesamt Beispiele für die erhabene Darbringung, den Dharma in die Praxis umzusetzen. Die Geisteshaltungen der Liebe und des Mitgefühls zu erzeugen sind auch erhabene Darbringungen.

Die dritte Art der erhabenen Darbringung, die im *Sutra des weißen Lotos des Mitgefühls* erwähnt wird, ist die Darbringung, alle besonderen Unterweisungen, die wir von unserem spirituellen Meister erhalten haben, in die Praxis umzusetzen. Der große Yogi Milarepa sagte:

> Ich habe keinen Reichtum und keinen Besitz, und so kann ich keine materiellen Gaben darbringen, aber ich werde die Güte meines spirituellen Meisters erwidern, indem ich den Dharma, den er lehrt, in die Praxis umsetze.

Die beste Darbringung, die wir unserem spirituellen Meister machen können, besteht darin, die Unterweisungen zu praktizieren, die er oder sie uns gegeben hat. Ein Kadampa Lehrer sagte:

> Jeder spirituelle Lehrer, der materielle Darbringungen der Praxis seiner Schüler vorzieht, ist nicht qualifiziert und schafft die Ursache für eine Wiedergeburt in den niederen Bereichen.

Die vierte Art der erhabenen Darbringung ist die Darbringung unserer tugendhaften Handlungen, die wir uns als schöne Substanzen vorstellen. Wenn wir beispielsweise über Liebe meditieren, können wir diese Tugend geistig in einen Edelstein, eine Blume oder in ein Reines Land umwandeln und sie den Drei Juwelen darbringen.

Wir können geistig Darbringungen machen, indem wir Gebete rezitieren, zum Beispiel das Gebet, das in Yeshe Tsöndrus Lamrim *Essenz des Nektars* enthalten ist, oder die Verse der Darbringung aus dem *Sutra König der Gebete der höheren ausgezeichneten Taten*:

Heilige Blumen, heilige Girlanden,
Zimbeln, Balsame, wunderschöne Sonnenschirme,
Feinste Butterlampen und heiligen Weihrauch
Bringe ich allen Eroberern dar.

Prächtige Gewänder, erhabene Düfte,
Medizinische Pulver so umfangreich wie Meru,
Alles Erhabene, besonders angeordnet,
Bringe ich allen Eroberern dar.

Für alle diese Buddhas stelle ich mir
Eine riesige Aufstellung unübertroffener Darbringungen vor.
Mit der Kraft meines Vertrauens in ihre ausgezeichneten Taten
Verbeuge ich mich und bringe ihnen allen Gaben dar.

Oder wir können im Geist mit folgendem kurzen Gebet Gaben darbringen:

Möge der ganze Raum erfüllt sein
Mit Darbringungen von Göttern und Menschen,
Sowohl vorhandenen wie vorgestellten,
Wie Darbringungen des Nur-Guten.

BEKENNTNIS

Die Praxis des Bekenntnisses bedeutet nicht nur, verbal oder geistig negative Handlungen einzugestehen, die wir begangen haben. Bekennen beinhaltet alle Übungen der Reinigung. Die negativen Handlungen, die wir begangen haben, müssen wir auf jeden Fall reinigen, weil sie die Hauptursache für unser gesamtes Leiden und unser Unglück sind.

Obwohl wir uns vielleicht sehr angestrengt bemühen, ist es schwer, Verwirklichungen zu erlangen. Wenn wir kurz davor stehen, etwas Erfahrung aus unserer Dharma Praxis zu gewinnen, lässt unser Bemühen oft nach und wir haben keinen Erfolg. Manchmal haben wir vielleicht starkes Vertrauen in unseren spirituellen Meister, aber wir können dieses Gefühl verlieren. Es ist schwierig, Vertrauen in den Dharma zu entwickeln und die wirkliche Bedeutung der Unterweisungen, die wir erhalten, zu verstehen. Wenn wir versuchen zu meditieren, fällt es uns nicht leicht, uns zu konzentrieren und wenn wir versuchen, den Dharma in unserem Alltag in die Praxis umzusetzen, können wir kaum jemals auch nur für eine Stunde eine reine Praxis aufrechterhalten. Diese Schwierigkeiten entstehen, weil wir in unserem Geist eine schwere Last von Negativität tragen, das schwere Erbe aller nichttugendhaften Handlungen, die wir begangen haben.

In *Leitfaden für die Lebensweise eines Bodhisattva* sagt Shantideva:

> Wer erschafft absichtlich die Waffen,
> Die die Wesen in den Höllen verletzen?
> Wer erschafft den lodernden eisernen Grund?
> Woher kommen die verführerischen Halluzinationen?
>
> Der Fähige sagt, dass all diese Dinge
> Allein aus bösen Geistesarten stammen.

Um zu verstehen, wie unsere eigenen negativen Handlungen unsere gegenwärtigen Schwierigkeiten und unseren Kummer verursacht haben, müssen wir Handlungen und ihre Wirkungen, das Gesetz des Karmas, studieren und darüber meditieren. Dies wird weiter unten ausführlich erklärt. Wenn wir über Karma meditieren, werden wir einsehen, dass unsere schlechten Erfahrungen von unserem negativen Geist erschaffen wurden, und wir werden sehen, dass es weitaus angebrachter ist, Abneigung gegen die Ursache statt gegen ihre Wirkung zu entwickeln. Wir werden leicht Bedauern für alle negativen Handlungen entwickeln, die wir begangen haben, und wir werden die Entschlossenheit aufbauen, die Reinigungspraxis auszuführen, um die negativen Potenziale zu zerstören, die diese Handlungen in unserem Geist hinterlassen haben.

Wenn wir uns an alle negativen Handlungen erinnern, die wir begangen haben, könnten wir entmutigt werden und zu dem Schluss kommen: «Ich bin ein hoffnungsloser Fall. Mein Geist ist derart voll von Negativität, dass ich ihn niemals werde reinigen können.» Wenn solche Gedanken in uns auftauchen, müssen wir uns die Beispiele von Angulimala, Tong Den und Ajatashatru in Erinnerung rufen. Durch den abartigen Rat seiner schlechten Freunde verleitet, tötete Angulimala neunhundertneunundneunzig Menschen. Dann erhielt er Dharma Unterweisungen und erkannte seinen Fehler. Doch statt die Hoffnung aufzugeben, praktizierte er Reinigung. Als Folge davon reinigte er sein gesamtes negatives Karma und erlangte noch im gleichen Leben eine direkte Verwirklichung der Leerheit. Der König Ajatashatru tötete seinen Vater, der ein Feindzerstörer war, und nahm einer Nonne, die ebenfalls eine Feindzerstörerin war, die Roben ab; aber als er Buddha das *Bekenntnis Sutra* erläutern hörte, spürte er starkes Bedauern und reinigte sein gesamtes negatives Karma. Er erlangte eine direkte Verwirklichung der Leerheit und den Zustand eines In-den-Strom-Eintretenden. Der Brahmane Tong Den tötete seine Mutter, reinigte aber später seinen Geist und wurde ein großer Schüler Buddha Shakyamunis.

Wenn es möglich ist, solch schändliche Verbrechen vollständig zu reinigen, können wir dann daran zweifeln, dass unsere eigene Nichttugend beseitigt werden kann? Gegenwärtig gleicht unser Geist einem bedeckten Himmel; aber wenn wir unsere ganze Negativität reinigen und das Versprechen halten, in Zukunft schädliche Handlungen zu unterlassen, wird unser Geist wie ein klarer und wolkenloser Himmel werden.

In *Freundlicher Brief* sagt Nagarjuna:

> Wenn jemand, der früher äußerst rücksichtslos war,
> Später aufrichtig Gewissenhaftigkeit praktiziert,
> Dann wird dieser Mensch rein wie ein makelloser Mond werden.

Wenn wir jeden Tag eine starke Reinigung durchführen, können wir unser gesamtes negatives Karma vollständig reinigen; wenn wir eine mittelstarke Reinigung durchführen, können wir unser negatives Karma vermindern; und wenn wir eine leichte Reinigung durchführen, können wir unser negatives Karma am Wachsen hindern. Wenn wir die Reinigung unterlassen, wird sich unser negatives Karma im Laufe der Zeit vermehren und wir werden mit Sicherheit seine schmerzhaften Folgen zu spüren bekommen. Welchen Grad der Reinigung wir erzielen, hängt von der Stärke der vier Gegenkräfte ab:

(1) Die Kraft des Bedauerns
(2) Die Kraft des Vertrauens
(3) Die Kraft des Gegenmittels
(4) Die Kraft des Versprechens

Damit unsere Reinigungspraxis vollständig ist, müssen alle vier Kräfte vorhanden sein.

Die Kraft des Bedauerns Dies ist die Kraft unseres Bedauerns für die schädlichen Handlungen, die wir begangen haben. Wir entwickeln Bedauern, indem wir uns an alle Gefahren unserer Negativität erinnern. Indirekt zerstört Bedauern sowohl die Potenziale unserer nichttugendhaften Handlungen als auch unseren Wunsch, derartige Handlungen in Zukunft zu wiederholen. Aus diesem Grund ist Bedauern auch als «die Kraft der Zerstörung» bekannt. Je stärker unser Bedauern ist, umso stärker ist unsere Zurückhaltung. Wenn wir beispielsweise feststellen würden, dass wir tödliches Gift geschluckt hätten, würden wir großes

Bedauern empfinden. Wie viel größer sollte unser Bedauern für unsere negativen Handlungen sein, die all unsere zukünftigen Leben vergiften!

Die Kraft des Vertrauens Es gibt zwei Hauptobjekte unserer negativen Handlungen: die Drei Juwelen und Lebewesen. Die meisten unserer negativen Handlungen werden gegenüber anderen Lebewesen begangen. Durch Anhaftung, Wut oder Unwissenheit motiviert, töten wir, stehlen wir, lügen wir und so weiter. Wir haben auch viele negative Handlungen gegenüber heiligen Wesen begangen, wie zum Beispiel gegenüber Buddhas, Bodhisattvas und spirituellen Meistern. Von Verblendungen getrieben, haben wir schweres negatives Karma erschaffen, indem wir Handlungen ausführten wie Dharma aufzugeben, die Existenz erleuchteter Wesen zu verneinen oder Respektlosigkeit gegenüber der Sangha zu zeigen. Deshalb sind die Zufluchtnahme, indem wir uns auf die Drei Juwelen verlassen, und das Erzeugen des Mitgefühls oder Bodhichitta, indem wir uns auf alle fühlenden Wesen als unser Objekt verlassen, kraftvolle Methoden, um die negativen Handlungen zu reinigen, die wir ihnen gegenüber begangen haben. Das ist mit der Kraft des Vertrauens gemeint.

Die Kraft des Gegenmittels Dies ist die Kraft jeder tugendhaften Handlung, die wir als Gegenmittel gegen irgendeine nichttugendhafte Handlung ausführen, die wir reinigen wollen. Das Gegenmittel kann jede tugendhafte Handlung sein, die mit aufrichtigem Bedauern für unsere Negativität ausgeführt wird. Beispielsweise können wir Verbeugungen machen, Mantras rezitieren, die Namen von Buddhas rezitieren, die Schriften lesen, über Leerheit meditieren, Gaben darbringen oder Geben praktizieren. Diese heilenden Handlungen sind das eigentliche Mittel, nichttugendhafte Potenziale direkt zu zerstören.

Die Kraft des Versprechens Dies ist die Kraft des Versprechens, negative Handlungen zu unterlassen. Wenn wir ein Versprechen geben, müssen wir wissen, wie lange wir es halten können. Wir können einige negative Handlungen für den Rest unseres Lebens vermeiden und andere nur für kurze Zeit. Wenn es um solche geht, die wir nicht ganz vermeiden können, können wir versprechen sie für kurze Zeit zu unterlassen, um dann allmählich die Zeitspanne zu verlängern, wenn unsere Fähigkeit größer wird. Schließlich werden wir versprechen können sie für den Rest unseres Lebens zu unterlassen. Selbst diejenigen, deren Lebensunterhalt von negativen Handlungen wie dem Töten von Tieren abhängt, können auf diese Weise praktizieren.

SICHERFREUEN

Wann immer wir uns an den Tugenden und Fähigkeiten derjenigen erfreuen, deren Erlangungen höher sind als unsere eigenen, vermehren wir unsere Verdienste über alle Maßen. Durch solch eine Handlung erhalten wir Verdienste, die halb so groß sind wie die Verdienste derjenigen, über die wir uns freuen, und sie vermehrt unser eigenes Potenzial, die gleichen Erlangungen zu erreichen.

Buddha Shakyamuni sagte, dass wir uns an den Tugenden von fünf Arten von Personen erfreuen sollten: Buddhas, Bodhisattvas, Alleinigen Verwirklichern, Hörern und gewöhnlichen Wesen. Es ist lehrreich, die Lebensgeschichten von spirituellen Meistern, Yogis und Buddhas zu lesen. Durch das Nachdenken über die Eigenschaften von Körper, Rede und Geist der Buddhas und die tugendhaften Handlungen, die sie vor und nach ihrer Erleuchtung ausgeführt haben, und durch die Betrachtungen, wie vielen Wesen sie geholfen haben, werden wir Wertschätzung für ihre Erlangungen entwickeln und uns daran erfreuen und denken: «Wie wundervoll wird es sein, wenn ich ein Buddha werde.» Indem wir darüber nachdenken, wie Bodhisattvas Bodhichitta entwickeln und der Reihe nach die fünf Mahayanapfade und die zehn Ebenen erlangen, werden wir ihre Taten wertschätzen, uns daran erfreuen und den Gedanken entwickeln: «Wie wundervoll wird es sein, wenn ich ein Bodhisattva werde.» Indem wir darüber nachdenken, wie Alleinige Verwirklicher eine Verwirklichung der Leerheit erreichen und eine mittlere Erleuchtung erlangen und wie Hörer eine Verwirklichung der Leerheit erreichen und Befreiung erlangen, werden wir uns an ihrer Praxis der drei höheren Schulungen erfreuen und unser eigenes Potenzial vergrößern, die gleichen Verwirklichungen zu erlangen. Wenn wir uns auch an denjenigen erfreuen, die wie wir selbst noch keinen spirituellen Pfad betreten haben, aber aufrichtig praktizieren, werden wir unsere Eifersucht beseitigen und viele Verdienste ansammeln. Wir sollten uns freuen, wann immer andere Geben oder moralische Disziplin oder irgendeine andere Tugend ausüben und wann immer sie sich bemühen, Dharma zu studieren und darüber zu meditieren.

Einst lud ein König namens Prasenajit Buddha Shakyamuni und seine Schüler zum Mittagsmahl ein. Ein Bettler mit dem Namen Tepa stand am Tor des Königs und freute sich über die Freigebigkeit des Monarchen, indem er dachte: «Wie sehr von Glück begünstigt König Prasenajit ist!» Als Buddha sein Mahl beendet hatte, widmete er die Verdienste des Bettlers dem Wohle aller Wesen. König Prasenajit fragte: «Ich bin derjenige, der dieses Mahl bereitgestellt hat. Warum hast du also die Verdienste dieses Bettlers gewidmet und nicht meine?» Buddha antwortete: «Heute hat dieser Bettler eine tugendhaftere Handlung ausgeführt und mehr Verdienste angesammelt.» Buddha wusste, dass die Motivation des Königs, ihm ein Mahl anzubieten, mit weltlichen Interessen vermischt war, während die Handlung des Bettlers, sich zu erfreuen, vollkommen rein war.

Unsere Praxis des Sicherfreuens wird besonders stark sein, wenn wir uns an den Tugenden von Menschen erfreuen können, die wir nicht mögen oder die uns nicht mögen. Wenn wir uns gleichermaßen an den tugendhaften Handlungen, dem Glück und dem Wohlergehen aller Wesen erfreuen können, werden wir Eifersucht und Hass überwinden, und wir werden leicht Verwirklichungen des Mitgefühls und der Liebe erlangen.

Wenn wir uns außerdem an unseren eigenen tugendhaften Handlungen erfreuen, werden wir ihre Kraft vergrößern und Depression und Entmutigung überwinden. Manchmal entmutigen wir uns selbst, indem wir in dem Gedanken schwelgen: «Ich habe lange Zeit praktiziert, aber ich scheine nichts erreicht zu haben.» Wenn wir uns auf derartige Gedanken einlassen, können wir so entmutigt werden, dass wir unsere Praxis aufgeben wollen. In solchen Zeiten sollten wir über unsere eigene Tugend meditieren. Es besteht kein Zweifel, dass wir in der Vergangenheit Tugend praktiziert haben, weil wir jetzt ein kostbares menschliches Leben mit allen nötigen Freiheiten und Ausstattungen haben und die Gelegenheit, Dharma zu lernen und zu praktizieren. Dieses Glück entsteht nur als Ergebnis der Praxis moralischer Disziplin, Freigebigkeit, Geduld und makelloser Gebete.

So wie unsere Tugend der Vergangenheit die Ursache unseres gegenwärtigen Glücks ist, so werden unsere tugendhaften Handlungen dieses Lebens zukünftiges Glück bringen. Deshalb ist es völlig angemessen, sich an ihnen zu erfreuen. Wir können uns daran erinnern, wie oft wir Dharma gehört oder Dharma Bücher gelesen haben, wie oft wir meditiert haben oder wie viele tugendhafte Handlungen wir ausgeführt haben. Wenn wir uns daran erinnern und es ohne Stolz anerkennen, werden wir uns in reiner Weise freuen können und dadurch unsere Tugend in hohem Maße vermehren. Sich auf diese Weise zu freuen schützt uns vor der großen Gefahr, Dharma aufzugeben. Wenn wir Dharma aufgrund unserer Entmutigung aufgeben, ist dies die Ursache, in vielen Leben keinen Kontakt zu Dharma zu bekommen und eine Abneigung gegen Dharma zu haben, wann immer wir ihm begegnen.

Die Praxis des Sicherfreuens bedarf keiner großen Anstrengung. Gungtang Tenpai Drölma sagte:

> Wenn du, sogar während du dich entspannst, große Tugend praktizieren willst, solltest du das Sicherfreuen praktizieren.

Durch das Fördern dieser geistigen Gewohnheit sammeln wir eine riesige Menge an Verdiensten an. Je Tsongkhapa sagte:

> Buddha lehrt, dass Sicherfreuen die höchste Tugend ist.

DIE BUDDHAS UND SPIRITUELLEN MEISTER INSTÄNDIG BITTEN NICHT HINZUSCHEIDEN

Obwohl der wirkliche Körper Buddhas, der Wahrheitskörper, niemals stirbt, sterben die Körper, die Buddha ausstrahlt, um Lebewesen zu führen. Eine Welt, in der es keine Emanationen der Buddhas gibt, die die spirituelle Praxis lehren, wird ein barbarisches Land genannt. An einem derartigen Ort ist es unmöglich, auch nur ein Wort des Dharma zu hören. Deshalb sollten wir die Ausstrahlungen Buddhas inständig bitten, für lange Zeit in dieser Welt zu bleiben, um allen Lebewesen Nutzen zu bringen. Die Buddhas und spirituellen Meister auf diese Weise inständig zu bitten erschafft große Verdienste.

DIE BUDDHAS UND SPIRITUELLEN MEISTER BITTEN DAS RAD DES DHARMA ZU DREHEN

Neunundvierzig Tage nachdem Buddha Shakyamuni Erleuchtung erlangt hatte, baten ihn die Götter Brahma und Indra zu lehren. Sie sagten:

> O Buddha, Schatz des Mitgefühls, fühlende Wesen sind wie Blinde in ständiger Gefahr zu stürzen. Es gibt keinen anderen Beschützer in dieser Welt als dich. Bitte erhebe dich deshalb aus dem meditativen Gleichgewicht und drehe das Rad des heiligen Dharma.

Buddha nahm diese Bitte an und begann zu lehren. Infolgedessen erlangten unzählige Wesen Befreiung und volle Erleuchtung und unzählige Wesen haben die Gelegenheit, Dharma zu praktizieren. Die gütigen Bitten von Brahma und Indra haben es uns ermöglicht, Dharma selbst in diesen degenerierten Zeiten zu finden. Wenn wir Bitten an die heiligen Wesen richten und sie ersuchen das Rad des Dharma zu drehen, werden wir auf die gleiche Weise Verdienste ansammeln und die Ursache erschaffen, in diesem und in zukünftigen Leben Dharma zu erhalten Indirekt werden wir allen anderen Wesen helfen.

WIDMUNG

Die Widmung hat sechs Aspekte: was wir widmen, der Zweck der Widmung, das Ziel der Widmung, für wessen Nutzen wir widmen, die Art und Weise der Widmung und die Natur der Widmung.

Wir widmen unsere tugendhaften Handlungen von Körper, Rede und Geist. Der Zweck der Widmung dieser Handlungen besteht darin, sie vor Zerstörung und Verringerung zu bewahren und sicherzustellen, dass wir ihre guten Ergebnisse erfahren. Wenn wir unsere Tugend nicht widmen, kann sie durch negative Handlungen wie Wut oder falsche Sichtweisen zerstört werden. Das endgültige Ziel, dem wir unsere positiven Handlungen widmen, ist das Ziel der vollen Erleuchtung. Wir machen die Widmung zum Wohle aller Lebewesen und denken: «Möge ich durch die Kraft meiner tugendhaften Taten Erleuchtung zum Wohle aller erlangen.» Wenn wir Leerheit verwirklicht haben, machen wir die Widmung, indem wir uns daran erinnern, dass drei Dingen – der Person, die die Widmung macht, den Handlungen, die gewidmet werden, sowie der Widmung selbst – inhärente Existenz fehlt. Wenn wir Leerheit nicht verwirklicht haben, machen wir die Widmung, indem wir bedenken, dass den drei Dingen – demjenigen, der widmet, demjenigen, dem gewidmet wird, sowie der Widmung – inhärente Existenz fehlt. In den *Sutras der Vollkommenheit der Weisheit* sagt Buddha, dass die Art, wie wir widmen, Methode und Weisheit vereinen sollte. Diese Praxis ist sehr tiefgründig, weil durch diese Widmung sowohl unsere Verdienste als auch unsere Weisheit anwachsen und wir auf den spirituellen Pfaden fortschreiten. Widmung ist von Natur aus ein tugendhafter geistiger Faktor. Sie ist die tugendhafte Absicht mit der Funktion, sowohl das Degenerieren der angesammelten Tugend zu verhindern als auch ihr Wachstum zu fördern.

Wenn wir unsere gesamte Tugend diesem Ziel widmen, wird uns unsere Tugend zu unserem Ziel tragen, was immer auch unser Wunsch sein mag. Es heißt, dass unsere tugendhaften Handlungen wie ein Pferd und unsere Widmung wie dessen Zügel sind. Wenn wir widmen, gleichen wir einem geschickten Reiter, der durch das Benutzen der Zügel sein Pferd dahin lenken kann, wohin auch immer er gehen möchte. Die Kadampa Lehrer lehrten, dass wir uns an zwei wichtige Dinge erinnern sollten, wann immer wir tugendhafte Handlungen ausführen: mit einer tugendhaften Motivation zu beginnen und mit einer Widmung abzuschließen.

DAS MANDALA DARBRINGEN

Das Wort «Mandala» bedeutet in diesem Zusammenhang «Universum». Wenn wir den heiligen Wesen ein Mandala darbringen, bringen wir alles dar – das ganze Universum mit all seinen Objekten und allen Wesen, die es bewohnen. Da die Verdienste, die wir erschaffen, wenn wir eine Darbringung machen, der Natur der Darbringung entsprechen, wandeln wir im Geist das ganze Universum in ein Reines Land um und stellen uns vor, dass alle seine Bewohner reine Wesen und alle Objekte kostbare Substanzen sind. Dann stellen wir uns vor, dass wir dieses reine Universum in unseren Händen darbringen.

Ein Kind füllte einst eine Schale mit Staub und brachte sie Buddha Kashyapa dar, wobei es sich vorstellte, der Staub sei Gold. Als ein Ergebnis dieser reinen Darbringung wurde das Kind später als der wohlhabende König Ashoka wiedergeboren. Ebenso werden wir ein Ergebnis entsprechend der reinen Natur unserer Darbringung erfahren, wenn wir die Welt als Reines Land darbringen, erfüllt von erlesenen Objekten und kostbaren Symbolen. Wenn wir uns spirituelle Erlangungen wünschen, sollten wir jeden Tag ein Mandala darbringen.

DAS FELD FÜR DIE ANSAMMLUNG VON VERDIENSTEN IM ALLGEMEINEN UND DIE GURUS DER LAMRIM ÜBERLIEFERUNGSLINIE IM BESONDEREN UM IHRE SEGNUNGEN BITTEN

Jetzt erbitten wir Segnungen, um drei große Ziele zu erreichen:

(1) Falsche Gedanken und Geisteshaltungen in unserem Geist am Entstehen zu hindern
(2) Richtige Gedanken und Geisteshaltungen zu fördern
(3) Äußere und innere Hindernisse unserer Dharma Praxis zu beseitigen

Wenn wir diese drei Ziele vollkommen erreichen können, werden wir in diesem Leben Erleuchtung erlangen. Obwohl es zahllose falsche Gedanken und Geisteshaltungen gibt, sind es insbesondere sechzehn, die wir kennen und aufgeben sollten, da sie Verwirklichungen der Stufen des Pfades direkt verhindern:

(1) Abneigung oder Respektlosigkeit gegenüber unserem spirituellen Meister
(2) Nicht den Wunsch haben, die Essenz unseres kostbaren menschlichen Lebens zu erlangen
(3) Sich nicht an den Tod erinnern
(4) Einzig an den Vergnügen und dem Glück dieses Lebens haften
(5) Die Wiedergeburt in den niederen Bereichen nicht fürchten
(6) Nicht den Wunsch haben, zu den Drei Juwelen Zuflucht zu nehmen
(7) Kein Vertrauen in die karmischen Gesetze haben oder nicht von ihnen überzeugt sein
(8) Danach streben, nichttugendhafte Handlungen statt tugendhafte Handlungen anzusammeln
(9) Samsara in seiner Natur als Glück betrachten
(10) Sich wünschen Verblendungen und verunreinigte Handlungen zu vermehren

(11) Nicht an der Erlangung der Befreiung interessiert sein
(12) Nicht die drei höheren Schulungen praktizieren wollen, die die Ursachen der Befreiung sind
(13) Mutterlebewesen im Stich lassen
(14) Selbstwertschätzung
(15) Festhalten am Selbst
(16) Abneigung gegen die Praxis des Geheimen Mantra

Diesen entsprechend gibt es sechzehn richtige Gedanken und Geisteshaltungen, die wir fördern müssen:

(1) Sich vertrauensvoll auf unseren spirituellen Meister verlassen und ihn respektieren
(2) Den Wunsch haben, die Essenz unseres kostbaren menschlichen Lebens zu erlangen
(3) Sich an den Tod erinnern
(4) Nicht an den Vergnügen und dem Glück dieses Lebens haften
(5) Die Wiedergeburt in den niederen Bereichen fürchten
(6) Den Wunsch haben, zu den Drei Juwelen Zuflucht zu nehmen
(7) Vertrauen in die karmischen Gesetze haben und von ihnen überzeugt sein
(8) Danach streben, tugendhafte Handlungen statt nichttugendhafte Handlungen anzusammeln
(9) Samsara in seiner Natur als Leiden betrachten
(10) Sich wünschen, Verblendungen und verunreinigte Handlungen aufzugeben, die die Ursachen samsarischer Wiedergeburt sind
(11) Entschlossen sein Befreiung zu erlangen
(12) Die drei höheren Schulungen praktizieren wollen
(13) Alle Mutterlebewesen schätzen
(14) Selbstwertschätzung aufgeben
(15) Selbstlosigkeit erkennen
(16) Die Praxis des Geheimen Mantra mögen

Zusätzlich zu diesen sechzehn richtigen Gedanken und Geisteshaltungen gibt es viele andere tugendhafte Geisteszustände, die wir fördern und für die wir Segnungen erbitten müssen. Wenn wir beispielsweise unseren Geist in den Stufen des weiten Pfades der Sutra Unterweisungen schulen, fördern wir die besonderen Geisteszustände großer Liebe, großen Mitgefühls und Bodhichitta; und darauf beruhend entwickeln wir den Entschluss, die sechs Vollkommenheiten des Gebens, der moralischen Disziplin, der Geduld, des Bemühens, der geistigen Stabilisierung und der Weisheit zu praktizieren.

Die Verwirklichungen der Stufen des weiten Pfades des Geheimen Mantra – namentlich die Verwirklichungen der Praxis der Erzeugungsstufe, den Zwischenzustand in den Pfad des Freudenkörpers zu bringen, und die Verwirklichung der Vollendungsstufe des eigentlichen illusorischen Körpers – sind die Essenz der Stufen des weiten Pfades, für die wir Segnungen erbitten müssen. Der resultierende Vajrakörper, den wir erreichen, wenn wir die Buddhaschaft erlangen, ist die Quintessenz aller Stufen des weiten Pfades von Sutra und Tantra.

Die Verwirklichungen der Stufen des tiefgründigen Pfades des Geheimen Mantra – namentlich die Verwirklichungen der Praxis der Erzeugungsstufe, den Tod in den Pfad des Wahrheitskörpers zu bringen, und die Verwirklichungen der Vollendungsstufe des beispiel- und sinnklaren Lichts – sind die Essenz der Stufen des tiefgründigen Pfades, für die wir Segnungen erbitten müssen. Der resultierende Wahrheitskörper oder Dharmakaya ist die Quintessenz aller Stufen des tiefgründigen Pfades von Sutra und Tantra.

Um die oben erwähnten falschen Gedanken und Geisteshaltungen zu beseitigen und stattdessen alle diese tugendhaften Geisteszustände zu fördern, erbitten wir die Segnungen des Feldes für die Ansammlung von Verdiensten mit dem folgenden Gebet:

Bitte lasst eure inspirierenden Segnungen über mich und alle meine Mütter herabströmen, damit wir schnell alle verkehrten Geisteshaltungen aufgeben, von Respektlosigkeit gegenüber unserem gütigen Lehrer bis zur subtilsten dualistischen Erscheinung.

Bitte lasst eure inspirierenden Segnungen herabströmen, damit wir schnell reine Geisteshaltungen erzeugen, von Respekt für unseren gütigen Lehrer bis zum höchsten Geist der Vereinigung.

Bitte lasst eure inspirierenden Segnungen herabströmen, um alle inneren und äußeren Hindernisse zu überwinden.

Wenn wir diese Bitten vorgebracht haben, stellen wir uns vor, dass die Segnungen aus den Herzen aller heiligen Wesen in der Form von Licht und Nektar herabströmen. Diese treten in unseren Körper und Geist ein, reinigen unser negatives Karma und unsere Behinderungen und vermehren unsere Verdienste, unsere guten Eigenschaften, unsere Lebenszeit und unsere Verwirklichungen. Diese Segnungen vergrößern in hohem Maße unser Potenzial, die Verwirklichungen der Meditation zu erlangen, die wir gerade durchführen wollen.

Dann richten wir Bitten an die Gurus der Lamrim Überlieferungslinie, indem wir mit unserem hauptsächlichen spirituellen Meister beginnen und dreimal das Gebet rezitieren:

Mein gütigster Wurzelguru,
Bitte verweile auf dem Lotos und Mond über meinem Scheitel,
Und gewähre mir durch deine große Güte
Die Erlangungen deines Körpers, deiner Rede und deines Geistes.

Unser spiritueller Meister strahlt eine andere Form im gleichen Aspekt aus, die zu unserem Scheitel kommt und sich dem Feld für die Ansammlung von Verdiensten zuwendet.

Mit gefalteten Händen hilft er uns dann, unsere Bitten an die anderen Gurus der Überlieferungslinie zu richten. Wir können das lange Gebet Je Tsongkhapas *Öffnen des Tores zum erhabenen Pfad* oder das kurze Gebet rezitieren, das mit den Worten beginnt:

Ich richte meine Bitten an dich, Buddha Shakyamuni,
Dessen Körper aus unermesslicher Tugend entspringt,
Dessen Rede die Hoffnungen der Sterblichen erfüllt,
Dessen Geist alles Existierende klar erkennt.

und endet:

Ich richte meine Bitten an dich, mein gütiger kostbarer Lehrer,
Der für diejenigen mit unkontrolliertem Geist sorgt,
Ungezähmt von allen früheren Buddhas,
Als ob sie vom Glück begünstigte Schüler wären.

Danach bringen wir eine besondere Bitte vor, um die Verwirklichung der Meditation zu erlangen, die wir gerade beginnen möchten. Da wir in diesem Fall darüber meditieren wollen, wie wir uns auf unseren spirituellen Meister verlassen, bitten wir in der folgenden Weise:

Ich und alle meine gütigen Mütter werden weiterhin ohne Freiheit oder Wahl wiedergeboren werden, weil wir uns noch nicht von ganzem Herzen auf unseren spirituellen Meister verlassen haben. Bitte segne uns, damit wir diese Verwirklichung erlangen.

Wir machen diese besondere Bitte dreimal und stellen uns dann vor, dass aus dem Herzen von Guru Buddha Shakyamuni Licht zu den äußersten Grenzen des Feldes für die Ansammlung von Verdiensten ausstrahlt. Von der äußersten Grenze her lösen sich alle heiligen Wesen in Licht auf und sammeln sich allmählich in den fünf zentralen Gruppen von Gurus. Auch diese lösen sich in Licht auf und sammeln sich in Guru Buddha Shakyamuni, der zu unserem Scheitel kommt und augenblicklich unseren hauptsächlichen spirituellen Meister, der sich auf unserem Scheitel befindet, in den Aspekt Buddha Shakyamunis umwandelt. Dann erzeugen wir starkes Vertrauen in Guru Buddha Shakyamuni, indem wir ihn als in seiner Essenz eins mit allen Zufluchtsobjekten ansehen, einschließlich unseres hauptsächlichen spirituellen Meisters. Wir bringen abermals die Praxis der sieben Glieder durch die Rezitation des kurzen siebengliedrigen Gebetes und danach ein Mandala dar. Dann bitten wir:

O Guru Buddha,
In deiner Natur der Weisheits-Dharmakaya,
Vereinigung aller spirituellen Meister,
Bitte gewähre mir deine Inspiration.

O Guru Buddha,
In deiner Natur der Sambhogakaya,
Vereinigung aller Buddha Juwelen,
Bitte gewähre mir deine Inspiration.

O Guru Buddha,
In deiner Natur der Mitgefühls-Dharmakaya,
Vereinigung aller Dharma Juwelen,
Bitte gewähre mir deine Inspiration.

O Guru Buddha,
In deiner Natur die erhabene Emanation,
Vereinigung aller Sangha Juwelen,
Bitte gewähre mir deine Inspiration.

Wir wiederholen unsere Bitte um Segnungen und bringen innige Bitten vor, um die Verwirklichung der Meditation zu erlangen, die wir ausführen möchten. Dabei erkennen wir, wie wichtig es ist, diese Verwirklichung zu erreichen, wenn wir Befreiung und Erleuchtung erlangen wollen. An dieser Stelle können wir auch das *Gebet der Stufen des Pfades* rezitieren, das in den Gebeten für die sechs vorbereitenden Übungen in der Sadhana *Essenz des Glücks* enthalten ist.

Als Antwort auf unsere Bitten strahlt Guru Buddha Shakyamuni Licht aus, das in unseren Körper und Geist eintritt, unsere Nichttugend reinigt und unsere Behinderungen beseitigt. Insbesondere reinigt es die Hindernisse, die dem Erreichen der Verwirklichungen entgegenstehen, die wir erbeten haben. Unser Körper wird in die Natur von Licht umgewandelt und unser Geist entwickelt ein sehr starkes Potenzial, diese Verwirklichungen zu erlangen.

Jetzt haben wir alle sechs vorbereitenden Übungen beendet und wir sind bereit, unsere eigentliche Lamrim Meditation auszuführen. Während der gesamten Meditation sollten wir uns bewusst sein, dass sich unser spiritueller Meister im Aspekt Buddha Shakyamunis auf unserem Scheitel befindet. Wann immer Schwierigkeiten in unserer Meditation auftauchen – seien es Ablenkung, Faulheit oder irgendwelche unangenehmen Gefühle bezüglich der Meditation – können wir eine Pause machen, ein Mandala darbringen und Inspiration von Guru Buddha Shakyamuni erbitten: «Bitte hilf mir, damit ich dieses Hindernis beseitigen kann und mich in der Meditation bemühe.» Dann können wir uns erneut vorstellen, dass Licht und Nektar von Guru Buddha Shakyamuni zu unserem Herzen hinabströmen, unsere Hindernisse beseitigen und unseren Geist mit guter Energie segnen, damit wir in unserer Meditation fortfahren können. Wenn wir auf diese Weise praktizieren und die Meditation mit Bitten für das Empfangen von Inspiration und Segnungen verbinden, werden wir mit Sicherheit Verwirklichungen erlangen. Geshe Dag Powa sagte:

> Wenn wir unsere Meditation mit den Übungen des Reinigens von Negativität, des Ansammelns von Verdiensten und den Bitten um Inspiration an unsere spirituellen Meister und Yidams verbinden, gibt es keinen Zweifel, dass sich unser Geist ändern wird. Da unser gegenwärtiger Geisteszustand unbeständig ist, werden wir schnell tiefgründige Verwirklichungen erlangen, wenn wir wiederholt auf diese Weise praktizieren, obwohl wir vielleicht der Ansicht sind, dass keine Hoffnung besteht.

Die Essenz der sechs vorbereitenden Übungen ist in den Gebeten *Essenz des Glücks* und in der kürzeren Praxis *Gebete für die Meditation* enthalten, die beide in Anhang II zu finden sind. Die Reihenfolge der oben erklärten Gebete unterscheidet sich leicht von der Reihenfolge in der Sadhana *Essenz des Glücks*, in der eine vollständige, aber weniger ausführliche Art der Praxis dargestellt ist. Die Gebete sollten in jeder Meditationssitzung rezitiert werden. Unsere eigentliche Lamrim Meditation wird nach dem *Gebet über die Stufen des Pfades* oder an einer geeigneten Stelle innerhalb des Gebets ausgeführt.

Was ist Meditation?

Bevor die eigentliche Meditation dargelegt wird, folgt eine allgemeine Erklärung der Natur und des Zwecks der Meditation. Zu meditieren heißt unseren Geist beständig und gründlich mit einem tugendhaften Objekt vertraut zu machen. Meditation hat viele Funktionen. Sie überwindet innere Probleme, wie diejenigen, die durch Wut, Neid, Anhaftung und Unwissenheit erschaffen werden. Sie bändigt unseren Geist und bringt uns inneren Frieden. Sie befähigt uns tugendhafte Absichten zu fördern, durch die wir gute Handlungen ausführen. Und sie beseitigt nichttugendhafte Absichten, durch die wir schädliche Handlungen ausführen. Durch Meditation gewinnen wir Erfahrungen der vielen Ebenen spiritueller Verwirklichung und schreiten zu immer höheren Ebenen spiritueller Erlangung fort, bis wir die höchste von allen, den Zustand der Buddhaschaft, erreichen.

Um Meditation zu praktizieren, müssen wir zuerst Dharma lernen, indem wir richtige Unterweisungen hören und lesen. Dann müssen wir über die Bedeutung des Gehörten und Gelesenen nachdenken. Wir denken über Dharma nach, um seine Bedeutung klar zu verstehen und überzeugt zu werden, indem wir prüfen, ob er logisch und schlüssig ist, ob er mit unserer eigenen Erfahrung übereinstimmt und ob sein Ziel erstrebenswert ist. Wenn wir einmal ein sicheres Verständnis der Bedeutung des Dharma und Vertrauen in seine Verlässlichkeit erlangt haben, sind wir bereit, Meditation zu praktizieren.

Es gibt zwei Arten der Meditation: analytische Meditation und verweilende Meditation. In der analytischen Meditation führen wir eine zielgerichtete Untersuchung oder Überlegung über ein Objekt durch, analysieren seine verschiedenen Aspekte und untersuchen es von verschiedenen Standpunkten aus. Wir benutzen unsere Vorstellung, Achtsamkeit und logisches Denkvermögen, bis kraft unserer Untersuchung in unserem Geist ein besonderer Gedanke oder ein besonderes Gefühl entsteht und sich unser Geisteszustand verändert. Wie wir sehen werden, gibt es verschiedene Arten von Objekten. Manche, wie Unbeständigkeit oder Leerheit, sind Objekte, die vom Geist erfasst werden. Andere wie Liebe, Mitgefühl, Entsagung oder der Entschluss, sich in reiner Weise auf unseren spirituellen Meister zu verlassen, sind eigentliche Geisteszustände. Wir üben solange analytische Meditation aus, bis das besondere Objekt, das wir suchen, unserem Geist deutlich erscheint oder bis der besondere Geisteszustand entsteht, den wir erzeugen wollen.

Wenn wir zum Beispiel darüber meditieren, wie man sich auf einen spirituellen Meister verlässt, betrachten wir die verschiedenen Vorteile, die uns unser Vertrauen bringt, die Gefahren, die ein Verpflichtungs- und Vertrauensbruch schafft, und die verschiedenen Möglichkeiten, wie wir uns vertrauensvoll in Gedanken und Taten auf unseren spirituellen Meister verlassen können. Durch die Kraft dieser analytischen Meditation entwickeln wir den festen Entschluss, uns von ganzem Herzen auf unseren spirituellen Meister zu verlassen. Wenn dieser Entschluss klar und eindeutig in unserem Geist entsteht, haben wir unser Objekt der verweilenden Meditation gefunden.

In der verweilenden Meditation konzentrieren wir uns einsgerichtet auf ein tugendhaftes Objekt, ohne dass wir uns durch Ablenkungen in unserer Konzentration stören lassen. Das Objekt der verweilenden Meditation kann jedes tugendhafte Objekt oder ein besonderer Gedanke oder ein Gefühl sein, das durch die Kraft der analytischen Meditation in unserem Geist hervorgerufen wird. In der verweilenden Meditation halten wir dieses tugendhafte Objekt, diesen Gedanken oder dieses Gefühl, bis es anfängt, schwächer zu werden; dann führen wir erneut unsere analytische Meditation aus, um das Objekt wieder klar oder deutlich werden zu lassen. Es ist, als ob wir ein Feuer mit einem Blasebalg anfachen: Irgendwann ist das Feuer stark genug und wir können den Blasebalg weglegen und das Feuer brennen lassen. Genauso kommt die Zeit, in der wir die analytische Meditation beenden und die verweilende Meditation zum Zuge kommt. So wie das Feuer allmählich wieder schwächer wird, sodass wir erneut den Blasebalg benutzen müssen, so wird auch das Objekt unserer verweilenden Meditation allmählich schwächer werden, sodass wir wieder die analytische Meditation anwenden müssen.

Je Tsongkhapa sagte, dass Meditierende diese zwei Arten der Meditation verbinden sollten, weil eine gute analytische Meditation zu einer guten verweilenden Meditation und eine gute verweilende Meditation zu einer guten analytischen Meditation führt. Selbst wenn das Objekt der verweilenden Meditation nicht schwer zu finden oder im Geist hervorzurufen ist, müssen wir diese zwei Arten der Meditation verbinden. Wenn wir beispielsweise eine verweilende Meditation über unseren Atem ausführen wollen, müssen wir diesen zuerst untersuchen, um unser Meditationsobjekt klar zu identifizieren. Wenn unsere Untersuchung dazu führt, dass das Objekt unserem Geist deutlich erscheint, stabilisieren wir diese Erscheinung durch verweilende Meditation. Objekte wie Leerheit oder Bodhichitta sind schwerer zu finden, und deshalb müssen wir eine ausführlichere analytische Meditation durchführen. Doch der Vorgang der abwechselnd analytischen und verweilenden Meditation bleibt gleich.

Analytische Meditation lässt das Objekt unserem Geist klar oder deutlich erscheinen und verweilende Meditation lässt unseren Geist mehr und mehr mit dem Objekt vertraut werden, sodass sich schließlich der Geist und sein Objekt vermischen. Wenn wir beispielsweise eine analytische Meditation über die Leiden aller Lebewesen durchführen, wird Mitgefühl in unserem Geist deutlich entstehen. Wenn dies geschieht, führen wir die verweilende Meditation aus, um unseren Geist mehr und mehr mit Mitgefühl vertraut zu machen. Schließlich wird sich unser Geist mit Mitgefühl vermischen. Das bedeutet nicht, dass von nun an Mitgefühl das einzige Objekt unseres Geistes ist, sondern dass Mitgefühl untrennbar von unserem

Geist geworden ist, und so wird unser Geist in allen unseren Gedanken und Handlungen niemals ohne Mitgefühl sein.

Zu Beginn ist unsere verweilende Meditation sehr schwach und wir sind kaum fähig, unser Objekt für mehr als einen Moment zu halten. Wenn wir unser Objekt verlieren, müssen wir zur analytischen Meditation zurückkehren, bis das Objekt wieder klar wird, und dann bemühen wir uns erneut, das Objekt zu stabilisieren. Wir müssen diesen Prozess ständig wiederholen. Weiter unten wird im Einzelnen erklärt, wie die Kraft unserer Konzentration verbessert wird.

Da mit wenig Erfahrung in Meditation die meisten Probleme durch Überanstrengung in der verweilenden Meditation entstehen, ist es wichtig, maßvoll zu sein und nicht durch zu großen Druck verkrampft zu werden. Unser Bemühen sollte entspannt und stetig sein, und wann immer wir müde werden, sollten wir uns ausruhen.

Die Praxis der Meditation ist sehr umfassend. Sie beinhaltet nicht nur, sich mit gekreuzten Beinen hinzusetzen und formelle Sitzungen auszuführen. Selbst wenn unsere verweilende Meditation schwach ist, können wir jederzeit analytische Meditation praktizieren. Wenn wir jetzt beispielsweise eine Pause machen, um über einige der gelesenen Punkte gründlicher nachzudenken, stellen wir vielleicht fest, dass uns unsere Überlegungen ganz natürlich zu einer analytischen Meditation führen, während wir in unserem Sessel sitzen. In ähnlicher Weise können wir analytische Meditation ausführen, während wir gehen, reisen oder einfache Handarbeiten ausführen.

Was ist das Ziel der Meditation? Durch analytische Meditation werden wir unser Objekt deutlich wahrnehmen, um dann durch verweilende Meditation tiefere Ebenen der Erfahrung oder Verwirklichung zu erlangen. Der Hauptzweck aller Lamrim Meditationen ist, unseren Geist in den Pfad zur Erleuchtung umzuwandeln, indem die höchsten Ebenen der Verwirklichung erreicht werden. Das Zeichen, dass wir eine vollkommene Verwirklichung irgendeines Objekts gewonnen haben ist, dass keine unserer nachfolgenden Handlungen unvereinbar damit ist und alle Handlungen sinnvoller werden. Wenn wir beispielsweise eine vollkommene Verwirklichung von Mitgefühl erlangt haben, werden wir nie wieder fähig sein, absichtlich irgendeinem anderen Lebewesen Schaden zuzufügen, und alle unsere nachfolgenden Handlungen werden durch Mitgefühl beeinflusst sein.

In den nachfolgenden Erklärungen werden Grundzüge und Anleitungen zu den analytischen Meditationen vermittelt und die Objekte der verweilenden Meditation aufgezeigt. Diese Unterweisungen sollen im Sinne von Richtlinien verstanden werden. Wir sollten unsere eigene Weisheit benutzen und in der Art und Weise, wie wir die gegebenen Ratschläge anwenden, flexibel sein. Jedes Mal wenn eine Gedankenfolge für unsere analytische Meditation präsentiert wird, sollten wir zuerst darüber nachdenken, wo uns diese Gedankenfolge hinführen will. Dann werden uns ganz natürlich eigene Gedanken, Gefühle und Erinnerungen einfallen, die uns in die gleiche Richtung führen. In achtsamer Weise verwenden wir unsere eigenen Gedanken und Erfahrungen, um unsere Meditation zu stärken, während wir darauf achten, belanglose Gedanken und Erinnerungen zu vermeiden.

Da es das Ziel der Lamrim Meditation ist, persönliche Erfahrungen aller Stufen des Pfades zur Erleuchtung zu gewinnen, werden sowohl verschiedene Arten von Begründungen und Gedankenfolgen als auch Hinweise und Beispiele aus den Schriften dargelegt, die wir berücksichtigen können. Die Begründungen werden nicht nur gegeben, um etwas zu beweisen. In der Tat sind viele der Punkte, über die wir meditieren, offensichtlich und müssen nicht bewiesen werden. Wir meditieren zum Beispiel darüber, dass der Zeitpunkt des Todes ungewiss ist, aber wir müssen dies nicht logisch beweisen, da jeder weiß, dass der Zeitpunkt des Todes ungewiss ist. Dennoch ist es eine Sache, rein intellektuell zu wissen, dass etwas wahr ist, eine ganz andere aber, eine persönliche Erfahrung dieser Wahrheit zu haben. Jeder weiß, dass der Zeitpunkt des Todes ungewiss ist. Doch wie viele Menschen leben ihr Leben so, dass sie niemals unter dem Einfluss der Annahme «Ich werde heute nicht sterben» handeln oder denken? Die meisten von uns handeln oder denken größtenteils so, als ob sie nicht sterben müssten. Folglich sind wir erschüttert, bekümmert oder wütend, wenn uns der Tod ereilt, als ob etwas Unnatürliches geschehen würde oder etwas, von dem wir noch nie gehört haben.

Unsere gewohnten Denkweisen und unsere ungeprüften Annahmen widersprechen sehr häufig dem Wissen, das wir haben. Lamrim Meditationen lösen solche Widersprüche auf. Da unsere gewohnten Denkweisen und Verhaltensmuster tief verwurzelt sind, müssen wir viele verschiedene Methoden anwenden, um sie zu entfernen. Begründungen gemäß strikter syllogistischer Logik sind ein Weg. Es gibt auch viele andere Arten logischer Begründungen und viele Gedankenfolgen, die wir benutzen können, um Verwirklichungen hervorzurufen, die unseren Geist verändern werden und unser Verhalten unter Kontrolle bringen. Lamrim ist eine vielschichtige Herausforderung für alle unsere falschen Geistesgewohnheiten.

Es ist viel wichtiger, die eigentlichen Erfahrungen des Lamrim zu gewinnen, als nur die verschiedenen Punkte zu lernen. Obwohl die Kenntnis der Lehren eine notwendige Vorbedingung ist um Erfahrungen zu gewinnen, wird unser Wissen wertlos sein, wenn wir diese Unterweisungen nicht beharrlich in die Praxis umsetzen. Wenn wir bloßes Wissen ohne Erfahrung haben, wird es uns schwerfallen, unseren Geist zu bändigen und wenn wir andere unterrichten, wird es schwierig für sie sein, Verwirklichungen zu erlangen.

Verwirklichungen sind nicht leicht zu erlangen. Wir müssen die Lehren viele Male hören oder lesen. Wenn nötig, sollten wir sie einhundert Mal oder noch öfter lesen oder hören und die Meditationen immer wieder ausführen. Erst wenn wir vollkommene Verwirklichungen jeder Stufe des Pfades zur Erleuchtung gewonnen haben, können wir aufhören. Nehmen wir die Lehren nur widerstrebend an, wenn wir sie erst ein paar Mal gelesen oder gehört haben, zeigt dies, dass wir Dharma noch nicht erfahren haben.

Die Meditationen werden der Reihe nach vorgestellt, weil eine Verwirklichung ganz natürlich zur nächsten führt. Wir können jedoch den ganzen Zyklus auch wiederholt praktizieren, anstatt bei einer Meditation zu bleiben, bis wir eine vollkommene Verwirklichung erlangt haben. Denn jede Erfahrung der jeweiligen Stufe wird in Abhängigkeit von unserer Praxis der anderen Stufen vertieft.

Sich auf einen spirituellen Meister verlassen

DIE EIGENTLICHE MEDITATION

Die erste Meditation auf den Stufen des Pfades ist die Meditation, sich auf seinen spirituellen Meister zu verlassen. Diese hat zwei Teile:

1. Die Qualifikationen eines spirituellen Meisters und eines Schülers des Mahayana
2. Die eigentliche Meditation, sich auf seinen spirituellen Meister zu verlassen

DIE QUALIFIKATIONEN EINES SPIRITUELLEN MEISTERS UND EINES SCHÜLERS DES MAHAYANA

Sich auf einen spirituellen Meister verlassen wird die «Wurzel des Pfades» genannt, weil alle anderen spirituellen Verwirklichungen von Sutra und Tantra davon abhängig sind. Die vielen Äste und Früchte unserer Dharma Praxis werden durch die Wurzel des Vertrauens in unseren spirituellen Meister gestützt und genährt. So wie wir uns in unserer gewöhnlichen Ausbildung auf die Hilfe gut qualifizierter Lehrer verlassen müssen, die uns vom Kindergarten bis zum Abschluss eines Studiums an der Universität führen, so müssen wir uns auch in der spirituellen Schulung, die zur vollen Erleuchtung führt, auf einen gut qualifizierten spirituellen Meister verlassen.

Eine solch tiefe Wurzel kann nicht in aller Eile heranwachsen. Wir müssen mit jemandem bekannt werden, der alle

Qualifikationen eines spirituellen Meisters hat und allmählich aufgrund seiner Unterweisungen und seines Vorbilds Vertrauen entwickeln, sodass wir uns vollkommen auf seine Führung verlassen können. Unsere Beziehung zu unserem spirituellen Meister ist die eigentliche Quelle aller spirituellen Erlangungen, weshalb wir sicher sein müssen, dass er oder sie alle notwendigen Qualifikationen hat. Es genügt nicht, dass er berühmt für seine Kenntnis des Buddhismus oder eine besonders anziehende oder charismatische Persönlichkeit ist. Selbst wenn er ein außergewöhnlich gütiger und mitfühlender Mensch ist, ist dies allein keine ausreichende Grundlage, um uns ihm vollkommen anzuvertrauen.

Ein voll qualifizierter spiritueller Meister des Mahayana ist jemand, der zehn besondere Eigenschaften hat. Diese sind laut *Schmuckstück für Mahayana Sutras*:

(1) Ein Geist, der durch die Praxis der moralischen Disziplin gebändigt ist
(2) Ein Geist der durch die Praxis der Konzentration friedvoll und unabgelenkt ist
(3) Vermindertes Festhalten am Selbst durch die Praxis der Weisheit
(4) Größeres Wissen als der Schüler
(5) Freude, Dharma zu lehren
(6) Ein Reichtum an Schriftenkenntnis
(7) Eine tiefe und stabile Verwirklichung der Leerheit
(8) Großes Geschick, Dharma zu erklären
(9) Mitgefühl und Liebe für die Schüler
(10) Begeisterung, Dharma zu lehren, ohne mutlos oder faul zu sein

Wenn wir nicht das Glück haben, jemanden zu kennen, der alle diese Eigenschaften hat, können wir uns auf einen spirituellen Meister verlassen, der zumindest moralische Disziplin, Konzentration und Weisheit praktiziert, Mitgefühl und Liebe für seine Schüler hat und eine Verwirklichung der Leerheit erlangt hat.

Um ein vollkommener Schüler des Mahayana zu werden, müssen wir die folgenden Qualifikationen entwickeln:

(1) Einen Geist, der ausgewogen ist, frei von starker Anhaftung an weltliche Vergnügen und starker Abneigung
(2) Die Weisheit, reine Dharma Unterweisungen, die wirklichen Nutzen bringen, von Unterweisungen zu unterscheiden, die falsch sind. Ohne diese Weisheit wird ein Schüler leicht verwirrt und in die Irre geführt, wenn er fehlerhafte Unterweisungen hört oder liest
(3) Einen starken Wunsch, Dharma zu praktizieren
(4) Großes Vertrauen und Respekt für seinen spirituellen Meister und Dharma
(5) Die Fähigkeit, Dharma ohne Faulheit oder Ablenkung zu lesen oder zu hören

Es heißt, dass die Erlangung der Erleuchtung leicht ist, wenn sich ein voll qualifizierter Mahayana Schüler vollkommen auf einen voll qualifizierten spirituellen Meister des Mahayana verlässt.

DIE EIGENTLICHE MEDITATION, SICH AUF SEINEN SPIRITUELLEN MEISTER ZU VERLASSEN

Das Ziel dieser Meditation ist, dass wir alle nichttugendhaften Geisteshaltungen überwinden, die wir möglicherweise unserem spirituellen Meister gegenüber haben, wie Gefühle der Abneigung oder Gedanken fehlenden Respektes, und dass wir die tugendhaften Geisteshaltungen des Vertrauens und Respektes fördern. Wenn wir bei der Entwicklung dieser tugendhaften Geisteszustände Erfolg haben, fahren wir mit dieser Meditation fort, um mehr und mehr mit ihnen vertraut zu werden, bis sie jederzeit in unserem Geist bleiben.

Die Meditation hat vier Teile:

1. Die Vorteile, uns vollkommen auf unseren spirituellen Meister zu verlassen
2. Die Gefahren, unsere Verpflichtung gegenüber unserem spirituellen Meister zu brechen

3. Wie wir uns auf unseren spirituellen Meister verlassen, indem wir Vertrauen und Respekt entwickeln
4. Wie wir uns auf unseren spirituellen Meister durch Handlungen des Dienens und der Hingabe verlassen

DIE VORTEILE, UNS VOLLKOMMEN AUF UNSEREN SPIRITUELLEN MEISTER ZU VERLASSEN

Um einen festen Entschluss zu fassen, uns in reiner Weise auf unseren spirituellen Meister zu verlassen, denken wir über acht wesentliche Vorteile nach:

1. Wir machen Fortschritte auf dem Weg zur Erleuchtung
2. Wir erfreuen alle Buddhas
3. Weder Dämonen noch andere bösartige Einflüsse können uns schaden
4. Wir überwinden mit Leichtigkeit unsere Fehler und Verblendungen
5. Unsere Erfahrungen und Verwirklichungen der spirituellen Ebenen und Pfade nehmen außerordentlich stark zu
6. In allen unseren zukünftigen Leben werden uns niemals spirituelle Freunde fehlen
7. Wir werden nicht in den niederen Bereichen wiedergeboren
8. Alle unsere vorübergehenden und endgültigen Wünsche werden mit Leichtigkeit erfüllt

WIR MACHEN FORTSCHRITTE AUF DEM WEG ZUR ERLEUCHTUNG

Wir meditieren:

Wenn ich mich vollkommen auf meinen spirituellen Meister verlasse, wird er oder sie mir offenbaren, was ich praktizieren muss, um volle Erleuchtung zu erlangen. Indem ich seinen Rat in die Praxis umsetze und die Verdienste und Inspirationen ernte, die aus meiner völligen Hingabe an meinen spirituellen Meister entstehen, werde ich mein Ziel schnell erreichen, noch in diesem Leben. Deshalb muss ich mich in reiner Weise auf meinen spirituellen Meister verlassen.

Wir können auch über das folgende Zitat aus den Tantras meditieren:

Wenn wir auch nur der kleinsten Haarpore unseres spirituellen Meisters Gaben darbringen, werden wir größere Verdienste ernten als durch Darbringungen an alle Buddhas und Bodhisattvas der zehn Richtungen.

Sakya Pandita sagte, dass wir eine große Menge an Verdiensten ansammeln können, wenn wir die sechs Vollkommenheiten, wie Geben und so weiter, tausend Äonen lang praktizieren; aber wir könnten die gleiche Menge an Verdiensten in einem einzigen Moment ansammeln, wenn wir uns vollständig auf unseren spirituellen Meister verlassen. Da die Ansammlung von Verdiensten die Hauptursache für den Formkörper eines Buddha ist, werden wir umso schneller den Formkörper eines Buddha erlangen, je schneller wir Verdienste ansammeln. Je mehr Verblendungen wir andererseits entwickeln, desto schneller sammeln wir Nichttugend an, was uns rasch in die niederen Bereiche bringt.

In *Einhundert Verse für die Leute von Tingri* sagt Phadampa Sangye, dass unser spiritueller Meister uns dort hinbringen kann, wo immer wir hingehen wollen, wenn wir uns voller Vertrauen auf ihn verlassen; und deshalb sollten wir seine Güte mit Vertrauen und Respekt erwidern. Wenn wir die Erleuchtung erlangen wollen, wird uns unser spiritueller Meister dorthin führen; wenn wir die Verwirklichung der ersten spirituellen Ebene zum Ziel haben, wird er uns dorthin führen; wenn wir Befreiung erreichen wollen, wird er uns dorthin führen; und wenn wir in einem Reinen Land oder in einem himmlischen Götterbereich wiedergeboren werden wollen, wird er uns dorthin führen. Er wird uns an jedes tugendhafte Ziel bringen, das wir uns wünschen.

Wir können auch über Beispiele wie die Geschichte des Bodhisattva Sadaprarudita meditieren, die im *Sutra der*

Vollkommenheit der Weisheit in achttausend Zeilen erzählt wird. Sadaprarudita konnte keinen Fortschritt auf dem Weg zur Erleuchtung machen, obwohl er viele Visionen von Buddhas hatte und direkt von ihnen Unterweisungen empfing. Er fragte die Buddhas: «Zu welchem spirituellen Meister habe ich eine gute karmische Verbindung?», und sie verwiesen ihn an Dharmodgata. Um von diesem Lehrer zu lernen, musste sich Sadaprarudita sehr bemühen und sogar sein eigenes Fleisch abschneiden und verkaufen, um Darbringungssubstanzen kaufen zu können. Seine innige Hingabe lohnte sich voll und ganz, denn nur indem er sich auf Dharmodgata verließ, konnte er schnellen Fortschritt zur Erleuchtung machen.

Da wir derzeit nicht die Möglichkeit haben, tatsächlichen Buddhas zu begegnen und direkt von ihnen Unterweisungen zu erhalten, müssen wir uns einem spirituellen Meister anvertrauen, zu dem wir gerade jetzt eine Beziehung aufbauen können, die für unsere spirituelle Entwicklung fruchtbar ist. Wir stellen vielleicht fest, dass wir einfach und natürlich eine fruchtbare Beziehung zu einem bestimmten Lehrer entwickeln können, aufgrund positiver Handlungen, die wir in der Vergangenheit diesem Menschen gegenüber ausgeführt haben.

WIR ERFREUEN ALLE BUDDHAS

In *Aus dem Munde Manjushris empfangene Schriften* sagt Vajradhara:

> Wenn Schüler ihrem spirituellen Meister Gaben darbringen, treten ich selbst und alle anderen Buddhas in den Körper des spirituellen Meisters ein und wir nehmen die Darbringung an.

Wir meditieren:

> *Alle Buddhas, einschließlich Buddha Vajradhara, sind in den Körper meines spirituellen Meisters eingetreten. Wenn ich meinen spirituellen Meister erfreue, erfreue ich deshalb alle Buddhas; wenn ich mich vor meinem spirituellen Meister verbeuge, verbeuge ich mich vor allen Buddhas; und wenn ich durch Handlungen, die ich meinem spirituellen Meister*

gegenüber ausführe, Verdienste ansammle, sind die angesammelten Verdienste dieselben, als würde ich diese Handlungen allen Buddhas gegenüber ausführen. Deshalb muss ich mich in reiner Weise auf meinen spirituellen Meister verlassen.

WEDER DÄMONEN NOCH ANDERE BÖSARTIGE EINFLÜSSE KÖNNEN UNS SCHADEN

Im *Sutra der ausgiebigen Vergnügen* sagt Buddha, dass jeder, der Verdienste und Glück hat, alle seine Wünsche erfüllen wird. Ein solcher Mensch wird frei von Besessenheit oder Behinderung durch Dämonen, böse Geister und so weiter und in der Lage sein schnell Erleuchtung zu erlangen. Wir meditieren:

Indem ich mich vollkommen auf meinen spirituellen Meister verlasse, werde ich in meiner Praxis gestärkt und ich werde unermessliche und kraftvolle tugendhafte Energien entwickeln, die mich vor Schaden durch Dämonen und andere bösartige Einflüsse beschützen. Deshalb muss ich mich in reiner Weise auf meinen spirituellen Meister verlassen.

WIR ÜBERWINDEN MIT LEICHTIGKEIT UNSERE FEHLER UND VERBLENDUNGEN

Wir meditieren:

Wenn ich mich auf meinen spirituellen Meister verlasse, wird er mir durch seine Güte zeigen, wie Fehler und Verblendungen aufzugeben sind. So werde ich in der Lage sein, schädigende Handlungen und ihre Folgen zu vermeiden.

Wir können uns an das Beispiel von Milarepa erinnern, der sich von ganzem Herzen auf seinen spirituellen Meister Marpa verließ, auf diese Weise alle schlechten Handlungen aufgab und sehr schnell volle Erleuchtung erlangte, obwohl er getötet und viele andere äußerst destruktive Handlungen begangen hatte.

UNSERE ERFAHRUNGEN UND VERWIRKLICHUNGEN DER SPIRITUELLEN EBENEN UND PFADE NEHMEN AUSSERORDENTLICH STARK ZU

Unsere Haupthindernisse für das Erlangen von Verwirklichungen sind unsere negativen Handlungen und deren Prägungen. Durch das Verlassen auf unseren spirituellen Meister können wir diese reinigen und schnell und einfach Verwirklichungen erlangen.

Wir können uns an das Beispiel von Dromtönpa erinnern, der Atisha so gut diente, dass er keine Zeit für die Meditation hatte. Ein anderer Schüler Atishas, Amai Jangchub, meditierte die ganze Zeit. Als Atisha Dromtönpa und Amai Jangchub gegeneinander antreten ließ, um zu sehen, wer die höheren Verwirklichungen hatte, war es Dromtönpa, der den Wettstreit gewann. Er hatte höhere Verwirklichungen erlangt, indem er sich Atisha völlig hingegeben und ihm in reiner Weise gedient hatte.

In ähnlicher Weise gab sich Geshe Jayulwa seinem spirituellen Meister Geshe Chengawa hin und hatte keine Zeit für die Meditation. Eines Tages säuberte Geshe Jayulwa den Raum Geshe Chengawas und ging nach draußen, um den Mülleimer zu leeren. Als er in den Raum zurückkam, entwickelte sein Geist ganz natürlich einsgerichtete Konzentration über Leerheit und er erlangte eine Verwirklichung der Leerheit, ohne dass er sich besonders bemühen oder meditieren musste. Dies geschah als Ergebnis seiner völligen Hingabe an seinen spirituellen Meister.

IN ALLEN UNSEREN ZUKÜNFTIGEN LEBEN WERDEN UNS NIEMALS SPIRITUELLE FREUNDE FEHLEN

Wir können über den Rat von Je Phabongkhapa meditieren:

> *Obwohl uns unser spiritueller Meister im Moment gewöhnlich erscheinen mag, werden wir, wenn wir dieser gewöhnlichen Erscheinung nicht zustimmen, sondern uns darin üben, ihn als Buddha anzusehen, die Ursache dafür schaffen, in Zukunft tatsächliche Buddhas wie Manjushri oder Maitreya als unsere spirituellen Meister zu haben.*

Tatsächliche Buddhas als unsere Lehrer zu haben ist eine Auswirkung, die der Ursache ähnlich ist.

WIR WERDEN NICHT IN DEN NIEDEREN BEREICHEN WIEDERGEBOREN

Wir meditieren:

Wenn ich mich vollkommen auf meinen spirituellen Meister verlasse, werde ich all das negative Karma reinigen, das zur Wiedergeburt in den drei niederen Bereichen führt. Wenn ich starkes Vertrauen und Respekt bewahre, selbst wenn mich mein spiritueller Meister tadelt oder schlägt, werden diese Handlungen mein negatives Karma reinigen.

Wir können uns an das Beispiel des Kadampa Lehrers Lha Tripa erinnern, der seinem spirituellen Meister Geshe Tölungpa mit großer Hingabe folgte, obwohl Geshe Tölungpa Lha Tripa jedes Mal rügte, wenn er ihm begegnete. Lha Tripas eigene Schüler begannen daran Anstoß zu nehmen und schließlich erklärte einer von ihnen vor Lha Tripa, dass Geshe Tölungpa kein guter spiritueller Meister sei, weil er seinen Schüler ständig kritisiere. Lha Tripa gab zurück: «Das solltest du nicht sagen. Jedes Mal, wenn mich mein spiritueller Meister kritisiert, empfange ich die Segnungen von Heruka.» Drogön Tsangpa Gyaräpa sagte:

> Jedes Mal, wenn mich mein spiritueller Meister schlägt, ist das für mich eine Ermächtigung. Jedes Mal, wenn mich mein spiritueller Meister tadelt, ist das für mich ein zornvolles Mantra. Dies wird alle meine Hindernisse beseitigen.

ALLE UNSERE VORÜBERGEHENDEN UND ENDGÜLTIGEN WÜNSCHE WERDEN MIT LEICHTIGKEIT ERFÜLLT

Je Tsongkhapa sagte, dass der ehrwürdige spirituelle Meister die Grundlage aller guten Eigenschaften ist. Wir meditieren:

Wenn ich mich auf meinen spirituellen Meister verlasse, werden alle meine vorübergehenden Wünsche, wie der Wunsch, menschliches Glück zu erleben, und alle meine endgültigen Wünsche, wie der Wunsch, Befreiung und volle Erleuchtung zum Wohle anderer zu erlangen, ohne Schwierigkeiten erfüllt werden.

Wenn wir über diese acht Vorteile des aufrichtigen Sichverlassens meditieren, ist dies die analytische Meditation, die den festen Entschluss in uns entstehen lässt, uns von ganzem Herzen auf unseren spirituellen Meister zu verlassen. Dieser Entschluss ist ein tugendhafter und fehlerfreier Geist. Wenn er deutlich erscheint, nehmen wir ihn als unser Objekt der verweilenden Meditation und konzentrieren uns auf ihn, indem wir ihn ohne Ablenkung halten, sodass wir immer vertrauter damit werden. Machen wir uns auf diese Weise gründlich mit solch einem tugendhaften Entschluss vertraut, vermindern wir nichttugendhafte Geisteshaltungen wie Misstrauen oder mangelnden Respekt für unseren spirituellen Meister und unser Geist wird immer reiner.

DIE GEFAHREN, UNSERE VERPFLICHTUNG GEGENÜBER UNSEREM SPIRITUELLEN MEISTER ZU BRECHEN

Wenn wir unsere Verpflichtung gegenüber unserem spirituellen Meister brechen, werden wir uns immer weiter von der Erleuchtung entfernen. Wenn wir jemanden als unseren spirituellen Meister akzeptieren und dann kritisch oder wütend werden und uns entscheiden ihn oder sie aufzugeben, wird das viele sehr ernste Folgen für uns haben. Es gibt hauptsächlich acht Folgen:

1. Wenn wir unseren spirituellen Meister verlassen oder verachten, wird diese Handlung die gleiche Auswirkung haben, als ob wir alle Buddhas verlassen oder verachten würden, weil unser spiritueller Meister eine Emanation aller Buddhas ist.
2. Jeder Moment der Wut, der in unserem Geist gegenüber unserem spirituellen Meister entsteht, zerstört das gesamte gute Karma, das wir in einem Äon erschaffen können, und schafft die Ursache

dafür, dass wir für ein ganzes Äon in der Hölle wiedergeboren werden.

3. Selbst wenn wir Geheimes Mantra für Äonen praktizieren, wird es unmöglich für uns sein, Verwirklichungen zu erlangen, wenn wir unseren spirituellen Meister aufgegeben haben.
4. Praktizieren wir Geheimes Mantra mit einem kritischen oder wütenden Geist gegenüber unserem spirituellen Meister, wird dies die Ursache für eine Wiedergeburt in der Hölle sein.
5. Es wird unmöglich sein, neue Verwirklichungen zu erlangen und die Verwirklichungen, die wir bereits erlangt haben, werden degenerieren.
6. Wir werden von Unglück wie Krankheit, Angst und Besessenheit durch böse Geister geplagt sein.
7. Wir werden wiederholt in den niederen Bereichen wiedergeboren.
8. In vielen zukünftigen Leben werden wir keinem gut qualifizierten spirituellen Meister begegnen, wir werden ohne Dharma sein und wann immer wir spirituellen Meistern begegnen, wird uns weiterhin Vertrauen und Respekt fehlen.

Meditieren wir über diese Gefahren, werden wir den festen Entschluss fassen, niemals unsere Verpflichtung gegenüber unserem spirituellen Meister zu brechen oder misstrauisch oder respektlos ihm oder ihr gegenüber zu werden. Wenn dieser Entschluss deutlich in unserem Geist erscheint, meditieren wir einsgerichtet darüber.

WIE WIR UNS AUF UNSEREN SPIRITUELLEN MEISTER VERLASSEN, INDEM WIR VERTRAUEN UND RESPEKT ENTWICKELN

Dies hat zwei Teile:

1. Wie man das Vertrauen entwickelt, dass unser spiritueller Meister ein Buddha ist, was der Ursprung aller Erlangungen ist

2. Wie wir durch die Erinnerung an die Güte unseres spirituellen Meisters Respekt entwickeln

WIE MAN DAS VERTRAUEN ENTWICKELT, DASS UNSER SPIRITUELLER MEISTER EIN BUDDHA IST, WAS DER URSPRUNG ALLER ERLANGUNGEN IST

Im Allgemeinen heißt es, dass Vertrauen eine «Wurzel» ist, weil alle guten Eigenschaften und Verwirklichungen davon abhängen und genährt werden. Vor allem ist unsere Fähigkeit uns vollkommen auf unseren spirituellen Meister zu verlassen von unserem Vertrauen abhängig, das auf der Überzeugung beruht, dass unser spiritueller Meister ein Buddha ist.

Im *Sutra der Lampe des Juwels* sagt Buddha:

> Vertrauen geht allen tugendhaften Tätigkeiten voran wie eine Mutter.
> Es schützt und vermehrt alle guten Eigenschaften.

In seinem Lamrim sagt Gyalwa Ensäpa, dass alle Erfahrungen der Verwirklichung, große und kleine, von Vertrauen abhängig sind. Da Vertrauen die Ursache jeder Erlangung ist, sollte es unsere Hauptpraxis sein.

Als Atisha in Tibet war, kam einmal ein Mann auf ihn zu und bat um Dharma Unterweisungen. Atisha blieb still und so wiederholte der Mann seine Bitte sehr laut, weil er dachte, dass Atisha ihn nicht gehört habe. Da antwortete Atisha: «Ich höre gut, aber du musst Vertrauen haben.»

Hat ein Schüler starkes Vertrauen, wird er einen Nutzen daraus ziehen, selbst wenn der spirituelle Meister einen Fehler macht. In Indien herrschte einmal eine Hungersnot, in der viele Menschen starben. Eine alte Frau ging zu ihrem spirituellen Meister und sagte: «Bitte zeige mir einen Weg mein Leben zu retten.» Ihr spiritueller Meister gab ihr den Rat, Steine zu essen. Die Frau fragte: «Aber wie kann ich Steine essbar machen?» Ihr spiritueller Meister antwortete: «Wenn du das Mantra der erleuchteten Göttin Tsunda rezitierst, wirst du die Steine kochen können.» Er lehrte sie das Mantra, machte aber einen kleinen Fehler. Er lehrte OM BALE BULE

BUNDE SÖHA statt OM TZALE TZULE TZUNDE SÖHA. Die Frau hatte jedoch großes Vertrauen in dieses Mantra und, während sie es mit Konzentration rezitierte, kochte sie Steine und aß sie.

Der Sohn dieser alten Frau war Mönch und begann sich um seine Mutter zu sorgen; und so ging er nach Hause, um nach ihr zu sehen. Er war erstaunt, sie wohlgenährt und bei guter Gesundheit anzutreffen. Er sagte: «Mutter, wie kommt es, dass du so gesund bist, wenn selbst junge Menschen verhungern?» Seine Mutter erklärte, dass sie Steine gegessen habe. Ihr Sohn fragte: «Wie hast du es geschafft, Steine zu kochen?» Und sie teilte ihm das Mantra mit, das ihr zum Rezitieren gegeben worden war. Ihr Sohn erkannte den Fehler schnell und erklärte: «Dein Mantra ist falsch! Das Mantra der erleuchteten Göttin Tsunda ist OM TZALE TZULE TZUNDE SÖHA.» Als sie dies hörte, wurde die alte Frau von Zweifeln befallen. Sie versuchte beide Mantras zu rezitieren, aber jetzt wirkte keines von ihnen, weil ihr Vertrauen zerstört war.

Vertrauen ist wesentlich. Wenn wir nur Wissen allein, aber kein Vertrauen haben, betrachten wir Dharma leicht auf einer rein intellektuellen Ebene. Wenn wir kein Vertrauen haben, wird unser Geist ungezähmt bleiben, selbst wenn wir die buddhistische Logik und geschickte Analyse beherrschen, weil wir Dharma nicht in die Praxis umsetzen. Ohne Vertrauen werden wir keine spirituellen Verwirklichungen entwickeln und wir werden leicht unseren intellektuellen Stolz vergrößern. Deshalb sollte Vertrauen als äußerst kostbar geschätzt werden. So wie jeder Ort von Raum durchdrungen ist, so sind alle tugendhaften Geisteszustände von Vertrauen durchdrungen.

Was ist Vertrauen? Vertrauen ist ein von Natur aus tugendhafter Geist, der in erster Linie die Funktion hat, der Wahrnehmung von Fehlern im beobachteten Objekt entgegenzuwirken. Es gibt zwei Arten von Tugend: natürliche Tugend und durch Motivation entwickelte Tugend. Natürliche Tugend ist ein Geist, der durch seine eigene Kraft tugendhaft ist, ohne von einer besonderen Motivation abhängig zu sein, die ihn tugendhaft macht.

Es gibt drei Arten von Vertrauen: glaubendes Vertrauen, bewunderndes Vertrauen und wünschendes Vertrauen. Wenn wir durch die folgende Meditation zu der Überzeugung gelangen, dass unser spiritueller Meister ein Buddha ist, ist dies ein Beispiel für die erste Art von Vertrauen, glaubendes Vertrauen. Wenn wir mit der Überzeugung, dass unser spiritueller Meister ein Buddha ist, an den Dharma glauben, den er oder sie lehrt, ist dies ebenfalls ein Beispiel für die erste Art von Vertrauen. Glaubendes Vertrauen ist die stabilste Art von Vertrauen, weil es auf gültigen Begründungen beruht, die zu Vertrauen in Personen und Objekte führen, die tugendhaft sind. Solches Vertrauen wird nicht durch Zweifel oder falsche Sichtweisen erschüttert.

Ein Beispiel für bewunderndes Vertrauen ist, wenn wir durch das Erkennen der guten Eigenschaften unseres spirituellen Meisters und der guten Eigenschaften des Dharma, der gelehrt wird, Bewunderung für diese entwickeln und unser Geist sehr klar und frei von störenden, negativen Vorstellungen wird. Dieses Vertrauen kommt aus reinem Herzen und es entsteht, wenn wir aufrichtigen Respekt und große Bewunderung für jemanden oder eine Sache hegen, die wir für wertvoll oder nützlich halten.

Wenn wir auf der Grundlage von bewunderndem Vertrauen das Bestreben entwickeln, in uns selbst die guten Eigenschaften, die wir in unserem spirituellen Meister sehen, oder die guten Eigenschaften, die im gelehrten Dharma erklärt sind, zu fördern, dann ist dies ein Beispiel für wünschendes Vertrauen.

Um die Überzeugung zu gewinnen, dass unser spiritueller Meister ein Buddha ist, überdenken wir das Folgende:

1. Warum es notwendig ist, unseren spirituellen Meister als Buddha zu betrachten
2. Wie es möglich ist, unseren spirituellen Meister als Buddha zu betrachten
3. Wie die Überzeugung entwickelt wird, dass unser spiritueller Meister ein Buddha ist

WARUM ES NOTWENDIG IST, UNSEREN SPIRITUELLEN MEISTER ALS BUDDHA ZU BETRACHTEN

Wir meditieren:

> *Wenn ich meinen spirituellen Meister immer als Buddha betrachte, werde ich Zweifel und Zögern überwinden und die drei Arten von Vertrauen sehr stark entwickeln. Mit Vertrauen werde ich Verwirklichungen gewinnen und schnell die Früchte meiner Dharma Praxis ernten.*

Diese Art der Meditation wird uns zu dem Entschluss führen: «Ich werde meinen spirituellen Meister immer als Buddha betrachten.»

WIE ES MÖGLICH IST, UNSEREN SPIRITUELLEN MEISTER ALS BUDDHA ZU BETRACHTEN

Wenn wir den Entschluss entwickelt haben, unseren spirituellen Meister immer als Buddha zu betrachten, fragen wir uns vielleicht, wie man dies macht. Wir sollten meditieren:

> *Wenn ich mir nicht gestatte, über irgendwelche Fehler nachzudenken, die mein spiritueller Meister vielleicht zu haben scheint, und ich mich nur auf seine guten Eigenschaften konzentriere, wird das Beachten seiner guten Eigenschaften allmählich das Beachten seiner Fehler ausschließen.*

Wenn wir aufrichtig auf diese Weise praktizieren, wird eine Zeit kommen, wo wir denken: «Vielleicht ist mein spiritueller Meister ein erleuchtetes Wesen.» Und dann werden wir verstehen, wie es möglich ist, unseren spirituellen Meister als Buddha zu betrachten.

Wir meditieren weiter:

> *Wenn ich den Pfad der Ansammlung des Geheimen Mantra erreicht habe, werde ich meinen spirituellen Meister direkt als Buddhas erhabenen Emanationskörper wahrnehmen können. Ich werde die ganze Welt als Reines Land sehen und ich werde die Wesen, die sie bewohnen, als Götter und Göttinnen, Helden und Heldinnen sehen. Da eine Zeit*

kommen wird, in der ich alle Wesen auf diese Art sehen werde, ist es mit Sicherheit angemessen, meinen spirituellen Meister als Buddha zu betrachten.

Durch diese Art der Meditation kommen wir zu dem Schluss: «Wenn mein Geist gezähmt und rein ist, werde ich meinen spirituellen Meister als Buddha sehen und deshalb gibt es keinen Zweifel, dass ich meinen spirituellen Meister von jetzt an als erleuchtetes Wesen betrachten kann.»

WIE DIE ÜBERZEUGUNG ENTWICKELT WIRD, DASS UNSER SPIRITUELLER MEISTER EIN BUDDHA IST

Es gibt vier logische Gedankengänge, die uns zur Überzeugung führen, dass unser spiritueller Meister ein Buddha ist:

1. Buddha Vajradhara sagte, dass spirituelle Meister Buddhas sind
2. Unser spiritueller Meister führt die erleuchteten Handlungen eines Buddha aus
3. In diesen degenerierten Zeiten arbeiten Buddhas weiterhin zum Wohle aller Lebewesen
4. Erscheinungen sind täuschend und unsere eigenen Meinungen sind nicht verlässlich

BUDDHA VAJRADHARA SAGTE, DASS SPIRITUELLE MEISTER BUDDHAS SIND

Ein reiner Praktizierender des Mahayana hat Vertrauen in Buddha Vajradhara und in seine Worte, die er als absolut nichttäuschend und verlässlich betrachtet. Deshalb kann jemand, der so praktiziert, allein schon durch folgende Begründung zu der Überzeugung gelangen, dass sein spiritueller Meister ein Buddha ist: «Mein spiritueller Meister ist ein Buddha, weil Buddha Vajradhara sagte, dass alle spirituellen Meister Buddhas sind.» Im *Tantra der zwei Untersuchungen* sagte Buddha Vajradhara voraus:

> In degenerierten Zeiten, wenn sich die Praxis des Buddhadharma im Niedergang befindet, werde ich

> mich als spiritueller Meister manifestieren. Du solltest verstehen, dass ich dieser spirituelle Meister bin, und du solltest ihm angemessenen Respekt erweisen ... Ich werde als ein gewöhnliches Wesen erscheinen und ich werde in vielen Formen kommen.

Wer sind diese spirituellen Meister? Wer sind die gewöhnlichen Wesen, die Emanationen Buddha Vajradharas sind? Sicherlich müssen sie die Lehrer sein, die gerade jetzt so viel tun, um uns zu helfen.

UNSER SPIRITUELLER MEISTER FÜHRT DIE ERLEUCHTETEN HANDLUNGEN EINES BUDDHA AUS

Wenn wir überlegen, was die Handlungen eines erleuchteten Wesens sind, müssen wir zu dem Schluss kommen, dass es nur die Handlungen sein können, die andere entlang richtiger spiritueller Pfade zur Befreiung und vollen Erleuchtung führen. Wenn wir überlegen, wer jetzt solche Handlungen ausführt, werden wir erkennen, dass es unser spiritueller Meister ist.

Da wir gegenwärtig nicht direkt von Buddha geführt werden können, brauchen wir einen spirituellen Meister, der uns als Dolmetscher und Vermittler dient, wenn wir Buddhas Lehren erhalten und in die Praxis umsetzen wollen. So wie wir einen Mund brauchen, wenn wir das Essen von unserem Teller nehmen und verdauen wollen, so benötigen wir einen spirituellen Meister, durch den die erleuchteten Handlungen Buddhas in einer Weise vermittelt werden, die wir tatsächlich begreifen und durch die wir lernen können.

Obwohl diese Begründung einwandfrei beweist, dass unser spiritueller Meister die erleuchteten Handlungen eines Buddha ausführt, ist es uns vielleicht immer noch nicht möglich, diese Überzeugung zu erlangen. Wenn dem so ist, liegt der Fehler nicht in der Begründung, sondern in unserem eigenen Geist. Als Folge unserer eigenen schädlichen, verblendeten Handlungen tragen wir eine schwere Last an Negativität in unserem Geist und diese erschwert und trübt unsere Intelligenz, indem sie uns daran hindert, glaubendes

Vertrauen zu entwickeln, selbst wenn wir über perfekte Begründungen meditieren. Wenn dies geschieht, können wir zumindest anerkennen, dass die Begründung selbst gültig ist und dass unsere fehlende Überzeugung die Folge unserer eigenen negativen Geistesgewohnheiten ist. Dann können wir es mit der nächsten logischen Gedankenfolge versuchen.

IN DIESEN DEGENERIERTEN ZEITEN ARBEITEN BUDDHAS WEITERHIN ZUM WOHLE ALLER LEBEWESEN

Obwohl es uns vielleicht scheint, als ob es keine Buddhas mehr gibt, werden wir durch das Nachdenken darüber erkennen, dass so etwas unmöglich ist, weil Buddhas Bodhichitta entwickelt, die sechs Vollkommenheiten praktiziert und die spirituellen Ebenen und Pfade vollendet haben, einzig um anderen zu helfen, bis Samsara endet. Da es die eigentliche Bedeutung der vollen Erleuchtung ist, anderen unaufhörlich von Nutzen zu sein, ist es für Buddhas unmöglich, aufzuhören uns zu helfen.

Wenn wir überlegen, wie uns die Buddhas gerade jetzt helfen, werden wir sehen, dass sie uns in erster Linie durch die Unterweisungen und das Vorbild unseres spirituellen Meisters helfen. Buddhas können uns nicht reinigen oder unser Leiden direkt mit ihren eigenen Händen entfernen, und sie können uns nicht helfen, indem sie sich in ihrer wirklichen Form offenbaren, weil wir nicht fähig sind diese wahrzunehmen. Die geschickteste und wirksamste Weise uns zu helfen, ist deshalb, dies durch unseren spirituellen Meister zu tun. Aus dem Wissen, dass Buddhas uns genau jetzt helfen, folgt, dass sie uns als unsere spirituellen Meister helfen.

ERSCHEINUNGEN SIND TÄUSCHEND UND UNSERE EIGENEN MEINUNGEN SIND NICHT VERLÄSSLICH

Wir könnten einwenden: «Obwohl diese Art der Begründung gültig ist und mich zu dem Schluss bringt, dass mein spiritueller Meister ein Buddha ist, erscheint mir mein spiritueller Meister nicht als Buddha, wenn ich ihm persönlich begegne, denn ich kann Fehler sehen und ein Buddha würde keine Fehler haben.» Um diese Denkweise zu verändern, meditieren wir:

> *Was meinem Geist erscheint, ist unbestimmt und ungewiss. Ich kann nicht sicher sein, dass etwas existiert, bloß weil es meinem Geist erscheint, und ich kann nicht sicher sein, dass irgendetwas wirklich so existiert, wie es zu existieren scheint. Dinge erscheinen auf verschiedene Arten zu verschiedenen Zeiten. Solange mein Geist unrein ist, werde ich weiterhin Halluzinationen und falsche Erscheinungen haben. Nur ein völlig reiner Geist kann Dinge so wahrnehmen, wie sie wirklich sind.*

In Abhängigkeit von ihrem individuellen Karma nehmen Wesen Objekte unterschiedlich wahr und haben unterschiedliche Gefühle. Ein Mensch nimmt beispielsweise einfaches Wasser wahr, wo ein Gott Nektar und ein hungriger Geist ekelerregende Substanzen wie Eiter und Blut wahrnimmt.

Bevor sie ihren Geist gereinigt hatten, sahen viele Mahasiddhas und Yogis ihre spirituellen Meister in niedriger und unvollkommener Form. Asanga sah seinen spirituellen Meister Maitreya als Hund. Naropa sah seinen spirituellen Meister Tilopa als Fischer. Devadatta und Bhikkshu Legpai Karma sahen den vollkommen perfekten Buddha als ein sehr begrenztes Wesen. Bhikkshu Legpai Karma konnte eine Elle Licht vom Körper Buddha Shakyamunis strahlen sehen, aber er war nicht in der Lage, Buddhas innere Eigenschaften wahrzunehmen und daher beschwerte er sich: «Dieser Gautama hat nur eine Elle Licht.»

Wir können über die folgenden Geschichten nachdenken: Einst besuchte Gyalwa Ensäpa ein Sakya Kloster in Tibet, wo er das *Sutra der Vollkommenheit der Weisheit in achttausend Zeilen* auf Sanskrit rezitierte; aber da die Mönche des Sanskrits nicht mächtig waren, konnten sie nicht herausfinden, was er rezitierte. Sie dachten, dass er eine Art Geistersprache murmelte, und schlossen daraus: «Das ist kein Mensch, das ist ein Gelugpa Geist!»

Ein Mann namens Naro Bön Chung ging zu Milarepa, nachdem dieser Erleuchtung erlangt hatte, aber der Mann nahm ihn als sehr gewöhnlich wahr. Er sagte: «Bevor ich diesem Mann begegnet bin, der als Milarepa bekannt ist, hörte ich großes Lob über ihn, aber als ich mich ihm näherte, fand ich, dass er nichts Besonderes ist, nur ein alter Mann, der auf dem Boden liegt.» Wenn solche Fehler selbst im goldenen Zeitalter geschehen konnten, ist es kein Wunder, dass wir in diesen degenerierten Zeiten so oft Fehler machen. In *Essenz des Nektars* sagt Yeshe Tsöndru:

> Bis ich diesen unreinen Geist gereinigt habe, werde ich die Buddhas als gewöhnlich sehen, selbst wenn sich alle Buddhas vor mir versammeln würden. Gegenwärtig ist es unmöglich für mich, ihre heiligen Körper mit allen besonderen Zeichen und Merkmalen zu sehen.

Solange unser Geist unrein ist, werden wir nur gewöhnliche Erscheinungen wahrnehmen. Um dies zu überwinden, müssen wir glaubendes Vertrauen entwickeln, dass unser spiritueller Meister ein Buddha ist.

Wenden wir diese vier logischen Gedankengänge in der Meditation an, so führen wir die analytische Meditation aus, die in uns die Überzeugung entstehen lässt, dass unser spiritueller Meister ein Buddha ist. Wenn diese Überzeugung deutlich in unserem Geist erscheint, beenden wir die Analyse und halten dieses neue Gefühl als unser Objekt der verweilenden Meditation, sodass wir damit tiefer vertraut werden. Wenn wir an Buddha denken, wann immer wir an unseren spirituellen Meister denken, und wir an unseren spirituellen Meister denken, wann immer wir an Buddha denken, ist dies das Zeichen, dass wir die Verwirklichung erlangt haben, dass unser spiritueller Meister ein Buddha ist. In unserem Denken betrachten wir sie immer als ein und dasselbe. Ein Geist, der diese Verwirklichung hat, ist sehr rein. Unseren spirituellen Meister als Buddha zu betrachten ist eine sehr kraftvolle Methode, um höhere Verwirklichungen, wie die Verwirklichungen der Erzeugungs- und Vollendungsstufen des Geheimen Mantra, zu erlangen.

WIE WIR DURCH DIE ERINNERUNG AN DIE GÜTE UNSERES SPIRITUELLEN MEISTERS RESPEKT ENTWICKELN

Dies hat zwei Teile:

1. Bedenken, dass unser spiritueller Meister gütiger als alle Buddhas ist
2. Bedenken, dass unser spiritueller Meister sogar gütiger als Buddha Shakyamuni ist

BEDENKEN, DASS UNSER SPIRITUELLER MEISTER GÜTIGER ALS ALLE BUDDHAS IST

Wie können wir sagen, dass unser spiritueller Meister gütiger als alle Buddhas ist? Nehmen wir an, wir sind sehr arm und jemand gibt uns für eine gewisse Zeit etwas Geld, sodass wir schließlich aus unserer Armut errettet und sehr reich werden. Nehmen wir weiter an, dass dann ein anderer kommt und uns Speisen und andere Geschenke gibt. Welcher dieser Wohltäter ist der gütigere? Natürlich ist es der, der uns in unserer größten Not etwas gab.

Unser spiritueller Meister hilft uns direkt, wenn wir spirituell verarmt sind, und die Buddhas helfen uns direkt, wenn wir reich an Verwirklichungen sind. Gegenwärtig haben wir wenig Weisheit, Konzentration oder Achtsamkeit und wir haben nur eine kleine Menge an Verdiensten oder Glück. Doch unser Lehrer heilt und nährt uns in unserer spirituellen Armut mit Dharma, ermöglicht uns, unsere Umstände zu verbessern, indem er unsere Weisheit, Konzentration und Achtsamkeit vergrößert, und macht unseren Geist ruhiger und friedvoller, indem er unsere Verblendungen vermindert.

Wenn wir den Reichtum des Dharma, den uns unser spiritueller Meister gibt, annehmen und anwenden, werden wir schließlich die Konzentration des Dharma Kontinuums erlangen und Buddhas direkt sehen können. Wenn dann zu diesem Zeitpunkt unser Geist reich an Verwirklichungen ist, werden wir Unterweisungen direkt von den Buddhas erhalten. Deshalb sind Buddhas wie unsere zweiten Wohltäter. Unser spiritueller Meister ist jedoch gütiger, weil er oder sie uns hilft, wenn wir uns in der größten Not befinden.

Zahllose Buddhas haben sich bereits in dieser und anderen Welten manifestiert. Fünfundsiebzigtausend Buddhas gaben Buddha Shakyamuni in einem seiner früheren Leben die Bodhisattva Gelübde, aber wir selbst waren nie einer ihrer Schüler. Vor der Zeit Buddha Shakyamunis kamen die ersten drei der tausend Buddhas und halfen zahllosen Lebewesen, indem sie Dharma erläuterten, aber wir waren nicht unter ihren Schülern. Als Buddha Shakyamuni kam und Dharma lehrte, waren wir nicht unter den vielen Schülern, die seine Unterweisungen empfingen und Befreiung oder volle Erleuchtung erlangten. Nach der Zeit Buddha Shakyamunis erschienen erhabene Bodhisattvas, wie Manjushri und Maitreya, und große Lehrer, wie Nagarjuna und Asanga, in dieser Welt und führten viele Wesen zu Befreiung und Erleuchtung, aber wir waren nicht unter diesen Schülern. Hoch verwirklichte Gelehrte wie Tilopa, Naropa und Atisha lehrten Dharma und halfen ihren Schülern, Befreiung und volle Erleuchtung zu erlangen, aber wir waren nicht unter denjenigen, die von ihrem Rat profitierten. Die großen Kadampa Lehrer kamen, aber auch da waren wir nicht in der Reihe ihrer Schüler. Dann kamen Je Tsongkhapa und andere verwirklichte Lehrer, aber wir waren nicht unter denjenigen, die sie zur Befreiung führten.

Wenn wir fragen: «Wessen Schüler bin ich? Wer offenbart für mich jetzt den spirituellen Pfad?», werden wir erkennen, dass uns unser spiritueller Meister jetzt die gleiche Güte erweist, die die Buddhas der Vergangenheit ihren Schülern erwiesen haben. Deshalb ist, soweit es uns selbst betrifft, unser gegenwärtiger spiritueller Meister gütiger als alle Buddhas.

BEDENKEN, DASS UNSER SPIRITUELLER MEISTER SOGAR GÜTIGER ALS BUDDHA SHAKYAMUNI IST

Allgemein betrachtet ist Buddha Shakyamuni gütiger als andere Buddhas, denn er ist unser Hauptobjekt der Zuflucht und der Gründer der gegenwärtigen Dharma Lehre. Der Buddhadharma, den wir hören, über den wir nachdenken und meditieren, kommt von ihm. Wir haben bereits darüber nachgedacht, wie gütig er ist; aber unser gegenwärtiger spiritueller Meister ist sogar noch gütiger zu uns, weil wir zum jetzigen Zeitpunkt keine Gelegenheit haben, eine direkte Verbindung mit Buddha Shakyamuni herzustellen. Nur durch die persönliche Verbindung mit unserem gegenwärtigen spirituellen Meister ist es deshalb möglich, dass wir spirituelle Verwirklichungen erlangen können. Atisha sagte:

> Jede einzelne Verwirklichung, die wir erreichen wollen, hängt vom Empfangen der Inspiration unseres spirituellen Meisters ab.

Wenn wir Geheimes Mantra praktizieren, meditieren wir über unseren Yidam oder persönliche Gottheit als untrennbar von unserem spirituellen Meister, damit wir seine Segnungen und Inspiration schneller empfangen können, denn diese sind notwendig, wenn wir Erfolg in unserer Praxis haben wollen. Wenn wir nur über unseren Yidam meditieren wollen, ohne den Yidam als eins mit unserem spirituellen Meister zu betrachten, wird unserer Meditation Kraft fehlen. Deshalb heißt es im Geheimen Mantra, dass wir die Gottheit als untrennbar von unserem spirituellen Meister visualisieren sollten, wann immer wir eine Gottheit visualisieren. Gyalwa Gö Tsangpa sagte:

> Viele Meditierende meditieren über die Erzeugungsstufe des Geheimen Mantra, aber die Meditation über den spirituellen Meister ist die erhabene Meditation. Viele Praktizierende rezitieren die Mantras ihrer Yidams, aber Bitten an unseren spirituellen Meister zu richten ist die erhabene Praxis.

Die qualifiziertesten tantrischen Praktizierenden bewahren die Praxis des Guru Yoga als ihre Hauptpraxis. Die Art und Weise, Guru Yoga zu praktizieren besteht darin, sich aufrichtig auf seinen spirituellen Meister zu verlassen.

Unser Interesse am Dharma wird indirekt durch die Gewohnheiten verursacht, die wir in früheren Leben aufgebaut haben, aber die direkte Ursache für unser Interesse sind die Segnungen und die Inspiration, die wir von unserem spirituellen

Meister empfangen haben. Einzig durch die Segnungen und Inspiration unseres spirituellen Meisters beginnen wir Dharma zu praktizieren, nichttugendhafte Handlungen zu vermeiden und tugendhafte Handlungen zu fördern. Alle unsere Verbeugungen und anderen tugendhaften Handlungen des Körpers, unsere Rezitationen und anderen tugendhaften Handlungen der Rede, und unsere Meditationen und anderen tugendhaften Handlungen des Geistes werden durch die Segnungen und Inspiration unseres spirituellen Meisters verursacht. Sowohl die Gelegenheit, die sich uns jetzt bietet, neue Verwirklichungen zu erlangen, als auch die Verwirklichungen, die wir bereits entwickelt haben, entstehen in Abhängigkeit von den Segnungen und der Inspiration unseres spirituellen Meisters.

Manchmal sind die Segnungen eines spirituellen Meisters außergewöhnlich, wie im Falle Geshe Jayulwas, der allein durch die Kraft der Segnungen seines spirituellen Meisters Konzentration erreichte, ohne sich in der Meditation zu bemühen. Es gibt viele andere Beispiele, wie das Beispiel Naropas, für den es äußerst schwierig war, Unterweisungen von seinem spirituellen Meister Tilopa zu erhalten. Tilopa bereitete ihm nur Probleme, aber er tat dies, um Naropa zu helfen, seinen Geist zu reinigen. Einmal warf Tilopa seinem Schüler, statt ihm Dharma Unterweisungen zu geben, eine Handvoll Staub ins Gesicht, worauf Naropa einsgerichtete Konzentration entwickelte und ohne Ablenkung eine Woche lang darin verweilte. Alle Probleme, die Tilopa Naropa bereitete, waren verschleierte Segnungen.

WIE WIR UNS AUF UNSEREN SPIRITUELLEN MEISTER DURCH HANDLUNGEN DES DIENENS UND DER HINGABE VERLASSEN

Es gibt vier Arten von Handlungen, die wir unserem spirituellen Meister darbringen können, wenn wir einmal die richtigen Geisteshaltungen des Vertrauens und Respekts entwickelt haben:

1. Handlungen körperlichen oder sprachlichen Respekts darbringen, wie Verbeugungen oder Lobpreis

2. Materielle Dinge darbringen
3. Dienste darbringen
4. Unsere eigene Dharma Praxis darbringen

Wir können diese Darbringungen jederzeit machen, ob unser spiritueller Meister wirklich anwesend ist oder nicht. Sie alle erfreuen unseren spirituellen Meister, aber die Darbringung unserer eigenen Dharma Praxis erfreut ihn am meisten. Sie ist die erhabene Handlung der Hingabe.

Wenn wir Übungen wie den *Guru Yoga der sechs Sitzungen* machen, visualisieren wir unseren spirituellen Meister als Buddha Vajradhara. Wenn wir die *Darbringung an den spirituellen Meister praktizieren* – Verbeugungen machen, Gaben und Bitten darbringen – visualisieren wir unseren spirituellen Meister als Lama Losang Tubwang Dorjechang. Wenn wir die sechs vorbereitenden Übungen, auf Tibetisch Jorbai Chö Drug, für die Lamrim Meditationen machen, visualisieren wir unseren spirituellen Meister als Buddha Shakyamuni. Alle diese Übungen sind Wege, sich durch Handlungen der Hingabe auf unseren spirituellen Meister zu verlassen.

DER ABSCHLUSS DER MEDITATION

Zum Abschluss jeder Meditationssitzung stellen wir uns vor, dass Guru Buddha Shakyamuni über unserem Scheitel kleiner wird und langsam in unser Herz hinabsinkt, wo er Weisheitslicht ausstrahlt, das unseren Körper und Geist reinigt. Unser Körper aus Weisheitslicht verwandelt sich augenblicklich in den Aspekt Buddha Shakyamunis und unser Geist wird eins mit seinem Geist. Aus unserem Herzen strahlt Licht aus und erreicht alle fühlenden Wesen und ihre Umgebung. All die unzähligen Lebewesen und ihre Umgebung werden gereinigt und ihre Körper aus Weisheitslicht werden in den Aspekt Buddha Shakyamunis umgewandelt. In unserem Herzen und in den Herzen aller Buddhas um uns herum befindet sich eine Mondscheibe, auf der ein gelbes HUM steht, umgeben vom Mantra OM MUNI MUNI MAHA MUNIYE SÖHA. Wir rezitieren das Mantra, wobei wir uns vorstellen, dass alle Buddhas es gemeinsam mit uns rezitieren.

Wenn wir die Mantrarezitation beendet haben, schließen wir unsere Sitzung ab, indem wir unsere Tugend der vollen Erleuchtung aller Lebewesen widmen.

WIE DER GEIST WÄHREND DER MEDITATIONSPAUSE GESCHULT WIRD

Wenn wir nicht meditieren, können wir Bücher lesen und weitere Unterweisungen über diejenige Stufe des Pfades erhalten, die wir in unserer Meditationssitzung gerade praktiziert haben. Wir sollten unser Meditationsobjekt niemals ganz vergessen. Stattdessen können wir die Meditationspause als Gelegenheit nutzen, um uns an die einzelnen Punkte unserer Meditation zu erinnern, darüber nachzudenken und mit unseren Dharma Freunden über die erhaltenen Unterweisungen und unsere Erfahrungen zu reden. Neben dem achtsamen Bewahren unseres Meditationsobjekts ist unsere wichtigste Praxis in der Meditationspause das Schützen der sechs Tore der Sinneskräfte. Wenn unsere Sinneskräfte (die Augensinneskraft, die Ohrensinneskraft, die Nasensinneskraft, die Zungensinneskraft und die Körpersinneskraft) oder unsere geistige Kraft mit ihren jeweiligen Objekten (Formen, Klängen, Gerüchen, Geschmäcken, Tastobjekten und anderen Phänomenen) in Kontakt kommen, entstehen normalerweise leicht Verblendungen im Geist, die uns dazu bringen schädliche Handlungen auszuführen, die Leiden zur Folge haben. Wenn wir das Festhalten am Selbst beseitigt haben, das die Wurzel aller Verblendungen ist, können unsere Sinneskräfte und ihre Objekte miteinander in Kontakt kommen, ohne dass wir Verblendungen erzeugen. Bis dahin können wir die Praxis ausüben, die Tore unserer Sinneskräfte zu schützen.

Es gibt zwei Arten, dies zu tun. Die erste ist, Kontakt mit den Objekten der Sinneskräfte zu vermeiden. Wir vermeiden es beispielsweise, unseren Blick auf schöne Formen fallen zu lassen, wir vermeiden es, die Wege unserer Feinde zu kreuzen oder angenehme Musik zu hören. Den meisten Leuten fällt diese Art der Praxis schwer. Auf diese Weise können wir nur praktizieren, wenn wir wie Milarepa in einer Höhle leben. Deshalb müssen die meisten von uns auf die zweite Art praktizieren.

Bei der zweiten Art, die Sinnestore zu schützen, verhindern wir nicht den Kontakt mit den Objekten der Sinneskräfte, sondern wir schützen unseren Geist davor, von ihnen beeinflusst zu werden. Wir tun dies, sobald die Sinneskraft und ihr Objekt miteinander in Kontakt kommen. Wenn wir beispielsweise ein sehr schönes Objekt sehen, richten wir unsere Aufmerksamkeit sofort auf etwas anderes. Der Grund, warum wir begehrende Anhaftung für schöne Objekte entwickeln, besteht darin, dass wir unsere Aufmerksamkeit auf ihnen verweilen lassen und von ihnen gefangen genommen werden, sobald wir in Kontakt mit ihnen gekommen sind. Wir beginnen mit einem intensiven Denkprozess, der einer analytischen Meditation gleicht und unseren Geist sowohl mit allen manifesten als auch allen verborgenen Aspekten des Objekts vertraut macht. Als Ergebnis unserer «analytischen Meditation» entsteht in unserem Geist deutlich ein starkes Gefühl begehrender Anhaftung und wir halten dieses fest, bis wir es schließlich nicht mehr loswerden können! Wenn wir zum Beispiel einem gut aussehenden Mann oder einer schönen Frau begegnen, dann denken wir immer wieder darüber nach, wie schön die Person ist, und stellen uns all ihre Einzelheiten vor: ihr Haar, ihren Teint, ihr Lächeln, ihre Augen, ihren Gesichtsausdruck und ihre Figur. Wir erinnern uns an alle Einzelheiten vom Scheitel bis zu den Zehenspitzen. In solchen Momenten ist die Kraft unserer Visualisierung hervorragend. Diese «analytische Meditation» lässt starke begehrende Anhaftung in unserem Geist entstehen und dies führt dazu, dass wir nach dem visualisierten Objekt suchen. Wenn uns ein erneuter Kontakt nicht gelingt, fühlen wir uns niedergeschlagen. Woher stammt dieser Schmerz der Enttäuschung? Er stammt aus unserer eigenen «Meditation»! Wollen wir also frei von solchen Leiden sein, sollten wir ein schönes Objekt nicht beachten, wenn wir ihm begegnen, und unseren Geist nicht auf ihm verweilen lassen. Wenn jemand unangenehme Dinge zu uns sagt, sollten wir diese Dinge auf taube Ohren fallen lassen und es auf ähnliche

Weise vermeiden darauf zu verweilen. So vermeiden wir es, wütend zu werden. Die gleiche Art der Praxis sollte auf alle anderen Objekte der Sinneskräfte angewandt werden.

Wenn wir die Tore der Sinneskräfte während der Meditationspause schützen, wird unsere Konzentration in den Meditationssitzungen sehr gut sein. Je Tsongkhapa lehrte, dass die Meditationspause wichtiger als die Meditationssitzung ist, weil unsere Meditationssitzung wahrscheinlich nur wenige Stunden pro Tag, unsere Meditationspause aber so lange wie der Rest unseres Lebens dauert. Wenn wir in der Meditationspause gut praktizieren, werden wir die meiste Zeit unseres Lebens gut praktizieren und wir werden die Konzentration in unserer Meditationssitzung in hohem Maße verbessern.

Während unserer Meditationspausen können wir unsere Dharma Weisheit benutzen, um all unsere Erfahrungen in die Praxis umzusetzen. Wenn wir das können, müssen wir uns nicht nur allein auf Bücher verlassen, um unseren Geist auf Dharma auszurichten, wenn wir nicht meditieren. Zum Beispiel können wir beim Einkaufen unsere Weisheit benutzen, um zu sehen, dass manche Dinge Unbeständigkeit, manche Dinge die Fehler Samsaras, manche Dinge Mitgefühl und manche Dinge Geduld lehren. Wenn wir auf diese Weise praktizieren, werden wir viele tugendhafte Geisteszustände mit nach Hause bringen. Andernfalls werden wir bei unserer Rückkehr aus der Stadt eine schwere Tasche voller Verblendungen tragen.

Unser kostbares menschliches Leben

WIE WIR DIE ESSENZ UNSERES MENSCHLICHEN LEBENS GEWINNEN

Dieser Abschnitt wird unter den folgenden zwei Überschriften dargelegt:

1. Wie wir den Entschluss entwickeln, die Essenz unseres kostbaren menschlichen Lebens zu gewinnen
2. Die Schulung des Geistes in den eigentlichen Methoden, mit denen wir die Essenz unseres kostbaren menschlichen Lebens gewinnen

WIE WIR DEN ENTSCHLUSS ENTWICKELN, DIE ESSENZ UNSERES KOSTBAREN MENSCHLICHEN LEBENS ZU GEWINNEN

Dies hat drei Teile:

1. Die Erkenntnis, dass wir jetzt ein kostbares menschliches Leben haben
2. Die Meditation über den großen Wert unseres kostbaren menschlichen Lebens
3. Die Meditation über die große Seltenheit unseres kostbaren menschlichen Lebens

DIE ERKENNTNIS, DASS WIR JETZT EIN KOSTBARES MENSCHLICHES LEBEN HABEN

Ein kostbares menschliches Leben ist ein Leben, das acht besondere Freiheiten und zehn besondere Ausstattungen

Manjushri

Nagarjuna

Chandrakirti

hat, die eine ideale Gelegenheit bieten, den Geist in allen Stufen des Pfades zur Erleuchtung zu schulen. Jede der acht besonderen Freiheiten ist eine Freiheit von einer der acht Bedingungen, die unsere spirituelle Praxis entweder verhindern oder ernsthaft beeinträchtigen. Wenn wir ein kostbares menschliches Leben mit diesen acht Freiheiten haben, wird es uns relativ leichtfallen, alle anderen ungünstigen Umstände zu überwinden, denen wir begegnen könnten. Alle zehn besonderen Ausstattungen sind notwendige Voraussetzungen für unsere Dharma Praxis.

Durch Meditation über diese acht Freiheiten und zehn Ausstattungen werden wir erkennen, dass wir jetzt ein Leben haben, das die allerbeste Möglichkeit zur spirituellen Entwicklung bietet. Solch eine Erkenntnis wird in uns ganz selbstverständlich ein Gefühl der Freude und eine tiefe Wertschätzung für unser menschliches Leben mit seinem großen Potenzial entstehen lassen. Indem wir über den Wert und die Seltenheit unseres kostbaren menschlichen Lebens meditieren, werden wir ein spontanes und anhaltendes Begehren entwickeln, einen möglichst großen Nutzen daraus zu ziehen. Dieser tugendhafte Wunsch führt uns ganz natürlich auf richtige spirituelle Pfade und bewahrt uns davor, falsche Pfade zu betreten. Die Entwicklung des Wunsches, die Essenz dieses kostbaren menschlichen Lebens zu gewinnen, wird deshalb der Schlüssel genannt, der das Tor zum Dharma öffnet. Er wird auch unser bester Freund genannt, weil wir dadurch außerordentlich motiviert werden, unser Leben auf die beste Art zu nutzen.

Dieser Abschnitt hat zwei Teile:

1. Die acht Freiheiten
2. Die zehn Ausstattungen

DIE ACHT FREIHEITEN

Vier der acht Freiheiten sind Freiheiten von einer Geburt in einer nichtmenschlichen Form:

1. Freiheit von einer Geburt als Höllenwesen
2. Freiheit von einer Geburt als hungriger Geist

3. Freiheit von einer Geburt als Tier
4. Freiheit von einer Geburt als gewöhnlicher Gott

Eine Erklärung, wie die Überzeugung gewonnen wird (falls wir sie nicht bereits gewonnen haben), dass vergangene und zukünftige Leben existieren und dass es andere Bereiche oder Existenzbedingungen neben dem menschlichen Bereich gibt, wird weiter unten ausführlich gegeben. Für den Zweck dieser Meditation reicht es, wenn wir Vertrauen oder zumindest einen offenen Geist behalten.

Es ist unmöglich, als Mensch geboren zu werden, ohne zuerst die Ursache dafür zu erschaffen, genauso wie es unmöglich ist, eine gute Ernte einzubringen, ohne zuerst die Samen zu säen. Nichts, nicht einmal ein Atom, entsteht ohne Ursachen und Bedingungen. Was ist die Ursache, die zu einer Geburt als Mensch führt? Die Ursache finden wir in unseren eigenen geistigen Handlungen. Es gibt keinen Gesetzgeber, der außerhalb von uns existiert und bestimmt: «Du sollst ein Mensch sein» oder «Du sollst in der Hölle leben». Außerdem können wir keine bestimmte Lebensform annehmen, bloß weil wir sie bevorzugen, denn wer würde es jemals vorziehen in der Hölle geboren zu werden? Wie in *Zusammengefasstes Sutra der Vollkommenheit der Weisheit* erklärt wird, ist die Hauptursache für eine Geburt als Mensch die Praxis der moralischen Disziplin. Man kann deshalb nicht sagen, dass Menschen immer wieder als Menschen oder Tiere immer wieder als Tiere geboren werden. Die Lebensform, die wir annehmen, hängt von der Eigenschaft unserer eigenen Handlungen ab.

Obwohl es schwierig ist, durch rein logische Begründungen die genaue Beziehung zwischen bestimmten Handlungen und ihren Auswirkungen zu beweisen, ist es recht leicht, die Beziehungen zwischen Handlungen und ihren Wirkungen im Allgemeinen zu verstehen. Die gereifte Auswirkung jeder Handlung ist in einer Existenzform geboren zu werden, die der Natur der Handlung selbst ähnlich ist. Die gereifte Auswirkung jeder tugendhaften Handlung ist eine glückliche Wiedergeburt zu erlangen, beispielsweise als Mensch oder als Gott, und die gereifte Auswirkung jeder nichttugendhaften Handlung ist eine unglückliche Wiedergeburt zu erlangen, wie die eines Tieres, eines hungrigen Geistes oder eines Höllenwesens.

Alle Wesen, die jetzt die niederen Existenzbereiche bewohnen, haben irgendwann in ihren unzähligen früheren Leben moralische Disziplin praktiziert. Als Folge davon tragen sie in ihrem Geist das Potenzial wieder als Mensch geboren zu werden und moralische Disziplin praktizieren zu können. Genauso haben wir in diesem Leben und in unseren vergangenen Leben unzählige zerstörerische Handlungen begangen und so tragen wir in unserem Geist viele Potenziale, in einem nichtmenschlichen Leben wiedergeboren zu werden und unsere zerstörerischen Handlungen immer wieder zu wiederholen. Daher müssen wir meditieren, um das Glück, das wir jetzt genießen, wirklich zu schätzen und einen aufrichtigen Entschluss zu fassen das Beste daraus zu machen, solange es möglich ist.

FREIHEIT VON EINER GEBURT ALS HÖLLENWESEN

Wir meditieren:

Der Körper und die Umgebung eines Höllenwesens lassen nur heftigen Schmerz entstehen und so ist es unmöglich für ein solches Wesen Dharma anzuhören, darüber nachzudenken und zu meditieren. Wenn ich auch nur leichte körperliche Schmerzen habe, kann ich Dharma nicht anhören, kann ich keine Dharma Bücher lesen oder mich nicht zur Meditation hinsetzen. Doch die Wesen in der Hölle erleiden viel größere Qualen, als ich jemals als Mensch erleben kann, und sie erleiden Schmerzen für eine nahezu unermesslich lange Zeit.Was für ein Glück habe ich doch, dass ich nicht als Höllenwesen wiedergeboren wurde.

FREIHEIT VON EINER GEBURT ALS HUNGRIGER GEIST

Wir meditieren:

Wesen, die als hungrige Geister wiedergeboren werden, haben ständigen Hunger und Durst. Wenn ich hungrig bin, kann ich kaum an meine spirituelle Praxis denken und habe wenig Interesse, Dharma zu hören oder zu lesen. Hungrige Geister aber haben immer extremen Hunger und Durst und so haben sie nie die Freiheit oder den Wunsch, Dharma zu praktizieren. Was für ein Glück habe ich doch, nicht als hungriger Geist wiedergeboren worden zu sein.

FREIHEIT VON EINER GEBURT ALS TIER

Wir meditieren:

Obwohl manche Tiere, wie zum Beispiel Hunde, geschickt darin sind, Nahrung zu finden und man ihnen beibringen kann zu gehorchen, ist es unmöglich für sie, ihren Geist in den Stufen des Pfades zur Erleuchtung zu schulen, weil Tiere an großer Verwirrung und Dummheit leiden. Selbst wenn wir versuchen sie zur Meditation zu ermutigen, sind sie völlig unfähig, unseren Rat zu verstehen. Unsere spirituellen Unterweisungen sind wie Wind in ihren Ohren. Was für ein Glück habe ich doch, nicht als Tier wiedergeboren worden zu sein.

FREIHEIT VON EINER GEBURT ALS GEWÖHNLICHER GOTT

Wir meditieren:

Langlebensgötter erfahren nur zwei grobe Geisteszustände, einen, wenn sie einsehen, dass sie eine himmlische Wiedergeburt erlangt haben, und den anderen kurz bevor sie sterben. Den Rest des Lebens verbringen sie in einem schlafähnlichen Zustand, in dem sie wie geistlose Steine werden und nichts wahrnehmen. Obwohl ihr Leben lang ist, können diese Götter daraus keinen Nutzen durch Dharma Praxis ziehen und wenn sie sterben, werden sie abermals in einem der niederen Bereiche geboren.

Auch den Göttern des Formbereichs, die keine Langlebensgötter sind, fehlt die Freiheit, Dharma zu praktizieren, weil sie ihr ganzes Leben in einem Zustand alleinigen Friedens verbringen. Sie leiden niemals so wie wir und sie sehen niemals die Leiden anderer, und so haben sie keine Möglichkeit die

Verwirklichungen von Entsagung, großem Mitgefühl oder Bodhichitta zu entwickeln. Einige Götter, zum Beispiel die Götter des Begierdebereichs, verbringen ihr ganzes Leben in Ablenkungen verstrickt und so entwickeln sie niemals ein Interesse für Dharma, und wenn sie sterben, werden sie in niedere Bereiche geworfen. Da die Wiedergeburt als gewöhnlicher Gott aus der Sicht des Dharma völlig sinnlos ist, habe ich großes Glück, dass ich nicht eine solche Wiedergeburt angenommen habe.

Einst lebte ein Arzt namens Kumara, der seinem spirituellen Meister Shariputra mit großer Hingabe folgte. Selbst wenn Kumara auf einem Elefanten saß, stieg er augenblicklich ab und brachte seine Ehrerbietung dar, sobald er Shariputra sah. Als er starb, wurde er als Gott des Begierdebereichs wiedergeboren. Shariputra wusste dies aufgrund seiner Hellsicht und beschloss, seinen Schüler zu besuchen, um zu sehen, ob er ihn weiter im Dharma unterweisen könne. Als Shariputra den Lustgarten betrat, wo dieser Gott sich jetzt vergnügte, winkte ihm sein früherer Schüler nur aus der Ferne zu und zog sich dann in die Gesellschaft der Göttinnen zurück, die seine Gespielinnen waren. Shariputra hatte keine Möglichkeit, seinen früheren Schüler auch nur zu begrüßen, geschweige denn ihm spirituellen Rat anzubieten.

Die verbleibenden vier Freiheiten sind Freiheiten von einer Geburt als Mensch unter Umständen, die die spirituelle Praxis entweder verhindern oder ernsthaft beeinträchtigen:

5. Freiheit von einer Geburt und einem Dasein in einem Land, in dem es keine Religion gibt
6. Freiheit von einer Geburt und einem Dasein in einem Land, in dem es keinen Buddhadharma gibt
7. Freiheit von einer Geburt und einem Dasein mit geistigen oder körperlichen Behinderungen
8. Freiheit von falschen Sichtweisen, die Dharma verneinen

FREIHEIT VON EINER GEBURT UND EINEM DASEIN IN EINEM LAND, IN DEM ES KEINE RELIGION GIBT

Wir meditieren:

Wäre ich an einem barbarischen und unzivilisierten Ort oder in einem Land geboren worden, in dem Religion nicht toleriert wird, wäre es unmöglich für mich gewesen, Dharma zu begegnen und ihn in die Praxis umzusetzen. Es gibt viele Orte in der heutigen Welt, wo es keine Religion gibt oder Menschen eingesperrt oder sogar gefoltert werden können, wenn sie versuchen ihre Religion zu praktizieren; und es gibt viele Orte, wo Menschen keine Möglichkeit haben, einem spirituellen Meister zu begegnen, der ihnen zeigen kann, wie man den Geist schult. Was für ein Glück habe ich doch, nicht an einem solchen Ort zu sein.

FREIHEIT VON EINER GEBURT UND EINEM DASEIN IN EINEM LAND, IN DEM ES KEINEN BUDDHADHARMA GIBT

Wir meditieren:

Wäre ich in einem Land geboren worden, in dem Religion zwar toleriert wird, wo aber niemand Dharma praktiziert und es niemanden gibt, der ihn lehrt, wäre es immer noch unmöglich für mich, Interesse am Dharma zu entwickeln und zu lernen, wie er in die Praxis umgesetzt wird. Was für ein Glück habe ich doch, nicht an einem solchen Ort zu sein.

FREIHEIT VON EINER GEBURT UND EINEM DASEIN MIT GEISTIGEN ODER KÖRPERLICHEN BEHINDERUNGEN

Wir meditieren:

Wäre ich dauerhaft geistig behindert, wäre ich nicht fähig den Dharma zu verstehen und anzuwenden, und wäre ich dauerhaft körperlich behindert, wäre es viel schwieriger für mich, mit der Lehre in Kontakt zu kommen. Wäre ich blind, könnte ich nicht viele Dharma Bücher lesen. Wäre ich taub, könnte ich keine Unterweisungen hören. Wäre ich körperlich behindert, wäre es schwierig für mich, Dharma Zentren oder

Tempel zu besuchen und zu lernen, wie man meditiert. Was für ein Glück habe ich doch, frei von geistigen oder körperlichen Behinderungen zu sein.

FREIHEIT VON FALSCHEN SICHTWEISEN, DIE DEN DHARMA VERNEINEN

Eine falsche Sichtweise ist ein Geisteszustand, der für Dharma wie eine geschlossene und verriegelte Tür ist. Sie ist ein Geist, der sich hartnäckig an eine Sichtweise klammert, die die Existenz eines Objekts verneint, das verstanden werden muss, um Befreiung oder volle Erleuchtung zu erlangen. Ein Beispiel ist ein Geist, der daran festhält, dass vergangene und zukünftige Leben nicht existieren, und der nicht die geistige Offenheit hat zu untersuchen, ob diese Sichtweise richtig ist oder nicht. Man kann als Ergebnis falscher oder unvollkommener Gedankengänge dogmatisch oder eigensinnig an einer falschen Sichtweise festhalten, oder auch ohne den geringsten Anspruch auf eine Begründung blind auf ihr beharren. Wir meditieren:

Falsche Sichtweisen zu haben ist das Haupthindernis für eine reine Dharma Praxis, weil sie uns daran hindern, Vertrauen in Dharma zu entwickeln, und Vertrauen ist die Grundlage für die Erlangung jeder spirituellen Verwirklichung. Was für ein Glück habe ich doch, keine falschen Sichtweisen zu haben.

DIE ZEHN AUSSTATTUNGEN

Die ersten fünf Ausstattungen sind persönliche Ausstattungen:

1. Als Mensch geboren zu sein
2. Als Mensch in einem Land geboren zu sein, in dem Dharma blüht, und dort zu leben
3. Mit vollständigen Kräften und ohne geistige und körperliche Behinderungen geboren zu werden und leben zu können
4. Keine der fünf Handlungen sofortiger Vergeltung begangen zu haben
5. Vertrauen in die drei Gruppen der Lehren Buddhas zu haben

Wir können verstehen, wie wichtig jede der fünf persönlichen Ausstattungen ist, indem wir über die folgende Analogie nachdenken. Als Mensch geboren zu sein ist wie ein Auto zu haben. In einem Land geboren worden zu sein und zu leben, in dem der Dharma blüht, ist wie das Auto auf die Straße zu bringen. Frei von geistigen oder körperlichen Behinderungen zu sein ist wie Benzin im Tank zu haben. Frei davon zu sein, die Folgen einer der fünf Handlungen sofortiger Vergeltung erfahren zu müssen, ist wie einen Führerschein zu haben. Vertrauen in Dharma zu haben ist wie das Selbstvertrauen, fahren zu können. So wie wir nicht an unser Ziel gelangen können, wenn eine dieser fünf Bedingungen für erfolgreiches Autofahren fehlt, genauso wenig können wir Erleuchtung erlangen, die das eigentliche Ziel dieses kostbaren menschlichen Lebens ist, wenn eine der fünf Ausstattungen fehlt.

Die fünf Handlungen sofortiger Vergeltung, auf die sich die vierte Ausstattung bezieht, sind die fünf schlimmsten negativen Handlungen: seinen eigenen Vater töten, seine eigene Mutter töten, einen Feindzerstörer töten, das Blut eines Buddha mit schädigender Absicht vergießen und Spaltung innerhalb der Sangha oder der Dharma Gemeinschaft verursachen. Begehen wir eine dieser Handlungen, ist es sehr schwer, Verwirklichungen zu erlangen, und wenn wir sterben, gehen wir direkt in die Hölle. Kommt dieses höllische Leben zu einem Ende, erleben wir weiterhin die schweren Folgen unserer Handlung, die sich als geistige Hindernisse in unserer Dharma Praxis auswirken. Es gab einige wenige Ausnahmen, wie König Ajatashatru, der seinen Vater Bimbisara tötete, dies aber später bereute, Reinigung praktizierte und als Folge der Unterweisungen Buddhas ein In-den-Strom-Eintretender wurde. Wenn wir eine dieser fünf Handlungen begangen haben, gibt es jedoch im Allgemeinen keine Möglichkeit, in diesem Leben Befreiung zu erlangen.

Die verbleibenden fünf Ausstattungen sind günstige Eigenschaften der Welt, in der wir unsere menschliche Wiedergeburt erlangen:

6. Eine menschliche Wiedergeburt in einer Welt zu erlangen, in der Buddha erschienen ist
7. Eine menschliche Wiedergeburt in einer Welt zu erlangen, in der Buddha den Dharma gelehrt hat
8. Eine menschliche Wiedergeburt in einer Welt zu erlangen, in der immer noch reiner Dharma gelehrt wird
9. Eine menschliche Wiedergeburt in einer Welt zu erlangen, in der es Menschen gibt, die reinen Dharma praktizieren
10. Eine menschliche Wiedergeburt in einer Welt zu erlangen, in der es Gönner und Förderer von Dharma Praktizierenden gibt

Wenn Buddha nicht in dieser Welt erschienen wäre und das Rad des Dharma gedreht hätte, und wenn reiner Dharma nicht in dieser Welt geblieben wäre, wäre es unmöglich für uns, Dharma Unterweisungen zu erhalten und in die Praxis umzusetzen. Wenn wir rein und richtig praktizieren wollen, brauchen wir außerdem die Hilfe eines spirituellen Meisters und spiritueller Freunde, und wir brauchen die Unterstützung von Gönnern und Förderern. Deshalb sind alle diese Ausstattungen notwendig, wenn unsere spirituelle Praxis Erfolg haben soll. Wir sollten verstehen, wie viel Glück wir haben in einer solchen Welt geboren zu sein.

Wenn wir über diese acht besonderen Freiheiten und zehn besonderen Ausstattungen meditieren, führen wir die analytische Meditation aus, die in uns Freude und eine tiefe Wertschätzung für unser gegenwärtiges menschliches Leben entstehen lässt, weil wir erkennen, dass es in vollkommener Weise mit allen notwendigen Bedingungen für die Schulung des Geistes auf den Stufen des Pfades zur Erleuchtung ausgestattet ist. Was für einen Zweck hat es, absichtlich Freude zu erzeugen? Wir tun dies, um einen möglichst großen Nutzen aus unserer gegenwärtigen günstigen Situation zu ziehen. Wenn jemand ein Stück Gold entdeckt, aber seinen Wert nicht erkennt, wirft er es vielleicht fort; aber wenn er versteht, wie kostbar es ist, wird er über seinen Fund erfreut sein, das Gold sicher aufbewahren und es sinnvoll verwenden. Wenn wir verstehen, dass unser menschliches Leben jetzt vollkommen ausgestattet ist, werden wir uns ebenso darüber freuen und es sinnvoll nutzen. Dieses kostbare menschliche Leben ist vergänglich. Es kann morgen verloren sein. Niemand kann vorhersagen, wie lange diese Gelegenheit anhält. Deshalb müssen wir unser Leben jetzt zu schätzen wissen.

Wenn unsere Meditation bewirkt, dass wir eine besondere Freude erzeugen, führen wir die verweilende Meditation aus, um uns mehr und mehr mit diesem Gefühl vertraut zu machen und es niemals zu verlieren.

DIE MEDITATION ÜBER DEN GROSSEN WERT UNSERES KOSTBAREN MENSCHLICHEN LEBENS

Dies hat drei Teile:

1. Der große Wert unseres kostbaren menschlichen Lebens aus der Sicht unseres vorübergehenden Zieles
2. Der große Wert unseres kostbaren menschlichen Lebens aus der Sicht unseres endgültigen Zieles
3. Der große Wert jeden Moments unseres kostbaren menschlichen Lebens

DER GROSSE WERT UNSERES KOSTBAREN MENSCHLICHEN LEBENS AUS DER SICHT UNSERES VORÜBERGEHENDEN ZIELES

Das Ziel oder Bestreben eines jeden Lebewesens ist Glück zu erleben. Es gibt zwei Arten des Glücks und somit zwei Arten von Zielen – vorübergehende und endgültige. Vorübergehendes Glück ist das Glück, das von Menschen und Göttern erfahren werden kann; es ist das begrenzte Glück, das die Wesen erreichen können, solange sie in Samsara gefangen bleiben. Endgültiges Glück ist das reine, ewige Glück der Befreiung und vollen Erleuchtung.

Wären wir nicht als Mensch geboren worden, könnten wir nicht all die Freuden und Vergnügen des menschlichen

Lebens erfahren. Andere Wesen, wie zum Beispiel Tiere, können nicht das Glück genießen, das wir genießen, weil sie nicht die geeignete körperliche Grundlage dafür haben. Daher ist aus der Sicht, menschliches Glück in diesem Leben zu erfahren, allein schon der Besitz dieses menschlichen Körpers wichtig. Außerdem können wir dieses vollkommen ausgestattete menschliche Leben dazu nutzen, die Ursachen für vorübergehendes Glück in zukünftigen Leben zu schaffen. Wir können alle Ursachen für viele zukünftige menschliche Wiedergeburten erschaffen, mit allen notwendigen Freiheiten und Ausstattungen und mit sieben weiteren Vorteilen, die die beste Möglichkeit bieten, die Vergnügen und das Glück eines menschlichen Lebens zu erfahren. Diese sieben Merkmale höherer Abstammung sind: Adel, große Schönheit, ausgiebige Ressourcen, große Kraft, große Weisheit, gute Gesundheit und langes Leben. Große Weisheit ist der kostbarste dieser Vorteile, weil sie uns befähigt zu unterscheiden, was praktiziert und was aufgegeben werden muss, und dadurch richtigen spirituellen Pfaden zu folgen.

Moralische Disziplin und makellose Gebete für die Erlangung einer menschlichen Wiedergeburt sind die Hauptursachen, die zu einer Geburt als Mensch führen. Respekt gegenüber unseren Eltern, unserem spirituellen Meister, den Drei Juwelen und anderen Wesen ist die Hauptursache für Adel. Geduld ist die Hauptursache für große Schönheit. Freigebigkeit ist die Hauptursache für ausgiebige Ressourcen. Anderen Schutz zu geben ist die Hauptursache für große Kraft. Dharma zu studieren und sich an ihm zu erfreuen ist die Hauptursache für große Weisheit. Zu heilen und für Kranke zu sorgen ist die Hauptursache für gute Gesundheit. Anderen das Leben zu retten ist die Hauptursache für ein langes Leben. Mit unserem kostbaren menschlichen Leben können wir alle diese guten Ursachen erschaffen. Wenn wir das tun, können wir sicher sein die Ergebnisse zu erfahren, genauso wie wir sicher sein können, dass es ein Feuer geben wird, wenn wir ein Streichholz anzünden und es an einen trockenen Heuhaufen halten. Mit diesem kostbaren menschlichen Leben können wir die Ursache für jede Art von menschlichem Leben erschaffen, die wir uns wünschen. Wir können ein Millionär, ein weiser Politiker oder ein Ordinierter sein, der reine moralische Disziplin einhält.

DER GROSSE WERT UNSERES KOSTBAREN MENSCHLICHEN LEBENS AUS DER SICHT UNSERES ENDGÜLTIGEN ZIELES

Unser endgültiges Ziel ist, das reine, ewige Glück der Befreiung und vollen Erleuchtung zu erlangen. Jetzt, da wir ein kostbares menschliches Leben haben, können wir die drei höheren Schulungen, die zur Befreiung führen, praktizieren und vollenden. Es heißt, dass die menschliche Form wie ein Boot ist, in dem wir den Ozean Samsaras überqueren und das Ufer der Befreiung erreichen können.

Wie Shantideva in *Leitfaden für die Lebensweise eines Bodhisattva* sagt:

> Indem wir uns auf diesen bootsgleichen menschlichen
> Körper verlassen,
> Können wir den großen Ozean des Leidens durchqueren.
> Weil ein solches Fahrzeug nur schwer wieder zu finden ist,
> Ist jetzt nicht die Zeit zum Schlafen, du Dummkopf!

Außerdem können wir uns mit diesem kostbaren menschlichen Leben in allen fünf Hauptursachen der vollen Erleuchtung schulen: Entsagung, Bodhichitta, der richtigen Sichtweise der Leerheit und den Erzeugungs- und Vollendungsstufen des Geheimen Mantra. Da der menschliche Körper die sechs Elemente hat, die für die Praxis des Geheimen Mantra notwendig sind (Haut, Fleisch, Knochen, Kanäle, Winde und Tropfen), können wir mit dieser menschlichen Form alle Erfahrungen des Geheimen Mantra in nur einer Lebenszeit erreichen, einschließlich der endgültigen Verwirklichung der vollen Erleuchtung. Wenn wir als Gott im Formbereich oder formlosen Bereich wiedergeboren werden, haben wir solch eine Möglichkeit nicht. Selbst die höheren Bodhisattvas, die in einem Reinen Land wie Sukhavati wiedergeboren werden, haben keine solche Möglichkeit.

Wir meditieren:

Seit anfangsloser Zeit habe ich ohne Unterbrechung und ohne Freiheit oder Wahl samsarische Wiedergeburten in Sorge und Furcht erfahren. Samsara ist das schrecklichste Gefängnis. Jetzt habe ich zum ersten Mal alle Bedingungen, die ich brauche, um die Ketten meiner Gefangenschaft zu sprengen. Deshalb darf ich diese kostbare Gelegenheit, Befreiung und volle Erleuchtung zu erlangen, nicht verschwenden.

DER GROSSE WERT JEDEN MOMENTS UNSERES KOSTBAREN MENSCHLICHEN LEBENS

Mit diesem menschlichen Leben kann jeder Tag, jede Stunde, jede Minute wirklich wertvoll sein. Jeder einzelne Moment unseres kostbaren menschlichen Lebens hat große Bedeutung. In nur einer Stunde können Menschen genauso viele Verdienste erschaffen wie ein Gott in einem Äon. Wenn wir nur fünf Minuten über Liebe meditieren oder nur eine Verbeugung vor unserem spirituellen Meister machen, wobei wir ihn als Emanation aller Buddhas betrachten, führt dies zu unermesslichen Verdiensten.

In sehr kurzer Zeit können wir all das negative Karma reinigen, das wir in der Vergangenheit geschaffen haben. Die Potenziale, die wir in unserem Geist durch unsere vergangenen negativen Handlungen erschaffen haben, sind formlos. Da wir sie nicht sehen können, kann man leicht vergessen, dass sie existieren; aber wenn unser negatives Karma Form hätte, würde es das gesamte Universum füllen. Diese ganze Negativität kann schnell zerstört werden, wenn wir dieses menschliche Leben nutzen, um intensive Reinigung zu praktizieren, so wie ein Heuhaufen von einem heftigen Feuer schnell verzehrt wird.

Je Tsongkhapa sagte:

Wenn wir über den großen Wert dieser Freiheiten und Ausstattungen nachdenken, werden wir starkes Bedauern empfinden, unseren menschlichen Körper und unsere Zeit verschwendet zu haben.

Jemand, der sehr geizig ist, aber viel Geld für Reisen ausgeben muss, wird ein starkes Gefühl des Verlustes empfinden, weil ihm oder ihr jeder einzelne Cent sehr viel bedeutet. Hätten wir volle Wertschätzung für jeden Moment unseres kostbaren menschlichen Lebens entwickelt, dann würden wir genauso heftiges Bedauern empfinden, wann immer wir einen Moment vergeuden. Je Phabongkhapa sagte:

> Statt es so sehr zu bedauern, wenn wir unser Geld verlieren, sollten wir Bedauern entwickeln, wenn wir unser menschliches Leben verschwenden.

Selbst wenn wir all unser Geld verlieren, können wir uns etwas Geld leihen oder um Hilfe bitten oder einen Weg finden, es zu vermehren; aber wenn wir dieses menschliche Leben verlieren ohne guten Gebrauch davon gemacht zu haben, wird es nahezu unmöglich für uns sein, diesen Verlust wiedergutzumachen.

Dieser Körper mit allen Freiheiten und Ausstattungen ist kostbarer als das legendäre wunscherfüllende Juwel. Mit einem wunscherfüllenden Juwel könnten wir in einer Umgebung aus kostbaren Edelsteinen leben, doch was für ein Glück könnte uns das bringen? Was wäre es für ein Glück, wenn wir die Macht hätten, unseren gesamten Besitz in Gold umzuwandeln? Während dieses Lebens würde ein derartiger Besitz eine Quelle der Angst sein und beim Tod würden wir alles zurücklassen müssen. Dieses kostbare menschliche Leben ist unendlich viel wertvoller als Gold. Es ist das echte wunscherfüllende Juwel, der wahre Stein der Weisen, der jeden Moment bedeutungsvoll macht und es uns ermöglicht, richtige spirituelle Pfade zu betreten.

Meditieren wir über den großen Wert dieses kostbaren menschlichen Lebens, werden wir es als eine ganz besondere Gelegenheit betrachten, die nicht verschwendet werden sollte. Wir werden einen festen Entschluss fassen, es zu nutzen, um sowohl unsere vorübergehenden als auch endgültigen Ziele zu erreichen, und wir werden ein starkes Gefühl des Verlustes empfinden, wenn wir auch nur einen einzigen Moment verschwenden. Wenn wir so denken, werden wir mit Sicherheit die Essenz dieses kostbaren menschlichen Lebens gewinnen. Falls wir jedoch nicht in dieser Weise meditieren, besteht die große Gefahr, dass wir unser Leben ohne irgendeinen Sinn verstreichen lassen. Wie Shantideva sagte:

Wenn ich mich nicht bemühe Dharma zu üben,
Jetzt, da ich die Freiheit und Ausstattung eines Menschenlebens gefunden habe,
Dann kann es keinen größeren Selbstbetrug,
Dann kann es keine größere Torheit geben.

DIE MEDITATION ÜBER DIE GROSSE SELTENHEIT UNSERES KOSTBAREN MENSCHLICHEN LEBENS

Dies hat drei Teile:

1. Wie wir die Seltenheit unseres kostbaren menschlichen Lebens in Bezug auf seine Ursache erkennen
2. Wie wir die Seltenheit unseres kostbaren menschlichen Lebens durch einen Vergleich erkennen
3. Wie wir die Seltenheit unseres kostbaren menschlichen Lebens zahlenmäßig erkennen

WIE WIR DIE SELTENHEIT UNSERES KOSTBAREN MENSCHLICHEN LEBENS IN BEZUG AUF SEINE URSACHE ERKENNEN

Wenn wir den großen Wert unseres kostbaren menschlichen Lebens verstehen, verschwenden wir es vielleicht trotzdem immer noch, weil wir denken, dass es leicht sein wird, wieder als Mensch geboren zu werden. Tatsächlich ist es sehr selten als Mensch wiedergeboren zu werden, weil es sehr selten ist, dass jemand reine moralische Disziplin praktiziert, die die Ursache für solch eine Wiedergeburt ist. In *Kostbare Girlande von Ratschlägen für den König* sagt Nagarjuna:

Aus Geben entsteht Reichtum,
Aus Disziplin entsteht Glück.

Selbst wenn wir moralische Disziplin in reiner Weise einhalten, ist es leicht, sie zu zerstören, indem wir wütend werden oder andere Handlungen ausführen, die unsere Tugend zerstören. Es ist äußerst selten jemanden zu finden, der reine moralische Disziplin einhält, ohne sie jemals zu verlieren.

Ein Mongole hörte einst einem Lama zu, der diese Unterweisungen gab, und als der Lama an diese Stelle kam, protestierte der Mongole: «Du denkst nur, dass menschliche Wesen selten sind, weil du niemals in China warst! Es gibt Millionen und Abermillionen von Menschen in China.» Dieser Mongole hatte jedoch das Wesentliche nicht begriffen – ein menschliches Leben ist nicht deshalb selten, weil es so wenige davon gibt, sondern weil wir selbst so selten die Ursache schaffen als Menschen geboren zu werden. Unter all den Handlungen, die wir seit anfangsloser Zeit ausgeführt haben, sind nur sehr wenige reine Handlungen, die zu einer menschlichen Wiedergeburt führen.

Unser menschliches Leben ist auch insofern sehr selten, als jeder von uns nur eines hat. Wir können viele Bücher, viele Kleider, viele Häuser besitzen – aber niemand kann mehr als ein menschliches Leben haben. Wenn wir es verlieren, können wir kein weiteres leihen. Außerdem schwindet dieses eine menschliche Leben, das wir jetzt haben, mit jedem Moment.

WIE WIR DIE SELTENHEIT UNSERES KOSTBAREN MENSCHLICHEN LEBENS DURCH EINEN VERGLEICH ERKENNEN

In einem Sutra fragt Buddha Shakyamuni seine Schüler: «Angenommen es gibt einen weiten und tiefen Ozean, der so groß ist wie diese Welt, und auf seiner Oberfläche treibt ein goldenes Joch; und auf dem Grund des Ozeans lebt eine blinde Schildkröte, die nur einmal alle hundert Jahre an die Oberfläche kommt. Wie oft wird diese Schildkröte ihren Kopf durch die Mitte des Jochs stecken?» Ananda antwortete, dass es in der Tat äußerst selten vorkommen würde.

Wir sind genau wie diese blinde Schildkröte, denn obwohl unsere physischen Augen nicht blind sind, sind es unsere

Weisheitsaugen. Der weite und tiefe Ozean ist der Ozean Samsaras. Die blinde Schildkröte, die sich auf dem Grund des Ozeans aufhält, ist mit unserem Verbleiben in den niederen Bereichen Samsaras vergleichbar, aus denen wir nur einmal alle hunderttausend Jahre in die glücklichen Bereiche auftauchen. Das goldene Joch ist wie der Buddhadharma, der nicht an einem Ort bleibt, sondern von einem Land zum anderen geht. So wie Gold kostbar und selten ist, so ist der Buddhadharma kostbar und sehr schwer zu finden. In den meisten unserer früheren Leben sind wir auf dem Grund des weiten und tiefen Ozeans Samsaras, in den niederen Bereichen, geblieben. Nur sehr selten sind wir als Menschen wiedergeboren worden und selbst mit einem menschlichen Leben ist es äußerst selten, dem Buddhadharma zu begegnen.

WIE WIR DIE SELTENHEIT UNSERES KOSTBAREN MENSCHLICHEN LEBENS ZAHLENMÄSSIG ERKENNEN

Schädliche Handlungen, die die Ursache für eine niedere Wiedergeburt sind, sind viel leichter zu begehen als tugendhafte Handlungen, und so sind diejenigen, die in den niederen Bereichen geboren werden, viel zahlreicher als diejenigen, die als Menschen oder Götter geboren werden. Von allen Existenzzuständen hat die Hölle die höchste Zahl. Es werden weniger Wesen als hungrige Geister und noch weniger als Tiere geboren. Menschen sind seltener als Wesen, die in einem der drei niederen Bereiche geboren werden, und unter den Menschen haben nur sehr wenige ein kostbares menschliches Leben mit allen Freiheiten und Ausstattungen. Unter denjenigen, die ein kostbares menschliches Leben haben, praktizieren nur sehr wenige Dharma, und unter denjenigen, die Dharma praktizieren, praktizieren nur sehr wenige rein und gewinnen ein richtiges Verständnis und eine richtige Erfahrung. Wir haben vielleicht manchmal den Eindruck, dass es viele reine Dharma Praktizierende und viele Menschen mit Verwirklichungen gibt; aber wenn wir es prüfen, werden wir sehen, dass solche Wesen äußerst selten sind. Milarepa sagte einmal zum

Jäger Gonpo Dorje: «Buddha sagte, dass ein menschliches Leben kostbar sei, doch ein menschliches Leben wie deines ist sehr gewöhnlich.» Unter denjenigen, die ein menschliches Leben haben, findet man häufig Menschen wie diesen Jäger, die ihre Möglichkeiten vollständig verschwenden und sie nur benutzen, um Ursachen für zukünftiges Unglück zu schaffen. Es ist hingegen schwierig, jemanden zu finden, der Dharma rein praktiziert.

Wenn wir über den großen Wert und die Seltenheit dieses kostbaren menschlichen Lebens meditieren, führen wir die analytische Meditation aus, durch die wir zu dem festen Entschluss gelangen, nicht einen Moment unseres menschlichen Lebens zu verschwenden und vollen Gebrauch davon zu machen, indem wir Dharma in die Praxis umsetzen. Wenn dieser Entschluss deutlich in unserem Geist entsteht, halten wir ihn als unser Objekt der verweilenden Meditation, um mehr und mehr damit vertraut zu werden.

Obwohl wir jetzt ein kostbares menschliches Leben mit allen Freiheiten und Ausstattungen haben, ist es möglicherweise immer noch schwierig für uns, Dharma rein zu praktizieren, weil uns vielleicht andere Freiheiten fehlen, wie die Zeit, uns dem Studium und der Meditation zu widmen. Man findet selten jemanden mit idealen Bedingungen, aber der ernsthafteste Hinderungsgrund für unsere spirituelle Entwicklung ist unser eigenes Scheitern, einen starken Wunsch zu entwickeln, die Praxis auszuüben. Je Tsongkhapa sagte, dass wir über vier Punkte meditieren sollten, um den Wunsch zu entwickeln, den vollen Nutzen aus diesem Leben mit all seinen Freiheiten und Ausstattungen zu gewinnen:

Ich muss Dharma praktizieren.
Ich kann Dharma praktizieren.
Ich muss Dharma in diesem Leben praktizieren.
Ich muss Dharma jetzt praktizieren.

Bevor wir den Wunsch entwickeln können, Dharma zu praktizieren, müssen wir die Notwendigkeit erkennen, Dharma zu praktizieren. Dazu meditieren wir:

Ich muss Dharma praktizieren, weil ich Glück erleben und Leiden vermeiden möchte und weil die einzige vollkommene Methode, die zu diesen Zielen führt, die Dharma Praxis ist. Dadurch werde ich all meine eigenen Probleme lösen und fähig sein anderen zu helfen.

Selbst wenn wir die Notwendigkeit verstehen, Dharma zu praktizieren, denken wir vielleicht immer noch, dass wir dazu nicht in der Lage sind. Um unser Zögern zu überwinden und uns davon zu überzeugen, dass wir mit Sicherheit fähig sind Dharma zu praktizieren, da wir alle notwendigen Voraussetzungen haben, meditieren wir:

Ich habe jetzt ein kostbares menschliches Leben mit allen Freiheiten und Ausstattungen, und ich habe alle notwendigen äußeren Voraussetzungen, wie einen voll qualifizierten spirituellen Meister. Es gibt keinen Grund, warum ich nicht fähig sein sollte Dharma zu praktizieren.

Selbst wenn wir die Notwendigkeit verstehen, Dharma zu praktizieren und uns dazu in der Lage fühlen, verschieben wir es vielleicht immer noch und denken, dass wir in irgendwelchen zukünftigen Leben praktizieren werden. Um diese Faulheit des Aufschiebens zu überwinden, müssen wir uns daran erinnern, dass wir in diesem jetzigen Leben praktizieren müssen, da es sehr schwierig sein wird, ein weiteres kostbares menschliches Leben zu erlangen.

Selbst wenn wir einsehen, dass wir in diesem Leben praktizieren müssen, haben wir vielleicht immer noch das Gefühl, dass unsere Praxis bis zu unserem Ruhestand verschoben werden kann. Um unsere Zufriedenheit zu überwinden, müssen wir uns daran erinnern, dass der Zeitpunkt des Todes höchst unsicher ist und dass daher die einzige Zeit für die Praxis genau jetzt ist.

Auf diese Weise gelangen wir zu vier festen Entschlüssen:

Ich werde Dharma praktizieren.
Ich kann Dharma praktizieren.
Ich werde Dharma in diesem jetzigen Leben praktizieren.
Ich werde Dharma genau jetzt praktizieren.

Diese vier Entschlüsse sind von unschätzbarem Wert, weil sie in uns ganz natürlich einen spontanen und beständigen Wunsch entstehen lassen, den vollen Nutzen aus unserem kostbaren menschlichen Leben zu ziehen. Dieser Wunsch ist unser bester spiritueller Meister, weil er uns entlang richtiger spiritueller Pfade führt. Ohne ihn werden uns auch noch so viele Ratschläge oder Ermutigungen von anderen nicht dazu bringen, Dharma zu praktizieren.

Aryadeva und Ashvaghosa waren einmal im Begriff, eine Debatte zu führen. Ashvaghosa stand auf der Türschwelle eines Raumes, mit einem Fuß drinnen und dem anderen Fuß draußen. Um Aryadevas Weisheit zu prüfen, sagte er: «Gehe ich hinaus oder komme ich herein?» Aryadeva sagte: «Das hängt von deiner Absicht ab. Wenn du hinausgehen möchtest, wirst du hinausgehen. Wenn du hereinkommen möchtest, wirst du hereinkommen.» Ashvaghosa wusste keine Antwort darauf, denn es war vollkommen richtig, was Aryadeva gesagt hatte.

Wenn wir gute Dinge begehren, werden wir tugendhafte Handlungen ausführen, und wenn wir schädliche Dinge begehren, werden wir nichttugendhafte Handlungen ausführen. Da unser Begehren so mächtig ist, ist es äußerst wichtig, nichttugendhafte Begehren aufzugeben. Wenn jemand seinen Mund gebraucht, um anderen Rat zu erteilen, aber in seinem Herzen den Wunsch hegt, den Besitz eines anderen zu stehlen, dann wird er schließlich durch die Kraft seines Begehrens sein Ziel erreichen. Was bringt einen solchen Menschen ins Gefängnis? Nichts anderes als sein eigenes nichttugendhaftes Begehren. Er verliert seinen guten Ruf und sein Ansehen bei anderen sinkt, alles durch seinen eigenen Wunsch. Andererseits kann ein Mensch, der zwar nicht hoch angesehen ist, der aber einen aufrichtigen und beständigen Wunsch hat, Bodhichitta zu erlangen, durch die Kraft seines Begehrens schließlich spirituelle Ebenen und Pfade erreichen und die Früchte der Praxis ernten.

Der große tibetische Meditierende Gungtang Jampelyang fragte einmal: «Was ist der Unterschied zwischen einem weisen Mann und einem Dummkopf?» Der Unterschied liegt in ihrer Absicht. Ein weiser Mensch ist jemand, der eine gute Absicht hat, nicht jemand, der lediglich Wissen hat. Devadatta studierte so viele Texte, wie ein Elefant auf seinem Rücken tragen kann, und dennoch hegte er den abartigen Wunsch, Buddha zu schaden, wodurch er in der Hölle wiedergeboren wurde, wo all seine Gelehrsamkeit nutzlos war. Einer der wertvollsten Ratschläge, die wir erhalten können, ist der, eine gute Absicht zu entwickeln und sie immer zu bewahren. Wir müssen unsere eigenen Geistesarten kennen und unsere schädlichen Begehren gegen nützliche austauschen. Buddha Shakyamuni sagte, dass eine richtige Absicht die Wurzel aller Dharma Verwirklichungen ist.

DIE SCHULUNG DES GEISTES IN DEN EIGENTLICHEN METHODEN, MIT DENEN WIR DIE ESSENZ UNSERES KOSTBAREN MENSCHLICHEN LEBENS GEWINNEN

Durch die Meditation über den großen Wert und die Seltenheit dieses kostbaren menschlichen Lebens werden wir den festen Entschluss fassen, es sinnvoll zu nutzen – seine Essenz zu gewinnen. Die Essenz dieses kostbaren menschlichen Lebens zu gewinnen bedeutet Methoden anzuwenden, die Nutzen für unsere zukünftigen Leben bringen, und damit aufzuhören, unsere ganze Energie und unser ganzes Interesse in Tätigkeiten zu stecken, die darauf ausgerichtet sind, nur vergänglichen Nutzen in diesem gegenwärtigen Leben zu erreichen. Die geringste Essenz dieses kostbaren menschlichen Lebens zu gewinnen heißt, uns vor den Gefahren niederer Wiedergeburten zu schützen und zu gewährleisten, dass wir in unserem nächsten Leben eine besondere menschliche Wiedergeburt erlangen, die mit den sieben Merkmalen höherer Abstammung ausgestattet ist, indem wir alle Verwirklichungen der Stufen des Pfades einer Person anfänglicher Ausrichtung gewinnen. Die mittlere Essenz dieses kostbaren menschlichen Lebens zu gewinnen heißt, uns vor unkontrollierter Wiedergeburt zu schützen und Befreiung aus Samsara zu erlangen, indem wir alle Verwirklichungen der Stufen des Pfades einer Person mittlerer Ausrichtung erlangen. Die große

Essenz dieses kostbaren menschlichen Lebens zu gewinnen heißt, uns vor den Gefahren der Selbstwertschätzung zu schützen und volle Erleuchtung zum Wohle aller fühlenden Wesen zu erlangen, indem wir alle Verwirklichungen der Stufen des Pfades einer Person großer Ausrichtung erlangen.

Alle folgenden Stufen des Pfades sind die eigentlichen Methoden, mit denen wir die Essenz dieses kostbaren menschlichen Lebens gewinnen. Sie werden in drei Teilen erklärt:

1. Die Schulung des Geistes in den Stufen des Pfades einer Person anfänglicher Ausrichtung
2. Die Schulung des Geistes in den Stufen des Pfades einer Person mittlerer Ausrichtung
3. Die Schulung des Geistes in den Stufen des Pfades einer Person großer Ausrichtung

Welches sind die Stufen des Pfades einer Person anfänglicher Ausrichtung? Es sind: Meditation über den großen Wert und die Seltenheit dieses kostbaren menschlichen Lebens, Meditation über Tod und Unbeständigkeit, Meditation über die Leiden der drei niederen Bereiche, die reine Praxis der Zufluchtnahme und die Praxis, negative Handlungen zu vermeiden und tugendhafte Handlungen auszuführen. Praktizieren wir diese Stufen des Pfades, vermeiden wir eine Geburt in den niederen Bereichen und schützen uns vor deren Leiden.

Wie schützt uns die Praxis eines «kleinen Wesens» vor den Leiden der niederen Bereiche? Meditieren wir über den großen Wert und die Seltenheit dieses kostbaren menschlichen Lebens und über Tod und Unbeständigkeit, werden wir Dharma rein praktizieren und rein Zuflucht nehmen. Wenn wir in reiner Weise Zuflucht nehmen, werden wir die Verpflichtung einhalten, negative Handlungen zu vermeiden und nur positive Handlungen auszuführen. Tun wir dies, vermeiden wir es, die Ursache für eine Wiedergeburt in den niederen Bereichen zu erschaffen und wir erzeugen einzig und allein Ursachen für höhere Wiedergeburten. Deshalb schützen uns die Verwirklichungen eines «kleinen Wesens» vor Leiden. Sie sind Zufluchtsobjekte und als Dharma

Juwelen zu betrachten, weil sie den eigentlichen Dharma Juwelen höherer Wesen ähnlich sind.

Welches sind die Stufen des Pfades einer Person mittlerer Ausrichtung? Es sind die Übungen der Erzeugung der Entsagung, indem wir über die Gefahren Samsaras meditieren, und die durch Entsagung motivierten Übungen der drei höheren Schulungen. Indem wir die Verwirklichungen eines «mittleren Wesens» erlangen, erreichen wir Befreiung und schützen uns vor allen Ängsten und Leiden Samsaras.

Welches sind die Stufen des Pfades einer Person großer Ausrichtung? Es sind dies die Geistesarten des großen Mitgefühls und Bodhichitta und die durch Bodhichitta motivierte Praxis der sechs Vollkommenheiten – kurz gesagt, alle Pfade der Bodhisattvas. Indem wir die Verwirklichungen eines «großen Wesens» erlangen, erreichen wir volle Erleuchtung – das vollständige Aufgeben aller Fehler und die vollkommene Vollendung aller guten Eigenschaften – und werden in der Lage sein, allen anderen Wesen Schutz anzubieten.

In *Lampe für den Pfad zur Erleuchtung* sagt Atisha:

> Es gibt drei Arten von Wesen, die man kennen sollte:
> Es sind kleine, mittlere und erhabene.

In diesem Zusammenhang bedeutet ein «kleines» Wesen eine Person anfänglicher Ausrichtung, ein «mittleres» Wesen bedeutet eine Person mittlerer Ausrichtung und ein «erhabenes» Wesen bedeutet eine Person großer Ausrichtung. Unsere Ausrichtung in der spirituellen Entwicklung wird durch unser Bestreben bestimmt. Wird unser Bestreben weitreichender, wächst unsere Befähigung für die spirituelle Entwicklung. Was ihr Bestreben betrifft, sind alle Lebewesen in den drei Arten kleines, mittleres und großes Wesen enthalten.

Es gibt zwei Arten kleiner Wesen: gewöhnliche kleine Wesen und besondere kleine Wesen. Ein gewöhnliches kleines Wesen ist jemand, dessen Bestreben nicht über das begrenzte Ziel hinausgeht, einzig in diesem Leben weltliches Glück finden zu wollen. Solch ein Mensch richtet seinen Blick darauf, das veränderliche Glück dieses Lebens zu erlangen. Deshalb sucht er den Rat gewöhnlicher Spezialisten wie Geschäftsleute, Karriereberater, Eheberater und Reiseveranstalter. Wenn ein gewöhnliches Wesen auch Lamrim praktiziert, wird es nicht nur in all seinen weltlichen Angelegenheiten wesentlich erfolgreicher werden, sondern es wird auch seine Verdienste vermehren, negatives Karma reinigen und sein Bestreben allmählich erweitern, sodass es das Bestreben eines besonderen kleinen Wesens wird.

Ein besonderes kleines Wesen ist jemand, der damit aufgehört hat, sich nur für das Glück dieses Lebens zu interessieren und der das Glück höherer Existenzzustände in zukünftigen Leben anstrebt. Obwohl das Bestreben eines besonderen kleinen Wesens über das Wohl dieses Lebens hinausgeht, reicht es nicht weiter als bis zu dem begrenzten Ziel, das weltliche Glück der Menschen und Götter in zukünftigen Leben zu erlangen. Ein besonderes kleines Wesen kann sich diesen Wunsch erfüllen, indem es alle Verwirklichungen der Stufen des Pfades eines kleinen Wesens erlangt.

Ein mittleres Wesen ist jemand, der damit aufgehört hat, sich nur für das veränderliche Glück dieses gegenwärtigen oder irgendeines zukünftigen Lebens zu interessieren und der nur das vollkommene Glück sucht, von jeder Art unkontrollierter Wiedergeburt frei zu sein. Obwohl das Bestreben eines mittleren Wesens darüber hinausgeht, nur weltliches Glück zu erwerben, reicht es nicht über das begrenzte Ziel hinaus, einzig das eigene Wohl zu erstreben. Ein mittleres Wesen kann sich diesen Wunsch erfüllen, indem es alle Verwirklichungen der Stufen des Pfades eines mittleren Wesens erlangt.

Ein großes Wesen ist jemand, der damit aufgehört hat, sich nur für sein eigenes Wohl zu interessieren und danach strebt, vollkommen erleuchtet zu werden, damit er oder sie anderen helfen kann Befreiung von ihren Leiden zu finden und die Glückseligkeit der Buddhaschaft zu erfahren. Ein großes Wesen kann dieses Bestreben erfüllen, indem es alle Verwirklichungen der Stufen des Pfades eines großen Wesens erlangt.

Mahayana Praktizierende beginnen bereits ganz am Anfang ihrer spirituellen Praxis mit der Entwicklung von Bodhichitta, dem Bestreben eines großen Wesens. Für lange Zeit ist diese Motivation jedoch künstlich, da spontaner Bodhichitta erst erzeugt wird, nachdem alle Verwirklichungen der Stufen des Pfades eines kleinen und mittleren Wesen, und einige der Verwirklichungen der Stufen des Pfades eines großen Wesens, wie die Verwirklichung großen Mitgefühls, erlangt worden sind. Großes Mitgefühl, der Entschluss alle fühlenden Wesen von ihrem Leiden zu befreien und sie davor zu beschützen, lässt echten Bodhichitta entstehen, den Entschluss, einzig zum Wohle anderer erleuchtet zu werden. Großes Mitgefühl selbst wird erst erzeugt, nachdem wir Entsagung verwirklicht haben, den Entschluss uns selbst aus Samsara zu befreien; denn wie sollten wir einen solchen Wunsch für unzählige Lebewesen entwickeln können, wenn wir nicht den aufrichtigen Wunsch haben, uns selbst zu befreien?

Es ist nicht leicht, Entsagung zu verwirklichen, weil dieser besondere, tugendhafte Geist nur entsteht, wenn wir die Anhaftung an dieses Leben und seine Vergnügen aufgegeben haben. Die Schulung des Geistes in den Stufen des Pfades eines mittleren Wesens ist die eigentliche Methode die Verwirklichung der Entsagung zu erlangen. Die Schulung des Geistes in den Stufen des Pfades eines kleinen Wesens ist die eigentliche Methode, Anhaftung an dieses Leben zu überwinden. Ohne einen Geist der Entsagung zu entwickeln ist es unmöglich, einen Geist großen Mitgefühls zu erzeugen. Zu Beginn sollten wir Entsagung entwickeln und allmählich wird Entsagung Mitgefühl entstehen lassen. Wie Shantideva sagte:

> Wenn wir nicht einmal davon träumen, selbst von Samsara frei zu werden, wie sollten wir da den Wunsch haben, andere aus ihrem Elend zu befreien?

Die Meditation über den Tod

DIE SCHULUNG DES GEISTES IN DEN STUFEN DES PFADES EINER PERSON ANFÄNGLICHER AUSRICHTUNG

Dies hat zwei Teile:

1. Die Entwicklung des Bestrebens, in zukünftigen Leben das Glück höherer Existenzzustände zu erfahren
2. Die eigentlichen Methoden, das Glück höherer Existenzzustände in zukünftigen Leben zu erlangen

DIE ENTWICKLUNG DES BESTREBENS, IN ZUKÜNFTIGEN LEBEN DAS GLÜCK HÖHERER EXISTENZZUSTÄNDE ZU ERFAHREN

Dies hat zwei Teile:

1. Die Meditation über den Tod
2. Die Meditation über die Leiden der niederen Bereiche

DIE MEDITATION ÜBER DEN TOD

Dies hat drei Teile:

1. Über die Gefahren nachdenken, den Tod zu vergessen
2. Über die Vorteile nachdenken, in Bezug auf den Tod achtsam zu bleiben
3. Die eigentliche Meditation über den Tod

ÜBER DIE GEFAHREN NACHDENKEN, DEN TOD ZU VERGESSEN

Die Gefahren, den Tod zu vergessen, sind:

1. Wir werden Dharma leicht vergessen
2. Selbst wenn wir Dharma nicht vergessen, werden wir ihn kaum in die Praxis umsetzen
3. Selbst wenn wir Dharma nicht vergessen und ihn in die Praxis umsetzen, wird unsere Praxis nicht rein sein
4. Selbst wenn wir Dharma nicht vergessen und ihn rein in die Praxis umsetzen, wird uns anhaltendes Bemühen in unserer Praxis fehlen
5. Wir werden weiterhin nichttugendhafte Handlungen ausführen
6. Wir werden voller Bedauern sterben

WIR WERDEN DHARMA LEICHT VERGESSEN

Wenn wir uns nicht an den Tod erinnern, werden wir uns nicht wünschen unseren Geist in Dharma zu schulen und somit wird das Tor zum Dharma für uns geschlossen bleiben und wir werden die guten Ergebnisse spiritueller Praxis nicht erfahren. Selbst wenn wir das Glück haben, Dharma Unterweisungen zu erhalten, werden sie uns praktisch nichts bedeuten. Wenn wir den Tod vergessen, werden wir ausschließlich von den Belangen dieses einen Lebens gefangen genommen und widmen unsere gesamte Energie seinem Wohl. Wenn der Tod kommt, sehen wir zu spät ein, dass alle unsere Aktivitäten sinnlos waren.

Wenn wir immer wieder an den Tod denken, werden wir die Angewohnheit überwinden anzunehmen, dass wir ewig in dieser Welt leben, und wir werden uns selbst als Reisende sehen, die unterwegs zu zukünftigen Leben sind. Diese Denkweise wird unsere Ängste, unseren Ärger und unsere Anhaftung an dieses Leben und all seine Vergnügen vermindern, und sie wird uns davon abhalten, Handlungen einzig für das Wohl dieses einen kurzen Lebens zu begehen.

Wenn ein Reisender sich ein paar Tage in einem Luxushotel aufhält, entwickelt er keine starke Anhaftung an den Komfort, weil er weiß, dass er schon bald weiterreist. Wenn er das Hotel verlassen muss, fühlt er sich nicht elend, weil er es niemals als sein wirkliches Zuhause betrachtet hat. Wenn wir auf gleiche Weise damit aufhören, dieses Leben als unser ständiges Zuhause zu betrachten, und uns selbst als Reisende sehen, die auf dem Weg in zukünftige Welten sind, werden wir weniger an diesem Leben haften und ganz natürlich ein großes Interesse am Dharma entwickeln, denn nur Dharma hilft uns in all unseren zukünftigen Leben.

SELBST WENN WIR DHARMA NICHT VERGESSEN, WERDEN WIR IHN KAUM IN DIE PRAXIS UMSETZEN

Wenn wir uns nicht an den Tod erinnern, werden wir, selbst wenn wir geneigt sind Dharma zu praktizieren, es aufschieben und denken: «Ich werde Dharma richtig praktizieren, wenn ich meine Arbeit beendet habe.» Aber unser Leben endet, bevor unsere Arbeit getan ist. Die Aufgaben und Tätigkeiten des weltlichen Lebens sind endlos.

Wenn wir aufhören so zu denken, werden wir sehen, dass wir praktisch immer annehmen: «Ich werde heute nicht sterben.» Tag für Tag haben wir den gleichen Gedanken. Selbst an ihrem Todestag denken viele Menschen immer noch: «Ich werde heute nicht sterben.» Diese Selbstgefälligkeit hindert uns daran, unsere Dharma Praxis ernsthaft auszuüben. Wenn der Tod dann tatsächlich kommt und unsere Selbstzufriedenheit zerstört, verspüren wir großes Bedauern und dieses kostbare menschliche Leben scheint völlig wertlos geworden zu sein. Wir sind wie ein Reisender, der eine Schatzinsel besucht und der dennoch mit leeren Händen zurückkehrt, obwohl er weiß, dass seine Familie in Armut lebt. Nutzen wir dieses kostbare menschliche Leben nicht für Dharma Praxis, sind wir noch törichter als dieser sorglose Reisende, denn was könnte törichter sein, als beim Tod mit leeren Händen dazustehen?

SELBST WENN WIR DHARMA NICHT VERGESSEN UND IHN IN DIE PRAXIS UMSETZEN, WIRD UNSERE PRAXIS NICHT REIN SEIN

Wenn wir bereits für einige Zeit Dharma praktizieren, aber noch keine vollkommenen Ergebnisse erzielt haben, liegt der Grund darin, dass wir noch keine Achtsamkeit für den Tod entwickelt haben. Obwohl wir vielleicht Dharma praktizieren, wird unsere Praxis nicht rein sein und wir werden keine Verwirklichungen erlangen können, wenn wir nicht an den Tod denken.

Was ist reine Dharma Praxis? Lehrer wie Dromtönpa erklärten, dass unsere Dharma Praxis dann rein sein wird, wenn wir der Anhaftung an die Annehmlichkeiten dieses Lebens entsagt haben. Wenn wir jedoch der Anhaftung an die Annehmlichkeiten dieses Lebens nicht entsagt haben, wird unsere Praxis selbst dann nicht rein sein, wenn wir die fortgeschrittenen Übungen des Geheimen Mantra ausführen. Um uns von der Anhaftung an die Vergnügen dieses Lebens zu lösen, ist es nicht nötig, unseren Reichtum und Besitz, unsere Freunde und Familie aufzugeben. Einfach nur arm und einsam zu sein bedeutet nicht, dass wir keine Anhaftung an die guten Dinge dieses Lebens haben; viele arme und einsame Menschen haben starke Anhaftung an diese Welt und ihre Vergnügen.

Der Anhaftung an die Annehmlichkeiten dieses Lebens zu entsagen bedeutet, frei von acht weltlichen Geisteshaltungen zu sein:

(1) Erfreut sein, wenn wir Ressourcen erhalten und respektiert werden
(2) Verärgert sein, wenn wir keine Ressourcen erhalten und nicht respektiert werden
(3) Erfreut sein, wenn wir Vergnügen erleben
(4) Verärgert sein, wenn wir kein Vergnügen erleben
(5) Erfreut sein, wenn wir einen guten Ruf haben
(6) Verärgert sein, wenn wir keinen guten Ruf haben
(7) Erfreut sein, wenn wir gelobt werden
(8) Verärgert sein, wenn wir nicht gelobt werden

Solange wir weiterhin an Ressourcen, Respekt, Vergnügen, gutem Ruf und Lob haften, ist unser Geist unausgewogen und wir neigen dazu, ganz aufgeregt zu sein, wenn wir sie bekommen, und niedergeschlagen, wenn wir sie verlieren. Wir bleiben instabil, verletzbar und emotional von diesen Dingen abhängig. Wir verbrauchen den größten Teil unserer Energie damit, diese Dinge zu beschaffen und uns vor ihrem Verlust zu schützen. Wenn wir Dharma praktizieren, ist unsere Motivation stark durch unsere Anhaftung beeinflusst, und so dient unsere Praxis, wie alle unsere anderen Handlungen, einzig den Interessen dieses Lebens und ist darauf ausgerichtet, dessen Vergnügen zu erlangen.

Um Anhaftung an das Glück dieses Lebens zu überwinden, meditieren wir:

> *Es spielt keine Rolle, ob ich Respekt, einen guten Ruf oder Lob erhalte oder nicht. Diese Dinge bringen mir keinen großen Nutzen und wenn ich sie verliere, schadet es mir nicht sehr. Beleidigende Worte können mich nicht verletzen. Reichtum geht leicht verloren und die Vergnügen dieses Lebens sind vergänglich. Es ist nicht nötig, dass ich mich so sehr für diese Dinge interessiere oder übermäßig um sie besorgt bin.*

Wenn wir Gleichmut hinsichtlich der Belange dieses Lebens entwickeln können, werden wir viele unserer täglichen Ängste und Enttäuschungen überwinden. Wir werden entdecken, dass wir mehr Energie für unsere Dharma Praxis haben und dass unsere Praxis rein wird. Verglichen mit nichtreligiösen Menschen hat jeder, der Gleichmut gegenüber weltlichen Belangen entwickelt hat, einen hohen Grad an spiritueller Erlangung.

Diese ausgewogene Geisteshaltung muss entwickelt werden, weil wir sie nicht bereits zu Beginn unserer spirituellen Schulung von Natur aus haben. Wenn wir bereits seit einiger Zeit Dharma praktizieren, aber noch keinen seiner Vorzüge erfahren, liegt der Grund darin, dass wir noch keinen reinen Dharma praktizieren. Am Anfang sollten wir deshalb nicht gleich danach streben, vollkommene Ergebnisse in der Dharma Praxis zu erzielen. Unser Bestreben sollte stattdessen sein, rein zu praktizieren. Wenn wir dieses Ziel erreichen können, werden sich die Ergebnisse ganz natürlich zu gegebener Zeit einstellen. Wenn es unser Ehrgeiz ist, zu Beginn unserer Schulung Ergebnisse zu erzielen, wird dieser Ehrgeiz an sich ein Hindernis für reine Praxis sein, weil er mit Anhaftung und weltlichen Belangen vermischt ist. Der Ehrgeiz, rein zu praktizieren, ist jedoch die wohlausgewogene Einstellung eines beständig Praktizierenden.

Der siebte Dalai Lama, der großen Reichtum besaß, aber nicht im Geringsten daran haftete, sagte:

> Mein Vajra, meine Glocke und meine gelben Roben sind die einzigen Dinge, von denen ich das Gefühl habe, dass sie mir gehören. Die Menschen bezeichnen viele andere Dinge für eine gewisse Zeit als Besitz des Dalai Lama, aber in Wirklichkeit gehören diese Dinge anderen. Ich kann sie nicht behalten und mein Eigen nennen.

Wir müssen die gleiche Einstellung entwickeln und denken, dass die Dinge, die wir unser Eigen nennen, zum vorübergehenden Gebrauch bestimmt sind, bis wir sie an andere weitergeben, genauso wie andere sie an uns weitergegeben haben. Falls wir keine Verwendung für unseren Besitz haben, können wir ihn jetzt fortgeben, sodass andere davon profitieren können.

Wir machen uns vielleicht Sorgen, dass wir in Zukunft Armut und Entbehrung ertragen müssen, wenn wir Gleichmut gegenüber Gewinn und Verlust, Vergnügen und Missfallen, gutem und schlechtem Ruf, und Lob und Tadel entwickeln. In Wirklichkeit bewirkt Gleichmut, dass wir mehr Mittel und weniger Probleme haben; er kann nicht die Ursache für Unglück sein. Als Folge der Entwicklung von Nichtanhaftung ist noch nie jemand verhungert und es wird auch nie jemand verhungern. In seinen früheren Leben erschuf Buddha Shakyamuni genug Verdienste, um sechzigtausendmal in Folge als universeller Herrscher wiedergeboren zu werden. Statt diese Wiedergeburten anzunehmen, widmete er alle Verdienste, damit Dharma Praktizierende in degenerierten Zeiten niemals ohne ausreichendes Essen sein werden. Das ist der Grund, warum in dieser Welt bis heute noch kein reiner Dharma Praktizierender jemals verhungert ist.

SELBST WENN WIR DHARMA NICHT VERGESSEN UND IHN REIN IN DIE PRAXIS UMSETZEN, WIRD UNS ANHALTENDES BEMÜHEN IN UNSERER PRAXIS FEHLEN

Wenn wir vergessen, dass wir sterben müssen, werden wir nicht beständig praktizieren können, selbst wenn wir reinen Dharma praktizieren. Wir werden eine Woche praktizieren und unsere Praxis dann in der nächsten Woche wieder aufgeben oder vielleicht können wir unsere Bemühungen für einen Monat oder sogar für ein paar Jahre aufrechterhalten und geben sie dann auf. Das Mittel gegen diese Faulheit ist, immer wieder an den Tod zu denken.

Vielleicht werden wir die Früchte unserer Praxis in einem zukünftigen Leben ernten und vielleicht werden wir sie schon bald erleben. Die Zeit der Reifung ist von der Ansammlung von Verdiensten und den Anstrengungen abhängig, die wir in diesem Leben unternehmen. Deshalb müssen wir den festen Entschluss fassen: «Ganz gleich, ob ich die Früchte der Praxis schnell oder langsam ernte, ich werde ungeachtet dessen in diesem Leben und in allen zukünftigen Leben beständig praktizieren, bis ich mein Ziel erreicht habe.»

Wenn wir Essen kochen wollen, müssen wir den Herd eingeschaltet lassen und ihn nicht immer wieder ein- und ausschalten. Wenn die Hitze konstant ist, ganz gleich ob sie groß oder klein ist, wird unser Essen schließlich gar sein. Wenn wir uns in ähnlicher Weise stetig bemühen, und sei es auch nur ganz wenig, ist es sicher, dass wir schließlich die Früchte unserer Praxis ernten.

Wenn wir uns immer wieder an den Tod erinnern, werden wir nicht nur Dharma praktizieren wollen, sondern es wird uns sogar schwerfallen, mit der Praxis aufzuhören. Unsere gewohnte Einstellung kehrt sich um. Statt viel Zeit für weltliche Angelegenheiten und wenig Zeit für die spirituelle Praxis zu haben, werden wir mehr und mehr Zeit für Dharma finden und immer weniger Zeit für sinnlose Tätigkeiten. Wir werden wie der große Meditierende Geshe Karagpa werden.

Neben dem Eingang zur Höhle von Geshe Karagpa befand sich ein Dornbusch, der ihn jedes Mal zerkratzte, wenn er hinein- und hinausging. Jedes Mal dachte er: «Ich muss diesen Busch zurückschneiden», aber er praktizierte so intensiv, dass er nie Zeit fand, den Busch zu stutzen. Er lebte auf diese Weise, weil er sich des Todes immer bewusst war.

WIR WERDEN WEITERHIN NICHTTUGENDHAFTE HANDLUNGEN AUSFÜHREN

Wenn wir den Tod vergessen, werden wir oft in schädlicher, verblendeter Weise handeln, um unsere eigenen weltlichen Interessen zu fördern oder zu schützen. Vielleicht wenden wir sogar Gewalt an und gefährden dadurch uns selbst und andere. Solche Handlungen sind die Ursache dafür, dass wir in Zukunft weiterhin Probleme erfahren und gezwungen sind, in den drei niederen Bereichen wiedergeboren zu werden. Sind wir einmal dort wiedergeboren worden, ist es sehr schwer, den Weg zurück in die glücklicheren Bereiche der Menschen und Götter zu finden.

WIR WERDEN VOLLER BEDAUERN STERBEN

Wenn wir uns nicht unser ganzes Leben hindurch des Todes bewusst sind, werden wir, wenn die Zeit unseres Todes kommt, plötzlich entdecken, dass unser ganzer Reichtum und Besitz, unsere Freunde und Verwandten uns nicht helfen können. Wir werden uns fürchten, uns Sorgen machen und werden Bedauern empfinden, aber unsere Tränen kommen zu spät. Es wird uns so ergehen wie dem Tibeter Mondrol Chödak, der von allen, die ihn kannten, für seine große Geschicklichkeit und seine Fähigkeiten sehr bewundert wurde. Er hatte ein sehr ausgefülltes Leben, reiste von einem Ort zum anderen und traf viele verschiedene Menschen; aber als dann plötzlich die Zeit seines Todes nahte, dachte er: «Ich habe so viel getan, habe mich in so vielen geschäftlichen Unternehmungen engagiert, in so vielen weltlichen Aktivitäten, aber nichts von all dem nützt mir jetzt. Die Leute sagen, dass ich sehr klug bin, aber in

Wirklichkeit bin ich unglaublich dumm, denn ich habe die spirituelle Praxis völlig vernachlässigt, die das Einzige ist, das mir zu diesem Zeitpunkt helfen kann. Ich habe mein ganzes Leben mit Dingen verschwendet, die keinen wirklichen Nutzen haben.» Er verspürte tiefes Bedauern und weinte. In diesem elenden Geisteszustand starb er.

Die Kadampa Lehrer sagen, dass es unangemessen ist zur Zeit des Todes Furcht zu empfinden und dass wir den Tod fürchten sollten, wenn wir jung sind. Die meisten Menschen verhalten sich genau umgekehrt. Solange sie jung sind, denken sie: «Ich werde nicht sterben» und leben unbesonnen, ohne sich um den Tod zu sorgen; aber wenn der Tod naht, sind sie voller Furcht, Enttäuschung, Angst und Verzweiflung. Wenn wir den Tod jetzt fürchten lernen, werden wir unserem Tod ohne diese störenden Emotionen begegnen können und wir werden unsere Zeit sinnvoll nutzen. Wir werden schädliche Handlungen vermeiden und tugendhafte Handlungen ausführen und somit die Ursache für eine glückliche Wiedergeburt erschaffen. Wenn der Tod naht, werden wir uns wie ein Kind fühlen, das nach Hause zu seinen Eltern zurückkehrt, und wir werden zufrieden sterben. Wir werden wie Longdöl Lama sein, der sehr alt wurde. Als die Zeit seines Todes kam, war er überglücklich. Die Menschen fragten ihn, warum er so glücklich sei, und er antwortete: «Wenn ich heute Morgen sterbe, werde ich heute Abend als Gott oder Göttin in einem Reinen Land wiedergeboren werden. Mein zukünftiges Leben wird dem jetzigen weit überlegen sein.» Longdöl Lama hatte sich sorgfältig auf den Tod vorbereitet und sich einen besonderen Ort für seine Wiedergeburt ausgewählt. Praktizieren wir Dharma rein, können wir es ihm gleich tun.

ÜBER DIE VORTEILE NACHDENKEN, IN BEZUG AUF DEN TOD ACHTSAM ZU BLEIBEN

Die Vorteile, in Bezug auf den Tod achtsam zu bleiben, sind:

1. Wir praktizieren Dharma aufrichtig und mit Nachdruck

2. Unsere Dharma Praxis wird sehr kraftvoll und sehr rein
3. Es ist am Anfang unserer Praxis wichtig
4. Es ist während unserer gesamten Praxis wichtig
5. Es ist wichtig, um das endgültige Ziel unserer Praxis zu erreichen
6. Wir werden zum Zeitpunkt des Todes einen glücklichen Geist haben

WIR PRAKTIZIEREN DHARMA AUFRICHTIG UND MIT NACHDRUCK

Im *Sutra Großartig jenseits von Leiden* sagt Buddha:

> Wenn viele verschiedene Tiere in einem Feld gewesen sind und ihre Fußspuren zurückgelassen haben, sehen wir, dass es der Elefant ist, der den tiefsten Abdruck hinterlässt. Wenn wir viele verschiedene Meditationen praktiziert haben, werden wir auf ähnliche Weise ihre Auswirkungen erfahren; aber es ist die Meditation über den Tod, die den tiefsten Eindruck in unserem Geist erzeugt.

Als Prinz Siddhartha im Palast seines Vaters lebte und sich einmal nach draußen begab, sah er eine Leiche. Da kam ihm der Gedanke: «Ich lebe jetzt in einem prachtvollen Palast, aber eines Tages werde ich genau wie diese verwesende Leiche sein, und so hat meine luxuriöse Lebensweise keinen wirklichen Sinn. Ich muss spirituell praktizieren und Erleuchtung erlangen.» Es war diese Meditation über den Tod, durch die Prinz Siddhartha die Anhaftung an die Vergnügen seines Lebens als Prinz aufgab und mit der spirituellen Praxis begann, die zu seiner Erleuchtung führte.

Als Milarepa dem Tod eines Gönners von Lama Yungdon beiwohnte, wurde er so sehr seiner Illusion über Samsara beraubt, dass er tiefes Bedauern für all seine früheren schwarzmagischen Praktiken empfand und von dieser Zeit an Dharma rein praktizierte. Er konnte nur deshalb noch in jenem Leben durch die Praxis des Geheimen Mantra

Erleuchtung erlangen, weil seine anfängliche Meditation über den Tod einen derart tiefen Eindruck in seinem Geist hinterlassen hatte.

UNSERE DHARMA PRAXIS WIRD SEHR KRAFTVOLL UND SEHR REIN

In den Schriften heißt es, dass die Meditation über den Tod einem Hammer gleicht, der unsere Verblendungen zerschmettert. Sie ist ein kraftvolles Mittel, um sowohl unsere Verblendungen als auch unsere negativen Handlungen von Körper, Rede und Geist zu beseitigen. Mit einem eher modernen Bild könnte man die Meditation über den Tod mit einer atomaren Explosion vergleichen, die unsere Negativität zerstört und unser Interesse an Belanglosigkeiten beseitigt. Sie beeinflusst nachhaltig alle unsere Handlungen. Wenn wir am Morgen über den Tod meditieren, werden wir während des ganzen Tages alle unsere Handlungen in Anbetracht des Wohls zukünftiger Leben durchführen; aber falls wir am Morgen den Tod vergessen, werden wir wahrscheinlich all unsere Handlungen während des Tages nur im Interesse dieses jetzigen Lebens ausführen.

Wenn wir nicht über den Tod meditieren, werden wir nicht den Wunsch entwickeln können, rein zu praktizieren. Ohne diesen Wunsch wird das Tor zum Dharma für uns geschlossen bleiben; und selbst wenn wir einem spirituellen Meister begegnen, der uns vollkommene Unterweisungen und Ratschläge gibt, werden diese so gut wie gar nichts für uns bedeuten. Einer der Kadampa Lehrer sagte:

> Meine eigentliche Meditation über den mittleren Weg ist die Meditation über Tod und Unbeständigkeit. Alle guten Eigenschaften entstehen infolge dieser Meditation und es ist diese Meditation, die unsere Dharma Praxis rein macht.

ES IST AM ANFANG UNSERER PRAXIS WICHTIG

Die Meditation über den Tod ist am Anfang unserer Dharma Praxis wichtig, weil sie den Wunsch in uns entstehen lässt, rein und stetig zu praktizieren, und uns damit das Tor zum Dharma öffnet.

ES IST WÄHREND UNSERER GESAMTEN PRAXIS WICHTIG

Die Meditation über den Tod ist während unserer gesamten Praxis wichtig, denn durch sie bleiben wir daran interessiert, unseren Geist in allen Stufen des Pfades zur Erleuchtung zu schulen.

ES IST WICHTIG, UM DAS ENDGÜLTIGE ZIEL UNSERER PRAXIS ZU ERREICHEN

Die Meditation über den Tod ist wichtig, um das endgültige Ziel unserer Praxis zu erreichen, weil sie gewährleistet, dass wir nicht aufgeben werden, bis wir unser Ziel, die Erleuchtung zum Wohle anderer, erlangt haben.

Es wäre falsch zu denken, die Meditation über den Tod sei nur für Anfänger. Selbst die erfahrensten Meditierenden, die Geheimes Mantra praktizieren, müssen über den Tod meditieren. In den *Vinaya Sutras* wird Mönchen und Nonnen geraten, in ihre Zimmer ein Skelett zu malen oder zu zeichnen, damit sie immer wieder an den Tod erinnert werden. Es ist üblich, an die Eingänge von Klöstern und Tempeln das Rad des Lebens zu malen, das all die verschiedenen Stadien der Existenz zeigt, dargestellt in den Klauen des Herrn des Todes, was zeigt, dass jedes Lebewesen Samsaras durch den Rachen des Todes schreiten muss.

WIR WERDEN ZUM ZEITPUNKT DES TODES EINEN GLÜCKLICHEN GEIST HABEN

Dieser Vorteil, der aus der Achtsamkeit gegenüber dem Tod erwächst, ist leicht zu verstehen, wenn wir über die oben erwähnte Geschichte von Lama Longdöl nachdenken.

DIE EIGENTLICHE MEDITATION ÜBER DEN TOD

Diese hat zwei Teile:

1. Die Meditation über den Tod, indem wir neun Begründungen anwenden
2. Die Meditation über den Tod, indem wir uns vorstellen, dass der Zeitpunkt unseres Todes gekommen ist

DIE MEDITATION ÜBER DEN TOD, INDEM WIR NEUN BEGRÜNDUNGEN ANWENDEN

Dies hat drei Teile:

1. Drei Begründungen anwenden, um zu der Überzeugung zu gelangen, dass der Tod sicher ist
2. Drei Begründungen anwenden, um zu der Überzeugung zu gelangen, dass der Zeitpunkt des Todes ungewiss ist
3. Drei Begründungen anwenden, um zu der Überzeugung zu gelangen, dass uns zum Zeitpunkt des Todes und nach dem Tod nur unsere Dharma Praxis helfen kann

Das Ziel der Meditation über den Tod unter Anwendung dieser neun Begründungen ist nicht, zu begründen, dass der Tod sicher ist, dass der Zeitpunkt des Todes unsicher ist und dass uns zur Zeit des Todes und nach dem Tod nur unsere spirituelle Praxis von Nutzen ist, denn diese Tatsachen sind offensichtlich und müssen nicht bewiesen werden. Obwohl wir diese Dinge wissen, nehmen wir dennoch üblicherweise an: «Ich werde heute nicht sterben.» Haben wir jemals den Gedanken: «Ich könnte heute sterben», geht er schnell vorbei. Gewöhnlich nehmen wir an, dass unser Leben wie immer weitergeht, und wir bauen alle unsere täglichen Handlungen auf dieser Annahme auf. Deshalb müssen wir über den Tod meditieren, um unser oberflächliches Wissen in eine tiefe, innere Überzeugung umzuwandeln, die unser Gewahrsein so verändert, dass es uns zur Gewohnheit wird zu denken: «Ich könnte heute sterben», und dass alle unsere täglichen Handlungen auf dieser Realität beruhen. Wenn wir stete Achtsamkeit bezüglich des Todes erlangen, werden wir ganz natürlich großes Interesse an der Dharma Praxis haben.

Wenn wir diese neun Begründungen in der Meditation anwenden, führen wir die analytische Meditation aus, die uns zu drei festen Entschlüssen führt:

Ich muss Dharma praktizieren.
Ich muss Dharma jetzt praktizieren.
Ich muss Dharma rein praktizieren.

DREI BEGRÜNDUNGEN ANWENDEN, UM ZU DER ÜBERZEUGUNG ZU GELANGEN, DASS DER TOD SICHER IST

Die drei Begründungen sind:

1. Der Tod ist uns sicher und nichts kann ihn verhindern
2. Unsere Lebenszeit kann nicht verlängert werden und nimmt ständig ab
3. Der Tod ist uns sicher, ganz gleich ob wir uns die Zeit für Dharma Praxis genommen haben oder nicht

DER TOD IST UNS SICHER UND NICHTS KANN IHN VERHINDERN

Wir meditieren:

Ganz gleich wo ich geboren bin, ob es in glücklichen oder unglücklichen Existenzzuständen ist, ich werde mit Sicherheit sterben müssen. Ob ich unter den glücklichsten Umständen Samsaras oder in der tiefsten Hölle geboren bin, ich werde den Tod erleben müssen. Wie weit ich auch reise, ich werde niemals einen Ort finden, wo ich mich vor dem Tod verstecken kann, selbst wenn ich weit in den Weltraum reise oder mich tief in der Erde vergrabe.

Obwohl Buddhas Wahrheitskörper unsterblich ist, sterben seine Emanationskörper. Als Buddha Shakyamuni kurz vor dem Dahinscheiden war, entschlossen sich über zehntausend Feindzerstörer, einschließlich Shariputra, zu sterben, weil sie den Schmerz nicht ertragen konnten, Buddhas Tod mitzuerleben. Dann bat Buddha seine Schüler, in Kushinagar seinen letzten Thron zu errichten, wo er seine letzte Unterweisung gab: «Alle erzeugten Phänomene sind unbeständig.» Er enthüllte für diejenigen mit reinem Karma die Zeichen und Merkmale seines Körpers und zeigte dann, auf seinem Thron verbleibend, wie man stirbt. Ob Feindzerstörer und die Emanationskörper der Buddhas in dieser Welt bleiben, hängt vom Karma der hier lebenden Wesen ab. Wenn sich unser gutes Karma und unsere Verdienste verringern, wird die Zahl der Feindzerstörer und der Emanationen der Buddhas weniger und weniger.

Niemand, der zu der Zeit Buddha Shakyamunis lebte, lebt heute noch und niemand, der zu der Zeit von Buddhas Schüler Mahakashyapa lebte, lebt heute noch. Nur ihre Namen überleben. Alle, die vor zweihundert Jahren lebten, sind gestorben und alle, die jetzt leben, werden in zweihundert Jahren nicht mehr da sein. Wenn wir über diese Punkte meditieren, sollten wir uns fragen: «Kann ich allein den Tod überleben?»

Wenn unser reifendes Karma für dieses Leben aufgebraucht ist, kann niemand unseren Tod verhindern, nicht einmal Buddha. In alten Zeiten führten zwei indische Sippen, die Pakyepas und die Shakyapas, Krieg gegeneinander. Der König der Pakyepas beschloss alle Shakyapas zu töten und deshalb brachten einige Shakyapas ihre Kinder zu Buddha, um sie zu schützen. Shariputra bot an alle Kinder durch seine Wunderkräfte zu schützen, Buddha konnte jedoch kraft seiner Hellsicht sehen, dass Shariputra die Kinder nicht würde retten können, weil alle Shakyapas das kollektive Karma erschaffen hatten, in diesem Krieg zu sterben, und ihr Karma jetzt reifte. Doch um die Shakyapas zu trösten, ließ Buddha Shariputra die Kinder zu sich nehmen. Shariputra tat einige von ihnen in Buddhas Bettelschale und andere versteckte er in der Sonne. Trotzdem starben die Kinder in Buddhas Bettelschale und in der Sonne am gleichen Tag, an dem die Pakyepas alle anderen Shakyapas töteten, obwohl es niemanden gab, der ihren Tod verursacht haben könnte.

Wenn die Zeit unseres Todes gekommen ist, gibt es kein Entrinnen. Wenn es möglich wäre, den Tod durch Hellsicht oder Wunderkräfte zu verhindern, wären diejenigen, die solche Kräfte besaßen, unsterblich geworden; aber selbst Hellsichtige sterben. Die mächtigsten Herrscher, die in dieser Welt regierten, waren hilflos gegenüber der Macht des Todes. Der Löwe, der König der Tiere, der einen Elefanten töten kann, wird sogleich zerstört, wenn er dem Herrn des Todes begegnet. Selbst für Millionäre besteht keine Möglichkeit, den Tod zu vermeiden. Sie können den Tod nicht durch Bestechung abwehren und sich Zeit kaufen mit den Worten: «Wenn du meinen Tod aufschiebst, werde ich dir mehr Reichtum geben, als du dir in deinen kühnsten Träumen vorstellen kannst.»

Der Tod ist unerbittlich und schließt keine Kompromisse. Im *Sutra, das an einen König gerichtet ist* steht, dass der Tod wie das Auseinanderbrechen eines gewaltigen Berges in alle vier Richtungen ist. Es gibt keine Möglichkeit, seine Zerstörung aufzuhalten. In diesem Sutra sagt Buddha:

> Altern ist wie ein unverrückbarer Berg.
> Zerfall ist wie ein unverrückbarer Berg.
> Krankheit ist wie ein unverrückbarer Berg.
> Tod ist wie ein unverrückbarer Berg.

Altern schleicht sich heimlich heran und untergräbt unsere Jugend, unsere Kraft und unsere Schönheit. Obwohl wir den Vorgang kaum bemerken, ist er bereits im Gange und kann nicht umgekehrt werden. Krankheit zerstört das Wohlbefinden, die Kraft und Stärke unseres Körpers. Wenn Ärzte uns helfen unsere erste Krankheit zu überwinden, nimmt eine andere ihren Platz ein und schließlich kann unsere Krankheit nicht mehr geheilt werden. Im gleichen Sutra sagt Buddha:

Wir können Krankheit und Tod nicht entfliehen, indem wir vor ihnen weglaufen. Wir können sie nicht mit Reichtum besänftigen oder durch Wunderkräfte verschwinden lassen. Jedes einzelne Wesen in dieser Welt muss Altern, Krankheit und Tod erleiden.

UNSERE LEBENSZEIT KANN NICHT VERLÄNGERT WERDEN UND NIMMT STÄNDIG AB

In *Leitfaden für die Lebensweise eines Bodhisattva* sagt Shantideva:

> Niemals steht es still, weder Tag noch Nacht,
> Das Leben zerrinnt unaufhaltsam,
> Und seine Dauer nimmt niemals zu.
> Warum sollte der Tod nicht zu jemandem wie mir kommen?

Vom Moment unserer Zeugung an eilen wir unerbittlich auf den Tod zu, so wie ein Rennpferd dem Ziel entgegen galoppiert. Selbst Rennpferde verlangsamen gelegentlich ihren Schritt, aber in unserem Rennen hin zum Tod halten wir niemals an, nicht einmal für eine Sekunde. Während wir schlafen und während wir wach sind, zerrinnt unser Leben. Jedes Fahrzeug hält und unterbricht seine Fahrt von Zeit zu Zeit, doch unsere Lebenszeit hört nicht auf abzulaufen. Schon einen Moment nach unserer Geburt ist bereits ein Teil unserer Lebenszeit verstrichen. Wir leben ganz in der Umarmung des Todes. Der siebte Dalai Lama sagte:

> Nach unserer Geburt haben wir keine Möglichkeit, auch nur für eine Minute zu verweilen.
> Wir eilen in die Umarmung des Herrn des Todes wie ein rennender Athlet.
> Wir denken vielleicht, dass wir unter den Lebenden weilen, doch unser Leben selbst ist die Schnellstraße zum Tod.

Stellen wir uns vor, unser Arzt eröffnet uns, dass wir an einer unheilbaren Krankheit leiden und nur noch eine Woche zu leben haben. Bietet uns ein Freund in diesem Moment ein traumhaftes Geschenk an, zum Beispiel einen Diamanten, ein neues Auto oder einen Gratisurlaub, würde uns das nicht sehr begeistern. In Wirklichkeit befinden wir uns aber in genau dieser misslichen Lage, weil wir alle an einer tödlichen Krankheit leiden. Wie dumm ist es daher, sich zu sehr für die vergänglichen Vergnügen dieses kurzen Lebens zu interessieren!

Wenn es schwierig für uns ist, über den Tod zu meditieren, können wir einfach dem Ticken einer Uhr zuhören und uns bewusst machen, dass jedes Ticken für das Ende eines Moments unseres Lebens steht und uns dem Tod näher bringt. Atisha praktizierte diese Meditation, wobei er das Geräusch tropfenden Wassers verwendete. Wir können uns auch vorstellen, dass der Herr des Todes ein paar Kilometer von unserem Hause entfernt wohnt und dass wir, während wir dem Ticken der Uhr zuhören, Schritt für Schritt in Richtung des Todes gehen. Auf diese Weise werden wir zu echten Reisenden.

Im *Sutra der ausgiebigen Vergnügen* sagt Buddha:

> Diese drei Welten sind so unbeständig wie Herbstwolken.
> Geburt und Tod der Wesen gleichen dem Auftritt und dem Abgang von Schauspielern auf der Bühne.

Schauspieler wechseln häufig ihre Kostüme und Rollen und treten in vielen verschiedenen Verkleidungen auf. Genauso nehmen Lebewesen ständig verschiedene Formen an und betreten neue Welten. Manchmal sind sie Menschen, manchmal sind sie Tiere und manchmal betreten sie die Hölle. Weiter heißt es in diesem Sutra:

> Die Lebensspanne eines Lebewesens vergeht wie ein Blitz am Himmel und verschwindet so schnell wie das Wasser, das von einem hohen Berg in die Tiefe stürzt.

DER TOD IST UNS SICHER, GANZ GLEICH OB WIR UNS DIE ZEIT FÜR DHARMA PRAXIS GENOMMEN HABEN ODER NICHT

Obwohl das Leben kurz ist, wäre es nicht so schlimm, wenn wir viel Zeit für Dharma Praxis hätten; aber der größte Teil unserer Zeit wird durch Schlafen, Arbeiten, Essen, Einkaufen, Reden und so weiter aufgebraucht und lässt nur wenig

Zeit für die reine spirituelle Praxis. Unsere ganze Zeit wird sehr leicht durch andere Beschäftigungen in Anspruch genommen, bis wir plötzlich sterben.

Wir sind der Meinung, dass wir viel Zeit für Dharma Praxis haben, aber wenn wir unsere Lebensweise genau untersuchen, werden wir sehen, dass die Tage verstreichen, ohne dass wir dazu kommen, ernsthaft zu praktizieren. Wenn wir uns nicht die Zeit nehmen, uns Dharma in reiner Weise zu widmen, werden wir zum Zeitpunkt des Todes auf unser Leben zurückblicken und sehen, dass es von geringem Nutzen war. Meditieren wir jedoch über den Tod, werden wir einen derart aufrichtigen Wunsch nach reiner Praxis entwickeln, dass wir ganz natürlich unseren Tagesablauf ändern, sodass zumindest ein wenig Zeit für die Praxis übrig bleibt. Schließlich werden wir mehr Zeit für die Praxis finden als für andere Dinge.

Wenn wir immer wieder über den Tod meditieren, kann es sein, dass wir uns fürchten; aber es reicht nicht, einfach nur Furcht zu haben. Haben wir einmal eine angemessene Furcht vor einem unvorbereiteten Tod entwickelt, sollten wir nach etwas suchen, das wirklichen Schutz bietet. Gungtang Jampelyang sagte, dass die Pfade zukünftiger Leben sehr lang und unbekannt sind. Wir müssen Leben um Leben durchlaufen und wir können nicht sicher sein, wo wir wiedergeboren werden – ob wir dem Pfad in unglückliche Existenzzustände oder den Pfaden in glücklichere Bereiche folgen müssen. Wir sind weder frei noch unabhängig, sondern müssen dorthin gehen, wohin uns unser Karma führt. Deshalb müssen wir etwas finden, das uns einen sicheren Weg in zukünftige Leben zeigt, etwas, das uns auf richtige Pfade und fort von falschen Pfaden führt. Wir müssen uns mit Körper, Rede und Geist bemühen, Dharma in die Praxis umzusetzen. Der Besitz und die Vergnügen Samsaras können uns nicht helfen. Nur Dharma enthüllt einen fehlerlosen Pfad. Da dies der einzige Besitz und das einzige Vergnügen ist, das uns in der Zukunft helfen und beschützen wird, müssen wir uns mit Körper, Rede und Geist bemühen, Dharma in die Praxis umzusetzen. Milarepa sagte:

> In zukünftigen Leben gibt es mehr zu fürchten als in diesem. Hast du etwas vorbereitet, das dir helfen wird? Wenn du dich nicht auf deine zukünftigen Leben vorbereitet hast, dann tue es jetzt. Der einzige Schutz gegen derartige Ängste ist die Praxis des heiligen Dharma.

Wenn wir über unser eigenes Leben nachdenken, werden wir erkennen, dass viele Jahre ohne das geringste Interesse am Dharma verstrichen sind. Und obwohl wir den Wunsch haben zu praktizieren, hindert uns selbst jetzt unsere Faulheit daran rein zu praktizieren. Gungtang Jampelyang sagte:

> Ich habe zwanzig Jahre damit verbracht, Dharma nicht praktizieren zu wollen. Ich habe die nächsten zwanzig Jahre mit dem Gedanken verbracht, dass ich später praktizieren kann. Ich habe weitere zwanzig Jahre mit anderen Tätigkeiten verbracht und bedauert, dass ich mich nicht dem Dharma gewidmet habe. Das ist die Geschichte meines leeren Menschenlebens.

Dies könnte unsere eigene Biografie sein. Doch wenn wir über den Tod meditieren, werden wir es vermeiden, unser kostbares menschliches Leben zu verschwenden und wir werden danach streben, ihm einen Sinn zu geben.

Wenn wir diese drei Begründungen in der Meditation anwenden, wird in uns die Überzeugung entstehen: «Ich werde mit Sicherheit sterben.» Denken wir darüber nach, dass zur Zeit unseres Todes nur unsere spirituelle Praxis eine wirkliche Hilfe für uns ist, fassen wir den festen Entschluss: «Ich muss Dharma praktizieren.» Wenn dieser neue Gedanke klar und deutlich in unserem Geist entsteht, führen wir die verweilende Meditation aus, um uns immer vertrauter damit zu machen, bis wir ihn nicht mehr verlieren.

DREI BEGRÜNDUNGEN ANWENDEN, UM ZU DER ÜBERZEUGUNG ZU GELANGEN, DASS DER ZEITPUNKT DES TODES UNGEWISS IST

Die drei Begründungen sind:

1. Die Lebensspanne der Wesen dieser Welt ist nicht festgesetzt
2. Es gibt viel mehr Umstände, die dem Tod förderlich sind, als dem Überleben
3. Der menschliche Körper ist sehr zerbrechlich

DIE LEBENSSPANNE DER WESEN DIESER WELT IST NICHT FESTGESETZT

Manchmal halten wir uns selbst zum Narren und denken: «Ich bin jung und deshalb werde ich nicht so bald sterben», aber wie fehlgeleitet dieser Gedanke ist, können wir anhand der vielen jungen Menschen sehen, die vor ihren Eltern sterben. Manchmal denken wir: «Ich bin gesund und deshalb werde ich nicht so bald sterben», aber wir können sehen, dass Menschen, die gesund sind und für Kranke sorgen, manchmal vor ihren Patienten sterben. Es kann vorkommen, dass Menschen, die ihre Freunde im Krankenhaus besuchen wollen, zuvor bei einem Autounfall sterben, da der Tod sich nicht auf diejenigen beschränkt, die alt und krank sind. Jemand, der am Morgen lebendig und wohlauf ist, kann schon am Nachmittag tot sein und jemand, der gesund ist, wenn er einschläft, kann sterben, bevor er aufwacht. Manche Menschen sterben beim Essen und manche Menschen sterben in der Mitte eines Gespräches. Manche Menschen sterben schon bei der Geburt.

Der Tod kann ohne jegliche Warnung eintreten. Dieser Feind kann jederzeit kommen und oft schlägt er schnell zu, wenn wir es am wenigsten erwarten. Er kann uns ereilen, wenn wir zu einem Fest fahren, wenn wir unseren Fernseher anschalten oder wenn wir denken: «Ich werde heute nicht sterben», und Pläne für unseren Sommerurlaub oder unseren Ruhestand schmieden. Der Herr des Todes kann sich an uns heranschleichen, so wie dunkle Wolken über den Himmel ziehen. Manchmal ist der Himmel hell und klar, wenn wir ins Haus treten, aber wenn wir dann wieder nach draußen gehen, ist er bedeckt. Genauso schnell kann der Tod seinen Schatten auf unser Leben werfen.

ES GIBT VIEL MEHR UMSTÄNDE, DIE DEM TOD FÖRDERLICH SIND, ALS DEM ÜBERLEBEN

Es wäre nicht so schlimm, dass unser Tod sicher und unsere Lebensspanne unbestimmt ist, wenn die Umstände, die zum Tod führen, selten wären; doch gibt es unzählige äußere und innere Umstände, die unseren Tod verursachen können. Es heißt, dass es achtzigtausend Arten von Hindernissen oder Geistern gibt, die unsere Vitalität zerstören können. Dies alles sind Umstände, die unseren Tod verursachen können. Die äußere Umgebung verursacht den Tod durch Hungersnöte, Überschwemmungen, Feuer, Erdbeben, Umweltverschmutzung und so weiter. Ähnlich verursachen die inneren Elemente unseres Körpers den Tod, wenn ihre Harmonie verlorengeht und sich eines von ihnen übermäßig entwickelt. Wenn die inneren Elemente in Harmonie miteinander sind, wird gesagt, sie seien wie vier Schlangen derselben Gattung und Stärke, die friedlich miteinander leben. Wenn aber keine Harmonie mehr herrscht, ist es so, als würde eine Schlange stärker als die anderen und fräße sie auf, bis sie schließlich selbst verhungert.

Neben diesen unbelebten Todesursachen können andere Lebewesen wie zum Beispiel Diebe, feindliche Soldaten und wilde Tiere unseren Tod bewirken. Selbst Dinge, die wir nicht als bedrohlich ansehen, Dinge, die wir als Stütze und Schutz in unserem Leben betrachten, wie unser Haus, unser Auto oder unser bester Freund, können sich als Ursachen unseres Todes erweisen. Manchmal werden Menschen von ihrem eigenen Haus zu Tode gequetscht oder sie stürzen auf ihrer eigenen Treppe in den Tod, und jeden Tag werden viele Menschen in ihren Autos getötet. Manche Menschen sterben im Urlaub und andere Menschen werden durch ihre Hobbys und Vergnügungen getötet, so zum Beispiel Reiter, die von ihrem Pferd fallen und sterben. Selbst unsere Freunde und Geliebten können aus Versehen oder absichtlich zu Ursachen unseres Todes werden. Wir können in den Zeitungen lesen, dass sich Liebespaare gegenseitig töten und Eltern ihre eigenen Kinder umbringen. Selbst das Essen, das wir zu uns nehmen, um unser Leben zu nähren und zu erhalten, kann die Ursache für den Tod sein. Wenn wir es sorgfältig prüfen, werden wir kein weltliches Vergnügen finden können, das nicht eine potenzielle Ursache für den Tod ist und das einzig als Ursache für die Aufrechterhaltung des Lebens dient. Der Beschützer Nagarjuna sagte:

> Wir bleiben am Leben inmitten Abertausender von Umständen, von denen der Tod droht. Unsere Lebenskraft ist wie eine Kerzenflamme im Wind. Die Kerzenflamme unseres Lebens lässt sich leicht durch die Winde des Todes auslöschen, die aus allen Richtungen wehen.

Jeder Mensch hat das Karma erschaffen, für eine gewisse Zeit in diesem Leben zu bleiben, aber da wir uns nicht daran erinnern können, welches Karma wir erschaffen haben, kennen wir die genaue Dauer unseres gegenwärtigen Lebens nicht. Es kann sein, dass wir einen vorzeitigen Tod sterben, bevor wir unsere Lebensspanne beendet haben, weil es möglich ist unsere Verdienste schneller aufzubrauchen als das Karma, das unsere Lebenszeit bestimmt. Wenn das geschieht, werden wir so krank, dass uns die Ärzte nicht mehr helfen können, oder wir finden eine Situation vor, wo wir Nahrung und andere Notwendigkeiten nicht bekommen können, um unser Leben zu erhalten. Ist unsere Lebenszeit jedoch noch nicht zu Ende und haben wir noch Verdienste, können wir alle Umstände finden, die für die Genesung notwendig sind, selbst wenn wir ernsthaft krank werden.

Im *Sutra Anhäufung von Juwelen* werden neun Hauptbedingungen für einen vorzeitigen Tod genannt:

(1) Maßloses Essen
(2) Ungesundes Essen
(3) Essen, bevor unsere vorherige Mahlzeit genügend verdaut ist

(4) Unverdautes Essen für lange Zeit im Magen behalten, ohne es auszuscheiden
(5) Verdautes Essen erbrechen
(6) Nicht die richtige Medizin einnehmen
(7) Nicht die notwendigen Fähigkeiten haben – zum Beispiel versuchen zu schwimmen oder Auto zu fahren, ohne es zu beherrschen
(8) Sich zur falschen Zeit bewegen – zum Beispiel ein Rotlicht zu überfahren oder mittags im Hochsommer in einem sehr heißen Land zu joggen
(9) Zügelloser Sex

Obwohl das Geheime Mantra Methoden lehrt, die unsere Lebenspanne verlängern, wirken diese nur, wenn wir sie rein, mit starkem Vertrauen und guter Konzentration praktizieren und wenn unsere Meditation sehr kraftvoll ist. Daher ist es im Moment sehr schwierig, unsere Lebensspanne zu verlängern.

DER MENSCHLICHE KÖRPER IST SEHR ZERBRECHLICH

Obwohl es viele Ursachen für den Tod gibt, wäre es nicht so schlimm, wenn unsere Körper hart wie Stahl wären, aber sie sind zerbrechlich. Es braucht keine Gewehre und Bomben, um sie zu zerstören; sie können durch eine kleine Nadel zerstört werden. In *Freundlicher Brief* sagt Nagarjuna:

> Es gibt viele Zerstörer unserer Lebenskraft.
> Unser menschlicher Körper ist wie eine Seifenblase.

So wie eine Seifenblase zerplatzt, sobald sie berührt wird, so kann ein einziger Wassertropfen im Herzen oder der kleinste Kratzer eines giftigen Dornes unseren Tod verursachen. Im gleichen Text sagt Nagarjuna, dass das gesamte Weltsystem am Ende dieses Äons von Feuer verschlungen wird und nicht einmal Asche zurückbleiben wird. Da das ganze Universum leer wird, muss nicht betont werden, dass dieser empfindliche, menschliche Körper sehr schnell zerfallen wird.

Wir können über den Vorgang der Atmung nachdenken und wie er sich ohne Unterbrechung zwischen Ein- und Ausatmung fortsetzt. Hört er auf, dann sterben wir. Selbst wenn wir schlafen und keine grobe Achtsamkeit haben, atmen wir weiter, obwohl wir in manch anderer Hinsicht einer Leiche gleichen. Nagarjuna sagte, dass dies eine höchst wunderbare Sache ist. Wenn wir morgens aufwachen, sollten wir uns freuen und denken: «Wie erstaunlich, dass mein Atem mein Leben während des Schlafes erhalten hat. Wenn er während der Nacht aufgehört hätte, wäre ich jetzt tot!»

Wenn wir diese drei Begründungen in der Meditation anwenden, werden wir zu der Überzeugung gelangen, dass der Zeitpunkt unseres Todes höchst ungewiss ist und dass der Gedanke: «Ich werde Dharma praktizieren, wenn ich meine Arbeit beendet habe», sehr töricht ist. Wenn wir nicht die klare Entscheidung treffen, uns ab und zu von den weltlichen Aufgaben zurückzuziehen, werden diese endlos sein. In den Schriften werden die weltlichen Aktivitäten mit Wellen auf der Wasseroberfläche verglichen – einer Welle folgt sofort die nächste. Sie sind wie der Bart eines Mannes, der nachwächst, sobald er abrasiert wird. Wenn wir darauf warten, dass unsere weltlichen Aktivitäten aufhören, bevor wir uns mit Dharma beschäftigen, werden wir unsere Praxis niemals beginnen. Diese Meditation führt uns zu dem festen Entschluss: «Ich muss jetzt sofort Dharma praktizieren.» Wenn dieser Entschluss entsteht, sollten wir einsgerichtet darüber meditieren, um ihn zu stabilisieren, bis wir ihn nie mehr vergessen.

DREI BEGRÜNDUNGEN ANWENDEN, UM ZU DER ÜBERZEUGUNG ZU GELANGEN, DASS UNS ZUM ZEITPUNKT UNSERES TODES UND NACH DEM TOD NUR UNSERE DHARMA PRAXIS HELFEN KANN

Die drei Begründungen sind:

1. Zum Zeitpunkt des Todes kann uns unser Reichtum nicht helfen
2. Zum Zeitpunkt des Todes können uns unsere Freunde und Verwandten nicht helfen

3. Zum Zeitpunkt des Todes ist selbst unser eigener Körper nutzlos

ZUM ZEITPUNKT DES TODES KANN UNS UNSER REICHTUM NICHT HELFEN

Wir meditieren:

> *Selbst wenn ich allen Reichtum der Welt besitzen würde, wäre er zum Zeitpunkt des Todes nutzlos, weil ich nicht einen einzigen Teil davon mit mir nehmen kann und er nicht den geringsten Teil meiner Leiden lindern würde.*

Ein tibetisches Sprichwort sagt: Wenn der Tod kommt, sind beide gleich, der König, der auf dem goldenen Thron sitzt, und der arme Mann, der von Stadt zu Stadt zieht und bettelt. Im Sutra *Glorreicher Baum* sagt Buddha:

> Selbst wenn du für einhundert Jahre genügend Nahrung auf Vorrat hättest, wirst du hungrig zu deinem nächsten Leben reisen müssen, wenn du stirbst. Selbst wenn du genügend Kleider für einhundert Jahre hättest, wirst du dennoch, wenn der Tod kommt, nackt in dein nächstes Leben reisen müssen.

In *Leitfaden für die Lebensweise eines Bodhisattva* sagt Shantideva:

> Ich werde alles zurücklassen und alleine gehen müssen.
> Aber da ich dies nicht verstanden habe,
> Habe ich viele verschiedene Arten von schlechten Handlungen
> Meine Freunde und andere betreffend begangen.

Es lebte einst ein Mann, der sehr schwer daran arbeitete, einen großen, runden Stein zu behauen und in die Form eines Würfels zu bringen. Ein Passant fragte ihn: «Warum arbeitest du so hart daran, diesen Stein eckig zu machen?» Der Mann antwortete: «Ich tue dies, damit ich diesen Stein zurücklassen kann.» Wir sind genau wie dieser Mann, weil wir so viel Zeit und Mühe darauf verwenden, Reichtum anzusammeln, nur um alles zurückzulassen, wenn wir sterben.

ZUM ZEITPUNKT DES TODES KÖNNEN UNS UNSERE FREUNDE UND VERWANDTEN NICHT HELFEN

In *Leitfaden für die Lebensweise eines Bodhisattva* sagt Shantideva:

> Welche Hilfe werden mir meine Begleiter sein,
> Wenn ich von den Boten des Herrn des Todes ergriffen werde?
> Zu dieser Zeit werden nur meine Verdienste mich schützen,
> Doch darauf habe ich mich nicht verlassen.

Wir sind allein in diese Welt gekommen und wir werden allein wieder gehen, und niemand anders kann die Leiden unseres Alterns und unserer Krankheiten auf sich nehmen und mit uns teilen. Alle unsere Freunde und Verwandten sind gleichermaßen machtlos, uns in der Zeit unserer größten Not, dem Zeitpunkt unseres Todes, zu helfen. Selbst wenn jeder Mensch der Welt unser Freund würde, könnte uns niemand zur Zeit unseres Todes helfen. Wenn sie unsere Glieder fassen und unseren Kopf festhalten würden, wären sie immer noch nicht fähig, uns vom Tod fernzuhalten. Die mächtigsten Menschen dieser Welt sind von zahlreichen Leibwächtern umgeben, aber niemand kann wirkliche Sicherheit gewähren, wenn der Herr des Todes kommt. Der große Yogi Mitatso rezitierte einmal vor einem König den folgenden Vers:

> Es spielt keine Rolle, ob du ein König bist, dem viele Mittel zur Verfügung stehen.
> Wenn die Zeit für dich kommt in dein nächstes Leben zu gehen, wirst du allein und in großer Angst gehen müssen.
> Du wirst ohne deinen Besitz und ohne deinen Reichtum reisen müssen,
> Ohne deine Königin, deine Kinder oder deine Diener.

Der erste Panchen Lama sagte:

> Wenn der Tod kommt, trennt er uns von unseren Freunden und Verwandten, sodass wir sie niemals

> wiedersehen werden. Er zerstört die Möglichkeit einer Wiedervereinigung vollständig. Es gibt nichts Unerbittlicheres als diesen Herrn des Todes.

In diesem Leben ist es immer noch möglich, unsere Freunde und Verwandten wieder zu treffen, selbst wenn wir für lange Zeit von ihnen getrennt sind; aber wenn der Tod dazwischentritt, werden wir endgültig von unseren Freunden und Verwandten getrennt, und wenn wir ihnen in zukünftigen Leben erneut begegnen, erkennen wir sie nicht wieder und sie erkennen uns nicht wieder.

ZUM ZEITPUNKT DES TODES IST SELBST UNSER EIGENER KÖRPER NUTZLOS

Seit unserer Geburt haben wir unseren Körper als unseren kostbarsten Besitz geschätzt und beschützt, ihn warm eingepackt, wenn er kalt war, ihn mit schmerzlindernder Salbe behandelt, wenn er zerkratzt war, und ihn heftig verteidigt, wann immer jemand versuchte ihm zu schaden. Wir empfinden so starkes Mitgefühl für unseren Körper, dass wir es kaum ertragen können, dass er irgendeinen Schmerz erleidet. Wenn er durstig ist, können wir es kaum ertragen, und wenn er schwach und krank wird, fühlen wir uns elend. Den größten Teil unserer schädlichen Handlungen begingen wir für das Wohlbefinden unseres eigenen Körpers. Wir kümmern uns sorgfältig um alle seine Bedürfnisse – kleiden ihn, verpflegen ihn, waschen ihn und verschönern ihn. Wenn jemand unseren Körper beleidigt und zum Beispiel sagt: «Deine Beine sind dick» oder «Du siehst aus wie ein Affe», können wir es nicht ertragen; aber wenn jemand das gleiche über den Körper eines Freundes sagt, glauben wir, dass es keine Rolle spielt, und möglicherweise lachen wir sogar. Doch dieser Körper, den wir so sehr schätzen, ist heimtückisch. Er täuscht uns am meisten zum Zeitpunkt des Todes, wo er uns völlig im Stich lässt, obwohl wir dringend seine Hilfe brauchen würden. Der erste Panchen Lama sagte:

> Dieser Körper, den wir so lange geschätzt haben, betrügt uns zu der Zeit, in der wir ihn am dringendsten brauchen.

Meditieren wir, indem wir diese drei Begründungen anwenden, werden wir erkennen, dass uns zur Zeit unseres Todes unser Reichtum, unsere Freunde und Verwandten und unser eigener Körper nichts nützen, und dass das Einzige, was uns wirklich helfen wird, unsere reine Dharma Praxis ist. Dadurch werden wir uns entschließen Dharma zu praktizieren, ohne ihn mit den acht weltlichen Belangen zu vermischen. Wenn dieser Entschluss deutlich und klar in unserem Geist entsteht, führen wir die verweilende Meditation aus, damit wir immer vertrauter damit werden, bis wir ihn schließlich nie mehr verlieren.

Wenn wir infolge unserer Praxis dieser neun Meditationen über den Tod entschieden und klar die drei Entschlüsse fassen, haben wir eine Verwirklichung des Todes entwickelt. Dieses Gewahrsein ist sehr wichtig. Wenn wir uns ohne dieses Gewahrsein an fortgeschrittenen Übungen versuchen, werden wir leicht die acht weltlichen Geisteshaltungen entwickeln und unsere Dharma Praxis wird mit Weltlichem verschmutzt sein wie gesundes Essen, das mit Gift vermischt ist.

Wenn wir diese Meditation aus irgendwelchen Gründen nicht ausführen können, sollten wir zumindest versuchen uns mehrmals täglich an den Tod zu erinnern. Diese Erinnerung wird uns helfen Dharma in reiner Weise zu praktizieren und die Ängste und Ärgernisse zu vermindern, die sich aus der ausschließlichen Sorge um dieses eine kurze Leben ergeben. Um die Verblendungen vollständig aus unserem Geist zu entfernen, müssen wir Leerheit erkennen. In der Zwischenzeit ist diese Meditation über den Tod sehr wirksam, um unsere Verblendungen vorübergehend zu überwinden.

DIE MEDITATION ÜBER DEN TOD, INDEM WIR UNS VORSTELLEN, DASS DER ZEITPUNKT UNSERES TODES GEKOMMEN IST

Was ist der Tod? Manche Menschen denken, dass der Tod wie das Erlöschen einer Kerzenflamme ist, doch unser Tod kann nicht so sein. Wenn eine Kerzenflamme erlischt, endet ihr Kontinuum, und sie verschwindet vollständig; aber wenn wir sterben, verschwinden wir nicht. Unser Tod gleicht einem Vogel, der aus dem Nest fliegt; unser Körper ist wie das Nest und unser Geist wie der Vogel. Wenn unser Bewusstsein diesen Körper verlässt, erleben wir weiterhin Angst und Halluzinationen; wir leiden und benötigen immer noch Schutz. Praktizieren wir Dharma, erschaffen wir gute Geistesgewohnheiten, die sich in unserem nächsten Leben fortsetzen. Da das Kontinuum unseres Bewusstseins die Geistesgewohnheiten trägt, die wir gefördert haben, können uns unsere Dharma Praxis und unsere tugendhaften Handlungen dieses Lebens zur Zeit unseres Todes und in allen unseren zukünftigen Leben helfen.

Um uns auf unseren Tod vorzubereiten, müssen wir meditieren und uns vorstellen, dass die Zeit unseres Todes gekommen ist. Diese Meditation, die manchmal «Meditation über die Aspekte des Todes» genannt wird, wurde von vielen Lehrern, zum Beispiel Je Phabongkhapa, empfohlen. Wir meditieren über vier Aspekte des Todes:

(1) Der Tod steht bevor und wird mit Sicherheit eintreten
(2) Was den Tod verursacht
(3) Die Art und Weise wie wir sterben
(4) Was geschieht, wenn wir sterben

Wir beginnen damit, über eine Leiche oder das Bild einer Leiche nachzudenken und überlegen uns: «Ich selbst werde bald genauso sein.» Dann stellen wir uns vor, dass wir wirklich sterben, und meditieren:

Ich werde mit Sicherheit sterben, entweder durch Krankheit oder durch einen Unfall, und ich werde wahrscheinlich im

Krankenhaus sterben. Wenn ich erkranke, werde ich dorthin gebracht und zuerst glaubt mein Arzt vielleicht, dass er mich heilen kann. Aber schließlich wird er die Hoffnung aufgeben und die Visiten einstellen. Wenn meine Verwandten feststellen, dass er die Hoffnung aufgegeben hat, werden sie sich hilflos fühlen und enttäuscht sein, aber alles, was sie tun können, ist weinen. Wenn ich im Sterben liege, wird mein Körper seine Wärme verlieren und das Atmen beginnt für mich schwierig zu werden. Mein Körper wird schwach werden und schrumpfen, und ich werde Geräusche nicht mehr klar hören und Formen nicht mehr klar sehen können. Wenn meine Freunde und Verwandten um mich herum stehen, werde ich sie nicht erkennen. Meine Zunge wird kurz werden, sodass ich nicht zusammenhängend reden kann. Allmählich wird mein Erinnerungsvermögen nachlassen, aber bevor es völlig verschwindet, werde ich verstehen, dass ich sterbe, und äußerst bekümmert sein. Ich werde verzweifelt denken: «Wie wunderbar wäre es, wenn ich länger leben könnte», und ich werde innerlich meine Freunde und Verwandten bitten mir zu helfen, aber sie werden völlig machtlos sein. Während der Auflösung der vier inneren Elemente werde ich langsam die verschiedenen Erscheinungen und Halluzinationen wahrnehmen. Zeitweise werde ich mich fürchten. Mein Erinnerungsvermögen wird immer subtiler werden, bis alle Erscheinungen dieses Lebens verschwunden sind. Das wird in diesem Leben das Ende von allem sein – das Ende davon, in meinem Haus zu wohnen, das Ende davon, meine Freunde zu treffen, das Ende davon, mit meiner Familie zu sprechen.

Sterben ist wie Einschlafen. Wenn wir gestorben sind, treten wir in den Zwischenzustand ein, oder «Bardo» auf Tibetisch, der wie der Traumzustand ist. Es ist möglich, dass wir im Bardo Halluzinationen haben, die Angst und Panik verursachen. Möglicherweise fühlen wir uns so, als ob große Berge über uns zusammenstürzen, als ob wir im Treibsand einsinken, als ob wir in der Mitte eines lodernden Feuers gefangen sind, als ob wir in einem Sturm gefangen sind und vom Winde fortgeweht werden oder als ob wir in einem großen Fluss ertrinken. Wenn wir auf dem Weg zu einer Geburt in einem der niederen Bereiche sind, werden wir alptraumhafte Wesen wahrnehmen, die uns nach unten stoßen. Wachen wir aus dem Bardo auf, nehmen wir eine neue Welt wahr, gerade so wie wir einen neuen Tag wahrnehmen, wenn wir aus dem Schlaf erwachen.

Stellen wir uns immer wieder vor, dass wir den Todesprozess, den Zwischenzustand und die Wiedergeburt wirklich erleben, wird sich unser Geist zum Besseren verändern. Wenn es uns schwerfällt, unsere Vorstellungskraft auf diese Weise zu nutzen, können wir Friedhöfe besuchen und uns die Grabsteine anschauen und daran denken, dass unter jedem ein toter Körper liegt. Wir können ein Grab als unser Meditationsobjekt nehmen. Nehmen wir an die Inschrift lautet: «Hier ruht Peter, gestorben am 21. Mai 2016», dann meditieren wir:

Der einzige Unterschied zwischen mir und Peter besteht in einem kleinen Zeitraum. Schon bald werde ich dorthin gehen, wohin Peter gegangen ist, und so wie sein Körper jetzt hier verwesend in der Erde liegt, so wird mein Körper bald begraben werden und verwesen.

Auf diese Weise können wir über die Aspekte des Todes meditieren. Meditationen wie diese sind besonders für diejenigen nützlich, die leicht die spirituelle Praxis vergessen und denen es schwerfällt, an irgendetwas zu denken, das nicht gerade präsent ist.

Viele andere Dinge können uns an den Tod erinnern. Im Fernsehen können wir jeden Abend Menschen sterben sehen. Normalerweise schauen wir nur fern, um informiert oder unterhalten zu werden. Sind wir aber daran interessiert, eine Verwirklichung des Todes und der Unbeständigkeit zu erlangen, können wir uns mit den Menschen identifizieren, die wir sterben sehen, und denken: «Ich werde schon bald wie dieser Mensch sein.» Wenn wir alte Menschen im Fernsehen sehen, können wir genauso denken: «Ich werde schon bald wie dieser Mensch sein», und wenn wir kranke Menschen sehen, können wir denken: «Ich werde genauso sein.»

Praktizieren wir auf diese Weise, wird das Fernsehen für uns sehr nützlich. Manche Dinge im Fernsehen lehren Unbeständigkeit, manche lehren Leerheit, manche lehren Mitgefühl und manche lehren, dass Samsara die Natur von Leiden ist. Mit Dharma Weisheit können wir in allen Dingen Unterweisungen finden und alle Dinge vergrößern unser Vertrauen und unsere Dharma Erfahrung. Milarepa sagte, dass er alles, was seinem Geist erscheint, als Dharma Buch betrachte. Alle Dinge würden die Wahrheit der Lehre Buddhas bestätigen und seine spirituelle Erfahrung vergrößern.

Die Leiden der niederen Bereiche

DIE MEDITATION ÜBER DIE LEIDEN DER NIEDEREN BEREICHE

Es hat keinen Sinn, über die Leiden der niederen Bereiche zu meditieren, wenn wir nicht daran glauben, dass es diese unglücklichen Zustände wirklich gibt und dass wir sie selbst erleben können. Diejenigen, die reines Vertrauen in Buddhas Lehren haben, glauben, dass es Wiedergeburt gibt, weil sie von Buddha gelehrt wurde. Wenn wir auf diese Weise zu keiner Überzeugung gelangen, müssen wir darüber meditieren, indem wir weitere Begründungen anwenden.

Eine Möglichkeit besteht darin, den entgegengesetzten Standpunkt zu untersuchen, der heutzutage von vielen Menschen vertreten wird und der in vergangener Zeit der Standpunkt einer nichtbuddhistischen Schule namens Charavaka war. Gemäß dieser nihilistischen Sichtweise gleicht unser Tod dem Erlöschen einer Kerzenflamme: Wenn wir sterben, stirbt unser Körper und unser Geist hört zu existieren auf. Nach den Charavakas ist der Tod völlige Auslöschung ohne Kontinuität. Sie verneinen eine Wiedergeburt, weil sie nicht zwischen groben und subtilen Geistesebenen unterscheiden können, und deshalb nehmen sie an, dass alle Geistesarten grob sind und mit dem Tod enden. Es ist wahr, dass grobe Geistesarten, wie unser gewöhnliches Wachbewusstsein, zum Zeitpunkt des Todes vorübergehend enden; aber die Nihilisten nehmen nicht die subtilste Ebene des Geistes wahr, die bestehen bleibt und ins nächste Leben weitergeht. Sie ziehen daraus den Schluss, dass alle Geistesarten grob sind und enden, wenn wir sterben.

Buddhistische Schulen lehren, dass es viele Ebenen des Bewusstseins gibt: grobe Bewusstseinsebenen, subtile Bewusstseinsebenen und die sehr subtile Bewusstseinsebene. Im Wachzustand ist unser Bewusstsein sehr grob, doch wenn wir einschlafen, wird unser Bewusstsein immer subtiler, bis der sehr subtile Geist des klaren Lichts entsteht. Nach einer Weile entwickeln sich aus dem klaren Licht des Schlafes die gröberen Geisteszustände des Traumzustandes. Wenn diese enden, manifestieren sich die sehr groben Geisteszustände des Wachzustandes aufs Neue. In ähnlicher Weise werden die groben Geisteszustände bei unserem Tod absorbiert, bis die subtilste Art von Bewusstsein entsteht. Der Geist, der im letzten Moment des Todesprozesses noch bleibt, ist der sehr subtile Geist, der zum nächsten Leben weitergeht. Nach der Beendigung des klaren Lichts des Todes entwickeln wir den gröberen Geist des Bardo oder Zwischenzustandes, der dem Traumzustand gleicht; und aus dem Bardo entwickeln wir den Geist unseres nächsten Lebens.

Die stufenweise Absorption der gröberen Bewusstseinsebenen und ihr Wiederauftauchen erfolgt bei jedem Zyklus von Tag und Nacht, wenn wir einschlafen und aufwachen, und bei jedem Zyklus von Tod und Wiedergeburt, wenn wir ein Leben verlassen und ins nächste eintreten. Wenn wir den Prozess des Einschlafens und Wiedererwachens sorgfältig untersuchen, werden wir verstehen, wie sich die verschiedenen Bewusstseinsebenen in den sehr subtilen Geist auflösen und dann erneut erscheinen, und wir werden sehen, dass es keine Grundlage gibt, die Wiedergeburt zu verneinen. Wir werden begreifen, dass unser Geist einem Urlauber gleicht, der vorübergehend am Urlaubsort dieses Lebens weilt und dann zu anderen Leben weiterzieht.

Die Meditation über die Leiden der niederen Bereiche dient mehreren Zielen; aber das Hauptziel ist das Entwickeln eines inständigen Wunsches, niemals mehr in jenen unglücklichen Zuständen wiedergeboren zu werden. Dieser Wunsch ist eine der Hauptursachen für die Zufluchtnahme. Die Zufluchtnahme schützt uns wirksam vor der Gefahr der Wiedergeburt in den drei niederen Bereichen. Die Zufluchtnahme ist die Grundlage jeder buddhistischen Praxis.

In *Freundlicher Brief* sagt Nagarjuna, dass wir jeden Tag über die Leiden der Höllenwesen, der hungrigen Geister und der Tiere meditieren sollten. Durch diese Meditation entwickeln wir den Wunsch: «Wie wundervoll wäre es, wenn ich niemals mehr in den niederen Bereichen wiedergeboren würde. Wie wundervoll wäre es, wenn ich in meinen zukünftigen Leben nur als Mensch oder Gott wiedergeboren würde.» Ein anderer Grund, warum wir über die Leiden der niederen Bereiche meditieren sollten, besteht darin, unseren Stolz zu vermindern, da wir nicht sicher sein können, dass wir nicht dort wiedergeboren werden.

Diese Meditation vergrößert zudem unser Mitgefühl. Wenn wir über die Leiden der Wesen meditieren, die die drei niederen Bereiche bewohnen, empfinden wir ganz natürlich Mitgefühl für sie. Wenn wir unseren Geist nie mit Mitgefühl vertraut machen, indem wir über diese sehr intensiven Formen des Leidens meditieren, wie wollen wir dann jemals lernen, Mitgefühl für Wesen zu empfinden, die subtilere Arten von Elend erleben? Wenn wir uns nicht bemühen Mitgefühl für die Wesen zu entwickeln, die die Schmerzen unglücklicher Existenzzustände erfahren, werden wir die Verwirklichung des großen Mitgefühls nicht entwickeln können, das alle Wesen umfasst, die in Samsara gefangen sind. Wie wichtig es ist, gerade diese Meditation zu üben, können wir daran erkennen, dass es das große Mitgefühl ist, das einen Mahayana Praktizierenden motiviert, Erleuchtung zum Wohle anderer zu erlangen. Die Meditation hat drei Teile:

1. Die Leiden der Höllenwesen
2. Die Leiden der hungrigen Geister
3. Die Leiden der Tiere

DIE LEIDEN DER HÖLLENWESEN

Dies hat zwei Teile:

1. Die Überzeugung gewinnen, dass es die Hölle gibt
2. Die eigentliche Meditation über die Leiden der Höllenwesen

DIE ÜBERZEUGUNG GEWINNEN, DASS ES DIE HÖLLE GIBT

Obwohl wir von der Wiedergeburt überzeugt sein mögen, haben wir möglicherweise immer noch Zweifel, ob es die Hölle gibt oder nicht. Bevor wir deshalb über die Qualen der Hölle meditieren, müssen wir sicher sein, dass es solche Qualen tatsächlich gibt und dass wir selbst sie erleben könnten.

Die Hölle ist im Westen ein unbeliebtes Thema. Wenn wir jemanden darüber reden hören, sind wir verlegen. Wenn jemand argumentiert, dass die Hölle bloßer Aberglaube sei, sind wir wieder beruhigt und es scheint, als ob diese Sichtweise mit dem gesunden Menschenverstand übereinstimmen würde. Da diese Frage jedoch so wichtig ist, sollten wir nicht zu dem Schluss kommen, dass es die Hölle nicht gibt, bevor wir diese Sicht nicht auf eine vollkommen gültige Begründung stützen können. Es ist ganz offensichtlich unvernünftig zu folgern, dass es die Hölle nicht gibt, bloß weil sie unbeliebt ist. Das Alter ist auch ein unbeliebtes Thema und wenn wir zu einem alten Mann sagen: «Du bist immer noch jung!», wird er sich freuen und diese Unwahrheit wohl glauben. Wenn wir sagen: «Du bist wirklich alt!», dann wird er sich elend fühlen und Überlegungen anstellen, wie er diese offensichtliche Wahrheit widerlegen könnte. Dennoch ist er unwiderlegbar alt, ob er es nun mag oder nicht.

Wenn wir sagen: «Die Hölle gibt es nicht, weil ich diese Vorstellung nicht mag», dann ist diese Begründung nicht richtig, weil es unvernünftig ist zu folgern, dass alles, was ich nicht mag, nicht existiert. Ich mag beispielsweise meinen Feind nicht, aber wenn ich daraus schließe, dass es meinen Feind nicht gibt, werde ich wahrscheinlich bei einem Überraschungsangriff verletzt. Daraus können wir erkennen wie dumm es ist zu sagen: «Ich möchte nicht an die Hölle glauben.» Diejenigen, die nicht an die Hölle glauben, halten diejenigen, die an die Hölle glauben, oft für sehr einfältig. Aber wenn wir es prüfen, werden wir sehen, dass es ihre Sichtweise ist, die dumm ist.

Wir müssen die Begründung derjenigen, die die Existenz der Hölle verneinen, sorgfältig untersuchen. Sie sagen vielleicht: «Wenn ein Ort existiert, muss es möglich sein, ihn in dieser Welt zu finden, aber wenn wir die Hölle suchen, können wir sie in dieser Welt nicht finden.» Diese Begründung ist nicht stichhaltig, denn wenn etwas existiert, heißt das nicht, dass es als ein Objekt des Augenbewusstseins von Menschen existieren muss. Es gibt beispielsweise viele Planeten und Galaxien, die wir mit unserem Augenbewusstsein nicht wahrnehmen können, und dennoch existieren sie und die Menschen glauben daran. Viele Menschen glauben, dass auch andere Welten als ihre eigene existieren. Buddhisten glauben an andere Bereiche wie den Götterbereich, Christen glauben an den Himmel und manche Wissenschaftler glauben an andere Universen; aber wenn wir diese Welt durchsuchen, werden wir diese Myriaden anderer Welten nicht wahrnehmen, trotz der ausgefeilten Technik, die uns zur Verfügung steht.

Selbst in dieser Welt gibt es viele Dinge, die wir nicht sehen können. Manchen Menschen fällt es leicht, die Existenz von Wesen anzuerkennen, die diese Welt zwar bewohnen, von uns aber nicht gesehen werden können: Wesen wie Gespenster, Geister oder Schutzengel. Warum sollte es also so schwierig sein, die Existenz der Höllenwesen zu akzeptieren?

Wir sollten all diejenigen bitten, die an die Nichtexistenz der Hölle glauben, eine vollkommene Methode darzulegen, wie ihre Nichtexistenz erkannt werden kann. Es wäre wundervoll, wenn sie dies tun könnten. Unglücklicherweise gibt es keine derartige Methode – aber es gibt viele richtige Begründungen, die die Existenz der Hölle belegen.

Wenn wir eine Verwirklichung der Vereinigung der zwei Wahrheiten – der konventionellen Wahrheit und der endgültigen Wahrheit – erlangen, ist es leicht, eine unwiderlegbare Verwirklichung der Existenz verborgener Objekte wie der Hölle zu erlangen. In der Zwischenzeit können wir Vertrauen in die richtige Sichtweise aufgrund von Begründungen gewinnen, die wir leicht verstehen können. Von diesen Begründungen gibt es zwei Arten:

1. Die Begründung mit äußeren Zeichen
2. Die Begründung mit inneren Zeichen

DIE BEGRÜNDUNG MIT ÄUSSEREN ZEICHEN

Manche Menschen erleben in dieser Welt gelegentlich Leiden, die den Leiden der Hölle gleichen. Beispielsweise sind manche Folteropfer für lange Zeit schweren Elektroschocks ausgesetzt oder sie werden aufgehängt und ausgepeitscht, sodass ihre Haut aufplatzt, oder sie werden langsam wie Fleisch verbrannt. Manchmal wird ihnen Wasser in die Nasenlöcher gepumpt oder ihre Augen werden ausgestochen. Anderswo verhungern und verdursten Menschen langsam und wo Kriege ausgetragen werden gibt es Menschen, die mit den Bewohnern der Hölle der Wiederbelebung vergleichbar sind und schreckliche, durch Waffen verursachte Leiden erdulden. Manche Menschen sind wie die Wesen in den heißen Höllen, gefangen inmitten von kochendem Metall und verheerendem Feuer.

Wenn Menschen diese Leiden erleben, befinden sie sich an Orten, die «ähnelnde» oder «gelegentliche Höllen» genannt werden. Sie werden so genannt, weil ihre Umgebung zeitweilig der Umgebung einer Hölle gleicht. Die Existenz der ähnelnden Höllen ist ein Zeichen, das auf die Existenz der eigentlichen Höllen hinweist. So wie ein über dem Wasser kreisender Fischadler anzeigt, dass im Wasser unter ihm Fische sind, und so wie ein Vulkanausbruch anzeigt, dass Feuer unter der Erdoberfläche ist, so zeigen die ähnelnden Höllen in dieser Welt die Existenz wirklicher Höllen anderswo an.

DIE BEGRÜNDUNG MIT INNEREN ZEICHEN

Dies hat drei Teile:

1. Das Gesetz des Karmas im Allgemeinen in Betracht ziehen
2. Träume in Betracht ziehen
3. In Betracht ziehen, dass die Welt, so wie sie uns erscheint, von Karma abhängig ist

DAS GESETZ DES KARMAS IM ALLGEMEINEN IN BETRACHT ZIEHEN

Die meisten Menschen glauben, ob sie nun religiös sind oder nicht, dass wir tugendhafte Handlungen ausführen und schädliche Handlungen vermeiden sollten. Wenn wir das allgemeine Gesetz des Karmas verstehen, dass gute Handlungen gute Ergebnisse und schlechte Handlungen schlechte Ergebnisse hervorrufen, werden wir verstehen, wie die Hölle existiert; denn die Hölle ist die schmerzhafte, schreckliche Welt, die infolge der höchst zerstörerischen Arten schlechter Handlungen erfahren wird.

TRÄUME IN BETRACHT ZIEHEN

Diese Begründung ist sehr hilfreich, weil sie auf unserer eigenen unmittelbaren Erfahrung beruht. Wenn wir Albträume haben, befinden wir uns in einer sehr feindlichen Umgebung, beispielsweise an Orten voller Feuer. Wir versuchen zu entfliehen, aber ganz gleich wie schnell wir auch rennen, wir sind noch immer von Feuer umgeben. Derartige Träume sind nicht bedeutungslos. Sie beziehen sich auf Erfahrungen, die wir in diesem oder in vergangenen Leben machten oder die wir in der Zukunft machen werden. Träume, die sich auf Erfahrungen aus vergangenen Leben beziehen, entstehen aus den karmischen Prägungen, die in unserem Geist bleiben und von Handlungen herrühren, die in vergangenen Leben begangen wurden. Träume, die sich auf Erfahrungen dieses Lebens beziehen, entstehen aus karmischen Prägungen, die in unserem Geist bleiben und von Handlungen herrühren, die in diesem Leben begangen wurden. Träume, die sich auf zukünftige Erfahrungen beziehen, entstehen ebenfalls aus unserem karmischen Potenzial. Ein Traum, in dem wir in einem Land voller Feuer sind, kann darauf hinweisen, dass wir in der Vergangenheit in der Hölle geboren wurden, oder er kann eine höllische Wiedergeburt in der Zukunft voraussagen. Ebenso kann ein Traum, in dem wir durch die Luft fliegen, darauf hinweisen, dass wir in einem unserer früheren Leben als Vogel geboren wurden, oder er kann ein Anzeichen dafür sein, dass wir in der Vergangenheit das ruhige Verweilen erreichten, oder er kann eines dieser Dinge für die Zukunft voraussagen.

Wenn wir träumen, scheint die Welt unserer Träume genauso wirklich zu sein wie die Welt unseres Wachzustandes. Wenn wir nicht mehr aus unserem Albtraum erwachen, werden wir zu einem Höllenwesen. Dennoch haben wir das Gefühl, dass Träume falsch sind und dass die Phänomene, die wir im Wachzustand wahrnehmen, wirklich existieren. In beiden Fällen irren wir uns, da es nicht ein einziges wirklich existierendes Phänomen gibt und unsere Traumerfahrungen genauso wirklich sind wie irgendwelche andere Erfahrungen. Buddha Shakyamuni sagte: «Alle Phänomene sind wie Träume.»

IN BETRACHT ZIEHEN, DASS DIE WELT, SO WIE SIE UNS ERSCHEINT, VON KARMA ABHÄNGIG IST

Wenn wir sterben, wird die Welt, die wir jetzt mit unserem Sinnesbewusstsein erfahren, aufhören zu existieren und die Welt, die uns bei unserer Wiedergeburt erscheint, wird völlig neu sein. Wenn wir das verstehen, werden wir sehen, dass die verschiedenen Welten nicht inhärent existieren. Die Art und Weise, wie uns unsere Welt erscheint, hängt von unserem Geist ab. Ein reiner Geist erfährt eine reine Welt und ein unreiner Geist erfährt eine unreine Welt. Unter allen unreinen Welten ist die Hölle die schlimmste. Es ist die Welt, die der schlimmsten Art des Geistes erscheint.

Die Welt eines hungrigen Geistes ist weniger unrein und die Welt der Tiere ist noch weniger unrein. Die Welt, die den Menschen erscheint, ist weniger unrein als die Welt, die den Tieren erscheint, und die Welt, die den Göttern erscheint, ist weniger unrein als die Welt, die den Menschen erscheint. Ein Geist, der völlig rein ist, wird die Welt als ein Buddha Land wahrnehmen, die reine Umgebung eines Buddha.

Das gleiche Objekt kann von verschiedenen Wesen unterschiedlich wahrgenommen werden. Milarepa sah seinen spirituellen Meister Marpa als Buddha Vajradhara, während gewöhnliche Menschen ihn als gewöhnlichen Mann mit langen Ohrringen sahen, der Bier trank, eine Frau hatte, die Felder pflügte und Geschäften nachging. Marpa pflegte sogar Geld zu verlangen, wenn er Dharma Unterweisungen erteilte. Einmal gab er Milarepa einen Fußtritt und sagte: «Hältst du es nicht für nötig, Darbringungen für diese Ermächtigung mitzubringen?» Milarepa konnte Vertrauen in Marpa entwickeln, weil er ihn als reines Wesen sah.

Wir können selbst sehen, dass Leute manchmal starke Anhaftung gegenüber jemandem entwickeln, den alle anderen für sehr hässlich halten. Derjenige, der Anhaftung hat, betrachtet das Objekt der Anhaftung als schön und diese Erscheinung ist für ihn wahr. Wir können nicht sagen, dass die eine Erscheinung des Objekts falsch und die andere wahr ist, weil es für jede Erscheinung einen Betrachter gibt, für den die Erscheinung wahr ist.

Wir alle machen viele Erfahrungen, die nicht von anderen durch ihre eigene Wahrnehmung bestätigt werden können. Wenn ich beispielsweise in meinem Traum letzte Nacht geflogen bin, beweist die Tatsache, dass niemand sonst mich fliegen sah, nicht, dass ich letzte Nacht nicht die Erfahrung des Fliegens gemacht habe. Die Erfahrung war für meinen eigenen Geist wirklich und deshalb existiert die Erfahrung. Wenn dies so ist, wie sollte es uns da gelingen, die Erfahrung der Hölle zu widerlegen? Lebewesen sind sehr verschieden und ihre Erfahrungen sind so verschieden wie der Geist, der sie erschuf.

Vielleicht debattieren Höllenwesen gerade in diesem Moment darüber, ob die Welt der Menschen existiert oder nicht. Eines sagt vielleicht: «Der Menschenbereich existiert nicht, weil ich ihn nicht sehen kann.» Andere sagen vielleicht: «Wenn wir genug Verdienste erschaffen, werden wir im Menschenbereich wiedergeboren werden und ihn mit eigenen Augen sehen.»

Durch Meditation über diese Punkte werden wir die Verschiedenheit karmischer Erscheinungen verstehen und wir werden zu der Überzeugung gelangen, dass es unmöglich ist, die Existenz der Hölle zu widerlegen.

DIE EIGENTLICHE MEDITATION ÜBER DIE LEIDEN DER HÖLLENWESEN

Die Meditation über die Leiden der Höllenwesen hat vier Teile:

1. Die Leiden der Wesen in den großen Höllen
2. Die Leiden der Wesen in den benachbarten Höllen
3. Die Leiden der Wesen in den kalten Höllen
4. Die Leiden der Wesen in den ähnelnden Höllen

DIE LEIDEN DER WESEN IN DEN GROSSEN HÖLLEN

Die großen Höllen oder heißen Höllen liegen viele Meilen unter unserer Erde. In diesen Höllen ist die ganze Umgebung voller Feuer. Der Boden besteht aus glühend heißem Eisen, der Himmel ist von tobendem Feuer bedeckt und rundherum befinden sich Mauern aus glühendem Eisen. In dieser feindlichen Umgebung gibt es acht einzelne heiße Höllen. Es sind dies: die Hölle der Wiederbelebung, die Hölle der schwarzen Linien, die Hölle der angesammelten Zerstörung, die Hölle des Wehklagens, die Hölle des lauten Wehklagens, die heiße Hölle, die äußerst heiße Hölle und die Hölle der unaufhörlichen Qualen. Die Leiden der Wesen, die die Hölle der schwarzen Linien bewohnen, sind größer als die Leiden derjenigen, die die Hölle der Wiederbelebung bewohnen; die

Leiden der Wesen, die die Hölle der angesammelten Zerstörung bewohnen, sind noch größer und so weiter. Die größten Leiden erleben diejenigen, die die Hölle der unaufhörlichen Qualen bewohnen.

Wesen, die aus Hass oder Aggression getötet haben, werden als Folge in der Hölle der Wiederbelebung geboren. In dieser Hölle werden sie unter grauenhaften Wesen wiedergeboren, die sich ständig gegenseitig angreifen. Aufgrund ihres schweren negativen Karmas entstehen spontan viele schreckliche Waffen. Mit diesen Waffen durchbohren und zerfleischen sie gegenseitig ihre Körper und hauen sie in viele Stücke. Jedes Stück, das auf den glühend heißen Eisenboden fällt, erfährt unerträgliche Schmerzen. Schließlich sterben die Wesen, aber nur um schreckliche Stimmen zu hören, die ihnen befehlen wieder zu leben und ohne eine Wahl zu haben, werden sie in einer Hölle der Wiederbelebung wiedergeboren. Auf diese Weise sterben sie mehrmals täglich und werden viele Male wiedergeboren, bis ihr negatives Karma erschöpft ist.

Die Wesen in der Hölle der schwarzen Linien werden von gnadenlosen Folterknechten gepackt, die sie zwingen, sich auf den heißen Eisenboden zu legen. Ihre Körper werden wie Planen ausgebreitet, während die Folterknechte ihnen kreuzweise schwarze Linien einbrennen. Dann erleben sie unerträgliche Qualen, wenn ihre Körper langsam entlang dieser Linien mit brennenden Waffen wie Äxten, Sägen und Messern zerschnitten werden.

In der Hölle der angesammelten Zerstörung werden die Wesen zwischen großen Eisenbergen zerquetscht, die den Köpfen von Tieren ähnlich sind, die sie in der Vergangenheit getötet haben. Sie werden zerdrückt, bis das gesamte Blut aus ihren Körpern herausgepresst ist. Manchmal werden sie von einem Regen aus riesigen Felsblöcken zerschmettert, der vom Himmel fällt, bis ihre Körper nur noch Brei sind. Dann wieder werden ihre Körper von glühend heißen Walzen flach gerollt oder in gewaltigen eisernen Pressen zu Brei zerquetscht. Während dieser ganzen Zeit ist jedes Atom ihres Fleisches und Blutes von Schmerz durchdrungen.

Die Wesen in der Hölle des Wehklagens sind von Angst getrieben und suchen einen sicheren Ort. Schließlich finden sie ein eisernes Haus, aber sobald sie eintreten, fallen die Türen zu und das Haus gerät in Brand. Während ihre Körper verbrennen, heulen und schreien sie in Todesangst, aber es gibt kein Entrinnen aus ihrem Gefängnis von Feuer.

Die Wesen in der Hölle des lauten Wehklagens erleiden Qualen, die denjenigen der Hölle des Wehklagens gleichen, außer dass der Schmerz noch größer ist. Sie werden in einem Ozean kochender Flüssigkeit geboren. Groteske Folterknechte drücken sie mit rasiermesserscharfen Speeren auf den Grund und zerschmettern sie mit Keulen, wenn sie wieder auftauchen.

In der heißen Hölle werden die Wesen wie Fische auf rot glühendem Metall gebraten. Große Spieße werden in ihre Körper gerammt und sie werden auf dem glühenden eisernen Boden zu Brei geschlagen. Flammen dringen aus jeder ihrer Körperöffnungen.

In der äußerst heißen Hölle werden die Wesen auf flammende Dreizacke gespießt und ihre Körper werden mit rot glühendem Metall überzogen. Sie werden in Kesseln mit geschmolzenem Kupfer gekocht, bis ihr Fleisch von den Knochen fällt. Dann werden ihre Skelette auf dem glühenden Boden ausgebreitet, bis ihr Fleisch wieder gewachsen ist, und daraufhin werden sie wieder in den kochenden Kessel geworfen.

Die Hölle der unaufhörlichen Qualen ist die schrecklichste aller Höllen. Große Feuerbälle regnen auf die Bewohner herab und verbrennen alles Gewebe ihrer Körper, bis sie nur noch einer Masse lodernder Flammen gleichen. Nur aufgrund ihrer qualvollen Schreie können sie als fühlende Wesen erkannt werden.

Wenn wir in diesen Höllen geboren werden, müssen wir unzählige Äonen voller Leiden verbringen, bis unser Karma erschöpft ist.

DIE LEIDEN DER WESEN IN DEN BENACHBARTEN HÖLLEN

Rund um jede einzelne der großen Höllen liegen die benachbarten Höllen: die Grube feuriger Asche, der Sumpf der Exkremente, die Ebene der Rasiermesser, der Wald der Schwertblattbäume, der Berg der wund scheuernden Bäume und der Säurefluss. In der ersten der benachbarten Höllen müssen die Bewohner durch eine Grube feuriger Asche gehen. Wenn ihre Beine in die rot glühende Asche einsinken, werden ihre Haut und ihr Fleisch weggebrannt, aber nur um wieder nachzuwachsen, sodass sie die gleichen Qualen immer wieder erleben. Im Sumpf der Exkremente ertrinken die Wesen in einem widerlichen Morast, der verwesenden Leichen gleicht. Winzige Insekten bohren sich in ihre Körper bis ins Knochenmark, wodurch ihnen unerträgliche Schmerzen zugefügt werden. In der Ebene der Rasiermesser ist der Boden mit rasiermesserscharfen Klingen bedeckt. Wenn die Bewohner barfuß über diesen Boden gehen, werden ihre Füße in Fetzen geschnitten. Im Wald der Schwertblattbäume werden die Wesen von rasiermesserscharfen Blättern verstümmelt, die von den Bäumen fallen. Liegen sie verwundet am Boden, kommen bösartige Hunde und reißen das Fleisch von ihren Körpern. Im Berg der wund scheuernden Bäume sind die Wesen von Anhaftung getrieben und suchen anziehende Objekte auf den Baumwipfeln. Wenn sie nach oben klettern, werden ihre Glieder von gezackten Dornen, die nach unten gerichtet sind, zerrissen und in Fetzen geschnitten. Wenn sie die Baumkrone erreicht haben, verschwindet das Objekt, das sie gesucht haben und erscheint auf der Erde. Wenn sie hinunterklettern, werden ihre Glieder wiederum von den gezackten Dornen aufgerissen, die sich jetzt nach oben gerichtet haben. Während sie sich winden und drehen, um sich aus den Bäumen zu befreien, hacken ihnen wilde Vögel mit eisernen Schnäbeln die Augen aus. Im Säurefluss werden die Wesen in einen Fluss aus geschmolzener Lava geworfen und von einer starken Strömung fortgetragen. Wenn sie versuchen, aus dem Fluss zu klettern, werden sie von grausamen Folterknechten am Ufer mit Hakenstangen zurückgestoßen.

DIE LEIDEN DER WESEN IN DEN KALTEN HÖLLEN

Unterhalb der heißen Höllen sind die acht kalten Höllen: die Hölle der Blasen, die Hölle der aufplatzenden Blasen, die «Ahuu-Hölle», die Hölle des Stöhnens, die Hölle der klappernden Zähne, die Hölle des Zerbrechens wie Upala, die Hölle des Zerbrechens wie Lotos und die Hölle des großen Zerbrechens wie Lotos.

In diesen Höllen besteht der Boden aus festem Eis und ist auf allen Seiten von riesigen Eisbergen umgeben. Es ist stockdunkel und ständig wütet ein fürchterlicher Sturm. Die Bewohner dieser Höllen sind nackt. Ihre erbärmlichen Körper schrumpfen zusammen, während sie sich hilflos zitternd in der bitteren Kälte krümmen. Auf ihrer Haut bilden sich scheußliche Blasen, aus denen beim Aufplatzen ekliger Eiter quillt. Sie jammern und stöhnen und machen das Geräusch «Ahuu», und ihre Zähne klappern unkontrolliert. Durch den Kontakt mit der Kälte werden ihre Körper blau und brechen wie eine Upala Blume auf. Dann werden sie rot und brechen wie eine Lotosblume auf. Schließlich werden ihre Körper so kalt, dass sie in Stücke zerbrechen.

DIE LEIDEN DER WESEN IN DEN ÄHNELNDEN HÖLLEN

Wir können über die Leiden in den ähnelnden Höllen meditieren, indem wir entweder die Beispiele anwenden, die in den Schriften aufgeführt sind, oder indem wir Beispiele anwenden, die wir selbst im Fernsehen sehen oder über die wir in den Zeitungen lesen können. Wenn beispielsweise ein Flugzeug abstürzt und Feuer ausbricht, werden die Passagiere wie Wesen in der Hölle des Wehklagens, die merken, dass sie in einem glühenden, eisernen Haus gefangen sind. Das Leiden der Menschen, die im Winter an Unterkühlung sterben, ist wie das Leiden in einer kalten Hölle. Wenn Menschen bei Erdbeben zu Tode gequetscht werden, ist ihr Leiden wie das Leiden in der Hölle der angesammelten Zerstörung.

In den Schriften wird folgendes Beispiel aufgeführt: Als Buddha Shakyamuni in Indien lebte, plante ein Kaufmann, der Millionenohr hieß (so genannt, weil er an seinem Ohr Schmuck im Wert von einer Million Goldstücke trug), mit seinen Freunden eine Insel zu besuchen. Da er als erster beim Treffpunkt am Strand war, beschloss er kurz zu schlafen, aber als er aufwachte, sah er, dass seine Freunde ohne ihn gefahren waren. Er versuchte auf eigene Faust zur Insel zu kommen, verirrte sich aber und landete auf der falschen Insel. Auf dieser Insel befand sich eine prächtige Villa. Als es Nacht wurde, konnte Millionenohr dort einen Mann sehen, der von vier ausnehmend schönen Göttinnen bedient wurde. Die ganze Nacht vergnügte sich dieser Mann mit den vier Göttinnen, aber als der Tag anbrach, verwandelte sich die Villa in einen feurigen Ofen und die Göttinnen verwandelten sich in wilde Hunde, die den Mann zerfleischten. Als es wieder Nacht wurde, änderte sich die Szene. Der Ofen verwandelte sich wieder in eine prächtige Villa und die Hunde wurden zu Göttinnen, die dem Mann Freude bereiteten.

Als Millionenohr auf das Festland zurückgekehrt war, bat er Buddha, ihm die Bedeutung seiner Beobachtungen zu erklären. Buddha sagte ihm, dass die Villa eine ähnelnde Hölle sei, und er erklärte weiter: «Der Mann war einmal ein Metzger. Mein Schüler Katyayana versuchte ihn zu überreden, ein Gelübde gegen das Töten abzulegen, aber der Mann hatte Angst, dass er sich selbst und seine Frau nicht mehr ernähren könnte, wenn er ein derartiges Gelübde ablegen würde. Katyayana erkundigte sich geschickt: ‹Könntest du das Töten während der Nacht aufgeben?› Der Metzger sah ein, dass er das Töten mit Sicherheit aufgeben könnte, während er schlief, und so legte er das Gelübde ab, nach Einbruch der Dunkelheit nicht zu töten. Die Folge war, dass er nicht in einer der wirklichen Höllen wiedergeboren werden musste, sondern er wurde in dieser ähnelnden Hölle wiedergeboren. Am Tag erfuhr er die Schmerzen der Hölle als Folge seiner Handlungen des Tötens während des Tages, aber in der Nacht genoss er großes Glück, weil er sein Gelübde nach Einbruch der Dunkelheit in reiner Weise eingehalten hatte.»

DIE LEIDEN DER HUNGRIGEN GEISTER

Im Allgemeinen haben hungrige Geister eine größere geistige Befähigung als Tiere. Manche sind sehr mächtig, manche können in die Zukunft sehen, manche haben sogar Wunderkräfte und verunreinigte Hellsicht, womit sie Menschen helfen oder schaden, und manche können Dharma verstehen, wenn er ihnen erklärt wird. Sie alle aber erfahren Leiden in einem viel stärkeren Maß als Tiere.

Der Aufenthaltsort der hungrigen Geister ist unterschiedlich. Sie können den Menschenbereich besuchen und dort gesehen werden. Ein Novizenmönch, dessen Mutter seit vielen Jahren tot war, sah einmal einen hungrigen Geist und hatte solche Angst, dass er sich umdrehte und weglief; aber der hungrige Geist rief ihm nach: «Bitte, mein Sohn, lauf nicht fort.» Als er diese Worte hörte, hielt der Mönch inne und fragte: «Wer bist du?» Und der Geist antwortete: «Ich habe dich zur Welt gebracht, mein Sohn. Ich bin seit fünfundzwanzig Jahren ein hungriger Geist und in all dieser Zeit konnte ich keine Nahrung und nicht einen Tropfen zu trinken finden.» Dann begann der hungrige Geist zu weinen. Der Mönch empfand Mitgefühl für seine Mutter und bat deshalb Buddha: «Bitte hilf meiner Mutter, denn sie wurde als hungriger Geist wiedergeboren.» Obwohl Buddha Gebete machte, wurde dieser hungrige Geist, als er starb, abermals als hungriger Geist wiedergeboren, infolge der schädlichen Handlungen, die die Frau in der Vergangenheit begangen hatte. Der einzige Unterschied war, dass sie diesmal reich war; aber da sie in der Vergangenheit sehr geizig gewesen war, war sie nicht fähig anderen etwas zu geben. Als ihr Sohn erkannte, dass sie abermals als hungriger Geist wiedergeboren worden war, praktizierte er zu ihrem Wohle Freigebigkeit. Er brachte Buddha einen schönen Stoff dar; aber seine Mutter stahl ihn und brachte ihn zu ihm zurück. Abermals brachte der Mönch Buddha den Stoff dar, und wiederum stahl ihn seine Mutter und brachte ihn ihm zurück, weil sie dachte, dass es eine Verschwendung sei, Buddha den Stoff zu geben. Ihr Geist war mit Geiz derart vertraut, dass sie diesen zwanghaften Diebstahl sechsmal wiederholte.

Ein Lehrer namens Buddhajana besuchte einst den Bereich der hungrigen Geister. Er traf dort einen weiblichen Geist, der zu ihm sagte: «Mein Mann ging vor zwölf Jahren in die Welt der Menschen, um Nahrung zu finden, aber er ist nicht zurückgekommen, und seit dieser Zeit haben ich und meine Kinder nichts zu essen oder zu trinken. Falls du meinen Mann triffst, wenn du wieder in der Welt der Menschen bist, bitte sage ihm doch, dass er nach Hause kommen soll.» Buddhajana antwortete: «Es gibt viele hungrige Geister, die in der Welt der Menschen herumwandern. Wie kann ich deinen Mann erkennen?» Der Geist sagte: «Mein Mann hat nur ein Auge und sein rechter Arm ist kürzer als sein linker.» Als Buddhajana wieder im Menschenbereich war, brachte er den hungrigen Geistern besondere Kuchen dar. Da seine Konzentration sehr stark war, konnten die Geister kommen und seine Gaben entgegennehmen. Eines Tages erkannte Buddhajana den Ehemann unter den Geistern, die zu ihm kamen, und er sagte: «Deine Frau und deine Kinder konnten seit zwölf Jahren nichts zu essen finden. Deine Frau bittet dich, bald wieder nach Hause zu kommen.» Der hungrige Geist sagte: «Ich würde meine Familie sehr gerne sehen. Seit zwölf Jahren wandere ich durch diese Welt der Menschen, um Nahrung zu finden, aber alles, was ich finden konnte, ist dies.» Er öffnete seine Hand, zeigte dem Lehrer etwas getrockneten Speichel und sagte: «Ich konnte dies nur durch die große Güte eines Mönches bekommen, der eine Widmung machte, als er ausspuckte. Das ist die einzige Frucht, die ich nach meiner langen Suche mit nach Hause nehmen werde.»

Im Allgemeinen gibt es sechs Arten des Leidens, die hungrige Geister erfahren:

1. Intensive Hitze
2. Intensive Kälte
3. Intensiver Hunger
4. Intensiver Durst
5. Große Erschöpfung
6. Große Angst

Zusätzlich erleben sie drei besondere Arten des Leidens: äußere Hindernisse, innere Hindernisse und Hindernisse, Essen und Trinken zu finden.

Hungrige Geister können menschliche Nahrung aus der Ferne sehen, aber wenn sie näher kommen, verschwindet sie und sie erleben den Schmerz der Enttäuschung. Der einzige Weg, wie sie tatsächlich menschliche Nahrung bekommen können, besteht darin, dass sie ihnen besonders gewidmet wird. Während sie nach Nahrung suchen, sind sie in ständiger Angst und fürchten, dass ihnen das Essen oder die Getränke, die sie sehen, weggenommen werden, bevor sie danach greifen können.

Außerdem erfahren hungrige Geister besondere Leiden, weil sie eine seltsame Form haben. Ihre Hälse sind blockiert, sodass sie das Essen, selbst wenn sie etwas finden, nur unter großen Schwierigkeiten schlucken können. Ihre Körper sind groß und hässlich und haben große, aufgeblähte Bäuche und abgemagerte Gliedmaßen. Ihre Nacken sind sehr dünn und ihre Köpfe sind riesig und schwer. Ihre Beine sind kaum in der Lage, den Körper zu tragen, wenn sie versuchen sich zu bewegen. Sie leben in einer Wüste, wo es nahezu unmöglich ist, Wasser zu finden. Sie gleichen Menschen, die durch Hunger und extremen Durst am Sterben sind.

Hungrige Geister wandern auf der Suche nach Nahrung jahrelang umher, und wenn sie etwas finden und hinunterschlucken, wird es in ihrem Magen zu Feuer, und dieses Feuer flammt aus all ihren Körperöffnungen. In manchen Schriften steht, dass die Funken, die man in der Wüste sehen kann, die Feuer der gequälten hungrigen Geister sind.

DIE LEIDEN DER TIERE

Im Allgemeinen gibt es fünf Arten des Leidens, die Tiere erfahren:

1. Unwissenheit und Dummheit
2. Hitze und Kälte
3. Hunger und Durst

4. Ausbeutung durch Menschen für Arbeit, Nahrung, Ressourcen und Unterhaltung
5. Sie dienen einander als Beute

Zusätzlich haben Tiere besondere Leiden, entsprechend ihrem Lebensraum. Manche Tiere leben in der Nähe der Menschen und andere leben an weit entfernten Orten, wo es keine Menschen gibt, beispielsweise in den Tiefen der Meere oder in den Polargebieten. An diesen Orten ist es dunkel, es gibt keine Sonne und die Tierpopulationen sind dicht gedrängt.

Einst lebte ein Mann, der viele Tiere tötete und sie Ishvara darbrachte. Später entwickelte sich sein Geschäft sehr erfolgreich und so gab er seinem Sohn, als er im Sterben lag, den Rat, seinem Beispiel zu folgen und ebenfalls viele Opfer darzubringen, sodass auch er sich an einem einträglichen Geschäft erfreuen würde. Dann starb der Mann und wurde als Stier wiedergeboren. Sein Sohn holte pflichtbewusst den Stier und schlachtete ihn als Opfergabe für Ishvara. Der Bulle wurde dann als Ochse wiedergeboren und getreu dem Rat seines Vaters nahm der Sohn den Ochsen und schlachtete ihn als weitere Opfergabe für Ishvara. Auf diese Weise schlachtete der Sohn seinen Vater siebenmal.

Einst wurde der Vater einer Bönpo Familie als Wurm in einem Haufen Kuhmist wiedergeboren. Milarepa sagte zum Sohn der Familie: «Dein Vater wurde als Wurm wiedergeboren. Wenn du es mir nicht glaubst, werde ich es dir zeigen.» Darauf brachte er den Jungen zum Kuhmist und sagte ihm, er solle hineinsehen. Als sie den Wurm entdeckt hatten, segnete ihn Milarepa und der Wurm sprang über seinen Sohn; da glaubte der Junge den Worten Milarepas.

Wir müssen uns fragen: «Was würde ich tun, wenn ich als Schlachtochse oder als Wurm in einem Haufen Kuhmist wiedergeboren würde? Unter derart eingeschränkten Umständen wäre es äußerst schwierig für mich, Befreiung von niederen Wiedergeburten zu finden.» Es heißt, dass es leichter ist, erleuchtet zu werden, wenn wir einmal eine menschliche Form erlangt haben, als abermals eine menschliche Wiedergeburt zu erhalten, wenn wir einmal in die niederen Bereiche gefallen sind.

Wenn wir über die Leiden der niederen Bereiche meditieren, sollten wir uns vorstellen, dass wir selbst diese Leiden erleben. Wir sollten uns stark mit diesen Erfahrungen identifizieren und daran denken, dass wir sie in der Vergangenheit durchlebt haben und die Ursachen geschaffen haben, sie in Zukunft wieder zu erleben. Wir führen die Meditation aus, indem wir uns vorstellen, dass die Zeit unseres Todes gekommen ist und wir in diesen schmerzhaften Zuständen wiedergeboren worden sind; und wir meditieren in allen Einzelheiten über das Elend unserer neuen Umstände.

Meditieren wir über die Leiden der niederen Bereiche, führen wir die analytische Meditation aus, wodurch wir Angst vor solchem Unglück und einen aufrichtigen Wunsch entwickeln, sie niemals wieder in der Zukunft erfahren zu müssen. Wenn dieser Wunsch deutlich in unserem Geist entsteht, beenden wir unsere analytische Meditation und meditieren einsgerichtet über diesen Wunsch, um immer vertrauter damit zu werden.

Die Zufluchtnahme

DIE EIGENTLICHEN METHODEN, DAS GLÜCK HÖHERER EXISTENZZUSTÄNDE IN ZUKÜNFTIGEN LEBEN ZU ERLANGEN

Es wird häufig angenommen, dass das Glück dieses Lebens wichtiger sei als das Glück zukünftiger Leben. Überdenken wir dies jedoch sorgfältig, werden wir sehen, dass das Glück zukünftiger Leben wichtiger sein muss, denn dieses Leben ist kurz, während es zahlreiche und lange zukünftige Leben gibt. Wir bemühen uns sehr und arbeiten hart, um uns späteres Glück in diesem Leben zu sichern. Es ist jedoch sinnvoller, wenn wir so hart wie möglich arbeiten, um uns auf unsere zukünftigen Leben vorzubereiten. Diese werden wir mit Sicherheit erleben; die Zukunft dieses Lebens hingegen ist sehr ungewiss. Wir machen Pläne für unsere Ferien und die Zeit unseres Ruhestandes, doch unser zukünftiges Leben kann vorher kommen. Unser zukünftiges Leben ist nicht in der Ferne. Wir müssen keine weiten Reisen unternehmen oder hohe Berge besteigen, um es zu finden, denn nur ein Atemzug trennt uns davon. Sobald unser Atem versagt, hat unser zukünftiges Leben begonnen.

Wenn uns jemand fragen würde: «Was, denkst du, ist mehr der Mühe wert: sofortiges Glück von kurzer Dauer oder zukünftiges Glück, das lange anhält?», würden wir alle das zukünftige, lange anhaltende Glück wählen. Wenn wir klug sind, werden wir deshalb verstehen, wie wichtig es ist sicherzustellen, dass es uns in zukünftigen Leben gut geht.

Wir denken nicht gerne über Tod und Krankheit und die Probleme und Schmerzen dieses Lebens nach und wir sehen

Vajradhara

Tilopa

Naropa

sie als die größten Gefahren. Buddha jedoch sagte, dass der Verlust unserer moralischen Disziplin bei weitem gefährlicher ist als zu sterben, weil unser Tod nur dieses jetzige Leben zerstört, während die Handlungen, die wir ausführen, wenn wir unsere moralische Disziplin verlieren, alle unsere zukünftigen Leben gefährden. In seinem *Ratschlag* sagt Atisha:

> Da die künftigen Leben sehr lange dauern, häuft Reichtümer an, die für die Zukunft vorsorgen.

Atishas Ratschlag ist es, Geben und moralische Disziplin zu praktizieren, die Hauptursachen höherer Wiedergeburt. Dies sind die besten «Versicherungspolicen» für zukünftiges Glück. Alle, Jung und Alt, sollten sich diesen Rat zu Herzen nehmen.

Die eigentlichen Methoden, das Glück höherer Existenzzustände zu erlangen, sind:

1. Die Zufluchtnahme, das Tor zu Buddhadharma
2. Überzeugung in das Gesetz des Karmas gewinnen: der Ursprung aller guten Eigenschaften und allen Glücks

DIE ZUFLUCHTNAHME, DAS TOR ZU BUDDHADHARMA

Zufluchtnahme ist definiert als ein starker Wunsch, Zuflucht zu den Drei Juwelen zu nehmen, der in Abhängigkeit von Angst vor irgendeinem der Leiden Samsaras und Vertrauen in die Drei Juwelen entsteht. Wenn wir ein Zufluchtsgebet ohne diese Bestrebung rezitieren, nehmen wir nicht wirklich Zuflucht.

In *Fragen sehr weißer höherer Absicht* stellte Je Tsongkhapa tibetischen Meditierenden viele Fragen. Später schrieb der erste Panchen Lama einen Text, der Antworten zu diesen Fragen enthielt. Seine Antwort auf die Frage: «Was ist die eigentliche Natur der Zufluchtnahme?», lautet folgendermaßen:

> Aus Furcht vor Samsara verstand ich, dass die Drei Juwelen die absolute Kraft haben, Schutz zu gewähren.

> Wenn wir aus Furcht und mit Vertrauen aufrichtig Zuflucht zu den Drei Juwelen nehmen, so ist dies die eigentliche Natur der Zufluchtnahme. Du, allwissender Tsongkhapa, weißt das.

Es gibt drei Arten der Zufluchtnahme: die Zuflucht eines kleinen Wesens, die Zuflucht eines mittleren Wesens und die Zuflucht eines großen Wesens. Die Zufluchtnahme eines kleinen Wesens ist in erster Linie durch die Furcht vor den Leiden der niederen Bereiche motiviert. Die Zufluchtnahme eines mittleren Wesenes ist in erster Linie durch die Furcht vor jeder Art unkontrollierter Wiedergeburt motiviert. Die Zufluchtnahme eines großen Wesens ist in erster Linie durch großes Mitgefühl motiviert, da es den Gedanken nicht ertragen kann, dass andere das Elend Samsaras erleiden müssen. Während ein mittleres Wesen seine eigenen zukünftigen Leiden fürchtet, fürchtet ein großes Wesen die zukünftigen Leiden aller Lebewesen und wünscht, alle von Samsara zu befreien. Die Zuflucht eines großen Wesens wird auch «Mahayana Zuflucht» genannt.

Nur Menschen mit Dharma Weisheit fürchten eine niedere Wiedergeburt oder jegliche Art von samsarischer Wiedergeburt. Menschen, die kein spirituelles Bestreben entwickelt haben, fürchten den Tod mehr als die Wiedergeburt. Der Kadampa Lehrer Geshe Potowa sagte:

> Es ist nicht der Tod, den ich so sehr fürchte, sondern die Wiedergeburt, denn der Tod liegt in der eigentlichen Natur unserer Wiedergeburt.

In Samsara geboren zu werden heißt die Leiden der Geburt, des Alterns, der Krankheit und des Todes zu erfahren. Wir können erst frei davon werden, wenn wir Samsara verlassen.

Obwohl ein gewöhnliches kleines Wesen lediglich um das Wohlergehen dieses Lebens besorgt ist, entwickelt es manchmal den Wunsch, Schutz vor Angst und Leiden zu finden. Wenn ein gewöhnliches kleines Wesen mit diesem Wunsch Zuflucht zum Buddha Juwel nimmt, wird es einen Nutzen daraus ziehen. In Osttibet wurde einst ein Mann von einem Tiger gepackt, doch er nahm Zuflucht zu Avalokiteshvara und wurde sofort aus der Gefahr befreit. In den Schriften finden sich viele ähnliche Beispiele von Menschen, die aus einer Gefahr gerettet wurden, indem sie Zuflucht zu Tara nahmen. Die Zuflucht eines gewöhnlichen kleinen Wesens ist eine Art der Zuflucht, aber keine vollkommene Zuflucht. Wenn wir vollkommene Zuflucht nehmen wollen, müssen wir mindestens durch die Sorge um das Wohl zukünftiger Leben motiviert sein.

Jede Art der Zufluchtnahme hat zwei Ebenen: eine einfache und eine besondere. Ein kleines Wesen nimmt einfache Zuflucht, wenn es durch Furcht vor den Leiden der niederen Bereiche motiviert und mit Vertrauen in die Drei Juwelen die Zufluchtsobjekte aufrichtig bittet: «Bitte beschützt mich vor einer Wiedergeburt in den drei niederen Bereichen.» Diese Bitte kann entweder still oder mit der Rezitation eines Zufluchtsgebetes gemacht werden. Diese Art der Zufluchtnahme ist am weitesten verbreitet.

Ein kleines Wesen mit größerer Weisheit und Vertrautheit mit dem Dharma wird zuerst Furcht vor den Leiden der niederen Bereiche entwickeln und sich dann überlegen, was wirklichen Schutz bietet. Nach sorgfältiger Untersuchung wird es erkennen, dass vollkommener Schutz nur durch das Erlangen aller Verwirklichungen der Stufen des Pfades eines kleinen Wesens gefunden werden kann. Es wird zum Entschluss kommen: «Mit Hilfe des Buddha Juwels und des Sangha Juwels muss ich das Dharma Juwel eines kleinen Wesens verwirklichen.» Diese Entschlossenheit ist die besondere Art der Zuflucht eines kleinen Wesens.

Die Verwirklichungen der Stufen des Pfades eines kleinen Wesens sind das Dharma Juwel eines kleinen Wesens. Wenn wir dieses Dharma Juwel erlangen, werden wir vor Wiedergeburten in den niederen Bereichen bewahrt, weil dieses Dharma Juwel derartige zukünftige Leiden direkt beseitigt, indem es deren Ursachen ausmerzt. Weder das Buddha Juwel noch das Sangha Juwel kann unser Leiden in der Art und Weise direkt beseitigen, wie jemand einen Dorn aus unserem Fleisch entfernen kann.

Streng genommen sind nur höhere Wesen im Besitz von Dharma Juwelen, aber es ist sehr nützlich für uns, alle Dharma

Erfahrungen, so klein sie auch sein mögen, als eigentliche Dharma Juwelen zu betrachten. Wenn wir auf diese Art und Weise unsere kleinen spirituellen Erlangungen schätzen, werden wir sie schützen und nähren, sodass sie schließlich zu eigentlichen Dharma Juwelen eines höheren Wesens anwachsen. Lassen wir aber unsere kleinen Erlangungen außer Acht, werden wir leicht entmutigt sein und dazu neigen, die Übungen der Reinigung und der Ansammlung von Verdiensten zu vernachlässigen. Mit einer Haltung der Geringschätzung gegenüber unseren ersten spirituellen Erfahrungen haben wir keine Möglichkeit, tiefgründige Verwirklichungen zu erlangen.

In *Zusammengefasstes Sutra der Vollkommenheit der Weisheit* wird gesagt:

> Fallen Wassertropfen fortwährend in einen Topf, werden sie diesen füllen. Es beginnt mit einem Tropfen, dann sind es zwei, drei, vier . . . bis der Topf überläuft.

Unsere Dharma Verwirklichungen entwickeln sich in gleicher Weise. Die Dharma Juwelen höherer Wesen erscheinen nicht alle auf einmal, sondern sie entwickeln sich nach und nach. Es beginnt mit kleinen Erfahrungen moralischer Disziplin und anderen Tugenden und Einsichten, und diese vermehren sich allmählich, bis sie zu eigentlichen Dharma Juwelen werden. Buddha Shakyamuni sagte:

> Ich verbeuge mich vor dem Neumond, nicht vor dem Vollmond.

«Neumond» bezieht sich auf die ersten Verwirklichungen, die wir erlangen, und «Vollmond» bezieht sich auf die fortgeschrittenen und qualifizierten Verwirklichungen höherer Wesen. Weil große Verwirklichungen in Abhängigkeit von kleinen entstehen, sollten wir unsere ersten Erfahrungen des Dharma schützen und ehren; das ist die Bedeutung von Buddhas Worten.

Indem wir Dharma Juwelen in unserem eigenen Geist entwickeln, sind wir vor künftigem Leiden geschützt, denn die Funktion eines Dharma Juwels ist, die Ursache des Leidens zu beseitigen. Es gibt uns vorübergehende Hilfe und führt uns letztendlich zu Befreiung und voller Erleuchtung. Wenn wir beispielsweise ununterbrochene Achtsamkeit des Todes erlangen, wird uns dies vorübergehend helfen, indem unsere begehrende Anhaftung und andere Verblendungen vermindert werden, und es wird uns letztendlich helfen, indem es uns dazu bringt, über Leerheit zu meditieren und Befreiung zu erlangen.

Ein mittleres Wesen nimmt einfache Zuflucht, wenn es durch die Furcht vor den Leiden Samsaras motiviert und mit Vertrauen in die Drei Juwelen, die Zufluchtsobjekte aufrichtig bittet: «Bitte beschützt mich vor dem Elend der unkontrollierten Wiedergeburt.» Ein mittleres Wesen mit mehr Weisheit und größerer Vertrautheit mit Dharma wird zuerst Furcht vor den Leiden Samsaras entwickeln und sich dann überlegen, was wirklichen Schutz bietet. Nach sorgfältiger Untersuchung wird es einsehen, dass vollkommener Schutz nur durch das Erlangen aller Verwirklichungen der Stufen des Pfades eines mittleren Wesens gefunden werden kann. Es wird den festen Entschluss fassen: «Mit Hilfe des Buddha Juwels und des Sangha Juwels muss ich das Dharma Juwel eines mittleren Wesens verwirklichen.» Diese Entschlossenheit ist die besondere Art der Zuflucht eines mittleren Wesens.

Die Verwirklichungen aller Stufen des Pfades eines mittleren Wesens sind das Dharma Juwel eines mittleren Wesens. Insbesondere beseitigen die Verwirklichungen der drei höheren Schulungen direkt die Ursachen unkontrollierter Wiedergeburt und bieten unmittelbaren Schutz vor dem Elend Samsaras.

In gleicher Weise nimmt ein großes Wesen entweder einfache oder besondere Zuflucht. Ein großes Wesen, das besondere Zuflucht nimmt, entwickelt zuerst großes Mitgefühl, den Wunsch alle fühlenden Wesen vor den Schmerzen Samsaras zu schützen und sie davon zu befreien. Es überlegt sich dann, wie es dies tun kann, und erkennt, dass es nur fähig sein wird anderen Führung und Schutz zu bieten, indem es die Erleuchtung erlangt. Deshalb fasst es den Entschluss, das Dharma Juwel eines großen Wesens und insbesondere die endgültige

Verwirklichung der Erleuchtung zu erlangen. Diese Entschlossenheit ist die besondere Art der Zufluchtnahme eines großen Wesens. Sie wird «resultierende Zufluchtnahme» genannt.

Die Erklärung der Zufluchtnahme hat sieben Teile:

1. Die Ursachen der Zufluchtnahme
2. Die Zufluchtsobjekte
3. Wie man Zuflucht nimmt
4. Das Maß der vollkommenen Zufluchtnahme
5. Der Nutzen der Zufluchtnahme
6. Die Verpflichtungen der Zufluchtnahme
7. Wie man Zuflucht nimmt, indem man die drei Meditationsfolgen ausführt

DIE URSACHEN DER ZUFLUCHTNAHME

Wie bereits erklärt wurde, sind die Ursachen der Zufluchtnahme die Furcht vor Leiden und das Vertrauen, dass die Drei Juwelen vollkommene Quellen des Schutzes sind. Da Vertrauen nicht spontan in unserem Geist entsteht, müssen wir es entwickeln, indem wir über die guten Eigenschaften der Drei Juwelen meditieren.

DIE ZUFLUCHTSOBJEKTE

Dies hat zwei Teile:

1. Das Erkennen der Zufluchtsobjekte
2. Wie wir verstehen, weshalb die Drei Juwelen geeignete Zufluchtsobjekte sind

DAS ERKENNEN DER ZUFLUCHTSOBJEKTE

Die Objekte, zu denen wir Zuflucht nehmen, sind die Drei Juwelen:

1. Das Buddha Juwel
2. Das Dharma Juwel
3. Das Sangha Juwel

DAS BUDDHA JUWEL

Die Drei Juwelen werden von Maitreya ausführlich in *Erhabenes Kontinuum des Großen Fahrzeuges* erklärt. Dort ist das Buddha Juwel definiert als die endgültige Quelle der Zuflucht mit acht guten Eigenschaften, wie nichterschaffen und so weiter. Die acht guten Eigenschaften sind in einem Vers enthalten:

Nichterschaffen und mühelos erlangt,
Nicht erkannt durch die Bedingungen anderer,
Weisheit, Mitgefühl und Kraft besitzend,
Nur Buddha besitzt die zwei Ziele.

«Nichterschaffen» bezieht sich auf die Qualitäten des Aufgebens eines Buddha; insbesondere bezieht es sich auf die wahren Beendigungen, und diese sind das Aufgeben der zwei Behinderungen – der Verblendungsbehinderungen und der Behinderungen zur Allwissenheit. Weil diese wahren Beendigungen beständig sind, werden sie «nichterschaffen» genannt. Da die zwei Behinderungen die Quelle aller Fehler sind, ist Buddha, der frei davon ist, frei von allen Fehlern.

«Mühelos erlangt» bedeutet, dass Buddhas alles mühelos vollbringen, weil sie frei von begrifflichem Denken sind. Sie müssen sich nicht durch den Gedanken motivieren: «Jetzt werde ich dies tun.» Wenn sie irgendetwas vollbringen wollen, müssen Wesen, die keine Buddhas sind, zuerst eine Motivation entwickeln und sich dann bemühen. In dieser Welt gibt es viele große Ozeane, Seen, Flüsse und andere Orte, an denen sich Wasser sammelt. Wenn der Mond scheint und der Himmel klar ist, erscheint die Spiegelung des Mondes mühelos auf all diesen Wasserflächen. So wie der Mond keine Motivation braucht, um dort zu erscheinen, so ist es auch mit den Buddhas. Wann immer wir die Buddhas vor uns visualisieren, wird unser Geist wie Wasser in einer klaren Mondnacht und die Buddhas erscheinen mühelos vor uns. Sie müssen sich nicht entschließen, von weither zu reisen.

«Nicht erkannt durch die Bedingungen anderer» bedeutet, dass Buddhas besondere, gute Eigenschaften des Körpers, der Rede und des Geistes haben, die andere Wesen nicht verstehen können. Zum Beispiel können sich Buddhas als alles manifestieren, was benötigt wird, um fühlenden Wesen zu helfen. Sie können sich als Männer, als Frauen oder sogar als leblose Objekte ausstrahlen; aber wie sie Emanationen hervorbringen, entzieht sich unserer Kenntnis. Shantideva sagte, dass sich Buddhas für diejenigen, die sich Inseln wünschen, als Inseln manifestieren und für diejenigen, die sich Boote wünschen, manifestieren sich die Buddhas als Boote. Buddhas manifestieren sich als Kleider, Medizin oder Nahrung für diejenigen, die diese Dinge benötigen.

Tara manifestierte sich einst als Insel mit dem Namen Chandradeva, um einem Mann namens Chandragomin zu helfen. Chandragomin war sehr schön und ein hochgeachteter Gelehrter. Eine Prinzessin namens Tara verliebte sich in ihn und so befahl ihr Vater Chandragomin, sie zu heiraten. Zuerst war er einverstanden, aber später begann er sich unbehaglich zu fühlen, weil seine eigene, persönliche Gottheit Tara war und ihn das Gefühl beschlich, dass es unangebracht wäre, eine Prinzessin mit dem gleichen Namen zu heiraten. Als er sich weigerte die Prinzessin zu heiraten, wurde ihr Vater wütend und befahl seinen Männern, Chandragomin in den Ganges zu werfen. Als er von der Strömung fortgerissen wurde, nahm Chandragomin Zuflucht zu Tara und betete zu ihr. Als Antwort manifestierte sich Tara als Insel und empfing ihn an ihren Ufern. Chandragomin lebte dort für lange Zeit und baute einen Tempel. Heute befindet sich eine ziemlich große Stadt auf der Insel, aber gewöhnliche Menschen sehen die Insel als gewöhnlichen Ort und begreifen nicht, dass sie von Tara manifestiert wurde, denn derartige Dinge gehen über ihren Verstand.

Die guten Eigenschaften der Rede eines Buddha können von anderen Wesen ebenfalls nicht verstanden werden. Je Tsongkhapa sagte, würden sich alle Lebewesen dieser Welt versammeln und gleichzeitig in ihrer eigenen Sprache Fragen an Buddha richten, wäre Buddha in der Lage, mit nur einem Wort sämtliche Fragen in all den verschiedenen Sprachen zu beantworten.

Die Lautstärke der Rede eines Buddha bleibt bei jeder Entfernung gleich. Buddha Shakyamunis Schüler Maudgalyanaputra beschloss einmal, diese Eigenschaft der Rede zu prüfen. Während Buddha eine Unterweisung gab, hörte er zuerst zu seinen Füßen sitzend zu, entfernte sich dann eine Meile und hörte zu, und die Stimme klang genau gleich. Dann entfernte er sich tausend Meilen und hörte zu, und die Stimme blieb unverändert. Dann ging er mittels seiner magischen Kräfte in ein anderes Universum und hörte zu, und die Stimme klang genau gleich. Als er sich Buddha allmählich wieder näherte, blieb die Stimme überall gleich, genau wie sie war, als er zu Buddhas Füßen gesessen hatte. Diese wunderbare Eigenschaft der Rede eines Buddha ist für andere Wesen unbegreiflich.

«Weisheit» bezieht sich auf die Eigenschaft des Geistes eines Buddha, alle Phänomene direkt und klar zu erkennen, ohne sie zu verwechseln. Ohne ein derart direktes Gewahrsein ist es schwierig, anderen tatsächlich wirksam zu helfen. Anders als andere Wesen können Buddhas alle Objekte des Wissens direkt erkennen, weil nur Buddhas die zwei Behinderungen beseitigt haben. Obwohl der Geist jedes Wesens von Natur aus klar ist, ist diese Klarheit behindert, so wie ein klarer Himmel von Wolken überzogen ist. Wenn diese wolkengleichen Behinderungen vollständig beseitigt sind, wird unser Geist direkt alle Phänomene erkennen und wir werden ein Buddha.

Es ist schwierig für uns, den Geisteszustand eines anderen zu verstehen, sogar wenn es unser bester Freund oder unser eigenes Kind ist. Wir können die Absicht anderer nicht sehen; wir wissen nicht, ob sie uns übel wollen oder uns wirklich wohlgesonnen sind. Nur Buddhas kennen den Geist anderer Wesen. Buddha Shakyamuni wurde einst gebeten, seine Hellsicht zu demonstrieren. Er erklärte sich dazu bereit und alle Leute einer großen Versammlung wurden gebeten, ihren Namen auf ein Stück Papier zu schreiben, es zusammenzufalten und in einen Sack zu stecken. Dieser Sack war so schwer, dass ein Elefant für den Transport benötigt wurde. Nachdem Buddha die Namen erhalten hatte, gab er jeden wieder der richtigen Person zurück. Wir könnten uns glücklich schätzen, wenn uns dies mit einigen wenigen Namen gelänge.

«Mitgefühl» bezieht sich auf das große Mitgefühl eines Buddha für ausnahmslos alle Lebewesen. Das Mitgefühl eines Buddha für jedes Lebewesen ist wie das Mitgefühl einer Mutter für ihr einziges Kind.

«Kraft» bezieht sich auf die vollkommene Fähigkeit eines Buddha, alle fühlenden Wesen von Leiden befreien zu können.

«Nur Buddha besitzt die zwei Ziele» bedeutet, dass nur Buddhas ihre zwei Ziele erlangt haben: Sie haben selbst Erleuchtung erlangt und damit die vollkommene Fähigkeit, ihr Hauptziel zu verwirklichen, nämlich anderen Nutzen zu bringen.

Es gibt zwei Arten von Buddha Juwelen, konventionelle und endgültige. Der Emanationskörper eines Buddha (Skrt. Nirmanakaya) und der Freudenkörper (Skrt. Sambhogakaya) sind konventionelle Buddha Juwelen; und der Naturkörper (Skrt. Svabhavikakaya) und der Weisheits-Wahrheitskörper (Skrt. Jnanadharmakaya) eines Buddha sind endgültige Buddha Juwelen.

Der Naturkörper eines Buddha, manchmal auch Wesenheitskörper genannt, ist die endgültige Natur des Geistes eines Buddha, sein Fehlen von inhärenter Existenz. Der Geist und die Leerheit des Geistes sind eine Natur oder Wesenheit. Da unser gegenwärtiger Geist von den zwei Behinderungen bedeckt ist, ist auch die Leerheit unseres gegenwärtigen Geistes von den zwei Behinderungen bedeckt. Wenn wir über die Stufen des Pfades zur Erleuchtung meditieren und alle Verwirklichungen erlangen, wird unser Geist von den zwei Behinderungen frei werden und wir werden ein Buddha Juwel. Dann wird unser Geist selbst der Weisheits-Wahrheitskörper eines Buddha und die Leerheit unseres Geistes wird der Naturkörper eines Buddha sein. Die Leerheit des von den zwei Behinderungen befreiten Geistes wird der Naturkörper eines Buddha genannt, weil er die endgültige Natur des Geistes eines Buddha ist. Der Naturkörper wird ein Buddha Juwel genannt, weil er vollständig frei von den zwei Behinderungen ist. Er wird der Wahrheitskörper eines Buddha genannt, weil er die Leerheit des Geistes eines Buddha ist, und eine Leerheit ist eine endgültige Wahrheit. Er wird endgültiges Buddha

Juwel genannt, weil er eine endgültige Wahrheit und ein Buddha Juwel ist.

Die zwei konventionellen Buddha Juwelen, der Freudenkörper und der Emanationskörper, sind der Formkörper eines Buddha (Skrt. Rupakaya). Die zwei endgültigen Buddha Juwelen, der Naturkörper und der Weisheits-Wahrheitskörper, sind der Wahrheitskörper eines Buddha (Skrt. Dharmakaya). Der Weisheits-Wahrheitskörper eines Buddha ist der allwissende Geist eines Buddha. Der allwissende Geist eines Buddha ist eine konventionelle Wahrheit, weil er eine funktionierende Sache ist, aber er wird als endgültiges Buddha Juwel bezeichnet, weil er ein Weisheitsbewusstsein ist, das einsgerichtet auf der endgültigen Wahrheit ruht, und weil er ein Buddha Juwel ist.

DAS DHARMA JUWEL

In *Erhabenes Kontinuum des Großen Fahrzeuges* ist das Dharma Juwel als vollkommen gereinigte Wahrheit im Kontinuum eines höheren Wesens definiert, das eine oder mehrere der acht guten Eigenschaften hat, wie unvorstellbar und so weiter. Die acht guten Eigenschaften sind in einem Vers enthalten:

> Unvorstellbar, nichtdual, nichtbegrifflich,
> Rein, klar, Seite des Gegenmittels,
> Das, was von Anhaftung befreit,
> Die zwei Wahrheiten sind die Definition von Dharma.

Das eigentliche Dharma Juwel sind die dritte und vierte der Vier Edlen Wahrheiten, wahre Beendigung und wahre Pfade, die durch das Praktizieren von Buddhas Lehren erlangt werden. Eine Erklärung dieser zwei Wahrheiten wird später im Abschnitt über die Vier Edlen Wahrheiten gegeben. Vier dieser acht guten Eigenschaften sind Eigenschaften wahrer Beendigungen und vier sind Eigenschaften wahrer Pfade.

Wenn wir aufgrund eines wahren Pfades eine Verblendung oder eine Prägung einer Verblendung vollständig aufgeben, erlangen wir eine wahre Beendigung. Eine wahre

Beendigung kann nicht durch einen Vergleich erklärt werden, etwa durch Aussagen wie: «Es sieht aus wie dieses» oder «es fühlt sich an wie jenes». Eine wahre Beendigung ist ein nichtbestätigendes, negatives Phänomen; ein negatives Phänomen, das kein positives Phänomen bestätigt. Sie ist beständig, weil sie die Leerheit eines Geistes ist, der das vollständige Aufgeben einer Behinderung durch die Kraft eines wahren Pfades erlangt hat. Eine wahre Beendigung ist nicht bloß das endgültige Aufgeben einer Verblendung oder der Prägung einer Verblendung – es ist dies die Leerheit des Geistes, der eine solche Beendigung erlangt hat.

Obwohl wir noch immer Krankheit, Altern und Tod erleben, werden wir darunter nicht leiden, wenn wir wahre Beendigungen erlangen. Weil uns wahre Beendigungen vor Leiden schützen, sind sie Dharma Juwelen und heilige Zufluchtsobjekte. Es gibt viele Arten wahrer Beendigungen, wie die Beendigungen von intellektuell gebildeten Verblendungen und die Beendigungen von angeborenen Verblendungen. Wenn wir eine direkte Verwirklichung der Leerheit und den befreiten Pfad des Pfades des Sehens erlangen, geben wir intellektuell gebildete Verblendungen auf. Indem wir dann weiter über Leerheit meditieren, werden wir schließlich alle angeborenen Verblendungen und auch alle Prägungen der Verblendungen überwinden.

Obwohl wir im Moment nicht in der Lage sind, wirkliche wahre Beendigungen zu erfahren, können wir Verblendungen immerhin vorübergehend beseitigen. Vorübergehende Beendigungen haben Ähnlichkeit mit wahren Beendigungen und sind deshalb äußerst kostbar. Wenn wir beispielsweise über Liebe und Geduld meditieren, um unsere Wut zu überwinden, die wir gegenüber jemandem empfinden, werden wir eine gewisse Erfahrung dieser Praxis gewinnen und eine vorübergehende Beendigung der Wut erfahren. Diese Meditation über Liebe und Geduld gleicht einem wahren Pfad, der zu einer wahren Beendigung führt, und so sollten wir die vorübergehende Abwesenheit der Wut, die wir aufgrund unserer Praxis von Liebe und Geduld erreichen, als wahre Beendigung und als ein eigentliches Dharma Juwel betrachten.

Die ersten drei Eigenschaften wahrer Beendigungen sind in der ersten Zeile von Maitreyas Vers erwähnt: «Unvorstellbar, nichtdual, nichtbegrifflich». «Unvorstellbar» bedeutet, dass ein begrifflicher Geist wahre Beendigungen nicht genau verstehen kann, weil wahre Beendigungen direkt erfahren werden müssen, um vollkommen verstanden zu werden. Da wahre Beendigungen in erster Linie durch die Kraft der Meditation erfahren werden, können sie nicht von denjenigen richtig verstanden werden, die lediglich ein intellektuelles Verständnis des Dharma gewinnen, ohne ihn in die Praxis umzusetzen. «Nichtdual» (wörtlich: «nicht zwei») bezieht sich auf die Abwesenheit einer oder beider der zwei Behinderungen; und «nichtbegrifflich» bedeutet, dass wahre Beendigungen nicht mit Begrifflichkeit ausgestattet sind, denn nur der Geist kann mit Begrifflichkeit ausgestattet sein und wahre Beendigungen sind nicht Geist.

Die ersten drei Eigenschaften wahrer Pfade sind in der zweiten Zeile von Maitreyas Vers erwähnt: «Rein, klar, Seite des Gegenmittels». «Rein» bedeutet, dass ein wahrer Pfad ein Geist ist, der nicht mit Verblendungen vermischt ist. «Klar» bedeutet, dass ein wahrer Pfad ein Geist ist, der sein Objekt klar sieht. «Seite des Gegenmittels» bedeutet, dass ein wahrer Pfad als Gegenmittel gegen beide Behinderungen wirkt. Er ist wie ein Werkzeug, das alle geistigen Fehler und Verunreinigungen beseitigt, die unsere Probleme verursachen.

Die dritte Zeile von Maitreyas Vers erwähnt explizit die vierte Qualität eines wahren Pfades und implizit die vierte Qualität einer wahren Beendigung. «Das, was von Anhaftung befreit» bedeutet, dass wahre Pfade Methoden sind, mit denen wir wahre Beendigungen erlangen, die uns vollständig von Verblendungen, etwa Anhaftung, befreien.

Die letzte Zeile, «Die zwei Wahrheiten sind die Definition von Dharma», bezieht sich auf die zwei Arten von Dharma Juwelen, konventionelle und endgültige. Konventionelle Dharma Juwelen sind Buddhas Schriften und endgültige Dharma Juwelen sind wahre Beendigungen und wahre Pfade.

Wenn wir über diese acht guten Eigenschaften meditieren, werden wir den starken Wunsch entwickeln, Dharma Juwelen in unserem Geist zu haben und wir werden uns freudig in unserer Praxis bemühen.

In *Leitfaden zur Lebensweise eines Bodhisattva* sagt Shantideva, dass es, wenn wir in den niederen Bereichen wiedergeboren werden, dort keine Zuflucht gibt. Das heißt, dass wir, wenn wir in den niederen Bereichen wiedergeboren werden, keine Freiheit haben Dharma zu üben und deshalb keine Dharma Juwelen in unserem Geist entwickeln können. Obwohl Buddhas die niederen Bereiche aufsuchen und von ihrer Seite aus vollkommenen Schutz bieten können, können sie den Lebewesen nicht direkt helfen, wenn diese sich nicht selbst bemühen, Dharma in die Praxis umzusetzen.

Das Dharma Juwel wird deshalb als das eigentliche Heilmittel gegen unsere geistige Krankheit bezeichnet. Genauso wie Ärzte und Krankenschwestern ihren Patienten nur helfen können, wenn die Patienten ihrerseits die Medizin einnehmen, die verschrieben wurde, können wir vom Buddha Juwel und Sangha Juwel nur Hilfe erhalten, wenn wir alle Unterweisungen verinnerlichen und unsere eigene Heilung herbeiführen, indem wir wirkliche Dharma Juwelen erlangen. Indem wir uns bemühen Dharma Juwelen in unserem Geist zu entwickeln, werden wir schließlich Zufluchtsobjekte für andere.

Drugpa Kunleg besuchte einst einen berühmten Tempel in Lhasa und als er dort die Buddha Statue sah, rief er aus:

> O Buddha, zunächst waren du und ich genau gleich,
> Aber später hast du durch die Kraft deines Bemühens
> Buddhaschaft erlangt,
> Während ich aufgrund meiner Faulheit immer noch in
> Samsara bin;
> Deshalb muss ich mich jetzt vor dir verbeugen.

DAS SANGHA JUWEL

In *Erhabenes Kontinuum des Großen Fahrzeuges* wird das Sangha Juwel als höheres Wesen definiert, das eine oder mehrere der acht guten Eigenschaften hat, wie Verwirklichung und Freiheit.

Ein höheres Wesen ist jemand, der eine direkte Verwirklichung der Leerheit und die Verwirklichung des Friedens durch das Praktizieren der drei höheren Schulungen erlangt hat. Da wir diese eigentlichen Sangha Juwelen nicht sehen können, sollten wir alle, die die Pratimoksha Gelübde rein einhalten, alle, die die Bodhisattva Gelübde rein einhalten, alle, die die tantrischen Gelübde rein einhalten, und alle übrigen, die anderen helfen und ein gutes Beispiel zeigen, als eigentliche Sangha Juwelen betrachten. Wenn wir selbst ein Sangha Juwel werden wollen, müssen wir unseren unkontrollierten Geist durch die Praxis des Dharma bändigen. Wenn wir jederzeit einen friedvollen Geist bewahren, werden wir ein gutes Beispiel für andere sein.

In den *Vinaya Sutras* wird gesagt, dass jede Gruppe von vier oder mehr voll ordinierten Mönchen oder Nonnen eine Sangha Gemeinschaft ist. In buddhistischen Ländern wird die Sangha Gemeinschaft in Ehren gehalten und hoch geschätzt, weil Laien Ermutigung und Inspiration erhalten müssen, indem sie mit eigenen Augen das gute Beispiel sehen, das die Sangha zeigt.

Die ersten vier Eigenschaften des Sangha Juwels sind gute Eigenschaften der Verwirklichung:

(1) Verwirklichung
(2) Verwirklichung der endgültigen Wahrheit
(3) Verwirklichung der konventionellen Wahrheit
(4) Verwirklichung der Natur des inneren Geistes

Bei der vierten Verwirklichung weist «inneren» darauf hin, dass Geist ein Subjekt ist und «Natur» bezieht sich auf die verschiedenen Ebenen des Geistes. Deswegen ist diese Qualität die Verwirklichung der verschiedenen Ebenen des Subjekt-Geistes.

Die verbleibenden vier Eigenschaften sind Eigenschaften der Freiheit:

(5) Freiheit von allen Fehlern
(6) Freiheit von Behinderungen zur Befreiung
(7) Freiheit von Behinderungen zur Allwissenheit
(8) Freiheit von Behinderungen der Minderwertigkeit

Obwohl man normalerweise von zwei Arten von Behinderungen spricht, den Verblendungsbehinderungen und den Behinderungen zur Allwissenheit, wird in gewissen Mahayana Texten eine dritte Art von Behinderungen, Behinderungen der Minderwertigkeit, erwähnt. Eine Behinderung der Minderwertigkeit ist alles, was uns von der Entwicklung und Verstärkung des Bodhichitta abhält, beispielsweise der Geist der Selbstwertschätzung.

Hinayana Praktizierende erlangen keine Freiheit von Behinderungen der Minderwertigkeit, aber sie können Sangha Juwelen werden, weil sie einige der acht guten Eigenschaften eines Sangha Juwels erlangen können, beispielsweise Freiheit von Behinderungen zur Befreiung. Sogar ein Hinayana Praktizierender auf dem Pfad der Ansammlung, der noch kein eigentliches Sangha Juwel ist, hat viele herausragende Eigenschaften.

Von den siebenunddreißig Verwirklichungen, die zur Erleuchtung führen, hat er oder sie auf dem Pfad der Ansammlung die ersten drei Gruppen erlangt: die vier Arten des nahen Verweilens der Achtsamkeit, die vier Arten des richtigen Aufgebens und die vier Stützen der Wunderkräfte. Wenn ein Hinayana Praktizierender den Pfad der Vorbereitung erlangt, hat er oder sie die nächsten zwei Gruppen vollendet: die fünf Kräfte und die fünf Stärken. Wenn der Hinayana Praktizierende den Pfad des Sehens erlangt, hat er oder sie die nächste Gruppe vollendet: die sieben Zweige der Erleuchtung. Wenn der Hinayana Praktizierende den Pfad der Meditation erreicht, hat er oder sie die nächste Gruppe vollendet: die acht Zweige höherer Pfade. Wenn ein Sangha Juwel des Hinayana solch gute Eigenschaften erlangen kann, muss da noch besonders darauf hingewiesen werden, welches die vielen und großartigen Eigenschaften eines Mahayana Sangha Juwels sind? Indem wir über die guten Eigenschaften eines Sangha Juwels meditieren, werden wir den festen Entschluss fassen: «Ich selbst werde ein Sangha Juwel werden.»

Von all den vielen äußeren Dingen, die wir benötigen, halten wir normalerweise Juwelen für die kostbarsten und seltensten. In gleicher Weise sind Buddha, Dharma und Sangha die kostbarsten und seltensten unter den Lebewesen, den Lehren und den Gemeinschaften. Deshalb werden sie Buddha Juwel, Dharma Juwel und Sangha Juwel genannt; sie sind unsere endgültigen Objekte der Zuflucht.

WIE WIR VERSTEHEN, WESHALB DIE DREI JUWELEN GEEIGNETE ZUFLUCHTSOBJEKTE SIND

Wenn wir verstehen, weshalb Buddha ein geeignetes Zufluchtsobjekt ist, werden wir auch mühelos verstehen, dass der Dharma, den er gelehrt hat, und die Sangha, die seinem Rat folgt, ebenfalls geeignete Zufluchtsobjekte sind. Es gibt vier Hauptgründe, warum Buddha eine vollkommen zuverlässige Quelle der Führung ist und vollständigen Schutz vor Leiden bieten kann:

1. Buddha ist frei von jeder Furcht
2. Buddha ist im Befreien fühlender Wesen sehr geschickt
3. Buddha hat Mitgefühl für alle fühlenden Wesen ohne Unterschied
4. Buddha bringt allen fühlenden Wesen Nutzen, ob sie ihm geholfen haben oder nicht

BUDDHA IST FREI VON JEDER FURCHT

Wären Buddhas nicht frei von jeder Form von Furcht, dann würden sie noch immer ohne Wahl wiedergeboren und wären, selbst unfrei, nicht in der Lage, anderen zu helfen. Wenn jemand, der in Samsara gefangen und gefesselt ist, versucht jemanden in die Freiheit zu führen, so gleicht er einem Ertrinkenden, der versucht einem anderen zu helfen, oder er gleicht jemandem, der zu Boden stürzt und versucht, den Sturz einer anderen, auf ihn fallenden Person zu verhindern.

Buddhas sind frei von Furcht, weil sie den Geist der Selbstwertschätzung und des Festhaltens am Selbst beseitigt haben, die Ursachen aller Ängste und allen Leidens. Wenn wir durch diese richtige Begründung keine Gewissheit erlangen können, können wir die Lebensgeschichte Buddha Shakyamunis studieren und sehen, wie häufig er völlige Furchtlosigkeit und Unverwundbarkeit gegenüber jeder Art von Schaden gezeigt hat.

Buddhas eifersüchtiger Cousin Devadatta versuchte mehrmals Buddha zu ermorden, manchmal mit Gift oder indem er Steine schleuderte. Doch als er die Steine warf, war es, als ob er sie in den leeren Raum werfen würde. Waffen können einem Buddha genauso wenig anhaben, wie sie Raum zerstören können.

Ein riesiger und starker Elefant, der dem König Ajatashatru gehörte, wurde einst wild und lief Amok. Alle flohen vor diesem wilden Tier und niemand fühlte sich in der Lage, es zu bändigen. Als der Elefant an dem Ort wütete, wo Buddha lehrte, brach Panik aus und alle Schüler flohen. Sogar die Feindzerstörer, die Wunderkräfte besaßen, erschraken und flogen hoch in den Himmel hinauf. Buddha allein blieb ungestört. Er berührte den Scheitel des Elefanten und seine Tobsucht war sofort besänftigt.

Bei einer anderen Gelegenheit versuchte ein Mann namens Shri Samva Buddha zu töten, indem er ihn in eine tiefe, brennende Grube warf. Als er sah, dass Buddha durch das Feuer völlig unverletzt blieb, versuchte er ihn zu vergiften, aber Buddha trank das Gift, als sei es Medizin.

BUDDHA IST IM BEFREIEN FÜHLENDER WESEN SEHR GESCHICKT

Auch wenn Buddhas unzählige gute Eigenschaften haben, wie vollkommene Furchtlosigkeit und großes Mitgefühl, wären sie nicht in der Lage, andere zur Erleuchtung zu führen und sie vor Schaden zu beschützen, wenn sie nicht außerordentlich geschickt wären. Ohne ihre höchst geschickten Mittel wären sie wie eine Mutter ohne Arme, die hilflos zusehen muss, wie ihre Kinder ertrinken.

Buddha Shakyamuni demonstrierte das Geschick der Buddhas, indem er den gewalttätigen Geist von Angulimala besänftigte und lenkte. Zu jener Zeit litt niemand stärker unter Wut als Angulimala. Obwohl dieser schrecklich feindselige Mann, von falschen Lehrern angestiftet, neunhundertneunundneunzig Menschen ermordet hatte, konnte Buddha ihn zähmen und zur Befreiung führen. Buddha war auch in der Lage, Lam Chung zur Befreiung zu führen, obwohl Lam Chung der dümmste unter seinen Zeitgenossen war und sich sogar nach Monaten enormer Anstrengungen nicht einen einzigen Vers merken konnte. Ungeachtet Lam Chungs großer Dummheit gelang es Buddha, ihn auf geschickte Weise zu großen Verwirklichungen zu führen und seine Weisheit zu vergrößern, sodass er schließlich ein bedeutender Lehrer wurde. Mit Geschick überwand Buddha den großen Stolz des göttlichen Musikers Pramudita und leitete ihn auf dem spirituellen Pfad. Er überwand die extreme begehrende Anhaftung Nandas und die schweren Behinderungen des betagten Shri Datta und führte beide auf den Pfad zur Befreiung. Es wäre unmöglich, alle Fälle zu erwähnen, in denen Buddha seine geschickten Mittel einsetzte, um Menschen bei der Überwindung ihrer Hindernisse und dem Praktizieren des Pfades zur Befreiung und vollen Erleuchtung zu helfen.

Alles, was Buddha lehrte, ist eine geschickte Methode, mit der wir unsere geistigen Probleme überwinden und unseren Geist in spirituelle Pfade umwandeln können. Es heißt, dass die Welt der Menschen im Begierdebereich ist, weil wir ganz besonders unter begehrender Anhaftung leiden. Wir alle leiden unter angeborener begehrender Anhaftung und es fällt uns sehr schwer, die Anhaftung an anziehende Sinnesobjekte aus unserem Geist zu entfernen. Sogar wenn wir träumen, vergessen wir niemals begehrende Anhaftung, aber wir vergessen sehr leicht all die tugendhaften Gedanken und Gefühle, die wir während unseres Wachzustandes zu entwickeln versuchten. Buddha lehrte besondere Methoden, unsere begehrende Anhaftung in den spirituellen Pfad umzuwandeln, und enthüllte, wie alle unsere gewöhnlichen

Aktivitäten in spirituelle Praxis umgewandelt werden, indem wir Methoden wie den Yoga des Schlafens, den Yoga des Träumens, den Yoga des Aufwachens und den Yoga des Essens üben. Wenn wir die vollständigen Lehren von Sutra und Tantra studieren, werden wir Buddhas unübertroffenes Geschick würdigen können.

BUDDHA HAT MITGEFÜHL FÜR ALLE FÜHLENDEN WESEN OHNE UNTERSCHIED

Eines Tages wurde Devadatta ernsthaft krank. Als die Schüler Buddha erzählten, dass sein bösartiger Cousin im Sterben liege, sagte er: «Für mich besteht kein Unterschied zwischen Devadatta und meinem Sohn Rahula. Wenn es wahr ist, was ich sage, möge sich Devadatta sofort wieder erholen.» Mit diesen Worten wurde Devadatta augenblicklich wieder gesund. Ihr großes Mitgefühl führt dazu, dass die Buddhas keinen Unterschied zwischen ihren erbittertsten Gegnern und ihren eigenen Söhnen machen; sie empfinden mitfühlende Sorge für alle ohne Unterschied.

Im Moment sind wir in unserer Haltung gegenüber anderen Menschen sehr voreingenommen. Unseren Freunden und unseren Familien fühlen wir uns nahe, und wir bieten ihnen bereitwillig unsere Hilfe an, aber wir fühlen uns von den Menschen weit entfernt, die wir nicht mögen, und wir denken nicht daran, ihnen zu helfen. Wenn wir jetzt beginnen eine ausgeglichene Haltung gegenüber unseren Freunden und unseren Feinden zu entwickeln, werden wir die Grundlage für Gleichmut schaffen, den wir benötigen, um den unvoreingenommenen Geist des großen Mitgefühls zu entwickeln, den alle Buddhas haben.

BUDDHA BRINGT ALLEN FÜHLENDEN WESEN NUTZEN, OB SIE IHM GEHOLFEN HABEN ODER NICHT

In ihrer Liebe für fühlende Wesen helfen Buddhas allen, ohne einen Gedanken daran zu verschwenden, ob diese ihnen selbst geholfen haben oder nicht. Im Gegensatz dazu erwidern wir zwar die Güte, die wir erhalten haben, sind aber nicht bedingungslos gütig zu anderen.

Nagarjuna sagte, dass es kein einziges fühlendes Wesen gibt, dem Buddha nicht geholfen hat. Allein schon durch das Empfangen der Segnungen Buddhas können selbst stumpfsinnige Tiere friedliche, tugendhafte Geisteshaltungen entwickeln und somit höhere Formen der Wiedergeburt erlangen und höheres Glück genießen. Ein Wildschwein wurde einst von einem Jäger durch einen Wald gejagt. Kurz vor dem Zusammenbruch erreichte das verängstigte Tier eine Lichtung, auf der ein Stupa stand, die symbolische Darstellung von Buddhas Geist. Völlig erschöpft brach das Wildschwein zusammen und starb. Das Schwein hatte von sich aus nicht die Kraft, einen tugendhaften Geist zu entwickeln, aber weil es den Stupa erblickte, empfing es Buddhas Segnungen, und durch die Kraft dieser Segnungen konnte es friedlich sterben und wurde im Götterbereich wiedergeboren.

Indem wir über diese guten Eigenschaften meditieren, entwickeln wir Vertrauen und Glauben in Buddha, in Dharma, den er lehrte, und in die Sangha, die Dharma aufrichtig praktiziert. Wenn dieses besondere Gefühl des Vertrauens in Buddha, Dharma und Sangha deutlich in unserem Geist entsteht, führen wir die verweilende Meditation aus, um uns immer vertrauter damit zu machen.

Wenn wir über eine geistige Haltung wie Vertrauen meditieren, dann denken wir nicht bloß darüber nach und richten unseren Geist darauf, als sei sie getrennt von unserem Geist. Stattdessen verwandeln wir unseren Geist in diesen Zustand und halten ihn einsgerichtet. Wir sollten das Gefühl haben, dass unser Geist in einem Ozean von Vertrauen aufgeht.

WIE MAN ZUFLUCHT NIMMT

Es gibt vier Arten der Zufluchtnahme:

1. Zuflucht nehmen durch Verstehen der guten Eigenschaften der Drei Juwelen

2. Zuflucht nehmen durch Unterscheiden der Eigenschaften eines jeden der Drei Juwelen
3. Zuflucht nehmen durch das Versprechen, Zuflucht zu nehmen
4. Zuflucht nehmen durch das Aufgeben der endgültigen Zufluchtnahme zu anderen Objekten

ZUFLUCHT NEHMEN DURCH VERSTEHEN DER GUTEN EIGENSCHAFTEN DER DREI JUWELEN

Wenn wir Vertrauen und Glauben entwickeln, indem wir die guten Eigenschaften der Drei Juwelen verstehen und darüber meditieren, und dann Zuflucht zu den Drei Juwelen nehmen, so ist dies Zufluchtnahme durch Verstehen der guten Eigenschaften der Drei Juwelen.

ZUFLUCHT NEHMEN DURCH UNTERSCHEIDEN DER EIGENSCHAFTEN EINES JEDEN DER DREI JUWELEN

Die Vortrefflichkeiten der Drei Juwelen können auf sechs Arten unterschieden werden. Dementsprechend gibt es sechs Arten, durch Unterscheiden der Eigenschaften der Drei Juwelen Zuflucht zu nehmen:

1. Zuflucht nehmen durch Verstehen der unterschiedlichen Natur der Drei Juwelen
2. Zuflucht nehmen durch Verstehen der unterschiedlichen Funktionen der Drei Juwelen
3. Zuflucht nehmen, indem man die Drei Juwelen mittels einer Analogie voneinander unterscheidet
4. Zuflucht nehmen durch Erkennen des Zeitpunkts der Zufluchtnahme
5. Zuflucht nehmen durch Verstehen der verschiedenen Arten, wie Verdienste durch Zufluchtnahme zu jedem der Drei Juwelen vermehrt werden
6. Zuflucht nehmen durch Verstehen der verschiedenen Arten, wie die Drei Juwelen die Praxis unterstützen

ZUFLUCHT NEHMEN DURCH VERSTEHEN DER UNTERSCHIEDLICHEN NATUR DER DREI JUWELEN

Die Natur oder das definierende Merkmal eines Buddha Juwels ist, Erleuchtung erlangt zu haben. Die Natur des Dharma Juwels ist, Ergebnis der Erleuchtung Buddhas zu sein, weil Buddha infolge seiner Erleuchtung Dharma lehrte, um anderen zur gleichen Erfahrung zu verhelfen. Die Natur des Sangha Juwels ist, durch das Praktizieren der Lehren Buddhas Verwirklichungen erlangt zu haben. Wenn wir die unterschiedliche Natur der Drei Juwelen verstehen und mit Vertrauen Zuflucht nehmen, ist dies Zufluchtnahme durch Verstehen der unterschiedlichen Natur der Drei Juwelen.

ZUFLUCHT NEHMEN DURCH VERSTEHEN DER UNTERSCHIEDLICHEN FUNKTIONEN DER DREI JUWELEN

Die Hauptfunktion des Buddha Juwels ist, Schülern den spirituellen Pfad zu enthüllen, indem vollkommene Dharma Unterweisungen gegeben werden. Die Hauptfunktion des Dharma Juwels ist, fühlende Wesen vor Furcht und Leiden zu beschützen. Und die Hauptfunktion des Sangha Juwels ist, anderen durch ein gutes Beispiel zu helfen. Wenn wir mit diesem Wissen Zuflucht nehmen, ist dies Zufluchtnahme durch Verstehen der unterschiedlichen Funktionen der Drei Juwelen.

ZUFLUCHT NEHMEN, INDEM MAN DIE DREI JUWELEN MITTELS EINER ANALOGIE VONEINANDER UNTERSCHEIDET

Das Dharma Juwel ist wie ein Boot, das Buddha Juwel ist wie ein geschickter Steuermann und das Sangha Juwel ist wie die Besatzung. Wenn wir sehen, dass wir auf alle drei angewiesen sind, um den Ozean Samsaras zu überqueren, und dann mit Vertrauen Zuflucht nehmen, dann ist dies Zufluchtnahme, indem man die Drei Juwelen mittels einer Analogie voneinander unterscheidet.

ZUFLUCHT NEHMEN DURCH ERKENNEN DES ZEITPUNKTS DER ZUFLUCHTNAHME

Indem wir uns an die guten Eigenschaften der Drei Juwelen erinnern, sollten wir zu jeder Zeit Zuflucht nehmen. Normalerweise erinnern wir uns nur dann daran Zuflucht zu nehmen, wenn wir Schwierigkeiten haben. Wenn wir aber jederzeit Zuflucht nehmen, auch wenn alles zum Besten steht, werden wir Buddha so nahe kommen, dass wir im Unglück sehr leicht Hilfe erhalten. Wenn wir nur in Krisenzeiten Zuflucht nehmen, wird es uns möglicherweise nicht gelingen, sofort Hilfe zu erhalten. Aus diesem Grund sollten wir immer ein Bildnis Buddhas bei uns haben, um uns an unsere Zuflucht zu erinnern. Zu jeder Zeit sollten wir den Entschluss aufrechterhalten: «Mit Hilfe des Buddha Juwels und des Sangha Juwels muss ich das Dharma Juwel in meinem Geist entwickeln.»

ZUFLUCHT NEHMEN DURCH VERSTEHEN DER VERSCHIEDENEN ARTEN, WIE VERDIENSTE DURCH ZUFLUCHTNAHME ZU JEDEM DER DREI JUWELEN VERMEHRT WERDEN

Indem wir zum Buddha Juwel Zuflucht nehmen und ihm Gaben darbringen, vermehren wir die Verdienste, die die Ursache dafür sind, dass wir den Formkörper eines Buddha erlangen. Indem wir zum Dharma Juwel Zuflucht nehmen und ihm Gaben darbringen, vermehren wir die Verdienste, die die Ursache dafür sind, dass wir den Wahrheitskörper eines Buddha erlangen. Indem wir zum Sangha Juwel Zuflucht nehmen und ihm Gaben darbringen, vermehren wir die Verdienste, die die Ursache dafür sind, dass wir ein Sangha Juwel werden.

ZUFLUCHT NEHMEN DURCH VERSTEHEN DER VERSCHIEDENEN ARTEN, WIE DIE DREI JUWELEN DIE PRAXIS UNTERSTÜTZEN

Wenn wir erkennen, dass das Dharma Juwel das eigentliche Heilmittel für unsere geistige Krankheit ist, dass das Buddha Juwel der spirituelle Arzt ist, der das Heilmittel verschreibt, und dass das Sangha Juwel die spirituelle Krankenschwester ist, die dem Arzt assistiert; und wenn wir dann mit Vertrauen Zuflucht nehmen, ist dies Zufluchtnahme durch Verstehen der verschiedenen Arten, wie die Drei Juwelen die Praxis unterstützen.

ZUFLUCHT NEHMEN DURCH DAS VERSPRECHEN, ZUFLUCHT ZU NEHMEN

Wir nehmen Zuflucht durch das Versprechen, Zuflucht zu nehmen, wenn wir das Buddha Juwel als unseren spirituellen Meister, das Dharma Juwel als unsere eigentliche Zuflucht und das Sangha Juwel als unsere spirituellen Freunde betrachten, und dann vor der visualisierten Versammlung der Buddhas das folgende Versprechen ablegen:

> *Von jetzt an werde ich Zuflucht zu Buddha nehmen, meinem spirituellen Meister. Ich werde Zuflucht zu Dharma nehmen, meiner eigentlichen Zuflucht. Ich werde Zuflucht zu Sangha nehmen, meinen spirituellen Freunden.*

ZUFLUCHT NEHMEN DURCH DAS AUFGEBEN DER ENDGÜLTIGEN ZUFLUCHTNAHME ZU ANDEREN OBJEKTEN

Wenn wir erkennen, dass weltliche Götter keine geeigneten Objekte der Zuflucht sind, und dann versprechen: «Ich werde keine endgültige Zuflucht zu anderen Objekten als den Drei Juwelen nehmen», dann ist dies Zufluchtnahme durch das Aufgeben, Zuflucht zu anderen Objekten zu nehmen. Wenn wir Zuflucht zu Lehrern nehmen, deren Unterweisungen denjenigen Buddhas widersprechen, werden wir auf falsche Pfade geführt, und wenn wir Zuflucht zu weltlichen Göttern nehmen, dann werden wir daraus vielleicht kurzfristigen Nutzen ziehen, aber wir werden von den vollkommenen Pfaden abgelenkt, die zur Befreiung und vollen Erleuchtung führen. Wenn wir es aufgeben, Zuflucht zu anderen Objekten zu nehmen, sollten wir dies aber nicht aus Sektierertum tun. Unsere Motivation sollte ganz einfach sein, unsere Zufluchtsgelübde rein zu halten und den Schaden zu vermeiden, den wir uns zufügen würden, wenn wir unsere Verpflichtungen brechen würden. Wenn wir vollkommenes Vertrauen in Buddha haben, gibt es keinen Grund, jemals zu anderen Objekten Zuflucht zu nehmen.

Manche Menschen, die reines Vertrauen haben, können das Versprechen abgeben: «Ich werde nur zu den Drei Juwelen Zuflucht nehmen.» Dieses Versprechen ist sehr nützlich, aber es wird stärker und stabiler sein, wenn es auf einem Vertrauen beruht, das durch logische Überzeugung gewonnen wurde. Der berühmte buddhistische Gelehrte Todzun Drubche war vormals kein Buddhist und er war sehr bewandert in nichtbuddhistischen Schriften. Er ging mit seinem Bruder zum Berg Kailash, der von Nichtbuddhisten für den Palast Ishvaras gehalten wurde. Als er dort ankam, stellte Todzun Drubche fest, dass sogar Ishvara Zuflucht zu Buddha nahm, und er entwickelte Vertrauen in Buddha und schulte sich in den buddhistischen Schriften. Später verfasste er den Text *Lobpreis Buddhas als Lehrer, der jedem anderen weit überlegen ist*. Dort schrieb er:

> O Buddha, ich nehme Zuflucht zu dir und gebe alle anderen Lehrer auf. Warum ich das tue? Weil nur du allein frei von allen Fehlern und mit allen guten Eigenschaften ausgestattet bist. ... Je mehr ich nichtbuddhistische und buddhistische Unterweisungen vergleiche, desto größer wird mein Vertrauen zu dir.

Todzun Drubche war in der Lage, aufgrund logischer Überzeugung starkes Vertrauen in Buddha zu entwickeln, weil er verwirklicht hatte, dass Buddha alle Fehler aufgegeben und alle guten Eigenschaften vervollkommnet hat. Durch seine Erfahrung in nichtbuddhistischen Lehren verstand er klar die Überlegenheit und Tiefgründigkeit der Lehre Buddhas. Er sah ein, dass einige nichtbuddhistische Lehren ein beständiges, teilloses, unabhängiges Selbst postulieren und dass jede Lehre, die dieser Sichtweise zustimmt, die Unwissenheit des Festhaltens am Selbst unterstützt, was all die Handlungen hervorruft, die eine unkontrollierte Wiedergeburt in Samsara zur Folge haben.

In *Lobpreis der abhängigen Beziehung* sagt Je Tsongkhapa über Buddha:

> Du hast erkannt, wie die Dinge existieren, und hast es gut gelehrt.
> Durch Lernen und Praktizieren dessen, was du gelehrt hast,
> Geben wir alle Fehler auf,
> Weil du gezeigt hast, wie man ihre Wurzeln durchtrennt.
>
> Jeder, der sich gewissenhaft und für lange Zeit auf Lehren verlässt,
> Die deinen widersprechen,
> Beschwört viele Fehler herauf,
> Weil diese Lehren das Festhalten am Selbst nähren.
>
> O wie weise ist der Gelehrte,
> Der den Unterschied zwischen diesen beiden versteht.
> Wie könnte er es versäumen,
> Von ganzem Herzen Vertrauen in dich zu entwickeln?

DAS MASS DER VOLLKOMMENEN ZUFLUCHTNAHME

Um auf vollkommene Weise Zuflucht zu nehmen, müssen wir drei Dinge tun. Als Erstes muss uns, indem wir über die Leiden und Gefahren Samsaras nachgedacht haben, eine tiefe Furcht vor ihnen ergreifen. Diese Furcht betrifft entweder nur uns selbst oder aber alle Lebewesen. Zweitens müssen wir das Vertrauen und den Glauben haben, dass die Drei Juwelen vollkommen verlässliche Quellen der Zuflucht sind, indem wir über ihre guten Eigenschaften nachgedacht haben, und wir müssen erkannt haben, dass aufrichtige Zufluchtnahme zu den Drei Juwelen absoluten Schutz vor zukünftigem Leiden bietet. Drittens müssen wir Zuflucht nehmen, nachdem wir die zwei Ursachen – Furcht vor Leiden und Vertrauen in die Drei Juwelen – entwickelt haben. Wenn diese drei Bedingungen zusammengekommen sind, ist unsere Zuflucht vollkommen.

DER NUTZEN DER ZUFLUCHTNAHME

Wenn wir rein und aufrichtig Zuflucht nehmen, erfahren wir acht besondere Vorteile:

1. Wir werden reine Buddhisten
2. Wir schaffen die Grundlage für alle anderen Gelübde
3. Wir reinigen das negative Karma, das wir in der Vergangenheit angesammelt haben
4. Wir sammeln täglich eine große Menge von Verdiensten an
5. Es wird verhindert, dass wir in die niederen Bereiche fallen
6. Wir werden vor Schaden durch Menschen und nichtmenschliche Wesen beschützt
7. Alle unsere vorübergehenden und endgültigen Wünsche werden in Erfüllung gehen
8. Wir werden schnell die volle Erleuchtung der Buddhaschaft erlangen

WIR WERDEN REINE BUDDHISTEN

Wenn wir Befreiung von allem Leiden und das endgültige Glück der vollen Erleuchtung erlangen wollen, müssen wir auf jeden Fall reine Buddhisten werden. Nur indem wir der Führung Buddhas folgen und den Rat annehmen, den er gab, werden wir in der Lage sein, den vollständigen Pfad zur Befreiung und vollen Erleuchtung zu erfahren.

WIR SCHAFFEN DIE GRUNDLAGE FÜR ALLE ANDEREN GELÜBDE

Alle Gelübde, von den Pratimoksha Gelübden der Laien bis zu den tantrischen Gelübden, hängen von unserer Zufluchtnahme ab. Wenn wir Gelübde ablegen und sie rein einhalten, werden sich alle unsere Verwirklichungen der Konzentration und anderer spiritueller Pfade leicht entwickeln. Wir brauchen uns keinen großen körperlichen Strapazen auszusetzen, wie dies in anderen Traditionen gelehrt wird. Auf der Grundlage der Zufluchtnahme können wir ständige Achtsamkeit entwickeln, indem wir die versprochenen Einschränkungen rein einhalten. Unsere Praxis der reinen moralischen Disziplin wird großen Nutzen bringen und wird sogar unseren Schlaf zu einer tugendhaften Handlung machen, die die Ursache für zukünftiges Glück erschafft. Deshalb heißt es, dass die Praxis der Zufluchtnahme wie die Erde ist und dass alle anderen spirituellen Übungen wie die Pflanzen sind, die aus ihr wachsen.

WIR REINIGEN DAS NEGATIVE KARMA, DAS WIR IN DER VERGANGENHEIT ANGESAMMELT HABEN

Einst lebte ein Gott namens Sumati Samudra im Land der dreiunddreißig Himmel. Als dieser Gott die ersten Zeichen des Todes zu spüren begann, sah er, dass er im Begriff war, als Schwein wiedergeboren zu werden. Im Gegensatz zu dem Lebensstil, den er im Götterbereich genossen hatte, war es klar, dass das Leben als Schwein Leiden bedeuten würde. Als er den Schmutz des Lebens eines Schweins sah, glaubte er vor Ekel sterben zu müssen, und so ging er zu Indra, seinem Zufluchtsobjekt, um bei ihm Hilfe zu suchen. Indra sagte: «Es liegt nicht in meiner Macht, dich vor einer niederen Wiedergeburt zu bewahren, aber gib die Hoffnung nicht auf. Ich werde einen Weg finden.» Dann stieg Indra zur Erde hinab, ging zu Buddha und sprach: «Ein Gott namens Sumati Samudra liegt im Sterben und er soll eine niedere Wiedergeburt erlangen. Er möchte vor diesem Elend bewahrt werden.» Buddha gab daraufhin Unterweisungen über Zuflucht, die Indra an Sumati Samudra weitergab. Der Gott praktizierte sieben Götterbereichstage lang aufrichtig Zuflucht. Als er schließlich starb, versuchte Indra zu sehen, wo Sumati Samudra wiedergeboren war. Götter sind fähig, einige der Welten zu sehen, die unter ihrem eigenen Bereich existieren, aber Indra konnte Sumati Samudra nirgendwo entdecken. Da sprach Buddha: «Er wurde im Reinen Land Tushita wiedergeboren, das über dem Land der dreiunddreißig Himmel liegt.» Durch die reine Zufluchtspraxis reinigte Sumati Samudra sein gesamtes negatives Karma, das ihn in eine Wiedergeburt als Schwein geworfen hätte, und schuf die Ursache für eine Wiedergeburt in Tushita.

WIR SAMMELN TÄGLICH EINE GROSSE MENGE VON VERDIENSTEN AN

Wie bereits erklärt wurde, sammeln wir jedes Mal, selbst wenn wir dabei keine gute Motivation haben, eine große Menge von Verdiensten an, wenn wir Bilder der Drei Juwelen betrachten oder sie visualisieren. Muss da noch gesagt werden, wie ungleich größer die Verdienste sein werden, wenn wir von ganzem Herzen und mit guter Motivation rein Zuflucht nehmen?

ES WIRD VERHINDERT, DASS WIR IN DIE NIEDEREN BEREICHE FALLEN

Da Zufluchtnahme negatives Karma reinigt, beseitigt es die Ursache für eine Wiedergeburt in den drei niederen Bereichen. Wenn wir die einfache Art der Zuflucht eines kleinen Wesens praktizieren, werden wir vor den Schmerzen einer niederen Wiedergeburt bewahrt. Wenn wir die besondere Art der Zuflucht eines kleinen Wesens praktizieren, werden wir im Innern das Dharma Juwel eines kleinen Wesens entwickeln, das unser stabiler und beständiger Schutz vor niederer Wiedergeburt ist. Ebenso wird verhindert, dass wir irgendwo in Samsara wiedergeboren werden, wenn wir die

Zuflucht eines mittleren Wesens praktizieren, und wenn wir die Zuflucht eines großen Wesens praktizieren, werden wir davon abgehalten, Mahayanapfade zugunsten von Hinayanapfaden aufzugeben.

WIR WERDEN VOR SCHADEN DURCH MENSCHEN UND NICHTMENSCHLICHE WESEN BESCHÜTZT

Um Schutz vor Schaden durch Menschen und nichtmenschliche Wesen zu erhalten, muss unsere Praxis der Zufluchtnahme regelmäßig und konsequent sein. Wie zuvor erwähnt, werden wir keine sofortige Hilfe erhalten, wenn wir nur dann Zuflucht nehmen, wenn wir mit Problemen konfrontiert sind. Die Gefahren, die unsere Praxis der Zufluchtnahme abwendet, sind die Gefahren, die wir noch nicht erleben. Diejenigen, mit denen wir uns bereits konfrontiert sehen, können nicht von uns genommen werden, weil sie die Folge von bereits reifendem Karma sind. Wir können unser negatives Karma daran hindern zu reifen, indem wir Zuflucht nehmen. Beginnen wir aber bereits unter den Auswirkungen unserer negativen Handlungen zu leiden, gibt es keine andere Möglichkeit, als sie anzunehmen und zu erdulden. Nehmen wir jedoch aufrichtig und ständig Zuflucht, werden wir die Auswirkungen unserer schädlichen Handlungen zerstören, die noch nicht als harte und leidvolle Erfahrungen gereift sind.

ALL UNSERE VORÜBERGEHENDEN UND ENDGÜLTIGEN WÜNSCHE WERDEN IN ERFÜLLUNG GEHEN

Alle, die Vertrauen in Buddha haben und rein und aufrichtig Zuflucht nehmen, erfüllen all ihre Wünsche, sowohl vorübergehende als auch endgültige. Logische Begründungen allein können uns keine Gewissheit darüber geben, aber reine Dharma Praktizierende verstehen aufgrund ihrer eigenen Erfahrungen, dass dies wahr ist.

WIR WERDEN SCHNELL DIE VOLLE ERLEUCHTUNG DER BUDDHASCHAFT ERLANGEN

Wenn wir eine solide Grundlage für unsere spirituelle Praxis schaffen, indem wir rein und aufrichtig Zuflucht nehmen, werden wir mit Leichtigkeit die Verwirklichungen aller Stufen des Pfades zur Erleuchtung erlangen.

DIE VERPFLICHTUNGEN DER ZUFLUCHTNAHME

Dies hat zwei Teile:
1. Die besonderen Verpflichtungen
2. Die allgemeinen Verpflichtungen

DIE BESONDEREN VERPFLICHTUNGEN

Es gibt sechs besondere Verpflichtungen. In Bezug auf jedes der Drei Juwelen sind wir verpflichtet, etwas aufzugeben und etwas anzuerkennen:

1. Ein Aufgeben und ein Anerkennen in Bezug auf das Buddha Juwel
2. Ein Aufgeben und ein Anerkennen in Bezug auf das Dharma Juwel
3. Ein Aufgeben und ein Anerkennen in Bezug auf das Sangha Juwel

EIN AUFGEBEN UND EIN ANERKENNEN IN BEZUG AUF DAS BUDDHA JUWEL

Wenn wir Zuflucht zum Buddha Juwel nehmen, sind wir verpflichtet nicht zu Lehrern, die der Sichtweise Buddhas widersprechen, oder zu weltlichen Göttern endgültige Zuflucht zu nehmen. Das bedeutet nicht, dass wir keine Hilfe von anderen erhalten können, sondern es bedeutet, dass wir uns nicht auf andere als Quelle für endgültigen Schutz vor Leiden verlassen.

Wenn wir Zuflucht zum Buddha Juwel nehmen, besteht unsere zusätzliche besondere Verpflichtung darin, jedes Bildnis von Buddha als eigentlichen Buddha anzuerkennen. Wann immer wir eine Buddha Statue aus Eisen, Holz oder Bronze sehen, sollten wir nicht die Seltenheit des Materials oder die Qualität der Handwerksarbeit beachten, sondern wir sollten sie als eigentlichen Buddha betrachten und ihr Ehre erweisen, indem wir Gaben darbringen, Verbeugungen machen und Zuflucht nehmen. Wenn wir auf diese Weise praktizieren, werden unsere Verdienste überreichlich anwachsen.

EIN AUFGEBEN UND EIN ANERKENNEN IN BEZUG AUF DAS DHARMA JUWEL

Wenn wir Zuflucht zum Dharma Juwel nehmen, sind wir verpflichtet damit aufzuhören, anderen zu schaden. Statt andere schlecht zu behandeln, versuchen wir, ihnen mit bester Motivation zu helfen und zu nützen. Zuerst müssen wir uns darauf konzentrieren, schädliche Gedanken gegenüber uns Nahestehenden aufzugeben, wie gegenüber unseren Freunden und unserer Familie. Wenn wir eine wohlwollende Haltung gegenüber diesen Menschen entwickelt haben, können wir unser Blickfeld allmählich ausdehnen, sodass mehr und mehr Menschen und schließlich alle Wesen erfasst werden. Wenn wir schädliche Gedanken aufgeben und nützliche Absichten pflegen können, werden wir leicht die Verwirklichungen großer Liebe und großen Mitgefühls entwickeln. Auf diese Weise werden wir bereits zu Beginn unserer Zufluchtspraxis anfangen unser Mitgefühl zu vergrößern, und genau dies ist die Essenz des Buddhadharma.

Wenn wir zum Dharma Juwel Zuflucht nehmen, sind wir verpflichtet alle Dharma Schriften als eigentliches Dharma Juwel zu betrachten. Wir müssen jeden Buchstaben der Schriften und jeden Buchstaben der Erläuterung von Buddhas Lehren achten. Deshalb müssen wir Dharma Bücher mit großer Sorgfalt behandeln und es vermeiden, über sie hinwegzuschreiten oder sie an unangebrachte Orte zu legen, wo sie beschädigt oder schlecht behandelt werden könnten. Zum Beispiel legen wir sie nicht auf den Papierkorb und verwenden sie nicht als Unterlage für unsere Kaffeetasse, und wir vermeiden es auf jeden Fall, uns auf sie zu setzen oder mit ihnen zu spielen. Jedes Mal, wenn wir unsere Dharma Bücher vernachlässigen oder beschädigen, ist das die Ursache dafür, noch unwissender zu werden, weil diese Handlungen der Handlung ähnlich sind, Dharma aufzugeben. Einmal sah Geshe Sharawa einige Schüler leichtsinnig mit ihren Dharma Büchern spielen und sagte zu ihnen: «Ihr solltet das lassen. Ihr seid bereits unwissend genug, ohne euch selbst noch dümmer zu machen!»

Das Dharma Juwel ist die Quelle aller Gesundheit und allen Glücks. Da wir Dharma Juwelen mit unseren Augen nicht sehen können und weil wir erkennen, dass wirkliche Dharma Juwelen nur entstehen, wenn wir die Schriften lernen, darüber nachdenken und meditieren sowie ihren Rat in unserem täglichen Leben befolgen, müssen wir Dharma Texte als eigentliche Dharma Juwelen ehren.

EIN AUFGEBEN UND EIN ANERKENNEN IN BEZUG AUF DAS SANGHA JUWEL

Wenn wir Zuflucht zum Sangha Juwel nehmen, sind wir verpflichtet uns nicht länger von Menschen beeinflussen zu lassen, die Buddhas Lehren ablehnen. Das heißt nicht, dass wir diese Menschen aufgeben sollten, aber wir sollten unseren Geist nicht durch ihre Sichtweisen beeinflussen lassen. Ohne unsere Liebe für andere und unsere rücksichtsvolle Haltung aufzugeben, müssen wir wachsam sein und sicherstellen, dass wir nicht von ihren schlechten Gewohnheiten und falschen Ratschlägen irregeführt werden.

Wenn wir Zuflucht zum Sangha Juwel nehmen, sind wir verpflichtet alle, die die Roben eines Ordinierten tragen, als eigentliches Sangha Juwel anzuerkennen. Selbst wenn Ordinierte der Sangha arm sind, müssen wir ihnen dennoch Achtung entgegenbringen, weil sie moralische Disziplin einhalten, und das ist etwas sehr Seltenes und Kostbares.

DIE ALLGEMEINEN VERPFLICHTUNGEN

Es gibt sechs allgemeine Verpflichtungen:

1. Immer wieder Zuflucht zu den Drei Juwelen nehmen, wobei wir uns an ihre guten Eigenschaften und an ihre Unterschiede erinnern
2. Die erste Portion von allem, was wir essen oder trinken, den Drei Juwelen darbringen und uns dabei ihre Güte vergegenwärtigen
3. Mit Mitgefühl andere immer dazu ermutigen, Zuflucht zu nehmen
4. Mindestens dreimal am Tag und dreimal in der Nacht Zuflucht nehmen, wobei wir uns an den Nutzen der Zufluchtnahme erinnern
5. Jede Handlung mit vollkommenem Vertrauen in die Drei Juwelen ausführen
6. Die Drei Juwelen niemals aufgeben, nicht im Spaß und nicht einmal wenn es unser Leben kostet

IMMER WIEDER ZUFLUCHT ZU DEN DREI JUWELEN NEHMEN, WOBEI WIR UNS AN IHRE GUTEN EIGENSCHAFTEN UND AN IHRE UNTERSCHIEDE ERINNERN

Dies wurde bereits erklärt.

DIE ERSTE PORTION VON ALLEM, WAS WIR ESSEN ODER TRINKEN, DEN DREI JUWELEN DARBRINGEN UND UNS DABEI IHRE GÜTE VERGEGENWÄRTIGEN

Da wir täglich mehrmals essen und trinken müssen, werden wir unsere Verdienste beträchtlich vergrößern, wenn wir jedes Mal die erste Portion den Drei Juwelen darbringen und uns dabei ihre Güte vergegenwärtigen. Wir können dies mit dem folgenden Gebet tun:

Ich bringe dir diese Gabe dar, Buddha Shakyamuni,
Dessen Geist die Vereinigung aller Buddha Juwelen ist,
Dessen Rede die Vereinigung aller Dharma Juwelen ist,

Dessen Körper die Vereinigung aller Sangha Juwelen ist.
O Gesegneter, bitte nimm dies an und segne meinen Geist.
OM AH HUM (3x)

Wir zweifeln vielleicht manchmal: «Ist Buddha wirklich so gütig? Ich sehe ihn nie und ich kann mich nicht direkt mit ihm verständigen.» Obwohl wir manchmal solche Zweifel haben mögen, ist in Wirklichkeit unser gesamtes Glück das Ergebnis der Güte Buddhas. Alle Handlungen Buddhas sind von Mitgefühl und Fürsorge für andere durchdrungen und es sind diese Handlungen, die es uns ermöglichen, die tugendhaften Taten auszuführen, die die Ursache für unser Glück sind.

Weil wir das Gesetz des Karmas noch nicht verstehen, scheint es uns häufig so, als ob unser Glück durch äußere Umstände und andere Menschen, wie unsere Eltern oder Freunde, verursacht würde. Auch alle unsere Probleme scheinen durch andere verursacht worden zu sein. Im Allgemeinen haben alle funktionierenden Dinge zwei Arten von Ursachen: die Haupt- oder substanzielle Ursache und die sekundären oder beitragenden Ursachen. Da Glück ein Geisteszustand ist, muss seine Hauptursache ebenfalls ein Geisteszustand sein. Andere Dinge, wie unsere Freunde, unser Reichtum, unsere Arbeit oder unsere Ferien, können nur als beitragende Ursachen für unser Glück eine Rolle spielen. Wir alle konnten dies schon beobachten. Es gibt ganz offensichtlich Menschen, die mit Erfolg viele beitragende Ursachen für Glück zusammengetragen haben, zum Beispiel großen Reichtum, viele Mittel und schöne Partner. Dennoch erleben sie Elend und Unzufriedenheit, weil sie nicht den Geisteszustand haben, der die Hauptursache für Glück ist. Da Glück ein Geisteszustand ist, können wir sehen, wie irreführend es ist, in der Erwartung von Glück und Zufriedenheit auf vergänglichen Besitz zu setzen.

Wenn wir westliche Länder mit gewissen Ländern der Dritten Welt vergleichen, sehen wir, dass die westlichen Länder, gemessen am materiellen Fortschritt, weiter entwickelt sind. Wenn materieller Wohlstand die Hauptursache für menschliches Glück wäre, dann wären die Menschen im Westen um ein Vielfaches glücklicher als die Bewohner der Dritten Welt. Tatsache ist aber, dass es viel mehr geistiges Leid und Neurosen und eine viel höhere Selbstmordrate unter den Menschen im Westen gibt. Das weist darauf hin, dass wahres Glück hauptsächlich von unserem Geisteszustand abhängt. Buddha lehrte, wie man den Geist untersucht und erkennt, welche Geistesarten Elend und Verwirrung und welche Gesundheit und Glück hervorbringen. Er lehrte, wie man die zwanghaft nichttugendhaften Geistesarten überwindet, die uns in Unzufriedenheit und Elend gefangen halten, und wie man tugendhafte Geistesarten entwickelt, die uns von Schmerz befreien und zur Glückseligkeit der vollen Erleuchtung führen. Durch Erlernen des Buddhadharma werden wir die wirkliche Ursache des Glücks erkennen und wir werden Buddhas große Güte schätzen und sie niemals vergessen.

Wenn wir jetzt in der Lage sind, Dharma zu lernen und spirituelle Meister zu finden, so nur durch Buddhas Güte. Unser eigener menschlicher Körper ist ein zutreffendes Zeichen, das die Güte Buddhas beweist. Aufgrund von Buddhas Segnungen und seinen Lehren konnten wir die Ursache der Wiedergeburt in einer menschlichen Form mit allen notwendigen Freiheiten und Ausstattungen für die spirituelle Praxis schaffen. Wir können jetzt nur deshalb die Methoden anwenden, die zur vollen Erleuchtung führen und Verwirklichungen erlangen, weil Buddha so gütig war das Rad des Dharma zu drehen und sein Vorbild in dieser Welt zu zeigen. Sogar die kleine Weisheit, mit der wir zwischen Nützlichem und Schädlichem unterscheiden können und erkennen, wie wertvoll Buddhas Lehre ist, ist eine Folge von Buddhas Güte.

Da Buddhas zum Wohle aller Lebewesen und nicht nur für Buddhisten Erleuchtung erlangen, manifestieren sie sich auch als Lehrer anderer Religionen und geben Unterweisungen, die den Bedürfnissen und Neigungen der verschiedenen Praktizierenden entsprechen. Buddhas können Nichtbuddhisten helfen eine Wiedergeburt in den drei niederen Bereichen zu verhindern, weil andere religiöse

Traditionen Methoden für das Aufgeben schädlicher Handlungen und das Entwickeln von Tugend anbieten. Buddhas können auch denjenigen helfen, die nicht religiös sind, weil sie sich in jeder Form manifestieren können, die für Lebewesen von Nutzen ist.

MIT MITGEFÜHL ANDERE IMMER DAZU ERMUTIGEN, ZUFLUCHT ZU NEHMEN

Wenn wir Menschen kennen, die am Dharma interessiert sind, die aber nicht Zuflucht nehmen, dann können wir ihnen nicht helfen, indem wir sie gleich dazu drängen, Zuflucht zu nehmen, weil sie zuerst für sich selbst die Ursachen der Zufluchtnahme entwickeln müssen: Furcht vor Leiden und Vertrauen in die Drei Juwelen. Wir können ihnen am besten helfen, indem wir sie vorsichtig dazu ermutigen, diese Ursachen zu entwickeln. Wir können mit ihnen über Unbeständigkeit sprechen, wie sich die Umstände dieses Lebens ändern und wie unser Körper alt wird und zerfällt. Und wir können über die Leiden des Alterns und der Krankheit sprechen, indem wir ihre Aufmerksamkeit auf Beispiele lenken, die wir bei anderen Leuten oder im Fernsehen sehen. Wir können über den Tod sprechen, wie unsicher sein Zeitpunkt ist und wie wir uns von unseren Freunden und unserem Besitz werden trennen müssen. Wir können darüber sprechen, was nach dem Tod passieren wird, wobei wir den anderen ermutigen, darüber nachzudenken und sich von der Wiedergeburt zu überzeugen. Wir können darüber sprechen, dass die meisten Lebewesen ein Leben voller Unglück erfahren. Wenn wir diese Gedanken sorgfältig und vorsichtig in unser Gespräch einbringen, wird der andere seine Gleichgültigkeit allmählich verlieren und wenn er sich unbehaglich zu fühlen beginnt, wird er ganz selbstverständlich daran interessiert sein, herauszufinden, was man tun kann. Zu diesem Zeitpunkt können wir ihm helfen einzusehen, dass ein erleuchtetes Wesen tatsächlich existiert und den Weg offenbart hat, wie jedes Lebewesen diese Stufe erreichen kann. Dann können wir über die Praxis der Zufluchtnahme und über die guten Eigenschaften der Drei Juwelen sprechen.

Wenn wir jemandem taktvoll, ohne anmaßend oder ungeduldig zu sein, in dieser Weise helfen, werden wir ihm wirklichen Nutzen bringen. Es ist keineswegs sicher, dass die materiellen Geschenke, die wir anderen machen, wirklich helfen. Manchmal sind sie sogar die Ursache dafür, dass sich ihre Verblendungen noch verstärken. Die vollkommene Art, anderen zu helfen, besteht darin, sie entlang spiritueller Pfade zu führen. Wenn wir keine umfassenden Unterweisungen geben können, so können wir zumindest denjenigen, die unglücklich sind, einen guten Rat geben und ihnen helfen ihre Probleme durch anwenden von Dharma zu lösen.

MINDESTENS DREIMAL AM TAG UND DREIMAL IN DER NACHT ZUFLUCHT NEHMEN, WOBEI WIR UNS AN DEN NUTZEN DER ZUFLUCHTNAHME ERINNERN

Wir müssen mindestens einmal alle vier Stunden Zuflucht nehmen und versuchen unsere Zuflucht niemals zu vergessen. Wenn wir diese ununterbrochene Achtsamkeit entwickeln, werden wir sehr schnell Verwirklichungen erlangen. Die Erinnerung an den Nutzen der Zufluchtnahme bewirkt, dass wir unsere Achtsamkeit jederzeit aufrechterhalten. In dieser Hinsicht ist es unser Ziel, wie ein Geschäftsmann zu werden, der seine Projekte niemals vergisst, selbst wenn er sich ausruht.

JEDE HANDLUNG MIT VOLLKOMMENEM VERTRAUEN IN DIE DREI JUWELEN AUSFÜHREN

Um den Erfolg jeder tugendhaften Handlung, die wir ausführen, sicherzustellen, sollten wir uns auf die Drei Juwelen verlassen. Wir brauchen uns nicht um Inspiration und Segnung von weltlichen Göttern bemühen, sondern sollten versuchen, die Segnungen von Buddha, Dharma und Sangha zu erhalten, indem wir aufrichtig Gaben darbringen und uns mit unseren Bitten an sie wenden.

DIE DREI JUWELEN NIEMALS AUFGEBEN, NICHT IM SPASS UND NICHT EINMAL, WENN ES UNSER LEBEN KOSTET

Der Hauptgrund, die Drei Juwelen nie aufzugeben ist, dass die Zufluchtnahme die Grundlage aller Dharma Verwirklichungen ist.

Ein Buddhist wurde einst gefangen genommen und sein Feind forderte ihn auf: «Gib deine Zuflucht zu Buddha auf, sonst werde ich dich töten.» Dieser Buddhist weigerte sich seine Zuflucht aufzugeben und so wurde er getötet. Doch Hellsichtige sahen, dass er sofort als Gott wiedergeboren wurde.

Die besonderen und allgemeinen Verpflichtungen der Zuflucht nahme werden uns als Hilfe bei der Erlangung der Verwirk lichungen der Stufen des Pfades gegeben. Sie sind geschickte Methoden zur Schulung unseres Geistes und wir sollten sie deshalb nicht als Bestrafung oder unnötige Einschränkungen ansehen.

WIE MAN ZUFLUCHT NIMMT, INDEM MAN DIE DREI MEDITATIONSFOLGEN AUSFÜHRT

Um die Zufluchtnahme in drei Meditationsfolgen zu praktizieren, setzen wir uns bequem hin und visualisieren die Zufluchtsobjekte im Raume vor uns. Während der ersten Meditationsfolge rufen wir uns vor allem die verschiedenen Leiden der drei niederen Bereiche ins Gedächtnis. Wenn wir tief darüber nachgedacht haben, erinnern wir uns daran, dass wir ziemlich sicher eine niedere Wiedergeburt erlangen werden, wenn wir die Befreiung nicht in diesem Leben erlangen, weil wir viele nichttugendhafte Handlungen begangen und damit die Ursachen für eine derart unglückliche Wiedergeburt geschaffen haben.

Jetzt beginnen wir die zweite Meditationsfolge, während der wir uns vorstellen, dass der Zeitpunkt unseres Todes gekommen ist und dass wir die Möglichkeit verloren haben, Befreiung zu erlangen oder Dharma Juwelen in unserem Geist zu entwickeln, sodass wir mit Sicherheit auf dem Weg in eine niedere Wiedergeburt sind. Dann stellen wir uns lebhaft vor, dass wir tatsächlich eine niedere Wiedergeburt erlangt haben, nehmen wir an als Schwein. Wir visualisieren uns selbst als Schwein, indem wir mit einer ausführlichen, analytischen Meditation diese Vorstellung aufbauen und denken:

> *Jetzt bin ich ein Schwein. Mein Gesicht sieht so aus. Mein Körper sieht so aus. Mein Schwanz sieht so aus. Ich bin von anderen Schweinen umgeben. Sie sehen so und so aus.*

Wir visualisieren unsere Schweinefamilie und wie wir alle in unserem Schweinestall leben, widerlichen Abfall fressen und nach Exkrementen stinken. Wenn wir uns selber, unsere Gefährten und unsere Behausung visualisiert haben, stellen wir uns vor, dass der Bauer kommt und uns mitnimmt. Wir müssen unsere Familie zurücklassen und werden in einen Lastwagen mit vielen anderen quiekenden und grunzenden Schweinen gezwängt. Wir fahren mit hoher Geschwindigkeit auf der Autobahn. Wenn wir ins Schlachthaus kommen, stellen wir uns unsere Verwirrung und den Moment des Grauens vor, wenn uns klar wird, dass wir im nächsten Moment getötet werden. Wir stellen uns vor, dass uns unser Leben gewaltsam entrissen wird. Unser Körper wird geköpft und sofort aufgeschlitzt, ausgenommen und in Stücke geschnitten. Dann sehen wir in Gedanken, wie einige Stücke weggeworfen und andere den Hunden vorgeworfen werden, wie einige zerhackt und verwurstet oder zu Koteletts verarbeitet und in Zellophan verpackt, tiefgefroren im Supermarkt verkauft werden. Wir stellen uns vor, wie unsere besten Stücke nach Hause genommen, gebraten und von Menschen verzehrt werden.

Wenn wir keine Entsagung entwickelt haben, heißt es in einem Text, ist es nützlicher, die Erzeugungsstufe als Tier, Höllenwesen oder hungriger Geist anstatt die Erzeugungsstufe als Gottheit zu praktizieren. Wenn wir Selbsterzeugung als ein Wesen aus einem der niederen Bereiche praktizieren, werden wir schnell Entsagung entwickeln.

Während der dritten Meditationsfolge rufen wir uns vor allem die guten Eigenschaften der Drei Juwelen in Erinnerung, indem wir daran denken, dass allein die Drei Juwelen die Macht haben, uns vor allen Leiden der niederen Bereiche zu beschützen. Wir erinnern uns daran, dass das Dharma Juwel unsere eigentliche Zuflucht ist und dass die Erlangung dieser eigentlichen Zuflucht davon abhängt, dass wir uns auf Buddha und Sangha verlassen. Auf diese Weise entwickeln wir starkes Vertrauen in die Drei Juwelen.

Wenn wir diese drei Meditationsfolgen abgeschlossen und die Ursachen für die Zufluchtnahme sehr stark in unserem Geist erzeugt haben, rezitieren wir das Zufluchtsgebet so oft wir können oder wir sammeln Zufluchtsgebete an, wie es in den Unterweisungen für die vorbereitenden Übungen erklärt wurde.

Die Praxis der Zufluchtnahme ist sehr umfassend, weil sie alle Übungen der Stufen des Pfades zur Erleuchtung einschließt. Die besondere Art der Zufluchtnahme eines kleinen Wesens zu praktizieren heißt, sich zu bemühen, alle Verwirklichungen der Stufen des Pfades eines kleinen Wesens zu erlangen. Die besondere Art der Zufluchtnahme eines mittleren Wesens zu praktizieren heißt, sich zu bemühen, alle Verwirklichungen der Stufen des Pfades eines mittleren Wesens zu erlangen. Die besondere Art der Zufluchtnahme eines großen Wesens zu praktizieren heißt, sich zu bemühen, alle Verwirklichungen der Stufen des Pfades eines großen Wesens zu erlangen.

Als Atisha nach Tibet kam, lehrte er zuerst hauptsächlich Zuflucht und so nannten ihn die Tibeter «Zufluchtslama». Atisha freute sich sehr über diesen Titel, denn er dachte: «Jetzt kann ich den Tibetern wirklich helfen, denn ihre Praxis der Zufluchtnahme wird die Grundlage für die Erlangung aller anderen spirituellen Verwirklichungen sein.»

Karma

ÜBERZEUGUNG IN DAS GESETZ DES KARMAS GEWINNEN: DER URSPRUNG ALLER GUTEN EIGENSCHAFTEN UND ALLEN GLÜCKS

Das Gesetz des Karmas ist ein besonderes Beispiel für das Gesetz von Ursache und Wirkung. Nach diesem Gesetz sind alle Handlungen unseres Körpers, unserer Rede und unseres Geistes Ursachen, und alle unsere Erfahrungen deren Auswirkungen. Das Gesetz des Karmas erklärt, warum jedes Individuum eine einzigartige geistige Veranlagung, eine einzigartige körperliche Erscheinung und einzigartige Erfahrungen hat. Es sind die verschiedenen Auswirkungen der zahllosen Handlungen, die jeder Einzelne in der Vergangenheit verübt hat. Wir können keine zwei Personen finden, die genau die gleiche Vorgeschichte von Handlungen in ihren vergangenen Leben erschaffen haben. Deshalb können wir keine zwei Personen mit identischen Geisteszuständen, identischen Erfahrungen und identischer körperlicher Erscheinung finden. Jede Person hat ein anderes, individuelles Karma. Es gibt Menschen, die sich guter Gesundheit erfreuen, während andere dauernd krank sind. Es gibt Menschen, die sehr schön sind, während andere sehr hässlich sind. Es gibt Menschen mit frohem Gemüt, die leicht zufriedenzustellen sind, während andere mürrisch veranlagt sind und sich selten über etwas freuen. Manche verstehen die Bedeutung von Dharma Unterweisungen mit Leichtigkeit, während andere die Unterweisungen schwierig und unverständlich finden.

Karma bezieht sich hauptsächlich auf Handlungen und insbesondere auf die geistige Absicht, die jede Handlung einleitet. Im Allgemeinen bezieht es sich auf eine der drei folgenden Komponenten: Handlungen, ihre Auswirkungen und die Potenziale, die die Handlungen im Geist hinterlassen, vom Zeitpunkt ihres Abschlusses bis zum Zeitpunkt der Reife, wenn ihre Folgen erlebt werden. Es gibt drei Arten von Handlungen: geistige Handlungen, körperliche Handlungen und sprachliche Handlungen. Eine geistige Handlung ist ein vollständiger Gedankengang und nicht bloß die geistige Absicht, die einen Gedankengang auslöst. Auch körperliche und sprachliche Handlungen werden durch geistige Absichten eingeleitet und von geistigen Handlungen begleitet. Wenn eine Handlung abgeschlossen ist, schafft sie ein Potenzial in unserem Geist. Das Potenzial reift, wenn die Bedingungen geeignet sind, so wie eine Saat im Frühling reift, wenn sie das richtige Maß an Wärme und Feuchtigkeit erhält. Ob ein Potenzial tugendhaft oder nichttugendhaft ist, als Glück oder Leiden reift, hängt von der jeweiligen Handlung ab.

Wenn wir das Gesetz des Karmas verstehen, werden wir verstehen, wie wir unsere zukünftigen Erfahrungen bestimmen können, indem wir schädliche Handlungen – die Ursachen des Leidens – aufgeben und tugendhafte Handlungen – die Ursachen des Glücks – fördern. Über das Gesetz des Karmas zu meditieren ist wie in einen Spiegel zu schauen, der uns zeigt, was aufzugeben und was zu fördern ist. Es enthüllt die Ursachen unserer gegenwärtigen Erfahrungen und zeigt, wie unsere künftigen Leben sein werden, falls wir nicht die Oberhand über unsere gewohnheitsmäßige Negativität gewinnen. Selbst wenn wir das Gesetz des Karmas intellektuell verstehen, müssen wir doch immer wieder darüber meditieren, um zu einer tiefen Überzeugung zu gelangen. Wenn wir überzeugt sind, werden wir unsere eigene Negativität fürchten und den festen Entschluss fassen, moralische Disziplin zu praktizieren. Ohne wirkliche Überzeugung werden wir nicht genügend Energie aufbringen, unseren Geist zu schulen, und so werden wir weiterhin zwanghaft schädliche Handlungen ausführen, die zu Wiedergeburten im Elend führen.

Selbst wenn wir aufrichtig Zuflucht nehmen, werden wir ohne die Praxis moralischer Disziplin keinen vollkommenen Schutz vor Wiedergeburten in den drei niederen Bereichen finden, weil wir unsere Zufluchtsverpflichtung brechen werden. Wenn wir Zuflucht nehmen, ohne moralische Disziplin zu praktizieren, sind wir wie ein Gefangener, der durch das Eingreifen eines anderen seine Freiheit erringt, dann aber fortfährt, seine alten Verbrechen zu begehen, sodass es lediglich eine Frage der Zeit ist, bis er gefangen genommen und wieder ins Gefängnis geworfen wird.

Moralische Disziplin im festen Glauben an das Gesetz des Karmas zu praktizieren ist das Dharma Juwel eines kleinen Wesens und die Grundlage, auf der sich alle anderen Dharma Juwelen entwickeln. Es gewährt vollständigen Schutz vor niederen Wiedergeburten und führt uns zu allen anderen Verwirklichungen der Stufen des Pfades. Wenn wir keine moralische Disziplin praktizieren, wird unsere Stellung im Leben sehr unsicher sein, selbst wenn wir ausgezeichnete buddhistische Gelehrte werden.

Atishas spiritueller Meister Avadhutipa sagte:

> Bis wir das Festhalten am Selbst beseitigt haben, sollte unsere Hauptpraxis moralische Disziplin sein . . . Es gibt viele berühmte Gelehrte, die in der Hölle wiedergeboren wurden.

So wie das Gesetz dieses Landes keine Ausnahmen für Intellektuelle macht, schließt das Gesetz des Karmas Personen nicht um ihrer Gelehrtheit willen aus. Devadatta zum Beispiel war ein großer Gelehrter, der so viele Texte auswendig gelernt hatte, wie ein Elefant auf seinem Rücken tragen kann. Intellektuell verstand er die Bedeutung all dieser Texte, aber weil er in seinem Innern nie tief vom Gesetz des Karmas überzeugt war, beging er wie besessen negative Handlungen mit dem Ergebnis, dass er in der siebten heißen Hölle wiedergeboren wurde.

Die Schriften führen das Beispiel eines Praktizierenden des Yamantaka Tantra an, der einige Erlangungen hatte, zum Beispiel die Fähigkeit, zornvolle Mantras anzuwenden. Da er aber nicht wirklich vom Gesetz des Karmas überzeugt war und ihm die Verwirklichung des Mitgefühls fehlte, benutzte er die Mantras, um Menschen zu töten. Infolgedessen wurde er als hungriger Geist wiedergeboren. Als sein negatives Karma in dieser Weise reifte, konnte ihm selbst der mächtige Yamantaka nicht helfen.

Die Erklärung des Gesetzes des Karmas hat vier Teile:

1. Die allgemeinen Eigenschaften von Karma
2. Bestimmte Arten von Handlungen und ihre Auswirkungen
3. Die acht Merkmale eines voll ausgestatteten menschlichen Lebens
4. Wie man moralische Disziplin praktiziert, nachdem man Überzeugung in das Gesetz des Karmas gewonnen hat

DIE ALLGEMEINEN EIGENSCHAFTEN VON KARMA

Es gibt vier allgemeine Eigenschaften:

1. Die Folgen der Handlungen sind bestimmt
2. Die Folgen der Handlungen werden größer
3. Wenn eine Handlung nicht ausgeführt wird, kann ihre Folge nicht erfahren werden
4. Eine Handlung erschöpft sich nicht

DIE FOLGEN DER HANDLUNGEN SIND BESTIMMT

In den *Vinaya Sutras* sagt Buddha:

> Für jede Handlung, die wir ausführen, erleben wir eine ihr ähnliche Folge.

So sicher, wie Erbsen wachsen und nicht Gerste, wenn ein Gärtner Erbsensamen pflanzt, und so wie nichts wächst, wenn er nichts pflanzt, so führt es sicher zu glücklichen Erfahrungen, wenn wir positive Handlungen ausführen, zu unglücklichen Erfahrungen, wenn wir negative Handlungen ausführen, und zu neutralen Erfahrungen, wenn wir neutrale Handlungen ausführen.

In *Rad der scharfen Waffen* sagt Dharmarakshita, dass jede geistige Störung, die wir erleben, darauf zurückzuführen sei, dass wir in der Vergangenheit den Geist anderer gestört haben. Und dass die Hauptursache jeder körperlichen Krankheit, die wir erleben, auf eine ähnliche schädliche Handlung zurückzuführen ist, die wir in der Vergangenheit ausgeübt haben, so zum Beispiel andere durch Schläge, Erschießen, absichtliches Verabreichen falscher Medizin oder giftigen Essens zu verletzen. Fehlt diese Hauptursache, ist es unmöglich, das Leiden körperlicher Krankheit zu erleben. Feindzerstörer zum Beispiel können giftige Nahrung zu sich nehmen, ohne Schmerzen zu erleiden, weil sie keine schädlichen Handlungen mehr begehen und weil sie die Potenziale, die die Hauptursache solchen Leidens sind, beseitigt haben.

In gleicher Weise sind die Hauptursachen von Hunger und Durst Handlungen wie zum Beispiel aus Selbstsucht Essen und Getränke zu stehlen. Dharmarakshita sagte, wenn wir unterdrückt werden, ist dies eine Folge davon, dass wir auf andere in untergeordneter Stellung herabgeschaut, sie geschlagen oder von ihnen Arbeit gefordert haben. Oder es ist die Folge einer geringschätzigen statt einer liebenden Einstellung gegenüber anderen Lebewesen, von Verachtung statt von liebender Güte. Die Hauptursache von Armut ist Unrecht, das anderen angetan wurde, wie zum Beispiel sie absichtlich daran zu hindern, Lebensnotwendiges zu erhalten, oder ihr Eigentum zu zerstören. Die Hauptursachen für die Leiden der Trennung von Freunden und Familie sind Handlungen wie zum Beispiel die Partner anderer Menschen zu verführen oder sie absichtlich ihren Freunden und Menschen, die für sie arbeiten zu entfremden. Die Hauptursachen des Leidens, keine gute Beziehung mit unseren spirituellen Meistern zu haben, sind Handlungen wie zum Beispiel ihren Rat nicht zu befolgen, absichtlich den Frieden ihres Geistes zu stören oder unehrlich und heuchlerisch zu ihnen zu sein.

Normalerweise nehmen wir an, dass derartige schlechte Erfahrungen einzig von den Bedingungen dieses gegenwärtigen Lebens abhängig sind. Weil wir unter diesen Umständen keine Erklärung für die meisten unserer Erfahrungen finden, meinen wir oft, dass sie unverdient und unerklärlich sind und es keine Gerechtigkeit in der Welt gibt. In Wirklichkeit wurden die meisten unserer Erfahrungen dieses Lebens durch Handlungen in früheren Leben verursacht.

In den Schriften wird die Geschichte eines Mannes namens Nyempa Sangden erzählt, der so hässlich war, dass die Leute bestürzt waren, wenn sie ihn ansahen. Er besaß aber eine Stimme von solchem Wohlklang, dass die Menschen sich danach sehnten, ihm nahe zu sein, wenn sie diese hörten. Nur Buddha kann die genaue Beziehung zwischen Handlungen und ihren Wirkungen sehen. Er sagte über Nyempa Sangden Folgendes: «Es lebte einst ein König, der viele Männer einstellte, um einen Stupa zu bauen. Nach einer gewissen Zeit wurde einer der Bauarbeiter müde und mutlos und begann, das Projekt des Königs abzulehnen. Er murmelte vor sich hin: ‹Was hat es für einen Sinn, einen derart riesigen Stupa zu bauen?› Nachdem der Stupa aber fertig und gesegnet war, bereute der Bauarbeiter, dass er so ärgerlich gewesen war, und spendete eine schöne Glocke für den Stupa. Die Feindseligkeit dieses Mannes brachte seine Hässlichkeit hervor und die Spende der Glocke seine göttliche Stimme.»

Wir müssen verstehen, wie die Beschaffenheit unserer gegenwärtigen Handlungen die Beschaffenheit unserer zukünftigen Erfahrungen bestimmt. Ohne dieses Verständnis schaffen wir in unserer Unwissenheit die völlig falschen Ursachen. Während wir uns wünschen glücklich zu sein, schaffen wir die Ursache für Leiden und zerstören damit gerade die Möglichkeit, unseren Wunsch zu verwirklichen. In *Leitfaden für die Lebensweise eines Bodhisattva* sagt Shantideva:

> Obwohl die Lebewesen sich wünschen, frei von Leiden zu sein,
> Laufen sie geradewegs auf die Ursachen des Leidens zu.
> Und obwohl sie sich Glück wünschen,
> Zerstören sie es aus Unwissenheit als wäre es ein Feind.

Indem wir eindringlich über diesen Punkt meditieren, werden wir zu dem Entschluss kommen: «Ich werde nichttugendhafte Handlungen aufgeben, weil ihre Auswirkung Leiden ist, und ich werde tugendhafte Handlungen ausüben, weil ihre Folge Glück ist.» Diesen Entschluss nehmen wir als Objekt der verweilenden Meditation.

DIE FOLGEN DER HANDLUNGEN WERDEN GRÖSSER

Selbst geringfügige nichttugendhafte Handlungen tragen reiche Frucht an Leiden und geringfügige tugendhafte Handlungen tragen reiche Frucht an Glück. Auf diese Weise kann großes Leiden oder großes Glück aus geringfügigen Handlungen entstehen – unsere Handlungen gleichen kleinen Samen, die wie winzige Eicheln riesige Eichen hervorbringen. Die Kraft auch einer noch so geringfügigen nichttugendhaften Handlung, Leiden hervorzurufen, wächst Tag für Tag an, wenn wir sie nicht reinigen.

In den Schriften wird das Beispiel einer Nonne namens Upala erwähnt, die vor ihrer Ordination von außergewöhnlichem Unglück heimgesucht wurde. Von den zwei Kindern ihres ersten Mannes ertrank eines und das andere wurde von einem Schakal angefallen und gefressen. Ihr Mann wurde von einer giftigen Schlange getötet. Nach dem Verlust ihrer Familie kehrte Upala zu ihren Eltern zurück. Aber schon bald nachdem sie dort angekommen war, fing das Haus Feuer und brannte bis auf die Grundmauern nieder. Sie heiratete dann einen Nichtbuddhisten und bekam ein Kind von ihm. Aber dieser Mann war Alkoholiker und eines Nachts war er derart betrunken, dass er sein Kind tötete und seine Frau zwang, dessen Fleisch zu essen. Upala floh vor diesem wilden Mann und entkam in ein anderes Land, wo sie von Dieben gefangen genommen wurde. Diese zwangen sie, ihren Anführer zu heiraten. Einige Jahre später wurde ihr Mann gefangen genommen und nach dem Brauch jenes Landes wurden sowohl er als auch seine Frau lebendig begraben. Die Diebe begehrten jedoch die Frau und so gruben sie sie wieder aus, und Upala wurde gezwungen, mit ihnen zu leben. Nachdem ihr all dies schreckliche Elend und Unglück widerfahren war, entstand in Upala der starke Wunsch, frei von jeder Form leidvoller Existenz zu werden, und so suchte sie Buddha auf und erzählte ihm ihre Geschichte. Buddha erklärte ihr, dass sie in ihrem früheren Leben eine der Ehefrauen eines Königs und sehr eifersüchtig auf die anderen Frauen gewesen sei. Allein ihre eifersüchtigen Handlungen, die vielen anderen Frauen des Königs Leiden zufügten, reichten aus, um die schrecklichen Leiden ihres gegenwärtigen Lebens hervorzubringen. Es waren die Folgen ihres Karmas, oder Handlungen.

Indem wir über diesen Punkt meditieren, werden wir den festen Entschluss entwickeln, die kleinste Nichttugend zu vermeiden und auch die scheinbar unbedeutendsten guten Gedanken und Taten zu pflegen. Wenn dieser Entschluss fest und bestimmt in unserem Geist entsteht, üben wir die verweilende Meditation aus, um ihn beständig und stabil werden zu lassen. Wenn wir unseren Entschluss jederzeit aufrechterhalten können, ohne ihn je zu vergessen, werden unsere Handlungen von Körper, Rede und Geist so rein, dass es keine Grundlage mehr für Leiden gibt, und wir werden schnell Verwirklichungen erlangen.

WENN EINE HANDLUNG NICHT AUSGEFÜHRT WIRD, KANN IHRE FOLGE NICHT ERFAHREN WERDEN

Wenn sich in einem Krieg Soldaten gegenseitig bekämpfen, werden einige getötet und andere überleben. Die Überlebenden werden nicht verschont, weil sie tapferer sind als die anderen, sondern weil sie nicht die Ursache geschaffen haben, zu diesem Zeitpunkt zu sterben.

In den Schriften ist das Beispiel einer Königin namens Ngo Sangma zu finden, die einem buddhistischen Lehrer folgte und die Verwirklichung einer Niemals-Wiederkehrenden erlangte. Sie sammelte eine Gefolgschaft von fünfhundert Schülerinnen um sich, die allesamt Wunderkräfte entwickelten. Eines Tages fing das Gebäude, in dem sie versammelt waren, Feuer. Die Königin und all ihre Schülerinnen flogen sofort in den Himmel, um den Flammen zu entgehen, aber die Königin wusste, dass sie alle das kollektive Karma erschaffen hatten, an diesem Tag im Feuer zu sterben. Da dieses Karma bereits reifte, war es unvermeidlich geworden.

Die Königin sprach zu den Schülerinnen: «Die einzige Möglichkeit, wie wir jetzt unsere nichttugendhaften Handlungen reinigen können, ist ihre Auswirkung zu erleben.» Alle Frauen flogen daraufhin zurück in das Feuer wie Motten, die sich in eine Kerzenflamme stürzen.

Die Frauen hatten ein armes Hausmädchen namens Gurchog. Diese besaß keine Wunderkräfte und rettete sich, indem sie durch die Kanalisation entkam. Sie hatte weder spirituelle Verwirklichungen noch Zeit, Dharma zu praktizieren. Da Gurchog aber als einzige nicht die Ursache geschaffen hatte, in diesem Feuer zu sterben, war es nur ihr allein möglich zu entkommen.

Wir können viele weitere Beispiele dieser Art in den Tageszeitungen finden. Wenn ein Terrorist in einem großen Gebäude eine Bombe legt, kommen manche Leute um, doch andere bleiben verschont, obwohl sie sich im Zentrum der Explosion befinden. Bei einem Flugzeugabsturz oder einem Vulkanausbruch werden manche Menschen getötet und andere entkommen, obwohl ihr Überleben wie ein Wunder erscheint. Bei vielen Unfällen sind die Überlebenden oftmals selbst über ihr Entrinnen erstaunt und finden es seltsam, dass andere starben, die in ihrer Nähe waren, als das Unglück geschah.

Wenn wir über diesen Punkt meditieren, wird in uns der feste Entschluss entstehen: «Ich werde Reinigung praktizieren und nur tugendhafte Handlungen ausüben.»

EINE HANDLUNG ERSCHÖPFT SICH NICHT

Buddha sagte:

> Die Handlungen der Lebewesen erschöpfen sich nicht, selbst wenn Hunderte von Äonen verstreichen, bevor ihre Auswirkungen erfahren werden.

Handlungen können nicht einfach verschwinden und wir können sie nicht jemand anderem geben und damit unserer Verantwortung entgehen. Obwohl die vorübergehenden geistigen Absichten, die unsere vergangenen Handlungen ausgelöst haben, verschwunden sind, verschwinden die Potenziale, die in unserem Geist hinterlassen wurden, nicht bis sie reifen. Der einzige Weg, negative Potenziale zu zerstören, bevor sie als Leiden reifen, ist die Reinigung mit den vier Gegenkräften. Es ist jedoch viel leichter, unsere positiven Potenziale zu zerstören, denn wenn wir es versäumen, unsere tugendhaften Handlungen zu widmen, können sie ihre Kraft durch einen einzigen Moment der Wut völlig verlieren. Unser Geist ist wie eine Schatztruhe und unsere tugendhaften Handlungen sind wie Juwelen. Schützen wir sie nicht durch Widmungen, ist es als ob wir, wann immer wir wütend werden, einem Dieb das Tor zu unseren Schätzen öffnen.

Wenn zwischen dem Zeitpunkt der Handlung und dem Zeitpunkt ihrer Wirkung eintausend Jahre vergehen, werden die Potenziale unserer Handlungen während der gesamten Zeit in unserem Geist getragen. Wenn wir zum Beispiel die Handlung des Tötens begehen und die notwendigen Ursachen für das Erleben der Auswirkung dieser Handlung in einhundert Leben nicht zusammenkommen, bleiben die Potenziale unserer Handlung des Tötens dennoch während all dieser Leben in unserem Geist. Wenn wir am Ende unseres neunundneunzigsten Lebens im Sterben liegen, werden wir vielleicht starke Anhaftung an Wärme entwickeln, und diese Anhaftung wird unser negatives Potenzial aktivieren und dadurch die richtigen Bedingungen schaffen, dass wir die reifende Auswirkung unserer nichttugendhaften Handlung erleben. Die Anhaftung, die wir zum Zeitpunkt des Todes haben, ist wie Wasser und die negativen Potenziale, die unsere Handlung des Tötens in unserem Geist zurückgelassen hat, ist wie die Saat in einem Feld. Wenn die wassergleiche Verblendung der Anhaftung unser saatgleiches Potenzial nährt, reift es als äußerst schmerzhafte Wiedergeburt in einer der heißen Höllen.

Wir können über das Beispiel von Shri Datta nachdenken, der viele äußerst negative Handlungen beging, etwa Buddha vergiftetes Essen anzubieten. Als Shri Datta alt wurde, begann er sich für Dharma zu interessieren und bat Buddha, ihn zu ordinieren. Es heißt, dass jeder, der die Ordination erhält, mindestens etwas an Tugendhaftem haben muss, das eine Ursache für Befreiung ist. Hellsichtige Schüler Buddhas prüften Shri Datta, konnten jedoch nicht ein einziges derartiges tugendhaftes Potenzial finden, und so erklärten sie: «Dieser Shri Datta ist nicht geeignet für die Ordination, denn er hat nicht das geringste tugendhafte Potenzial, das eine Ursache für Befreiung ist.» Doch diese Schüler konnten die subtilen Potenziale nicht sehen, die nur von erleuchteten Wesen wahrgenommen werden. Als Buddha schaute, sah er ein winziges Potenzial für Tugend in Shri Dattas dunklem Geist. Er erzählte seinen Schülern: «Vor vielen Äonen war Shri Datta eine Fliege, die eines Tages unwissentlich um einen Stupa kreiste. Da diese Handlung von tugendhafter Natur war, hinterließ sie eine Spur von Gutem in Shri Dattas Geist und somit ist er fähig, Befreiung zu erlangen.» Dann gewährte Buddha die Ordination, als Folge davon vermehrten sich Shri Dattas positive Potenziale, und er erlangte tatsächlich Befreiung noch im gleichen Leben.

In *Leitfaden zum Mittleren Weg* sagt Chandrakirti, dass für Bodhisattvas, Alleinige Verwirklicher, Hörer und gewöhnliche Wesen moralische Disziplin die einzige Ursache für glückliche Wiedergeburten und Befreiung ist. Moralische Disziplin zu praktizieren bedeutet negative Handlungen aufzugeben, nachdem man ihre Gefahren erkannt hat. Obwohl es einige negative Handlungen gibt, die wir aufgrund unserer starken negativen Geistesgewohnheiten nicht sofort aufgeben können, gibt es andere, mit denen wir bestimmt sofort aufhören können. Wir müssen unseren Geist behutsam und stetig schulen, indem wir uns zuerst mit den nichttugendhaften Handlungen befassen, die wir leicht aufgeben können, und dann allmählich den Entschluss, den Mut und die Fähigkeiten aufbauen, die wir benötigen, um auch unsere hartnäckigsten schlechten Gewohnheiten zu beseitigen. Solange wir den aufrichtigen Wunsch haben, unsere nichttugendhaften Handlungen und Potenziale zu überwinden, werden diese auf natürliche Weise schwächer und schwächer, und es wird uns immer leichter fallen, tugendhaft zu handeln. Wir brauchen uns nicht zu sorgen, denn ein anhaltender und aufrichtiger Entschluss reicht aus, um die Stärke all unserer nichttugendhaften Neigungen zu untergraben.

Wir müssen geschickt sein und im Rahmen unserer Fähigkeiten praktizieren. Manche Menschen sind in der Lage, negative Handlungen aufzugeben, sobald sie die Unterweisungen über Karma verstehen, während andere zwar ein richtiges Verständnis haben, trotzdem aber lange Zeit fortfahren, zwanghaft negative Handlungen auszuüben. Wenn wir es erzwingen wollen, alle unsere schlechten Gewohnheiten auf einmal zu überwinden, werden wir besorgt und dann deprimiert sein. Wir sind auf dem Weg zu Misserfolg und Entmutigung, wenn unsere Vorsätze zu ehrgeizig sind. Diese Art der Entmutigung ist sehr gefährlich, weil sie uns leicht dazu bringt Dharma aufzugeben. Da es unmöglich ist, Erfolg in unserer spirituellen Praxis zu haben, während unser Geist angespannt und unglücklich ist, sollten wir immer mit Maß praktizieren und es unserem Geist erlauben, froh und entspannt zu bleiben. Dann wird unsere Meditation gelingen, unser Geist wird klarer und unser Erinnerungsvermögen wird sich verbessern. Immer wenn wir uns unserer nichttugendhaften Handlungen und negativen Geistesarten bewusst werden, sollten wir, statt deprimiert und ärgerlich zu sein und uns überwältigt oder enttäuscht zu fühlen, wenn sie entstehen, weise und kreativ reagieren, indem wir sie bekennen und Reinigung praktizieren.

BESTIMMTE ARTEN VON HANDLUNGEN UND IHRE AUSWIRKUNGEN

Dies hat vier Teile:

1. Nichttugendhafte Handlungen und ihre Auswirkungen
2. Tugendhafte Handlungen und ihre Auswirkungen
3. Faktoren, die die Kraft einer Handlung bestimmen
4. Werfende Handlungen und abschließende Handlungen

NICHTTUGENDHAFTE HANDLUNGEN UND IHRE AUSWIRKUNGEN

Dies hat drei Teile:

1. Die zehn nichttugendhaften Handlungen und die Faktoren ihrer Vollendung
2. Faktoren, die die Schwere nichttugendhafter Handlungen bestimmen
3. Die Auswirkungen nichttugendhafter Handlungen

DIE ZEHN NICHTTUGENDHAFTEN HANDLUNGEN UND DIE FAKTOREN IHRER VOLLENDUNG

Nichttugendhafte Handlungen sind Pfade, die zu den niederen Bereichen führen. Zuerst müssen wir sie erkennen und verstehen, wie sie zu Elend und Verwirrung führen. Mit diesem Verständnis werden wir ganz natürlich danach streben, sie zu vermeiden. Es gibt zahllose nichttugendhafte Handlungen, aber die meisten sind in den folgenden zehn enthalten:

1. Töten
2. Stehlen
3. Sexuelles Fehlverhalten
4. Lügen
5. Entzweiende Rede
6. Verletzende Rede
7. Leeres Geschwätz
8. Begehrlichkeit
9. Böswilligkeit
10. Falsche Sichtweisen halten

Die ersten drei Handlungen sind körperliche Handlungen, die nächsten vier sind in erster Linie sprachliche Handlungen, obwohl sie einige Handlungen des Körpers beinhalten, und die letzten drei sind geistige Handlungen.

Wir erfahren das volle Ergebnis einer Handlung nur, wenn die Handlung vollständig ist. Sie ist vollständig, wenn alle vier Faktoren vorhanden sind: das Objekt, die Absicht, die Vorbereitung und die Vollendung.

TÖTEN

Das Objekt des Tötens ist jedes andere Wesen, vom winzigsten Insekt bis zu einem Buddha. Damit die vollständige Absicht da ist, eine negative Handlung auszuführen, müssen drei Faktoren vorhanden sein: klare Unterscheidung, Entschlossenheit und Verblendung. Im Falle von Töten heißt klare Unterscheidung die klare Identifikation der Person, die wir zu töten beabsichtigen. Wollen wir zum Beispiel Hans töten, töten jedoch Peter im Glauben, Peter sei Hans, so haben wir weder die Handlung Hans zu töten noch die Handlung Peter zu töten vollendet. Unsere Handlung ist aber dennoch schädlich und wir werden negative Ergebnisse erfahren. Der Faktor Entschlossenheit ist unsere Entschlossenheit, die Person zu töten, die wir richtig identifiziert haben. Unsere Handlung ist nicht vollständig, wenn wir jemanden aus Versehen töten, ohne jede schädigende Absicht. Wenn wir die Handlung begehen, muss unser Geist zudem von einer Verblendung beeinflusst sein. Es ist möglich, dass jemand tötet, ohne von einer Verblendung beeinflusst zu sein, beispielsweise wenn jemand aus Mitgefühl tötet, um das Leben anderer zu retten. Für eine solche Tat braucht man große Weisheit und den Mut, alle negativen Folgen auf sich zu nehmen, die die Handlung nach sich zieht. Wenn jemand tötet, ist die Handlung normalerweise durch eine der Ursprungsverblendungen motiviert: Wut, begehrende Anhaftung oder Unwissenheit. Ein Dieb kann aus Anhaftung töten, weil er glaubt, sein Opfer wolle den Diebstahl verhindern. Ein Soldat kann aus Hass auf seinen Feind töten oder aus Unwissenheit, in der Meinung, dass Töten im Krieg keine negative Handlung sei. Manche Menschen töten freudig Tiere, zum Beispiel Fische, Vögel und so weiter, in dem falschen Glauben, es sei keine nichttugendhafte Tat. In einigen Religionen wird sogar gelehrt, dass manche Arten des Tötens tugendhaft sind, so zum Beispiel das Töten von Tieren, die als Opfergaben dienen.

Der dritte Faktor, Vorbereitung, bezieht sich auf das Vorbereiten der Mittel zur Ausführung der Handlung. Wir können die Handlung selbst ausführen oder jemanden beauftragen, der die Tat für uns begeht. Wir können zum Beispiel töten, indem wir unserem Opfer Gift verabreichen oder indem wir jemanden beauftragen, es zu erschießen. Die Handlung des Tötens ist vollendet, wenn das Opfer stirbt, bevor wir sterben. Zu diesem Zeitpunkt haben wir die Ursache dafür geschaffen, das volle negative Ergebnis unserer Handlung zu erleben, vorausgesetzt, es sind alle anderen Faktoren vorhanden.

Es wäre falsch zu denken, dass wir den Konsequenzen unserer nichttugendhaften Handlungen entgehen können, indem wir jemand anderen damit beauftragen, die Tat für uns zu begehen. Tatsächlich wird die volle Auswirkung unserer Handlung doppelt so schlimm sein, wenn wir jemand anderen zu unserem Werkzeug machen, weil zwei Personen die schlimmen Folgen erleiden müssen. Zusätzlich werden wir die Konsequenzen tragen müssen, die dadurch entstehen, dass wir einen anderen für unsere egoistischen Zwecke missbrauchen, ohne uns um sein zukünftiges Wohlbefinden zu scheren.

Wir neigen dazu zu glauben, dass Menschen, die Macht über andere haben, in einer glücklichen Lage sind. In Wirklichkeit aber ist ihre Stellung sehr gefährlich, weil es für solche Menschen sehr schwierig ist, äußerst destruktive Handlungen zu vermeiden. Wenn zum Beispiel ein Herrscher einer Armee befiehlt, sich in die Schlacht zu begeben, und in dieser Schlacht eintausend feindliche Soldaten getötet werden, wird jeder Soldat die negative Folge des Tötens so vieler Menschen erfahren, wie er getötet hat. Aber der Herrscher wird die negative Folge des Tötens von eintausend Menschen auf sich laden. Menschen in Machtpositionen können in der kurzen Zeit, die notwendig ist, ihre Unterschrift zu schreiben oder einen Knopf zu drücken, ungeheuer destruktive Handlungen begehen. Der Beschützer Nagarjuna betete darum, in seinen zukünftigen Leben niemals Politiker zu werden, weil er wusste, hätte er irgendwelche weltliche Autorität oder Macht, müsste er die persönliche Verantwortung für alle Handlungen übernehmen, die er anderen befehlen würde.

Wenn sich eine Gruppe von Menschen einigt irgendeine Handlung auszuüben und diese Handlung abgeschlossen wird, dann hat jeder einzelne die Folge zu tragen. Es mag nur ein Objekt der Handlung geben, doch es gibt so viele Handlungen wie es Beteiligte gibt. Das gleiche gilt sogar dann, wenn die Gruppe nur eine Person damit beauftragt, die Handlung zu begehen. Wenn wir aber jemandem befehlen oder ihn beauftragen eine Handlung auszuüben und dann unsere Meinung ändern, bevor die Handlung vollendet wurde, laden wir nicht die ganze Folge auf uns.

STEHLEN

Das Objekt des Stehlens ist alles, was jemand anderer als sein Eigentum betrachtet. Das schließt andere Lebewesen mit ein, wie das Kind oder die Tiere von jemand anderem. Wenn wir etwas an uns nehmen, das niemand als Besitz beansprucht, zum Beispiel einen Gegenstand, den wir im Müll gefunden haben, dann ist die Handlung des Stehlens nicht vollendet.

Wir müssen das Objekt des Stehlens richtig identifizieren. Wenn wir den Besitz eines Feindes stehlen wollen, stehlen aber den Besitz von jemand anderem, in der Meinung es gehöre unserem Feind, dann ist die Handlung in beiden Fällen kein vollendeter Diebstahl. Zudem müssen wir dazu entschlossen sein zu stehlen und wir müssen von einer Verblendung beeinflusst sein. Üblicherweise wird Diebstahl aus begehrender Anhaftung begangen, aber manchmal stehlen Menschen aus Hass, weil sie einem Feind Kummer bereiten wollen, und manchmal stehlen sie aus Unwissenheit, weil sie glauben, dass Stehlen nicht falsch oder dass es gerechtfertigt sei. Zum Beispiel zahlen Menschen vielleicht ein Darlehen nicht zurück oder keine Steuern, Bußen und Gebühren, weil sie der Ansicht sind, dass das System, das diese Zahlungen fordert, ungerecht ist. Oder sie bestehlen ihren Arbeitgeber, in der Meinung, es sei in Ordnung, weil er sie nicht ausreichend entlohne.

Es gibt viele Methoden zu stehlen. Wir können die Handlung im Geheimen oder offen begehen. Wir können hinterhältige Methoden anwenden, wie Bestechung oder

Erpressung, oder wir können jemanden, dessen Besitz wir haben wollen, emotional manipulieren. Die Handlung des Stehlens ist vollendet, wenn wir denken: «Dieses Objekt gehört jetzt mir.» Wenn wir uns etwas ausleihen, kann es vorkommen, dass wir beginnen es zu mögen und unsere Absicht es zurückzugeben allmählich schwächer wird. Wenn wir dieses Objekt schließlich als unser Eigentum betrachten und die anderen Faktoren ebenfalls gegeben sind, dann haben wir die Handlung des Stehlens vollendet. Solange wir noch zögern etwas unser Eigen zu nennen, ist unsere Handlung nicht vollständig. Wenn wir zum Beispiel in einen Zug steigen, ohne eine Fahrkarte gekauft zu haben, kann es sein, dass wir während der ganzen Reise unsicher sind, ob wir werden zahlen müssen oder nicht. Wenn wir aber an unserem Ziel angelangt sind und alle Schaffner erfolgreich umgangen haben, sind wir sicher, eine kostenlose Fahrt gemacht zu haben. Wenn dieser triumphierende Gedanke entsteht, ist unsere Handlung des Stehlens vollständig.

SEXUELLES FEHLVERHALTEN

Wenn wir das Gelübde des Zölibats abgelegt haben, ist das Objekt sexuellen Fehlverhaltens jede andere Person. Wenn wir nicht im Zölibat leben und einen Partner oder eine Partnerin haben, ist das Objekt des sexuellen Fehlverhaltens jede andere Person, die nicht der Partner oder die Partnerin ist. Wenn wir nicht zölibatär leben und keinen Partner haben, gibt es folgende Objekte sexuellen Fehlverhaltens: der Partner eines anderen (Ehemann, Ehefrau, Freund, Freundin), Kinder, unsere Eltern, jemand, der im Zölibat lebt, schwangere Frauen, Tiere und alle, die nicht einwilligen.

Wir müssen das Objekt des sexuellen Fehlverhaltens richtig identifizieren. Nehmen wir an, wir leben nicht im Zölibat und haben keinen Partner. Wenn wir unter diesen Umständen mit jemandem Geschlechtsverkehr haben und annehmen, dass diese Person keinen Partner hat, ist unsere Handlung nicht vollständig, auch wenn sie verheiratet ist. Zudem müssen wir dazu entschlossen sein, sexuelles Fehlverhalten auszuüben und wir müssen von einer Verblendung beeinflusst sein. Normalerweise wird sexuelles Fehlverhalten aus begehrender Anhaftung begangen. Es kann aber auch aus Hass geschehen, zum Beispiel wenn Soldaten die Frauen und Töchter ihrer Feinde vergewaltigen. Manchmal begehen Menschen sexuelles Fehlverhalten aus Unwissenheit, weil sie nicht erkennen, dass etwas daran falsch ist, oder weil sie denken, es sei gesund oder erhaben, etwa wenn jemand sexuelle Beziehungen mit den Partnern anderer Menschen unterhält und glaubt, dass «freie Liebe» ein Pfad zur Befreiung sei.

Sexuelles Fehlverhalten kann auf viele Arten begangen werden. Die Handlung ist vollständig, wenn sexuelle Glückseligkeit durch die Vereinigung der Geschlechtsorgane erfahren wird.

LÜGEN

Es gibt viele Objekte des Lügens, aber die meisten sind in den folgenden acht enthalten: was gesehen wird, was gehört wird, was erlebt wird und was bekannt ist; sowie was nicht gesehen wird, was nicht gehört wird, was nicht erlebt wird und was nicht bekannt ist. In einigen Fällen ist Lügen keine sprachliche Handlung. Man kann zum Beispiel lügen, indem man Körperbewegungen ausführt, indem man schreibt oder sogar indem man schweigt.

Damit die Handlung des Lügens vollständig ist, müssen wir das Objekt richtig identifizieren. Wenn wir das Objekt verwechseln und zum Beispiel sagen: «Meine Darbringungsschalen sind aus Gold», wir aber sagen wollen: «Meine Darbringungsschalen sind aus Messing», ist die Handlung nicht vollständig. Zudem müssen wir entschlossen sein zu lügen und wir müssen durch eine Verblendung beeinflusst sein. Beim Lügen können alle Ursprungsverblendungen beteiligt sein. Man kann auf viele verschiedene Arten lügen, aber die Handlung ist erst dann vollständig, wenn uns derjenige, den wir anlügen, verstanden hat und glaubt, was wir gesagt oder angedeutet haben. Wenn uns der andere nicht versteht, ist die Handlung nicht vollständig. Wenn wir zum

Beispiel eine Lüge ins Ohr unseres Hundes flüstern, gibt es keine Möglichkeit, dass er uns glaubt, und so können wir uns nicht die gesamte negative Folge zuziehen.

ENTZWEIENDE REDE

Das Objekt der entzweienden Rede sind zwei oder mehr Personen, die eine Beziehung zueinander haben. Ist ihre Beziehung gut, verschlechtert sie sich aufgrund unserer entzweienden Rede oder wird vollständig zerstört. Ist die Beziehung schlecht, verschlimmert sie sich aufgrund unserer entzweienden Rede noch mehr. Wir müssen das Objekt richtig identifizieren und wir müssen entschlossen sein, mit unserer entzweienden Rede einer Beziehung zwischen Personen zu schaden. Unser Geist muss durch eine Verblendung beeinflusst sein. Auch hier kann jede der drei Ursprungsverblendungen beteiligt sein.

Es gibt zwei Arten entzweiender Rede: das, was wahr ist, aber verletzt, wenn man es ausspricht, und das, was unwahr ist, wie Verleumdung oder Propaganda. Entzweiende Rede muss keine sprachliche Handlung sein. Wir können Harmonie und Wohlwollen unter den Menschen zerstören, indem wir uns anderer Mittel als der Sprache bedienen, wie des Schreibens oder Schweigens. Es gibt viele Möglichkeiten der entzweienden Rede, doch die Handlung ist erst dann vollständig, wenn als Folge unserer Handlung eine gute Beziehung beschädigt oder eine schlechte Beziehung weiter verschlimmert wurde.

VERLETZENDE REDE

Das Objekt der verletzenden Rede ist jede Person, die durch das, was wir sagen, verletzt werden kann. Wenn wir das Wetter beschimpfen, weil wir uns darüber ärgern, ist unsere Handlung der verletzenden Rede nicht vollständig, denn das Wetter kann nicht durch Worte verletzt werden. Wir müssen das Objekt richtig identifizieren. Wenn wir das Objekt verwechseln – wenn wir zum Beispiel Peter beleidigen wollen, stattdessen aber Hans in der Meinung beleidigen, er sei Peter – ist unsere Handlung nicht vollständig. Zudem müssen wir dazu entschlossen sein, verletzend zu reden und wir müssen unter dem Einfluss einer Verblendung stehen. Wenn wir uns verletzend äußern, sind wir für gewöhnlich ärgerlich und es schwingt bei dieser Handlung immer etwas Wut mit. Wir können aber auch aus begehrender Anhaftung verletzende Worte äußern. Wir können zum Beispiel zu jemandem sagen, er sei dick, in der Hoffnung, dass er sich durch diese Worte derart schlecht fühlt, dass er uns seinen Schokokuchen überlässt! Manchmal sagen wir etwas Verletzendes aus Unwissenheit, weil wir nicht berücksichtigen, dass andere durch unsere Worte verletzt werden könnten. Vielleicht sind wir sogar bewusst beleidigend, weil wir glauben, dass es dem anderen hilft, harsche Worte zu hören.

Es gibt viele Möglichkeiten, verletzend zu reden. Ein Beispiel ist Sarkasmus. Mit Sarkasmus können wir sanft und mit einem Lächeln auf den Lippen sprechen und dabei Wörter wie Pfeile in den Geist anderer schießen. Das Ziel der verletzenden Rede ist, anderen Leid zuzufügen. Wie ein Pfeil den Körper eines Feindes durchbohrt, durchbohrt verletzende Rede die Empfindsamkeit einer anderen Person. Verletzende Rede ist nicht notgedrungen eine sprachliche Handlung. Wir können diesen Schmerz zufügen, ohne Worte zu gebrauchen. Zum Beispiel können wir andere mit einer Geste demütigen oder lächerlich machen. Immer wenn wir mit anderen Menschen zusammen sind, sollten wir unsere Rede im Zaum halten und abwägen, ob unsere Worte verletzend sind oder nicht. Wir fragen uns: «Könnten diese Worte störend sein? Könnten sie jemanden unglücklich machen?» Atisha sagte, wenn wir allein sind, sollten wir ganz besonders auf unseren Geist achten, und wenn wir mit anderen zusammen sind, sollten wir ganz besonders auf unsere Rede achten.

Die Handlung der verletzenden Rede ist vollständig, wenn derjenige, gegen den unsere Handlung gerichtet ist, unsere Worte versteht, glaubt, dass diese im Ernst geäußert wurden, und sich gestört fühlt. Unsere Handlung ist nicht vollständig, wenn er unsere Worte nicht versteht oder denkt, dass wir scherzen, oder durch das, was wir sagen, nicht gestört wird.

LEERES GESCHWÄTZ

Das Objekt des leeren Geschwätzes ist jedes Objekt, das sinnlos ist. Wiederum müssen wir das Objekt richtig identifizieren, wir müssen entschlossen sein die Handlung zu begehen und unser Geist muss unter dem Einfluss einer Verblendung stehen.

Es gibt viele Möglichkeiten, sich leerem Geschwätz hinzugeben. Wir können zum Beispiel einfach alles aussprechen, was uns in den Sinn kommt. Wir können ziellos oder ohne Verantwortungsgefühl daherreden. Leeres Geschwätz ist jedes Gerede, das geistlos oder ohne wirklichen Nutzen ist. Diese Handlung kann auch nichtverbal sein. Eine Form von leerem Geschwätz ist zum Beispiel, wenn wir viel Zeit mit dem Lesen belangloser Bücher voller Romantik und Fantasie verbringen. Obwohl solche Handlungen nicht von schwerwiegender nichttugendhafter Natur sind, füllen sie unser Leben mit Trivialitäten und werden zu einem ernsthaften Hindernis für unsere Dharma Praxis, wenn wir uns häufig damit abgeben. Die Handlung des leeren Geschwätzes ist vollständig, wenn andere unsere Worte gehört haben.

BEGEHRLICHKEIT

Das Objekt der geistigen Handlung der Begehrlichkeit ist alles, was jemand anderem gehört. Es kann materieller Besitz sein, eine Arbeitsstelle, eine hohe Stellung oder der Partner einer anderen Person. Wir müssen das Objekt richtig identifizieren, entschlossen sein es zu besitzen und wir müssen durch eine Verblendung beeinflusst sein. Wenn wir Begehrlichkeit spüren, ist unser Geist meistens von begehrender Anhaftung gestört. Wir führen die Handlung aus, indem wir wiederholt darüber nachdenken, wie wir uns das Objekt beschaffen könnten. Und wir vollenden die Handlung, wenn wir eine bestimmte Methode wählen und uns entschließen sie anzuwenden, um das Objekt zu bekommen.

Unsere Entschlossenheit das Objekt zu beschaffen, das wiederholte Nachdenken über die am besten geeignete

Methode und der Entschluss, uns das Objekt definitiv und mit der einmal gewählten Methode zu verschaffen, bilden zusammen die Gedankenkette, die die geistige Handlung der Begehrlichkeit ist. Die Handlung ist vollständig, sofern alle Faktoren vorhanden sind, ungeachtet dessen, ob wir unseren Entschluss auch wirklich in die Tat umgesetzt haben oder nicht.

BÖSWILLIGKEIT

Das Objekt der Böswilligkeit ist jede andere Person. Wir müssen die Person richtig identifizieren, entschlossen sein unsere Böswilligkeit ihr gegenüber auszudrücken und unser Geist muss von einer der Ursprungsverblendungen beeinflusst sein. Wir führen die Handlung der Böswilligkeit aus, wenn wir wiederholt überlegen, wie wir jemandem schaden können. Wir vollenden die Handlung, wenn wir uns für eine Methode entscheiden und uns entschließen sie in die Tat umzusetzen.

Unsere Entschlossenheit, unseren bösen Willen zum Ausdruck zu bringen, unser wiederholtes Nachdenken über die anzuwendende Methode und unser Entschluss, unwiderruflich mittels der gewählten Methode jemandem Schaden zuzufügen, bilden die Gedankenkette, die die geistige Handlung der Böswilligkeit ist. Sofern alle notwendigen Faktoren vorhanden sind, ist die Handlung vollständig und wir werden das volle Ergebnis unserer Böswilligkeit erleiden, ganz gleich ob wir diese mittels körperlicher oder sprachlicher Handlung wirklich zum Ausdruck gebracht haben oder nicht.

FALSCHE SICHTWEISEN HALTEN

Um Befreiung und Erleuchtung erlangen zu können, müssen wir über bestimmte Objekte Bescheid wissen, so zum Beispiel über die Existenz vergangener und zukünftiger Leben, über das Gesetz des Karmas, die Vier Edlen Wahrheiten und die Drei Juwelen. Um die negative Handlung, eine falsche Sichtweise zu halten, zu begehen, müssen wir entschlossen sein, die Existenz eines solchen Objekts zu leugnen, indem wir zum Beispiel denken: «Ich habe meine zukünftigen Leben nicht gesehen und deshalb behaupte ich, dass es keine zukünftigen Leben gibt.» Zudem müssen wir das Objekt, das wir verleugnen, richtig identifizieren, und unser Geist muss unter dem Einfluss einer Verblendung stehen.

Wir führen die Handlung aus, eine falsche Sichtweise zu halten, indem wir wiederholt überlegen, wie wir die Existenz des Objekts in Abrede stellen können. Es gibt viele Methoden, dies zu tun. So kann das Objekt dogmatisch verworfen werden, indem wir unrichtige Gedankengänge anwenden oder indem wir jemandem vertrauen, der falsche Sichtweisen lehrt. Wir vollenden die Handlung, wenn wir unsere Methode wählen und uns entscheiden uns auf sie zu stützen, um eisern an unserer falschen Sichtweise festzuhalten. Zu diesem Zeitpunkt haben wir unseren Geist verschlossen und die Ursache dafür geschaffen, die gesamten negativen Folgen unserer Handlung zu erfahren.

FAKTOREN, DIE DIE SCHWERE NICHTTUGENDHAFTER HANDLUNGEN BESTIMMEN

Das Ausmaß des Leidens, das wir als Folge irgendeiner negativen Handlung erleben, hängt von der Kraft der Handlung ab, und diese Kraft wird von sechs Faktoren bestimmt:

1. Die Natur der Handlung
2. Die Absicht
3. Die Methode
4. Das Objekt
5. Wie oft die Handlung ausgeführt wird
6. Die Anwendung oder Nichtanwendung eines Gegenmittels

DIE NATUR DER HANDLUNG

Einige nichttugendhafte Handlungen sind von Natur aus nichttugendhafter als andere. Wie schwerwiegend eine nichttugendhafte Handlung ist, hängt von der Schwere des Schadens ab, den sie anderen zufügt. Unter den drei nichttugendhaften körperlichen Handlungen und den vier nichttugendhaften sprachlichen Handlungen ist Töten von Natur aus die destruktivste. Dann folgen in abnehmender Reihenfolge Stehlen, sexuelles Fehlverhalten, Lügen, entzweiende Rede, verletzende Rede und leeres Geschwätz. Unter den nichttugendhaften geistigen Handlungen ist Begehrlichkeit die am wenigsten schwerwiegende, schwerwiegender ist Böswilligkeit und die schwerwiegendste ist das Halten falscher Sichtweisen.

DIE ABSICHT

Das Ausmaß der Negativität jeder Handlung hängt von der Stärke der beteiligten Verblendung ab. Unter dem Einfluss heftiger Wut zu töten ist zum Beispiel negativer, als unter dem Einfluss leichter Wut zu töten. Sinnlos zu schwatzen, um jemanden davon abzuhalten, etwas Lohnendes zu tun, ist negativer, als sinnlos zu plaudern, wenn wir auf einem Fest sind und alle anderen dasselbe tun.

DIE METHODE

Die Schwere einer nichttugendhaften Handlung hängt auch vom Ausmaß des Schadens ab, den die von uns gewählte Methode anderen zufügt. Ein Tier schnell zu töten ist weniger destruktiv, als dies sadistisch unter Anwendung von langsamer, schmerzhafter Folter zu tun oder unser Opfer in panische Angst zu versetzen und es meilenweit mit einem Rudel wilder Hunde über die Felder zu hetzen.

DAS OBJEKT

Jede nichttugendhafte Handlung hat mehr Kraft, wenn unser Objekt ein Zufluchtsobjekt ist oder jemand, der besonders gütig zu uns war, wie unsere Mutter oder unser Vater.

WIE OFT DIE HANDLUNG AUSGEFÜHRT WIRD

Je öfter wir eine nichttugendhafte Handlung begehen, desto kraftvoller wird sie. Leeres Geschwätz ist zum Beispiel keine sehr schwerwiegende negative Handlung. Wenn wir uns aber zwanghaft und wiederholt bei jeder sich bietenden Gelegenheit darauf einlassen, wird es nichttugendhafter und die Folgen sind um einiges schwerwiegender.

DIE ANWENDUNG ODER NICHTANWENDUNG EINES GEGENMITTELS

Die Schwere unserer nichttugendhaften Handlungen wird vermindert, wenn wir auch tugendhaft handeln. Wenn wir aber nur nichttugendhafte Handlungen begehen, werden sie schwerwiegendere Auswirkungen haben.

Da die Schwere einer nichttugendhaften Handlung von allen sechs Faktoren abhängt, wäre ein Beispiel für eine der schwerwiegendsten Taten, wenn jemand seine Mutter in einem Anfall blinder Wut mit einem Gift umbringen würde, das zu einem langsamen und qualvollen Tod führt, und der Mörder jemand wäre, der solche sadistischen Morde zwanghaft ausführt, ohne sie je zu bereuen oder auch nur die kleinste gute Regung zu haben. Die leichteste Art einer schlechten Tat wäre, wenn ein Dharma Praktizierender, der üblicherweise reine moralische Disziplin einhält und regelmäßig Tugend, wie Geduld und Freigebigkeit, praktiziert, sich gelegentlich und ohne von starker Verblendung beeinflusst zu sein, auf ein sinnloses Gespräch auf einem Fest einlassen würde.

DIE AUSWIRKUNGEN NICHTTUGENDHAFTER HANDLUNGEN

Eine nichttugendhafte Handlung hat drei Arten von Auswirkungen:

1. Die gereifte Auswirkung
2. Die Auswirkungen ähnlich der Ursache
3. Die Umweltauswirkung

DIE GEREIFTE AUSWIRKUNG

Die gereifte Auswirkung einer negativen Handlung ist eine Wiedergeburt in einem der drei niederen Bereiche. Die schwerwiegendsten Handlungen reifen als Wiedergeburt im Höllenbereich, weniger schwerwiegende Handlungen reifen in Form einer Wiedergeburt im Bereich der hungrigen Geister und die am wenigsten schwerwiegenden negativen Handlungen reifen als Wiedergeburt im Tierbereich.

DIE AUSWIRKUNGEN ÄHNLICH DER URSACHE

Es gibt zwei Arten von Auswirkungen, die ähnlich der Ursache sind:

1. Neigungen ähnlich der Ursache
2. Erfahrungen ähnlich der Ursache

Selbst wenn unsere positiven Potenziale schließlich in Form einer menschlichen Wiedergeburt reifen, werden wir diese beiden Arten von Auswirkungen als Nachwirkungen unserer nichttugendhaften Handlung erleben. Wir erfahren Auswirkungen, die Neigungen ähnlich der Ursache sind, indem wir einen starken Zwang spüren, ähnliche nichttugendhafte Handlungen zu begehen. Unter diesen Umständen ist es extrem schwierig zu verhindern, dass wir die Ursache für viele zukünftige Wiedergeburten in den niederen Bereichen schaffen. Eine Neigung ähnlich der Handlung des Tötens ist zum Beispiel der starke Drang, Lebewesen zu zerstören. Manche Leute reagieren auf eine Spinne in ihrem Zimmer reflexartig, indem sie sie zu Tode quetschen, und manche Kinder können dem Drang nicht widerstehen, Tiere zu quälen oder zu foltern. Das sind Neigungen, die den zerstörerischen Handlungen der Vergangenheit ähnlich sind. In gleicher Weise ist eine Neigung, die der Handlung des sexuellen Fehlverhaltens ähnelt, starke Anhaftung an die Partner anderer Menschen zu haben.

Die Auswirkungen, die Erfahrungen ähnlich den zehn nichttugendhaften Handlungen sind, sind folgende: Die Erfahrung ähnlich dem Töten ist ein kurzes Leben voller Krankheiten und Beschwerden. Durch Töten verkürzen wir das Leben eines anderen, und deshalb haben wir selbst ein kurzes Leben und unsere Lebenskraft ist durch schlechte Gesundheit beeinträchtigt. Wenn wir gerade jetzt solche Dinge erleben, können wir sie als Ergebnisse unserer eigenen Handlungen erkennen. Die Erfahrung ähnlich dem Stehlen ist, kein Vermögen und keinen Besitz zu haben. Und schaffen wir es, einige Mittel zu erwerben, werden sie gestohlen oder Leute borgen sie aus und geben sie nicht wieder zurück. Die Erfahrung ähnlich dem sexuellen Fehlverhalten ist, dass wir schnell von unseren Freunden und unserer Familie getrennt werden, dass unsere Partner uns wegen jemand anderem verlassen, dass Menschen, die für uns arbeiten, bald kündigen und dass wir einsam sind. Es gibt Menschen, die alt und hässlich sind und doch viele Freunde und hingebungsvolle Partner haben, während manche, die jung und schön sind, keine treuen Partner oder dauerhafte Freundschaften finden können.

Die Erfahrung ähnlich dem Lügen ist, dass niemand dem traut, was wir sagen, und dass die Menschen nicht auf unseren Rat hören. Die Erfahrung ähnlich der entzweienden Rede ist, dass wir Schwierigkeiten haben, harmonische Beziehungen aufzubauen. Die Erfahrung ähnlich der verletzenden Rede ist, dass andere uns unangenehme Dinge sagen und schlecht über uns reden. Immer wenn uns jemand durch beleidigende oder sarkastische Worte weh tut, können wir dies als Folge unserer eigenen groben Worte erkennen. Die Erfahrung ähnlich dem leeren Geschwätz ist, dass andere nicht ernst nehmen, was wir sagen. Sie halten uns für dumm und beachten unsere Bemerkungen und Meinungen nicht.

Die Erfahrung ähnlich der Begehrlichkeit ist, dass unsere Bedürfnisse nicht erfüllt werden und dass wir nicht erhalten, was wir uns wünschen. Die Erfahrung ähnlich der Böswilligkeit ist, ängstlich veranlagt zu sein und in gefährlichen Situationen in Panik zu geraten. Die Erfahrung ähnlich den falschen Sichtweisen ist, dass wir sehr verwirrt sind und es uns schwerfällt, Weisheit zu entwickeln. Überdies sind wir voller Zweifel, wenn wir Dharma Unterweisungen hören oder lesen. Wenn es schwierig für uns ist, unsere falschen Auffassungen aus dem Weg zu räumen und Verwirklichungen zu erlangen, ist dies das Ergebnis unseres Festhaltens an falschen Sichtweisen in der Vergangenheit.

DIE UMWELTAUSWIRKUNG

Die dritte Auswirkung einer negativen Handlung ist, dass im Fall einer menschlichen Wiedergeburt unsere Umgebung und die Dinge um uns herum feindlich, gefährlich und unbequem sind. Die Umweltauswirkung des Tötens ist, dass der Ort, wo wir leben, ärmlich ist und dass es schwierig ist, Nahrung und andere Lebensnotwendigkeiten zu finden. Die Umweltauswirkung des Stehlens ist, dass das Land, in dem wir leben, unfruchtbar ist und dass Pflanzen und Getreide dort nicht gedeihen. Die Umweltauswirkung des sexuellen Fehlverhaltens ist, dass der Ort, wo wir leben, unsauber ist und zu Krankheiten führt.

Die Umweltauswirkung des Lügens ist, dass wir an einem Ort leben, wo Menschen uns betrügen und täuschen und wo es niemanden gibt, dem wir vertrauen können. Die Umweltauswirkung der entzweienden Rede ist, dass der Ort, wo wir leben, wild und gebirgig ist und es wenige Transportmöglichkeiten gibt, sodass die Menschen schwere Lasten tragen müssen. Da entzweiende Rede reibungslose und harmonische Beziehungen mit anderen Menschen schwierig und schmerzhaft gestaltet, müssen wir in einer harten und unwirtlichen Umwelt leben, wo Kommunikation schwierig ist. Die Umweltauswirkung der verletzenden Rede ist, dass wir an einem Ort leben müssen, wo es dichtes Gestrüpp gibt oder Pflanzen, die uns stechen und unser Fleisch zerfetzen und uns Unannehmlichkeiten bereiten, wann immer wir umherwandern. Die Umweltauswirkung des leeren Geschwätzes ist, dass wir an einem Ort leben, wo Früchte und Getreide nicht richtig oder nicht zum richtigen Zeitpunkt wachsen, sodass sie unnütz sind.

Die Umweltauswirkung der Begehrlichkeit ist, dass wir an einem Ort leben müssen, wo materielle Mittel leicht zerstört werden oder verloren gehen oder wo unsere körperliche Stärke und Schönheit rasch degenerieren. Die Umweltauswirkung der Böswilligkeit ist, dass wir an einem Ort leben, der von Krieg und Krankheit heimgesucht wird oder wo es andauernd Konflikte gibt. Die Umweltauswirkung des Haltens falscher Sichtweisen ist, dass wir an einem Ort wiedergeboren werden, wo es kein Wasser gibt und wo Vorräte rasch erschöpft sind. Es ist ein Ort, an dem nichts Wertvolles existiert: keine Kunstwerke, keine wertvollen Schätze, keine Schriften, keine spirituellen Meister.

Wenn wir unser negatives Karma nicht reinigen, indem wir die vier Gegenkräfte anwenden, werden wir alle diese verschiedenen Arten von Auswirkungen erleben müssen. Es heißt, dass jemand, der diese Auswirkungen kennt und dennoch fortfährt nichttugendhafte Handlungen zu begehen, einer Person mit sehr guten Augen gleicht, die geradewegs über den Rand einer Klippe schreitet!

TUGENDHAFTE HANDLUNGEN UND IHRE AUSWIRKUNGEN

Dies hat drei Teile:

1. Die zehn tugendhaften Handlungen und die Faktoren ihrer Vollendung
2. Faktoren, die die nützliche Kraft tugendhafter Handlungen bestimmen
3. Die Auswirkungen tugendhafter Handlungen

DIE ZEHN TUGENDHAFTEN HANDLUNGEN UND DIE FAKTOREN IHRER VOLLENDUNG

Die zehn tugendhaften Handlungen sind:

1. Töten aufgeben
2. Stehlen aufgeben
3. Sexuelles Fehlverhalten aufgeben
4. Lügen aufgeben
5. Entzweiende Rede aufgeben
6. Verletzende Rede aufgeben
7. Leeres Geschwätz aufgeben
8. Begehrlichkeit aufgeben
9. Böswilligkeit aufgeben
10. Das Halten falscher Sichtweisen aufgeben

Tugendhafte Handlungen sind Pfade, die zum vorübergehenden Glück höherer Wiedergeburten und zum endgültigen Glück der Befreiung und vollen Erleuchtung führen. So wie es zehn nichttugendhafte Handlungen gibt, gibt es zehn hauptsächliche tugendhafte Handlungen. Jede der zehn hauptsächlichen tugendhaften Handlungen ist das sich Zurückhalten von einer der zehn nichttugendhaften Handlungen, das auf der klaren Kenntnis ihrer Gefahren beruht.

Bewusst von nichttugendhaften Handlungen abzusehen, nachdem man deren Gefahren erkannt hat, ist die Praxis der moralischen Disziplin. Da sowohl Weisheit, die die Auswirkungen negativer Handlungen erkennt, als auch ein fester Entschluss, Zurückhaltung zu üben, notwendig sind, um moralische Disziplin zu praktizieren, kann man nicht sagen, dass wir tugendhafte Handlungen ausüben, indem wir einfach nur keine Negativität begehen. Säuglinge begehen keine nichttugendhaften Handlungen, wie zum Beispiel Stehlen, und trotzdem praktizieren sie keine moralische Disziplin, weil sie die Gefahren der nichttugendhaften Handlungen nicht verstehen und nicht zu einem festen Entschluss gelangt sind, diese aufzugeben.

Die gleichen vier Faktoren, die eine nichttugendhafte Handlung abschließen, müssen auch alle gegeben sein, damit eine tugendhafte Handlung abgeschlossen ist. Im Falle der tugendhaften Handlungen enthält jedoch der Faktor Absicht nicht die dritte Komponente, Verblendung. Anhand des Beispiels der ersten der zehn tugendhaften Handlungen, dem Aufgeben des Tötens, können alle anderen verstanden werden.

Das Objekt des Aufgebens des Tötens ist jedes andere Lebewesen oder jede Gruppe von Menschen. Manche Menschen sind in der Lage, alle Lebewesen als Objekt zu nehmen und fassen den festen Entschluss, nie eines davon zu töten. Andere müssen mit einem eingeschränkteren Objekt beginnen. Fischer zum Beispiel können alle Lebewesen außer Fische als ihr Objekt nehmen. Sie können dann Fische als Objekt für kurze Zeitabschnitte nehmen, so zum Beispiel während der Nacht und an Sonntagen, mit der Absicht, diese Perioden wann immer möglich zu verlängern. Wir müssen das Objekt klar identifizieren und entschlossen sein das Töten aufzugeben, weil wir seine Gefahren verstehen. Wir führen die Handlung aus, indem wir wiederholt darüber nachdenken, was es bedeutet, Töten aufzugeben. Und wir vollenden die Handlung, wenn wir unsere Methode wählen und den festen Entschluss fassen, Töten aufzugeben, indem wir unsere Methode anwenden. Wenn wir diese Entscheidung einmal getroffen haben, wird unsere Praxis der moralischen Disziplin rein sein, solange wir achtsam bleiben. Wenn wir den Gedanken haben zu töten und ihn in die Tat umsetzen, haben wir unsere moralische Disziplin gebrochen. Unsere Entscheidung, das Töten zu unterlassen, gleicht einem Gelübde; doch es muss nicht vor unserem spirituellen Meister oder vor den visualisierten Zufluchtsobjekten abgelegt werden.

Nichtbuddhisten können sich in der moralischen Disziplin üben, sich der zehn nichttugendhaften Handlungen zu enthalten, weil sie die schädlichen Auswirkungen solcher Handlungen verstehen und einen festen Entschluss fassen können, Zurückhaltung zu üben. Wenn wir aus irgendeinem Grund nicht in der Lage sind zu studieren, zu meditieren oder Gebete zu sprechen, so können wir doch wenigstens die Praxis der moralischen Disziplin des Aufgebens nichttugendhafter Handlungen ausüben. Dies allein ist bereits eine großartige und ausgedehnte spirituelle Praxis.

FAKTOREN, DIE DIE NÜTZLICHE KRAFT TUGENDHAFTER HANDLUNGEN BESTIMMEN

Diese können mit Hilfe des Abschnitts über die Faktoren, die die Schwere nichttugendhafter Handlungen bestimmen, verstanden werden. Das Töten aufzugeben ist zum Beispiel nützlicher als das Stehlen aufzugeben und so weiter. Das Ausmaß, inwieweit eine Handlung tugendhaft ist, hängt auch von der Kraft der beteiligten tugendhaften Absicht ab. Das Ausmaß des Nutzens, das sich aus der von uns gewählten Methode ergibt, beeinflusst die Kraft unserer tugendhaften Handlung ebenfalls, so wie es das Objekt tut. Je häufiger wir eine tugendhafte Handlung ausführen, desto kraftvoller wird sie, und die Kraft unserer tugendhaften Handlung verstärkt sich, sofern wir sie später nicht bereuen, sondern uns darüber freuen.

DIE AUSWIRKUNGEN TUGENDHAFTER HANDLUNGEN

Auch tugendhafte Handlungen haben die drei Arten von Auswirkungen: die gereifte Auswirkung, die Auswirkungen ähnlich der Ursache und die Umweltauswirkung. Die gereifte Auswirkung einer sehr kraftvollen tugendhaften Handlung ist eine Wiedergeburt als Gott des Formbereichs oder des formlosen Bereichs. Die gereifte Auswirkung einer weniger kraftvollen tugendhaften Handlung ist eine Wiedergeburt als Gott des Begierdebereichs. Die gereifte Auswirkung der am wenigsten kraftvollen tugendhaften Handlung ist eine Wiedergeburt als Mensch.

Auswirkungen, die Neigungen ähnlich den tugendhaften Handlungen sind, sind starke Neigungen oder Impulse, die gleiche Art von tugendhaften Handlungen in unseren zukünftigen menschlichen Wiedergeburten erneut auszuführen. Dies erleichtert es uns, die Ursachen für viele glückliche Wiedergeburten zu schaffen. Die Auswirkungen, die Erfahrungen ähnlich den tugendhaften Handlungen sind, bringen uns in zukünftigen menschlichen Leben den gleichen Nutzen, den andere durch unsere tugendhaften Handlungen erfahren durften. Die Erfahrung ähnlich der Handlung, das Töten aufzugeben, ist zum Beispiel, dass wir uns eines langen Lebens und einer guten Gesundheit erfreuen. Die Erfahrung ähnlich der Handlung, Stehlen aufzugeben, ist, dass wir mühelos Reichtum und Besitz erwerben, und die Erfahrung ähnlich der Handlung, sexuelles Fehlverhalten aufzugeben, ist, dass wir stabile Freundschaften und ein glückliches Familienleben haben.

Wir können sagen, welche Einstellungen wir in der Vergangenheit hatten und welche Handlungen wir ausgeführt haben, indem wir ganz einfach unsere gegenwärtigen Geistesarten und unsere Erfahrungen beobachten. Wenn wir jetzt ein starkes Interesse am Dharma haben, weist dies darauf hin, dass wir in der Vergangenheit Dharma praktiziert haben. Manche Menschen können Entsagung, Bodhichitta und die richtige Sichtweise der Leerheit verwirklichen, ohne viel zu meditieren, weil sie sich mit diesen Meditationen in vergangenen Leben vertraut gemacht haben. Auch wenn wir die Erfahrungen unserer vergangenen Leben vergessen, so bleiben die Potenziale unserer vergangenen Handlungen in unserem Geist und es fällt uns leicht, unsere alten Gewohnheiten wieder aufzunehmen.

Die Umweltauswirkungen tugendhafter Handlungen sind den Umweltauswirkungen nichttugendhafter Handlungen entgegengesetzt. Wenn wir als Mensch wiedergeboren werden, ist die Umweltauswirkung des Aufgebens des Tötens zum Beispiel ein Ort, der reichlich mit allen Notwendigkeiten für ein langes Leben und eine gute Gesundheit ausgestattet ist. Essen ist im Überfluss vorhanden und nahrhaft, und die Medikamente sind wirkungsvoll.

Eine Umweltauswirkung ist nicht eine Eigenschaft der äußeren Bedingungen, sondern eine Eigenschaft des Geistes, der diese erfährt. Dieselben äußeren Bedingungen können vom Geist verschiedener Wesen als unterschiedliche Umweltauswirkungen erlebt werden. An einem Ort zum Beispiel, wo die Meisten das Essen gut und nahrhaft finden, gibt es Menschen, die unter Übelkeit und Magenverstimmung leiden, wenn sie es essen. Ein Arzt kann zwei Menschen dasselbe Medikament verabreichen und einer wird gesund, während sich der Zustand des anderen verschlechtert. Diese Ungleichheit liegt nicht in der Arznei, sondern in den unterschiedlichen Handlungen, die diese Menschen in der Vergangenheit ausgeführt haben. Obwohl viele unserer Sorgen und Leiden durch äußere Umstände verursacht zu sein scheinen, sind sie in Wirklichkeit die Umweltauswirkungen unserer eigenen schlechten Handlungen.

Als Milarepa in der Abgeschiedenheit meditierte, lebte er von Nesseln. Sie waren gut und nahrhaft für ihn, und sie hielten seinen Körper gesund und stark. Es waren nicht die Nesseln, die an und für sich gut waren, aber Milarepa genoss sie als Umweltauswirkung seiner eigenen Tugend.

FAKTOREN, DIE DIE KRAFT EINER HANDLUNG BESTIMMEN

Es gibt vier Faktoren, die die Kraft einer Handlung bestimmen, sei sie tugendhaft oder nichttugendhaft:

1. Die Person, die das Objekt der Handlung ist
2. Die abgelegten Gelübde
3. Das Objekt, mit dem die Handlung ausgeführt wird
4. Die Motivation

DIE PERSON, DIE DAS OBJEKT DER HANDLUNG IST

Handlungen sind kraftvoller, wenn sie gegenüber denjenigen ausgeübt werden, die besonders gütig zu uns waren und uns geholfen haben, wie unsere Eltern, unsere spirituellen Meister, die Buddhas und Bodhisattvas.

DIE ABGELEGTEN GELÜBDE

Wenn wir Gelübde ablegen, werden all unsere Handlungen kraftvoller. Wenn wir die Gelübde eines Novizen ablegen, sind unsere Handlungen kraftvoller, als wenn wir nur Laiengelübde ablegen. Wenn wir die Gelübde der vollen Ordination ablegen, sind unsere Handlungen kraftvoller, als wenn wir nur die Gelübde eines Novizen ablegen. Wenn wir Bodhisattva Gelübde ablegen, sind unsere Handlungen kraftvoller, als wenn wir nur Pratimoksha Gelübde ablegen, und wenn wir tantrische Gelübde ablegen, sind unsere Handlungen kraftvoller, als wenn wir nur Bodhisattva Gelübde ablegen. Gelübde sind die Grundlage für das Ansammeln einer großen Menge von Verdiensten. Wenn wir ein Gelübde ablegen und es rein einhalten, praktizieren wir selbst im Schlaf moralische Disziplin. In *Leitfaden für die Lebensweise eines Bodhisattva* sagt Shantideva über jemanden, der die Bodhisattva Gelübde ablegt:

> Für den werden von dieser Zeit an,
> Selbst im Schlaf oder wenn er scheinbar unbesorgt ist,
> Unermessliche und kraftvolle Verdienste entstehen,
> gleich dem Raume,
> Die ohne Unterbrechung fließen.

DAS OBJEKT, MIT DEM DIE HANDLUNG AUSGEFÜHRT WIRD

Nehmen wir als Beispiel die Handlung des Gebens. Diese Handlung ist kraftvoller, wenn wir etwas geben, was dem anderen nützt oder hilft. Wenn wir einem hungernden Kind zu essen geben, ist dies kraftvoller, als wenn wir dem Kind ein Spielzeug geben. Einem Mönch ein Paar Schuhe zu geben ist kraftvoller, als ihm Shampoo zu geben. Im Allgemeinen ist es kraftvoller, Dharma Unterweisungen statt materielle Geschenke zu geben, weil materielle Geschenke nur für eine kurze Zeit halten, während das Geschenk des Dharma von ewiger Dauer ist.

DIE MOTIVATION

Handlungen sind kraftvoller, wenn wir sie mit einer starken Motivation ausführen. Wenn wir zum Beispiel etwas mit dem starken Wunsch geben, jemandem zu helfen, ist dies kraftvoller, als wenn wir etwas weggeben, weil wir dafür keine Verwendung mehr haben. Mit der Motivation der Entsagung zu geben ist kraftvoller, als wenn wir geben, weil wir den einfachen Wunsch haben zu helfen und wenn wir mit Bodhichitta Motivation geben, wird unsere Handlung sogar noch kraftvoller. Wenn wir jemandem mit Bodhichitta Motivation Geld geben, erhalten wir die Verdienste, die wir bekämen, wenn wir jedem einzelnen Lebewesen Geld gäben. Die Verdienste einer solchen Handlung sind unermesslich. Geben wir jedoch Geld mit der Motivation, nur einem Menschen von Nutzen zu sein, dann erhalten wir die Verdienste, einem einzigen Menschen geholfen zu haben. Deshalb ist es weise, die beste Motivation zu haben, wenn wir tugendhafte Handlungen ausführen. Wenn wir durch Vertrauen motiviert sind, werden alle unsere positiven Handlungen sehr kraftvoll.

Ein Beispiel für die kraftvollste Art tugendhafter Handlung ist es, an einem Tag Zuflucht zu nehmen, an dem wir die acht Mahayana Grundsätze einhalten. Diese Handlung ist hinsichtlich des Objekts kraftvoll, weil unser Objekt die Drei Juwelen sind; sie ist kraftvoll hinsichtlich der Gelübde, die wir abgelegt haben, weil wir die Mahayana Grundsätze einhalten; sie ist kraftvoll hinsichtlich des Objekts, mit dem die Handlung ausgeführt wird, weil das, was wir darbringen, unsere Dharma Praxis ist, und sie ist kraftvoll hinsichtlich unserer Motivation, weil unsere Motivation Bodhichitta ist.

WERFENDE HANDLUNGEN UND ABSCHLIESSENDE HANDLUNGEN

Es gibt zwei Arten verunreinigter Handlungen: werfende Handlungen und abschließende Handlungen. Eine werfende Handlung wird so genannt, weil sie die Hauptursache einer Wiedergeburt in Samsara ist und uns somit in eine solche Wiedergeburt «wirft». Tugendhafte werfende Handlungen werfen uns in die vom Glück begünstigten Welten der Menschen und Götter; und nichttugendhafte werfende Handlungen werfen uns in die unglücklichen Welten der Höllenwesen, der hungrigen Geister und der Tiere.

Die meisten tugendhaften Handlungen gewöhnlicher Wesen sind Ursachen für eine samsarische Wiedergeburt, weil sie durch Festhalten am Selbst beschmutzt sind. Wenn wir zum Beispiel den festen Entschluss fassen: «Ich werde nichttugendhafte Handlungen unterlassen», halten wir an diesem «Ich» als einem inhärent existierenden Ich fest. Auch wenn unsere Absicht eine tugendhafte Handlung, welcher Art auch immer, auszuführen nicht verblendet ist, so ist doch unser Geist mit der Verblendung des Festhaltens am Selbst vermischt. Im Geist eines gewöhnlichen Wesens ist diese Verblendung ständig vorhanden.

Es gibt aber einige tugendhafte Handlungen gewöhnlicher Wesen, die keine Ursachen samsarischer Wiedergeburt sind. Wenn wir zum Beispiel Buddha visualisieren und Gaben darbringen, Verbeugungen machen oder Zuflucht nehmen, können diese Handlungen keine werfenden Handlungen sein, selbst wenn wir sie ohne gute Motivation ausführen. Aufgrund der besonderen Kraft des Objekts, der Drei Juwelen, können diese Handlungen nur Ursachen der Befreiung sein.

Eine abschließende Handlung ist eine Handlung, die die Hauptursache einer Erfahrung ist, die wir machen, wenn wir eine bestimmte Wiedergeburt erlangt haben. Alle Menschen sind durch tugendhafte werfende Handlungen in die menschliche Welt geworfen worden, aber die Erfahrungen, die sie als Menschen machen, unterscheiden sich erheblich in Abhängigkeit von den verschiedenen abschließenden Handlungen. Manche erfahren ein Leben voller Leiden, während andere ein Leben der Muße führen. Gleichermaßen wurden alle Tiere durch nichttugendhafte werfende Handlungen in die Tierwelt geworfen, aber ihre Erfahrungen als Tiere unterscheiden sich sehr in Abhängigkeit von den verschiedenen abschließenden Handlungen. Einige von ihnen, so zum Beispiel Haustiere, erleben ein luxuriöses Tierleben und erhalten mehr Aufmerksamkeit und Pflege als manche Menschen. Höllenwesen und hungrige Geister haben nur nichttugendhafte werfende und nur nichttugendhafte abschließende Handlungen, denn sie erleben während ihres Lebens nichts als Leiden.

Eine einzige werfende Handlung kann uns in viele zukünftige Leben werfen. In den Schriften wird das Beispiel eines Mannes erwähnt, der sich über einen voll ordinierten Mönch ärgerte und zu ihm sagte, dass er wie ein Frosch aussehe. Als Ergebnis davon wurde dieser unglückselige Mann fünfhundert Mal als Frosch wiedergeboren. Manchmal genügt jedoch eine einzige Wiedergeburt, um die Kraft unserer werfenden Handlung zu erschöpfen.

Manche Handlungen reifen im gleichen Leben, in dem sie ausgeführt wurden, manche reifen im nächsten Leben und manche reifen in späteren Leben. Wenn wir moralische Disziplin in diesem Leben praktizieren, kann es sein, dass wir die Auswirkungen später in diesem Leben erfahren werden. Wenn Eltern gut zu ihren Kindern sind, kann es sein, dass diese Handlungen im Alter reifen und die Kinder die Güte der Eltern zurückgeben. Wenn Kinder gut zu ihren Eltern sind, kann es sein, dass diese Handlungen reifen, wenn sie erwachsen sind und sie selbst hilfsbereite Kinder haben.

DIE ACHT MERKMALE EINES VOLL AUSGESTATTETEN MENSCHLICHEN LEBENS

Wenn wir die Ursache für eine menschliche Wiedergeburt in der Zukunft erschaffen wollen, sollten wir danach streben, die Ursachen einer menschlichen Wiedergeburt zu erschaffen, die in Bezug auf ihre Nützlichkeit für die Dharma Praxis sehr geeignet ist. Eine menschliche Wiedergeburt allein wird nicht notwendigerweise die idealen Bedingungen für die spirituelle Praxis bieten, da es viele Arten unglücklicher menschlicher Wiedergeburten gibt, die fast so eingeschränkt sind wie eine Wiedergeburt als Tier. Auch wenn wir im jetzigen Leben unser endgültiges Ziel der Befreiung oder vollen Erleuchtung nicht erlangen, so werden wir wenigstens sicherstellen, dass wir in der Zukunft die beste Gelegenheit dazu haben werden, wenn wir die Ursachen für eine hochqualifizierte menschliche Wiedergeburt schaffen.

Ein hochqualifiziertes menschliches Dasein ist eines, das die acht Merkmale eines voll ausgestatteten menschlichen

Lebens hat: langes Leben, Schönheit, hoher Status, Reichtum und Ressourcen, überzeugende Rede, Macht und Einfluss, Freiheit und Unabhängigkeit, einen starken Geist und einen starken Körper. Diese werden in drei Teilen erklärt:

1. Die Vorteile
2. Die Funktionen
3. Die Ursachen

DIE VORTEILE

Der größte Vorteil dieser acht Merkmale ist, dass sie unserem menschlichen Dasein die beste Möglichkeit geben, Befreiung und volle Erleuchtung in einem Leben zu erlangen.

DIE FUNKTIONEN

Ein langes Leben ermöglicht es uns, unsere Wünsche zu erfüllen und unsere Dharma Praxis zu vollenden. Schönheit erleichtert es uns, Schüler anzuziehen, wenn wir Dharma Unterweisungen geben, und es hilft den Schülern, Vertrauen in uns zu entwickeln. Hoher Status veranlasst die Menschen, uns zu vertrauen, unsere Anleitungen zu befolgen und unseren Rat anzunehmen; sie sind eher bereit zu glauben, dass wir ehrlich sind, und sie sind eher geneigt sorgfältig zuzuhören und über unsere Worte nachzudenken. Reichtum und Ressourcen ermöglichen uns großzügiges Geben, und das stimmt die Menschen uns gegenüber freundlich, sodass wir mehr Einfluss auf sie haben. Dieses Merkmal ist besonders hilfreich, um weltliche Menschen zu ermutigen, sich für Dharma zu interessieren. Wir können sie zum Beispiel zu uns nach Hause einladen und, wenn sie sich entspannt und wohl fühlen, behutsam Dharma in unser Gespräch einfließen lassen, oder wir können ihnen Bücher oder Tonaufnahmen geben oder sie zum Besuch eines Dharma Zentrums einladen. Es heißt, dass zwei Dinge nötig sind, wenn wir anderen durch Dharma Unterweisungen helfen wollen: durch Erfahrung gewonnene Weisheit und Reichtum. Wenn ein reicher Mensch Dharma Weisheit hat, ist seine Motivation gut, und er wird den Reichtum geschickt verwenden, um anderen von Nutzen zu sein.

Überzeugende Rede bringt andere Menschen dazu, uns zu glauben, was wir sagen, und sich unsere Worte zu Herzen zu nehmen. Macht und Einfluss sorgen dafür, dass andere unseren Wünschen nachkommen und unsere Anleitungen in die Praxis umsetzen. Freiheit und Unabhängigkeit bedeuten, dass unsere Praxis nicht zu stark gestört wird. Ein starker Körper ermöglicht es uns, mühelos tugendhafte Handlungen des Körpers auszuführen. Er erlaubt es, uns so wie Milarepa anzustrengen, als ihm sein spiritueller Meister auftrug, ein neunstöckiges Gebäude zu errichten. Zudem werden wir frei von körperlichen Hindernissen wie Krankheiten sein. Ein starker Geist ermöglicht es uns, Dharma rasch zu verstehen. Wir sind fähig, Zweifel und Bedenken auszuräumen. Wir entwickeln Weisheit und Konzentration und damit wird unser Geist noch stärker. Wir erlangen leichter Hellsicht, übersinnliche Kräfte und andere Verwirklichungen.

Wenn wir eine menschliche Wiedergeburt mit all diesen besonderen Merkmalen erlangen, es aber versäumen, guten Gebrauch davon zu machen, indem wir unsere eigene Dharma Praxis entwickeln und anderen helfen Dharma zu praktizieren, werden wir keinen der Vorteile einer solch glücklichen Wiedergeburt erhalten. Es gibt viele Menschen, die diese acht Merkmale haben, sie aber nicht in den Dienst des Dharma stellen. Während wir versuchen, die Ursache für eine solche Wiedergeburt in der Zukunft zu schaffen, sollten wir deshalb aufrichtig dafür beten, dass wir diese wunderbare Gelegenheit für Dharma nutzen werden, wenn wir sie einmal erlangt haben. Wenn wir auf diese Weise praktizieren, werden wir in unserem nächsten Leben bestimmt Befreiung und volle Erleuchtung erlangen.

DIE URSACHEN

Milarepa sagte einst zu einem Bauern:

> Ihr seid Bauern dieses Lebens,
> Ich aber bin ein Bauer zukünftiger Leben.
> Wenn ihr es genau untersucht, werdet ihr erkennen,
> Wer den größeren Nutzen erhält.

Wenn wir gute Samen in unserem feldgleichen Bewusstsein säen, können wir sicher sein, dass sie reifen werden. Wie Dharmakirti sagte:

> Wenn alle Ursachen und Bedingungen angesammelt sind, kann nichts die Entstehung der Auswirkung verhindern.

Die Samen, die wir jetzt säen müssen, sind die Ursachen einer menschlichen Wiedergeburt mit den acht Merkmalen. Wenn wir es unterlassen, anderen zu schaden und aktiv die Gefahren beseitigen, die ihr Leben bedrohen, schaffen wir die Ursachen für ein langes Leben. Wann immer wir können, müssen wir das Leben von Lebewesen retten. Weitere Ursachen für ein langes Leben sind: denjenigen zu helfen, die gefangen gehalten werden, denjenigen Medizin zu geben, die krank sind, und mit einem guten Herzen andere zu pflegen.

Ursachen für Schönheit sind: Ärger und Intoleranz durch geduldiges Annehmen überwinden, vor Bildnissen Buddhas Licht darbringen, Statuen oder Bilder von Buddha herstellen, Stupas anfertigen, alte Bildnisse oder Statuen von Buddha reparieren oder sie durch Darbringen feiner Gewänder oder durch Auftragen von Gold auf ihre Gesichter schmücken und anderen Lebewesen Kleider geben. Durch solche Handlungen machen wir andere anziehender und dies führt dazu, selber schöner zu werden. Wann immer wir einen schönen Menschen sehen, können wir seine Schönheit als Folge seiner eigenen anmutigen Handlungen sehen.

Stolz zu überwinden ist die Hauptursache, die zu einem hohen Status führt. Es ist leicht, Stolz zu entwickeln. Sobald wir uns neues Wissen, eine neue Fähigkeit oder ein neues Kleidungsstück, das unsere äußere Erscheinung aufwertet, angeeignet haben, entwickeln wir Stolz. Unser Stolz wächst wie unser Schatten. Wenn ein Kind heranwächst, wird sein Schatten größer und größer. Genauso vergrößert sich unser Stolz, wenn unser Wissen anwächst. Auf diese Weise verhindert Stolz unseren spirituellen Fortschritt und vermindert unsere Fähigkeit, Verwirklichungen zu erlangen, selbst wenn unser Dharma Wissen zunimmt. Stolz untergräbt unsere Studien und macht sie nutzlos. Eine andere Ursache von hohem Status ist, alle Lebewesen zu achten, nicht nur unsere Eltern, unsere Lehrer, Respektspersonen und unsere Vorgesetzten. Wir sollten niemals auf jemanden herabsehen oder ihn mit Geringschätzung behandeln. Wir sollten selbst einen Regenwurm als Objekt betrachten, das unserer Achtung und unserer Rücksichtnahme würdig ist.

Die Hauptursache von Reichtum und Ressourcen ist, die Praxis des Gebens durch Darbringungen an die Drei Juwelen und das Geben von Reichtum und Ressourcen an andere Wesen. Die Hauptursache für überzeugende Rede ist darauf zu achten, was wir sagen, und die vier nichttugendhaften Handlungen der Rede aufzugeben. Die Hauptursache für Macht und Einfluss ist, Verbeugungen zu machen und andere zu achten, insbesondere diejenigen, die Macht haben und Einfluss auf uns ausüben, etwa unsere Eltern und Lehrer. Die Hauptursache von Freiheit und Unabhängigkeit ist, die Probleme und Gefahren, die andere bedrohen, zu beseitigen und ihnen zu helfen, Freiheit und Unabhängigkeit zu gewinnen. Die Ursache eines starken Körpers ist, den körperlich Schwachen zu helfen, ihre Kraft wiederzuerlangen, indem wir ihnen Nahrung und Medizin geben, und zu vermeiden, andere körperlich auszunutzen. So sollten wir Tiere keine schweren Lasten tragen lassen oder sie in ungesunder, künstlicher Umgebung einsperren.

Ursachen für einen starken Geist sind anderen zu helfen, ihre geistigen Probleme und Depressionen zu überwinden, und ihnen zu helfen, glücklich zu werden, ihre Weisheit und Konzentration zu verbessern und moralische Disziplin zu praktizieren, sowie unsere eigene Konzentration zu verbessern und unsere Weisheit zu entwickeln, indem wir ausführliche Dharma Unterweisungen anhören oder lesen.

Eine weitere Ursache, eines oder alle dieser acht Merkmale zu erlangen, sind reine und aufrichtige Gebete, diese Merkmale zum Wohle aller zu erlangen.

WIE MAN MORALISCHE DISZIPLIN PRAKTIZIERT, NACHDEM MAN ÜBERZEUGUNG IN DAS GESETZ DES KARMAS GEWONNEN HAT

Um moralische Disziplin zu praktizieren, müssen wir wieder und wieder über das Gesetz des Karmas meditieren und uns an die Unterweisungen erinnern, wobei wir uns besonders mit den Punkten länger befassen sollten, die wir am hilfreichsten finden. Wenn wir nicht meditieren, können wir Bücher lesen, die Karma erklären. Wenn wir uns durch Kontemplation und Meditation überzeugt haben und zu dem Entschluss gelangt sind, nichttugendhafte Handlungen aufzugeben, versuchen wir diesen Entschluss in unserem Leben anzuwenden. Wenn wir auf diese Weise praktizieren, werden unsere nichttugendhaften Potenziale gereinigt und unser Geist wird wie der wolkenlose Himmel, an dem die Sonne ohne Behinderungen scheinen kann.

Gegenwärtig können wir nur ein allgemeines Verständnis von Karma gewinnen. Durch logische Begründungen können wir nicht genau beweisen, wie jede einzelne Handlung ihre eigene Wirkung hervorbringt. Nur Buddhas können diese Beziehungen genau sehen. Deshalb müssen wir Vertrauen in Buddha haben, um moralische Disziplin vollkommen zu praktizieren. Wenn wir die Natur Buddhas verstehen, werden wir realisieren, dass es für einen Buddha unmöglich ist etwas Falsches zu lehren. Es heißt, dass Buddhas keine Veranlassung haben, Unwahrheiten zu äußern, weil sie dadurch nichts gewinnen können. Im *Sutra König der Konzentration* wird gesagt:

> Der Mond und die Sterne könnten auf die Erde fallen; die Erde mit all ihren Bergen und bewohnten Orten könnte verschwinden, und sogar der Raum könnte verschwinden, aber Buddha kann unmöglich lügen.

Buddhas können nichts gewinnen, wenn sie andere irreführen, weil sie alles erlangt haben, was sie für sich selbst erlangen mussten, und es ihr einziger Wunsch ist, anderen von Nutzen zu sein. Deshalb kann man sich auf alles, was sie lehren, vollkommen verlassen und es immer mit Vertrauen annehmen, wenn uns die eigenen Überlegungen und Erfahrungen im Stich lassen.

TEIL ZWEI

Die mittlere Ausrichtung

Atisha

Dromtönpa

Geshe Potowa

Die Entwicklung des Wunsches, Befreiung zu erlangen

DIE SCHULUNG DES GEISTES IN DEN STUFEN DES PFADES EINER PERSON MITTLERER AUSRICHTUNG

Wenn wir alle Stufen des Pfades eines kleinen Wesens praktizieren und Verwirklichungen erlangen, werden wir vor den Leiden der niederen Bereiche beschützt sein und mit Sicherheit eine Wiedergeburt in den glücklicheren Bereichen der Menschen und Götter erlangen. Ist dies das höchste Ziel, das wir erlangen können? Sicher nicht. Sogar Menschen und Götter erleben viel Elend und Not. Diese glücklicheren Existenzzustände bringen kein reines und anhaltendes Glück und sie schützen uns nicht vor erneuter niederer Wiedergeburt in der Zukunft. Solange wir uns in Samsara befinden, ist es beinahe unmöglich für uns, keine nichttugendhaften Handlungen zu begehen, die die Ursachen niederer Wiedergeburt sind. Da nirgends in Samsara wirkliche Sicherheit gefunden werden kann, müssen wir danach streben, von jeder Art unkontrollierter Wiedergeburt frei zu werden. In *Leitfaden für die Lebensweise eines Bodhisattva* sagt Shantideva:

> Hin und wieder nehmen sie eine glückliche Wiedergeburt an
> Und genießen für kurze Zeit etwas vorübergehendes Glück,
> Aber bald sterben sie und fallen in die niederen Bereiche,
> Wo sie für sehr lange Zeit unerträgliches Leiden erleben.

Wenn wir die Verwirklichungen der Stufen des Pfades eines kleinen Wesens erlangen, gleichen wir einem Sträfling, der eine Woche Strafaufschub erhalten hat, um seine Freunde und Familie besuchen zu können. Der Sträfling wird seinen kurzen Urlaub natürlich genießen, aber sein Glück wird nicht vollkommen sein, weil er sich bewusst ist, dass er in Kürze ins Gefängnis zurückkehren muss. In gleicher Weise können wir kein vollkommenes Glück genießen, solange wir im Gefängnis von Samsara sind und nicht vollständig frei von unkontrollierter Wiedergeburt geworden sind. Die Vergnügen der Menschen und Götter sind wie die getrübten Vergnügen eines Gefangenen, der nur eine Woche lang freigelassen wird. Deshalb müssen wir den festen Entschluss fassen, vollständig frei von Samsara zu werden. Wenn dieser Entschluss spontan und anhaltend ist, haben wir Entsagung verwirklicht.

Die Unterweisungen der Schulung des Geistes in den Stufen des Pfades eines mittleren Wesens erfolgen in drei Teilen:

1. Die Entwicklung des Wunsches, Befreiung zu erlangen
2. Eine einleitende Erklärung, um den Pfad zu begründen, der zur Befreiung führt
3. Wie man den Pfad praktiziert, der zur Befreiung führt

DIE ENTWICKLUNG DES WUNSCHES, BEFREIUNG ZU ERLANGEN

Die wichtigste Methode, Befreiung zu erlangen, ist die Praxis der drei höheren Schulungen: Schulung in höherer moralischer Disziplin, Schulung in höherer Konzentration und Schulung in höherer Weisheit. Diese drei Arten der Praxis beinhalten alle Pfade des Hinayana und des Mahayana. Wenn wir die drei höheren Schulungen allein mit der Motivation der Entsagung ausüben, werden wir Befreiung erlangen; wenn wir sie mit der Motivation des Bodhichitta ausüben, werden wir volle Erleuchtung erlangen.

Um uns zu helfen, einen starken Wunsch nach der Erlangung

der Befreiung zu entwickeln, lehrte Buddha zwei Methoden: die Meditation über die Vier Edlen Wahrheiten und die Meditation über die zwölf in abhängiger Beziehung stehenden Glieder. Durch Meditation über diese Objekte identifizieren wir Samsara und Befreiung auf richtige Weise, fassen den Entschluss, Samsara aufzugeben und Befreiung zu erlangen, gelangen zur Überzeugung, dass wir dazu fähig sind, und entwickeln festes Vertrauen in den Pfad, der zur Befreiung führt.

Wenn wir über die erste Edle Wahrheit, wahre Leiden, meditieren, meditieren wir über die Fehler Samsaras. Diese Meditation führt vor allem dazu, dass wir Entsagung entwickeln, weil sie die Natur Samsaras aufdeckt. Da Entsagung ein fester Entschluss ist, sich aus Samsara zu befreien, entsteht Entsagung erst dann in unserem Geist, wenn wir verwirklicht haben, was Samsara ist und was seine Fehler sind. Wenn wir das Wort Entsagung zum ersten Mal hören, ist es leicht möglich, dass wir das Objekt verwechseln, das von diesem Geist aufgegeben wird. Wir könnten zum Beispiel denken, dass jemand, der Entsagung hat, allen materiellen Besitz und alle Beziehungen mit Menschen aufgibt, oder wir könnten denken, dass jemand, der kein Fleisch isst oder die Gelübde des Zölibats abgelegt hat, Entsagung verwirklicht hat. In Wirklichkeit ist das Objekt, das vom Geist der Entsagung aufgegeben wird, Samsara, und Samsara existiert nicht außerhalb von uns. Deshalb können wir nicht Befreiung erlangen, indem wir einfach unseren Besitz aufgeben, unseren Lebensstil ändern oder eine Nonne oder ein Mönch werden.

Wenn unser Besitz, unsere Umwelt und unsere Vergnügen nicht Samsara sind, wenn unsere Freunde und Bekannten nicht Samsara sind und wenn unsere weltlichen Aktivitäten und unsere Arbeit nicht Samsara sind, was ist Samsara dann? Samsara ist ununterbrochene Wiedergeburt ohne Freiheit oder Wahl. Es gibt kein einziges Lebewesen in Samsara, das frei seine jetzige Lebensform wählen konnte oder das in diesem Leben die Freiheit und Kontrolle darüber hat, welche Erfahrungen es macht. Wir haben unsere Eltern oder das Land, in dem wir geboren wurden, nicht ausgesucht, und wir können den Zeitpunkt unseres Todes nicht wählen.

Wir haben es uns nicht ausgesucht, reich oder arm zu sein. Es mag so scheinen, dass es viele Menschen gibt, die Freiheit genießen, doch in Wirklichkeit müssen diese Menschen genau wie alle anderen leiden. Sie werden ohne Wahl krank, sie sterben ohne Wahl und sie werden ohne Wahl wiedergeboren. Wirklichen Frieden und reines Glück erfahren sie nicht.

Wenn uns jemand fragen würde: «Hast du Zeit, zum Abendessen zu kommen?», dann wäre unsere Antwort, dass wir Zeit haben. Tatsächlich aber haben wir keine Freiheit, weil wir nicht mit Sicherheit sagen können, dass wir nicht vor dem Abend sterben werden. Wir haben keine Gewissheit, dass wir nicht krank werden und nichts essen können. Weil wir keine Kontrolle über unsere Lebensbedingungen haben, haben wir nicht die Freiheit zu wählen, was wir in diesem Leben erfahren werden.

Wenn wir bei starkem Wind einen Heliumballon in den Himmel steigen lassen, wird er in die Richtung fliegen, in die er geweht wird. Der Ballon kann seine Richtung nicht selbst bestimmen. Wir sind genau wie dieser Ballon: Von den Winden unseres Karmas werden wir in die Richtung unseres nächsten Lebens getrieben. Unsere Leben folgen einander in ununterbrochener Folge wie die Speichen eines sich schnell drehenden Rades. Unmittelbar nach dem Tod kommt die Geburt, und die Geburt verwandelt sich schon bald in den Tod.

Leiden liegt in der Natur Samsaras, so wie Brennen in der Natur des Feuers liegt. Wenn wir uns nicht verbrennen wollen, sollten wir uns davor fürchten, Feuer zu berühren. Wenn wir Leiden vermeiden wollen, sollten wir uns davor fürchten, ohne Wahl wiedergeboren zu werden. Als Gott wiedergeboren zu werden und in der Hölle wiedergeboren zu werden ist insofern dasselbe, als die Zustände beider Wiedergeburten unfrei und die Grundlage für Leiden sind. Wenn wir weise sind, werden wir Befreiung aus allen samsarischen Zuständen finden wollen, sowohl aus höheren als auch aus niederen. Geshe Potowa sagte:

> Was ich fürchte, ist nicht so sehr Krankheit und Tod, sondern samsarische Wiedergeburt.

Und in seiner *Abhandlung in vierhundert Versen* sagt Aryadeva:

> Diejenigen, die weise sind, entwickeln die gleiche Furcht vor einer hohen Wiedergeburt wie vor einer Wiedergeburt in der Hölle. Wenn wir das Kontinuum der unkontrollierten Wiedergeburt durchschneiden, erlangen wir Befreiung und beseitigen die Grundlage unseres gesamten Leidens.

Dies bedenkend sollten wir verstehen, dass wir keine Freiheit haben und dass wir unaufhörlichem Leiden ausgesetzt sind, solange wir uns in Samsara befinden. Auf diese Weise sollten wir einen starken Wunsch entwickeln, Befreiung von Samsara zu erlangen. Wie der Wunsch, Befreiung zu erlangen, entwickelt wird, wird nun unter den folgenden zwei Überschriften erklärt:

1. Eine Einführung in die Vier Edlen Wahrheiten
2. Über wahre Leiden meditieren

Die Vier Edlen Wahrheiten

EINE EINFÜHRUNG IN DIE VIER EDLEN WAHRHEITEN

Die Vier Edlen Wahrheiten sind:

1. Wahre Leiden
2. Wahre Ursprünge
3. Wahre Beendigungen
4. Wahre Pfade

Sie werden «Edle Wahrheiten» genannt, weil sie von den höheren Wesen, den Edlen, als wahr erkannt werden. Zum Beispiel sehen höhere Wesen, dass die Umwelt, die Vergnügen und die Körper Samsaras die Natur von Leiden haben, und es ist wahr, dass sie die Natur von Leiden haben – weshalb sie «wahre Leiden» genannt werden.

Im *Sutra des ersten Dharma Rades* sagt Buddha:

Ihr solltet Leiden erkennen.
Ihr solltet Ursprünge aufgeben.
Ihr solltet Beendigungen erlangen.
Ihr solltet über Pfade meditieren.

Durch die Kenntnis wahrer Leiden sollten wir einen starken Wunsch entwickeln, diese zu beseitigen; um sie zu beseitigen, müssen wir danach streben, ihre Hauptursache, wahre Ursprünge, aufzugeben, und um wahre Ursprünge aufzugeben, müssen wir wahre Beendigungen erlangen, indem wir über wahre Pfade meditieren.

WAHRE LEIDEN

Es gibt zwei Arten wahrer Leiden, innere wahre Leiden und äußere wahre Leiden. Innere wahre Leiden sind diejenigen, die sich im Kontinuum von Körper und Geist jedes samsarischen Wesens befinden, wie unser gegenwärtiger Körper und Geist. Äußere wahre Leiden sind diejenigen, die sich nicht im Kontinuum von Körper und Geist eines fühlenden Wesens befinden, wie die verschiedenen Umgebungen und Vergnügen der Wesen in Samsara. Obwohl sie nicht alle Leiden im Sinne schmerzhafter Erfahrungen sind, werden sie wahre Leiden genannt, weil sie allesamt die Natur von Leiden haben. In *Handbuch des Abhidharma* sagt Asanga:

> Was sind wahre Leiden? Ihr solltet wissen, dass es die Wiedergeburten der fühlenden Wesen und die Orte sind, wo sie wiedergeboren werden.

Unsere unkontrollierten Wiedergeburten in Samsara, unsere unreinen Umgebungen, wie die Welt, in der wir leben, unsere verunreinigten Anhäufungen, wie unser gegenwärtiger Körper und Geist, und alle unsere weltlichen Vergnügen und Schmerzen sind wahre Leiden. All das sind Auswirkungen verunreinigter, werfender Handlungen. Da es für uns nicht leicht zu erkennen ist, dass all dies wahre Leiden sind, sagte Buddha: «Ihr solltet Leiden erkennen.»

Es gibt zwei Arten verunreinigter, werfender Handlungen: nichttugendhafte werfende Handlungen und tugendhafte werfende Handlungen. Nichttugendhafte werfende Handlungen haben drei Arten von Auswirkungen: gereifte Auswirkungen, Auswirkungen ähnlich der Ursache und Umweltauswirkungen. Die gereiften Auswirkungen nichttugendhafter werfender Handlungen sind die Anhäufungen der Höllenwesen, hungrigen Geister und Tiere. Die Auswirkungen ähnlich der Ursache von nichttugendhaften werfenden Handlungen sind die schmerzhaften Gefühle der Höllenwesen, hungrigen Geister und Tiere. Die Umweltauswirkungen nichttugendhafter werfender Handlungen sind die Umgebungen, die die Höllenwesen, hungrigen Geister und Tiere erleben. All diese

Auswirkungen nichttugendhafter werfender Handlungen sind wahre Leiden.

Tugendhafte werfende Handlungen haben ebenfalls drei Arten von Auswirkungen: gereifte Auswirkungen, Auswirkungen ähnlich der Ursache und Umweltauswirkungen. Die gereiften Auswirkungen tugendhafter werfender Handlungen sind die verunreinigten Anhäufungen der Menschen, Halbgötter und Götter. Die Auswirkungen ähnlich der Ursache von tugendhaften werfenden Handlungen sind die verschiedenen Arten von verunreinigtem Glück der Menschen, Halbgötter und Götter. Die Umweltauswirkungen tugendhafter werfender Handlungen sind die Aufenthaltsorte der Menschen, Halbgötter und Götter. All diese Auswirkungen tugendhafter werfender Handlungen sind ebenfalls wahre Leiden.

WAHRE URSPRÜNGE

Alle starken Verblendungen und alle werfenden Handlungen – ob tugendhaft oder nichttugendhaft – die durch starke Verblendungen, ihre Hauptursachen, motiviert sind, sind wahre Ursprünge. Werfende Handlungen wurden bereits erklärt und die Erklärung der Verblendungen wird weiter unten erfolgen.

WAHRE BEENDIGUNGEN

Indem wir die Stufen des Pfades eines kleinen Wesens praktizieren, können wir die Beendigung der Leiden der Höllenwesen, hungrigen Geister und Tiere erlangen; indem wir die Stufen des Pfades eines mittleren Wesens praktizieren, können wir die Beendigung der Leiden der Menschen, Halbgötter und Götter erlangen; und indem wir die Stufen des Pfades eines großen Wesens praktizieren, können wir die Beendigung aller Hindernisse und Fehler erlangen. Indem wir Geduld praktizieren, können wir die Beendigung der Leiden der Wut erlangen; indem wir uns freuen, können wir die Beendigung der Leiden der Eifersucht erlangen; indem wir über Unbeständigkeit meditieren, können wir die Beendigung der Leiden der Anhaftung erlangen; und indem wir Reinigung praktizieren, können wir die Beendigung negativen Karmas erlangen. Wir können Beendigungen dieser Art erlangen, bevor wir die endgültige Natur der Phänomene direkt verwirklichen und damit ein höheres Wesen werden, aber dies sind keine eigentlichen wahren Beendigungen. Obwohl diese Beendigungen die Grundlage für das Erlangen der wahren Beendigungen liefern, können nur höhere Wesen eigentliche wahre Beendigungen erlangen.

Eine wahre Beendigung ist die endgültige Natur eines Geistes, der die endgültige Beendigung irgendeiner Verblendung oder irgendeines Fehlers durch die Kraft eines wahren Pfades erlangt hat. Wie kann dies erreicht werden? Nehmen wir ein Beispiel: Wenn ein Mahayana Praktizierender spontanen Bodhichitta entwickelt, tritt er oder sie in den Mahayanapfad der Ansammlung ein und wird ein Bodhisattva. Auf dieser Stufe hat der Bodhisattva ein intellektuelles Verständnis der Leerheit, aber er oder sie hat Leerheit noch nicht direkt verwirklicht. Mit Bodhichitta Motivation meditiert er dann einsgerichtet über Leerheit. Durch die Kraft dieser Meditation wird die geistige Stabilisierung des Bodhisattva stärker und ihr Objekt, Leerheit, wird immer klarer wahrgenommen. Wenn er oder sie mit der Meditation über Leerheit das ruhige Verweilen erlangt, ist die Konzentration so stark, dass ein subtiles Weisheitsbewusstsein das Objekt, Leerheit, untersuchen kann, ohne dass die Konzentration gestört wird. Genauso wie ein Fisch in einem stillen Weiher schwimmen kann, ohne die ruhige Wasseroberfläche zu stören, kann das subtile Weisheitsbewusstsein das Objekt untersuchen, ohne die Stille des Geistes zu stören. Wenn diese Weisheit zu einer besonderen Geschmeidigkeit führt, hat der Bodhisattva Leerheit beobachtendes höheres Sehen erlangt und ist in den Mahayanapfad der Vorbereitung eingetreten.

Auf dieser Stufe hat er noch keine direkte Verwirklichung der Leerheit erlangt, obwohl seine Weisheit sehr kraftvoll ist und er eine klare Erscheinung der Leerheit hat. Während der

Meditation hat der Bodhisattva sogar das Gefühl, als ob sich sein Geist mit Leerheit vermischt hätte, doch in Wirklichkeit erscheinen seinem Geist immer noch konventionelle Phänomene, während dieser einsgerichtet auf der Leerheit ruht. Mit anderen Worten, er oder sie hat immer noch dualistische Erscheinung. Wenn der Bodhisattva beispielsweise über die Leerheit seines Körpers meditiert, nimmt sein Geist der Konzentration immer noch ein allgemeines Bild der Leerheit des Körpers wahr. Die Erscheinung des allgemeinen Bildes muss beseitigt werden und dies kann nur durch eine direkte Verwirklichung der Leerheit erfolgen. Auf dem Mahayanapfad der Vorbereitung meditiert der Bodhisattva über Leerheit, um alle Spuren dualistischer Erscheinung aufzugeben und eine direkte Verwirklichung zu erlangen. Durch wiederholte Meditation wird das Objekt immer klarer und der Geist des Bodhisattva kommt diesem immer näher, bis das allgemeine Bild schließlich ganz verschwindet und sich sein Geist vollständig mit Leerheit vermischt, wie Wasser mit Wasser. Zu diesem Zeitpunkt erlangt der Bodhisattva eine vollständig nichtbegriffliche oder direkte Verwirklichung der Leerheit und wird ein höherer Bodhisattva auf dem Mahayanapfad des Sehens.

Wenn sich ein höherer Bodhisattva aus dem meditativen Gleichgewicht über Leerheit erhebt, entwickelt er oder sie keinerlei intellektuell gebildete Verblendungen mehr. Diese würden selbst dann nicht in seinem Geist entstehen, wenn er absichtlich versuchen würde, sie zu entwickeln. Die Leerheit des Geistes, der frei von intellektuell gebildeten Verblendungen ist, ist die erste wahre Beendigung.

Auf dieser Stufe müssen angeborene Verblendungen erst noch aufgegeben werden. Obwohl der Bodhisattva intellektuell gebildete Verblendungen auf dem Pfad des Sehens aufgibt, fängt er oder sie erst auf dem Pfad der Meditation damit an, angeborene Verblendungen aufzugeben. Durch wiederholte Meditation über Leerheit auf dem Pfad der Meditation werden die verschiedenen Ebenen angeborener Verblendungen nach und nach aufgegeben. Wenn der Bodhisattva die wahre Beendigung erlangt, die die Leerheit des von allen angeborenen Verblendungen befreiten Geistes ist, erlangt er oder sie die achte Ebene. Der Bodhisattva fährt fort, über Leerheit zu meditieren und gibt schrittweise die Prägungen der Verblendungen auf – die Behinderungen zur Allwissenheit. Wenn alle Prägungen vollständig aufgegeben worden sind, erlangt er oder sie volle Erleuchtung und betritt den Mahayanapfad des Nicht-mehr-Lernens.

Aus dieser kurzen Erklärung können wir ersehen, dass es viele Arten wahrer Beendigungen gibt. Wenn wir auch nur die geringste von ihnen erlangen, werden wir von vielen Fehlern und Leiden frei werden. Aus diesem Grund sind wahre Beendigungen eigentliche Dharma Juwelen und heilige Objekte der Zuflucht.

WAHRE PFADE

Wie zuvor erwähnt, bewirkt die Praxis der Stufen des Pfades eines kleinen, mittleren und großen Wesens, dass wir eine Beendigung aller Fehler erlangen, doch ist keine dieser Übungen zwangsläufig ein wahrer Pfad. Ein wahrer Pfad ist ein spiritueller Pfad eines höheren Wesens, der eine Methode zur Erlangung einer wahren Beendigung ist. Es gibt keine Möglichkeit, wahre Beendigungen zu erlangen, ohne zuerst wahre Pfade zu erlangen. So wie es viele verschiedene Arten wahrer Beendigungen gibt, gibt es viele verschiedene Arten wahrer Pfade, weil zu jeder wahren Beendigung ein wahrer Pfad gehört, der zu ihr führt.

Buddha lehrte wahre Leiden als erste der Vier Edlen Wahrheiten, weil wir zuerst über sie meditieren müssen, um zu begreifen, dass die Natur Samsaras Leiden ist, und um zu einem festen Entschluss zu kommen, davon frei zu werden. Wenn wir diesen Entschluss einmal gefasst haben, fällt es uns leicht, uns zu bemühen und die eigentlichen Methoden zur Erlangung der Befreiung anzuwenden. Ein Gefangener, der nicht den Wunsch hat, frei zu werden, wird in seinem Gefängnis verkümmern und sich nie darum bemühen, seine Flucht in die Wege zu leiten. Ähnlich ergeht es uns: Wenn uns der aufrichtige Wunsch fehlt, uns aus diesem Gefängnis Samsaras zu befreien, dann werden wir nicht das erforderliche Bemühen aufbringen, das für die Befreiung notwendig ist.

Im Moment unterscheiden wir nicht klar zwischen Objekten, die es aufzugeben gilt, und Objekten, die zu erlangen sind. Laut Dharma gemäß ist Samsara das wichtigste Objekt, das wir aufgeben müssen. Um Samsara aufzugeben, müssen wir wahre Leiden und wahre Ursprünge aufgeben, und wahre Beendigungen und wahre Pfade erlangen. Alle Objekte, die aufzugeben sind, sind in den wahren Leiden und wahren Ursprüngen enthalten, und alle Objekte, die es zu erlangen gilt, sind in den wahren Beendigungen und wahren Pfaden enthalten. Wahre Ursprünge sind der Grund für wahre Leiden, und wahre Pfade sind die Methoden, wahre Beendigungen zu erlangen.

In *Kommentar zum gültigen Erkennen* sagt Dharmakirti:

> Diejenigen, die aufrichtig Befreiung erlangen wollen, brauchen keinen Lehrer, der hellsichtig ist und sehen kann, wie viele Insekten im Boden leben oder wie viele Atome es dort gibt; sie brauchen auch keinen Lehrer, der weit in die Ferne sehen kann, denn auch Geier sind dazu in der Lage. Was sie brauchen ist ein Lehrer, der weiß, was die Objekte sind, die aufgegeben werden müssen, was die Objekte sind, die erlangt werden müssen, und was die Methoden sind, diese aufzugeben oder zu erlangen. Wenn diejenigen, die Befreiung begehren, einem Lehrer folgen, der derartige richtige spirituelle Pfade offenbart, werden sie ihr Ziel erreichen. Ohne einen solchen Lehrer ist Befreiung unmöglich.

Meditation über wahre Leiden

ÜBER WAHRE LEIDEN MEDITIEREN

Das Ziel der Meditation über wahre Leiden besteht darin zu verwirklichen, dass alles in Samsara die Natur von Leiden hat, und durch diese Erkenntnis den starken Wunsch zu erzeugen, Befreiung zu erlangen. Durch diese Meditation entwickeln wir Entsagung hinsichtlich unseres eigenen Leidens und Mitgefühl hinsichtlich des Leidens aller anderen Lebewesen.

Weil es viele verschiedene Arten von Leiden in Samsara gibt, ist diese Meditation ziemlich umfangreich. Wir beginnen, indem wir über die Leiden Samsaras im Allgemeinen nachdenken, und dann betrachten wir die besonderen Leiden eines jeden Bereichs samsarischer Wiedergeburt. Am Schluss meditieren wir über die drei Arten des Leidens. Wir fragen uns vielleicht, warum es notwendig ist, so ausführlich über Leiden zu meditieren. Der Grund liegt darin, dass wir gegenwärtig sehr starke Anhaftung an Samsara haben und darum keinen Wunsch verspüren, Befreiung zu erlangen, obwohl es keine Aussicht auf Glück in Samsara gibt. Um diese Anhaftung zu überwinden, ist es notwendig, klar zu erkennen, wie jeder Aspekt Samsaras die Natur von Leiden hat.

Weil unsere Anhaftung an Samsara so stark ist, müssen wir sie von vielen verschiedenen Seiten angreifen. Wenn Menschen einen gewöhnlichen Feind haben, ziehen sie mit vielen verschiedenen Arten von Waffen in die Schlacht und wenden zahlreiche Methoden an, um den Feind zu überwältigen. Auf ähnliche Weise greifen wir unseren Feind der Anhaftung an Samsara von jeder Seite und mit vielen Methoden an, wenn wir über wahre Leiden meditieren. Wenden wir nur eine Methode an, wird unser Angriff nicht sehr wirksam und unser Entschluss, Anhaftung aufzugeben, nicht sehr stark sein. Wenn wir aber unseren Feind von allen Seiten schwächen und ihm mit vielen kritischen Gedanken zu Leibe rücken, werden wir in der Lage sein, ihn vollständig zu zerstören.

Diese Meditation wird nun in drei Teilen dargelegt:

1. Die allgemeinen Leiden Samsaras
2. Die besonderen Leiden eines jeden Bereichs samsarischer Wiedergeburt
3. Die drei Arten des Leidens

DIE ALLGEMEINEN LEIDEN SAMSARAS

Es gibt viele Leiden, die allen Lebewesen in Samsara gemeinsam sind. Dazu gehören:

1. Ungewissheit
2. Keine Befriedigung zu erfahren
3. Unseren Körper immer wieder verlassen zu müssen
4. Immer wiedergeboren zu werden
5. Unseren gesellschaftlichen Status immer wieder verlieren zu müssen
6. Keine Gesellschaft zu haben

UNGEWISSHEIT

In Samsara ist kein Zustand sicher. Unsere Erfahrungen und Beziehungen ändern sich rasch. Eine hohe Wiedergeburt wird schon bald zu einer niederen Wiedergeburt, Freunde werden zu Feinden und Feinde werden zu Freunden. Der siebte Dalai Lama sagte:

> Hoher gesellschaftlicher Status wird schon bald zu
> Knechtschaft.
> Schönheit verwelkt rasch wie eine Blume im Herbst.
> Reichtum ist bald verloren, als wäre er bloß geliehen.
> Schnell vergeht das Leben wie ein Blitz am Himmel.

Wir denken vielleicht, dass ein hoher gesellschaftlicher Status Sicherheit bringt; aber wenn wir dies überprüfen, sehen wir, dass ein hoher Status extrem instabil ist. Wer hohe Stellungen bekleidet, hat eine größere Verantwortung zu tragen. Dies ist mit größeren Ängsten und geistigen Schmerzen verbunden, die durch Kritik und manchmal sogar durch Lebensgefahr verursacht werden. Wenn zum Beispiel ein Land überfallen wird oder eine Revolution ausbricht, werden diejenigen, die einen hohen gesellschaftlichen Status genießen, zuerst getötet oder ins Gefängnis geworfen. In einer Demokratie verlieren die Politiker leicht ihre Popularität und ihren guten Ruf.

Unsere Schönheit ist anfällig. Selbst wenn wir jung sind, unterliegt unsere körperliche Erscheinung starken Schwankungen in Abhängigkeit von unserem Geisteszustand. Es kann vorkommen, dass wir am Morgen aufstehen, uns wunderbar fühlen und strahlend aussehen. Aber schon innerhalb einer Stunde entwickeln sich die Dinge vielleicht in eine falsche Richtung und wir beginnen deprimiert auszusehen. Unser Gesicht bekommt schnell einen stumpfen und leblosen Ausdruck, und unser Körper verliert seine Vitalität. Unsere Schönheit ist so veränderlich wie unser Geist.

Unsere körperliche Gesundheit ist nie stabil. Am gleichen Tag können wir am Morgen gesund, am Abend aber schon krank sein. Für kurze Zeit fühlen wir uns wohl, doch schon bald wird uns unbehaglich und wir suchen nach Erleichterung. Mehrmals täglich ändert sich unser körperliches Wohlbefinden. Auch unsere geistige Gesundheit ist Veränderungen unterworfen. Innerhalb einer Minute kann aus Lachen Weinen entstehen. Es gelingt uns nicht, immer einen glücklichen Geist zu bewahren.

Unser Reichtum und unser Besitz gehen leicht verloren. Selbst wenn es uns gelingt, sie für den größten Teil unseres Lebens zu behalten, müssen wir sie letztendlich doch aufgeben, weil wir unsere Ersparnisse nicht mit uns nehmen können, um sie in unserem nächsten Leben auszugeben. Unser Reichtum und unser Besitz gleichen Dingen, die wir ausgeborgt haben und schon bald zurückgeben müssen.

Glück und Wohlstand sind unsicher. Wenn unsere Arbeit oder unser Geschäft erfolgreich ist, fühlen wir uns sicher und gut; aber es muss nur eine Veränderung in unserer Umgebung oder einen Regierungswechsel geben, und schon können alle unsere schönen Aussichten mit einem Mal ruiniert sein.

Freundschaften sind instabil. Wenn wir Freundschaft schließen, glauben wir, dass diese Freundschaft ewig halten wird. Aber unsere Gefühle ändern sich und manchmal wandeln sich unsere guten Gefühle in bittere Feindschaft um. Es müssen nur wenige Worte gesagt werden, um das Vertrauen und die Offenheit zwischen Freunden zu zerstören. Das kleinste Vorkommnis oder ein einziger Gedanke können unsere freundschaftlichen Gefühle in Gefühle der Eifersucht und des Grolls verwandeln. Für diejenigen, deren Geist immer noch von Verblendungen beherrscht wird, sind Freundschaften unzuverlässig und ungewiss. In *Leitfaden für die Lebensweise eines Bodhisattva* sagt Shantideva:

> In einem Moment sind sie Freunde,
> Und im nächsten Moment werden sie zu Feinden;
> Und selbst während sie sich vergnügen, werden sie wütend.
> Wie unzuverlässig weltliche Wesen doch sind!

In *Freundlicher Brief* sagt Nagarjuna, dass in Samsara unser Vater manchmal als unser Sohn, unsere Mutter als unsere Ehefrau, unser Feind als unser Freund und unsere Verwandten als unsere Feinde wiedergeboren werden – Gewissheit gibt es nicht.

Ein Ehepaar lebte einst zusammen mit seinem Sohn und dessen Frau in einem Haus. Hinter dem Haus war ein kleiner See. Der Vater fischte sehr gerne, und jeden Tag fing er Fische und brachte sie zum Essen nach Hause. Eines Tages verliebte sich ein Fremder in die Frau des Sohnes und beging Ehebruch mit ihr. Als der Sohn dies herausfand, tötete er ihn. Da der ermordete Mann sehr starke Anhaftung an die Frau hatte, wurde er als ihr Kind wiedergeboren. Kurze Zeit später starb die alte Mutter und wurde, weil sie so stark an Haus und Familie hing, als deren Schoßhund wiedergeboren. Später starb der alte Vater und weil er so gerne fischte, wurde er als Fisch im See wiedergeboren. Der Sohn ging fischen und fing diesen Fisch. Er nahm ihn mit nach Hause und seine Frau briet ihn. Der Hund roch den Fisch und kam, um die Gräten zu bekommen. Als der Sohn den Fisch aß, der sein Vater war, wiegte er das Kind, das sein Feind war, und stieß den Hund weg, der seine Mutter war. Kraft seiner Hellsicht konnte Shariputra diese Szene beobachten und erklärte: «Samsara bringt mich zum Lachen!»

Da unsere Beziehungen so starken Veränderungen unterworfen sind, gibt es keinen Grund, übermäßige Anhaftung an unsere Freunde und Bekannten oder feindselige Gefühle gegenüber unseren Widersachern zu entwickeln. Alle diese Beziehungen werden sich verändern – es ist lediglich eine Frage der Zeit.

Als Shri Datta, ein Schüler Buddhas, noch ein Laie namens Pelgyä war, spazierte er eines Tages am Strand und fand das Skelett eines riesigen Wals. Sobald er es sah, spürte er ein eigenartiges Gefühl der Vertrautheit. Buddhas Schüler Maudgalyanaputra erkannte, was er fühlte, und sprach zu ihm: «Erinnerst du dich nicht an diesen Wal? Du blickst auf dein eigenes Skelett.» Pelgyä fragte darauf: «Was habe ich denn nur getan, um eine solch monströse Form zu verdienen?» Maudgalyanaputra antwortete: «In einem deiner früheren Leben warst du ein König. Eines Tages, als du in ein Spiel vertieft warst, kam einer deiner Minister und fragte dich, ob ein bestimmter Krimineller, der gerade gefangen genommen worden war, getötet werden sollte oder nicht. Nicht geneigt, der Sache deine Aufmerksamkeit zu schenken, sagtest du: ‹Ja, ja, tötet ihn.› Als das Spiel vorüber war, erinnertest du dich an die Unterbrechung und fragtest den Minister, ob der Gefangene tot sei. Als der Minister antwortete, dass der Mann gemäß deinem Befehl getötet worden sei, entwickeltest du starkes Bedauern. Als Folge deiner Rücksichtslosigkeit in jener Sache wurdest du als jener Wal wiedergeboren und musstest lange Zeit ausharren, ohne Nahrung zu finden. Als du im Begriff warst zu verhungern, kamen ein paar Seeleute so nahe an dich heran, dass sie beinahe in dein Maul gesegelt wären. Sie begriffen gerade noch rechtzeitig, was geschah, und nahmen Zuflucht zu Buddha. Sobald du ihre Gebete vernahmst, starbst du, und dein Körper wurde hier an den Strand gespült, aber du wurdest als Mensch wiedergeboren, weil du das Zufluchtsgebet gehört hattest.»

Geringfügige Handlungen waren die Ursache dafür, dass Shri Datta in drei Leben von einem König zu einem Wal und dann zu einem Menschen wurde. Anhand dieses Beispiels können wir sehen, wie sehr unsere Lebensumstände schwanken, solange wir unkontrollierter Wiedergeburt ausgesetzt sind. Wenn wir in diesem Leben keine Befreiung erlangen, werden wir immer und immer wieder die Unsicherheit unserer Wiedergeburt ertragen müssen.

KEINE BEFRIEDIGUNG ZU ERFAHREN

Die meisten Probleme, die wir erleben, entstehen dadurch, dass wir Befriedigung in samsarischen Vergnügen suchen, obwohl diese uns keine wirkliche Befriedigung geben können. Wenn wir zum Beispiel Befriedigung im Genuss von Alkohol suchen, werden wir trinken und trinken, ohne jemals zu finden, was wir suchen. Ähnlich ergeht es uns, wenn wir Zufriedenheit durch Rauchen oder Drogen erlangen wollen. Wir werden niemals die Befriedigung finden, die wir suchen.

Wenn wir fortfahren, in so beschränkten Vergnügen wie diesen nach Befriedigung zu suchen, ohne zu bemerken, dass diese Dinge uns nie geben können, was wir suchen, werden wir viele zwanghafte, schlechte Gewohnheiten annehmen und Probleme für uns und andere schaffen. Es besteht die Gefahr, dass wir unsere Gesundheit ruinieren, andere Menschen verletzen oder enttäuschen, oder sogar das Gesetz brechen und uns im Gefängnis wiederfinden. Wir werden unglückliche Beziehungen schaffen und andere dahingehend beeinflussen, auf eine Art und Weise zu handeln, die für ihre Gesundheit und ihren Geistesfrieden schädlich ist.

Alle Schwierigkeiten, die wir in unseren Beziehungen mit anderen haben, entstehen dadurch, dass wir nicht wissen, wie wir zufrieden sein können. Ehen brechen auseinander, weil

Menschen einander nicht vollständig zufriedenstellen können. Wenn wir sehr starker begehrender Anhaftung unterworfen sind, werden wir nie mit einer anderen Person zufrieden sein, weil niemand jemals in der Lage sein wird, uns alles zu geben, was wir begehren. Manche Menschen werden durch ihre begehrende Anhaftung förmlich zerrissen. Sie hindert sie daran, ihren Partner zu verlassen, verhindert es aber auch, dass sie mit dieser Beziehung allein glücklich sind.

Wenn wir darüber nachdenken, weshalb Nationen in den Krieg ziehen, werden wir herausfinden, dass die grundlegende Ursache sehr einfach ist. Menschen können mit dem, was sie besitzen, und mit ihren Ressourcen nicht zufrieden sein, sondern müssen sich immer mehr aneignen. Millionen von Menschen sind in kriegerischen Auseinandersetzungen als Folge der kollektiven menschlichen Unzufriedenheit gestorben.

Selbst Menschen, die alles zu haben scheinen, sind nicht zufrieden. Tatsächlich sind die reichsten Leute häufig die unzufriedensten. So wie sich ihr Reichtum vergrößert, vergrößert sich auch ihre Unzufriedenheit. Es ist äußerst selten, jemanden zu finden, der mit völliger Aufrichtigkeit sagen kann: «Ich brauche nichts. Ich bin vollständig zufrieden.»

Wir, die wir in Samsara wiedergeboren werden, sind wie Motten, die nicht mit der bloßen Betrachtung der Schönheit einer Kerzenflamme zufrieden sind, sondern sich in sie hineinstürzen müssen. Wir sind wie Fliegen, die nicht mit dem Geruch des Essens allein zufrieden sein können, sondern auf ihm landen müssen, nur um dann gefangen und getötet zu werden. Alle tödlichen Situationen, in denen wir uns wiederfinden, sind durch unsere eigene Unzufriedenheit verursacht worden.

In *Freundlicher Brief* sagt Nagarjuna:

> Sei immer zufrieden. Wenn du dich in Zufriedenheit übst, bist du sehr reich, auch wenn du kein Vermögen hast.

Ohne Zufriedenheit leiden wir an spiritueller Armut, selbst wenn wir große Reichtümer besitzen. Ein armer Mann, der mit dem zufrieden ist, was er hat, und der kein starkes Verlangen hat, Reichtum anzuhäufen, ist innerlich ein reicher Mann. Ein solcher Mensch leidet weniger Not, hat weniger Probleme und größeren Geistesfrieden.

In Indien fand einst ein armer Mann namens Telwa ein sehr kostbares Juwel. Er dachte bei sich: «Ich brauche dieses Juwel nicht.» Er war zufrieden mit dem, was er jeden Tag erhielt. Er fragte sich: «Wer hat dieses Juwel am nötigsten?» Er dachte an all die anderen armen Leute, die er kannte, aber sie waren wie er und verspürten keinen großen Wunsch nach zusätzlichem Reichtum. Dann erkannte er: «Ich muss dieses Juwel dem König geben, denn er ist der bedürftigste Mensch.» Als er das Juwel dem König überreichte, war dieser erstaunt und fragte: «Warum bist du so großzügig zu mir?» Telwa erwiderte: «Ich begriff, dass du der ärmste Mensch in der Gegend bist. Du hast so viel Besitz, aber im Inneren bist du arm, weil es dir an der Zufriedenheit mangelt, die du begehrst. Du hast ein starkes Verlangen nach mehr Besitz. Deshalb schenke ich dir dieses Juwel.»

Wenn wir in Samsara bleiben, werden wir in allen unseren zukünftigen Leben Unzufriedenheit und Unbehagen erfahren müssen.

UNSEREN KÖRPER IMMER WIEDER VERLASSEN ZU MÜSSEN

In allen unseren Leben haben wir unzählige verschiedene Körper angenommen und mussten uns von jedem wieder trennen. Jedes Mal mussten wir die Schmerzen des Todes erleben. In *Essenz des Nektars* sagt Yeshe Tsöndru:

> Wären Fleisch und Knochen aller Körper, die wir in der Vergangenheit angenommen haben, noch vorhanden, würden sie sich so hoch wie der Berg Meru auftürmen. Wenn das Blut und die Flüssigkeit all unserer vergangenen Körper noch vorhanden wären, wäre die Menge größer als der gesamte Ozean.

Wir haben Wiedergeburten als hohe Götter wie Brahma und Indra erlebt und haben viel größere Vergnügen gehabt als diejenigen, die wir jetzt genießen. Wir haben in Palästen aus Gold und wertvollen Edelsteinen gewohnt, und wir haben den Nektar der Götter gekostet. Wir haben göttliche Gesellschaft auf Betten aus Seide und Brokat genossen. Viele Male wurden wir als universeller Herrscher mit einem großen Gefolge und vielen kostbaren Gütern wiedergeboren. Jetzt aber müssen wir gewöhnliche Nahrung zu uns nehmen und wenn uns jemand eine Arbeit gibt, sind wir überglücklich, obwohl wir eigentlich zu seinem Diener geworden sind. Verglichen mit dem Besitz, den wir in der Vergangenheit genossen haben, ist das, was wir jetzt unser Eigen nennen, bedeutungslos. Immer wieder mussten wir unseren Ruhm und unsere Herrlichkeit verlieren. All unser schöner Besitz und die wunderbaren Erfahrungen unserer vergangenen Leben sind wie ein Hirngespinst verschwunden.

Wenn wir die Befreiung aus Samsara nicht erlangen, müssen wir die Leiden, unseren Körper immer wieder ohne Wahl verlassen zu müssen, endlos ertragen.

IMMER WIEDERGEBOREN ZU WERDEN

Das Kontinuum unseres sehr subtilen Geistes hat keinen Anfang und wir haben unzählige Wiedergeburten angenommen. Wenn die Materie dieses ganzen Planeten zu kleinen Perlen geformt würde und wir jede Perle mit den Worten: «Dies ist die Mutter meines vergangenen Lebens», einzeln in den Raum werfen würden, dann hätten wir nicht genügend Perlen, um alle unsere vergangenen Mütter darzustellen.

Da wir wiederholt in Samsara wiedergeboren wurden, haben wir alle Schmerzen der Geburt immer wieder erdulden müssen, und wir haben alle Leiden der verschiedenen Existenzzustände ertragen müssen, in die wir eingetreten sind.

In *Linderung des Leidens* sagt Ashvagosha, dass wir unzählige Male in der Hölle wiedergeboren wurden und die Geschöpfe dort kochendes Wasser in unsere Kehlen gegossen haben. Würde all dieses Wasser gesammelt, würde es einen gewaltigen Ozean bilden. Gleichermaßen wurden wir unzählige Male als Aasfresser oder als Insekten, zum Beispiel als Mistkäfer und Schmeißfliegen, wiedergeboren. Wenn wir alle Exkremente zusammentragen würden, die unsere Körper nährten, dann würden sie einen Berg so hoch wie der Berg Meru bilden. Wenn jetzt aber nur ein klein wenig Exkrement unsere Haut berührt, schrubben wir es schnell ab und können es kaum ertragen. In der Vergangenheit haben wir jedoch unzählige Male von Exkrementen gelebt. Wir wurden unzählige Male als Insekten und Würmer geboren und haben mehr Erde gegessen, als der Planet Erde umfasst. Wir wurden unzählige Male als Skorpione geboren und haben uns mit anderen Skorpionen gepaart, obwohl uns heute Abscheu erfüllt, wenn wir einen sehen. Unzählige Male hat uns die Trennung von Freunden und Besitz in der Vergangenheit Kummer bereitet. Wenn alle Tränen gesammelt würden, die wir vergossen haben, würden sie einen riesigen Ozean bilden. Unzählige Male haben wir in der Vergangenheit mit unserem Feind gekämpft und unser Kopf wurde abgeschlagen. Würden wir alle unsere Köpfe sammeln, bildeten sie einen Haufen, der größer als dieser Planet wäre. Genauso wie wir all dies in der Vergangenheit unzählige Male erleben mussten, so müssen wir es in allen unseren zukünftigen Leben erneut erdulden. Um dies zu vermeiden, müssen wir in diesem jetzigen Leben Befreiung erlangen.

UNSEREN GESELLSCHAFTLICHEN STATUS IMMER WIEDER VERLIEREN ZU MÜSSEN

In den *Vinaya Sutras* sagt Buddha:

> Am Ende der Ansammlung steht die Auflösung.
> Am Ende des Aufstiegs steht der Fall.
> Am Ende der Begegnung steht die Trennung.
> Am Ende der Geburt steht der Tod.

Welche Besitztümer wir auch immer während unseres Lebens angehäuft haben, sie werden entweder vor dem Tod oder zum Zeitpunkt des Todes verloren sein. Wer einen guten Ruf oder einen hohen sozialen Status erlangt, wird schließlich den Abstieg erleben müssen, denn die höchsten Stellungen in Samsara sind wie der Scheitel eines Rades: Haben wir die höchste Stelle einmal erreicht, bleibt uns nichts anderes übrig als abzusteigen. In den Schriften heißt es, dass ein Mensch, der den Ehrgeiz hat, einen hohen sozialen Status zu erlangen, jemandem gleicht, der auf einen Baum klettert. Der erste Teil des Aufstiegs ist sicher und leicht, weil der Stamm dick ist. Der mittlere Teil ist ebenfalls sicher, weil die Äste noch immer ziemlich kräftig sind; aber je höher der Kletternde steigt, desto gefährlicher wird es, weil die Äste spärlicher und dünner werden. Schließlich wird der Kletternde fallen, weil die obersten Zweige zu schwach sind, um sein Gewicht zu tragen. In seinem *Ratschlag* sagt Gungtang Rinpoche:

> Wenn wir den Baum des Ehrgeizes erklimmen und die dünnsten Äste in der Baumkrone erreichen, werden wir bestimmt abstürzen. Es ist viel sicherer, in der Mitte zu bleiben.

Ein tibetischer Premierminister namens Sangye Gyatso regierte einst ganz Tibet. Während seines Lebens genoss er hohes Ansehen als Gelehrter; doch er wurde von einem König namens Lhasang getötet, der seinen Kopf auf einer Brücke in der Nähe von Lhasa aufspießte und fünfzehn Tage lang dort ließ. Die Krähen kamen und pickten am Fleisch, und die Menschen konnten es nicht ertragen, dies mit anzusehen. Die Ehefrau und die Kinder mussten betteln gehen. In sehr kurzer Zeit fiel dieser Mann von der angesehensten in die niedrigste Position. Er musste plötzlich und gewaltsam sterben, ohne Respekt, während ärmere Menschen sanft und friedlich in ihren eigenen Häusern im Schoße ihrer Familie in Würde sterben konnten. Solche Begebenheiten finden nicht nur in der Vergangenheit statt, denn auch in der Welt von heute gibt es viele ähnliche Beispiele.

Wenn wir Menschen begegnen, ist es sicher, dass wir uns wieder von ihnen werden trennen müssen. In diesem Leben erfahren wir viele vorübergehende Trennungen von Freunden und Bekannten. Schließlich aber werden wir die endgültige Trennung durch den Tod erfahren müssen. Alles, was zusammenkommt, endet mit einer Trennung, und jede Geburt endet mit dem Tod. Geshe Sangpuwa sagte:

> In Samsara wechseln wir ständig von niederen zu hohen und von hohen wieder zu niederen Zuständen. Diese Situation erfüllt mich mit Mitleid.

Wenn wir das alles überdenken, sollten wir die Erbärmlichkeit Samsaras verstehen und danach streben, in der Zukunft von solchem Leiden frei zu sein, indem wir Befreiung in unserem gegenwärtigen Leben erlangen.

KEINE GESELLSCHAFT ZU HABEN

In *Leitfaden für die Lebensweise eines Bodhisattva* sagt Shantideva:

> Bei der Geburt wurde ich allein geboren
> Und beim Tod werde ich allein sterben müssen.
> Da ich diese Leiden nicht mit anderen teilen kann,
> Was nutzen mir Freunde, die mich von der Übung der
> Tugend abhalten?

Seit anfangsloser Zeit haben wir die Leiden jeder unserer Wiedergeburten allein ertragen müssen und während all unserer Leben haben wir die Schmerzen der Krankheit, des Alterns und des Todes ohne einen Gefährten erfahren müssen, der die Last unserer Leiden geteilt hätte. Wie sehr wir uns auch wünschen die Leiden unserer Freunde zu teilen, wir können sie nicht tatsächlich auf uns nehmen. Jeder muss sein eigenes Leiden ertragen. Selbst die geselligsten Menschen, die viele Freunde haben und die nie einsam zu sein scheinen, müssen dieses Leben allein verlassen und allein wiedergeboren werden.

Genau wie Blätter, die im Herbst vom Baum fallen, niemals wieder zu ihrem Ast zurückgelangen können, so können wir uns nicht aufs Neue mit den Freunden dieses Lebens vereinen, wenn wir sterben. In unserem nächsten Leben gibt es keine vertrauten Gesichter. Unsere Mutter ist jemand anders, unser Vater ist jemand anders und alle unsere Freunde und Verwandten sind jemand anders. Wenn wir die Menschen treffen, die unsere Freunde gewesen sind, können wir sie nicht erkennen, weil sich ihre Erscheinung vollständig verändert hat. Alle Erscheinungen unseres nächsten Lebens sind neu und fremd. Die Furcht, dieses Elend in künftigen Leben ertragen zu müssen, sollte uns anspornen jetzt Befreiung zu suchen.

Wenn wir über diese sechs allgemeinen Leiden Samsaras meditieren, werden wir den festen Entschluss fassen, uns von Samsara zu befreien. Wir denken:

> *Ich muss achtsam sein und die Methoden zur Erlangung der Befreiung anwenden. Wenn ich diese Methoden jetzt nicht anwende, wann werde ich je wieder die Gelegenheit finden, Befreiung zu erlangen? Wenn ich wieder eine niedere Wiedergeburt angenommen habe, wird es mir unmöglich sein, auch nur den Gedanken zu entwickeln, frei von Samsara zu werden.*

Wenn dieser Entschluss klar und bestimmt in unserem Geist entsteht, üben wir die verweilende Meditation aus, um immer vertrauter damit zu werden.

DIE BESONDEREN LEIDEN EINES JEDEN BEREICHS SAMSARISCHER WIEDERGEBURT

Dies hat zwei Teile:

1. Die Leiden der niederen Bereiche
2. Die Leiden der höheren Bereiche

Der erste Teil wurde bereits erklärt.

DIE LEIDEN DER HÖHEREN BEREICHE

Dies hat drei Teile:

1. Die Leiden der Menschen
2. Die Leiden der Halbgötter
3. Die Leiden der Götter

DIE LEIDEN DER MENSCHEN

Die wesentlichen Leiden der Menschen können in sieben Teile gegliedert werden:

1. Geburt
2. Altern
3. Krankheit
4. Tod
5. Sich von dem trennen zu müssen, was wir mögen
6. Dem begegnen zu müssen, was wir nicht mögen
7. Unsere Wünsche nicht erfüllen zu können

GEBURT

Vielleicht wundern wir uns, warum es notwendig ist, im Detail über alle diese schmerzhaften Erfahrungen zu meditieren, die wir in der Vergangenheit gemacht haben. Das Ziel besteht darin, es zu vermeiden, alle diese Erfahrungen in der Zukunft erneut durchmachen zu müssen. Solange wir uns in Samsara befinden, hören diese Leiden nie auf. Jedes Mal wenn wir wiedergeboren werden, müssen wir sie immer und immer wieder erleben.

Wir haben bereits darüber nachgedacht, wie wundervoll es ist, als Mensch geboren zu werden, aber unser menschliches Leben ist nur dann von wirklichem Wert, wenn wir es nutzen, um Dharma zu praktizieren. An sich ist es ein wahres Leiden und hat keine wertvollen Eigenschaften. Um zu verwirklichen, dass unser menschliches Leben von Natur aus Leiden ist, müssen wir an die Schmerzen der Geburt denken. Auch wenn wir uns nicht an unsere Erfahrungen im Mutterleib oder an unsere frühe Kindheit erinnern können, begannen die Schmerzen des menschlichen Lebens schon zum Zeitpunkt der Empfängnis. Jeder kann beobachten, dass ein Neugeborenes Qualen und Schmerz erfährt. Das erste, was ein Säugling nach seiner Geburt macht, ist schreien. Es kommt selten vor, dass ein Säugling in völliger Heiterkeit mit einem friedlichen, lächelnden Ausdruck auf seinem Gesicht geboren wird.

Die Meditation über die Leiden der Geburt hat fünf Teile:

1. Die extremen Schmerzen, die wir im Mutterleib und während der Geburt erleben
2. Die unaufhörlichen Schmerzen, die wir nach der Geburt erleben
3. Geburt ist die Grundlage für alle Leiden des Lebens
4. Geburt ist die Grundlage für alle Verblendungen
5. Geburt wandelt sich in den Tod

DIE EXTREMEN SCHMERZEN, DIE WIR IM MUTTERLEIB UND WÄHREND DER GEBURT ERLEBEN

Wenn unser Bewusstsein in die Vereinigung des Spermas unseres Vaters und der Eizelle unserer Mutter eintritt, ist unser Körper eine sehr heiße, wässrige Substanz wie weißer, leicht rötlich gefärbter Joghurt. In den ersten Momenten nach der Empfängnis haben wir keine groben Empfindungen, aber sobald sich diese entwickeln, beginnen wir deutlichen Schmerz zu fühlen. Unser Körper wird allmählich immer härter und wenn unsere Gliedmaßen wachsen, fühlt es sich an, als ob unser Körper auf einer Folterbank gestreckt würde. In der Gebärmutter ist es heiß und dunkel. Für neun Monate ist dieser kleine, eng zusammengepresste Raum voller unreiner Substanzen unser Heim. Es fühlt sich an, als ob man in einem mit schmutziger Flüssigkeit gefüllten kleinen Wassertank eingezwängt wäre, dessen Deckel dicht verschlossen ist, sodass weder Luft noch Licht eindringen können.

Während wir uns im Mutterleib befinden, erleben wir in völliger Einsamkeit großen Schmerz und große Angst. Wir reagieren äußerst empfindlich auf alles, was unsere Mutter tut. Wenn sie schnell geht, fühlt es sich an, als würden wir von einem hohen Berg fallen, und wir haben schreckliche Angst. Wenn sie Geschlechtsverkehr hat, fühlt es sich an, als würden wir zwischen zwei riesigen Mühlsteinen zerquetscht und erstickt, und wir geraten in Panik. Wenn unsere Mutter auch nur einen kleinen Sprung macht, fühlt es sich an, als würden wir aus großer Höhe heftig auf den Boden aufschlagen. Wenn sie etwas Heißes trinkt, fühlt es sich an, als ob kochendes Wasser unsere Haut verbrennen würde, und wenn sie etwas Kaltes trinkt, fühlt es sich wie eine eiskalte Dusche im tiefsten Winter an.

Wenn wir den Mutterleib verlassen, ist es, als würden wir durch eine enge Spalte zwischen zwei harten Felsen gedrückt, und als Neugeborenes ist unser Körper so empfindlich, dass jede Art von Kontakt schmerzhaft ist. Selbst wenn uns jemand sehr behutsam hält, fühlen sich die Hände an wie Dornbüsche, die sich in unser Fleisch bohren, und die feinsten Gewebe fühlen sich rau an und kratzen. Verglichen mit der Weichheit und Glätte des Mutterleibes ist jede Berührung rau und schmerzhaft. Wenn uns jemand hoch nimmt, fühlt es sich an, als würden wir über einen ungeheuren Abgrund geschwungen, und wir haben Angst und fühlen uns unsicher. Wir haben alles vergessen, was wir in unserem vergangenen Leben gewusst haben; wir bringen nur Schmerz und Verwirrung aus dem Mutterleib mit. Was immer wir auch hören, ist so sinnlos wie das Geräusch des Windes, und wir können nichts von dem verstehen, was wir wahrnehmen. In den ersten paar Wochen gleichen wir jemandem, der blind, taub und stumm ist und unter starkem Gedächtnisschwund leidet. Wenn wir hungrig sind, können wir nicht sagen: «Ich brauche etwas zu essen», und wenn wir Schmerzen haben, können wir nicht sagen: «Hier tut es weh.» Die einzigen Zeichen, die wir geben können, sind heiße Tränen und wilde Gebärden. Unsere Mutter hat oft keine Ahnung, unter welchen Schmerzen und Beschwerden wir leiden. Wir sind vollständig hilflos und alles muss uns beigebracht werden: wie man isst, wie man sitzt, wie man geht und wie man spricht.

DIE UNAUFHÖRLICHEN SCHMERZEN, DIE WIR NACH DER GEBURT ERLEBEN

Obwohl wir in den ersten Wochen unseres Lebens am verletzlichsten sind, hören unsere Schmerzen nicht auf, wenn wir aufwachsen. Während unseres ganzen Lebens erfahren wir weiterhin die verschiedensten Arten des Leidens.

GEBURT IST DIE GRUNDLAGE FÜR ALLE LEIDEN DES LEBENS

Genauso wie die Wärme eines Feuers, das wir in einem großen Haus anzünden, das ganze Haus durchdringt und die gesamte Wärme im Haus von diesem Feuer stammt, so durchdringt Leiden unser ganzes Leben, wenn wir in Samsara geboren werden, und alles Elend, das wir erleben, entsteht, weil wir geboren wurden. Unsere Geburt hat die Natur von Leiden und ist die Grundlage für alle Leiden dieses Lebens.

GEBURT IST DIE GRUNDLAGE FÜR ALLE VERBLENDUNGEN

Weil wir als Mensch geboren wurden, schätzen wir unseren menschlichen Körper und Geist als unseren Besitz und klammern uns daran. In Abhängigkeit von unseren menschlichen Anhäufungen entwickeln wir Festhalten am Selbst, das die Grundlage aller Verblendungen ist. Unsere menschliche Wiedergeburt ist wie ein Feld und unsere Verblendungen sind wie giftige Pflanzen, die darin wachsen. Wenn das Feld nicht existieren würde, hätten solche giftigen Pflanzen keinen Ort, wo sie Wurzeln schlagen und wachsen könnten.

GEBURT WANDELT SICH IN DEN TOD

Die Schmerzen der Geburt und die Schmerzen dieses menschlichen Lebens verwandeln sich schließlich in die Schmerzen des Todes. Der Tod entsteht in Abhängigkeit von der Geburt. Unsere Geburt und unser Tod sind ein einziges Kontinuum.

ALTERN

Wenn wir altern, erfahren wir fünf wesentliche Verluste:

1. Verlust von Schönheit und Gesundheit
2. Verlust von körperlicher Kraft und Vitalität
3. Verlust der Stärke unserer Sinneskraft und geistigen Fähigkeiten

4. Verlust von Vergnügen
5. Verlust von Lebensspanne

VERLUST VON SCHÖNHEIT UND GESUNDHEIT

Im *Sutra der ausgiebigen Vergnügen* sagt Buddha, dass das Altern unsere Schönheit, unsere Gesundheit, unsere gute Figur, unseren zarten Teint, unsere Vitalität und unser Wohlbehagen stiehlt. Altern verwandelt uns in Objekte der Geringschätzung. Es bringt viele ungewollte Schmerzen und führt uns schnell zum Tod.

Wenn wir alt werden, verlieren wir die Schönheit unserer Jugend, und unser starker, gesunder Körper wird schwach und mit Krankheiten belastet. Unsere einst feste und gut proportionierte Figur wird gebeugt und entstellt, und unsere Muskeln und unser Fleisch schrumpfen, sodass unsere Glieder wie dünne Stöcke werden und unsere Knochen hervortreten. Unser Haar verliert Farbe und Glanz, und unser Teint verliert seinen Schimmer. Unser Gesicht wird runzlig und unsere Gesichtszüge verzerren sich.

VERLUST VON KÖRPERLICHER KRAFT UND VITALITÄT

Milarepa sagte:

> Wie stehen alte Leute auf? Sie stehen auf, als würden sie einen Pfahl aus dem Boden ziehen. Wie gehen alte Leute? Wenn sie einmal auf ihren Füßen stehen, gehen sie so behutsam wie Vogelfänger. Wie lassen sich alte Leute nieder? Sie brechen zusammen wie schweres Gepäck, dessen Riemen gerissen ist.

In einem Gedicht schrieb Gungtang Rinpoche:

> Wenn wir alt sind, wird unser Haar weiß,
> Aber nicht, weil wir es gewaschen haben.
> Es ist ein Zeichen, dass wir bald dem Herrn des Todes
> begegnen werden.

Wir haben Falten auf unserer Stirn,
Aber nicht, weil wir so wohlgenährt sind.
Es ist eine Warnung vom Herrn des Todes: «Du bist im Begriff zu sterben.»

Unsere Zähne fallen aus,
Aber nicht, um Platz für neue zu machen.
Es ist ein Zeichen, dass wir menschliche Nahrung bald nicht mehr essen können.

Unsere Gesichter sind hässlich und unansehnlich,
Aber nicht, weil wir Masken tragen.
Es ist ein Zeichen, dass uns die Maske der Jugend abhandengekommen ist.

Unsere Köpfe wackeln hin und her,
Aber nicht, weil uns etwas missfällt.
Es ist der Herr des Todes, der unsere Köpfe mit dem Stock schlägt, den er in seiner rechten Hand hält.

Wir gehen gebeugt und starren auf den Boden,
Aber nicht, weil wir nach verlorenen Nadeln suchen.
Es ist ein Zeichen, dass wir nach unserer verlorenen Schönheit und Erinnerungen Ausschau halten.

Wir stützen uns auf allen Vieren vom Boden ab,
Aber nicht, weil wir Tiere nachahmen.
Es ist ein Zeichen, dass unsere Beine zu schwach sind, um unseren Körper zu tragen.

Wir setzen uns hin, als würden wir plötzlich fallen,
Aber nicht, weil wir zornig sind.
Es ist ein Zeichen, dass die Kräfte unseres Körpers versagt haben.

Beim Gehen schwankt unser Körper hin und her,
Aber nicht, weil wir uns so wichtig dünken.
Es ist ein Zeichen, dass unsere Beine den Körper nicht länger tragen können.

Unsere Hände zittern,
Aber nicht, weil sie versucht sind zu stehlen.

Es ist ein Zeichen, dass der Herr des Todes versucht
unseren Besitz zu rauben.

Wir essen nur wenig,
Aber nicht, weil wir geizig sind.
Es ist ein Zeichen, dass wir keine Nahrung verdauen
können.

Wir keuchen fortwährend,
Aber nicht, weil wir Kranken Mantras zuflüstern.
Es ist ein Zeichen, dass unser Atem bald enden wird.

Wenn wir jung sind, können wir um die ganze Welt reisen, aber wenn wir alt sind, schaffen wir es kaum zu unserem eigenen Gartentor. Für viele weltliche Dinge werden wir zu schwach und unsere spirituellen Aktivitäten sind oft eingeschränkt. So können wir zum Beispiel nicht mehr viele Verbeugungen machen oder lange Pilgerreisen unternehmen. Wir können nicht an Unterweisungen teilnehmen, die an Orten stattfinden, die schwer zu erreichen sind oder schlechte Unterkünfte haben. Wir können anderen nicht helfen, wenn dies körperliche Stärke und gute Gesundheit erfordert. Entbehrungen wie diese machen alte Leute oft sehr traurig.

VERLUST DER STÄRKE UNSERER SINNESKRAFT UND GEISTIGEN FÄHIGKEITEN

Wenn wir alt werden, werden wir wie Blinde und Taube. Wir können nicht deutlich sehen und wir brauchen immer stärkere Brillen, bis wir schließlich nicht mehr lesen können. Wir können nicht gut hören und so wird es immer schwieriger, Musik zu hören, fernzusehen oder zu hören, was andere sagen. Unser Gedächtnis schwindet. Alle Aktivitäten, weltliche wie spirituelle, werden schwieriger. Wenn wir meditieren, wird es schwieriger für uns, Verwirklichungen zu erlangen, weil unser Gedächtnis und unsere Konzentration zu schwach sind, und beim Studium können wir uns nicht anstrengen. Wenn wir Dharma nicht in unserer Jugend gelernt und praktiziert haben, bleibt uns somit nichts anderes übrig, als Reue zu entwickeln und auf den Herrn des Todes zu warten.

VERLUST VON VERGNÜGEN

Wenn wir alt sind, bereiten uns die Dinge, die wir früher genossen haben, nicht mehr das gleiche Vergnügen. Beim Essen, Trinken und Sex zum Beispiel verspüren wir nicht mehr die gleiche Freude. Wir sind zu schwach, um Spiele zu spielen, und wir sind oft sogar zu erschöpft, um uns unterhalten zu lassen.

VERLUST VON LEBENSSPANNE

Wenn unsere Lebensspanne schwindet, können wir an den Aktivitäten junger Menschen nicht mehr teilnehmen. Wenn sie auf Reisen gehen, müssen wir zurückbleiben. Niemand will uns bei sich haben, wenn wir alt sind, und niemand will uns besuchen. Sogar unsere eigenen Enkel wollen nicht lange bei uns bleiben. Alte Menschen denken oft: «Wie wundervoll wäre es, wenn junge Leute bei mir wären. Wir würden spazieren gehen und ich könnte ihnen vieles zeigen.» Aber die Jungen interessieren sich nicht für diese Pläne. Wenn das Leben dem Ende zugeht, erleben alte Menschen den Kummer der Verlassenheit und der Einsamkeit. Sie haben viele besondere Sorgen.

KRANKHEIT

Im *Sutra der ausgiebigen Vergnügen* sagt Buddha, dass genau wie der Wind und der Schnee des Winters die Pracht der grünen Wiesen, Bäume, Wälder und Kräuter vertreibt, so nimmt uns Krankheit die jugendliche Pracht unseres Körpers und zerstört seine Kraft und unsere Sinneskräfte.

Wenn wir krank sind, erfahren wir fünf Hauptleiden:

1. Verlust von Kraft und Kontrolle über die Funktionen unseres Körpers

2. Wachsende Unzufriedenheit
3. Verlust von Vergnügen
4. Erfahren müssen, was wir nicht erfahren wollen
5. Wissen, dass unsere Krankheit unheilbar ist und unser Leben zu Ende geht

VERLUST VON KRAFT UND KONTROLLE ÜBER DIE FUNKTIONEN UNSERES KÖRPERS

Wenn wir krank werden, können wir plötzlich nicht mehr alle unsere normalen körperlichen Aktivitäten ausüben, wie wir es tun können, wenn wir gut in Form und wohlauf sind. Sogar ein Boxchampion, der normalerweise alle seine Gegner k.o. schlagen kann, wird ganz hilflos, wenn ihn eine Krankheit trifft.

Wenn wir krank werden, gleichen wir einem Vogel, der hoch am Himmel schwebt und plötzlich abgeschossen wird. Wird ein Vogel abgeschossen, fällt er senkrecht zu Boden wie ein Klumpen Blei, und all seine Pracht und Stärke sind sofort zerstört. Ganz ähnlich ergeht es uns: Wenn wir krank werden, sind wir augenblicklich handlungsunfähig. Wenn wir ernsthaft krank sind, können wir vollständig von anderen abhängig werden und sogar die Kontrolle über unsere körperlichen Funktionen verlieren. Dieser Wandel ist schwer zu ertragen, besonders für diejenigen, die stolz auf ihre Unabhängigkeit und körperliche Gesundheit sind.

WACHSENDE UNZUFRIEDENHEIT

Wenn wir krank sind, können wir unsere tägliche Arbeit nicht verrichten. Wir können nicht alle Aufgaben erledigen, die wir uns vorgenommen haben, und deshalb fühlen wir uns frustriert. Wir werden leicht ungeduldig mit unserer Krankheit und fühlen uns wegen all der Dinge deprimiert, die wir nicht tun können. Und um unser Unglück noch zu vergrößern, müssen wir alle Schmerzen erdulden, die die Krankheit mit sich bringt.

VERLUST VON VERGNÜGEN

Wenn wir krank sind, können wir die Dinge nicht genießen, die uns gewöhnlich Freude bereiten, wie Sport oder Tanzen, Trinken oder reichhaltiges Essen. Wir können die Gesellschaft unserer Freunde nicht genießen. Alle diese Beschränkungen führen dazu, dass wir uns noch elender fühlen.

ERFAHREN MÜSSEN, WAS WIR NICHT ERFAHREN WOLLEN

Wenn wir krank sind, müssen wir nicht nur alle unerwünschten Schmerzen der Krankheit selbst erleiden, wir müssen auch allerlei andere nicht erwünschte Dinge erfahren. Wir müssen zum Beispiel alle Behandlungen, die verschrieben werden, über uns ergehen lassen wie eine übelriechende Medizin, eine Reihe von Spritzen, eine größere Operation oder Abstinenz von etwas, was wir sehr mögen. Wenn wir uns operieren lassen, müssen wir ins Krankenhaus gehen und alle Bedingungen dort akzeptieren. Wir müssen vielleicht essen, was wir nicht mögen, und den ganzen Tag im Bett liegen, ohne etwas tun zu können, und vielleicht ängstigt uns die bevorstehende Operation. Unser Arzt erklärt uns möglicherweise nicht genau, wo das Problem liegt und ob er erwartet, dass wir überleben oder nicht.

WISSEN, DASS UNSERE KRANKHEIT UNHEILBAR IST UND UNSER LEBEN ZU ENDE GEHT

Wenn wir erfahren, dass unsere Krankheit unheilbar ist, und wir unser Leben nicht genutzt haben, um Dharma zu praktizieren, werden wir uns Sorgen machen und Furcht und Reue verspüren. Möglicherweise werden wir deprimiert und geben die Hoffnung auf, oder wir werden wütend auf unsere Krankheit und sehen sie als Feind, der uns böswillig all unserer Freude beraubt hat.

TOD

Wenn wir sterben, erfahren wir fünf wesentliche Arten des Kummers:

1. Trennung von unserem Besitz
2. Trennung von unseren Freunden
3. Trennung von Menschen, die mit uns leben und arbeiten
4. Trennung von unserem Körper
5. Empfinden geistiger und körperlicher Schmerzen

TRENNUNG VON UNSEREM BESITZ

Wenn wir in unserem Leben sehr hart gearbeitet haben, um Besitz anzusammeln, und wenn wir sehr starke Anhaftung daran entwickelt haben, werden wir zum Zeitpunkt des Todes sehr leiden müssen und denken: «Jetzt muss ich meinen ganzen kostbaren Besitz zurücklassen.» Gewöhnlich fällt es uns sehr schwer, auch nur einen kleinen Teil unseres überaus geschätzten Besitzes auszuleihen, geschweige denn ihn wegzugeben. Kein Wunder also, dass wir uns so elend fühlen, wenn wir begreifen, dass wir in den Händen des Todes alles aufgeben müssen.

TRENNUNG VON UNSEREN FREUNDEN

Wenn wir sterben, müssen wir uns selbst von unseren engsten Freunden trennen. Wir müssen unseren Ehepartner verlassen, auch wenn wir lange Jahre zusammen und keinen einzigen Tag voneinander getrennt waren. Wenn wir sehr starke Anhaftung an unsere Freunde haben, werden wir zum Zeitpunkt des Todes großes Elend erfahren, aber alles, was wir tun können, ist ihre Hände zu halten. Wir werden den Todesprozess nicht aufhalten können, selbst wenn sie uns anflehen, nicht zu sterben. Gewöhnlich sind wir eifersüchtig, wenn uns jemand, an dem wir sehr stark hängen, allein lässt und Zeit mit jemand anderem verbringt, aber wenn wir sterben, werden wir unsere Freunde für immer bei anderen zurücklassen müssen.

TRENNUNG VON MENSCHEN, DIE MIT UNS LEBEN UND ARBEITEN

Wenn wir sterben, werden wir unsere spirituellen Meister, unsere Familie und alle Menschen verlassen müssen, die uns in diesem Leben geholfen haben.

TRENNUNG VON UNSEREM KÖRPER

Wenn wir sterben, müssen wir diesen Körper zurücklassen, den wir geschätzt und auf so viele Arten umsorgt haben. Er wird wie ein geistloser Stein und verbrannt oder im Boden vergraben.

EMPFINDEN GEISTIGER UND KÖRPERLICHER SCHMERZEN

Wenn wir kein Dharma praktiziert und keine tugendhaften Handlungen ausgeübt haben, werden wir zum Zeitpunkt des Todes Angst und Elend sowie körperliche Schmerzen erleben.

Wenn wir über die Leiden des Todes meditieren, können wir uns an die Zeichen des Todes erinnern und daran denken, dass wir sie erfahren müssen, ohne eine Wahl zu haben. Wenn unser Bewusstsein unseren Körper verlässt, gehen alle Potenziale mit ihm, die wir in unserem Geist durch tugendhafte oder nichttugendhafte Handlungen angesammelt haben. Etwas anderes können wir aus dieser Welt nicht mitnehmen. Alle anderen Dinge täuschen uns. Der Tod beendet alle unsere Aktivitäten – unsere Gespräche, unser Essen, das Treffen mit Freunden, unseren Schlaf. An unserem Todestag geht alles zu Ende und wir müssen alle Dinge zurücklassen, sogar die Ringe an unseren Fingern.

In Tibet war es üblich, dass Bettler einen Stock bei sich hatten, um sich gegen Hunde zu verteidigen. Um den absoluten Verlust beim Tod zu verstehen, erinnern sich die Tibeter daran, dass die Bettler zum Zeitpunkt des Todes sogar diesen alten Stock zurücklassen müssen, das Geringste, was ein Mensch besitzen kann. Überall auf der Welt können wir sehen, dass der auf Steinen eingravierte Name der einzige Besitz der Toten ist.

Wir können über das Beispiel von Prinz Siddhartha nachdenken, der alles hätte besitzen können, was er sich an weltlichen Dingen nur wünschen konnte. Das Königreich seines Vaters besaß gewaltige Reichtümer und man hoffte, dass Prinz Siddhartha der nächste König wäre. Seine Eltern sorgten dafür, dass er die verschiedensten Arten von Vergnügen genießen konnte, und gaben ihm zahlreiche und schöne Gefährtinnen. Eines Tages aber wagte sich Prinz Siddhartha aus dem Vergnügungspalast heraus und dort sah er nacheinander einen Kranken, einen Alten, eine Leiche und einen Mönch. Nachdem er dies gesehen und darüber nachgedacht hatte, entwickelte Prinz Siddhartha großes Interesse am Dharma und verließ den Palast, um im Wald zu meditieren. Sein Vater versuchte ihn davon abzubringen, aber Prinz Siddhartha sagte: «Wenn du mir zusichern kannst, dass ich die Leiden der Krankheit, des Alters, des Todes und der Wiedergeburt nicht erleben muss, werde ich im Palast bleiben und nach dir König werden. Hast du eine vollkommene Methode, die mich vor diesen Gefahren schützen wird? Ich bitte dich, wenn du sie hast, zeige sie mir und ich werde mit Freuden nach Hause kommen. Wenn du aber keine derartige Methode hast, so gibt es nichts in meinem weltlichen Leben, was mir wirklichen Schutz vor diesen vier Strömen des Leidens gewährt. Nicht einmal meine Mutter kann mich vor diesem Elend beschützen. Nur Dharma bietet Schutz. Deshalb muss ich Dharma praktizieren.» Da der Vater nicht in der Lage war, Prinz Siddhartha eine Methode zu zeigen, mit der er die vollkommene Befreiung erlangen konnte, blieb der Prinz im Wald, und durch die Praxis des Dharma wurde er erleuchtet und enthüllte, wie alle fühlenden Wesen den gleichen Zustand erlangen können.

SICH VON DEM TRENNEN ZU MÜSSEN, WAS WIR MÖGEN

Schon vor der letzten Trennung durch den Tod müssen wir uns oft vorübergehend von Menschen und Dingen trennen, die wir gern haben. Es kann sein, dass wir unser Land verlassen müssen, wo alle unsere Freunde und Verwandten leben, oder vielleicht müssen wir uns von einer Arbeit trennen, die uns gefällt. Möglicherweise verlieren wir unseren guten Ruf. Sehr oft in diesem Leben müssen wir das Unglück erleben, uns von den Menschen, die wir mögen, zu trennen oder Dinge, die uns erfreuen und die uns gefallen, zu verlieren oder auf sie verzichten zu müssen. Doch wenn wir sterben, müssen wir uns für immer von allen Gefährten und Freuden dieses Lebens trennen.

DEM BEGEGNEN ZU MÜSSEN, WAS WIR NICHT MÖGEN

Oft treffen wir Menschen, die wir nicht mögen, und müssen mit ihnen leben. Oder wir begegnen Situationen, die unangenehm für uns sind. Manchmal befinden wir uns vielleicht sogar in sehr gefährlichen Situationen, wie in einem Feuer oder einer Überschwemmung, oder vielleicht finden wir uns in Umständen, in denen Gewalt herrscht, wie in einem Aufstand oder einer Schlacht. Unser Leben ist voll von weniger extremen Situationen, die wir als unangenehm empfinden. Manchmal werden wir davon abgehalten, das zu tun, was wir wollen. So kann es vorkommen, dass wir uns an einem sonnigen Tag zum Strand aufmachen, und dann in einem Stau steckenbleiben. Fortwährend erleben wir Behinderungen durch unseren inneren Dämon der Verblendungen, der unseren Geist und unsere spirituellen Übungen stört. Es gibt zahllose Umstände, die unsere Pläne vereiteln und uns davon abhalten, das zu tun, was wir wollen. Es ist, wie in einem Dornbusch zu leben; sobald wir versuchen uns zu bewegen, werden wir durch die Umstände verletzt. Menschen und Dinge sind wie Dornen, die sich in unser Fleisch bohren, und es gibt keine Situation, in der wir uns ganz und gar wohlfühlen. Je mehr Wünsche und Pläne wir haben, desto mehr Frustrationen erleben wir. Je größer unser Wunsch nach bestimmten Situationen ist, desto eher finden wir uns in Situationen gefangen, die wir nicht wollen. Jeder Wunsch scheint sein eigenes Hindernis hervorzurufen. Unerwünschte

Situationen widerfahren uns, ohne dass wir danach suchen. Tatsächlich sind die einzigen Dinge, die ohne Mühe entstehen, die Dinge, die wir nicht wollen, und nur die Wünsche, die wir nicht haben, werden mühelos erfüllt. Niemand möchte sterben, doch der Tod kommt mühelos. Niemand möchte krank sein, doch die Krankheit kommt mühelos. Wenn wir ohne freie Wahl oder Kontrolle wiedergeboren werden, haben wir einen unreinen Körper und wir bewohnen eine unreine Umgebung, und somit ergießen sich unerwünschte Dinge über uns. Diese Art der Erfahrung ist in Samsara ganz selbstverständlich.

UNSERE WÜNSCHE NICHT ERFÜLLEN ZU KÖNNEN

Unsere Wünsche sind zahllos, aber wie groß auch unsere Anstrengungen sind, nie haben wir das Gefühl, dass sie erfüllt wurden. Sogar wenn wir bekommen, was wir uns wünschen, bekommen wir es nicht so, wie wir es wollen. Wir besitzen zwar das Objekt, aber wir können keine Befriedigung aus seinem Besitz ziehen. Zum Beispiel träumen wir vielleicht davon, reich zu werden; aber sind wir dann wirklich reich geworden, gestaltet sich unser Leben nicht so, wie wir es uns vorgestellt haben, und wir haben nicht das Gefühl, unser Wunsch sei in Erfüllung gegangen. Das ist so, weil unsere Wünsche nicht abnehmen, wenn unser Reichtum zunimmt. Je größer unser Reichtum ist, desto größer sind unsere Wünsche. Der Reichtum, den wir suchen, kann nicht gefunden werden, weil wir eine Menge an Reichtum suchen, die unsere Wünsche stillt, und kein noch so großer Reichtum kann zu diesem Ziel führen. Noch schlimmer ist, dass wir durch das Erhalten des Objekts unseres Begehrens neue Umstände für Unzufriedenheit schaffen. Mit jedem Objekt, das wir begehren, kommen andere Objekte, die wir nicht wollen. Zum Beispiel sind mit Reichtum Steuern, Unsicherheit und komplizierte finanzielle Angelegenheiten verbunden. Diese unerwünschten Extras verhindern, dass wir je das Gefühl haben, wirklich das zu besitzen, was wir wollen. Vielleicht träumen wir von einem Urlaub in der Südsee und es mag sein, dass wir tatsächlich unsere Ferien in der Südsee verbringen; aber die Erfahrung ist nie ganz so, wie wir es erwartet haben, und unser Urlaub führt außerdem zu anderen Dingen, wie einem Sonnenbrand und großen Auslagen.

Wenn wir es überprüfen, sehen wir, dass unsere Wünsche übertrieben sind. Sie beinhalten das Beste, was Samsara zu bieten hat: die beste Arbeit, den besten Partner, den besten Ruf, das beste Haus, das beste Auto, den besten Urlaub. Alles, was nicht zum Besten gehört, hinterlässt in uns ein Gefühl der Enttäuschung. Dies lässt uns weiter suchen und doch nicht finden, was wir wollen. Aber nichts Unbeständiges kann uns die vollständige und vollkommene Befriedigung geben, die wir begehren. Ständig werden bessere Dinge hergestellt. Überall verkünden Anzeigen, dass das absolut Beste gerade auf den Markt gekommen ist, aber einige Tage später trifft ein neues «Bestes» ein, und es ist besser als «das Beste», das vor einigen Tagen angepriesen wurde. Es ist kein Ende von neuen Dingen abzusehen, die unser Begehren fesseln.

Schulkinder können ihren eigenen und den Ehrgeiz ihrer Eltern nicht befriedigen. Sogar wenn sie Klassenbeste sind, sind sie nicht zufrieden, wenn sie es im nächsten Jahr nicht wieder sein können. Wenn sie dann auch erfolgreich in ihrem Beruf sind, wird ihr Ehrgeiz so stark wie eh und je sein. Es gibt keinen Punkt, an dem sie sich mit dem Gefühl ausruhen können, vollkommen mit dem Erreichten zufrieden zu sein.

Wir könnten denken, dass zumindest die Menschen auf dem Land, die ein einfaches Leben führen, zufrieden sein müssten. Wenn wir es aber nachprüfen, werden wir herausfinden, dass auch Bauern auf der Suche sind und nicht finden, was sie sich wünschen. Ihr Leben ist voller Probleme und Sorgen und sie haben keinen wirklichen Frieden und keine Zufriedenheit. Ihr Lebensunterhalt hängt von vielen unsicheren Faktoren außerhalb ihrer Kontrolle ab, wie zum Beispiel dem Wetter. Bauern sind nicht weniger frei von Unzufriedenheit als Geschäftsleute in der Stadt. Die Geschäftsleute sehen smart und tüchtig aus, wenn sie morgens mit ihren Aktenkoffern zur Arbeit gehen, aber obwohl sie äußerlich sehr souverän wirken, tragen sie in ihren Herzen große Unzufriedenheit. Sie sind immer noch auf der Suche und können nicht finden, was sie sich wünschen.

Wenn wir über diese Situation nachdenken, könnten wir zu dem Schluss kommen, dass wir finden können, was wir suchen, wenn wir unseren gesamten Besitz aufgeben. Prüfen wir es aber nach, sehen wir, dass sogar arme Menschen suchen und nicht finden, was sie sich wünschen. Arme Menschen können das Notwendigste zum Leben nicht finden. Das Leiden, nicht zu finden, was wir uns wünschen, können wir auch nicht vermeiden, indem wir unsere Umstände ständig ändern. Wir denken vielleicht, dass wir irgendwann finden, was wir uns wünschen, indem wir immer wieder unseren Partner oder unsere Arbeitsstelle wechseln oder indem wir ständig herumreisen. Aber auch wenn wir an jeden Ort dieses Planeten reisen würden und an jedem Ort einen Geliebten oder eine Geliebte hätten, würden wir immer noch nach einem anderen Ort und einem neuen Partner suchen. In Samsara gibt es keine wirkliche Erfüllung von Wünschen. Der siebte Dalai Lama sagte:

> Wen ich auch sehe, Höherstehende oder Unterlegene, Ordinierte oder Laien, Männer oder Frauen, sie unterscheiden sich bloß in ihrer Erscheinung, in ihrer Kleidung, ihrem Benehmen und ihrem Rang. In ihrer Essenz sind alle gleich. Sie alle haben Probleme in ihrem Leben.

Wann immer wir ein Problem haben, ist es leicht zu glauben, dass es durch unsere besonderen Umstände verursacht wurde und dass das Problem verschwinden wird, wenn wir unsere Umstände ändern. Wir geben die Schuld anderen Menschen, unseren Freunden, unserem Essen, unserer Regierung, unserer Zeit, dem Wetter, der Gesellschaft, der Geschichte und so weiter. Doch äußere Umstände wie diese sind nicht die Hauptursache unserer Probleme. All unsere Probleme werden in erster Linie durch unsere eigenen, vergangenen Handlungen verursacht und wenn ihre Auswirkungen einmal reifen, gibt es keine Möglichkeit, sie zu vermeiden. Daher müssen wir erkennen, dass diese schmerzhaften Erfahrungen die Konsequenzen unserer eigenen schädlichen Handlungen sind, und einen tief empfundenen Wunsch entwickeln, ihre Ursachen aufzugeben, statt zu versuchen, vor unseren Problemen wegzulaufen, indem wir neue Lebenssituationen schaffen. Mit anderen Worten ist die konstruktivste Antwort auf unsere Probleme das Entwickeln aufrichtiger Entsagung, indem wir erkennen, dass die Leiden, die wir uns selbst erschaffen, in der Natur unserer samsarischen Existenz liegen.

Wenn wir über diese sieben Arten des Leidens meditieren, werden wir zur Schlussfolgerung gelangen:

> *Ich habe diese Leiden in der Vergangenheit immer und immer wieder erlebt, und wenn ich die Befreiung nicht erlange, werde ich sie auch in Zukunft immer wieder erleben müssen. Daher muss ich Samsara entfliehen.*

Wenn dieser Gedanke klar und eindeutig in unserem Geist entsteht, üben wir die verweilende Meditation aus.

DIE LEIDEN DER HALBGÖTTER

Halbgötter sind den Göttern ähnlich, jedoch sind ihre Körper, ihr Besitz und ihre Lebensbereiche weniger gut. Obgleich sie in Samsara einen höheren Rang genießen als die Menschen, erleben sie dennoch kein reines Glück. Nagarjuna sagt in *Freundlicher Brief*, dass es in der Natur der Halbgötter liege, ständig auf die Herrlichkeit der Götter eifersüchtig zu sein. Dadurch erfahren sie große geistige Leiden und obwohl sie sehr intelligent sind, werden sie dennoch durch ihre karmischen Hindernisse davon abgehalten, die Wahrheit zu sehen.

Da die Halbgötter sehr starke karmische Behinderungen haben, sind sie nicht in der Lage, die endgültige Natur der Wirklichkeit zu verwirklichen. Daher gibt es unter den Halbgöttern keine höheren Wesen, obwohl es sowohl unter den Menschen als auch unter den Göttern höhere Wesen gibt. Die meisten Probleme der Menschen entstehen durch ihre begehrende Anhaftung, wohingegen die geistigen Schmerzen der Halbgötter in erster Linie durch Eifersucht hervorgerufen werden. Ihre Eifersucht ist wie ein Dorn, der in ihren Geist eindringt und ihnen für lange Zeit sowohl geistige als auch körperliche Schmerzen verursacht. Für Halbgötter ist es unerträglich, die guten Eigenschaften der Götter zu sehen oder anzuerkennen. Sie befinden sich in einem ständigen Kampf mit ihnen, den sie jedoch immer wieder verlieren. Sie verbringen die meiste Zeit ihres Lebens im Kampf und nach einer verlorenen Schlacht schlagen ihnen die Götter die Köpfe und Glieder ab. Somit gibt es in den Bereichen der Halbgötter keinen Frieden.

DIE LEIDEN DER GÖTTER

Vielleicht denken wir, es wäre wunderbar, ein Gott zu sein, aber auch Götter genießen kein wirkliches Glück. Die Götter des Begierdebereichs müssen sich in Kämpfen gegen die Halbgötter verteidigen und viele von ihnen werden getötet. Einige Götter haben größere Verdienste als andere und treffen zwei Götter zusammen, von denen der eine über größere Verdienste verfügt, so wird der weniger vom Glück Begünstigte von Depressionen überwältigt. Die stärkeren Götter nehmen sich oft die Frauen der schwächeren. Das Leben der Götter ist voller Konflikte und ständig verspüren sie Unzufriedenheit. Selbst wenn sie ihre Vergnügen genießen, wachsen doch ständig ihre Begierden.

Die Götter des Begierdebereichs verspüren größere geistige Leiden als die Menschen. Die Menschen leiden ziemlich lange unter dem Altern, wohingegen die Leiden des Todes nur kurz sind. Für die Götter des Begierdebereichs verhält es sich genau umgekehrt. Sie können sich für eine kurze Zeit nach ihrer Wiedergeburt im göttlichen Bereich noch daran erinnern, wo sie in ihrem früheren Leben gelebt haben, und kurz bevor sie sterben, können sie sehen, wo sie wiedergeboren werden. Aus diesem Grund werden sie manchmal «Wesen der drei Ereignisse» genannt. Damit wird angedeutet, dass sie Zustände aus der Vergangenheit, der Gegenwart und der Zukunft wahrnehmen. Das Wissen, das die Götter von ihrer nächsten Wiedergeburt haben, verursacht ihnen zum Zeitpunkt des Todes große Qualen, da die meisten von ihnen in eine niedere Wiedergeburt fallen. Alle guten Dinge, die man in Samsara genießen kann, sind die Früchte guter Handlungen. Indem wir sie genießen, verbrauchen wir unsere guten Potenziale. Dadurch, dass die Götter so viele gute Dinge im Überfluss genießen, verringern sie ihre Ansammlung von Verdiensten außerordentlich, und solange sie sich im Götterbereich aufhalten, werden diese nicht wieder ergänzt, da sich die Götter nicht dazu motivieren können, tugendhafte Handlungen auszuführen. Sie genießen derart übermäßige Vergnügen, derart wunderschöne Behausungen, so reizende Freundinnen und Freunde und derart wunderbare Ablenkungen, dass sie keinerlei Ansporn haben, Dharma zu praktizieren.

Wenn Götter im Sterben liegen, verspüren sie zehn besondere Zeichen: Ihre ausgezeichnete Haltung und ihr zarter Teint lassen nach. Sie fühlen sich nicht länger wohl auf ihrem gewohnten Sitz oder Ruhebett. Die Blumengirlanden, die sie tragen, beginnen zu verblassen und zu welken. Ihre Kleidung fängt an zu riechen, während sie normalerweise nicht riecht. Sie beginnen zu schwitzen. Gewöhnlich strahlen ihre Körper Licht aus, sind sie jedoch dem Tode nahe, wird das Licht schwach. Beim Baden werden ihre Körper nass, während normalerweise kein Wasser auf ihren Körpern zurückbleibt. Ihre Kleidung und ihr Schmuck verursachen unangenehme Geräusche. Sie fangen an, mit den Augen zu blinzeln, während normalerweise ihre Augen weit geöffnet bleiben. Normalerweise werden die Götter von vielen unterschiedlichen Objekten angezogen, zum Zeitpunkt des Todes jedoch wird ihre Aufmerksamkeit nur von einem Objekt angezogen, wie einem bestimmten Freund oder Ort.

Wenn Götter diese Zeichen des Todes erfahren, fürchten sie sich und fühlen sich etwa so wie wir, wenn wir meinen, aus großer Höhe herunterzufallen. Die Götter können sehen, dass sie in eine niedere Wiedergeburt geworfen werden. Schlimmer noch ist, dass ein sterbender Gott keinen Trost erhält. Andere Götter behandeln ihn wie einen Aussätzigen. Sie bringen ihm allenfalls aus großer Entfernung

Blumen dar. Die Lebensspanne eines Gottes ist viel länger als die eines Menschen und die Leiden des Sterbens dauern ungefähr dreihundert menschliche Jahre, manchmal sogar tausend Jahre. Deshalb wird gesagt, dass es besser ist, ein älterer Mensch zu sein, der ein Mantra wie OM MANI PÄME HUM rezitieren kann, als ein junger Gott.

Die Götter des Formbereichs und des formlosen Bereichs empfinden keine solchen Leiden, wie sie von Göttern des Begierdebereichs erlebt werden. Sie erfahren keine Todeszeichen, sie müssen keine Schlachten austragen und sie verspüren keine Unzufriedenheit oder andere schmerzhafte Gefühle. Aber auch sie erfahren durchdringendes Leiden und haben keine Freiheit. So wie die Götter des Begierdebereichs müssen auch sie letztendlich eine Wiedergeburt in den niederen Bereichen annehmen. Demzufolge gibt es selbst bei den Göttern des Form- und formlosen Bereichs kein reines und anhaltendes Glück, obwohl ihr Existenzbereich der glücklichste aller Bereiche Samsaras ist.

DIE DREI ARTEN DES LEIDENS

Wahre Leiden können in innere und äußere wahre Leiden unterteilt werden. Die äußeren wahren Leiden sind diejenigen, die nicht innerhalb des Kontinuums von Körper und Geist eines fühlenden Wesens sind, beispielsweise die verschiedenen Lebensbereiche und Vergnügen eines Wesens innerhalb Samsaras. Die inneren wahren Leiden sind diejenigen, die innerhalb des Kontinuums von Körper und Geist eines samsarischen Wesens sind, beispielsweise unser momentaner Körper und Geist. Die inneren wahren Leiden sind Samsara. Diese lassen sich in drei verschiedene Kategorien unterteilen:

1. Das Leiden des manifesten Schmerzes
2. Sich veränderndes Leiden
3. Durchdringendes Leiden

DAS LEIDEN DES MANIFESTEN SCHMERZES

Das Leiden des manifesten Schmerzes ist jedes unangenehme körperliche oder geistige Gefühl. Diese Art des Leidens kann jedermann leicht erkennen, die zwei anderen Formen des Leidens sind jedoch schwieriger zu identifizieren.

SICH VERÄNDERNDES LEIDEN

Für samsarische Wesen ist jede Erfahrung von Glück oder Freude, die aus samsarischen Vergnügen entsteht, sich veränderndes Leiden. Diese Erfahrungen sind verunreinigt und von Natur aus leidvoll. Wir müssen wiederholt über diesen Punkt meditieren, denn es ist nicht offensichtlich für uns, dass unsere weltlichen Freuden sich veränderndes Leiden sind.

Wir können ein besseres Verständnis gewinnen, indem wir den folgenden Vergleich betrachten. Werden wir von einer sehr schmerzhaften Krankheit heimgesucht und verschreibt uns unser Arzt Schmerztabletten, so werden die Schmerzen eine Weile aufhören, wenn wir diese Tabletten nehmen. Zu dieser Zeit empfinden wir in Wirklichkeit ein Gefühl, das lediglich eine Verringerung der Schmerzen ist; doch da das starke Schmerzgefühl beseitigt wurde, fühlen wir uns glücklich und empfinden ein Gefühl der Freude. Dieses angenehme Gefühl ist sich veränderndes Leiden.

Für ein genaueres Verständnis sollten wir die Erklärung überdenken, die Aryadeva in *Abhandlung in vierhundert Versen* gibt:

> Obgleich man beobachten kann, dass die Zunahme des Glücks [durch seine Ursache] zerstört wird, so kann nie beobachtet werden, dass die Zunahme des Leidens [durch seine Ursache] zerstört wird.

Vergrößern wir die Ursache unseres weltlichen Glücks, so wird sich dieses Glück in Leiden verwandeln; vergrößern wir jedoch die Ursache für Leiden, so wandelt sich unser Leiden niemals in Glück um. Genießen wir es beispielsweise zu essen, so kann sich unsere Freude mit den ersten paar Bissen noch vergrößern, aber wenn wir mit dem Essen fortfahren, wird sich unsere Freude bald in Schmerz umwandeln. Wäre die Freude, die wir durch das Essen erhalten, wirkliches Glück, so wäre das Essen eine wirkliche Ursache für Glück. Aber das Essen kann keine wirkliche Ursache für Glück sein, denn es ist die Ursache dafür, dass uns schlecht wird, und eine wirkliche Ursache von Glück kann niemals die Ursache für Leiden sein. Das gute Gefühl, das wir durch das Essen empfinden, ist nichts anderes als die Verringerung des Hungers. Innerhalb kürzester Zeit verändert es sich wieder in das manifeste Leiden des Hungers. Essen wir immer weiter, so zerstört das Essen, das die Ursache unserer anfänglichen Freude ist, die Freude des Essens und bewirkt, dass wir leiden. Wenn wir fortfahren zu essen, können wir essen so viel wir wollen, dieses Essen wird jedoch niemals die Schmerzen des Essens zerstören.

Ähnlich ist es, wenn wir für lange Zeit unbeweglich in der gleichen Haltung sitzen und dann aufstehen. Es scheint dann, als sei das Stehen eine Ursache für Glück. Bleiben wir jedoch ein paar Stunden stehen, so werden wir das Gefühl bekommen, dass das Stehen unerträglich ist. Setzen wir uns dann wieder hin, so scheint das Sitzen eine Ursache für Glück zu sein. Weder Sitzen noch Stehen sind wirkliche Ursachen für Glück, denn beides sind Ursachen für sich veränderndes Leiden.

Das gleiche gilt für all unsere weltlichen Freuden. Wir denken vielleicht, dass sich wirkliches Glück in der Glückseligkeit eines sexuellen Orgasmus finden lässt. Doch wenn es so wäre, dann würden wir eine umso größere Glückseligkeit verspüren, je mehr sexuellen Verkehr wir haben. In Wirklichkeit aber verlieren wir schließlich unsere Lust und fangen an uns krank zu fühlen, wenn wir zu viel Sex haben. Demzufolge kann ein sexueller Orgasmus keine Ursache für wirkliche Glückseligkeit sein. Er ist eine Ursache für sich veränderndes Leiden.

DURCHDRINGENDES LEIDEN

Buddha sagte:

> Die Kindischen begreifen nicht, dass durchdringendes Leiden wie ein Haar auf der Handfläche ist.

«Die Kindischen» sind gewöhnliche Wesen, die nicht verstehen können, was sie nicht mit ihren eigenen Augen sehen oder direkt erleben. So wie die Körper von Kindern zart sind und es ihnen an Kraft fehlt, genauso ist der Geist gewöhnlicher Wesen schwach und nicht in der Lage, klare Unterscheidungen zu treffen. Legt man ein Haar auf die Handfläche eines Blinden, so wird er nicht merken, dass er in seiner Hand ein Haar hält, denn er kann es weder sehen noch spüren. Gewöhnliche Wesen sind genauso wie dieser Blinde, denn obwohl Körper und Geist von durchdringendem Leiden erfüllt sind, können wir es nicht direkt erkennen, da es für uns ein verborgenes Objekt ist.

Durchdringendes Leiden wird deshalb so genannt, weil es sich über alle drei Bereiche erstreckt, beginnend mit dem niedrigsten Begierdebereich, der Hölle der unaufhörlichen Qualen, bis hin zum höchsten formlosen Bereich, dem Gipfel Samsaras. Es ist die Grundlage für die Entstehung aller äußeren und inneren wahren Leiden. Ein Beispiel für durchdringendes Leiden sind unsere gegenwärtigen verunreinigten Anhäufungen. Diese fünf Anhäufungen sind die Basis, auf der wir «Ich» zuschreiben, und das «Ich» ist die Grundlage für unser Festhalten am Selbst. Das Festhalten am Selbst und alle anderen Verblendungen sowie die dadurch hervorgerufenen Leiden entstehen durch diese fünf Anhäufungen. Die angeeigneten Anhäufungen eines samsarischen Wesens sind von Natur aus leidvoll und werden aus drei Gründen als verunreinigt bezeichnet: weil sie aus verunreinigten Ursachen, den Verblendungen, erzeugt wurden, weil sie von Verblendungen abhängig sind und weil sie die Grundlage für das Entwickeln von Verblendungen sind. Unsere angeeigneten Anhäufungen werden Anhäufungen genannt, weil sie sich aus vielen Teilen zusammensetzen. Unser Körper ist eine Anhäufung aus vielen Teilen, zum Beispiel den Gliedern, und unser Geist ist eine Anhäufung aus vielen Teilen, zum Beispiel den geistigen Faktoren, vergangenen und gegenwärtigen Momenten und so weiter. Die angeeigneten Anhäufungen werden als «angeeignet» bezeichnet, weil sie in Abhängigkeit von verblendeten Ursachen entwickelt oder angeeignet wurden. Sie sind auch unter dem Namen «verblendete Anhäufungen» bekannt, weil sie die Grundlage dafür sind, dass sich Verblendungen entwickeln, so wie ein Kraut als Heilkraut bezeichnet wird, wenn es als Grundlage zur Herstellung eines Heilmittels dient.

Die angeeigneten Anhäufungen sind wie die Wurzeln eines Baumes. Aus diesen Wurzeln wächst der Stamm unseres Ich und Mein erfassenden Festhaltens am Selbst. Aus diesem Stamm entwickeln sich die Äste weiterer Verblendungen, und aus diesen entstehen die Zweige unserer Handlungen und die Frucht des großen Leidens. So wie ein Baum, sein Stamm, seine Äste, Zweige und Früchte von der Substanz her grundsätzlich die gleiche Natur haben, haben alle angeeigneten Anhäufungen, Verblendungen und verunreinigten Handlungen die Natur des Leidens. Alle Leiden des Höllenbereichs entstehen aus den angeeigneten Anhäufungen der Höllenwesen, die diese erfahren. Alle Leiden der hungrigen Geister entstehen aus den angeeigneten Anhäufungen der Wesen, die diese erfahren. Alle Leiden der Tiere entstehen aus den angeeigneten Anhäufungen der Wesen, die diese erfahren. Alle Leiden der Menschen entstehen aus den angeeigneten Anhäufungen der Wesen, die diese erfahren, und alle Leiden der Halbgötter und Götter entstehen aus ihren angeeigneten Anhäufungen. Wenn wir von den verschiedenen Leiden Samsaras frei sein wollen, müssen wir daher zum Entschluss kommen, alle angeeigneten Anhäufungen aufzugeben. Unsere angeeigneten Anhäufungen sind wie ein riesiges Dornenbündel, das wir auf unserem bloßen Rücken tragen. Solange wir dieses Bündel mit uns herumtragen, ist Leiden unvermeidlich. Mit jedem Schritt, den wir tun, sticht ein Dorn in unser Fleisch.

Gewöhnlich entwickeln wir Selbstwertschätzung, wenn wir über unseren Körper und Geist nachdenken. Meditieren wir jedoch immer wieder über durchdringendes Leiden, werden wir einsehen, dass alle verunreinigten oder angeeigneten Anhäufungen von leidvoller Natur sind. Daraufhin werden wir Entsagung entwickeln, den Wunsch, angeeignete Anhäufungen aufzugeben, die die Grundlage all unserer Leiden sind.

Indem wir in jeder einzelnen analytischen Meditation über die allgemeinen und besonderen Leiden Samsaras nachdenken, fassen wir den festen Entschluss, das Kontinuum der samsarischen Wiedergeburt zu durchtrennen. Wir denken: «Ich muss die angeeigneten Anhäufungen aufgeben.» Wenn dieser Gedanke der Entsagung deutlich entsteht – eine Geisteshaltung, die entschlossen ist Befreiung zu erlangen –, sollten wir die verweilende Meditation ausführen, damit wir ihn nie mehr verlieren.

Verblendungen und Handlungen, Tod und Wiedergeburt

EINE EINLEITENDE ERKLÄRUNG, UM DEN PFAD ZU BEGRÜNDEN, DER ZUR BEFREIUNG FÜHRT

Dies hat zwei Teile:

1. Die Entwicklung von Verblendungen und Handlungen, Tod und Wiedergeburt
2. Eine Erklärung der zwölf in abhängiger Beziehung stehenden Glieder

Die eigentliche Befreiung oder Nirvana ist eine endgültige Beendigung samsarischer Wiedergeburt, die durch Meditation über wahre Pfade erlangt wurde. Dies ist unser Hauptobjekt der Erlangung. Um es zu erreichen, müssen wir alle Verblendungen und verunreinigten Handlungen aufgeben, die die Ursache samsarischer Wiedergeburten sind. Da es sehr wichtig ist zu verstehen, dass Verblendungen und Handlungen die Hauptursache samsarischer Wiedergeburt sind, und um den Prozess der samsarischen Wiedergeburt zu verstehen, werden sie nun erklärt.

DIE ENTWICKLUNG VON VERBLENDUNGEN UND HANDLUNGEN, TOD UND WIEDERGEBURT

Dies hat sechs Teile:

1. Die Verblendungen identifizieren
2. Die Entwicklungsstufen der Verblendungen
3. Die Ursachen der Verblendungen
4. Die Gefahren der Verblendungen

5. Wie Handlungen in Abhängigkeit von Verblendungen erzeugt werden
6. Wie wir sterben und wiedergeboren werden

DIE VERBLENDUNGEN IDENTIFIZIEREN

Dies hat zwei Teile:

1. Die Definition von Verblendung
2. Die sechs Ursprungsverblendungen

DIE DEFINITION VON VERBLENDUNG

Verblendung wird als ein geistiger Faktor definiert, der durch unangemessene Aufmerksamkeit entsteht und der die Funktion hat, den Geist unruhig und unkontrolliert zu machen.

DIE SECHS URSPRUNGSVERBLENDUNGEN

Obwohl Verblendungen zahllos sind, gibt es sechs Ursprungsverblendungen. Alle weiteren Verblendungen sind Zweige dieser sechs. Die sechs Ursprungsverblendungen sind:

1. Begehrende Anhaftung
2. Wut
3. Verblendeter Stolz
4. Unwissenheit
5. Verblendeter Zweifel
6. Verblendete Sicht

Diese Verblendungen sind die Grundlage für alle Fehler und für jeden Konflikt, sowie für die verunreinigten Handlungen, die uns in Zustände samsarischer Wiedergeburt werfen.

Unsere eigenen Erfahrungen zeigen uns ganz deutlich, wie starke Wut und begehrende Anhaftung unseren Geist stören können und uns dazu bringen, die Beherrschung zu verlieren. Nehmen wir beispielsweise an, dass wir uns entspannen und unser Geist ruhig geworden ist. Dann hören wir, wie jemand vor unserem Zimmer großen Lärm veranstaltet, und werden wütend. Augenblicklich zerstört unsere Wut unseren Geistesfrieden und kann uns sogar dazu bringen, aufzustehen und etwas gegen den Störenfried zu unternehmen. Oder wenn wir in Ruhe lesen, studieren oder schreiben und jemand, für den wir starke begehrende Anhaftung empfinden, das Zimmer betritt, werden wir sofort aufgewühlt und unsicher, und es wird schwierig, uns zu konzentrieren oder uns natürlich zu verhalten.

Dadurch, dass wir unseren eigenen Geist beobachten und uns darüber klar werden, welche Geistesarten uns unruhig und unbeherrscht werden lassen, können wir lernen, diese Verblendungen zu erkennen. Wird unser Geist nicht durch starke Verblendungen beeinträchtigt, fühlen wir uns wohl und unser Geist ist klar. Indem wir unseren eigenen Geist beobachten, lernen wir zwischen nichttugendhaften, störenden Zuständen und tugendhaften, zu Ruhe führenden Zuständen zu unterscheiden. Auf diese Weise werden wir Weisheit entwickeln und Verwirklichungen erlangen.

BEGEHRENDE ANHAFTUNG

Begehrende Anhaftung ist ein geistiger Faktor, der sein verunreinigtes Objekt beobachtet, es als anziehend empfindet, seine Attraktivität übertreibt, es als begehrenswert betrachtet, das Verlangen entwickelt, es zu besitzen, und sich anfühlt, als ob er in das Objekt versunken wäre.

Begehrende Anhaftung entwickelt sich wie folgt: Zuerst betrachten oder erinnern wir uns an ein verunreinigtes Objekt und empfinden es als anziehend. Dann richten wir unsere Aufmerksamkeit auf seine guten Eigenschaften und übertreiben sie. Mit einem übertriebenen Gefühl der Attraktivität des Objekts halten wir es für begehrenswert und entwickeln Verlangen danach. Schließlich lässt uns unser Verlangen am Objekt haften, sodass es sich anfühlt, als wären wir am Objekt festgeklebt oder darin versunken. Erst wenn alle diese Stufen abgeschlossen sind, ist begehrende Anhaftung entstanden.

Die Stufen, auf denen wir uns mit den guten Eigenschaften des Objekts befassen, sie übertreiben und das Objekt als begehrenswert betrachten, werden als unangemessene Aufmerksamkeit bezeichnet. Unangemessene Aufmerksamkeit bewirkt Begehren, und Begehren lässt uns am Objekt haften. Wenn wir keine begehrende Anhaftung entwickeln wollen, müssen wir deshalb bereits im Anfangsstadium ihrer Entstehung eingreifen und unangemessene Aufmerksamkeit verhindern.

Begehrende Anhaftung ist vergleichbar mit Öl, das von Stoff aufgesogen wurde, während andere Verblendungen mit Staub zu vergleichen sind, der sich auf der Oberfläche abgesetzt hat. So wie es viel schwieriger ist, Öl aus Stoff zu entfernen als Staub, so ist es auch wesentlich schwieriger, den Geist von einem Objekt der begehrenden Anhaftung zu entfernen als von einem Objekt irgendeiner anderen Verblendung. Das liegt daran, dass der Geist der begehrenden Anhaftung viel tiefer und stärker in das Objekt versunken ist. Werden wir auf jemanden wütend, der uns beschimpft hat, so können wir unseren Geist auf schnelle Weise vom Objekt unserer Wut trennen, vor allem dann, wenn uns die gleiche Person später schmeichelt oder sich entschuldigt. Es ist uns sogar möglich, mit jemandem zu lachen, für den wir vor noch nicht allzu langer Zeit Hass empfanden. Es ist relativ einfach, unsere Wut zu beruhigen, aber es ist nicht so einfach, begehrende Anhaftung zu überwinden. Es scheint, als würde das Objekt der begehrenden Anhaftung an unserem Geist kleben, auch wenn die Verblendung nicht sehr stark ist.

Es gibt drei Arten begehrender Anhaftung: begehrende Anhaftung, die von Wesen des Begierdebereichs erfahren wird, begehrende Anhaftung, die von Wesen des Formbereichs erfahren wird, und begehrende Anhaftung, die von Wesen des formlosen Bereichs erfahren wird. Wir, die den Begierdebereich bewohnen, erfahren die gröbste Art begehrender Anhaftung. Der Strick der begehrenden Anhaftung bindet unseren Geist fest an das Gefängnis Samsaras und daher ist es schwierig für uns, den aufrichtigen Wunsch nach Befreiung zu entwickeln.

Haben wir alle Verblendungen des Begierdebereichs entfernt, erfahren wir die Verblendungen des Formbereichs, und nach Beseitigung aller Verblendungen des Formbereichs erfahren wir die Verblendungen des formlosen Bereichs. Verglichen mit der groben begehrenden Anhaftung des Begierdebereichs ist die begehrende Anhaftung des Formbereichs sehr subtil.

Die Verblendungen des Begierdebereichs können wir mit Hilfe von Meditation über weltliche Pfade vorübergehend beseitigen. Dazu ist es notwendig, zuerst das ruhige Verweilen und dann die Versenkung der nahen Vorbereitung der ersten geistigen Stabilisierung zu erlangen. Bei dieser Meditation konzentrieren wir uns darauf, den Begierdebereich als unsauber und fehlerhaft und den Formbereich als sehr friedlich zu sehen. Um die Verblendungen des Begierdebereichs für immer zu überwinden, müssen wir überweltliche Pfade hervorbringen, die in Abhängigkeit von einer direkten Verwirklichung der Leerheit entstehen.

Nicht alle Begehren sind begehrende Anhaftung. Es ist wichtig, zwischen tugendhaften und nichttugendhaften Begehren zu unterscheiden. Tugendhafte und mitfühlende Begehren sind keine Verblendungen, da sie unseren Geistesfrieden nicht zerstören. Zum Beispiel ist der aufrichtige Wunsch, Erleuchtung zum Wohle anderer zu erlangen, ein Begehren. Es ist jedoch keine begehrende Anhaftung, da dieser Wunsch unseren Geist nicht verwirren oder stören kann, und er kann auch weder uns selbst noch anderen Schaden zufügen.

WUT

Wut ist ein geistiger Faktor, der ein belebtes oder unbelebtes Objekt beobachtet, es als unattraktiv empfindet, seine schlechten Eigenschaften übertreibt, es als nicht begehrenswert erachtet, feindselig wird und den Wunsch entwickelt, dem Objekt zu schaden.

Die Stadien, in denen wir uns mit den schlechten Eigenschaften des Objekts befassen, sie übertreiben und das Objekt als unangenehm betrachten, sind unangemessene Aufmerksamkeit. Aufgrund solcher unangemessenen Aufmerksamkeit werden wir feindselig und entwickeln den Wunsch, dem Objekt zu schaden. Sind alle diese Stadien abgeschlossen, so haben wir Wut erzeugt.

Entsprechend ihrer Stärke gibt es drei Arten der Wut: groß, mittel und klein; und es gibt neun Arten der Wut, entsprechend der Person und der Zeit. Diese sind:

(1) Wut auf jemanden oder etwas, der oder das uns in der Vergangenheit geschadet hat. Zum Beispiel wenn wir uns daran erinnern, wie uns jemand in der Vergangenheit verletzte, so kann es sein, dass wir immer wieder darüber nachdenken und beginnen, diese Verletzung oder die Schädlichkeit der Person, die sie verursacht hat, zu übertreiben. Daraufhin werden wir feindselig und wollen uns an dieser Person rächen. Erinnerungen an Begebenheiten, die Hunderte von Jahren zurückliegen, können Feindseligkeiten zwischen Menschen verursachen und moderne Nationen in erbitterte Kriege stürzen.

(2) Wut auf jemanden oder etwas, der oder das uns jetzt schadet.

(3) Wut auf jemanden oder etwas, der oder das uns in der Zukunft schaden könnte. Häufig entwickeln wir Wut aufgrund einer Unsicherheit. Stehen wir zum Beispiel mit anderen in Konkurrenz um eine Arbeitsstelle und glauben wir, dass jemand anders die Stelle bekommt, so werden wir in Erwartung unserer Niederlage möglicherweise wütsend. Im Wettstreit liegende Personen haben diese Art der Wut; und Nationen, die Ergebnisse beobachten, die möglicherweise in der Zukunft stattfinden, bekämpfen sich gegenseitig aufgrund dieses Verdachts oder bauen eine Kriegsmaschinerie auf. Auch wenn nur eine ganz geringe Chance besteht, dass wir Schaden erleiden könnten, können wir aufgrund dieser Möglichkeit sehr starke Wut entwickeln.

(4) Wut auf jemanden oder etwas, der oder das unseren Freunden oder Verwandten in der Vergangenheit geschadet hat.
(5) Wut auf jemanden oder etwas, der oder das unseren Freunden oder Verwandten jetzt schadet.
(6) Wut auf jemandem oder etwas, der oder das unseren Freunden oder Verwandten in der Zukunft schaden könnte.
(7) Wut auf jemanden oder etwas, der oder das unserem Feind in der Vergangenheit geholfen hat.
(8) Wut auf jemanden oder etwas, der oder das unserem Feind jetzt hilft.
(9) Wut auf jemanden oder etwas, der oder das unserem Feind in der Zukunft helfen könnte.

Wut empfindet man nur im Begierdebereich. Sie ist wie ein Feuer, das unsere Verdienste verbrennt, die wir durch das Ausüben tugendhafter Handlungen angesammelt haben. Daher sagt Shantideva in *Leitfaden für die Lebensweise eines Bodhisattva*, es gebe nichts Schlimmeres als Wut.

Wut schadet jedermann. Sie schadet der Person, die sie erfährt, und sie schadet den Menschen, gegen die sie gerichtet ist. Obwohl sich jeder feste und dauerhafte Freundschaften wünscht, sind diese sehr schwer zu gewinnen, da Wut unsere Beziehungen zerstört. Manchmal würden Menschen, die am Abend die Gesellschaft des anderen genießen, einander am nächsten Tag am liebsten umbringen. Die meisten Ehen gehen durch Wut in die Brüche.

Um das Entstehen von Wut zu verhindern, müssen wir den Kontakt zum Objekt lösen, sobald wir die ersten Stadien erkennen, wie zum Beispiel unangemessene Aufmerksamkeit oder einen leichten Anflug von Feindseligkeit, und die ersten Funken der Wut mit Hilfe von Meditation löschen, indem wir uns an all den Schaden erinnern, den die Wut uns und anderen bringt. Ist die Wut erst einmal in unserem Geist aufgeflammt, so ist sie nur noch sehr schwer zu bändigen. Sie gleicht dann einem Waldbrand, der wütet, wohin auch immer der Wind weht. Deshalb müssen wir durch

Beobachtung unseres eigenen Geistes lernen, unsere Wut in den frühen Stadien zu erkennen, und sie abwenden, bevor sie explodiert.

VERBLENDETER STOLZ

Verblendeter Stolz ist ein geistiger Faktor, der sich aus geringfügigen Gründen überheblich fühlt. Wenn wir schön oder gut aussehend sind, Wissen und Verständnis haben, wenn wir reich sind, einen guten Ruf genießen, wenn wir gut im Sport sind oder geschickt mit Worten umgehen können, so können wir jeden dieser Punkte als Vorwand für die Annahme benutzen, dass wir etwas Besonderes sind, und Stolz entwickeln.

Sind wir stolz, so gibt uns das ein Gefühl, als stünden wir auf einer Bergspitze und schauten auf alle hinunter, die weit unten in den Tälern wohnen. Wenn wir mit dieser selbstherrlichen Einstellung Dharma Unterweisungen anhören oder lesen, werden wir keinen großen Nutzen daraus ziehen. So wie der Regen, der auf eine Bergspitze fällt, nicht dort bleibt, sondern schnell abfließt und sich unten im Tal sammelt, genauso wird der Dharma, den wir hören, nicht in unserem Geist bleiben, wenn wir von Stolz aufgebläht sind.

Mit Stolz können wir keine guten Eigenschaften und keine Verwirklichungen entwickeln. Wir werden schnell unglücklich, da niemand sonst die erhabene Sicht teilt, die wir von uns selbst haben, und uns deshalb niemand den Respekt und die Rücksichtnahme erweist, die uns vermeintlich zustehen. Wir fühlen uns schnell übergangen oder ausgenutzt. Unser Stolz macht uns sehr verletzlich und höchst anfällig für Kränkungen. Mit der entgegengesetzten Einstellung der Bescheidenheit neigen wir nicht dazu, uns vernachlässigt oder ausgenutzt vorzukommen, und sind daher in der Lage, spirituellen Rat anzunehmen und aus den Unterweisungen zu lernen. Sind wir für Empfehlungen offen, so werden sich unsere guten Eigenschaften und Verwirklichungen reichlich vermehren.

Es gibt sieben Arten des verblendeten Stolzes: Stolz gegenüber Unterlegenen, Stolz gegenüber Gleichgestellten, Stolz gegenüber Höherstehenden, Stolz auf die Identität, anmaßender Stolz, nacheifernder Stolz und falscher Stolz.

Stolz gegenüber Unterlegenen ist der Stolz, der dann auftritt, wenn wir jemanden betrachten, der uns in irgendeiner Hinsicht unterlegen ist, und denken: «Ich bin besser als diese Person.» Stolz gegenüber Gleichgestellten ist der Stolz, den wir haben, wenn wir jemanden betrachten, der uns in mancher Hinsicht gleich ist, und denken: «Ich bin besser als diese Person.» Stolz gegenüber Höherstehenden ist der Stolz, der dann auftritt, wenn wir jemanden betrachten, der uns in irgendeiner Hinsicht überlegen ist, und denken: «Ich bin besser als diese Person.» Dieser Stolz ist auch als «Stolz gegenüber Stolz» bekannt, da das Objekt normalerweise eine Person ist, die ebenfalls stolz ist.

Stolz auf die Identität ist der Stolz, den wir haben, wenn wir uns mit etwas identifizieren, etwa einer Rolle, einer Idee, einer Arbeit oder einem Land, und der Ansicht sind, dass wir aufgrund unserer Identität besser als andere sind. Zum Beispiel können wir Stolz entwickeln, indem wir denken: «Ich bin Buddhist», «Ich bin Christ», «Ich bin ein Lehrer» oder auch «Ich bin sehr intelligent». Fast jeder hat diese Art des Stolzes. Sogar Bettler haben ihn, wenn sie denken: «Ich bin ein schlauer Bettler.» Dieser Stolz kann sich immer dann entwickeln, wenn wir uns mit etwas identifizieren, das uns von anderen unterscheidet, und wir der Ansicht sind, dass uns diese Eigenschaft bemerkenswert macht. In einer Gruppe von Menschen entwickelt eine Person möglicherweise Stolz bei dem Gedanken: «Ich bin Amerikaner», während eine andere Stolz entwickelt bei dem Gedanken: «Ich bin Deutscher.» Der Stolz auf die Identität bedeutet nicht bloß, eine Tatsache zu erkennen, sondern er ist ein übertriebenes Gefühl der eigenen Wichtigkeit, das immer dann auftritt, wenn wir uns an einer bestimmten Identität festklammern.

Anmaßender Stolz ist ein Stolz, den wir immer dann haben, wenn wir unsere Erlangungen zu hoch einschätzen und annehmen, wir hätten bestimmte gute Eigenschaften oder Verwirklichungen erlangt, die wir jedoch nicht erlangt haben. Zum Beispiel kann es vorkommen, dass wir unter Halluzinationen leiden und dadurch zu der Annahme verleitet werden, hellseherische Fähigkeiten entwickelt zu haben, da wir besondere Objekte wahrnehmen. Oder manchmal erlangen wir vielleicht für kurze Zeit einen ruhigen Geist und nehmen daraufhin an, wir hätten das ruhige Verweilen erlangt. Es kann auch sein, dass wir unser Verständnis über ein einfaches Thema vertieft haben und daraufhin annehmen, wir hätten große Weisheit gewonnen.

Wir haben nacheifernden Stolz entwickelt, wenn wir jemanden betrachten, der größere Erlangungen hat oder eine höhere Stellung einnimmt als wir selbst, und wir denken: «Ich bin fast so vollendet wie diese Person» oder «Ich habe viel mit dieser Person gemeinsam». Zum Beispiel haben wir nacheifernden Stolz, wenn wir Yogis und Yoginis imitieren, ohne spirituelle Erlangungen zu haben, und denken: «Ich bin diesen hochverwirklichten Praktizierenden sehr ähnlich.»

Falscher Stolz ist ein Stolz, den wir entwickeln, wenn wir etwas schlecht oder nicht richtig gemacht haben, jedoch der Ansicht sind, dass wir es ausgezeichnet und in lobenswerter Weise ausgeführt haben. Halten wir zum Beispiel einen Dharma Vortrag, der voll falscher Informationen und unrichtiger Ratschläge ist, und denken: «Das war eine ausgezeichnete Unterweisung», so haben wir falschen Stolz entwickelt. Wenn wir jemandem einen katastrophalen Rat geben und dann denken: «Wie weise ich doch bin», so ist dies ebenfalls falscher Stolz.

UNWISSENHEIT

Es gibt zwei Definitionen von Unwissenheit: eine allgemeine Definition, die von Asanga und Vasubandhu stammt, und eine besondere Definition, die von Dharmakirti und Chandrakirti stammt. Es besteht kein Widerspruch zwischen diesen zwei Systemen, weil das erste eine weit gefasste Definition der Unwissenheit im Allgemeinen und das zweite die Definition einer besonderen Art der Unwissenheit beinhaltet – der Unwissenheit, die der Ursprung Samsaras ist.

In *Handbuch des Abhidharma* definiert Asanga Unwissenheit nach dem ersten System wie folgt:

> Ein geistiger Faktor, der in Bezug auf die Natur eines Objekts verwirrt ist und der die Funktion hat, falsches Gewahrsein, Zweifel und andere Verblendungen hervorzurufen.

Diesem System entsprechend ist Unwissenheit ein Fehlen von Wissen oder Verständnis. Ein Beispiel dafür ist die Verwirrung, die wir empfinden, wenn wir ein Buch lesen und den Sinn nicht verstehen können. Diese Unwissenheit ist wie eine Dunkelheit in unserem Geist, die uns davon abhält, unser Objekt klar zu verstehen. Nach diesem System löst die Unwissenheit, die die Selbstlosigkeit – die endgültige Natur von Personen und anderen Phänomenen – nicht versteht, das Festhalten am Selbst oder An-wahr-Festhalten aus, das der Ursprung aller anderen Verblendungen und aller samsarischen Wiedergeburten ist. Diese Unwissenheit, die die Selbstlosigkeit nicht versteht, dient als Grundlage für das Festhalten am Selbst, unterscheidet sich aber von diesem, da das Festhalten am Selbst ein falsches Gewahrsein ist, das an seinem Objekt als inhärent existierend festhält.

Nach der Tradition von Dharmakirti und Chandrakirti ist ein Geist, der sein Objekt nicht kennt oder verwirklicht, nicht zwangsläufig Unwissenheit. Sie sagen, nur das Festhalten am Selbst sei Unwissenheit. Da die Selbstlosigkeit das Hauptobjekt ist, das verstanden werden muss, um das Festhalten am Selbst, die grundlegende Ursache für Samsara, aufzugeben, sagen diese Gelehrten, dass nur ein geistiger Faktor, der das Gegenteil von dem festhält, was von der Weisheit, die Selbstlosigkeit erkennt, festgehalten wird, ein Fall von Unwissenheit ist.

In *Lobpreis der abhängigen Beziehung* sagt Je Tsongkhapa:

> Welche Fehler es auch in dieser Welt gibt,
> Ihre Wurzel ist Unwissenheit.

Der Grund, warum wir weiterhin samsarischen Pfaden folgen, ist der, dass wir aufgrund unserer Unwissenheit die

Natur der Objekte nicht klar und vollkommen erkennen können. Man kann zwei Arten der Unwissenheit unterscheiden: die Unwissenheit der endgültigen Wahrheiten – der endgültigen Natur der Objekte – und die Unwissenheit der konventionellen Wahrheiten – der konventionellen Natur der Objekte. Die endgültige Natur aller Objekte ist Leerheit. Buddha lehrte konventionelle Wahrheiten, um uns zu einem Verständnis der endgültigen Wahrheiten zu führen. Da die Methode, endgültige Wahrheiten zu verwirklichen, darin besteht, konventionelle Wahrheiten zu untersuchen, ist es demzufolge für das Studium der Leerheit nötig, konventionelle Wahrheiten zu studieren. Diese werden von jeder der vier Schulen buddhistischer Philosophie unterschiedlich dargestellt. Durch das Studium all dieser Darlegungen werden wir allmählich zum Verständnis der richtigen und vollkommenen Sichtweise geführt, die im höchsten System, der Madhyamika-Prasangika Schule, vorgestellt wird. Auf diese Weise verstehen wir richtige spirituelle Pfade, die zur Befreiung führen, und wir beseitigen sowohl die Unwissenheit der konventionellen Wahrheiten, als auch die Unwissenheit der endgültigen Wahrheiten.

Buddha lehrte die Sichtweise, die in der Chittamatra Schule vorgestellt wird, um uns spezifisch bei der Überwindung unserer begehrenden Anhaftung zu helfen und uns erkennen zu lassen, dass die von uns wahrgenommenen Objekte die Natur unseres eigenen Geistes haben und nicht getrennt von diesem existieren. Gemäß diesem System werden Objekte, die äußerlich zu existieren scheinen, vom Geist manifestiert. Diese Objekte sind bloß geistige Erscheinungen, die aus ihren Samen entstanden sind, die vom Grundlage-von-allem-Bewusstsein getragen werden. Diese Samen reifen als Objekte, die dem Geist erscheinen. Obgleich die Objekte und der Geist, der diese Objekte wahrnimmt, gleichzeitig entstehen, haben wir eine fehlerhafte Erscheinung dieser Objekte, so als würden sie außerhalb unseres Geistes existieren, und halten an ihnen fest, als ob sie auf diese Weise existieren würden. Da wir daran festhalten, dass Objekte äußerlich existieren, entwickeln wir begehrende Anhaftung gegenüber denjenigen, die uns anziehend erscheinen. Indem wir die konventionellen und endgültigen Wahrheiten verstehen, wie sie von der Chittamatra Schule dargelegt werden, verringern wir unsere begehrende Anhaftung und nähern uns einer Verwirklichung der richtigen Sichtweise der Leerheit, wie sie von der Madhyamika-Prasangika Schule dargelegt wird.

Im Allgemeinen gibt es zwei Hauptarten der Unwissenheit: die Unwissenheit des Karmas und die Unwissenheit der Leerheit. Die Unwissenheit des Karmas hat in erster Linie die Funktion, weiterhin niedere Wiedergeburten für uns zu bewirken. Solange noch Verwirrung über Handlungen und deren Wirkungen in uns vorhanden ist, werden wir weiterhin nichttugendhafte Handlungen ausführen, die die Ursachen für eine niedere Wiedergeburt sind. Die Unwissenheit der Leerheit hat in erster Linie die Funktion, uns in Samsara gefangen zu halten. Denn selbst wenn wir Karma verstehen, erzeugen wir weiterhin die Ursachen für samsarische Wiedergeburten, bis wir Leerheit direkt verwirklicht haben.

VERBLENDETER ZWEIFEL

Zweifel ist ein geistiger Faktor, der sich auf zwiespältige Art mit seinem Objekt beschäftigt oder zwischen zwei alternativen Ansichten hin- und hergerissen ist. Nicht jeder Zweifel ist verblendeter Zweifel. Verblendeter Zweifel ist eine bestimmte Art des Zweifels, wobei das Objekt alles sein kann, was für die Erlangung der Befreiung wichtig zu verwirklichen ist, wie Karma oder wahre Leiden, und wo das Zögern zu einer falschen Sichtweise neigt, die die Existenz eines solchen Objekts verneint. Verblendeter Zweifel ist ein Zweifel, der die Erlangung der Befreiung stört. Haben wir Zweifel gegenüber Objekten, die wir für das Erlangen der Befreiung nicht unbedingt kennen müssen, so sind dies keine verblendeten Zweifel. Kommt beispielsweise jemand zur Tür herein und wir fragen uns: «Ist das Hans?», so ist dieser Zweifel keine der Ursprungsverblendungen.

Es ist wichtig, zwischen verblendeten Zweifeln und Zweifeln, die der Anfang von Weisheit sind, zu unterscheiden. Die erste Art von Zweifeln sollte aufgegeben werden, aber die zweite Art ist nötig, um Verwirklichungen zu erlangen. Hören oder lesen wir zum ersten Mal etwas über Dharma, kommen in uns viele Zweifel auf, da Dharma im Widerspruch zu unseren falschen Sichtweisen und unrichtigen Annahmen steht, und Unschlüssigkeit in uns entstehen lässt. Diese Art der Unschlüssigkeit ist ein Zeichen für das Entstehen von Weisheit, da sie der Ausgangspunkt dafür ist, Gewissheit über richtige Sichtweisen zu erlangen. Erhalten wir Dharma Unterweisungen, ohne jemals diese Art des Zweifels zu entwickeln, so besteht keine Möglichkeit, von den Unterweisungen überzeugt zu werden. Hören wir beispielsweise zum ersten Mal Unterweisungen über Leerheit, so kann dies in uns folgende Zweifel hervorrufen: «Ich bin der Ansicht, Objekte existieren äußerlich, aber existieren sie wirklich so?» oder «Objekte scheinen substanziell zu sein, aber sind sie in Wirklichkeit substanzlos wie ein Traum?» Ohne anfangs Zweifel wie diese zu haben, ist es unmöglich, später Leerheit zu verwirklichen. Diese Zweifel sind Zweifel, die zur Wahrheit tendieren. Sie führen uns in die richtige Richtung und helfen uns, unser Verständnis und die Klarheit unseres Geistes zu vergrößern.

Im Gegensatz dazu zerstören verblendete Zweifel unser Vertrauen in das, was tugendhaft und lohnend ist, und lassen Unentschlossenheit gegenüber Objekten entstehen, die vertrauenswürdig und nützlich sind. Sie zerstören die Klarheit und Freude, die wir erleben, wenn wir bewunderndes Vertrauen erzeugen. Sie untergraben unsere tugendhaften Bestrebungen und lassen unseren vormals friedlichen Geist unbeständig und unruhig werden. Hören oder lesen wir richtige Dharma Unterweisungen und denken dann: «Wahrscheinlich sind diese Unterweisungen falsch» oder «Diese Unterweisung scheint nutzlos zu sein», sind das verblendete Zweifel. Erhalten wir richtige Unterweisungen über Leerheit und entwickeln etwas Einsicht, treffen dann jedoch jemanden, der sehr geschickt gegen diese richtigen Sichtweisen argumentiert, und denken wir dann: «Die Argumente, die ich zuvor gehört habe, sind wahrscheinlich falsch», so ist dies verblendeter Zweifel. Das gleiche gilt, wenn wir von unserem spirituellen Meister vollkommene Unterweisungen über eine Meditation erhalten haben und uns dann jemand mit dem Gehabe eines großen Meditierenden erzählt: «Diese Methode ist minderwertig. Ich kenne viel bessere Meditationsmethoden.» Möglicherweise zweifeln wir an unserem spirituellen Meister und den Unterweisungen, die er gegeben hat. Solche Zweifel können entstehen, wenn wir eine tugendhafte Handlung ausführen wollen oder dabei sind, eine uneigennützige Tat zu verrichten. Sie lassen uns annehmen, dass wir irregeführt wurden, und zerstören so unsere guten Absichten.

Verblendeter Zweifel ist sehr gefährlich, da er unsere spirituelle Praxis schnell zum Stillstand bringt und uns in Verwirrung stürzt. Er kann dann aufkommen, wenn unser Vertrauen und unser Bemühen degenerieren, oder wenn wir auf jemanden treffen oder etwas lesen, das dem Dharma widerspricht. Verblendeter Zweifel kann auch die Folge von unangebrachter, übertriebener oder zeitlich unpassender Analyse sein. Es gibt Zeiten, wo die Anwendung einer analytischen Untersuchung angebracht und nutzbringend ist, zum Beispiel während des Studiums subtiler Themen, wie der subtilen Unbeständigkeit oder Leerheit, und es gibt Zeiten, in denen man besser von einer Analyse Abstand nimmt, zum Beispiel dann, wenn wir ein ausreichendes Verständnis bestimmter grober konventioneller Wahrheiten erlangt haben. Übertriebene oder unangebrachte Analyse führt zu übermäßigen Zweifeln, die unsere Praxis stören.

Ganz besonders wichtig ist die Vermeidung verblendeter Zweifel bei der Praxis des Geheimen Mantra, denn der Erfolg der tantrischen Praxis hängt von reinem Vertrauen ab. Entwickeln wir verblendete Zweifel an unserer Praxis des Geheimen Mantra, so wird sie uns nicht sehr viel nützen, auch dann nicht, wenn wir für Äonen praktizieren. Daher ist im Geheimen Mantra selbst blindes Vertrauen besser als eine Überanalyse, denn blindes Vertrauen kann eine kraftvolle, tugendhafte Entschlossenheit hervorrufen, während Überanalyse Zweifel und Verwirrung verursacht.

VERBLENDETE SICHT

Die ersten fünf Ursprungsverblendungen werden Verblendungen genannt, die Nichtsichtweisen sind. Von der sechsten Ursprungsverblendung, verblendete Sicht, gibt es fünf Arten:

1. Die Sicht der vergänglichen Ansammlung
2. Die extreme Sicht
3. Unwahre Sichtweisen für das Höchste halten
4. Falsche moralische Disziplin und falsches Verhalten für das Höchste halten
5. Falsche Sicht

DIE SICHT DER VERGÄNGLICHEN ANSAMMLUNG

Die Sicht der vergänglichen Ansammlung ist eine verblendete Sichtweise, die das eigene Ich beobachtet und es sich als inhärent existierend vorstellt.

Wenn uns jemand beschimpft, klammern wir uns an unser Ich. Das Ich, das wir uns in einem solchen Moment vorstellen, hat keinen Bezug zu unserem Körper oder Geist. Der Geist, der sich an ein solch unabhängiges Ich klammert, ist die Sicht der vergänglichen Ansammlung. Er beobachtet das Ich und stellt es sich als inhärent existierend vor, als unabhängig von allem anderen. Wenn wir die Sicht der vergänglichen Ansammlung entwickeln, kann es sein, dass wir uns nicht bewusst sind, uns an ein inhärent existierendes Ich zu klammern. Wir können es vielleicht nicht auf diese Weise ausdrücken, aber tatsächlich haben wir die Vorstellung eines Ich, das von nichts anderem abhängig ist. Wir beobachten unser Ich und halten es für wahr. Nehmen wir an, jemand heißt «Peter». Wenn er denkt: «Ich bin Peter», stellt er sich den Peter, der seinem Geist so lebhaft erscheint, als inhärent existierend vor, als unabhängig von allem anderen, wie den Gliedern seines Körpers.

Um in unserem eigenen Fall dieses Ich zu identifizieren, können wir überlegen, was das Ich ist, das dieses Buch liest. Während des Lesens denken wir nicht: «Mein Körper liest dieses Buch» oder «mein Geist liest dieses Buch». Wir denken: «Ich lese dieses Buch.» Dieses Ich, das wir uns vorstellen, ist verschieden von unserem Körper und Geist oder hat keinen Bezug dazu. Der Geist, der sich an ein unabhängiges Ich klammert, das dieses Buch liest, ist die Sicht der vergänglichen Ansammlung. Sein vorgestelltes Objekt existiert nicht.

Zu Beginn, wenn wir Unterweisungen über Leerheit erhalten und anfangen uns darüber Gedanken zu machen, dass das vorgestellte Objekt der Sicht der vergänglichen Ansammlung nicht existiert, ist es vielleicht schwierig für uns, das Ich festzulegen, das tatsächlich existiert. Sollte dies der Fall sein, so ist das ein gutes Zeichen, denn wir müssen das unabhängige Ich verlieren, das wir normalerweise schätzen. Der Grund, warum wir am Anfang das Ich, das existiert, nicht festlegen können, ist der, dass wir subtile konventionelle Wahrheiten noch nicht verstanden haben, und deshalb kommt es uns vor, als würde Leerheit unser Ich vollkommen verneinen. Vorübergehend ist es in Ordnung, unsere Aufmerksamkeit auf das manifeste Ich zu richten, das wir normalerweise wahrnehmen, und zu denken, dass es überhaupt nicht existiert. Diese Denkweise hilft uns, die Existenz des vorgestellten Objekts der Sicht der vergänglichen Ansammlung anzuzweifeln, und dieser Zweifel führt uns zur Entwicklung der Leerheit erkennenden Weisheit.

Das Ich, das nicht existiert, ist das vorgestellte Objekt der Sicht der vergänglichen Ansammlung und das Ich, das existiert, ist ihr beobachtetes Objekt. Das beobachtete Objekt ist das Ich, das in Abhängigkeit von der Ansammlung der fünf Anhäufungen zugeschrieben wird. Die Sicht der vergänglichen Ansammlung beobachtet das bloß zugeschriebene Ich, stellt es sich jedoch als inhärent existierend vor.

Die vergängliche Ansammlung sind die fünf Anhäufungen, die Grundlage der Zuschreibung des bloß zugeschriebenen Ich, und dieses Ich ist das beobachtete Objekt der Sicht der vergänglichen Ansammlung. Das bloß zugeschriebene Ich ist von vergänglicher Natur, da es unbeständig ist, und es ist von Natur aus eine Ansammlung, da es in Abhängigkeit von der Ansammlung der fünf Anhäufungen existiert.

Es gibt zwei Arten der Sicht der vergänglichen Ansammlung: die Sicht der vergänglichen Ansammlung, die die

Vorstellung von Ich hat, und die Sicht der vergänglichen Ansammlung, die die Vorstellung von Mein hat. Die zweite Sicht entwickelt sich in Abhängigkeit von der ersten. Wenn wir die Sicht der vergänglichen Ansammlung haben, die die Vorstellung von Mein hat, so stellen wir uns in erster Linie unser Ich als inhärent existierend vor, während wir uns zur gleichen Zeit an etwas klammern, als ob es diesem inhärent existierenden Ich gehören würde, und denken: «Das ist meins.» Aus diesen beiden Sichtweisen der vergänglichen Ansammlung entstehen alle anderen Verblendungen. Chandrakirti sagt in *Leitfaden zum Mittleren Weg*, dass wir zuerst an unserem Ich als inhärent existierend festhalten, dann an das, was wir als «mein» betrachten, Anhaftung entwickeln und denken: «Das ist mein Besitz» oder «das ist mein Freund». Dann begehen wir aus Anhaftung heraus Handlungen, die die Ursachen für samsarische Wiedergeburt sind.

DIE EXTREME SICHT

Extreme Sicht ist definiert als eine verblendete Sicht, die das Ich, das vorgestellte Objekt der Sicht der vergänglichen Ansammlung, beobachtet und an ihm entweder als beständig oder als beim Tod vollständig endend festhält. Die extreme Sicht festigt und verstärkt die Sicht der vergänglichen Ansammlung.

UNWAHRE SICHTWEISEN FÜR DAS HÖCHSTE HALTEN

Haben wir irgendeine unwahre Sichtweise, wie die Sicht der vergänglichen Ansammlung, extreme Sicht, falsche Sicht oder irgendeine andere negative Sicht, und betrachten diese unwahre Sichtweise als erhaben und anderen Sichtweisen überlegen, dann halten wir eine unwahre Sichtweise für das Höchste. Diese Verblendung übertreibt und verstärkt unsere unwahren Sichtweisen und sie erschwert es uns, diese aufzugeben sowie richtige Sichtweisen anzunehmen.

FALSCHE MORALISCHE DISZIPLIN UND FALSCHES VERHALTEN FÜR DAS HÖCHSTE HALTEN

Richtige moralische Disziplin hält uns von der Ausführung nichttugendhafter Handlungen ab und hilft uns tugendhafte Handlungen auszuüben, wodurch wir vor einer Wiedergeburt in den niederen Bereichen Samsaras bewahrt werden. Dennoch gibt es einige Menschen, die falsche Sichtweisen haben und der Ansicht sind, durch die Praxis einer falschen moralischen Disziplin und durch falsches Verhalten lasse sich eine Wiedergeburt in den niederen Bereichen verhindern oder sogar Befreiung von Samsara erlangen. Sie halten solche unangemessenen Praktiken für das Höchste. Es gab zum Beispiel einmal einen religiösen Meister, der mit seinen hellseherischen Fähigkeiten sehen konnte, dass er in seinem früheren Leben ein Hund gewesen war. Da dieser Meister nicht die Weisheit hatte, die Karma erkennt, kam er zu dem Schluss, dass das Leben eines Hundes die Ursache für eine menschliche Wiedergeburt sei. Daher lehrte er alle seine Schüler eine moralische Disziplin zu praktizieren, die in der Nachahmung eines Hundelebens bestand. Er sagte ihnen, sie sollten die Verpflichtung einhalten, auf allen Vieren herumzulaufen und im Freien in einem Zwinger zu schlafen, und er erzählte ihnen, dass sie sicher sein könnten, in ihrem nächsten Leben wieder eine menschliche Wiedergeburt zu erhalten, wenn sie diese «moralische Disziplin» rein praktizieren und sich wie ein Hund verhalten würden. Ein Geist, der solch eine «moralische Disziplin» für das Höchste hält, ist ein Beispiel dafür, falsche moralische Disziplin oder falsches Verhalten für das Höchste zu halten.

Einige religiöse Lehrer erklären, dass wir durch eine Praxis der moralischen Disziplin, bei der wir unseren Körper extremen Entbehrungen und Schmerzen aussetzen und ihm große Härten auferlegen, unseren Geist reinigen und Befreiung erlangen werden. Andere religiöse Systeme verlangen von ihren Schülern, dass sie sich ihrem Lehrer gegenüber verpflichten, Tieropfer zu vollziehen, und sehen darin die beste Methode, Befreiung zu erlangen. Manche nichtreligiöse

Menschen halten falsches Verhalten für das Höchste, wenn sie beispielsweise sexuelles Fehlverhalten praktizieren oder Drogen in der Annahme nehmen, dies seien vollkommene Wege zu Freiheit und Glückseligkeit.

FALSCHE SICHT

Eine falsche Sicht ist ein Geist, der ein Objekt beobachtet, dessen Verwirklichung für die Erlangung der Befreiung oder Erleuchtung wichtig ist, wie Karma oder Leerheit, und der die Existenz dieses Objekts verneint. Es wurde bereits erklärt, dass wir die nichttugendhafte geistige Handlung begehen, eine falsche Sichtweise zu halten, indem wir wiederholt darüber nachdenken, dass solch ein wichtiges Objekt nicht existiert. Und dass wir die Handlung vollenden, indem wir zu dem festen Entschluss kommen, dass dieses Objekt nicht existiert, und voller Überzeugung an dieser Verneinung festhalten.

Haben wir eine falsche Sicht, können wir nicht über richtige Pfade meditieren oder reinen Dharma praktizieren. Selbst wenn wir keine eigentlichen falschen Sichtweisen haben, können wir dennoch in unserem Geist das Potenzial dafür haben, und dieses Potenzial wird unsere spirituelle Praxis behindern. Wenn uns jemand zum Beispiel eine klare und logische Erklärung für Wiedergeburt gibt und wir dennoch nicht überzeugt sind, so entstehen unsere Schwierigkeiten aus unseren Potenzialen für falsche Sichtweisen. Diese sind Hindernisse für die Entwicklung von Vertrauen, und sie behindern unser Verständnis der Unterweisungen und erhaltenen Ratschläge.

Die Hauptursache für falsche Sichtweisen ist Unwissenheit – die Ursache für alle Verblendungen. In *Abhandlung in vierhundert Versen* sagt Aryadeva:

> So wie die Körpersinneskraft den ganzen Körper
> durchdringt,
> So durchdringt Unwissenheit alle Verblendungen.

Unsere Körpersinneskraft wirkt überall dort, wo wir körperliche Empfindungen haben. Genauso ist die Unwissenheit überall da, wo es Verblendungen gibt.

Es wurde bereits erklärt, dass im Allgemeinen die Unwissenheit oder das Nichtwissen sehr umfassend ist. Die Hauptunwissenheit ist jedoch das Festhalten am Selbst. Obwohl jedes fühlende Wesen, einschließlich des kleinsten Insekts, die Vorstellung eines Selbst hat und zu allen Zeiten, sogar während des Schlafes, daran festhält, lässt sich dieses Festhalten am Selbst, wenn wir danach suchen, nur schwer erkennen. Tatsache ist, wenn wir das Festhalten am Selbst klar erkennen können, sind wir schon sehr nahe daran, Selbstlosigkeit zu verwirklichen. Das wichtigste Festhalten am Selbst, das untersucht werden muss, ist unser Festhalten an unserem eigenen Selbst – die Sicht der vergänglichen Ansammlung.

Es gibt zwei Arten des Festhaltens am Selbst: angeborenes und intellektuell gebildetes. Nicht alle Wesen haben intellektuell gebildetes Festhalten am Selbst, da dies ein Geist ist, der durch fehlerhafte Schlussfolgerungen entsteht, und nicht alle Wesen sind in der Lage, eine analytische Untersuchung durchzuführen. Intellektuell gebildetes Festhalten am Selbst eignen sich hauptsächlich diejenigen an, die sich mit philosophischen Sichtweisen befassen. Ist zum Beispiel jemand, der Thomas heißt, nicht damit zufrieden, nur seinen Namen «Thomas» zu gebrauchen, sondern beginnt sich zu fragen: «Was ist Thomas? Ist mein Körper Thomas? Ist mein Geist Thomas?», so kommt er vielleicht zur Schlussfolgerung, dass Thomas unabhängig von seinem Geist und Körper existiert, und mag zufrieden damit sein, Thomas identifiziert zu haben. Wenn er als Folge unrichtiger Gedankengänge oder unvollständiger Analyse zu einer solchen Überzeugung kommt, so ist dieses Festhalten am Selbst intellektuell gebildet.

Alle fühlenden Wesen haben das angeborene Festhalten am Selbst. Das ist das Festhalten am Selbst, das der Ursprung Samsaras ist, der Ursprung aller Fehler und allen Leidens sowie die Quelle aller Verblendungen.

DIE ENTWICKLUNGSSTUFEN DER VERBLENDUNGEN

Im Allgemeinen gibt es zwei Formen des Festhaltens am Selbst: das Festhalten am Selbst von Phänomenen und das

Festhalten am Selbst von Personen. Betrachten wir unsere fünf Anhäufungen, so scheinen diese inhärent zu existieren, und deshalb halten wir daran fest, als würden sie auf diese Weise existieren. Dies ist ein Beispiel des Festhaltens am Selbst von Phänomenen. Unsere Unwissenheit über die wirkliche oder endgültige Natur der Phänomene ist die Ursache dafür, dass wir am Selbst von Personen festhalten. Aufgrund des Festhaltens am Selbst von Phänomenen stellen wir uns ein Ich vor (oder bilden es uns ein) und halten an ihm als inhärent existierend fest. Dies ist ein Beispiel des Festhaltens am Selbst von Personen. In Abhängigkeit davon unterscheiden wir zwischen Selbst und Anderen, und stellen uns diese beiden als inhärent verschieden vor. Dann entwickeln wir Selbstwertschätzung. Mit Selbstwertschätzung entwickeln wir begehrende Anhaftung, sobald wir etwas Anziehendes sehen, und Abneigung oder Wut, sobald wir etwas Abstoßendes sehen. Und immer dann, wenn wir etwas sehen, das weder anziehend noch abstoßend ist, entwickeln wir Unwissenheit. Aus diesen drei Verblendungen entstehen alle anderen Verblendungen.

Dharmakirti sagt in *Kommentar zum gültigen Erkennen*:

> Haben wir [Festhalten am] Selbst, so haben wir [Festhalten an] Anderen. Dadurch, dass wir zwischen Selbst und Anderen unterscheiden, entwickeln wir begehrende Anhaftung und Hass. Aus begehrender Anhaftung und Hass heraus werden wir nichttugendhafte Handlungen begehen. Dadurch entstehen alle Fehler und Leiden.

Dies bedeutet, wenn wir an unserem eigenen Selbst als inhärent existierend festhalten, werden wir auch am Selbst von Anderen als inhärent existierend festhalten. Aufgrund dieser Art des Festhaltens am eigenen Selbst und am Selbst von Anderen stellen wir uns das Selbst und Andere als inhärent verschieden vor. Durch diese Unterscheidung entwickeln wir Selbstwertschätzung und schätzen uns selbst mehr als alle anderen. Aufgrund der Selbstwertschätzung entwickeln wir begehrende Anhaftung, Hass und alle anderen Verblendungen. Diese Verblendungen treiben uns dazu,

Handlungen zu begehen, die die Ursachen dafür sind, angeeignete Anhäufungen anzunehmen. Dadurch, dass wir angeeignete Anhäufungen annehmen, entstehen alle Leiden Samsaras.

Haben wir erst einmal die Unwissenheit des Festhaltens am Selbst zerstört, werden wir alle unsere Verblendungen zerstören, denn diese Unwissenheit ist die Wurzel aller Verblendungen. So wie es einige Arzneien gibt, die als universelles Heilmittel für alle Krankheiten betrachtet werden, so gibt es ein Heilmittel für alle unsere Verblendungen. Dieses Allheilmittel ist die Selbstlosigkeit erkennende Weisheit.

Im *Sutra über die zehn Ebenen* sagt Buddha:

> Welche Fehler in dieser Welt auch existieren, sie alle entstehen aus dem Festhalten am Selbst. Sind wir frei von dieser Vorstellung des Selbst, gibt es keine Fehler.

DIE URSACHEN DER VERBLENDUNGEN

Es gibt sechs Ursachen für Verblendungen:

1. Der Samen
2. Das Objekt
3. Ablenkung und Beeinflussung durch andere
4. Schlechte Gewohnheiten
5. Vertrautheit
6. Unangemessene Aufmerksamkeit

Vasubandhu erklärt in *Schatzkammer des Abhidharma*, dass sich die Verblendungen notwendigerweise entwickeln, sobald die erste, zweite und sechste Ursache zusammenkommen. Wenn der Samen der Verblendung – auch die «nichtaufgegebene Quelle von Verblendung» genannt –, das Objekt und unangemessene Aufmerksamkeit zusammenkommen, entwickeln sich mit Sicherheit Verblendungen.

Auch wenn wir erst, nachdem wir das Festhalten am Selbst aufgegeben haben, die Verblendungen endgültig aufgeben können, indem wir eine direkte Verwirklichung der Leerheit gewinnen, können wir dennoch unsere Verblendungen vorübergehend überwinden, indem wir lernen, ihre Ursachen zu identifizieren und diese zu verhindern. Schulen wir unseren Geist auf diese Weise, so werden wir unsere Verblendungen für immer längere Zeiträume überwinden können. Und verbinden wir diese Praxis mit der Schulung in Meditation über Leerheit, so werden wir schließlich eine direkte Verwirklichung erlangen und unsere Verblendungen werden allmählich wie eine Kerzenflamme vollständig ausgelöscht.

Manche Nichtbuddhisten bezweifeln die Existenz der Befreiung. Sie sagen: «Wo ist die Befreiung, von der die Buddhisten sprechen? Wir können keine Beispiele von Befreiung sehen.» Zweifel wie diese werden mittels unserer eigenen Erfahrung zerstreut. Wenn wir uns darin schulen, die Ursachen der Verblendungen zu vermindern und zu überwinden, werden wir verstehen, dass sie nicht dauerhaft sind. Denn sie können durch die Anwendung von Gegenmitteln vermindert werden, auch wenn die Verblendungen zur Zeit sehr stark sind. Wenn Verblendungen nicht beständig sind und es Gegenmittel gibt, so ist es klar, dass Verblendungen gänzlich beseitigt werden können. Selbst wenn wir uns nicht bemühen die Ursachen unserer Verblendungen zu beseitigen, lehrt uns unsere eigene Erfahrung, dass Verblendungen unbeständig sind, weil sie mit der Zeit geringer werden. Sind wir zum Beispiel wütend, können wir nicht die gleich starke Wut für längere Zeit aufrechterhalten.

Leerheit verwirklichende Weisheit ist das Hauptgegenmittel gegen alle Verblendungen und jede Verblendung hat ihre eigenen, besonderen Gegenmittel. Zum Beispiel ist die Meditation über Hässlichkeit ein Gegenmittel gegen begehrende Anhaftung. Die Meditationen über Liebe und Mitgefühl sind Gegenmittel gegen Wut und Hass. Die Praxis des Gebens überwindet Geiz. Die Praxis des Sicherfreuens überwindet Eifersucht und die Meditation über abhängige Beziehung überwindet Unwissenheit. Wenn wir es nicht gewöhnt sind zu meditieren, können wir die Verblendungen nicht sofort überwinden. Durch das Praktizieren der Gegenmittel werden wir unsere Verblendungen jedoch vermindern und aus eigener Erfahrung die Überzeugung gewinnen, dass es möglich ist, vollkommen frei von allen Verblendungen zu werden und Befreiung zu erlangen.

Dharmakirti sagte, dass unsere verunreinigten Anhäufungen nicht beständig sind, weil Gegenmittel ihre Ursachen zerstören können. Indem wir die Gegenmittel anwenden, können wir alle Ursachen der verunreinigten Anhäufungen überwinden. Wenn wir ihre Ursachen aufgeben, erlangen wir eine wahre Beendigung. Und wenn wir diese wahre Beendigung erlangen, hört Samsara für uns auf, und wir erleben die Befreiung.

DER SAMEN

Der Samen einer Verblendung ist das Potenzial, eine Verblendung zu entwickeln. Dieses wird in unserem Geist durch die Verblendungen erschaffen, die wir in der Vergangenheit entwickelt haben, und ist die substanzielle Ursache, aus der Verblendungen entstehen. Solange wir Samen von Verblendungen haben, werden wir ganz natürlich Verblendungen entwickeln, wann immer wir mit einem Objekt in Kontakt kommen. Haben wir die Samen aller Verblendungen beseitigt, wie es die Feindzerstörer getan haben, werden wir keine Verblendungen entwickeln, wenn wir mit Objekten in Kontakt kommen. Feindzerstörer können keine Verblendungen entwickeln, sogar wenn sie es wollten, weil sie die substanzielle Ursache der Verblendungen zerstört haben.

DAS OBJEKT

Das Objekt einer Verblendung ist jedes beliebige Objekt, das wir beobachten, wenn wir eine Verblendung entwickeln. Es muss nicht direkt wahrgenommen werden, aber die Verblendung wird sich in diesem Fall stärker entwickeln, als wenn man sich bloß daran erinnert. Objekte der begehrenden Anhaftung sind Objekte, die anziehend erscheinen. Und Objekte der Abneigung sind Objekte, die abstoßend erscheinen. Es ist nahezu unmöglich für uns, alle Objekte der Verblendung zu vermeiden. Sogar wenn wir in einer abgeschiedenen Höhle leben würden, gäbe es Teile der Höhle, die uns anziehender erscheinen als andere, und manche

Wetterverhältnisse würden angenehmer scheinen als andere. Schon bald würden wir feststellen, dass uns die eine Art des Vogelgesangs besser gefällt als die andere, und wir hätten immer noch die Erinnerungen an andere Objekte von Verblendungen. Manchmal ist es nützlich, an einen Ort zu gehen, wo es weniger Objekte von Verblendungen gibt. Wenn wir beispielsweise in der Stadt leben und arbeiten, ist es manchmal von Vorteil, eine gewisse Zeit an einem ruhigen Ort auf dem Land zu verbringen. Doch wenn wir uns lange Zeit dort aufhalten, werden wir feststellen, dass es beinahe so viele Objekte von Verblendungen gibt wie in der Stadt. Da wir so gewohnt sind, Objekte von Verblendungen in großer Anzahl vorzufinden, wo immer wir hingehen, ist es unsere Hauptpraxis in Bezug auf Objekte von Verblendungen, die Tore der Sinneskräfte einzuschränken, wie bereits erklärt.

ABLENKUNG UND BEEINFLUSSUNG DURCH ANDERE

Wenn wir oft mit Freunden umgehen, die kein Interesse an spiritueller Entwicklung haben und die gewohnheitsmäßig schädliche Handlungen begehen, werden wir leicht selbst die gleichen schlechten Gewohnheiten annehmen und unsere Begeisterung und unseren Respekt für spirituelle Praxis verlieren. Unsere Freundschaften üben starken Einfluss auf uns aus. Da wir dazu neigen, unsere Freunde nachzuahmen, müssen wir mit Freunden verkehren, die die spirituelle Schulung bewundern und sich ihr mit Freude widmen. Der tägliche Kontakt mit unseren spirituellen Freunden ist sehr wichtig, weil wir nicht oft Gelegenheit haben, längere Zeit mit unserem spirituellen Meister zu verbringen. Wenn wir unter den Einfluss unserer spirituellen Freunde kommen, werden wir die gleichen guten Eigenschaften und tugendhaften Bestrebungen entwickeln und werden uns, durch ihr Beispiel inspiriert, in unseren Studien und in der Praxis des Dharma bemühen.

SCHLECHTE GEWOHNHEITEN

Wenn wir schlechte Gewohnheiten der Rede entwickeln oder die Gewohnheit, Filme anzusehen oder Bücher zu lesen, die unseren Geist unruhig machen, so werden sich dadurch unsere Verblendungen verstärken. Wenn wir beispielsweise oft und ohne uns etwas dabei zu denken über Sex reden, oder ohne Sinn mit jemandem sprechen, den wir anziehend finden, oder stundenlang Pornografie ansehen oder Liebesromane lesen, wird unsere begehrende Anhaftung entfacht und vergrößert. Genauso werden unsere eigenen zerstörerischen Impulse geweckt und gefördert, wenn wir uns mit Menschen, die wir nicht mögen, immer wieder streiten oder mit anderen öfters über andere sprechen, die uns beleidigt haben, oder wenn wir stundenlang Horrorgeschichten oder Kriegsromane lesen und dabei Gewaltakte und Blutvergießen bewundern.

VERTRAUTHEIT

Wenn wir mit Verblendungen sehr vertraut sind, werden sie ganz natürlich und spontan in unserem Geist entstehen. Zum Beispiel wird es uns sehr leicht fallen, unsere Fassung zu verlieren, wenn wir uns angewöhnt haben, unsere Wut offen und unkontrolliert auszudrücken. Obwohl wir alle mit jeder Verblendung etwas vertraut sind, ist der Grad der Vertrautheit mit jeder einzelnen verschieden. Manche Menschen sind mit begehrender Anhaftung sehr vertraut und so entsteht sie in ihrem Geist bei der kleinsten Anregung, und sie fühlen einen starken Zwang, die Objekte zu bekommen, die sie begehren. Andere sind so daran gewöhnt, eifersüchtig zu sein, dass sie sich niedergeschlagen fühlen, sobald sie ein lobendes Wort hören, das jemand anderem gilt. Um unsere Vertrautheit mit Verblendungen zu vermindern, müssen wir hauptsächlich Gewissenhaftigkeit und Achtsamkeit anwenden.

UNANGEMESSENE AUFMERKSAMKEIT

Unangemessene Aufmerksamkeit ist ein Geist, der sich auf die Eigenschaften eines verunreinigten Objekts konzentriert und diese übertreibt. Das ist es, was Verblendungen tatsächlich entstehen lässt. Wenn wir uns zum Beispiel daran erinnern und darauf verweilen, dass uns jemand in der Vergangenheit verletzt hat, und dabei den angerichteten Schaden übertreiben, so wird die unangemessene Aufmerksamkeit dazu führen, dass starker Hass in unserem Geist entsteht. Wenn wir uns ausführlich mit den guten Eigenschaften eines Objekts befassen und sie übertreiben, so wird die unangemessene Aufmerksamkeit zu starker begehrender Anhaftung in unserem Geist führen. Das gleiche gilt, wenn wir richtige Unterweisungen hören, diese aber in unangemessener Weise in Frage stellen, indem wir zum Beispiel denken: «Mein spiritueller Meister hat Unterweisungen über die Befreiung gegeben, aber wo sind all diese befreiten Wesen? Ich kann sie nicht sehen.» Auf diese Weise entwickeln wir verblendeten Zweifel gegenüber unserem Lehrer und den Unterweisungen, die er oder sie gegeben hat. Dieser Zweifel wird durch unangemessene Aufmerksamkeit hervorgerufen, die die Unterweisungen in sinnloser Weise untersucht.

Einst lebte ein tibetischer Geshe namens Ben Gungyal, der sich immer in seinem Zimmer aufhielt, ohne in der traditionellen Haltung zu meditieren oder Gebete zu rezitieren. Sein ungewöhnliches Verhalten fiel auf und man fragte ihn: «Du rezitierst keine Gebete und du meditierst nicht auf die übliche Weise; was machst du also den ganzen Tag in deinem Zimmer?» Geshe Ben Gungyal antwortete: «Ich habe nur eine einzige Aufgabe. Ich stoße den Speer der Gegenmittel in den Kopf meiner Verblendungen. Wenn eine Verblendung ihr hässliches Haupt erhebt, verstärke ich meine Wachsamkeit und stoße den Speer mit voller Wucht direkt in sie hinein. Dann lässt sie mich in Ruhe und ich bin glücklich. Das ist es, was ich den ganzen Tag lang in meinem Zimmer mache.»

Der «Speer der Gegenmittel» bezieht sich auf die Meditation über Leerheit und alle anderen Meditationen, die spezielle Gegenmittel von Verblendungen sind. Diese Praxis, Gegenmittel anzuwenden, ist sehr weitreichend. Wenn wir sie vernachlässigen und unsere ganze Zeit damit verbringen, Gebete zu rezitieren, es aber zulassen, dass alle möglichen Arten von Verblendungen in unserem Geist entstehen und dort bleiben, dann werden unsere Meditationen ohne Kraft sein. Die frühen Kadampas pflegten zu sagen, dass diejenigen, die ein tugendhaftes Leben führen möchten, nur zwei Dinge tun müssten: den Verblendungen möglichst großen Schaden zufügen und anderen Lebewesen möglichst großen Nutzen bringen. Es sollte niemals eine Zeit geben, wo wir nicht wissen, was wir praktizieren sollen. Denn wir müssen einen ständigen Krieg gegen unsere Verblendungen führen und sollten diese Schlacht nicht auf unsere Meditationssitzungen beschränken. Wenn wir ein Verständnis der Leerheit haben, können wir unsere Verblendungen angreifen, indem wir uns an die Leerheit erinnern. Wenn wir zum Beispiel wütend werden, können wir darüber nachdenken, dass die Wut, das Objekt unserer Wut und wir selbst keine inhärente Existenz haben und lediglich durch Vorstellung zugeschrieben werden. Auf diese Weise wird unsere Wut verschwinden, so wie unsere Angst vergeht, sobald wir verwirklichen, dass das Objekt unserer Angst nicht existiert. Wenn wir Angst bekommen, weil wir glauben eine Giftschlange gesehen zu haben, dann wird unsere Angst verschwinden, wenn jemand die Schlange aufhebt, einen Knoten daraus macht und damit zeigt, dass es nur ein Stück Seil ist. Auf die gleiche Weise vertreibt die Erinnerung an Leerheit schnell unsere Verblendungen.

Wenn wir noch kein Verständnis der Leerheit und keine Erfahrung mit den Meditationen haben, die spezielle Gegenmittel gegen unsere Verblendungen sind, können wir unangemessene Aufmerksamkeit vorübergehend durch Atemmeditation beseitigen, wann immer uns bewusst wird, dass wir unangemessene Aufmerksamkeit entwickeln. Unangemessene Aufmerksamkeit ist begriffliches Denken, und Atemmeditation beseitigt zeitweilig alle negativen begrifflichen Gedanken aus unserem Geist und macht ihn ruhig wie

Wasser, das rein und still geworden ist. Atisha sagt in *Lampe für den Pfad zur Erleuchtung*:

> Außerdem sagte der Gesegnete:
> «Die große Unwissenheit der begrifflichen Vorstellung
> bewirkt, dass wir in den Ozean Samsaras fallen.
> [Ein Geist] nichtbegrifflicher Konzentration
> Ist frei von Vorstellung und so klar wie Raum.»

DIE GEFAHREN DER VERBLENDUNGEN

In *Schmuckstück für Mahayana Sutras* sagt Maitreya, dass Verblendungen uns selbst und anderen Lebewesen schaden. Sie zerstören unsere moralische Disziplin und lassen unsere inneren guten Eigenschaften abnehmen. Sie führen dazu, dass gute Eigenschaften wie Ehre und Ansehen abnehmen. Verblendungen sind Objekte, denen gegenüber die Buddhas und Bodhisattvas die Schuld geben. Es sind Objekte, gegen die die Beschützer ihren zornvollen Aspekt zeigen. Verblendungen bewirken, dass wir Misshandlungen, geistige Qualen und Ängste erleben. Sie führen dazu, dass unsere früheren Erlangungen abnehmen und hindern uns daran, neue Verwirklichungen zu erlangen. Sie führen dazu, dass wir in den niederen Bereichen wiedergeboren werden.

In *Leitfaden für die Lebensweise eines Bodhisattva* sagt Shantideva:

> Wenn alle Lebewesen, einschließlich der Götter und
> Halbgötter,
> Sich als ein Feind gegen mich erheben,
> Könnten sie mich nicht zu den Feuern der tiefsten Hölle
> führen
> Und mich hineinwerfen.
>
> Dieser mächtige Feind der Verblendungen aber
> Kann mich in einem Augenblick an diesen feurigen Ort
> schleudern,
> Wo selbst die Asche des Berges Meru
> Spurlos verbrennen würde.

Verblendungen sind unsere wirklichen Feinde. Haben wir einmal diese inneren Feinde gebändigt, sind alle äußeren Feinde ganz natürlich befriedet. Selbst wenn alle anderen Lebewesen unsere Feinde würden, könnten sie uns nicht sehr verletzen. Sie könnten unser gegenwärtiges Leben zerstören. Das wäre das absolut Schlimmste, was sie uns antun könnten. Unseren zukünftigen Leben aber könnten sie nie Schaden zufügen. Doch unsere wirklichen Feinde, die Verblendungen, können uns in diesem und auch in allen zukünftigen Leben schaden. Wenn wir unsere äußeren Feinde lieben und respektieren, werden sie möglicherweise mit der Zeit ihre Feindseligkeit aufgeben und unsere Freundschaft und unseren Respekt erwidern. Wenn wir aber unsere Verblendungen lieben und respektieren, werden sie nur schlimmer. Im Gegensatz zu unseren äußeren Feinden, die uns oft genug mit kriegerischem Lärm und ungestümen Gesten warnen, greifen uns die inneren Feinde ganz heimlich von innen an. Seit anfangsloser Zeit lauern sie in der Tiefe unseres Herzens und fügen uns Schaden zu.

Wenn wir es überprüfen, werden wir außerdem sehen, dass sogar wenn uns äußere Feinde verletzen, in Wirklichkeit unsere eigenen Verblendungen schuld sind. Shantideva sagt:

> Obwohl diejenigen, die mir schaden,
> Durch mein eigenes Karma dazu veranlasst werden,
> so zu handeln ...

Wenn jemand die Absicht entwickelt, uns zu schaden, was bringt diesen Menschen dazu, solch einen destruktiven Gedanken zu haben? Wenn wir darüber nachdenken, werden wir sehen, dass wir selbst für den Schaden, der uns zugefügt wird, verantwortlich sind, weil wir das gegenwärtige Objekt des schädigenden Gedankens dieses Menschen sind und unsere eigenen vergangenen Handlungen die Grundlage geschaffen haben, dass dieser Mensch uns in diesem Leben schadet. Was brachte uns dazu, in der Vergangenheit schädliche Handlungen zu begehen? Unsere eigenen Verblendungen. Somit sind die Hauptursache für all unser Leiden die Verblendungen, die innerhalb unseres eigenen Geistes verweilen.

Unsere äußeren Feinde sind bloße Werkzeuge des Schadens und wären völlig machtlos uns Schmerzen zuzufügen, gäbe es unser eigenen schlechten Handlungen nicht.

WIE HANDLUNGEN IN ABHÄNGIGKEIT VON VERBLENDUNGEN ERZEUGT WERDEN

In Abhängigkeit von Verblendungen erzeugen wir nichtverdienstvolle und verdienstvolle Handlungen. Nichtverdienstvolle Handlungen sind nichttugendhafte Handlungen und ihre vollständig gereifte Auswirkung ist eine Wiedergeburt in den niederen Bereichen. Verdienstvolle Handlungen sind tugendhafte Handlungen. Davon gibt es zwei Arten: schwankende und nichtschwankende. Schwankende verdienstvolle Handlungen sind tugendhafte werfende Handlungen, deren vollständig gereifte Auswirkung eine Wiedergeburt in den höheren Bereichen der Menschen, Halbgötter und Götter des Begierdebereichs ist. Alle nichtverdienstvollen und schwankenden verdienstvollen Handlungen des Körpers und der Rede werden hauptsächlich durch die Kraft einer geistigen Handlung oder Absicht erschaffen, die den Geist zu seinem Objekt lenkt. Wenn wir zum Beispiel die Absicht haben, eine negative Handlung wie Töten auszuführen, so ist es der geistige Faktor Absicht, der den Geist zum Objekt bewegt und uns ermutigt, diese Handlung auszuführen. Es ist nicht möglich, eine verbale oder körperliche Handlung hervorzubringen, ohne zuerst eine geistige Handlung zu erschaffen.

Nichtschwankende verdienstvolle Handlungen sind tugendhafte werfende Handlungen, deren tugendhafte vollständig gereifte Auswirkung eine Wiedergeburt als Gott des Formbereichs oder des formlosen Bereichs ist. Nichtschwankende verdienstvolle Handlungen werden hauptsächlich durch die Kraft des ruhigen Verweilens geschaffen. Sie heißen so, weil es sicher ist, dass wir in den höheren Bereichen wiedergeboren werden, wenn wir sie einmal erschaffen haben. So ist es zum Beispiel sicher, dass wir im Formbereich wiedergeboren werden, wenn wir einmal in den Bardo oder

Zwischenzustand des Formbereichs eingetreten sind. Im Gegensatz dazu ist es nicht sicher, dass wir eine menschliche Wiedergeburt erlangen, wenn wir eine tugendhafte Handlung abgeschlossen haben, die die Ursache für eine Wiedergeburt als Mensch ist. Der Grund dafür ist: Haben wir einmal den Zwischenzustand eines Menschen betreten, können wir aus diesem Zustand sterben und in den Bardo eines Gottes des Begierdebereichs eintreten.

Alle drei Arten von Handlungen werden in Abhängigkeit von Verblendungen geschaffen, weil sie alle durch einen Geist erschaffen werden, der die Unwissenheit des Festhaltens am Selbst hat. Deshalb sind alle drei Arten von Handlungen Ursachen für eine Wiedergeburt in Samsara.

WIE WIR STERBEN UND WIEDERGEBOREN WERDEN

Dies hat drei Teile:

1. Wie wir sterben
2. Wie wir in den Zwischenzustand eintreten
3. Wie wir wiedergeboren werden

WIE WIR STERBEN

Dies hat fünf Teile:

1. Die Zeichen des Todes
2. Die Ursachen des Todes
3. Die Umstände des Todes
4. Die Geisteszustände während des Todes
5. Das Zeichen, welches das Ende des Sterbens anzeigt

DIE ZEICHEN DES TODES

Es gibt zwei Arten von Zeichen des Todes: entfernte und nahe. Die entfernten Zeichen können sogar dann erfahren werden, wenn wir nicht an einer besonderen Krankheit leiden. Sie zeigen sich zwischen sechs und drei Monaten vor unserem Tod. Es gibt drei Arten entfernter Zeichen des Todes: körperliche, geistige und Traumzeichen. Diese müssen nicht notwendigerweise anzeigen, dass wir bald sterben, aber wenn sie anhalten, bedeutet dies, dass der Tod wahrscheinlich bevorsteht. Wenn wir wissen, was diese entfernten Zeichen des Todes sind, werden wir sie erkennen, wenn wir sie erfahren, und somit ermahnt sein, Vorbereitungen zu treffen, die unserem zukünftigen Leben nützen. Wir werden wissen, dass es an der Zeit ist sicherzustellen, dass wir reinen Dharma praktizieren, und alle lebensverlängernden Methoden anzuwenden, die wir gelernt haben, etwa die Praxis von Amitayus und der Weißen Tara, oder Methoden, die wir gelernt haben, um unser Bewusstsein beim Tod zu übertragen.

Einige der entfernten körperlichen Zeichen des Todes sind die Folgenden: Während des Ausscheidens von Urin oder Exkrementen haben wir ununterbrochen Schluckauf. Wir können das summende Geräusch unseres Innenohres nicht mehr hören, wenn wir unsere Ohren verschließen. Wenn wir auf unsere Fingernägel drücken und dann loslassen, kehrt das Blut nicht sogleich zurück. Während des Geschlechtsverkehrs haben wir anhaltenden Schluckauf. Als Frau vergießen wir beim Geschlechtsverkehr weiße statt rote und als Mann rote statt weiße Tropfen. Ohne ersichtlichen Grund können wir Dinge nicht schmecken. Ohne besonderen Grund können wir Dinge nicht riechen. Unser ausgeatmeter Atem ist kalt – wenn wir auf unsere Handfläche blasen, fühlt es sich kalt statt warm an. Unsere Zunge schrumpft und fühlt sich zusammengerollt oder geschwollen an, und wenn wir sie herausstrecken, können wir ihre Spitze nicht mehr sehen. Wenn wir im Dunkeln mit dem Finger auf den oberen Teil unseres Augapfels drücken, sodass er etwas hervorsteht, können wir keine farbigen Formen und Muster mehr sehen. Wir haben nachts eine Halluzination der Sonne. Wenn wir morgens in der Sonne sitzen, können wir in unserem Schatten keine Energieströme mehr sehen, die vom Scheitel unseres Kopfes fließen. Es fließt kein Speichel mehr in unserem Mund. Das Ende unserer Nase wird schmal. Schwarze Flecken erscheinen auf unseren Zähnen. Unsere Augäpfel sinken tiefer in unsere Augenhöhlen.

Entfernte geistige Zeichen des Todes sind zum Beispiel: eine Änderung unseres gewohnten Temperaments – wir werden beispielsweise aggressiv, wenn wir normalerweise freundlich und liebenswürdig sind, oder wir werden liebenswürdig, wenn wir normalerweise aggressiv und übellaunig sind. Ohne ersichtlichen Grund mögen wir den Ort, an dem wir leben, unsere Freunde und andere Objekte der Anhaftung nicht mehr. Wir fühlen uns grundlos traurig. Unsere Weisheit und Intelligenz werden weniger klar und kraftvoll.

Entfernte Traumzeichen beinhalten wiederholte Träume, dass wir von einem hohen Berg hinunterfallen, dass wir nackt sind oder dass wir allein durch eine Wüste in Richtung Süden reisen.

Die nahen Zeichen des Todes werden später erklärt.

DIE URSACHEN DES TODES

Es gibt drei Hauptursachen des Todes: das Enden der karmisch bestimmten Lebensspanne, das Erschöpfen der Verdienste und der Stärkeverlust der Lebenskraft. Weil wir in einem früheren Leben moralische Disziplin eingehalten und andere tugendhafte Handlungen begangen haben, wie das Leben anderer zu retten, haben wir jetzt eine menschliche Wiedergeburt mit einer durchschnittlichen Lebensspanne von vielleicht siebzig Jahren erhalten. Obwohl wir die Ursache für ein Leben dieser Länge erschaffen haben, ist es möglich, früher zu sterben oder länger zu leben. Schwere negative Handlungen, die wir in diesem Leben begangen haben, können unsere Lebensspanne verkürzen, während tugendhafte Handlungen, wie das Töten zu unterlassen und für Kranke zu sorgen, es verlängern können. Manche Menschen sterben infolge eines Mangels an Verdiensten, obwohl ihre Lebensspanne nicht beendet ist. Sie sind unfähig, das Lebensnotwendige zu finden, wie Essen oder die richtige Medizin. Die wenigen verbleibenden Jahre ihrer Lebensspanne werden dann in eine zukünftige menschliche Wiedergeburt übertragen, die wahrscheinlich kurz und von Unglück gekennzeichnet sein wird. Andere

Menschen, die reich an Verdiensten sind, können ausgezeichnete Bedingungen vorfinden und sind so in der Lage, einige Jahre über ihre karmisch bestimmte Lebensspanne hinaus zu leben.

Die dritte Ursache des Todes ist der Verlust der Stärke der Lebenskraft. Die Lebenskraft ist die Kraft unseres lebenserhaltenden Windes. Dieser Wind, der sich in unserem Herzen befindet, hält die Verbindung zwischen unserem Geist und unserem Körper aufrecht. Wenn seine Kraft nachlässt, wird diese Verbindung durchbrochen und wir sterben. Krankheit, Geister, Unfälle oder ein negativer und ungesunder Lebenswandel können unsere Lebenskraft schwächen.

Wenn unsere Lebensspanne, unsere Verdienste und unsere Lebenskraft erschöpft sind, werden wir mit Sicherheit sterben; wenn aber eine oder zwei dieser Ursachen des Lebens übrig bleiben, ist es möglich, die anderen zu erneuern. Wenn zum Beispiel unsere Lebensspanne und unsere Lebenskraft immer noch intakt, aber unsere Verdienste aufgebraucht sind, können wir mehr Verdienste erschaffen, indem wir tugendhafte Handlungen ausüben. Wenn unsere Lebenskraft beeinträchtigt ist, dann können wir sie wiederherstellen, vorausgesetzt wir haben Verdienste oder Lebensspanne, indem wir Übungen ausführen wie beispielsweise die Vasenatmung bei unserem Herzen. Dies ist eine der besten Methoden, die Kraft unseres lebenserhaltenden Windes zu stärken. Dazu sammeln wir die Winde des oberen und unteren Teiles unseres Körpers bei unserem Herzen und stellen uns vor, dass sie sich in unseren lebenserhaltenden Wind auflösen. Dann halten wir unsere Winde und den Geist bei unserem Herzen und verweilen dort konzentriert, so lange wir können.

Unsere Lebenskraft ist unser kostbarster Besitz und deshalb müssen wir sie stabilisieren und stärken. Ist sie einmal zerstört, kann sie nicht mehr wiederhergestellt werden. Wenn wir irgendetwas anderes verlieren, kann der Verlust ersetzt werden, aber wenn unsere Lebensspanne endet, können wir nicht zusätzliche Zeit borgen, um die Aufgaben dieses Lebens zu Ende zu führen. Deshalb sollten wir es als unseren größten Verlust ansehen, wenn wir unsere Vitalität mit sinnlosen Beschäftigungen vergeuden. Wenn unser Leben kurz ist oder wir es verschwenden, können wir unsere spirituelle Praxis nicht zu Ende führen.

DIE UMSTÄNDE DES TODES

Die Umstände, die zum Tod führen, sind zahllos. Manche Menschen sterben an körperlichen Krankheiten, andere werden durch Unfälle oder in Naturkatastrophen getötet. Manche Menschen werden von ihren Feinden getötet und andere wiederum bringen sich selbst um. Manche Menschen verhungern, während andere durch das Essen sterben, das sie zu sich nehmen. Obwohl Essen eines der genussreichsten Dinge im Leben ist, ist das Essen von ungesunder Nahrung ein Umstand, der zu Krankheiten und degenerativen Leiden wie zum Beispiel Krebs führt. Wie bereits erklärt wurde, kann alles ein Umstand sein, der uns zum Tod führt, selbst Dinge, die wir als lebenserhaltend erachten.

DIE GEISTESZUSTÄNDE WÄHREND DES TODES

Es gibt zwei Geisteszustände während des Todes: grobe und subtile. Während die groben Geistesarten, die beim Tod entstehen, tugendhaft, nichttugendhaft oder neutral sein können, sind die subtilen Geistesarten bei gewöhnlichen Wesen lediglich neutral. Wenn der letzte grobe Geist während unseres Todes tugendhaft ist, wird dies die guten Potenziale, die in unserem Geist vorhanden sind, als tugendhafte geistige Handlung reifen lassen, die uns direkt zu einer höheren Wiedergeburt als Mensch oder Gott führt. Ein tugendhafter Geist während des Todes ist wie Wasser – er nährt die tugendhaften Potenziale, die wie trockene Saat in unserem feldgleichen Bewusstsein vorhanden sind. Wenn in einem Feld zwei verschiedene Saaten, Gersten und Weizen, ausgesät, aber nur die Weizenkörner bewässert werden, so werden diese mit Sicherheit zuerst reifen. Solange wir noch sowohl tugendhafte als auch nichttugendhafte Potenziale in unserem Geist haben, wird auf ähnliche Weise ein tugendhafter Geist zum Zeitpunkt des Todes sicherstellen, dass unsere tugendhaften Potenziale zuerst reifen werden. Das gilt selbst dann, wenn wir ein unmoralisches Leben geführt und viele nichttugendhafte Handlungen begangen haben. Doch damit entgehen wir nicht den Auswirkungen all unserer nichttugendhaften Handlungen. Wenn wir eine menschliche Wiedergeburt erfahren, ist es möglich, dass unser menschliches Leben mit großem Leiden behaftet oder unsere Lebensspanne kurz ist. Wenn wir unser negatives Karma nicht reinigen, werden wir schließlich die vollständig gereifte Auswirkung unserer Handlungen erfahren, indem wir in den niederen Bereichen wiedergeboren werden.

Manchmal genießen Menschen, die kein Interesse an spiritueller Praxis haben und die ein nachlässiges, unmoralisches Leben führen, bessere Bedingungen und größeren weltlichen Erfolg als Menschen, die Dharma praktizieren. Wenn wir dies beobachten, sind wir manchmal vielleicht entmutigt und denken: «Was bringt es, Dharma zu praktizieren! Andere Menschen versuchen noch nicht einmal ein gutes Leben zu führen, aber die guten Dinge fallen ihnen ganz einfach in den Schoß. Obwohl ich fleißig praktiziere, scheine ich nur Schwierigkeiten für meine Bemühungen zu ernten.» Wenn wir anfangen so zu denken, dann deshalb, weil wir nur die gegenwärtige Situation betrachten und nicht ganz verstanden haben, wie Handlungen und ihre Wirkungen aufeinanderfolgen. Wenn wir jetzt Schwierigkeiten erleben, sind dies die Auswirkungen unserer Handlungen der Vergangenheit. Sie sind nicht die Folge unserer gegenwärtigen spirituellen Praxis, denn die Auswirkung dieser spirituellen Praxis wird Glück in der Zukunft sein. In gleicher Weise ist das Glück der Menschen, die nicht an spiritueller Praxis interessiert sind, das Ergebnis von Verdiensten, die sie in der Vergangenheit erschaffen haben, und nicht die Folge ihrer gegenwärtigen Lebensweise. Jede schädliche Handlung, die sie in diesem Leben begehen, wird zukünftige Widrigkeiten zur Folge haben.

Wenn unser letzter grober Geist beim Sterben nichttugendhaft ist, wird er die schlechten Potenziale, die wir in unserem

Geist tragen, als nichttugendhafte geistige Handlung reifen lassen, und diese wird uns direkt zu einer niederen Wiedergeburt führen. Das zeigt uns, wie wichtig es ist, zum Zeitpunkt des Todes einen glücklichen und tugendhaften Geisteszustand zu entwickeln. Wir können weiter daraus ersehen, wie wir von großem Nutzen für andere sein können, wenn sie sterben, nämlich indem wir sie ermutigen, einen positiven Geisteszustand zu entwickeln und indem wir Umstände schaffen, die ihnen helfen gute Gedanken zu erzeugen. Auf diese Weise können wir unseren Freunden und Bekannten unermesslichen Nutzen bringen, selbst wenn sie kein Interesse am Dharma haben. Einen der größten Gefallen, den wir anderen erweisen können, ist ihnen zu helfen, friedlich und freudig zu sterben, denn wenn sie auf diese Weise eine glückliche Wiedergeburt erlangen, werden sie dasselbe Ergebnis erzielt haben wie jemand, der erfolgreich die Übertragung des Bewusstseins praktiziert hat.

Wenn die groben Geistesarten des Todes aufgehört haben und der Geist zum subtilen Geist des Todes wird, gibt es keine groben Gefühle, weder angenehme, schmerzhafte noch neutrale, und keine groben Unterscheidungen mehr. Da bei gewöhnlichen Wesen die subtilen Geistesarten des Todes neutral sind, haben sie keine Kraft, tugendhafte Geisteshaltungen hervorzurufen.

DAS ZEICHEN, WELCHES DAS ENDE DES STERBENS ANZEIGT

Wenn wir die entfernten Zeichen des Todes erfahren haben, werden die nahen Zeichen des Todes auftreten. Zuerst löst sich das Erdelement des Körpers auf. Das äußere Zeichen dieser Auflösung ist, dass der Körper dünn wird, und das innere Zeichen ist eine luftspiegelungsähnliche Erscheinung des Geistes. Als nächstes löst sich das Wasserelement auf. Das äußere Zeichen ist, dass Mund und Zunge sehr trocken werden und die Flüssigkeiten des Körpers wie Urin, Blut und Samenflüssigkeit abnehmen, und das innere Zeichen ist eine rauchähnliche Erscheinung. Als nächstes löst sich das Feuerelement auf. Das äußere Zeichen dieser Auflösung zeigt sich in verminderter Körperwärme und Kälte im Bereich rund um den Nabel, dem Zentrum der Körperwärme; und das innere Zeichen ist eine funkelnde leuchtkäferähnliche Erscheinung. Dann löst sich das Windelement auf. Das äußere Zeichen ist verminderte Bewegungsfähigkeit, die sich auf die abnehmende Stärke der Winde zurückführen lässt, die durch die Kanäle des Körpers fließen und bewirken, dass wir grobe Geistesarten entwickeln; und das innere Zeichen ist eine kerzenflammenähnliche Erscheinung. Der Geist, der diese Erscheinung wahrnimmt, ist der letzte grobe Geist des Todes.

Der erste subtile Geist des Todes ist der Geist, der eine weiße Erscheinung wahrnimmt. Wenn diese Erscheinung endet, ist der Geist noch subtiler geworden und nimmt eine rote Erscheinung wahr. Dieser Geist wird dann noch subtiler und verwandelt sich in den Geist der schwarzen Naherlangung, dem nur Schwarz erscheint. Zu diesem Zeitpunkt scheint es, als hätte der Sterbende kein Bewusstsein mehr. Da sich der Körper nicht mehr bewegt und weder ein Herzschlag noch eine Bewegung in den Kanälen des Körpers auszumachen ist, denken manche Menschen, dass dies das Ende des Sterbevorganges sei; tatsächlich hat das Bewusstsein aber den Körper noch nicht verlassen. Der Geist der schwarzen Naherlangung verwandelt sich in den subtilsten Geist, der das klare Licht des Todes wahrnimmt, eine klare, helle Erscheinung wie das Licht der Morgendämmerung. Das ist das Zeichen, dass sich der subtilste Geist, der sich innerhalb des unzerstörbaren Tropfens beim Herzen befindet, manifestiert hat und alle anderen Geistesarten aufgehört haben, sich zu manifestieren. Dann öffnet sich der unzerstörbare Tropfen, die weißen und roten Tropfen trennen sich und geben das Bewusstsein frei, das den Körper sofort verlässt. Der weiße Tropfen geht durch den Zentralkanal hinab, um den Körper durch die Spitze des Geschlechtsorgans zu verlassen, und der rote Tropfen steigt den Zentralkanal hinauf, um durch die Nase zu entweichen. Wenn dies geschieht, ist es das Zeichen dafür, dass das Bewusstsein den Körper verlassen hat und der Sterbevorgang zu Ende ist.

WIE WIR IN DEN ZWISCHENZUSTAND EINTRETEN

Der Zwischenzustand wird so genannt, weil er der Zustand zwischen dem Tod und der nächsten Wiedergeburt ist. Dieser Abschnitt wird unter den folgenden drei Überschriften erklärt:

1. Wie wir zur Überzeugung gelangen, dass der Bardo existiert, indem wir die Analogie des Traumzustandes in Betracht ziehen
2. Die Eigenschaften des Körpers eines Bardowesens
3. Was einem Bardowesen erscheint

WIE WIR ZUR ÜBERZEUGUNG GELANGEN, DASS DER BARDO EXISTIERT, INDEM WIR DIE ANALOGIE DES TRAUMZUSTANDES IN BETRACHT ZIEHEN

Die Existenz des Bardo kann durch Zitate aus den Schriften, durch Erfahrung und durch logische Gedankengänge nachgewiesen werden. Die einfachste Art für gewöhnliche Wesen, sich davon zu überzeugen, ist aber, die Analogie des Traumzustandes in Betracht zu ziehen. Der Traumzustand ist dem Bardo sehr ähnlich. Sowohl der Traumkörper als auch der Bardokörper entstehen in Abhängigkeit von subtilen Energiewinden. Beiden fehlen Fleisch, Knochen, Blut und innere Organe, aber beide haben vollständige Sinneskräfte. Genauso wie sich der Traumkörper aus dem klaren Licht des Schlafes entwickelt, entwickelt sich der Bardokörper aus dem klaren Licht des Todes; und genauso wie nur der Träumende den Traumkörper erkennt, kann das Bardowesen nur von anderen Bardowesen, nicht aber von gewöhnlichen Wesen ohne Augenhellsicht gesehen werden. Der Aufenthaltsort des Traumkörpers bewegt und ändert sich rasch, und die Bekanntschaften, die wir in unserem Traum machen, sind flüchtig. Ähnlich wechselt und ändert sich der Aufenthaltsort des Bardowesens unvermittelt, und im Bardo gemachte Bekanntschaften sind kurzlebig.

Wenn wir einschlafen, sammeln sich die groben Winde in unserem Herzen und wir erfahren die gleichen Zeichen wie die nahen inneren Zeichen des Todes, von der luftspiegelungsähnlichen Erscheinung bis zum klaren Licht. Yogis und Meditierende, die ihre Achtsamkeit entwickelt haben, können diese Zeichen bewusst wahrnehmen, wenn sie einschlafen. Für die meisten Menschen aber sind diese Zeichen nicht klar wahrnehmbar, weil ihnen während des Schlafes Achtsamkeit fehlt. Nach dem klaren Licht des Schlafes wachen wir nicht sofort auf, sondern wechseln in den Traumzustand über und entwickeln einen Traumkörper. Auf ähnliche Weise sammeln sich die groben Winde in unserem Herzen, wenn wir sterben, und wir nehmen die inneren Zeichen des Todes wahr. Aus dem klaren Licht des Todes wachen wir nicht sofort in einem neuen Leben auf, sondern treten in den Bardo ein und nehmen einen traumartigen Bardokörper an.

DIE EIGENSCHAFTEN DES KÖRPERS EINES BARDOWESENS

Der Körper eines Bardowesens hat fünf Eigenschaften: (1) die Form gleicht derjenigen der nächsten Wiedergeburt des Bardowesens; (2) er hat vollständige Sinneskräfte; (3) sein Augensinnesbewusstsein kann sehr weit entfernte Dinge wahrnehmen und durch jede Art materieller Hindernisse hindurchsehen; (4) er wird durch materielle Objekte nicht behindert und so kann ein Bardowesen direkt durch Mauern und Berge und so weiter gehen; (5) die Augensinneskraft kann andere Bardowesen sehen.

Wenn Menschen den Geist eines Verstorbenen sehen, dann ist dies nicht das Bardowesen, weil das Bardowesen eine neue Form annimmt, die derjenigen der nächsten Wiedergeburt gleicht und, wie bereits erwähnt, kann es nur von anderen Bardowesen und von denjenigen gesehen werden, die Augenhellsicht haben. Das heißt, ein Bardowesen kann nicht mit den Freunden und Verwandten seines letzten Lebens in Verbindung treten. Manchmal erscheinen Geister in der Form eines Verstorbenen und die Menschen, die sie sehen, glauben, dass sie denjenigen sehen, der gestorben ist.

WAS EINEM BARDOWESEN ERSCHEINT

Die Wesen im Bardo haben zahlreiche Halluzinationen. Wer ein sehr nichttugendhaftes Leben geführt hat, meint kopfüber von Dunkelheit zu Dunkelheit zu fallen. Aus der Dunkelheit tauchen furchtbare Halluzinationen auf, die den Bardowesen große Angst und Not bereiten. Bardowesen hören vier grauenhafte Geräusche: (1) weil das Erdelement dem Geist anders erscheint, hören sie ein Geräusch wie von einem donnernden Zusammenbruch eines riesigen, felsigen Berges, und sie erschrecken und glauben, von einer stürzenden Masse zermalmt zu werden; (2) weil das Wasserelement dem Geist anders erscheint, hören Bardowesen ein Geräusch wie von gewaltigen Wellen eines Ozeans, und sie erschrecken und glauben, von der Flut weggetragen zu werden; (3) weil das Feuerelement dem Geist anders erscheint, hören Bardowesen ein Geräusch wie von einem Feuer, das in allen vier Richtungen wütet, und sie erschrecken und glauben, inmitten des Feuers gefangen zu sein; und (4) weil das Windelement dem Geist anders erscheint, hören Bardowesen ein Geräusch wie von einem heftigen Sturm, und sie erschrecken und glauben, von einem Wirbelwind weggefegt zu werden. Bardowesen, die in der Hölle wiedergeboren werden, sehen abscheuliche Wesen, die als Folterknechte erscheinen. Allein schon ihr Anblick verursacht unerträgliche Angst und Leiden. Die Bardowesen werden von diesen Folterknechten eingeschüchtert, und sie hören, wie sich diese gegenseitig antreiben: «Peitsch diese Person aus.» Wenn sie diese Worte hören, geraten die Bardowesen in Panik und fühlen sich, als ob sie von diesen gewalttätigen Henkern gepackt und verschleppt werden.

Wer ein tugendhaftes Leben geführt hat, erfährt Freude im Bardo. Es ist, als ob man von Freude zu Freude aufsteigen würde. Alles scheint in Mondlicht getaucht. Wer als Mensch wiedergeboren wird, glaubt vorwärts zu schweben, und wer als Gott wiedergeboren wird, glaubt im Raum aufwärts zu schweben.

Wer ein tugendhaftes Leben geführt hat, wird friedlich und sanft sterben und keine störenden Halluzinationen erfahren, aber wer ein nichttugendhaftes Leben geführt hat, wird zum Zeitpunkt des Todes und im Bardo schreckliche Halluzinationen erfahren. Es gab einst einen tibetischen Adeligen, der Organisator des Gebetsfestes war und jedes Jahr von dem Tee stahl, der den Mönchen dargebracht worden war. Bevor tibetischer Tee auseinandergebrochen und aufgebrüht wird, hat er die Form von kleinen, harten Blöcken. Als der Adelige im Sterben lag, hatte er die Halluzination, dass er von Hunderten und Aberhunderten von Teeblöcken zu Tode gequetscht würde.

Geshe Chekhawa praktizierte hauptsächlich Bodhichitta und die Meditation über Nehmen und Geben. Er pflegte zu beten: «Wie wundervoll wäre es, wenn ich in der Hölle wiedergeboren würde und allen Wesen helfen könnte, die dort gefoltert werden.» Eines Tages setzte seine Atmung aus und sein Assistent dachte, er sterbe; aber nach ein paar Stunden wachte Geshe Chekhawa auf und sprach: «Mein Wunsch wird nie erfüllt werden, denn ich habe die Zeichen erhalten, dass ich in einem Reinen Land wiedergeboren werde.» Geshe Chekhawa hatte diese Vision infolge seiner tugendhaften Handlungen und Meditationen, und es war ihm bestimmt, in einem Reinen Land wiedergeboren zu werden, weil sein mitfühlender Wunsch, in der Hölle wiedergeboren zu werden, so groß war.

WIE WIR WIEDERGEBOREN WERDEN

Dies hat drei Teile:

1. Die Ursachen und Bedingungen der Wiedergeburt
2. Wie wir wiedergeboren werden
3. Die Natur der Wiedergeburt

DIE URSACHEN UND BEDINGUNGEN DER WIEDERGEBURT

Die Hauptursachen der Wiedergeburt sind unsere eigenen Handlungen, unser angesammeltes werfendes Karma. Von den sekundären oder beitragenden Ursachen – den Bedingungen der Wiedergeburt – gibt es zwei Arten: entfernte und nahe. Die entfernte Bedingung ist das Karma unserer Eltern, uns als ihr Kind zu haben. Die nahen Bedingungen sind zum Beispiel, dass unsere Eltern Geschlechtsverkehr haben und dass sich Sperma und Eizelle in der Gebärmutter vereinigen. All diese Ursachen und Bedingungen müssen zusammenkommen, damit es eine Wiedergeburt geben kann.

WIE WIR WIEDERGEBOREN WERDEN

Wenn das Bardowesen im Begriff ist, als Mensch wiedergeboren zu werden, kreist es näher und näher um den Ort der Wiedergeburt, wie eine Fliege, die um ein Stück Fleisch kreist. Es nähert sich dem Haus der neuen Eltern, dann dem Raum und schließlich dem Bett. Wenn das Bardowesen seine neuen Eltern in sexueller Vereinigung sieht, entwickelt es einen starken Wunsch, sich zu beteiligen. Wenn es weiblich wird, versucht es den Vater zu umarmen, und wenn es männlich wird, versucht es die Mutter zu umarmen; aber die Befriedigung dieses Bedürfnisses bleibt ihm versagt und so stirbt es wütend. Beim Sterben erfährt das Bardowesen alle Zeichen des Todes sehr schnell; und wenn das klare Licht des Todes aufhört, tritt sein Bewusstsein in die Vereinigung von Sperma und Eizelle in der Gebärmutter ein. Es tritt durch den Mund des Vaters ein, sinkt zum Geschlechtsorgan hinab und gelangt durch dieses in die Gebärmutter. Im ersten Moment nach der Empfängnis erscheint dem Geist des neuen menschlichen Wesens nur Schwarz, und dann erfährt es alle verbleibenden Zeichen des Todes in umgekehrter Reihenfolge, während das Bewusstsein gröber und gröber wird. Zuerst ist der Körper im Mutterleib flüssig wie Joghurt. Dann wird er allmählich härter und nach ein paar Wochen ähnelt er einem Fisch. Einige Wochen später ähnelt er einer Schildkröte und dann einem Löwen. Schließlich ähnelt der Körper einem Menschen. Nach neun Monaten und zehn Tagen wird das Kind geboren.

DIE NATUR DER WIEDERGEBURT

Wie zuvor erklärt hat unkontrollierte Wiedergeburt die Natur von Leiden und ist die Grundlage, auf der alle Leiden der drei Bereiche entstehen.

Die zwölf in abhängiger Beziehung stehenden Glieder

EINE ERKLÄRUNG DER ZWÖLF IN ABHÄNGIGER BEZIEHUNG STEHENDEN GLIEDER

Dies hat vier Teile:

1. Eine allgemeine Erklärung in abhängiger Beziehung stehender Phänomene
2. Die zwölf in abhängiger Beziehung stehenden Glieder
3. Eine Erklärung des Diagramms des Lebensrades
4. Die eigentliche Meditation über die zwölf in abhängiger Beziehung stehenden Glieder

EINE ALLGEMEINE ERKLÄRUNG IN ABHÄNGIGER BEZIEHUNG STEHENDER PHÄNOMENE

Ein in abhängiger Beziehung stehendes Phänomen ist ein Phänomen, das in Abhängigkeit von seinen Teilen existiert. Da alle Phänomene Teile haben und weil alle Phänomene in Abhängigkeit von ihren Teilen existieren, sind alle Phänomene in abhängiger Beziehung stehende Phänomene. In *Grundlegende Weisheit des mittleren Weges* sagt Nagarjuna:

> Weil es kein Phänomen gibt,
> Das nicht ein abhängig entstehendes ist,
> Gibt es kein Phänomen, das nicht leer ist.

«Abhängig entstehend» bedeutet manchmal in Abhängigkeit von Ursachen und Bedingungen entstehend, aber hier benutzt Nagarjuna den Begriff, um sich auf in abhängiger

Beziehung stehende Phänomene zu beziehen. Die Definition von abhängiger Beziehung: in Abhängigkeit von seinen Teilen existierend (oder begründet). Erzeugte oder unbeständige Phänomene existieren in Abhängigkeit von ihren Ursachen und Bedingungen, und nichterzeugte oder beständige Phänomene existieren in Abhängigkeit von ihren Teilen (wie zum Beispiel ihren Aspekten, Einteilungen und Richtungen). Da alle Phänomene entweder erzeugt oder nichterzeugt sind, folgt, dass alle Phänomene in abhängiger Beziehung stehen.

Es gibt drei Ebenen abhängiger Beziehung: grob, subtil und sehr subtil. Jede funktionierende Sache, die wir direkt wahrnehmen, steht in grober abhängiger Beziehung. Eine Rose zum Beispiel, die aus ihren Ursachen hervorgeht, steht in grober abhängiger Beziehung. Aber die Rose, die in Abhängigkeit von ihren Teilen existiert, steht in subtiler abhängiger Beziehung, und die Rose, die als bloße gedankliche Zuschreibung existiert, steht in sehr subtiler abhängiger Beziehung. Eine einzelne Rose entsteht aus ihren Ursachen, existiert in Abhängigkeit von ihren Teilen und als bloße Zuschreibung durch begriffliches Denken. Es handelt sich nicht um drei verschiedene Rosen, sondern um eine Rose, die auf drei verschiedene Arten existiert. Weil es drei verschiedene Arten gibt, wie man verstehen kann, wie die Rose existiert, gibt es drei Arten der in abhängiger Beziehung stehenden Rose – eine grobe, eine subtile und eine sehr subtile. Alle funktionierenden Dinge existieren auf diese drei Arten.

Um ein anderes Beispiel zu nehmen: Die abhängige Beziehung zwischen einem Topf und seinen Ursachen ist eine grobe abhängige Beziehung, weil sie leicht verstanden wird. Die abhängige Beziehung zwischen dem Topf und seinen Teilen ist eine subtile abhängige Beziehung, weil sie schwieriger zu verstehen ist als eine grobe abhängige Beziehung. Die abhängige Beziehung zwischen einem Topf und dem begrifflichen Denken, das sich den Topf vorstellt, ist eine sehr subtile abhängige Beziehung, weil sie am schwierigsten zu verstehen ist. Wir können die sehr subtile abhängige Beziehung erst verstehen, nachdem wir das Fehlen von inhärenter Existenz verwirklicht haben.

In *Essenz der guten Erklärungen* sagt Je Tsongkhapa, dass die Weisheit, die abhängige Beziehung erkennt, die höchste unter den Weisheiten ist, dass unter den Lehrern der Lehrer, der abhängige Beziehung lehrt, der erhabenste ist und dass unter den Lobpreisungen jene der abhängigen Beziehung die höchste ist. In *Abhandlung in vierhundert Versen* sagt Aryadeva:

> Wenn wir abhängige Beziehung sehen,
> Wird keine Unwissenheit entstehen.
> Deshalb sollten wir mit großem Bemühen versuchen,
> Abhängige Beziehung zu verwirklichen.

DIE ZWÖLF IN ABHÄNGIGER BEZIEHUNG STEHENDEN GLIEDER

Grobe in abhängiger Beziehung stehende Phänomene zu verstehen hilft uns, subtile in abhängiger Beziehung stehende Phänomene zu verstehen und subtile in abhängiger Beziehung stehende Phänomene zu verstehen hilft uns, sehr subtile in abhängiger Beziehung stehende Phänomene zu verstehen. Da die zwölf in abhängiger Beziehung stehenden Glieder hauptsächlich durch Ursache und Wirkung miteinander in Zusammenhang stehen, werden sie als Beispiele von groben in abhängiger Beziehung stehenden Phänomenen dargelegt. Indem wir sie studieren, über sie nachdenken und meditieren, werden wir die subtilen und sehr subtilen in abhängiger Beziehung stehenden Phänomene leichter verstehen.

Die zwölf in abhängiger Beziehung stehenden Glieder werden Glieder genannt, weil sie lückenlos zusammenhängen, wie eine ringförmige Kette aus zwölf Gliedern, die uns in Samsara festhält. Manchmal werden sie Gliedmaßen genannt, weil Samsara einem Körper gleicht, der zwölf voneinander abhängige Teile hat. Samsara wird auch mit einem Rad und die zwölf in abhängiger Beziehung stehenden Phänomene werden mit den Speichen verglichen, die sich ununterbrochen drehen und uns von einer Wiedergeburt zur nächsten bringen. Wenn wir diese zwölf in abhängiger Beziehung stehenden Glieder verstehen, werden wir verstehen, was uns in Samsara festhält, und wir werden klar sehen, was unternommen werden muss, um Befreiung zu erlangen. Die zwölf Glieder sind:

1. In abhängiger Beziehung stehende Unwissenheit
2. In abhängiger Beziehung stehende zusammensetzende Handlungen
3. In abhängiger Beziehung stehendes Bewusstsein
4. In abhängiger Beziehung stehender Name und in abhängiger Beziehung stehende Form
5. In abhängiger Beziehung stehende sechs Quellen
6. In abhängiger Beziehung stehender Kontakt
7. In abhängiger Beziehung stehendes Gefühl
8. In abhängiger Beziehung stehendes Verlangen
9. In abhängiger Beziehung stehende Gier
10. In abhängiger Beziehung stehende Existenz
11. In abhängiger Beziehung stehende Geburt
12. In abhängiger Beziehung stehendes Altern und in abhängiger Beziehung stehender Tod

IN ABHÄNGIGER BEZIEHUNG STEHENDE UNWISSENHEIT

In abhängiger Beziehung stehende Unwissenheit ist eine Unwissenheit des Begierdebereichs, die Personen und Phänomene als inhärent existierend festhält und die zur Entwicklung von werfendem Karma führt. «Personen» bezieht sich hier auf alle Lebewesen, auch auf uns selbst, und «Phänomene» bezieht sich auf alle Phänomene außer Personen. Alle Objekte des Wissens sind deshalb in diesen zwei Kategorien enthalten. Demnach gibt es zwei Arten von in abhängiger Beziehung stehender Unwissenheit: diejenige, die Personen als inhärent existierend erfasst, und diejenige, die andere Phänomene, die nicht Personen sind, als inhärent existierend erfasst. Die erste Art kann wie folgt unterteilt werden: Unwissenheit, die die eigene Person als inhärent existierend erfasst, die Sicht der vergänglichen Ansammlung, und Unwissenheit, die andere Personen als inhärent existierend erfasst. Diese Unwissenheit steht in direktem Widerspruch zu der Selbstlosigkeit erkennenden Weisheit. Sie ist eine Verblendung, die jedoch weder tugendhaft noch nichttugendhaft ist.

Wenn ein Blinder die Aussicht vom Gipfel eines hohen Berges aus betrachtet, scheint alles in Dunkelheit gehüllt zu sein. Wenn wir Personen und Phänomene betrachten, gleicht unsere geistige Verwirrung über deren endgültige Wahrheit auf ähnliche Weise einer Dunkelheit, die uns daran hindert, ihre Leerheit zu erkennen. Unwissenheit über die wahre oder endgültige Natur von Personen oder Phänomenen lässt uns an diesen als inhärent oder wahrhaft existierend festhalten. Dieses An-wahr-Festhalten ist in abhängiger Beziehung stehende Unwissenheit. Es ist ein falsches Gewahrsein. In Abhängigkeit davon entwickeln wir unangemessene Aufmerksamkeit und all die verschiedenen Arten der Verblendungen.

Wenn wir dieses erste Glied, in abhängiger Beziehung stehende Unwissenheit, klar identifizieren können, nähern wir uns einer Verwirklichung der Selbstlosigkeit. Denn indem wir identifizieren, welche Art von Objekt sich die am Selbst festhaltende Unwissenheit vorstellt und wie es von diesem Geist festgehalten wird, identifizieren wir das Objekt, das von der Selbstlosigkeit erkennenden Weisheit verneint wird. Weisheit, die Leerheit direkt erkennt, beseitigt in abhängiger Beziehung stehende Unwissenheit, das erste in abhängiger Beziehung stehende Glied und der Ursprung Samsaras.

Um diese Unwissenheit und ihr vorgestelltes Objekt durch eigene Erfahrung zu identifizieren, müssen wir wiederholt darüber nachdenken und meditieren. Wenn unser Geist beweglich und wachsam ist, können wir viele verschiedene Methoden anwenden. Während wir meditieren, können wir zum Beispiel absichtlich starkes Festhalten am Selbst entstehen lassen, indem wir uns vorstellen, wir seien in großer Gefahr. Wir können uns vorstellen, dass der Boden unseres Meditationsraumes einstürzt oder dass in unserem Raum Feuer ausgebrochen ist oder dass eine Bombe auf unser Haus fällt. Wenn wir uns eine derartige Situation lebhaft vorstellen, werden wir Angst und ein starkes Gefühl von Ich entwickeln. Wenn dieses Gefühl des Ich in unserem Geist entstanden ist, haben wir eine ausgezeichnete Gelegenheit, unsere in abhängiger Beziehung stehende Unwissenheit, die an einem Ich festhält, zu identifizieren, und wenn wir es sorgfältig untersuchen, werden wir auch fähig sein, das vorgestellte Objekt dieser Unwissenheit zu identifizieren.

Nicht jede Art der Unwissenheit ist in abhängiger Beziehung stehende Unwissenheit. Zum Beispiel ist die Unwissenheit der Götter des Form- und formlosen Bereichs und der höheren Wesen, die keine Feindzerstörer sind, nicht in abhängiger Beziehung stehende Unwissenheit. Sogar Bodhisattvas von der ersten bis zur siebten spirituellen Ebene haben Unwissenheit, aber ihre Unwissenheit ist nicht in abhängiger Beziehung stehende Unwissenheit, weil sie keine werfende Handlung hervorbringen kann, die die Ursache einer Wiedergeburt in Samsara ist.

IN ABHÄNGIGER BEZIEHUNG STEHENDE ZUSAMMENSETZENDE HANDLUNGEN

Zusammensetzende Handlungen sind werfende Handlungen, die in Unwissenheit wurzeln und die bewirken, dass wir in Samsara wiedergeboren werden. Es gibt zwei verschiedene Arten: tugendhafte und nichttugendhafte. Jeden Tag erschaffen wir unzählige zusammensetzende Handlungen. Sie werden so genannt, weil sie uns in Samsara werfen, indem sie alle Ursachen für eine Wiedergeburt in Samsara zusammenbringen, ähnlich einem Töpfer, der Töpfe herstellt, indem er all die verschiedenen Materialien zusammenfügt, die er braucht.

Nicht alle Handlungen sind zusammensetzende Handlungen. Einige höhere Wesen und Götter des Formbereichs und des formlosen Bereichs üben zum Beispiel verunreinigte Handlungen aus, aber ihre Handlungen werfen sie nicht in Samsara. Sie tragen jedoch in ihrem Geist die Potenziale vergangener werfender Handlungen und deshalb können sie immer noch in anderen Bereichen Samsaras wiedergeboren werden.

IN ABHÄNGIGER BEZIEHUNG STEHENDES BEWUSSTSEIN

Sobald irgendeine zusammensetzende Handlung vollständig ist, hinterlässt sie ein Potenzial in unserem Bewusstsein. Das Bewusstsein, das die Potenziale zusammensetzender Handlungen aufnimmt und trägt, ist in abhängiger Beziehung stehendes Bewusstsein. Die Funktion dieses Gliedes ist es, das Potenzial einer zusammensetzenden Handlung zu halten, bis es als Wirkung reift. Nicht jedes Bewusstsein ist in abhängiger Beziehung stehendes Bewusstsein. Bevor das Bewusstsein das Potenzial oder die Prägung einer zusammensetzenden Handlung aufnimmt, ist es wie Papier, und das Potenzial ist wie ein Siegel, das dem papiergleichen Bewusstsein durch den Stempel der zusammensetzenden Handlung aufgedrückt wird. Nur der Geist, der dieses Potenzial empfängt, ist in abhängiger Beziehung stehendes Bewusstsein.

IN ABHÄNGIGER BEZIEHUNG STEHENDER NAME UND IN ABHÄNGIGER BEZIEHUNG STEHENDE FORM

In abhängiger Beziehung stehender Name und in abhängiger Beziehung stehende Form beziehen sich ausschließlich auf die Anhäufungen einer Person unmittelbar zum Zeitpunkt der Empfängnis. In abhängiger Beziehung stehende Form ist die Anhäufung der Form und in abhängiger Beziehung stehender Name bezieht sich auf die übrigen vier Anhäufungen: Gefühl, Unterscheidung, zusammensetzende Faktoren und Bewusstsein. In abhängiger Beziehung stehender Name wird so genannt, weil sich der Ausdruck auf die Anhäufungen bezieht, die als Grundlage für die Zuschreibung oder Benennung einer Person dienen. Bei Wesen, die Form haben, ist die Anhäufung der Form ebenfalls in der Grundlage für die Zuschreibung einer Person enthalten, aber sie wird eigens benannt, weil die Wesen in den formlosen Bereichen keine Anhäufungen der Form haben und ihre Namen deshalb nur auf der Grundlage der anderen vier Anhäufungen zugeschrieben werden.

Menschen haben zum Zeitpunkt der Empfängnis alle fünf Anhäufungen, auch wenn diese noch nicht voll entwickelt sind. Die befruchtete Eizelle ist die Anhäufung der Form, und das Bewusstsein, das in sie eintritt, hat die fünf alles begleitenden geistigen Faktoren: Gefühl, Unterscheidung, Absicht, Kontakt und Aufmerksamkeit. Diese bilden die übrigen drei Anhäufungen. In diesem Stadium sind diese geistigen Faktoren subtil und neutral.

IN ABHÄNGIGER BEZIEHUNG STEHENDE SECHS QUELLEN

Die in abhängiger Beziehung stehenden sechs Quellen sind die fünf Sinneskräfte, die Augen-, Ohren-, Nasen-, Zungen- und Körpersinneskraft, sowie die geistige Kraft, bevor die sechs Bewusstseinsarten angefangen haben zu funktionieren. Zum Zeitpunkt der Empfängnis sind die Körpersinneskraft und die geistige Kraft vorhanden, doch die vier anderen Sinneskräfte entwickeln sich erst allmählich, während sich die Anhäufung der Form im Mutterleib herausbildet. Wenn alle sechs Kräfte entwickelt sind, werden sie «in abhängiger Beziehung stehende sechs Quellen» genannt, weil sie die Quellen der sechs Bewusstseinsarten sind, obwohl in diesem Stadium die sechs Bewusstseinsarten noch nicht erwacht sind. Daher heißt es, dass die sechs Quellen leeren Räumen in einem Haus gleichen, die darauf warten, von den sechs Bewusstseinsarten bewohnt zu werden.

IN ABHÄNGIGER BEZIEHUNG STEHENDER KONTAKT

In Abhängigkeit von der vollständigen Entwicklung der Sinnesorgane des Fötus entwickeln sich die sechs Kräfte und wenn diese auf ihre Objekte treffen, werden die sechs Bewusstseinsarten erzeugt. Wenn die Kraft, das Objekt und das Bewusstsein zusammenkommen, erkennt der Fötus das Objekt als angenehm, unangenehm oder neutral. Der geistige Faktor, der sein Objekt als angenehm, unangenehm oder neutral erkennt, ist in abhängiger Beziehung stehender Kontakt.

IN ABHÄNGIGER BEZIEHUNG STEHENDES GEFÜHL

In abhängiger Beziehung stehendes Gefühl ist ein geistiger Faktor, der in Abhängigkeit von in abhängiger Beziehung stehendem Kontakt entsteht. Während in abhängiger Beziehung stehender Kontakt sein Objekt als angenehm, unangenehm oder neutral erkennt, wird das Objekt des in abhängiger Beziehung stehenden Gefühls tatsächlich als angenehm, unangenehm oder neutral erlebt.

IN ABHÄNGIGER BEZIEHUNG STEHENDES VERLANGEN

Im Allgemeinen ist Verlangen ein Geist der Anhaftung, der sich in Abhängigkeit von Gefühl entwickelt. Wenn wir angenehme Gefühle erleben, sehnen wir uns danach, niemals von ihnen getrennt zu sein; wenn wir unangenehme Gefühle erleben, sehnen wir uns danach, von ihnen frei zu werden; und wenn wir neutrale Gefühle erleben, sehnen wir uns danach, dass sie fortbestehen, ohne nachzulassen. In abhängiger Beziehung stehendes Verlangen ist eine besondere Art der Anhaftung, die zum Zeitpunkt des Todes entsteht. Wenn gewöhnliche Wesen sterben, entwickeln sie den starken Wunsch, nicht von ihrem Körper, ihrer Umgebung, ihren Vergnügen und ihrem Besitz getrennt zu werden; und sie sehnen sich danach, von den unangenehmen Gefühlen und Erfahrungen des Todes frei zu sein. Diese Formen der Anhaftung, die zum Zeitpunkt des Todes erfahren werden, sind in abhängiger Beziehung stehendes Verlangen.

IN ABHÄNGIGER BEZIEHUNG STEHENDE GIER

Im Allgemeinen ist Gier eine gesteigerte Form des Verlangens. Die anfänglichen Momente der Anhaftung sind Verlangen und die Verstärkung der Anhaftung ist Gier. Gier ist der Geist, der ein angenehmes Objekt unverzüglich in Besitz nehmen will oder der ein unangenehmes Objekt unverzüglich zurückweist oder beseitigen will. In abhängiger Beziehung stehende Gier ist eine besondere Art von Gier, die zum Zeitpunkt des

Todes entsteht. Zusammen aktivieren in abhängiger Beziehung stehendes Verlangen und in abhängiger Beziehung stehende Gier die Potenziale, die im Geist durch zusammensetzende Handlungen erzeugt wurden; das heißt sie aktivieren das Karma, das uns in unsere nächste Wiedergeburt in Samsara wirft.

IN ABHÄNGIGER BEZIEHUNG STEHENDE EXISTENZ

In abhängiger Beziehung stehende Existenz ist eine geistige Handlung oder Absicht, die die Kraft hat, die nächste Wiedergeburt sofort herbeizuführen. Sie ist eine Ursache, die nach ihrer Auswirkung, der nächsten Existenz in Samsara, benannt ist. Während in abhängiger Beziehung stehende zusammensetzende Handlung die entfernte Ursache für eine Wiedergeburt in Samsara ist, ist in abhängiger Beziehung stehende Existenz die nahe Ursache. Es ist nicht sicher, ob eine zusammensetzende Handlung reifen wird, weil es möglich ist, eine nichttugendhafte Handlung zu reinigen oder das Potenzial einer tugendhaften Handlung zu zerstören, aber es ist sicher, dass in abhängiger Beziehung stehende Existenz ihr Ergebnis hervorbringen wird.

In abhängiger Beziehung stehende Existenz kann sowohl tugendhaft als auch nichttugendhaft sein, auch wenn sie stets durch die Verblendungen Verlangen und Gier ausgelöst wird. Wenn beispielsweise ein Sterbender, nachdem er Gier entwickelt hat, eine tugendhafte geistige Handlung ausführt, wie Zufluchtnahme zu Buddha, bewirkt dies, dass tugendhafte Potenziale aktiviert werden. Wenn das geschieht, ist es sicher, dass der Sterbende eine höhere Wiedergeburt erlangen wird. Wenn im Gegensatz dazu ein Sterbender Gier entwickelt und diese eine nichttugendhafte geistige Handlung auslöst, wie einen schädlichen Gedanken oder eine falsche Sichtweise, bewirkt dies, dass nichttugendhafte Potenziale aktiviert werden. Wenn dies geschieht, wird der Sterbende mit Sicherheit in den niederen Bereichen wiedergeboren werden.

IN ABHÄNGIGER BEZIEHUNG STEHENDE GEBURT

In abhängiger Beziehung stehende Geburt ist der erste Moment jeder Art von Wiedergeburt in Samsara, der Moment der Empfängnis, wenn das Bewusstsein in die neue Form eingetreten ist. In abhängiger Beziehung stehende Geburt sowie in abhängiger Beziehung stehender Name und in abhängiger Beziehung stehende Form ereignen sich gleichzeitig.

IN ABHÄNGIGER BEZIEHUNG STEHENDES ALTERN UND IN ABHÄNGIGER BEZIEHUNG STEHENDER TOD

In abhängiger Beziehung stehendes Altern beginnt im zweiten Moment nach der Geburt und dauert bis zum Zeitpunkt des Todes an. Altern ist die Umwandlung unseres körperlichen Zustandes, die in jedem Augenblick stattfindet. Es ist nicht auf diejenigen beschränkt, die schon viele Jahre gelebt haben. In abhängiger Beziehung stehender Tod ist die endgültige Beendigung der Beziehung zwischen Geist und Körper und findet genau in dem Moment statt, in dem das Bewusstsein den Körper verlässt.

Sechs der zwölf in abhängiger Beziehung stehenden Glieder - Unwissenheit, zusammensetzende Handlungen, Bewusstsein, Verlangen, Gier und Existenz - sind Ursachen und die übrigen sind Auswirkungen. Die ersten drei Glieder werden «entfernte» oder «projizierende» Ursachen genannt und führen nicht mit Sicherheit zu ihren Wirkungen. Das achte, neunte und zehnte Glied werden «nahe» oder «festlegende» Ursachen genannt, die mit Sicherheit ihre Wirkungen entfalten. Die vier Glieder: Name und Form, sechs Quellen, Kontakt und Gefühl sind «projizierte» Wirkungen; und die letzten zwei Glieder: Geburt sowie Altern und Tod sind «erzielte» oder «festgelegte» Wirkungen.

Das erste Glied, Unwissenheit, gleicht einem Samen; und das zweite Glied, zusammensetzende Handlungen, gleicht dem Säen des Samens in ein Feld. Das dritte Glied, Bewusstsein, gleicht dem Feld; und das achte und neunte Glied, Verlangen und Gier, gleichen dem Wasser und dem Dünger, die den Samen nähren. Das zehnte Glied, Existenz, gleicht dem Samen zum Zeitpunkt, zu dem er voll gedüngt wurde und bereit ist zu sprießen; und die Glieder von Geburt und Name und Form gleichen dem Sprießen des Samens. Die Glieder der sechs Quellen, des Kontakts und des Gefühls gleichen den Wachstumsphasen der Saat, das Altern gleicht dem Reifen der Frucht und der Tod gleicht der Ernte.

Buddha lehrte die zwölf in abhängiger Beziehung stehenden Glieder in der erklärten Reihenfolge und nicht in der Reihenfolge der sechs Ursachen und sechs Wirkungen, weil die dargelegte Reihenfolge zeigt, wie ein Zyklus der zwölf Glieder zwei, drei oder mehr Leben dauern kann, bis er vollendet ist.

Wie wird ein Zyklus der zwölf in abhängiger Beziehung stehenden Glieder in zwei Leben vollendet? Nehmen wir an, wir erzeugen eine tugendhafte werfende Handlung in diesem Leben. Wenn die Handlung ein Potenzial in unserem Geist hinterlassen hat, sind die ersten drei Glieder vollständig. Wenn wir sterben und Verlangen und Gier und dann einen tugendhaften Geist entwickeln, wie Zufluchtnahme mit dem Wunsch, im nächsten Leben eine menschliche Wiedergeburt zu erlangen, wird dieser tugendhafte Geist das Glied der Existenz sein und damit sicherstellen, dass unser tugendhaftes Potenzial aktiviert wird. Zu diesem Zeitpunkt sind die sechs Ursachen vollständig. Nach dem Tod, wenn unser Bewusstsein in die Gebärmutter unserer neuen Mutter eingetreten ist, werden wir in abhängiger Beziehung stehende Namen und Form eines Menschen entwickeln. Diese Entwicklung und in abhängiger Beziehung stehende Geburt treten gleichzeitig auf. Im zweiten Moment nach der in abhängiger Beziehung stehenden Geburt beginnt in abhängiger Beziehung stehendes Altern, und allmählich entwickeln sich die in abhängiger Beziehung stehenden sechs Quellen, in abhängiger Beziehung stehender Kontakt und in abhängiger Beziehung stehendes Gefühl. Schließlich wird in abhängiger Beziehung stehender Tod erfahren und ein Zyklus der zwölf in abhängiger Beziehung stehenden Glieder innerhalb zweier Leben ist vollendet.

Wie wird ein Zyklus der zwölf in abhängiger Beziehung stehenden Glieder in drei oder mehr Leben vollendet? Angenommen, wir erzeugen eine tugendhafte Handlung in diesem Leben, die ein tugendhaftes Potenzial in unserem Geist hinterlässt. Wenn wir zum Zeitpunkt des Todes einen nichttugendhaften Geisteszustand entwickeln, der aus Verlangen und Gier entsteht, zum Beispiel Hass auf unsere Verwandten, so werden die nichttugendhaften Potenziale aktiviert, die unser Geist mit sich führt, und die tugendhaften werden daran gehindert, zu diesem Zeitpunkt reif zu werden. In diesem Fall wird die in abhängiger Beziehung stehende Existenz nichttugendhaft sein und wir werden in eine Wiedergeburt in den niederen Bereichen geworfen, zum Beispiel als Hund. Nach dem Tod werden wir in abhängiger Beziehung stehende Geburt und in abhängiger Beziehung stehenden Namen und Form eines Hundes entwickeln, und dann werden die Glieder des Alterns, der sechs Quellen, des Kontaktes und des Gefühls entstehen. Wenn unser Hundeleben zu Ende geht, entwickeln wir vielleicht in Abhängigkeit von Verlangen und Gier einen tugendhaften Geisteszustand und aktivieren damit das tugendhafte Potenzial für eine höhere Wiedergeburt, das wir in unserem Geist mitgeführt haben. In diesem Fall wurden die drei entfernten Ursachen für die höhere Wiedergeburt im Leben zuvor erschaffen, als wir ein Mensch waren, und die drei nahen Ursachen wurden im gegenwärtigen Leben als Hund erzeugt. Wenn der Hund gestorben ist, wird er die in abhängiger Beziehung stehende Geburt sowie den in abhängiger Beziehung stehenden Namen und die in abhängiger Beziehung stehende Form eines Menschen entwickeln. Wenn der Mensch stirbt, werden die Glieder Altern, sechs Quellen, Kontakt und Gefühl innerhalb dreier Leben abgeschlossen sein. Der Ablauf ist immer gleich, selbst wenn viele Leben zwischen dem Leben liegen, in dem die drei entfernten Ursachen erschaffen wurden, und dem Leben, in dem die drei nahen Ursachen erschaffen wurden.

In *Essenz der abhängigen Beziehung* sagt Nagarjuna:

Aus dreien entwickeln sich zwei;
Aus zweien entwickeln sich sieben;
Aus sieben entwickeln sich drei.

Dies bedeutet, dass sich aus drei Verblendungen, Unwissenheit, Verlangen und Gier, zwei Handlungen entwickeln, zusammensetzende Handlungen und Existenz. Aus diesen zwei Handlungen entwickeln sich sieben Früchte des Leidens: Bewusstsein, Name und Form, sechs Quellen, Kontakt, Gefühl, Geburt, Altern und Tod. Aus diesen sieben entwickeln sich wiederum die drei Verblendungen. Auf diese Weise greift die Kette ineinander und Samsara wird in ständiger Bewegung gehalten.

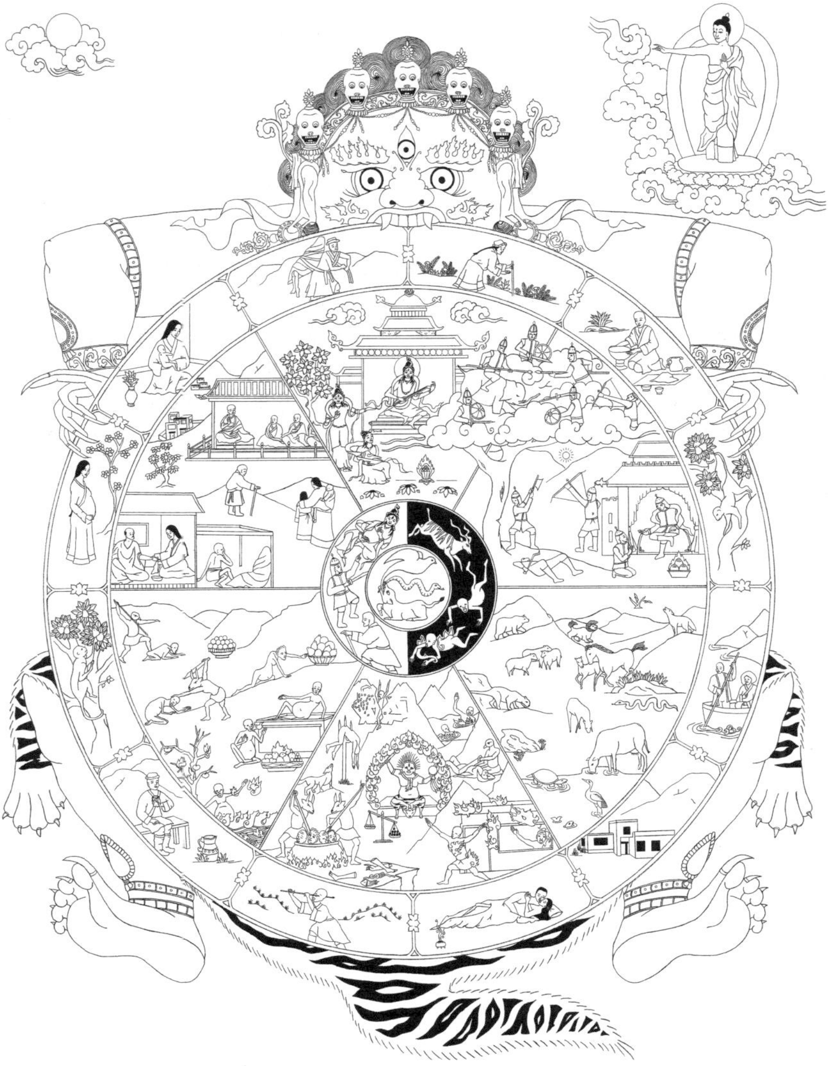

Bemühe dich, den Kreislauf des Leidens zu zerstören.
Tritt in den Pfad zur Befreiung ein.
Beseitige alle Verblendungen
Und lerne andere wertzuschätzen.

Das Rad des Lebens

Das Rad des Lebens

EINE ERKLÄRUNG DES DIAGRAMMS DES LEBENSRADES

Dies hat drei Teile:

1. Der Nutzen der Kontemplation und Meditation über das Diagramm
2. Die Herkunft des Diagramms
3. Die Symbolik des Diagramms

DER NUTZEN DER KONTEMPLATION UND MEDITATION ÜBER DAS DIAGRAMM

Wenn wir mit Dharma Weisheit über die Bedeutung des Diagramms des Rades des Lebens nachdenken und meditieren, können wir viele Erfahrungen und Verwirklichungen der Stufen des Pfades gewinnen. Wir können die Verwirklichungen der Stufen des Pfades eines kleinen Wesens erlangen, wie die Verwirklichung der großen Seltenheit und des großen Wertes dieses kostbaren menschlichen Lebens, die Verwirklichung des Todes und der Unbeständigkeit, die Verwirklichung der Leiden der niederen Bereiche und die Verwirklichung der Zufluchtnahme. Wir können die Verwirklichungen der Stufen des Pfades eines mittleren Wesens erlangen, wie die Verwirklichungen der Vier Edlen Wahrheiten und der zwölf in abhängiger Beziehung stehenden Glieder, die Verwirklichung der Entsagung und die Verwirklichungen der drei höheren Schulungen. Wir können auch die Verwirklichungen der Stufen des Pfades eines großen Wesens erlangen, wie großes Mitgefühl, große Liebe, Bodhichitta, ruhiges Verweilen und höheres Sehen.

Selbst wenn wir intensiv über die großartigsten Gemälde und Kunstwerke nachdenken, können wir keinen Nutzen daraus ziehen, der mit der Kontemplation und Meditation über das Rad des Lebens vergleichbar wäre, denn dieses Diagramm enthüllt den vollständigen Pfad zu Befreiung und voller Erleuchtung. Andere Kunstwerke mögen unsere Aufmerksamkeit für einige Zeit fesseln, den Künstler berühmt und die Kunsthändler reich machen, aber sie können denen, die sie betrachten und über sie meditieren, keine derart weite und tiefgründige Bedeutung vermitteln.

DIE HERKUNFT DES DIAGRAMMS

Die Herkunft des Diagramms des Rades des Lebens wird im *Sutra der ausgiebigen Vergnügen* und in anderen Sutras erklärt. Laut diesen erhielt ein König namens Bimbisara von einem Freund einst ein wunderbares Geschenk. Der Freund König Bimbisaras lebte in einem nichtreligiösen Land. Er war so reich, dass der König nicht wusste, was er ihm als Gegengeschenk geben könnte. Er fragte Buddha: «Mein Freund besitzt bereits so viele Dinge. Was ist das beste Geschenk, das ich ihm geben könnte?» Buddha wusste, dass der Freund Bimbisaras bereit war Dharma zu empfangen, und so erklärte er dem König, wie man das Diagramm des Rades des Lebens mit allen Einzelheiten zeichnet. Dann sagte er zum König: «Gib dieses Diagramm deinem Freund und er wird bestimmt zufrieden sein.» Als der Freund König Bimbisaras das Diagramm erblickte, entwickelte er ein besonderes Gefühl, obwohl er nie Dharma Unterweisungen erhalten hatte. Nachdem er den Vers gelesen hatte, den Buddha unter das Diagramm geschrieben hatte, verstand er sofort die Bedeutung des Rades des Lebens. Er entwickelte die Verwirklichung der Entsagung und erlangte eine direkte Verwirklichung der Leerheit. Dann begann er die Menschen seines Volkes zu unterrichten, und als diese die zwölf in abhängiger Beziehung stehenden Glieder studierten und darüber meditierten, erlangten auch sie die Verwirklichung der subtilen in abhängiger Beziehung stehenden

Phänomene und eine direkte Verwirklichung der Leerheit. Auf diese Weise betraten sie die spirituellen Pfade der höheren Wesen.

König Bimbisaras Freund konnte aufgrund von drei Dingen eine direkte Verwirklichung der Leerheit erlangen: das Reifen guter karmischer Potenziale, das Erhalten der Segnungen Buddhas und das Betrachten des Rades des Lebens.

DIE SYMBOLIK DES DIAGRAMMS

Das Diagramm des Lebensrades stellt alle Lebensbereiche Samsaras und alle Wesen dar, die sie bewohnen. Es enthüllt die Natur Samsaras und die Pfade, die uns dorthin führen und uns darin festhalten.

In der Mitte des Diagramms sind drei Tiere: ein Schwein, eine Taube und eine Schlange. In den *Vinaya Sutras* wird gesagt, dass der Vogel in der Mitte eine Taube ist, aber heutzutage zeigen viele Diagramme andere Vögel an ihrer Stelle. Es gibt zwei Arten, die Tiere darzustellen. Die eine ist, sie in einem Kreis zu zeigen, wobei die Taube aus dem Maul des Schweins und die Schlange aus dem Schnabel der Taube kommt und sich mit dem Schwanz des Schweines verbindet. Die authentischere Art der Darstellung ist, dass beide, Taube und Schlange, aus dem Maul des Schweins kommen.

Diese drei Tiere symbolisieren die drei geistigen Gifte: das Schwein stellt Unwissenheit dar, die Taube begehrende Anhaftung und die Schlange Hass. Die Symbolik ist zutreffend, weil Schweine unter großer Unwissenheit, Tauben unter starker begehrender Anhaftung und Schlangen unter starkem Hass leiden. Die Taube und die Schlange, die aus dem Maul des Schweins kommen, weisen darauf hin, dass begehrende Anhaftung und Hass aus Unwissenheit entstehen. Die Darstellung der drei Tiere nach dem ersten System hat ebenfalls Bedeutung: Sie in einem Kreis zu zeigen weist darauf hin, dass sie gegenseitig voneinander abhängen.

Um den innersten Kreis herum befindet sich ein weiterer Kreis, der halb weiß und halb schwarz ist und der anzeigt, dass es nach dem Tod zwei Pfade gibt: den weißen, tugendhaften Pfad, der zu höherer Wiedergeburt als Mensch oder Gott führt, und den schwarzen, nichttugendhaften Pfad, der zu den niederen Bereichen führt. In der weißen Hälfte des Kreises sind drei Bardowesen im Aspekt ihrer nächsten Wiedergeburt dargestellt. Eines ist menschlich, eines ist ein Halbgott und eines ist ein Gott. Diese Bardowesen stehen aufrecht und steigen zum höchsten Punkt des Rades auf. In der schwarzen Hälfte des Kreises sind drei Bardowesen kopfüber fallend abgebildet. Eines ist ein Tier, eines ein hungriger Geist und eines ein Höllenwesen.

Dieser zur Hälfte weiße und schwarze Kreis ist von einem weiteren Kreis umgeben, der in sechs Unterteilungen gegliedert ist und die sechs Bereiche der Höllenwesen, hungrigen Geister, Tiere, Menschen, Halbgötter und Götter darstellt. In einigen Diagrammen werden Götter und Halbgötter zusammen abgebildet. Es gibt unzählige Weltsysteme, die von Lebewesen bewohnt werden, aber sie alle sind in diesen sechs Bereichen enthalten.

Dieser Kreis ist umgeben von einem abschließenden Ring mit zwölf Unterteilungen. Jeder Abschnitt enthält eine Darstellung, die eines der zwölf Glieder repräsentiert:

(1) Unwissenheit wird durch eine alte, blinde Frau dargestellt.
(2) Zusammensetzende Handlungen werden durch einen Töpfer dargestellt, der sowohl gute als auch schlechte Töpfe herstellt.
(3) Bewusstsein wird durch einen Affen dargestellt, der rastlos einen Baum hinauf- und hinunterhastet. Damit wird gezeigt, wie sich unser Bewusstsein rastlos den Baum Samsaras hinauf- und hinabbewegt.
(4) Name und Form werden durch einen Mann dargestellt, der ein Boot rudert. Dies zeigt: So wie wir ein Boot brauchen, um den Ozean zu überqueren, genauso brauchen wir die «bootgleichen» Anhäufungen, um im «ozeangleichen» Samsara wiedergeboren zu werden.
(5) Die sechs Quellen werden durch ein leeres Haus mit fünf Fenstern dargestellt. Dies zeigt: So wie ein

Haus leer steht, bevor die Eigentümer einziehen, genauso sind die sechs Quellen wie Räume in einem leeren Haus, die darauf warten, durch die sechs Bewusstseinsarten besetzt zu werden, wenn sich der Embryo gerade entwickelt hat. (Die fünf Fenster im Diagramm repräsentieren die fünf Sinneskräfte, die geistige Sinneskraft ist jedoch implizit enthalten).

(6) Kontakt wird durch einen Mann und eine Frau in Umarmung dargestellt.

(7) Gefühl wird durch einen Mann dargestellt, dem ein Pfeil ins Auge geschossen wurde.

(8) Verlangen wird durch einen Mann dargestellt, der Bier trinkt.

(9) Gier wird durch einen Affen dargestellt, der nach Früchten greift.

(10) Existenz wird durch eine schwangere Frau dargestellt, die im Begriff ist zu gebären.

(11) Geburt wird durch die Geburt eines Kindes dargestellt.

(12) Altern und Tod werden durch einen Mann dargestellt, der eine Leiche auf seinem Rücken trägt.

Das Rad des Lebens als Ganzes wird in den Klauen von Yama, dem Herrn des Todes, abgebildet, was uns an Unbeständigkeit erinnert und zeigt, dass es kein einziges Wesen in diesem Rad des Lebens gibt, das sich außerhalb der Kontrolle des Todes befindet. Yama hält das Rad in seinem Maul und umgreift es mit seinen Klauen. Dies weist darauf hin, dass alle Lebewesen wiederholt durch den Rachen des Todes gehen müssen. Der Herr des Todes ist das größte Hindernis für unsere Befreiung. Er hält einen Spiegel hoch, der «Spiegel der Handlungen» genannt wird, in dem sich alle Handlungen der Lebewesen, tugendhafte wie nichttugendhafte, klar widerspiegeln.

Das Rad des Lebens stellt wahre Leiden und wahre Ursprünge dar und enthüllt, wie wahre Leiden in Abhängigkeit von wahren Ursprüngen entstehen. Außerhalb des Lebensrades steht Buddha, auf einen Mond zeigend. Der außerhalb des Lebensrades stehende Buddha weist darauf hin, dass sich Buddhas außerhalb Samsaras befinden, weil sie durch das Aufgeben samsarischer Pfade und das Erlangen wahrer Pfade befreit wurden. Der Mond repräsentiert wahre Beendigungen. Indem er auf den Mond zeigt, sagt Buddha: «Ich bin auf befreiten Pfaden gereist und habe die Stadt der Befreiung erreicht.»

Unterhalb des Diagramms steht der von Buddha geschriebene Vers:

> Bemühe dich, den Kreislauf des Leidens zu zerstören.
> Tritt in den Pfad zur Befreiung ein.
> Beseitige alle Verblendungen
> Und lerne andere wertzuschätzen.

Die erste Zeile rät uns dringend, dass wir uns bemühen sollten, Samsara zu verlassen, und die zweite Zeile sagt uns, wie dies zu tun ist. Die dritte und vierte Zeile lehren uns, dass wir durch die Praxis der drei höheren Schulungen die Ursache allen Leidens vollständig beseitigen und, indem wir lernen andere wertzuschätzen, die volle Erleuchtung erlangen können.

DIE EIGENTLICHE MEDITATION ÜBER DIE ZWÖLF IN ABHÄNGIGER BEZIEHUNG STEHENDEN GLIEDER

Es gibt vier Arten der Meditation über die zwölf Glieder:

1. Meditation in fortlaufender Folge über die abhängige Beziehung vonseiten der Verblendung
2. Meditation in umgekehrter Folge über die abhängige Beziehung vonseiten der Verblendung
3. Meditation in fortlaufender Folge über die abhängige Beziehung der vollständig gereinigten Seite
4. Meditation in umgekehrter Folge über die abhängige Beziehung der vollständig gereinigten Seite

Die ersten zwei Arten der Meditation heißen «vonseiten der Verblendung», weil sie Schritt für Schritt die Entwicklung Samsaras enthüllen, ausgehend von seiner Hauptursache, der Unwissenheit. Die letzten zwei Arten der Meditation beziehen sich auf «die vollständig gereinigte Seite», weil sie die Beendigung der zwölf in abhängiger Beziehung stehenden Glieder und die Erlangung der Befreiung enthüllen.

Wenn wir über jedes Glied einzeln meditieren und darüber nachdenken, wie jedes einzelne das nächste verursacht, wie in abhängiger Beziehung stehende Unwissenheit in abhängiger Beziehung stehende zusammensetzende Handlungen verursacht und so weiter bis zu in abhängiger Beziehung stehendem Altern und Tod, dann führen wir die «Meditation in fortlaufender Folge über die abhängige Beziehung vonseiten der Verblendung» durch. Diese Meditation enthüllt, wie wahre Leiden immer und immer wieder aus wahren Ursprüngen entstehen. Wenn wir zuerst über die Leiden dieses Lebens, wie Krankheit, Altern und Tod, und dann über jedes Glied in umgekehrter Folge meditieren, und dann überdenken, wie alle Leiden dieses Lebens, die indirekt im Glied von in abhängiger Beziehung stehendem Altern und Tod enthalten sind, aus in abhängiger Beziehung stehender Geburt entstehen und wie in abhängiger Beziehung stehende Geburt aus in abhängiger Beziehung stehender Existenz kommt und so weiter bis zu in abhängiger Beziehung stehender Unwissenheit, dann führen wir die «Meditation in umgekehrter Folge über die abhängige Beziehung vonseiten der Verblendung» durch. Diese Meditation lässt in uns den festen Entschluss entstehen, Unwissenheit durch Kontemplation und Meditation über Leerheit zu beseitigen.

Wir führen die «Meditation in fortlaufender Folge über die abhängige Beziehung der vollständig gereinigten Seite» durch, wenn wir zuerst über die Beendigung der in abhängiger Beziehung stehenden Unwissenheit und darüber meditieren, dass dies die Methode ist, die die Beendigung der in abhängiger Beziehung stehenden zusammensetzenden Handlungen herbeiführt, und dann fortfahren, in dieser Weise über die Beendigung eines jeden Gliedes zu meditieren und darüber, wie jedes in Abhängigkeit der Beendigung seines vorhergehenden Gliedes entsteht. Wir führen die «Meditation in umgekehrter Folge über die abhängige

Beziehung der vollständig gereinigten Seite» durch, wenn wir zuerst über die Beendigung der Leiden dieses Lebens meditieren, das heißt über die Beendigung von in abhängiger Beziehung stehendem Altern und Krankheit, und darüber, wie diese Beendigung sich aus der Beendigung der in abhängiger Beziehung stehenden Geburt ergibt und so weiter bis zurück zur Beendigung der in abhängiger Beziehung stehenden Unwissenheit.

Wenn wir diese vier Arten der Meditation über die zwölf Glieder immer wieder und ohne Ablenkung ausüben, wird dies zu einer kraftvollen Methode, unsere Weisheit und unsere Konzentration zu verstärken.

Der Pfad zur Befreiung

WIE MAN DEN PFAD PRAKTIZIERT, DER ZUR BEFREIUNG FÜHRT

Dies wird in zwei Teilen erklärt:

1. Die körperliche Grundlage, die wir benötigen, um Befreiung zu erlangen
2. Die Pfade, denen wir folgen müssen, um Befreiung zu erlangen

DIE KÖRPERLICHE GRUNDLAGE, DIE WIR BENÖTIGEN, UM BEFREIUNG ZU ERLANGEN

Es wurde bereits erklärt, dass die menschliche Form die beste körperliche Grundlage für die Erlangung der Befreiung bietet. Lebewesen, die in den niederen Bereichen geboren werden, haben keine Möglichkeit, Dharma zu praktizieren, und deshalb ist es unmöglich für sie Befreiung zu erlangen. Für Götter ist es schwierig, spirituelle Verwirklichungen zu erlangen, denn die einen haben starke Ablenkungen und den anderen fehlen die notwendigen Bedingungen, um Verwirklichungen zu erlangen. Im Gegensatz dazu ist es mit einem menschlichen Körper vergleichsweise einfach, die Verwirklichungen der Entsagung, des Bodhichitta, der Leerheit und so weiter zu entwickeln.

Trotzdem genügt ein menschlicher Körper allein nicht, um Befreiung zu erlangen, denn wir müssen uns auch bemühen. Wie Geshe Potowa sagte, sind wir viele Male in Samsara wiedergeboren, aber niemals haben wir Befreiung auf natürliche Weise erlangt, ohne uns zu bemühen. Weder wir selbst noch sonst jemand hat dies in der Vergangenheit erlebt, und es wird auch in der Zukunft niemals vorkommen, weil es unmöglich ist, Befreiung ohne Bemühen zu erlangen. Deshalb ist genau jetzt der richtige Zeitpunkt, spirituell zu praktizieren und die Methoden anzuwenden, um Samsara zu zerstören, solange wir diesen menschlichen Körper haben. Haben wir einmal die Gelegenheit verloren, die dieses Leben bietet, werden wir die Chance verloren haben, reinen Frieden zu erlangen.

DIE PFADE, DENEN WIR FOLGEN MÜSSEN, UM BEFREIUNG ZU ERLANGEN

Dies hat drei Teile:

1. Die drei höheren Schulungen
2. Warum wir die drei höheren Schulungen praktizieren müssen, um Befreiung zu erlangen
3. Wie die drei höheren Schulungen praktiziert werden

DIE DREI HÖHEREN SCHULUNGEN

Die drei höheren Schulungen sind die Mittel, mit denen wir Samsara entfliehen und Befreiung erlangen können. Es sind dies:

1. Schulung in höherer moralischer Disziplin
2. Schulung in höherer Konzentration
3. Schulung in höherer Weisheit

SCHULUNG IN HÖHERER MORALISCHER DISZIPLIN

Wenn wir mit der Motivation der Entsagung irgendeine Art moralischer Disziplin ausüben – von der moralischen Disziplin des Aufgebens des Tötens bis zur moralischen Disziplin des Einhaltens aller drei Arten der Gelübde, der Pratimoksha Gelübde, der Bodhisattva Gelübde und der tantrischen

Gelübde –, praktizieren wir höhere moralische Disziplin. Ohne die Motivation der Entsagung ist jede Praxis der moralischen Disziplin eine Ursache für höhere Wiedergeburt in Samsara, aber keine Ursache für Befreiung.

In *Freundlicher Brief* sagt Nagarjuna:

> Praktiziere jederzeit höhere moralische Disziplin,
> Höhere Konzentration und höhere Weisheit.
> Diese drei enthalten vollkommen
> All die zweihundertdreiundfünfzig Schulungen.

Voll ordinierte Mönche legen zweihundertdreiundfünfzig Gelübde ab, und diese sind alle in der Praxis der höheren moralischen Disziplin enthalten, weil sie mit der Motivation der Entsagung abgelegt werden. Dasselbe gilt für die Bodhisattva- und tantrischen Gelübde. Wenn wir die Pratimoksha Gelübde ablegen, bevor wir Entsagung entwickelt haben, sind unsere Gelübde nicht die eigentlichen, sondern vorläufige Pratimoksha Gelübde. Wenn wir von da an Unterweisungen über die Stufen des Pfades hören, darüber nachdenken und meditieren, werden wir die Verwirklichung der Entsagung entwickeln. Wenn dies geschieht, werden unsere vorläufigen Pratimoksha Gelübde in tatsächliche Pratimoksha Gelübde umgewandelt. Geshe Potowa pflegte zu sagen: «Dromtönpa ist mein ordinierender Abt.» Da Dromtönpa ein Laie war, konnte er nicht im eigentlichen Sinne ein ordinierender Abt sein. Geshe Potowa wollte damit ausdrücken, dass er durch Dromtönpas Führung die Verwirklichung der Entsagung erlangt und damit seine vorläufigen Mönchsgelübde in tatsächliche umgewandelt hatte.

Dadurch können wir klar verstehen, wie wichtig es für diejenigen ist, Lamrim zu praktizieren, die die Pratimoksha Gelübde, die Bodhisattva Gelübde und die tantrischen Gelübde empfangen haben. Wenn wir die Praxis des Lamrim vernachlässigen, ist es für uns heutzutage praktisch unmöglich, unsere Gelübde rein einzuhalten, ohne sie zu brechen.

SCHULUNG IN HÖHERER KONZENTRATION

Mit der Motivation der Entsagung ist jede Praxis der Konzentration eine Praxis höherer Konzentration, selbst wenn wir nur eine Folge von Atemmeditationen durchführen. Selbst wenn wir fähig sind, uns auf eine sehr umfangreiche Visualisierung zu konzentrieren ist dies keine Praxis höherer Konzentration, wenn wir keine Entsagung haben. Eine Ausnahme besteht, wenn unser Meditationsobjekt ein Buddha oder eine Gottheit ist, die als eins mit Buddha betrachtet wird. Sind dies unsere Objekte der Konzentration und meditieren wir mit großem Vertrauen, dann praktizieren wir höhere Konzentration und schaffen die Ursache dafür, Befreiung zu erlangen, selbst wenn wir nicht die Motivation der reinen Entsagung haben. Wenn wir uns ohne die Motivation der Entsagung auf irgendein anderes Objekt konzentrieren, schaffen wir nicht die Ursache für Befreiung, sondern wir erzeugen die Ursache für eine höhere Wiedergeburt in Samsara.

SCHULUNG IN HÖHERER WEISHEIT

Wann immer wir mit der Motivation der Entsagung über endgültige Wahrheiten meditieren, üben wir uns in höherer Weisheit.

Es heißt, dass jeder, der diese drei höheren Schulungen praktiziert, «Buddhadharma mittels Verwirklichung wahrt». Es gibt zwei Arten, Buddhadharma zu wahren: Buddhadharma mittels Schriften wahren und Buddhadharma mittels Verwirklichung wahren. Wir wahren Buddhadharma auf die erste Art, wenn wir Dharma hören, lesen und studieren, und wir wahren ihn auf die zweite Art, wenn wir die Unterweisungen tatsächlich in die Praxis umsetzen und Verwirklichungen erlangen.

WARUM WIR DIE DREI HÖHEREN SCHULUNGEN PRAKTIZIEREN MÜSSEN, UM BEFREIUNG ZU ERLANGEN

Jede der drei höheren Schulungen ist eine Ursache für die Befreiung, aber um die Befreiung tatsächlich zu erlangen, müssen wir alle drei vollständig praktizieren. Wählen wir die zwölf in abhängiger Beziehung stehenden Glieder als unser Konzentrationsobjekt und meditieren wir darüber, werden wir begreifen, dass die Unwissenheit des Festhaltens am Selbst der wirkliche Feind der Befreiungssuchenden ist, und wir werden den festen Entschluss fassen, sie aufzugeben. Wenn wir die Vier Edlen Wahrheiten als unser Konzentrationsobjekt nehmen, wird in uns ein starker Wunsch entstehen, von Samsara und allen damit verbundenen Leiden befreit zu werden. Wenn wir entweder die zwölf in abhängiger Beziehung stehenden Glieder oder die Vier Edlen Wahrheiten als unser Konzentrationsobjekt wählen, werden wir deshalb eine starke Entsagung entwickeln. Wenn wir mit Entsagung Leerheit als unser Konzentrationsobjekt wählen, werden wir eine besondere Weisheit entwickeln, die höheres Sehen genannt wird. Nur diese Weisheit kann die Unwissenheit des Festhaltens am Selbst, den Ursprung Samsaras, direkt beseitigen.

Um höheres Sehen entwickeln zu können, müssen wir zuerst ruhiges Verweilen erlangen, und um ruhiges Verweilen zu erlangen, müssen wir reine moralische Disziplin praktizieren, die erhabene Methode, reine Konzentration zu erlangen. Befreiung zu erlangen hängt also von der Erfahrung höherer Weisheit ab; die Erfahrung höherer Weisheit hängt von der Erfahrung höherer Konzentration, die Erfahrung höherer Konzentration von der Erfahrung höherer moralischer Disziplin und die Erfahrung höherer moralischer Disziplin von der Verwirklichung der Entsagung ab. Diese ihrerseits entsteht als Folge der Meditation über die zwölf in abhängiger Beziehung stehenden Glieder oder über die Vier Edlen Wahrheiten.

In Vasubandhus *Schatzkammer des Abhidharma* wird die Unwissenheit des Festhaltens am Selbst manchmal als Samen und manchmal als Wurzel bezeichnet. Sie wird Samen genannt, weil alle Leiden aus ihr hervorgehen, so wie die Ernte aus der Saat entsteht, und sie wird Wurzel genannt, weil alle Ängste, Frustrationen und Leiden Samsaras aus ihr wachsen, wie Früchte und Blüten aus der Wurzel eines Baumes herauswachsen. Wir können die Unwissenheit des Festhaltens am Selbst nicht aufgeben, wenn wir nicht über Leerheit meditieren, weil andere Meditationen, wie die Meditationen über Liebe, Mitgefühl und Bodhichitta, die Unwissenheit nicht direkt beseitigen. Dharmakirti sagte:

> [Meditationen über] Liebe und so weiter wirken der Unwissenheit nicht entgegen.
> Deshalb können sie Unwissenheit nicht vollständig zerstören.

Nur eine direkte Verwirklichung der Leerheit befreit uns tatsächlich von Samsara. Wenn wir Leerheit intellektuell mit einem allgemeinen Bild verwirklichen, ist unsere Verwirklichung nicht klar und wir müssen fortfahren, über Leerheit zu meditieren, um eine direkte Verwirklichung zu erlangen. Das ist nicht einfach, weil uns reine Konzentration fehlt. Ohne Schulung in Konzentration wird unser Geist leicht abgelenkt, und wir können ihn nicht auf unser Meditationsobjekt gerichtet halten. Wenn wir von den Turbulenzen der Ablenkungen frei geworden sind, wird unser Geist klar und ruhig, und wir können unser Meditationsobjekt genau beobachten. Wenn wir nachts bei flackerndem Kerzenlicht ein Buch zu lesen versuchen, wird es uns schwerfallen, die Wörter auf den Seiten zu entziffern. Genauso ist unser Geist ohne starke Konzentration wie ein Kerzenflamme, die im Luftzug flackert, und wenn wir versuchen, mit dem Licht einer instabilen Konzentration über ein Objekt zu meditieren, können wir unser Objekt nicht genau beobachten.

Um vollkommene Konzentration zu erlangen, müssen wir jede Form der Ablenkung überwinden. Davon gibt es zwei Arten: äußere Ablenkungen und innere Ablenkungen. Äußere Ablenkungen entstehen, wenn wir mit äußeren Objekten in Berührung kommen, die Verblendungen in unserem Geist entstehen lassen. Innere Ablenkungen sind subtiler. Sie entstehen, wenn wir meditieren und uns an Objekte der Anhaftung und so weiter erinnern. Subtile Erinnerungen, die Objekte der Anhaftung zurückrufen, subtile begriffliche Gedanken, geistiges Sinken und geistige Erregung sind allesamt innere Ablenkungen. Zuerst müssen wir die groben, äußeren Ablenkungen besänftigen, bevor wir die subtilen inneren Ablenkungen beseitigen können. Wenn unsere Konzentration stabil geworden ist, gleicht unser Geist einer bewegungslosen Kerzenflamme, die ihr Objekt hell beleuchtet. Dadurch werden begriffliche Gedanken befriedet, unser Geist wird hell und klar und wir können subtile Objekte, wie zum Beispiel Leerheit, genau beobachten.

Es ist die Konzentration, die den Abstand zwischen dem Geist und seinem Objekt vermindert und schließlich beseitigt. Sie bewirkt, dass sich der Geist mit dem Objekt vermischt. Wenn sich unsere Konzentration, die auf Leerheit gerichtet ist, verbessert und sich unser Geist mit Leerheit vermischt, kann diese Konzentration das Festhalten am Selbst und alle anderen Verblendungen beseitigen und es uns ermöglichen, den vollkommenen Frieden der Befreiung zu erlangen. Deshalb heißt es, dass Leerheit erkennende Weisheit einer Axt gleicht, die, obwohl scharf, den Baum der Unwissenheit nicht fällt, wenn sie nicht mit der festen Hand der Konzentration ins Holz geschlagen wird. In *Zusammengefasste Darlegung der Stufen des Pfades* sagt Je Tsongkhapa:

> So viel sie auch untersucht, eine Weisheit, die vom Pfad des ruhigen Verweilens getrennt ist, wird die Verblendungen niemals zerstören.

Genauso wie wir die reine Konzentration des ruhigen Verweilens brauchen, um höheres Sehen zu entwickeln, brauchen wir reine moralische Disziplin, um diese Konzentration zu entwickeln, weil es reine moralische Disziplin ist, die Ablenkungen und andere Hindernisse des ruhigen Verweilens überwindet. Die Praxis der moralischen Disziplin erfüllt zwei Aufgaben: Sie befriedet äußere Ablenkungen und stärkt die Achtsamkeit, die innere Ablenkungen überwindet. Moralische Disziplin hält uns davon ab, uns negativen

Handlungen hinzugeben, und sie richtet unseren Geist auf richtige spirituelle Pfade. Um reine moralische Disziplin zu praktizieren, müssen wir Achtsamkeit und Wachsamkeit anwenden. Ohne diese vergessen wir leicht die übernommenen Verpflichtungen und all unsere guten Vorsätze.

Moralische Disziplin gleicht einem Feld, Konzentration gleicht den Pflanzen, die darin wachsen, und Weisheit gleicht der Ernte. Moralische Disziplin macht unseren Körper und unsere Rede rein und frei von Fehlern, während Konzentration und Weisheit unseren Geist vollständig reinigen und von Fehlern befreien. Deshalb sind alle drei notwendig, um Befreiung zu erlangen.

WIE DIE DREI HÖHEREN SCHULUNGEN PRAKTIZIERT WERDEN

Dies hat drei Teile:

1. Wie höhere moralische Disziplin praktiziert wird
2. Wie höhere Konzentration praktiziert wird
3. Wie höhere Weisheit praktiziert wird

WIE HÖHERE MORALISCHE DISZIPLIN PRAKTIZIERT WIRD

Die beste Art, auf reine Weise moralische Disziplin zu halten, besteht darin, immer wieder über ihre Vorteile nachzudenken und sich jederzeit auf Achtsamkeit und Wachsamkeit zu verlassen. In *Freundlicher Brief* sagt Nagarjuna:

> Genau wie die Erde alles Leben nährt,
> So ist moralische Disziplin die Grundlage aller guten Eigenschaften.

Im *Sutra König der Konzentration* sagt Buddha:

> Wenn Buddhadharma degeneriert, ist es verdienstvoller, einen einzigen Tag lang moralische Disziplin zu bewahren, als während vieler Äonen in von Glück begünstigten Zeiten Tausenden und Abertausenden von Buddhas Gaben darzubringen.

In einer Zeit, in der Buddhadharma degeneriert, ist es besonders schwer, jemanden zu finden, der moralische Disziplin praktiziert. Und sogar unter denjenigen, die es tun, ist es schwierig, jemanden zu finden, der moralische Disziplin rein einhalten kann, weil in solchen Zeiten die inneren Hindernisse und Verblendungen sehr stark sind.

Es gibt vier Hauptgründe, warum die reine moralische Disziplin degeneriert: (1) fehlende Kenntnisse über die Natur und Funktion der moralischen Disziplin, wie sie zu praktizieren ist, welche Objekte aufgegeben werden müssen und so weiter; (2) Mangel an Respekt; (3) starke und umfangreiche Verblendungen sowie (4) Nichtgewissenhaftigkeit.

Wenn wir negative Handlungen begehen, geschieht dies gewöhnlich aus Unwissenheit, weil wir nicht wissen, was wir in der Praxis durch moralische Disziplin aufgeben müssen. Es gibt Menschen, die solche Handlungen frohgemut ausführen, weil sie deren Fehler nicht realisieren. Sogar diejenigen, die die moralische Disziplin der Pratimoksha Gelübde, der Bodhisattva Gelübde und der tantrischen Gelübde zu halten versprochen haben, brechen diese schon sehr bald, wenn sie nicht wissen, welches die aufzugebenden Objekte dieser Disziplinen sind. Wenn wir moralische Disziplin rein einhalten wollen, müssen wir deshalb alle Objekte kennen, die aufzugeben sind, und wir müssen immer und immer wieder über die nachteiligen Konsequenzen nachdenken, die das Brechen unserer Verpflichtungen und Gelübde nach sich ziehen wird.

Wenn es uns an Respekt für Buddha und seine Unterweisungen fehlt, werden wir nichttugendhafte Handlungen begehen und wir werden uns in unserer Praxis der moralischen Disziplin nicht bemühen; wenn wir aber Buddha, dem Dharma, den er lehrte, und der spirituellen Gemeinschaft, die Dharma in die Praxis umsetzt, Vertrauen und Respekt entgegenbringen, werden wir eine starke Überzeugung vom Gesetz von Handlung und Wirkung entwickeln und uns ganz natürlich darum bemühen, moralische Disziplin einzuhalten. Um reine moralische Disziplin zu praktizieren, müssen wir deshalb Vertrauen in und Respekt vor Buddha, Dharma und Sangha entwickeln.

Wenn wir nichttugendhafte Handlungen ausüben und unsere Verpflichtungen nicht rein einhalten, dann oft deshalb, weil unsere Verblendungen so stark und überwältigend sind. Um reine moralische Disziplin zu praktizieren, müssen wir uns deshalb bemühen, kraftvolle Verblendungen zu vermindern, indem wir zuerst die stärksten Verblendungen durch Anwendung geeigneter Methoden verringern.

Sind wir nicht gewissenhaft, erlauben wir unserem Geist zu tun, was ihm beliebt. Wir werden ein unbesonnenes Leben führen und die versprochenen Regeln moralischen Verhaltens schnell brechen. Ohne Gewissenhaftigkeit gleicht unser Geist einem verrückten, wilden Elefanten. Gewissenhaftigkeit zu praktizieren heißt im Wesentlichen, Achtsamkeit und Wachsamkeit zu pflegen. Achtsamkeit verhindert, dass wir unsere moralische Disziplin vergessen. Verpflichten wir uns zum Beispiel am Morgen, eine bestimmte Handlung zu unterlassen, so ist es die Achtsamkeit, die im Verlauf des Tages diese Verpflichtung im geistigen Auge behält und damit sicherstellt, dass wir sie nicht vergessen. Wachsamkeit überprüft von Zeit zu Zeit unser Verhalten, um sicherzustellen, dass dieses mit unserer Verpflichtung übereinstimmt und unsere Achtsamkeit stark bleibt.

Zusätzlich zu Achtsamkeit und Wachsamkeit müssen wir auch Schamgefühl sowie Rücksicht für andere entwickeln. Schamgefühl ist ein geistiger Faktor, der uns davon abhält, nichttugendhafte Handlungen zu begehen oder unsere Gelübde zu brechen, indem er uns dazu bringt, unsere Handlungen im Hinblick auf die moralische Disziplin zu überprüfen, die wir auf uns genommen haben. So führt Schamgefühl zum Beispiel zum Gedanken: «Es wäre für mich unangemessen, diese Handlung zu begehen, weil ich Buddhist bin» oder «Ich kann dies nicht tun, weil ich ordiniert bin».

Rücksicht ist ein geistiger Faktor, der uns von Nichttugend abhält, indem er uns dazu bringt zu bedenken, welche Wirkungen unsere Handlungen auf andere haben. Zum Beispiel denken wir vielleicht: «Wenn ich dies tue, bringe ich die buddhistische Gemeinschaft in Verruf», oder «Wenn ich dies tue, wird es dazu führen, dass die Menschen ihr Vertrauen in die Sangha verlieren», oder «Wenn ich dies tue, wird sich mein spiritueller Meister meinetwegen schämen». Uns auf diese Weise zurückzuhalten ist eine Praxis der Rücksicht.

Alle vier – Achtsamkeit, Wachsamkeit, Schamgefühl und Rücksicht – helfen uns Gewissenhaftigkeit aufrechtzuerhalten und reine moralische Disziplin zu bewahren. Doch in erster Linie müssen wir uns auf Achtsamkeit verlassen.

WIE HÖHERE KONZENTRATION PRAKTIZIERT WIRD

Vom Standpunkt der drei Bereiche aus gibt es siebzehn verschiedene Konzentrationen: die neun Konzentrationen des Begierdebereichs, die vier Konzentrationen des Formbereichs und die vier Konzentrationen des formlosen Bereichs.

Die neun Konzentrationen des Begierdebereichs sind: Verweilen des Geistes, kontinuierliches Verweilen, Wiederverweilen, nahes Verweilen, Kontrollieren, Befrieden, vollständiges Befrieden, Einsgerichtetheit und Verweilen im Gleichgewicht. In diesen neun sind alle Konzentrationen vor der Stufe des ruhigen Verweilens enthalten. Jede Erfahrung einer Konzentration, die wir vor der Erlangung des eigentlichen Verweilen des Geistes machen, ist Teil der ersten Konzentration.

Nachdem wir das ruhige Verweilen erlangt haben, gehören unsere Konzentrationen zum Formbereich oder formlosen Bereich. Die vier Konzentrationen des Formbereichs sind: die erste geistige Stabilisierung des Formbereichs, die zweite geistige Stabilisierung des Formbereichs und so weiter. Die Konzentrationen des formlosen Bereichs sind: die Versenkung des unendlichen Raumes, die Versenkung des unendlichen Bewusstseins, die Versenkung des Nichts und die Versenkung des Gipfels von Samsara. Im Allgemeinen sind diese siebzehn Konzentrationen weltliche Pfade. Sie werden in aufsteigender Reihenfolge benannt, von der niedrigsten zur höchsten. Erst wenn wir die höchste Konzentrationsstufe der drei Bereiche erlangen, die Versenkung des Gipfels von Samsara, erlangen wir nichtverunreinigte Hellsicht und Wunderkräfte.

Konzentrationen können auch nach ihrer Funktion unterteilt werden, je nachdem ob sie als Gegenmittel gegen begehrende Anhaftung, Hass, Unwissenheit, Stolz, Eifersucht, begriffliche Gedanken oder Verblendungen im Allgemeinen dienen. Wenn wir zum Beispiel ein Problem mit starker begehrender Anhaftung haben, betonen wir die Meditationen über Widerwärtigkeit, indem wir unseren eigenen Körper, die Körper anderer, unsere Umwelt und unsere Vergnügen als unrein betrachten. Wenn wir unseren eigenen Körper oder die Körper anderer in der Meditation als unrein betrachten, meditieren wir über den Körper als Ansammlung von zweiunddreißig unreinen Substanzen. Wenn wir über die Unreinheit der Umwelt meditieren, visualisieren wir einen Boden, der gänzlich aus Knochen von Leichen sowie Dreck und Exkrementen besteht. In den *Vinaya Sutras* werden viele derartige Meditationen erklärt, um uns zu helfen, starke Entsagung zu entwickeln, wobei wir diese gemäß dem jeweiligen Objekt unserer Anhaftung anwenden können.

Wenn unser Problem starker Hass ist, betonen wir die Meditation über Liebe und Mitgefühl. Um Unwissenheit zu überwinden, meditieren wir über abhängige Beziehung. Wenn wir in allen Einzelheiten über die Unterteilungen jedes äußeren und inneren Elements meditieren und versuchen, jedes Objekt zu identifizieren, wie es sich entwickelt, was seine Quellen, seine Ursachen und so weiter sind, so zeigt dies, wie wenig wir wirklich wissen, und unser Stolz wird hierdurch verringert. Der Eifersucht kann durch die Meditation über das Sicherfreuen entgegengewirkt werden. Atemmeditation ist nützlich, wenn unser Geist sehr beschäftigt und abgelenkt ist. Um die Wurzel aller Verblendungen und allen Leidens zu überwinden, meditieren wir über Leerheit.

Praktizieren wir irgendeine dieser Konzentrationen mit der Motivation der Entsagung oder des Bodhichitta, praktizieren wir höhere Konzentration.

WIE HÖHERE WEISHEIT PRAKTIZIERT WIRD

Weisheit ist ein tugendhafter, intelligenter Geist, dessen Funktion es ist, Objekte fehlerlos zu erkennen. Analytische Meditation ist eine Praxis der Weisheit, weil wir durch Analyse und Untersuchung unser Objekt in größerem Umfang zu verstehen lernen. Wann immer wir analytische Meditation mit der Motivation der Entsagung oder des Bodhichitta ausüben, praktizieren wir höhere Weisheit. Am Anfang hilft uns die Weisheit der Analyse, die verweilende Meditation zu entwickeln. Wenn unsere Konzentration sehr stabil wird und wir das ruhige Verweilen erlangen, wird unsere Konzentration schließlich unsere Weisheit vergrößern. Durch das ruhige Verweilen erreichen wir die besondere Weisheit, die höheres Sehen genannt wird, und mit höherem Sehen wird unsere Meditation sehr kraftvoll.

Im Allgemeinen hilft Weisheit unserer gesamten spirituellen Praxis, nicht nur der Meditation. In *Zusammengefasstes Sutra der Vollkommenheit der Weisheit* sagt Buddha:

> Weisheit kommt vor der Praxis des Gebens.
> Ebenso kommt sie vor der Praxis der moralischen Disziplin, der Geduld, des Bemühens und der Konzentration.

Damit der Wunsch entsteht, Geben zu praktizieren, müssen wir zuerst den Nutzen verstehen, und um den Nutzen zu verstehen, brauchen wir Weisheit. Somit ist Weisheit eine Grundvoraussetzung für unsere gesamte Praxis der Tugend.

Es gibt drei Arten der Weisheit: Weisheit, die durch Zuhören entsteht, Weisheit, die durch Kontemplation entsteht und Weisheit, die durch Meditation entsteht. Wir entwickeln die erste Art, wenn wir jemandem zuhören, der Dharma erklärt, und begreifen, was gesagt wird, oder wenn wir ein Buch lesen und den Sinn verstehen. Wir entwickeln Weisheit, die durch Kontemplation entsteht, wenn wir Überlegungen anstellen und unsere eigenen Gedanken und Analysen einbringen, um zu einem tieferen Verständnis unseres Objekts zu gelangen. Wenn wir zum Beispiel die Lektüre eines Dharma Buches unterbrechen und die Bedeutung überprüfen, die wir verstanden haben, so werden wir die Weisheit entwickeln, die durch Kontemplation entsteht. Wenn wir dann über das Objekt meditieren und eine besondere Erfahrung gewinnen, so ist dies die Weisheit, die durch Meditation entsteht.

Wir vergrößern unsere Weisheit, die durch Zuhören entsteht, indem wir Vorträge über Dharma anhören oder Dharma Bücher lesen, und wir vergrößern unsere Weisheit, die durch Kontemplation entsteht, indem wir die Bedeutung des Gehörten oder Gelesenen immer wieder überdenken. Wir vergrößern unsere Weisheit, die durch Meditation entsteht, indem wir wiederholt über Dharma meditieren, den wir erhalten haben. Auf diese Weise verbessert sich unsere Dharma Weisheit von Tag zu Tag, von Monat zu Monat und von Jahr zu Jahr. Da alle Probleme und alles Leiden aus Unwissenheit entstehen, ist die Weisheit, die Unwissenheit besiegt und klar darlegt, was aufgegeben und was praktiziert werden muss, unser bester Freund und wird uns schließlich zur vollen Erleuchtung führen.

TEIL DREI

Die große Ausrichtung

In das Mahayana eintreten

DIE SCHULUNG DES GEISTES IN DEN STUFEN DES PFADES EINER PERSON GROSSER AUSRICHTUNG

Alle Stufen des Pfades zur Erleuchtung können in allgemeine und außergewöhnliche Pfade unterteilt werden. Die Stufen des Pfades, die bisher erklärt wurden, sind sowohl Pfade des Hinayana als auch des Mahayana; aber die folgenden Stufen, die Stufen des Pfades eines großen Wesens, sind außergewöhnliche Mahayanapfade. Die Schulung des Geistes in den Stufen des Pfades einer Person großer Ausrichtung wird in fünf Teilen erklärt:

1. Weshalb wir in das Mahayana eintreten müssen
2. Der Nutzen des Bodhichitta
3. Wie Bodhichitta entwickelt wird
4. Wie die Handlungen eines Bodhisattva ausgeübt werden
5. Das endgültige Ergebnis, die volle Erleuchtung

WESHALB WIR IN DAS MAHAYANA EINTRETEN MÜSSEN

Da wir nur schon durch das Praktizieren der Stufen des Pfades eines kleinen und mittleren Wesens Befreiung erlangen können, mögen wir uns wundern, warum es notwendig ist, in das Mahayana einzutreten. Wir müssen in den Mahayanapfad eintreten, weil Befreiung von der vollen Erleuchtung der Buddhaschaft übertroffen wird. Nur der Geist eines Buddha ist allwissend und versteht alle Objekte des Wissens direkt, und nur Buddhas haben alle Fehler aufgegeben und alle guten Eigenschaften erlangt. Diejenigen, die nur Befreiung erlangt haben, haben ihr eigenes Ziel nicht vollendet und können nicht in vollem Umfang für das Wohl anderer Lebewesen arbeiten, da sie immer noch viele subtile Ebenen der Behinderung haben. Da Hinayanapfade keine Methoden beinhalten, die die subtilen Ebenen der Behinderung beseitigen, müssen wir die Mahayanapfade vollenden, wenn wir vollständig frei von Fehlern sein wollen. Sie allein können Fehler völlig beseitigen und alle guten Eigenschaften ausbilden. Obwohl alle Lebewesen den Samen der vollen Erleuchtung haben, wird dieser Samen nur durch die vollständige Praxis des Mahayanapfades zur vollkommenen Reife gebracht.

Wenn das der Fall ist, warum hat dann Buddha die Hinayanapfade gelehrt? Buddha hat diese für Schüler gelehrt, die nicht sofort Mahayanapfaden folgen können, da sie schwieriger zu verstehen und zu praktizieren sind. Er lehrte Hinayanapfade als Vorbereitung für die Mahayanapfade. Seine Hauptabsicht war es, alle Schüler, sowohl des Hinayana als auch des Mahayana, zu Mahayanapfaden und von dort zur vollen Erleuchtung der Buddhaschaft zu führen.

Von unserem eigenen Wohl her gesehen müssen wir in den Mahayanapfad eintreten, weil wir nur durch das Erlangen der vollen Erleuchtung alle unsere Wünsche erfüllen und den endgültigen Sinn unseres menschlichen Lebens verwirklichen können. Auch vom Wohl anderer her gesehen müssen wir in den Mahayanapfad eintreten, weil wir nur dann, wenn wir ein Buddha geworden sind, die vollkommene Fähigkeit haben allen anderen Lebewesen zu helfen.

Wenn eine Mutter und ihr Sohn in einem Gefängnis eingekerkert wären und der Sohn Pläne für die Flucht schmieden, seine Mutter aber vergessen würde, würden wir dieses Verhalten für äußerst gefühllos und egoistisch halten. Da alle Lebewesen unsere Mütter sind und sie alle im Gefängnis Samsaras gefangen sind, wäre es grausam, wenn wir ihnen den Rücken kehren und nur an das Erlangen unseres eigenen Glücks denken würden. Wir müssen die minderwertige Einstellung aufgeben, nur um unser eigenes Wohlergehen besorgt zu sein, und einen festen Entschluss fassen, zum Wohle anderer Lebewesen in den Mahayanapfad einzutreten.

DER NUTZEN DES BODHICHITTA

Um in den Mahayanapfad einzutreten, müssen wir als erstes Bodhichitta erzeugen. Das ist der spontane Wunsch, Erleuchtung zu erlangen, um allen Lebewesen nutzen zu können. Er wird aus großem Mitgefühl geboren – einem Geist, der es nicht ertragen kann, dass andere Schmerz erleben, und der alle Wesen von jeder Art des Leidens befreien will. Zurzeit ist es unser eigenes Leiden, das wir nicht ertragen können, aber wenn wir die Verwirklichung des großen Mitgefühls erlangen, wird das Leiden anderer unerträglich für uns sein. Weil wir sehen, wie zahlreich und wie groß ihre Leiden sind, haben wir den spontanen und anhaltenden Wunsch: «Wie wundervoll wäre es, wenn alle Lebewesen vollständig frei von jeder Art von Leiden wären.»

Haben wir großes Mitgefühl erzeugt und sind entschlossen, Erleuchtung zum Wohle aller zu erlangen, und hält dieser Entschluss spontan und Tag und Nacht an, dann haben wir Bodhichitta verwirklicht. Bodhichitta ist die höchste Motivation, das Tor, durch das wir die Stufen des Mahayanapfades betreten.

Es wurde bereits erklärt, dass Bodhichitta zwei Teile oder zwei anstrebende Gedanken hat. Das primäre Bestreben ist, alle Lebewesen von ihren Leiden zu erlösen, und das sekundäre Bestreben ist, Erleuchtung zu erlangen, um dazu fähig zu sein. Da solch erhabene Bestreben nicht natürlich und spontan in unserem Geist entstehen, müssen wir sie entwickeln. Zu Beginn werden sie uns fremd und unnatürlich vorkommen, und wir werden sie auf eine Art fördern müssen, die wir als künstlich empfinden. Wenn wir anfangen, etwas Erfolg zu haben, müssen wir unsere kleinen Verwirklichungen schützen und steigern, bis uns diese besonderen Absichten mit der Zeit immer vertrauter werden. Schließlich werden sie völlig natürlich. Damit dies geschieht, müssen wir uns stetig und anhaltend bemühen. Mit Bemühen können wir alle unsere

Wünsche erfüllen. Ohne Bemühen lassen wir uns von Faulheit überwältigen, entwickeln Abneigung gegen die Praxis und Widerwillen, den Unterweisungen zuzuhören oder sie zu lesen. Wir fühlen uns entmutigt, deprimiert und unfähig, die Meditationen auszuführen, oder wir geben unseren Neigungen nach, nichttugendhafte Handlungen zu begehen.

Die Methode, mit der wir unsere Faulheit überwinden und die Kraft des Bemühens erzeugen können, ist die Meditation über den Nutzen des Bodhichitta. Die Vorteile sind zahllos, aber sie alle sind in den folgenden zehn enthalten:

1. Wir betreten das Tor zum Mahayana
2. Wir werden ein Sohn oder eine Tochter der Buddhas
3. Wir übertreffen Hörer und Alleinige Verwirklicher
4. Wir werden würdig sein, Darbringungen und Verbeugungen von Menschen und Göttern zu erhalten
5. Wir sammeln mit Leichtigkeit eine große Menge an Verdiensten an
6. Wir zerstören rasch starke Negativität
7. Wir erfüllen alle unsere Wünsche
8. Wir sind frei von Schaden durch Geister und so weiter
9. Wir vollenden alle spirituellen Ebenen und Pfade
10. Wir haben einen Geisteszustand, der die Quelle von Frieden und Glück für alle Wesen ist

WIR BETRETEN DAS TOR ZUM MAHAYANA

Wenn wir Bodhichitta erzeugen, werden wir ein Bodhisattva und betreten die Mahayanapfade. Deshalb wird Bodhichitta «das Tor zum Mahayana» genannt. Um ein Mahayana Praktizierender zu werden, müssen wir Bodhichitta erzeugen. Ohne Bodhichitta sind wir keine Mahayana Praktizierenden, selbst wenn wir Höchstes Yoga Tantra üben. Und selbst wenn wir ausführlich und zutiefst studiert und viele Mahayana Anleitungen erhalten haben, macht dies allein uns nicht zum Mahayana Praktizierenden. Das Tor zum Mahayana betreten heißt, die innere Erfahrung des Bodhichitta zu entwickeln und nicht bloß an Mahayana Lehrsätzen festzuhalten. Es ist durchaus möglich, Mahayana Lehrsätze zu vertreten, jedoch eine Hinayana Motivation zu haben, genauso wie es möglich ist, Hinayana Lehrsätze zu vertreten und eine Mahayana Motivation zu haben. Wir sollten keinen Stolz entwickeln, nur weil wir Mahayana Schriften studieren oder weil wir ein Mahayana Zentrum besuchen. Vielmehr sollten wir uns bemühen, den kostbaren Geist des Bodhichitta zu erzeugen und wahre Mahayana Praktizierende zu werden.

WIR WERDEN EIN SOHN ODER EINE TOCHTER DER BUDDHAS

In *Leitfaden für die Lebensweise eines Bodhisattva* sagt Shantideva:

> Sobald Bodhichitta erzeugt wird,
> Sogar in bedauernswerten Wesen, die im Gefängnis
> Samsaras gefesselt sind,
> Werden sie zu Bodhisattvas, «einem Sohn oder einer
> Tochter des Buddha».

Wir werden ein Sohn oder eine Tochter der Buddhas, wenn unsere Buddha Natur reift und wir Mahayanapfade betreten. Selbst wenn wir viele andere gute Eigenschaften, wie Hellsicht, Wunderkräfte oder eine direkte Verwirklichung der Leerheit haben, sind wir noch keine Anwärter auf den Thron der Buddhaschaft, wenn wir nicht Bodhichitta entwickelt haben. Ein Bodhisattva ist wie ein Prinz und Buddha ist wie ein König. Genauso wie die Menschen einen Prinzen für sehr kostbar erachten und ihm den gleichen Respekt wie dem König erweisen, im Wissen, dass der Prinz König werden wird, so ist ein Bodhisattva ein Anwärter auf den Thron der Buddhaschaft. Er wird ein «Wesen, das auf dem Weg zur Erleuchtung ist» genannt.

WIR ÜBERTREFFEN HÖRER UND ALLEINIGE VERWIRKLICHER

Feindzerstörer wie Hörer und Alleinige Verwirklicher sind gewöhnlichen Wesen, die noch keine spirituellen Pfade betreten haben, weit überlegen, weil sie Entsagung verwirklicht, die drei höheren Schulungen der Hinayanapfade vollendet und die Verwirklichungen der Vier Edlen Wahrheiten erlangt haben. Sie haben Leerheit direkt verwirklicht und damit alle Verblendungen aufgegeben und Befreiung erlangt. Sie haben ruhiges Verweilen und höheres Sehen erlangt, und haben Hellsicht und Wunderkräfte. Dennoch sind Hörer und Alleinige Verwirklicher, verglichen mit Bodhisattvas, wie der Schein einer Kerze im Vergleich zum hellen Glanz der Sonne. In der Nacht leuchtet eine Kerze hell, aber am Morgen wird sie von der Sonne bei weitem überstrahlt. Im *Sutra der vollkommenen Befreiung Maitreyas* sagt Buddha:

> Sohn der Linie, es verhält sich folgendermaßen. Zum Beispiel stellt ein Prinz unmittelbar nach seiner Geburt das gesamte Gefolge der Älteren und hochrangigen Minister durch die Erhabenheit seiner Linie in den Schatten, weil er den Namen eines Königs trägt. In gleicher Weise stellt ein Bodhisattva Novize, sobald er den Erleuchtungsgeist erzeugt, die seit langer Zeit auf reine Weise praktizierenden Hörer und Alleinigen Verwirklicher durch die Kraft seines Mitgefühls und seines Bodhichitta in den Schatten, weil er in die Linie der Tathagatas geboren wird.

Es heißt, dass Bodhichitta die wertvollste aller guten Eigenschaften ist, so wie der Diamant der wertvollste unter den Edelsteinen ist. Die guten Eigenschaften von Hörern und Alleinigen Verwirklichern sind wie Goldschmuck, Bodhichitta aber ist wie ein Diamant.

WIR WERDEN WÜRDIG SEIN, DARBRINGUNGEN UND VERBEUGUNGEN VON MENSCHEN UND GÖTTERN ZU ERHALTEN

Es ist leicht zu verstehen, warum Buddhas würdig sind, Darbringungen und Verbeugungen zu erhalten, aber warum sollte den Bodhisattvas die gleiche Ehre zukommen? Der Grund ist, dass man nur dann ein Buddha werden kann, wenn man zuvor ein Bodhisattva war. Deshalb heißt es, dass Buddhas in Abhängigkeit von der Güte der Bodhisattvas die Erleuchtung erlangen. Es ist noch angemessener, der Ursache der Erleuchtung Respekt zu erweisen als der Wirkung. Buddha Shakyamuni sagte:

> Diejenigen, die Vertrauen in mich haben, sollten eher vor den Bodhisattvas Verbeugungen und Darbringungen machen als vor den Tathagatas.

WIR SAMMELN MIT LEICHTIGKEIT EINE GROSSE MENGE AN VERDIENSTEN AN

Mit Bodhichitta kommen wir der Buddhaschaft jeden Augenblick näher. Ist Bodhichitta unsere Motivation, führt alles, was wir tun, zu unermesslichen Verdiensten, weil jede unserer Handlungen zum Wohle unermesslich vieler Lebewesen ausgeübt wird. Handlungen, die auf diese Weise ausgeführt werden, sind sehr kraftvoll, und vervollständigen unsere Ansammlung von Verdiensten sehr schnell.

Buddha sagte:

> Ein Mensch mit Verdiensten wird alle seine Wünsche erfüllt bekommen und mit Leichtigkeit alle bösen Geister unterwerfen. Ein solcher Mensch wird bald volle Erleuchtung erlangen. Jemand aber, dem es an Verdiensten fehlt, wird von äußeren und inneren Hindernissen umzingelt sein. Die Wünsche eines solchen Menschen werden nicht erfüllt.

Mit Bodhichitta vermehren sich unsere Verdienste stetig, selbst im Schlaf. Im *Sutra der Vollkommenheit der Weisheit in achttausend Zeilen* sagt Buddha:

> Führt jemand, der durch Bodhichitta motiviert ist, eine scheinbar unangebrachte Handlung aus, so wird diese Handlung dennoch eine Ursache für die Erleuchtung sein.

Wenn wir mit Bodhichitta nur ein einziges Mantra, wie zum Beispiel OM MANI PÄME HUM, rezitieren oder Buddha eine einzige Kerze darbringen oder einem Hund nur einen einzigen Bissen zu fressen geben, wird unser Verdienst so groß sein wie die Anzahl der Lebewesen, für deren Wohl wir die Handlung ausführen. In dieser Weise vervielfacht Bodhichitta das Verdienst jeder Handlung mit der Anzahl der unzähligen Lebewesen.

Wenn ein Bodhisattva eine Handlung begeht, die nur einem einzigen Lebewesen von Nutzen ist, so macht diese Handlung die Buddhas sehr glücklich, und sie ist weitaus verdienstvoller als jede andere Handlung, wie den Buddhas große Darbringungen zu machen, während wir schädliche Absichten gegenüber anderen Lebewesen hegen. Genauso wie eine Mutter nicht glücklich ist, die Freundschaft von jemandem zu erhalten, der ihr Kind schlägt, sind die Buddhas nicht glücklich, Darbringungen von jemandem zu erhalten, der einem anderen Lebewesen schadet, weil sie auch diejenigen, die schwach und elend sind, als äußerst kostbar betrachten.

Es heißt, dass Handlungen, die durch irgendeinen anderen tugendhaften Geisteszustand motiviert sind, einem Bananenbaum gleichen, dessen Früchte enden, wenn sie einmal reif sind, während durch Bodhichitta motivierte Handlungen unermesslich und immerwährend sind. Solche Handlungen gleichen einem wunscherfüllenden Baum, der die Früchte all unseres Strebens hervorbringt.

WIR ZERSTÖREN RASCH STARKE NEGATIVITÄT

Shantideva sagt, genau wie das Feuer, das die Welt am Ende eines Äons verzehrt, am heißesten und intensivsten ist, so ist Bodhichitta die kraftvollste Methode, um unsere Negativität aufzuzehren. Es werden selbst nichttugendhafte Handlungen gereinigt, die mit anderen Methoden nicht gereinigt werden können, wenn wir die Verwirklichung von Bodhichitta entwickeln. Wenn wir großes Mitgefühl und Bodhichitta erzeugen, werden unsere karmischen Behinderungen schnell zerstört und wir erlangen rasch alle guten Eigenschaften und Verwirklichungen.

Arya Asanga meditierte zwölf Jahre lang in einem Retreat und versuchte Buddha Maitreya direkt zu sehen, aber wegen seiner karmischen Behinderungen gelang es ihm nicht. Schließlich verließ er seine Meditationshöhle und machte sich über einen Bergpfad an den Abstieg. Auf seinem Weg begegnete er einem Hund, der eine Emanation Buddha Maitreyas war. Der Hund lag am Wegrand und wurde lebendigen Leibes langsam von Maden gefressen. Als Asanga dies sah, entwickelte er ein so starkes Mitgefühl, dass es alle seine karmischen Behinderungen reinigte, die ihn daran gehindert hatten, Buddha direkt zu sehen. Daraufhin sah er Buddha Maitreya.

WIR ERFÜLLEN ALLE UNSERE WÜNSCHE

Jeder Wunsch, den ein Bodhisattva hat, wird mühelos erfüllt. Da Bodhisattvas höhere Absicht haben, wünschen sie sich niemals etwas Schädliches und wollen niemals schädliche Handlungen ausführen. Alles was sie erstreben, ist Erleuchtung zu erlangen, um anderen helfen zu können. Dieser Wunsch wird durch die Kraft des Bodhichitta erfüllt.

Mit Bodhichitta sind alle Dharma Handlungen kraftvoll und wirksam. Wenn Bodhisattvas eine Gottheit visualisieren, Mantras rezitieren, Handlungen zum Schutz anderer Wesen oder befriedende, vermehrende, kontrollierende und zornvolle Handlungen ausführen, so sind all diese Handlungen nur deshalb kraftvoll und wirksam, weil sie mit der Motivation des Bodhichitta ausgeübt werden. Ohne Bodhichitta hat selbst die Praxis des Geheimen Mantra keine Kraft und führt somit zu keinen großen Ergebnissen. Wenn wir zum Beispiel über das Mandala einer Gottheit meditieren, ohne Bodhichitta zu erzeugen, gleicht dies einem Besuch in einem Museum. Wenn wir ein Museum besuchen, mögen wir vorübergehendes Vergnügen erleben und staunen, während wir umhergehen und die Objekte durch das Glas betrachten. Doch wenn wir das Museum verlassen, nehmen wir keinen bleibenden Nutzen mit nach Hause.

Wenn die Entwicklung selbst der kleinsten Verwirklichung des Mahayanapfades von Bodhichitta abhängt, muss wohl kaum erwähnt werden, dass die volle Erleuchtung nur in Abhängigkeit von Bodhichitta erlangt wird. Geheimes Mantra ist wie das schnellste Fahrzeug auf der Straße zur Erleuchtung, aber Bodhichitta ist wie die Straße selbst. Ohne sie kommt selbst das schnellste Fahrzeug nirgendwo an.

WIR SIND FREI VON SCHADEN DURCH GEISTER UND SO WEITER

Dharma Beschützer und mächtige weltliche Wächter, die Dharma respektieren, beschützen jeden, der Bodhichitta erzeugt hat, weil sie einen solchen Menschen als künftigen Buddha schätzen. Äußerlich verhindern diese Dharma Beschützer und weltlichen Wächter, dass Bodhisattvas von bösen Geister geschädigt werden, und innerlich schützt Bodhichitta die Bodhisattvas vor Schaden, weil er die Selbstwertschätzung zerstört, die die Grundlage für das Erleben jeder Art von Schaden ist. Weil Bodhisattvas andere als kostbarer erachten als sich selbst, haben sie aus ihrem Geist die Möglichkeit getilgt, Schaden durch Menschen oder Nichtmenschen zu erleiden. Bodhisattvas nehmen zum Wohle anderer freudig alle Schwierigkeiten und Schmerzen an, die ihnen bereitet werden, und erleben diese deshalb nicht als schädigend. Da Bodhisattvas wünschen, das Leiden anderer auf sich selbst zu nehmen, bleiben sie friedlich und unbesorgt, ganz gleich, wie die Umstände sein mögen. In dieser Weise verhütet Bodhichitta jede Art von Schaden.

In einer Stadt namens Phenbo, unweit von Lhasa, lebte einst ein Geshe namens Khampa Lungpa. Als er neu in diese Stadt kam, wurden einige örtliche Wächter und Geister sehr eifersüchtig und beschlossen ihn zu verletzen. Als sie in seine Nähe kamen, trafen sie ihn jedoch weinend an. Der Anführer der bösen Geister war hellsichtig und sah, dass der Geshe über Bodhichitta meditierte. Dies untergrub all seine üblen Absichten und er sagte zu den anderen: «Es ist völlig unmöglich, dass wir diesem Mann Schaden zufügen, denn er liebt uns mehr, als er sich selbst liebt.» Dann hörten sie den Geshe laut rufen: «Wie wunderbar wäre es, wenn alle Lebewesen frei von ihren Leiden wären!» Und sie sahen, wie Tränen des Mitgefühls über seine Wangen rollten. Der Anführer der Geister sagte: «Diese Tränen werden für uns vergossen! Dieser Geshe sorgt sich wirklich um uns! Wie in aller Welt können wir ihm da schaden?» Die schlechten Absichten der Geister wurden durch das Mitgefühl des Geshe besiegt.

Als Buddha Shakyamuni im Begriff war, Erleuchtung zu erlangen, versuchten viele Dämonen ihm zu schaden, indem sie mit Waffen auf ihn schossen, aber durch die Kraft seiner geistigen Stabilisierung über Liebe blieb er unverletzt. Er schlug nicht zurück, doch seine Meditation war kraftvoll genug, um alle seine Feinde zu entwaffnen. In gleicher Weise werden auch wir vor jedem Schaden beschützt, wenn wir großes Mitgefühl, große Liebe und Bodhichitta verwirklichen.

WIR VOLLENDEN ALLE SPIRITUELLEN EBENEN UND PFADE

Im Allgemeinen ist Geheimes Mantra der schnelle Pfad zur Erleuchtung, aber ohne Bodhichitta gibt es keinen schnellen Pfad. Selbst wenn wir Geheimes Mantra für Äonen praktizieren, werden wir ohne Bodhichitta noch nicht einmal den Mahayanapfad betreten haben.

Bodhichitta führt uns rasch zur Buddhaschaft, weil er uns hilft, die Ansammlungen von Verdienst und Weisheit schnell zu vollenden und damit den Formkörper und

Wahrheitskörper eines Buddha zu erlangen. Es wurde bereits erklärt, wie uns Bodhichitta hilft, unsere Ansammlung von Verdiensten zu vollenden. Er hilft uns auch, unsere Ansammlung von Weisheit zu vollenden, weil wir Behinderungen zur Allwissenheit nur durch Meditation über Leerheit mittels Bodhichitta Motivation aufgeben können. Selbst wenn wir eine direkte Verwirklichung der Leerheit erlangen, beseitigt diese ohne Bodhichitta lediglich die Behinderungen zur Befreiung.

Behinderungen zur Allwissenheit sind wie der Stamm eines Baumes, Leerheit erkennende Weisheit ist wie eine Axt und Bodhichitta gleicht der Hand, die die Axt schwingt. Wie scharf die Leerheit erkennende Weisheit auch sein mag, sie kann die Behinderungen zur Allwissenheit nicht durchtrennen, wenn sie nicht von den kraftvollen Händen eines Bodhisattva geschwungen wird.

WIR HABEN EINEN GEISTESZUSTAND, DER DIE QUELLE VON FRIEDEN UND GLÜCK FÜR ALLE WESEN IST

Aller Friede und alles Glück der Lebewesen entstehen in Abhängigkeit von ihren eigenen tugendhaften Handlungen. Tugendhafte Handlungen entstehen in Abhängigkeit von den Erklärungen, Segnungen und Inspirationen der Buddhas. Buddhas entstehen in Abhängigkeit von den Pfaden der Bodhisattvas und Bodhisattvas entstehen in Abhängigkeit von Bodhichitta. Deshalb entstehen aller Friede und alles Glück in Abhängigkeit von Bodhichitta.

Es heißt, dass es notwendigerweise die Folge der Inspiration eines Buddha ist, wenn eine Handlung tugendhaft ist, weil Buddhas uns direkt oder indirekt veranlassen, tugendhafte Handlungen auszuführen. Indem wir diese Handlungen ausführen, schaffen wir die Ursache, eine höhere Wiedergeburt zu erlangen und das Glück der Menschen und Götter zu genießen. All dies Glück entsteht aus Bodhichitta, der Ursache aller Buddhas.

In *Leitfaden zum Mittleren Weg* sagt Chandrakirti, dass alle Hörer und Alleinigen Verwirklicher von Bodhichitta abhängen. Das bedeutet, dass sogar Hinayana Praktizierende von Bodhichitta abhängen, weil sie ihre Pfade nur praktizieren können, indem sie sich auf die Unterweisungen der Buddhas verlassen, und Buddhas werden aus Bodhisattvas geboren, die ihrerseits aus Bodhichitta geboren werden, der Quelle aller guten Ergebnisse.

Erst wenn wir Bodhichitta tatsächlich verwirklichen, werden wir seinen Nutzen tatsächlich verstehen, denn der einzige Weg, diesen auf vollkommene Weise erkennen zu können, ist die direkte Erfahrung. Genauso wie das tatsächliche Kosten einer bestimmten Schokoladensorte die einzige Möglichkeit ist, ihre Köstlichkeit zu erkennen. Dennoch werden wir tugendhafte Potenziale in unserem Geist erschaffen, wenn wir mit Vertrauen über den Nutzen des Bodhichitta meditieren. Haben wir in der Vergangenheit auf diese Weise praktiziert, werden unsere Meditationen fruchtbar sein, und wir werden später in diesem Leben mit Leichtigkeit Bodhichitta entwickeln.

Einst lebte ein König namens Ajatashatru, der sehr wenig Zeit hatte, Dharma zu praktizieren und der viele nichttugendhafte Handlungen beging. Eines Tages lud er Manjushri zum Mittagessen ein und beabsichtigte, ihm danach ein auserlesenes Tuch im Wert von eintausend Goldmünzen zu schenken. Als jedoch das Mittagessen vorüber und der König im Begriff war, sein Geschenk zu überreichen, verschwand Manjushri. Da kam dem König der Gedanke, dass er das Tuch selbst tragen sollte. Als dieser Gedanke in seinem Geist entstand, glaubte er sich selbst in Leerheit aufzulösen, und er verwirklichte schnell Leerheit. Er war in der Lage, diese Verwirklichung ohne Meditation zu erlangen, weil er in seinem Geist gute Potenziale trug, die durch die Segnungen Manjushris reif geworden waren. Auf ähnliche Weise ist es möglich, dass wir sehr schnell Verwirklichungen erzielen, wenn wir jetzt über den Nutzen des Bodhichittas meditieren. Zumindest werden wir das Potenzial erschaffen, Bodhichitta in der Zukunft mühelos zu entwickeln.

Manche Menschen denken, Bodhichitta sei so tiefgründig, dass er unerreichbar sei, und so geben sie auf, im Glauben, sie seien zu solchem Altruismus nicht im Stande. Andere sind vom Geheimen Mantra begeistert, doch sie blicken auf die Methoden für die Entwicklung von Bodhichitta herab, weil sie glauben, dies sei nur Sutra Praxis. Es gibt nur sehr wenige Menschen, die diese beiden fehlerhaften Einstellungen vermeiden und die Methoden tatsächlich in die Praxis umsetzen. Es heißt, wenn wir die Erleuchtung suchen und gleichzeitig die Praxis des Bodhichitta vernachlässigen, so ist dies, als ob wir nach einem Juwel an einem Ort suchen, wo keines zu finden ist, und es vernachlässigen, an einem Ort zu suchen, wo diese im Überfluss vorhanden sind.

Atishas spiritueller Meister Rahulagupta sagte, dass es nicht so ungewöhnlich ist, Menschen zu finden, die starke Konzentration erzeugt, das Gesicht ihrer Gottheit gesehen oder Hellsicht oder Wunderkräfte entwickelt haben. Wirklich außergewöhnlich sei es, jemanden zu finden, der großes Mitgefühl und Bodhichitta entwickelt habe. Diese ungewöhnlichen Geisteshaltungen sind die tatsächlichen Wunder, die es zu verehren gilt. Viele Male haben wir in der Vergangenheit ruhiges Verweilen entwickelt und Wiedergeburten im Form- und formlosen Bereich angenommen, wo sich Konzentration mühelos einstellt. Wir alle haben im Bardo verunreinigte Hellsicht erfahren und unsere Körper waren so geschmeidig, dass wir fliegen und durch Wände gehen konnten. Wir konnten riesige Distanzen mit großer Geschwindigkeit zurücklegen, aber was haben alle diese Erfahrungen an Gutem hervorgebracht? In der Vergangenheit haben wir viele Dinge erreicht, aber niemals zuvor haben wir spontanen Bodhichitta erlangt. Hätten wir dies, wären wir jetzt vielleicht erleuchtet. Wenn Kadampa Geshes gefragt wurden: «Was würdest du bevorzugen, Wunderkräfte und Hellsicht, oder Bodhichitta?», pflegten alle ohne Zögern zu antworten: «Bodhichitta».

Wenn wir immer wieder über Bodhichitta meditieren, werden wir mit der Zeit verstehen, wie kostbar er ist. Bodhichitta ist die beste Methode, Glück zu schenken, die beste Methode, Leiden zu beseitigen, und die beste Methode, Verwirrung zu vertreiben. Es gibt keine Tugend, die ihm gleich ist, keinen besseren Freund und kein größeres Verdienst. Bodhichitta ist die eigentliche Essenz aller vierundachtzigtausend Unterweisungen Buddhas. In *Leitfaden für die Lebensweise eines Bodhisattva* sagt Shantideva:

> Er ist die essenzielle Butter, die entsteht,
> Wenn die Milch des Dharma gerührt wird.

Genauso wie durch das Rühren der Milch Butter als seine Essenz entsteht, so geht aus dem «Rühren» der gesamten Sammlung der Schriften Buddhas Bodhichitta als ihre Essenz hervor. Buddhas haben für Äonen untersucht, was uns den größten Nutzen bringt. Sie haben gesehen, dass es Bodhichitta ist, weil Bodhichitta jedes Lebewesen zur höchsten Glückseligkeit der vollen Erleuchtung führt.

Bodhichitta entwickeln

WIE BODHICHITTA ENTWICKELT WIRD

Wie man Bodhichitta entwickelt, wird in zwei Teilen erklärt:

1. Die Stufen der eigentlichen Schulung des Geistes in Bodhichitta
2. Bodhichitta durch Ritual bewahren

DIE STUFEN DER EIGENTLICHEN SCHULUNG DES GEISTES IN BODHICHITTA

Traditionell werden zwei Methoden für die Erzeugung von Bodhichitta erklärt:

1. Die Schulung des Geistes in der siebenfachen Ursache und Wirkung
2. Die Schulung des Geistes im Gleichstellen und Austauschen vom Selbst mit anderen

Die erste Methode wurde von Buddha Shakyamuni gelehrt und über Maitreya an Meister wie Asanga weitergegeben. Die zweite Methode wurde von Buddha Shakyamuni gelehrt und über Manjushri an Meister wie Shantideva weitergegeben.

Obwohl beide Methoden den gleichen Zweck erfüllen, ist die zweite Methode kraftvoller und tiefgründiger als die erste. Nach der ersten Methode betrachten wir andere als so lieb und teuer wie unsere eigene Mutter, doch nach der zweiten Methode betrachten wir andere als so lieb und teuer wie uns selbst. Weil wir uns selbst noch mehr schätzen als unsere eigene Mutter, ist die Geisteshaltung der Wertschätzung für andere, die aus dem Praktizieren der zweiten Methode entsteht, stärker und tiefer als die Geisteshaltung der Wertschätzung für andere, die sich aus der Praxis der ersten Methode ergibt. Gleichermaßen ist das große Mitgefühl tiefer und stärker, das wir durch die Praxis der zweiten Methode entwickeln, als das große Mitgefühl, das wir durch die Praxis der ersten Methode entwickeln, weil unser Mitgefühl für uns selbst das Mitgefühl für unsere Mutter übertrifft. Deshalb ist der Bodhichitta, der als Ergebnis der Praxis der zweiten Methode entsteht, tiefgründiger als der Bodhichitta, der sich aus der Praxis der ersten Methode ergibt.

Es ist möglich, dass der Bodhichitta, der sich durch die Meditation über die Unterweisungen der siebenfachen Ursache und Wirkung entwickelt hat, degeneriert, weil Bodhisattvas, die sich nur auf die erste Methode verlassen, immer noch etwas Selbstwertschätzung haben können. Das liegt daran, dass ihr Bodhichitta auf der Wertschätzung ihrer eigenen Mutter gründet, die häufig durch Selbstwertschätzung gefärbt ist. Der Bodhichitta aber, der durch die Meditation über das Gleichstellen und Austauschen vom Selbst mit anderen entsteht, wird nie degenerieren, weil Bodhisattvas, die sich auf diese Methode verlassen, die Selbstwertschätzung schon im Prozess des Erzeugens von Bodhichitta vollständig aufgeben.

Die geschickteste Art der Praxis ist, beide Methoden zu kombinieren, aber bevor wir das tun können, müssen wir jede Methode einzeln studieren und praktizieren.

DIE SCHULUNG DES GEISTES IN DER SIEBENFACHEN URSACHE UND WIRKUNG

Obwohl diese Methode «siebenfache Ursache und Wirkung» genannt wird, besteht sie in der Praxis aus acht Meditationsstufen. Die erste Stufe ist eine Vorbereitung, die nächsten sechs Stufen sind Meditationen, um die Ursachen von Bodhichitta zu erzeugen, und die achte Stufe ist die Meditation über deren Wirkung, Bodhichitta selbst. Die Meditationsstufen sind:

1. Gleichmut entwickeln
2. Alle Lebewesen als unsere Mütter erkennen
3. Sich an die Güte aller Mutterwesen erinnern
4. Den Wunsch entwickeln, die Güte aller Mutterwesen zu erwidern
5. Zuneigungsvolle Liebe entwickeln
6. Großes Mitgefühl entwickeln
7. Höhere Absicht entwickeln
8. Bodhichitta entwickeln

GLEICHMUT ENTWICKELN

Die Meditation über Gleichmut ist eine essenzielle Vorbereitung für die Meditation über die siebenfache Ursache und Wirkung. Die Verwirklichung des Gleichmuts ist die Grundlage für alle nachfolgenden Verwirklichungen, weil wir unsere starke Anhaftung und Abneigung vermindern müssen, bevor wir alle anderen Lebewesen als unsere Mütter erkennen können. Je Tsongkhapa sagte:

> Gieße das Wasser der Liebe und säe den Samen des Mitgefühls auf den Boden des Gleichmuts. Daraus wird die Ernte des Bodhichitta entstehen.

Die meisten von uns kennen zurzeit Menschen, denen wir uns sehr nahe fühlen und die wir gern haben, andere, die wir hassen und zu meiden versuchen, und wieder andere, für die wir weder besondere Gefühle der Anhaftung noch der Abneigung empfinden. Um eine derart unausgewogene Geisteshaltung zu beseitigen, müssen wir Gleichmut verwirklichen.

Um diese Meditation auszuführen, stellen wir uns drei Gruppen von Menschen vor, die vor uns sitzen und in unsere Richtung blicken. Die mittlere Gruppe sind Menschen, denen wir weder starke Anhaftung noch Abneigung entgegenbringen. Zu ihrer Linken ist eine Gruppe von Menschen, für die wir starke Anhaftung empfinden, und zu ihrer Rechten ist eine Gruppe von Menschen, die wir hassen oder nicht mögen. Das Ziel der Meditation ist es, zu einem ausgeglichenen Geisteszustand zu gelangen, der frei von Anhaftung und Abneigung ist, sodass wir bei der Betrachtung der Menschen in der linken und der rechten Gruppe das gleiche ausgewogene Gefühl haben, mit dem wir die Menschen in der mittleren Gruppe betrachten. Wenn wir die Menschen in der Mitte betrachten, ist unser Geist friedlich, ungestört von Verblendungen der Anhaftung oder Wut.

Die Meditation hat vier Teile oder Durchgänge. Zuerst richten wir unsere Aufmerksamkeit auf die Gruppe von Menschen, die wir nicht mögen, und meditieren wie folgt:

> *Aufgrund meiner Unwissenheit nehme ich diese Menschen als meine Feinde wahr, aber tatsächlich waren sie alle meine lieben Freunde, entweder früher in diesem oder in vorangegangenen Leben. Als sie meine Freunde waren, liebten wir uns und sorgten füreinander, aber jetzt mag ich sie nicht und habe andere gern. Da der einzige Unterschied zwischen diesen Menschen und meinen jetzigen Freunden eine Frage der Zeit ist, habe ich keinen triftigen Grund, diese Menschen nicht zu mögen.*

Als Ergebnis der Meditation sollten wir den festen Entschluss fassen: «Von jetzt an werde ich niemals Wut gegenüber diesen Menschen entwickeln.» Dann meditieren wir einsgerichtet und so lange wie möglich über diesen Entschluss.

Wir beginnen den zweiten Meditationsdurchgang, indem wir unsere Aufmerksamkeit auf die Gruppe von Menschen richten, für die wir starke Anhaftung empfinden, und meditieren:

> *Nur aufgrund meiner unangemessenen Aufmerksamkeit habe ich Anhaftung an diese Menschen. Irgendwann, entweder früher in diesem oder in vorangegangenen Leben, waren sie meine Feinde oder Objekte meiner Abneigung. Da wir uns über lange Zeit bekämpft und uns gegenseitig unser Hab und Gut vernichtet und unsere Leben viele Male zerstört haben, gibt es keinen triftigen Grund für mich, Anhaftung an diese Menschen zu haben.*

Als Ergebnis der Meditation sollten wir den festen Entschluss fassen: «Von jetzt an werde ich niemals starke Anhaftung an diese Menschen entwickeln.» Dann meditieren wir einsgerichtet und so lange wie möglich über diesen Entschluss.

Wir beginnen den dritten Meditationsdurchgang, indem wir unsere Aufmerksamkeit auf die beiden Gruppen von Freunden und Feinden richten und meditieren:

Von meinem eigenen Standpunkt aus gibt es keinen nennenswerten Unterschied zwischen diesen beiden Gruppen, weil meine Freunde manchmal zu meinen Feinden und meine Feinde manchmal zu meinen guten Freunden werden. Beide sind unbeständig und können sich sehr schnell verändern. Auch von ihrem Standpunkt aus gibt es keinen großen Unterschied, weil beide Leiden erfahren und sich beide Glück wünschen. Deshalb werde ich aufhören, solch falsche Unterscheidungen zwischen ihnen zu machen, indem ich die einen bevorzuge, während ich die anderen ablehne. Von jetzt an werde ich Gleichmut bewahren, frei von starker Anhaftung und starker Abneigung. Ich werde die unausgewogene Einstellung, mich einigen sehr nah und anderen sehr fern zu fühlen, vermeiden.

Wenn dieser Entschluss klar und bestimmt in unserem Geist entsteht, nehmen wir ihn als unser Objekt für die verweilende Meditation.

Wir beginnen den vierten Meditationsdurchgang, indem wir unsere Aufmerksamkeit auf die Menschen in der mittleren Gruppe unserer Visualisierung richten und meditieren:

Obwohl jede dieser Personen zur einen Zeit mein Freund und zu einer anderen Zeit mein Feind war, habe ich ihnen gegenüber momentan weder Gefühle der Anhaftung noch Gefühle des Hasses. Wenn ich sie treffe, bleibt mein Geist ungestört und ruhig. Ebenso sollte es sein, wenn ich andere Menschen treffe, weil jeder schon mein Feind wie auch mein Freund gewesen ist. Deshalb werde ich jeden Menschen mit derselben ausgewogenen Einstellung betrachten, wie ich sie den Leuten dieser Gruppe entgegenbringe, weil ich weiß, dass es keinen vernünftigen Grund gibt, zwischen ihnen zu unterscheiden. Sie alle sind nur Lebewesen, die Leiden und Glück suchen.

Wenn dieser Entschluss klar und bestimmt in unserem Geist entsteht, nehmen wir ihn als unser Objekt für die verweilende Meditation.

Wir sollten uns in diesen vier Meditationsdurchgängen schulen, bis wir einen ausgeglichenen Geist entwickeln, der frei von starker Anhaftung und Abneigung gegenüber allen Menschen ist. Die meisten unserer täglichen Probleme entstammen unausgewogenen Geisteszuständen, wie starker Anhaftung und Wut. All diese Probleme können verhindert werden, indem wir die Erfahrung des Gleichmuts entwickeln.

Auch wenn wir einen gewissen Erfolg mit dieser Meditation haben, kann es außerhalb der Meditation trotzdem vorkommen, dass wir all unsere guten Entschlüsse und alle vernünftigen Gedankengänge vergessen, die wir in unseren Meditationssitzungen gefördert haben, wenn wir unserem Feind von Angesicht zu Angesicht gegenüberstehen. Dann können Zweifel entstehen, und wir denken vielleicht: «Die Vergangenheit ist vergangen. Diese Menschen sind jetzt meine Feinde. Was spielt es für eine Rolle, wie freundlich sie in der Vergangenheit zu mir waren?» Wenn wir es einem solchen Gedanken erlauben, unseren Geist zu beeinflussen, wird er all unsere guten Gewohnheiten zerstören, die wir entwickelt haben. In solchen Momenten müssen wir uns selbst überzeugen, indem wir uns innerlich die Frage stellen:

Wenn mir jemand letztes Jahr ein Geschenk gemacht hat und jemand anders mir dieses Jahr etwas schenkt, kann ich dann sagen, dass die zweite Person gütiger ist als die erste? So betrachtet, sind alle Lebewesen gleichermaßen gütig zu mir, unabhängig davon, wie sie mich jetzt gerade behandeln.

Wenn wir über diese Anleitungen nachdenken, könnten wir entgegnen: «Mit der gleichen Logik lässt sich sagen, dass alle Menschen in der Vergangenheit in gleichem Maße voller Hass mir gegenüber waren, warum sollte ich jetzt also

Zuneigung zu ihnen entwickeln?» Es stimmt, dass uns andere in der Vergangenheit geschadet haben, aber es ist trotzdem angebracht, sie zu lieben, denn als sie uns schadeten, taten sie dies aus Unwissenheit, weil sie uns nicht als ihren Freund und Verwandten erkannten. Als sie uns Schaden zufügten, waren sie nicht Herr ihrer Handlungen, weil sie uns irrtümlich als ihren Feind erfassten. Ihre Unwissenheit war schuld, denn diese trieb sie dazu, schädlich zu handeln. Wann immer sie uns andererseits in der Vergangenheit geholfen haben, haben sie es aus freien Stücken getan, ohne von Unwissenheit beherrscht zu sein. Bei diesen Gelegenheiten erfassten sie uns richtig, als ihren Freund und Verwandten. Als sie unsere Mutter waren, erkannten sie uns als ihr Kind und sorgten für uns. Da der Schaden, den uns andere zufügten, aus Unwissenheit entstand, sollten wir ihnen immer mit Wärme und Freundlichkeit begegnen.

Der Gleichmut, den wir hier fördern, ist eine Art des unermesslichen Gleichmuts, weil wir Gleichmut gegenüber unermesslich vielen Lebewesen entwickeln. Im Allgemeinen gibt es drei Arten von Gleichmut: Gleichmut des Gefühls, zusammensetzender Gleichmut und unermesslicher Gleichmut. Gleichmut des Gefühls ist jedes Gefühl, das weder angenehm noch unangenehm ist und in seiner Intensität variieren kann. Ein Beispiel starken Gleichmuts des Gefühls ist das Gefühl, das wir haben, wenn wir jemanden in fremdartigen Kleidern, die uns weder gefallen noch missfallen, auf der Straße sehen. Zusammensetzender Gleichmut ist ein Geisteszustand, der in der Meditation erreicht wird. Es ist ein Geist, der unbewegt verweilt, in fehlerloser geistiger Stabilisierung. Ein solcher Geist ist natürlich und entspannt, und benötigt für seine Aufrechterhaltung kein Bemühen. Es gibt zwei Arten des unermesslichen Gleichmuts: die Art, die wir fördern, wenn wir die obige Meditation ausführen, und die Art, die in den vier Unermesslichen enthalten ist, die Teil der sechs vorbereitenden Übungen sind. Bei der ersten Art betrachten wir unermesslich viele Lebewesen und entwickeln ihnen gegenüber Gleichmut. Bei der zweiten Art betrachten wir unermesslich viele Lebewesen und wünschen ihnen, dass sie untereinander Gleichmut entwickeln. Dieser letzte Wunsch entsteht aus Mitgefühl und einer Weisheit, die erkennt, dass die Leiden der Lebewesen aus der Anhaftung und Abneigung stammen, die sie füreinander empfinden.

Wenn wir die Verwirklichung des Gleichmuts erlangen, wird unser Geist friedvoll, und wir fühlen uns nicht gestört, ganz gleich, welchen Umständen wir begegnen. Das bedeutet nicht, dass wir herz- und gefühllos geworden sind. Wie zuvor erklärt, ist Gleichmut weit entfernt von Gleichgültigkeit oder Apathie. Er verringert weder unsere Liebe und unser Mitgefühl, noch unsere Fähigkeit, uns am Glück anderer zu erfreuen. Ganz im Gegenteil – er ist die eigentliche Grundlage, auf der sich all diese guten Eigenschaften verstärken. Gleichmut verringert unsere Anhaftung und Feindseligkeit, nicht aber unsere Zuneigung und unsere Liebe für andere. Bodhisattvas, die Gleichmut entwickelt haben, haben große Zuneigung für andere Lebewesen und empfinden sie als ungewöhnlich schön und angenehm. Wenn sie jemanden sehen, der Schmerzen hat, sind sie nicht unberührt, sondern sie haben den starken Wunsch, die Schmerzen zu beheben; und wenn sie dies tatsächlich können, fühlen sie sich überglücklich. Obwohl Bodhisattvas große Zuneigung für andere haben, werden sie nicht von Anhaftung gestört, weil ihr Geist in der Natur von Liebe und Frieden ist. Deshalb können wir nicht sagen, dass jemand keinen Gleichmut hat, nur weil er Freunde hat oder weil er sich gegenüber verschiedenen Leuten unterschiedlich verhält. Bodhisattvas achten die Sitten und Gebräuche ihrer Gesellschaft. In England zum Beispiel umarmen und küssen sie nicht jeden, dem sie begegnen, nur weil sie sich den Menschen so innig verbunden fühlen. Es ist unmöglich, aus dem äußeren Verhalten zu schließen, ob jemand Gleichmut hat.

Falls wir aufgeregt oder deprimiert werden, wenn wir andere Leute treffen, werden wir weiterhin Problemen begegnen, aber wenn wir einen ausgewogenen Geisteszustand aufrechterhalten können, werden unsere Begegnungen mit Freunden angenehm sein und unsere Freundschaften werden lange halten. Nach außen sollten wir versuchen, einen beständigen und freundlichen Gesichtsausdruck zu zeigen, immer mit der Tendenz zu lächeln und nie erregt oder deprimiert. Die Tibeter sagen, dass jemand, der ein beständiges, warmes Lächeln hat und anderen gegenüber wohlgesonnen und ausgeglichen ist, nicht heute übermütig und morgen unglücklich, wie Gold ist, dessen Farbe immer gleich bleibt, ohne sich von Tag zu Tag zu verändern.

Wenn wir Gleichmut gegenüber allen anderen Lebewesen entwickelt haben, indem wir unseren Geist in dieser Meditation geschult haben, wird es sehr leicht sein, Gleichmut gegenüber unbelebten Objekten, wie dem Wetter, zu bewahren.

ALLE LEBEWESEN ALS UNSERE MÜTTER ERKENNEN

Buddha sagte:

> Ich habe nicht ein einziges Lebewesen gesehen, das nicht die Mutter aller anderen gewesen ist.

Wenn wir Vertrauen in das unfehlbare Wort Buddhas haben, können wir diese Verwirklichung erlangen, indem wir einfach über seine Bedeutung meditieren. Andernfalls müssen wir uns davon überzeugen, indem wir schlussfolgern: «Es steht fest, dass alle Lebewesen meine Mütter sind, weil sie alle in vergangenen Leben meine Mütter waren.» Wenn jemand fragt: «Wie ist es möglich, dass zahllose Lebewesen meine Mütter gewesen sind?», können wir antworten: «Weil unsere Geburten zahllos waren, hatten wir zahllose Mütter.» Es gibt keine Methode, die beweisen kann, dass es auch nur ein einziges Lebewesen gibt, das nicht unsere Mutter gewesen ist.

Wir können richtig folgern, dass wir zahllose Wiedergeburten hatten, weil das Kontinuum unseres Geistes anfangslos und unser Körper vergänglich ist. Zum Beispiel stammt ein Gerstensamen aus einer Ernte, die ihrerseits aus einem Samen stammt. Wenn wir es zurückverfolgen, können wir den Anfang des Kontinuums des Gerstensamens niemals finden. Selbst bevor dieser Planet entstand, gab es das

Kontinuum des Gerstensamens in einem anderen Universum. Gleichermaßen entsteht der Geist von heute aus dem Geist von gestern und das Kontinuum des Geistes hat keinen Anfang. Unser derzeitiger Geist entsteht nicht unabhängig, ohne Ursachen und Bedingungen. Der Geist eines Neugeborenen entsteht aus dem Geist des Kindes im Mutterleib, und der Geist des Kindes im Mutterleib entsteht aus dem Geist, der bei der Empfängnis in das befruchtete Ei eintrat. Woher kam dieser Geist? Er kam aus dem Geist, der vor der Empfängnis existierte, dem Geist des vorangegangenen Lebens. Dieser Geist kam seinerseits aus dem Geist des vorangegangenen Lebens und so weiter, ohne Anfang. Daraus folgt, dass wir zahllose verschiedene Körper und zahllose verschiedene Mütter gehabt haben.

Wenn jemand einwendet, dass unsere Mütter der vergangenen Leben jetzt nicht unsere Mütter sind, können wir uns überlegen, dass wir die Mutter des gegenwärtigen Lebens auch dann noch als unsere Mutter betrachteten, wenn sie sterben würde. Ihr Tod ändert nichts an der Tatsache, dass sie unsere Mutter ist, und vermindert in keiner Weise ihre Güte. Dasselbe gilt für all unsere vergangenen Mütter und alle anderen Lebewesen, die in der Vergangenheit gütig zu uns waren. Wir betrachten die Freundlichkeit, die wir letztes Jahr oder gestern erfahren durften, immer noch als Freundlichkeit, und wir wollen sie erwidern, selbst wenn die Zeit vergangen ist, in der wir sie erlebt haben.

Wenn jemand unsere Mutter ist, bedeutet es außerdem nicht, dass wir sie erkennen können. Viele Menschen kennen nicht einmal die Mutter ihres gegenwärtigen Lebens. Der große Lama Kachen Yeshe Gyaltsän zum Beispiel wuchs ohne seine Mutter im Hause des Vaters auf, weil sich seine Eltern getrennt hatten, als er sehr klein war. Sein Vater sandte ihn später ins Kloster Tashi Lhunpo. Als seine Mutter hörte, dass er dort sei, ging sie ihn besuchen, aber Mutter und Sohn konnten einander nicht erkennen. Als ein älterer Mönch dem Sohn die Mutter vorstellte, weinte sie.

Wenn die Mutter unseres gegenwärtigen Lebens sterben und als Sohn unseres Nachbarn wiedergeboren würde und uns jemand, der Hellsicht hat, diesem Knaben vorstellen und uns sagen würde, dass er unsere Mutter sei, würden wir ganz andere Gefühle gegenüber diesem Kind entwickeln. Das ist keine bloße Fiktion, denn alle Lebewesen können uns mit Recht als unsere eigene Mutter vorgestellt werden.

Wenn die Mutter unseres gegenwärtigen Lebens verkleidet ins Zimmer käme, wäre es uns zweifellos klar, nachdem wir die Verkleidung einmal durchschaut hätten, dass dies die ganze Zeit unsere Mutter gewesen ist. Die Erscheinung der Mutter unseres gegenwärtigen Lebens ändert sich völlig während des Zeitraumes, in dem wir sie als unsere Mutter identifizieren. Als wir ein Kleinkind waren, war sie jung und schön. Wenn sie heute achtzig Jahre alt ist, wird sich ihre Erscheinung durch das Alter vollständig gewandelt haben, und dennoch werden wir sie nach wie vor als unsere Mutter betrachten. Die Erscheinung all unserer vergangenen Mütter hat sich auf ähnliche Weise verändert und dennoch bleiben sie in ihrer Essenz unsere Mütter.

Indem wir über diese Punkte meditieren, werden wir ein Verständnis durch eigene Erfahrung gewinnen. Das Zeichen, dass wir verwirklicht haben, dass alle Lebewesen unsere Mütter sind, ist, dass wir jeden, dem wir begegnen, spontan und ganz natürlich als unsere Mutter betrachten, unabhängig von seiner gegenwärtigen Erscheinung. Das gilt selbst für kleine Tiere und Insekten. Wenn wir zum Beispiel eine Maus sehen und sie in ihrer Essenz als unsere eigene Mutter erkennen und daran denken, wie viel Güte wir von ihr erhalten haben, ist dies ein Zeichen dafür, dass wir die Verwirklichung erlangt haben, dass alle Lebewesen unsere Mütter sind. Wenn unser Haus gelb gestrichen ist, werden wir mit jedem Gedanken an unser Haus gleichzeitig an seine gelbe Farbe denken. Wenn wir auf ähnliche Weise an ein anderes Lebewesen denken und uns gleichzeitig daran erinnern, dass es unsere Mutter ist, weist dies darauf hin, dass wir verwirklicht haben, dass alle Lebewesen unsere Mütter sind.

Wenn wir diese Meditation ausführen, täuschen wir nichts vor, denn es ist eine Tatsache, dass alle Lebewesen unsere Mütter gewesen sind. Das ist keine neue, von Buddhisten erfundene Idee. Wir entdecken bloß wieder, was schon immer wahr gewesen ist. Wenn wir es untersuchen und wiederholt darüber meditieren, werden wir davon überzeugt sein und Mutterlebewesen immer erkennen.

SICH AN DIE GÜTE ALLER MUTTERWESEN ERINNERN

In der nächsten Stufe der Meditation erinnern wir uns an die große Güte all unserer Mütter. Wir beginnen damit, uns an die Güte der Mutter unseres gegenwärtigen Lebens zu erinnern, und weiten dann diesen Gedanken aus, um uns an die Güte all unserer anderen Mütter zu erinnern. Wenn wir die Güte unserer jetzigen Mutter nicht schätzen können, wie werden wir je fähig sein, die Güte all unserer früheren Mütter zu schätzen? Da es einfach ist, diese Güte zu vergessen oder sie als selbstverständlich zu betrachten und sich nur an die Zeiten zu erinnern, als wir dachten, dass uns unsere Mutter verletze, müssen wir uns in allen Einzelheiten daran erinnern, wie gütig unsere Mutter vom ersten Augenblick unseres Lebens an gewesen ist.

Zu Beginn war unsere Mutter gütig, indem sie uns einen Ort für unsere Wiedergeburt zur Verfügung stellte. Bevor wir in ihrer Gebärmutter gezeugt wurden, wanderten wir als Bardowesen von Ort zu Ort, ohne irgendwo bleiben zu können. Wir wurden von den Winden unseres Karmas umhergetrieben, hatten keine Freiheit zu wählen, wohin wir gehen, und all unsere Bekanntschaften waren kurzlebig. Wir litten unter großen Schmerzen und Angst, doch aus diesem Zustand konnten wir in die Sicherheit des Körpers unserer Mutter eintreten. Obwohl wir ein ungeladener Gast waren, erlaubte uns unsere Mutter zu bleiben, als sie erfuhr, dass wir in ihren Mutterleib eingetreten waren. Wenn sie uns hätte loswerden wollen, hätte sie es tun können, und wir wären jetzt nicht am Leben und und könnten heute kein Leben mit all unseren gegenwärtigen Möglichkeiten genießen. Wir können nur deshalb jetzt das Bestreben entwickeln, Erleuchtung zu erlangen, weil unsere Mutter so gütig war und wir in ihrem Leib bleiben durften. Einen Menschen, der uns im

Winter, wenn es draußen kalt ist und stürmt, in sein warmes Haus einlädt und gut bewirtet, halten wir für sehr gütig. Wie viel gütiger ist unsere eigene Mutter, die uns in ihren eigenen Körper eintreten ließ und uns dort so gute Gastfreundschaft gewährte!

Als wir im Mutterleib waren, schützte uns unsere Mutter sorgsam, mehr als sie ein äußerst kostbares Juwel behüten würde. In jeder Situation dachte sie an unsere Sicherheit. Sie konsultierte Ärzte, machte Gymnastik, nahm besondere Nahrung zu sich und ernährte uns neun Monate lang Tag und Nacht. Sie achtete auch darauf, nichts zu tun, was die Entwicklung unserer körperlichen oder geistigen Fähigkeiten beeinträchtigen könnte. Weil sie so gut für uns sorgte, wurden wir mit einem normalen und gesunden Körper geboren, den wir zum Erreichen vieler guter Dinge verwenden können.

Zum Zeitpunkt unserer Geburt erlebte unsere Mutter große Schmerzen, aber als sie uns sah, fühlte sie sich glücklicher, als wenn ihr jemand einen einzigartigen Schatz geschenkt hätte. Sogar während der Qualen der Entbindung stand für sie unser Wohlergehen an erster Stelle. Als wir neu geboren waren, liebte uns unsere Mutter von ganzem Herzen, obwohl wir mehr einem Frosch als einem Menschen glichen. Wir waren vollkommen hilflos, noch hilfloser als ein neugeborenes Fohlen, das wenigstens aufstehen und fressen kann, sobald es auf der Welt ist. Wir waren wie blind, unfähig, unsere Eltern zu erkennen, und wir konnten nichts verstehen. Wenn jemand Vorbereitungen getroffen hätte, uns zu töten, hätten wir es nicht mitbekommen. Wir hatten keine Ahnung, was wir taten. Wir merkten nicht einmal, wenn wir Wasser ließen.

Wer beschützte und sorgte sich um dieses kleine Bündel Mensch? Es war unsere Mutter. Sie kleidete es, wiegte es und ernährte es mit ihrer eigenen Milch. Sie entfernte den Schmutz von seinem Körper, ohne Ekel zu empfinden. Manchmal entfernen Mütter mit dem eigenen Mund den Schleim von der Nase ihres Kindes, weil sie ihm mit ihren rauen Händen nicht wehtun wollen. Selbst wenn unsere

Mutter Probleme hatte, schaute sie uns liebevoll an und gab uns Kosenamen. Als wir klein waren, war unsere Mutter immer wachsam. Wenn sie uns nur für ganz kurze Zeit vergessen hätte, hätten wir zu Tode kommen oder ein Leben lang behindert sein können. In unserer frühen Kindheit verhinderte unsere Mutter jeden Tag zahlreiche Unglücksfälle und betrachtete die Dinge immer vom Standpunkt unserer Sicherheit und unseres Wohlergehens aus.

Im Winter achtete sie darauf, dass wir gute Kleidung hatten und uns warm war, sogar wenn sie selbst fror. Sie suchte immer die besten Dinge für uns zum Essen aus und behielt die schlechtesten für sich, und sie wäre lieber selbst krank gewesen, als uns krank zu sehen. Sie hätte es vorgezogen selbst zu sterben, als uns sterben zu sehen. Unsere Mutter verhält sich uns gegenüber auf natürliche Weise wie jemand, der das Austauschen vom Selbst mit anderen verwirklicht hat. Sie ist fähig, unser Wohlergehen über ihr eigenes zu stellen, und sie tut dies spontan und vollkommen. Wenn uns jemand mit dem Tod bedrohen würde, würde sie sich an unserer Stelle dem Mörder opfern. So groß ist ihr Mitgefühl für uns.

Als wir klein waren, schlief unsere Mutter nicht gut. Ihr Schlaf war leicht, sie wachte alle paar Stunden auf und achtete wachsam darauf, ob wir weinten. Als wir älter wurden, lehrte uns unsere Mutter, wie man isst, trinkt, spricht, sitzt und geht. Sie schickte uns zur Schule und ermutigte uns, gute Dinge im Leben zu tun. Wenn wir jetzt Kenntnisse und Fähigkeiten haben, ist dies allein das Ergebnis ihrer Güte. Als wir heranwuchsen und zu Jugendlichen wurden, waren wir lieber mit unseren Freunden zusammen und vergaßen unsere Mutter vollständig. Vergnügten wir uns, war es, als ob unsere Mutter aufgehört hätte zu existieren, und wir erinnerten uns nur an sie, wenn wir etwas von ihr wollten. Obwohl wir gleichgültig waren und uns den Vergnügungen vollständig hingaben, die wir mit unseren Freunden genossen, blieb unsere Mutter ständig um uns besorgt. Sie hatte oft Angst, und insgeheim war sie immer etwas in Sorge um uns. Sie sorgte sich in einer Weise, wie wir uns normalerweise nur um uns selbst sorgen. Selbst wenn wir erwachsen sind und unsere eigene Familie haben, hört unsere Mutter nicht auf, sich um uns zu sorgen. Sie mag vielleicht alt und schwach sein und kaum mehr in der Lage, auf ihren Füßen zu stehen, und doch wird sie ihre Kinder nie vergessen.

Wenn wir auf diese Weise meditieren und uns in allen Einzelheiten an die Güte unserer Mutter erinnern, wird dies dazu führen, dass wir unsere Mutter von ganzem Herzen schätzen. Wenn dieses Gefühl aus tiefstem Herzen kommt, sollten wir es auf alle anderen Lebewesen ausdehnen und uns daran erinnern, dass uns jedes einzelne von ihnen die gleiche Liebe entgegengebracht hat.

Dann meditieren wir über die Güte unserer Mütter in anderen Wiedergeburten, indem wir zum Beispiel daran denken, wie aufmerksam eine Vogelmutter ihre Eier vor Gefahren schützt und wie sie ihre Jungen unter ihre Flügel nimmt. Wenn ein Jäger kommt, fliegt sie nicht weg und lässt ihre Jungen schutzlos zurück. Den ganzen Tag lang sucht sie nach Futter, um sie zu versorgen, bis sie stark genug sind, das Nest zu verlassen.

Ein Räuber in Tibet erstach einst eine Stute, die ein Fohlen im Mutterleib trug. Sein Messer drang so tief in die Seite der Stute ein, dass es die Gebärmutter aufschlitzte, sodass das Fohlen aus der Bauchseite der Mutter herauskam. Während sie im Sterben lag, wandte die Mutter ihre letzte Kraft auf, um ihr Junges mit großer Zuneigung zu lecken. Als der Räuber dies sah, wurde er von großer Reue überwältigt. Er war erstaunt zu sehen, wie diese Mutter selbst in den Todesqualen solches Mitgefühl für ihr Fohlen hatte und wie ihre Sorge ausschließlich seinem Wohlergehen galt. Nach diesem Erlebnis gab er seinen nichttugendhaften Lebenswandel auf und begann, Dharma auf reine Weise zu praktizieren.

Jedes einzelne Lebewesen hat uns die gleiche selbstlose Fürsorge gezeigt, die vollkommene Güte einer Mutter. Meditieren wir auf diese Weise, werden wir fest entschlossen sein, niemals die Güte der Mutterwesen zu vergessen.

DEN WUNSCH ENTWICKELN, DIE GÜTE ALLER MUTTERWESEN ZU ERWIDERN

Es ist selbstverständlich für uns, jegliche Güte erwidern zu wollen, die wir erhalten haben. Selbst wenn wir einen kurzen Brief erhalten, möchten wir ihn beantworten. Deshalb ist es ganz natürlich, dass wir die Güte aller Mutterwesen erwidern wollen. Um diesen Wunsch zu vergrößern, können wir Shantidevas Rat im *Handbuch der Schulungen* folgen, wo er sagte, dass wir uns vorstellen sollten, unsere Mutter sei alt, blind und senil und dass sie im Begriff wäre, hinzufallen. Wir sollten versuchen, uns vorzustellen, wie wir uns fühlen würden und wie wir uns ihr automatisch zuwenden würden, um ihr zu helfen. Dann sollten wir meditieren:

> *Obwohl das physische Augenlicht meiner Mutter nicht beeinträchtigt ist, sind ihre spirituellen Augen blind. Sie weiß nichts über Handlungen und ihre Wirkungen. Sie kennt weder richtige spirituelle Pfade noch die endgültige Natur aller Phänomene. Sie erfährt kein reines Glück, obwohl es das ist, was sie sucht. Anstatt die Ursachen für Glück zu erschaffen, schafft sie die Ursachen für zukünftiges Leiden, und ohne eine Wahl zu haben übt sie Handlungen aus, die im Widerspruch zu ihren eigenen Wünschen stehen. Im Inneren leidet sie unter Verblendungen und darum handelt sie falsch und folgt fehlerhaften Pfaden. Infolgedessen ist ihr Geist tatsächlich wie der Geist einer senilen Frau. Aufgrund ihrer Unwissenheit ist sie im Begriff, vom menschlichen Leben in die niederen Bereiche zu fallen. Wenn ich ihr nicht helfe, wer dann? Ich bin in der viel glücklicheren Lage als meine Mutter, da ich Dharma Unterweisungen erhalten habe und etwas Weisheit besitze, weil ich gelernt habe, was zu praktizieren und was aufzugeben ist. Da ich unterscheiden kann, was tugendhaft und was nichttugendhaft ist, werde ich die Verwirklichungen der Entsagung, des Bodhichitta und der richtigen Sichtweise der Leerheit erlangen, wenn ich mich bemühe. Sofern ich mich bemühe, gibt es keinen Grund, weshalb ich nicht volle Erleuchtung erlangen sollte. Weil*

ich in dieser glücklichen Lage bin, habe ich eine großartige Gelegenheit, die Güte meiner Mutter zurückzuzahlen. Ich werde tun, was immer ich kann, um ihre Güte zu erwidern.

Wenn wir diesen Entschluss gefasst haben, können wir ihn ausdehnen, sodass er all unsere Mütter umfasst und wir keinen Unterschied zwischen unserer jetzigen Mutter und den Müttern der Vergangenheit sehen. Wenn der Entschluss, die Güte all unserer Mütter zu erwidern, klar in unserem Geist entsteht, führen wir die verweilende Meditation aus, bis dieser Gedanke unseren ganzen Geist durchdringt und wir ihn nie mehr verlieren.

Dann führen wir eine weitere analytische Meditation aus:

Welches ist die beste Art und Weise, die Güte meiner Mütter zu erwidern? Die beste Weise ist sicherlich, ihnen immerwährendes, reines Glück zu geben. Es genügt nicht, ihnen nur das unvollkommene Glück Samsaras zu geben, weil sie diese Art des Glücks unzählige Male erlebt haben, aber jetzt nichts davon übrig geblieben ist. Sie haben jede Art verunreinigten Glücks erlebt, aber sie bleiben unglücklich, weil verunreinigtes Glück die Natur sich verändernden Leidens hat. Deshalb ist die beste Weise, die Güte meiner Mütter zu erwidern, ihnen die höchste und immerwährende Glückseligkeit der Befreiung zu schenken.

Wenn wir den festen Entschluss gefasst haben, uns zu bemühen, alle unsere Mütter zur Glückseligkeit der Befreiung zu führen, üben wir die verweilende Meditation aus, um diesen Gedanken beständig werden zu lassen. Auch nur ein paar Augenblicke einer derartigen Absicht bringen uns unermesslichen Nutzen und sammeln eine riesige Menge von Verdiensten an. Es ist für ein gewöhnliches Wesen äußerst selten, den Wunsch zu haben, allen anderen Lebewesen vollkommenes Glück zu schenken. Selbst für Mütter ist es ungewöhnlich, solche Gedanken gegenüber ihren eigenen Kindern zu haben. Sie denken normalerweise nicht: «Wie wunderbar wäre es, wenn meine Kinder frei von den Leiden samsarischer Wiedergeburt werden würden. Wie wundervoll wäre es, wenn sie die Erlösung von allen verunreinigten Anhäufungen finden und die Glückseligkeit der Befreiung genießen könnten.» In *Leitfaden für die Lebensweise eines Bodhisattva* sagt Shantideva:

> Hat unser Vater oder unsere Mutter
> Eine hilfreiche Absicht wie diese?
> Haben sie die Götter oder Weisen?
> Oder sogar Brahma selbst?

Nur reine Praktizierende des Mahayana haben die Absicht, allen Mutterwesen von Nutzen zu sein, indem sie sie zur vollkommenen Glückseligkeit führen.

Wir müssen wiederholt über diese drei Stufen der Meditation über die siebenfache Ursache und Wirkung nachdenken und meditieren. Wenn wir alle Lebewesen als unsere Mütter erkennen können und uns an ihre Güte erinnern, werden wir uns ganz natürlich wünschen, diese zu erwidern. Der Erfolg der nachfolgenden Stufen hängt davon ab, eine klare und eindeutige Erlangung dieser Stufen zu gewinnen.

ZUNEIGUNGSVOLLE LIEBE ENTWICKELN

Eine Frau fragte einst Geshe Potowa: «Was ist zuneigungsvolle Liebe?» Er erwiderte: «Was fühlst du, wenn du deinen eigenen Sohn siehst? Du freust dich ihn zu sehen und seine Erscheinung ist dir angenehm. Wenn wir alle Lebewesen auf die gleiche Weise betrachten, uns ihnen nahe fühlen und sie uns am Herzen liegen, haben wir zuneigungsvolle Liebe entwickelt.»

Unsere Mutter mag nicht sehr schön sein oder elegante Kleider tragen, aber in unseren Augen ist sie schön, weil wir eine gute Beziehung zu ihr haben. Wir lieben sie und empfinden Mitgefühl. Wenn wir die gleiche zärtliche Beziehung auch zu allen anderen Lebewesen haben, haben wir zuneigungsvolle Liebe. Mit dieser zuneigungsvollen Liebe für alle Lebewesen ist es unmöglich, Eifersucht oder Wut ihnen gegenüber zu entwickeln. Wenn wir unser Gewahrsein für die Güte anderer verbessern, werden wir diese Warmherzigkeit und Zärtlichkeit entwickeln und andere ganz natürlich schätzen. Auch wenn sie möglicherweise viele Fehler haben, werden wir ihre Schönheit sehen, genau wie eine Mutter die Schönheit ihrer Kinder sieht, was immer sie auch tun.

Aus zuneigungsvoller Liebe entsteht die Liebe, die andere wertschätzt, und aus wertschätzender Liebe entsteht wünschende Liebe – die Liebe, die wünscht, dass alle anderen Lebewesen vollkommen glücklich sind. Wenn wir wünschende Liebe für alle Lebewesen entwickeln, entsteht gleichzeitig großes Mitgefühl – eine Geisteshaltung, die es nicht ertragen kann, dass andere irgendeinen Schmerz erleiden, und die ihnen vollständige Befreiung von jeder Art des Leidens wünscht. Die Verwirklichung der wünschenden Liebe und die des großen Mitgefühls sind wie zwei Seiten der gleichen Medaille. Beide hängen von zuneigungsvoller Liebe ab.

Drei Dinge sind nötig, um zuneigungsvolle Liebe zu entwickeln:

(1) Den Nutzen der zuneigungsvollen Liebe überdenken
(2) Besitz aller förderlichen Bedingungen, um zuneigungsvolle Liebe zu entwickeln
(3) Beseitigung aller Hindernisse für das Entwickeln zuneigungsvoller Liebe

DEN NUTZEN DER ZUNEIGUNGSVOLLEN LIEBE ÜBERDENKEN

Liebe ist sehr nützlich, selbst wenn sie mit begehrender Anhaftung vermischt ist. Sie ist die Grundlage aller harmonischen und dauerhaften Beziehungen. Wenn wir unsere Freunde und unsere Familie lieben, werden wir glücklich sein, auch wenn wir keinen materiellen Reichtum besitzen; aber ohne Liebe werden auch noch so großer Reichtum und noch so große Mittel nicht zu dauerhaften und fruchtbaren Beziehungen führen.

Wenn wir jemanden, den wir anziehend finden, zum ersten Mal treffen, fühlen wir uns glücklich und entwickeln ihm oder ihr gegenüber mühelos liebevolle Güte. Wenn unsere Liebe mit der Zeit abnimmt, erleben wir Probleme und Unzufriedenheit. Wenn unsere Liebe aber zunimmt, bleiben wir glücklich, selbst wenn wir Probleme erleben und nicht viel besitzen. Da Liebe, selbst wenn sie mit begehrender Anhaftung vermischt ist, dermaßen nützlich ist, muss da noch erwähnt werden, wie fruchtbar Liebe ist, wenn sie vollständig frei von Anhaftung ist? Meditieren wir über Liebe für alle Lebewesen, und sei es auch nur für kurze Zeit, werden wir eine riesige Menge an Verdiensten ansammeln und große Vorteile haben.

In *Kostbare Girlande von Ratschlägen für den König* sagt Nagarjuna, dass es acht Hauptvorteile der zuneigungsvollen Liebe gibt:

(1) Wenn wir auch nur einen Moment über Liebe meditieren, sammeln wir größere Verdienste an, als wenn wir allen Lebewesen dreimal täglich zu essen geben würden.

(2) Wir werden von Menschen und Göttern geliebt. Manche Menschen werden auf natürliche Weise von anderen geliebt. Ihr Anblick macht andere glücklich, und sie erhalten Geschenke und Gastfreundschaft. Der Grund, dass sie so geliebt werden, liegt darin, dass sie in der Vergangenheit Liebe praktiziert haben.

(3) Wir werden selbst während unseres Schlafes von Menschen und Göttern beschützt. Weil wir während des Schlafes keine klare Achtsamkeit und Erinnerung haben, fällt es Geistern leichter, uns in dieser Zeit zu schaden. Es wird gesagt, dass Geister, die uns schaden wollen, zahlreicher sind als Menschen. Sie können uns geistiges Leiden zufügen, indem sie unsere positiven Geisteszustände zerstören, sie können unseren Geist stören und ihn wahnsinnig machen. Sie können uns Krankheiten und Unannehmlichkeiten

zufügen, und sie können tugendhafte Handlungen, die wir ausführen wollen, stören. Sie können verhindern, dass unsere Wünsche erfüllt werden, sie können unsere Dharma Praxis stören, und sie können Disharmonie und Unzufriedenheit in unseren Beziehungen mit anderen verursachen.

(4) Wir werden glücklich werden. Wenn unser Geist die Natur von Liebe hat, werden wir uns ganz natürlich glücklich und friedvoll fühlen. Mit einem solchen Geisteszustand ist es unmöglich, unruhig oder deprimiert zu sein und Wut oder Eifersucht zu entwickeln. Wenn wir jetzt Liebe für andere empfinden und daran arbeiten, ihnen Glück zu bringen, werden wir in der Zukunft mit Sicherheit Glück erfahren.

(5) Wir werden uns in der Zukunft körperlich wohl fühlen.

(6) Indem wir starke Konzentration auf Liebe entwickeln, werden wir vor Schaden durch Gift, Waffen und andere verletzende Gegenstände beschützt.

(7) Unsere Wünsche werden mit Leichtigkeit erfüllt werden.

(8) Wir werden in den Bereichen der Götter wiedergeboren werden, wie demjenigen Brahmas, und schließlich werden wir Erleuchtung erlangen.

Daneben gibt es noch zahllose weitere Vorteile. Ein ganz besonderer Nutzen zuneigungsvolle Liebe zu entwickeln ist, dass sie alle Schmerzen und Probleme beseitigt, die wir uns als Folge unserer Wut zuziehen, weil zuneigungsvolle Liebe das direkte Gegenmittel gegen Wut ist. Obwohl wir unsere Freunde und unsere Familie lieben, werden wir doch manchmal wütend auf sie, weil wir die liebevolle Güte vergessen, und so bringen wir Kummer über uns selbst und diejenigen, die wir lieben. Unsere Wut behindert unsere spirituelle Praxis und raubt unseren Geistesfrieden. Sie raubt uns sogar unsere körperliche Schönheit und lässt uns so hässlich aussehen, dass man erschrickt, wenn man uns sieht. Mit zuneigungsvoller Liebe werden wir keines dieser Probleme haben, weil in unserem Geist weder Wut noch Eifersucht entstehen werden. Äußere Umstände werden uns nicht stören und unsere Freunde, unsere Familie und die Menschen, mit denen wir zusammenleben und arbeiten, werden glücklicher werden. Deshalb sollten wir uns anstrengen, unsere Liebe zu pflegen und zu vergrößern. Bemühen ist ein Geist, der sich darüber freut, tugendhafte Handlungen auszuüben. In diesem Fall wird Bemühen dadurch erzeugt, dass man die Vorteile des Entwickelns von zuneigungsvoller Liebe versteht. Mit diesem sicheren Verständnis wird unser Bemühen natürlich und freudvoll.

BESITZ ALLER FÖRDERLICHEN BEDINGUNGEN, UM ZUNEIGUNGSVOLLE LIEBE ZU ENTWICKELN

Wenn wir den starken Wunsch haben, zuneigungsvolle Liebe zu entwickeln, sollten wir erkennen, welche Bedingungen dafür förderlich sind. Die förderlichen Bedingungen sind die ersten drei Stufen der Meditation über die siebenfache Ursache und Wirkung: alle Lebewesen als unsere Mütter zu erkennen, uns an ihre Güte zu erinnern und ihre Güte erwidern zu wollen. Wenn wir alle Lebewesen als unsere Mütter erkennen und uns an ihre große Güte erinnern, werden wir ihre Güte erwidern wollen, und in unserem Herzen wird spontan zuneigungsvolle Liebe für sie entstehen.

BESEITIGUNG ALLER HINDERNISSE FÜR DAS ENTWICKELN ZUNEIGUNGSVOLLER LIEBE

Das Haupthindernis für das Entwickeln der zuneigungsvollen Liebe ist das Gefühl der Abneigung gegen andere. Wir können keine zuneigungsvolle Liebe für alle Mutterwesen empfinden, solange wir weiterhin bei einigen glücklich sind, sie zu treffen, bei anderen jedoch gereizt oder verärgert sind. Wann immer uns Gefühle der Abneigung bewusst werden, sollten wir deshalb meditieren:

Ich empfinde Abneigung gegen diesen Menschen, aber meine Einstellung ist falsch und meine Wahrnehmung fehlerhaft. Er scheint unangenehm zu sein, aber diese Erscheinung ist nur entstanden, weil ich den Fehlern, die er zu haben scheint, unangemessene Aufmerksamkeit schenke. Ich selbst habe mein Gefühl der Abneigung erschaffen, indem ich diese unangemessene Aufmerksamkeit entwickelt habe.

Wenn es jemanden gibt, den wir besonders unangenehm finden, können wir meditieren:

Ist dieser Mensch wirklich so unangenehm? Wenn dem so ist, dann habe ich Recht, ihn so wahrzunehmen, und meine Abneigung gründet auf fehlerlosem Gewahrsein. Doch nicht alle sehen ihn so wie ich. Er hat Freunde, die ihn sehr angenehm finden. Wessen Wahrnehmung ist richtig? Die Freunde dieses Menschen und ich können nicht beide recht haben, weil unsere Einstellungen widersprüchlich sind, und doch betrachten wir den gleichen Menschen.

Wenn wir mit der Untersuchung fortfahren, werden wir sehen, dass es unsere eigene Haltung ist, die falsch ist. Der andere ist nicht von sich aus abstoßend. Die Art und Weise, wie er uns erscheint, ist eine Spiegelung unseres eigenen verblendeten Geisteszustandes – eine Erscheinung, erschaffen durch unsere eigene Wut oder Verwirrung. Wenn wir jemanden abstoßend oder unangenehm finden, sollten wir deshalb erkennen, dass das, was wir sehen, eine Projektion unseres eigenen Geistes ist, entstanden aus unseren eigenen verblendeten Gedanken. Wir sollten meditieren:

Diese Abneigung ist nichttugendhaft, und sie wird mich dazu bringen, viele unglückliche Geisteszustände zu entwickeln. Sie kann niemals irgendeinen Nutzen bringen. Wenn ich eine solche Abneigung gegen andere empfinde, überrascht es nicht, dass ich weitere nichttugendhafte Geisteszustände habe.

Gegenwärtig sind es die meisten von uns nicht gewohnt, ihre Gedanken immer wieder zu untersuchen. Normalerweise halten wir nicht inne und fragen uns: «Welche Gedanken entstehen jetzt gerade in meinem Geist?» Wir müssen aber unseren Geist auf diese Weise überwachen, wenn wir unsere nichttugendhaften Geisteszustände, die die Ursache unserer Leiden sind, erfolgreich beseitigen wollen. Wann immer wir Abneigung entwickeln, sollten wir uns dessen bewusst werden und sie beseitigen, so rasch wir können. Wenn wir sie in unserem Geist belassen, wird sie sich in Wut verwandeln und schlechte Ergebnisse nach sich ziehen. Wir müssen jedes Gefühl des Missfallens überwinden, wenn wir jemand sehen, bevor wir zuneigungsvolle Liebe für ihn entwickeln können. Je erfolgreicher wir darin sind, unsere Abneigung zu identifizieren und zu überwinden, desto leichter wird es sein, zuneigungsvolle Liebe zu verwirklichen. Diese Verwirklichung zu entwickeln ist ein stufenweiser Prozess. Zuerst müssen wir die Liebe für unsere eigene Familie und unsere Freunde vergrößern. Wenn wir fortfahren, Wut oder Abneigung ihnen gegenüber zu empfinden, wie sollte es da möglich sein, zuneigungsvolle Liebe für alle anderen Lebewesen zu entwickeln? Wenn wir uns daran gewöhnt haben, zuneigungsvolle Liebe für diejenigen zu entwickeln, die uns nahe stehen, können wir unsere Praxis allmählich auf unsere Nachbarn, unsere Gemeinde und immer weiter ausdehnen, bis unser Gefühl der Liebe alle Lebewesen umfasst.

GROSSES MITGEFÜHL ENTWICKELN

Wenn wir sehen, dass jemand, den wir mögen, Schmerzen hat, empfinden wir Mitgefühl und Sympathie für ihn, aber dieses Gefühl ist nicht das große Mitgefühl, das wir entwickeln müssen, um Mahayanapfade zu betreten. Großes Mitgefühl nimmt alle fühlenden Wesen wahr. Indem es erkennt, dass alle fühlenden Wesen Leiden erleben, wünscht es, dass alle ohne Ausnahme frei von ihrem Elend sind.

Da Bodhichitta in Abhängigkeit von großem Mitgefühl erzeugt wird, hängt die Kraft unseres Bodhichitta von der Kraft unseres Mitgefühls ab. Bodhisattvas, die sehr starkes Mitgefühl haben, erlangen rasch Erleuchtung. Sie können es nicht ertragen, andere leiden zu sehen und sie wollen diese so rasch wie möglich von ihren Schmerzen erlösen. Deshalb suchen sie einen schnellen Pfad zur Erleuchtung und beginnen mit der Praxis des Geheimen Mantra. So wie eine Mutter, die ihr Kind in ein Feuer fallen sieht, den äußerst dringenden Wunsch hat, es zu retten, so dringlich wünscht ein Bodhisattva, der sehr starkes Mitgefühl hat, alle Lebewesen so schnell wie möglich von ihren Leiden zu befreien. Er oder sie denkt: «Wie wundervoll wäre es, wenn ich alle Lebewesen gleich jetzt aus dem Gefängnis Samsaras befreien könnte.»

Großes Mitgefühl ist selbst nach der Erlangung der vollen Erleuchtung wichtig. Wenn Bodhisattvas Buddhas werden, sind sie frei von allen Fehlern geworden, sie haben alle guten Eigenschaften erreicht und genießen ewiges Glück. Wenn Buddhas kein großes Mitgefühl hätten, würden sie in diesem glücklichen Zustand verweilen, genauso wie Hinayana Feindzerstörer friedlich im Zustand der Befreiung verweilen. Weil sie kein großes Mitgefühl entwickelt haben, bemühen sich Hinayana Feindzerstörer nicht, anderen zu helfen; das große Mitgefühl der Buddhas hingegen veranlasst diese, zum Wohle anderer zu arbeiten. Deshalb heißt es, dass großes Mitgefühl zu Beginn unserer Praxis, während unserer Praxis und am Ende unserer Praxis wichtig ist. Am Anfang von *Leitfaden zum Mittleren Weg* erweist Chandrakirti dem großen Mitgefühl und nicht den Buddhas und Bodhisattvas seine Ehrerbietung, obwohl die Ehrerbietung an die Buddhas und Bodhisattvas zu Beginn eines solchen Textes üblicher ist. Er weicht von diesem Brauch ab, um darauf hinzuweisen und zu betonen, dass großes Mitgefühl zu Beginn, in der Mitte und am Ende des Pfades zur Erleuchtung wichtig ist. Am Anfang unserer Praxis gleicht großes Mitgefühl der Saat; während unserer Praxis gleicht großes Mitgefühl dem Wasser, dem Sonnenlicht und anderen nährenden Bedingungen; und am Ende unserer Praxis gleicht großes Mitgefühl der voll ausgereiften Frucht, die es uns erlaubt, die gute Ernte einzubringen, anderen von Nutzen zu sein.

Um großes Mitgefühl zu erzeugen, entwickeln wir zuerst zuneigungsvolle Liebe für alle Lebewesen und meditieren dann über die Leiden, die sie erleben. Mit der Verwirklichung der zuneigungsvollen Liebe entwickeln wir großes Mitgefühl ganz natürlich und spontan, wann immer wir die Leiden anderer sehen, uns daran erinnern oder darüber nachdenken. Wir werden keine Wahl haben, genauso wie eine Mutter keine andere Wahl hat als Mitgefühl für ihr Kind zu empfinden, wenn sie sieht, dass es leidet. Mit zuneigungsvoller Liebe ist es für uns leicht zu verstehen, wie es möglich ist, großes Mitgefühl zu entwickeln, weil alle Lebewesen Leiden erfahren. Obwohl wir ihre Leiden nicht immer sehen, ist es gewiss, dass alle Lebewesen innerhalb Samsaras Probleme haben und zwangsläufig die Schmerzen von Krankheit, Altern und Tod werden erleiden müssen. Wenn wir zuneigungsvolle Liebe entwickelt haben und immer wieder über die Leiden nachdenken, die andere ertragen müssen, wird sich unser Mitgefühl Tag für Tag vergrößern und wir werden Avalokiteshvara, der Verkörperung des großen Mitgefühls aller Buddhas, immer näher kommen.

Großes Mitgefühl ist nicht leicht zu erzeugen; wir müssen es nach und nach entwickeln. Wir können damit anfangen über die Leiden nachzudenken, die Tiere erdulden müssen, und uns daran erinnern, dass viele von ihnen gewaltsam durch die Hand eines Schlachters sterben werden. Wir denken an die körperlichen Schmerzen, die sie erleben werden, und die fürchterliche Angst, die sie bekommen, wenn sie begreifen, dass ihr Leben in Gefahr ist. Wenn Menschen um ihr Leben fürchten, können sie oftmals Schutz oder Hilfe bei Krankenschwestern und Ärzten finden, aber wenn Tiere in Gefahr sind, sind sie völlig verwundbar und schutzlos. Indem wir über die Leiden der Tiere meditieren, werden wir Mitgefühl entwickeln und denken: «Wie wundervoll wäre es, wenn all diese Lebewesen frei von den Leiden Samsaras und ihren Ursachen wären.»

Dann meditieren wir über die Leiden der Menschen, beispielsweise über die Schmerzen derer, die im Krankenhaus liegen oder über die Leiden der Alten und Sterbenden. Wenn es uns schwerfällt, Mitgefühl für Menschen zu entwickeln, die keine offensichtlichen Leiden, sondern glückliche Umstände zu erfahren scheinen, können wir uns die Stufen der Meditation eines mittleren Wesen in Erinnerung rufen. Wir können uns daran erinnern, dass die glücklichen Erfahrungen dieser Menschen sich schon bald ändern werden und sie keine Freiheit haben, auch wenn sie gerade jetzt ein gutes Leben genießen. Selbst jetzt erleben sie verschiedene Leiden, wie die Leiden der Ungewissheit, der Unzufriedenheit und so weiter. So wie ein Vogel schließlich zur Erde zurückkehren muss, mag er auch noch so weit und hoch fliegen, so müssen alle Lebewesen, die in Samsara gefangen sind, schließlich den Sturz in die niederen Bereiche erfahren, wie groß das Glück auch sein mag, das sie vorübergehend genießen. Das Wissen, dass samsarische Lebewesen keine Wahl über das haben, was sie erleben, hilft uns, Mitgefühl für sie zu entwickeln. Ein Tier, das nächstes Jahr geschlachtet wird, ist genauso ein Objekt des Mitgefühls wie eines, das morgen geschlachtet wird. In gleicher Weise sind Menschen, die in der Zukunft Leiden erfahren müssen, genauso Objekte des Mitgefühls wie Menschen, die gerade jetzt leiden. Wir müssen insbesondere Mitgefühl für diejenigen entwickeln, die negative Handlungen ausführen, weil sie die Ursache dafür schaffen, in der Zukunft Leiden zu erleben. Ihre Situation ist tatsächlich schlimmer als die Lage derer, die gerade jetzt leiden. Menschen, die derzeit die Ergebnisse ihrer vergangenen negativen Handlungen erfahren, werden diese in der Zukunft nicht mehr erleben müssen, während diejenigen, die jetzt negative Handlungen ausführen, nur zukünftigem Elend entgegenblicken.

Indem wir in dieser Weise meditieren, versuchen wir Mitgefühl für alle Lebewesen zu entwickeln. Wenn dieses besondere Gefühl des Mitgefühls deutlich und bestimmt in unserem Geist entsteht, üben wir die verweilende Meditation aus, um uns damit mehr und mehr vertraut zu machen. Wenn wir nicht meditieren, versuchen wir bei allem, was wir tun, Mitgefühl zu bewahren. Auch hier entwickelt sich unsere Praxis allmählich. Wir fangen damit an, das Mitgefühl zu vergrößern, das wir ganz natürlich für unsere Freunde und unsere Familie empfinden, und dehnen es dann aus, bis es alle Lebewesen umfasst.

Das Zeichen, dass wir großes Mitgefühl verwirklicht haben, besteht darin, dass wir jedes Mal, wenn wir ein anderes Lebewesen sehen, den spontanen Wunsch haben, es möge frei von seinen Leiden sein. Genauso wie eine Mutter ganz natürlich wünscht, dass ihr krankes Kind wieder gesund wird, haben wir großes Mitgefühl erzeugt, wenn wir dieses Gefühl Tag und Nacht für alle Lebewesen empfinden und denken: «Wie wundervoll wäre es, wenn alle Lebewesen von ihren Leiden und deren Ursachen getrennt sein würden.»

HÖHERE ABSICHT ENTWICKELN

Wenn wir großes Mitgefühl erzeugt haben, meditieren wir:

> *Genügt es, den bloßen Wunsch zu haben, dass alle Lebewesen frei von Leiden werden? Sicherlich nicht! Ich muss tatsächlich etwas tun, damit dies geschieht. Ich selbst muss die Verantwortung übernehmen, allen Lebewesen zu helfen, von ihren Leiden befreit zu werden.*

Wenn eine Mutter ihr Kind in ein Feuer fallen sieht, ist sie nicht mit dem bloßen Wunsch zufrieden, dass ihr Kind in Sicherheit sein möge. Sie wird rasch und spontan handeln, um ihr Kind zu retten. Wenn unsere eigene Mutter Schmerzen hat, beten wir nicht nur darum, dass sie von ihren Schmerzen befreit wird, sondern wir tun unser Möglichstes, um ihr Leiden zu lindern. Nachdem wir großes Mitgefühl erzeugt haben, erzeugen wir auf ähnliche Weise die höhere Absicht – den Entschluss, die Verantwortung zu übernehmen, andere von Leiden zu befreien und sie zum vollkommenen Glück zu führen. Höhere Absicht ist das Versprechen, alle Lebewesen zu befreien, weil wir erkennen, dass sie alle unsere Mütter sind und dass sie alle wünschen, Leiden zu vermeiden und Glück zu erleben. Weil wir die Notwendigkeit erkennen, persönliche Verantwortung zu übernehmen, nehmen wir die Aufgabe an, anderen von Nutzen zu sein, und wir führen unsere Absicht zu jeder Zeit aus.

Dieser Geisteszustand wird höhere Absicht genannt, weil er den Geisteshaltungen der bloßen Liebe und des bloßen Mitgefühls überlegen ist. Während die Praxis, Liebe und Mitgefühl zu entwickeln, den Hinayana- und Mahayana Schulungen gemeinsam ist, ist höhere Absicht ausschließlich eine Praxis des Mahayana. Höhere Absicht, die sechste Ursache für Bodhichitta, ist mehr als nur der Wunsch, die Güte all unserer Mütter zu erwidern, das die dritte Ursache ist. Wenn wir diesen Wunsch haben, haben wir damit noch keine persönliche Verpflichtung übernommen, alle Lebewesen zur Befreiung zu führen, obwohl wir es uns wünschen. Doch haben wir höhere Absicht, dann haben wir den festen Entschluss gefasst, aktiv die erforderlichen Schritte in die Wege zu leiten, um unser Ziel zu erreichen. Der Wunsch, die Güte anderer zu erwidern, ist durch die Erkenntnis motiviert, wie gütig andere in der Vergangenheit zu uns gewesen sind, während höhere Absicht durch großes Mitgefühl motiviert ist. Die Güte anderer erwidern zu wollen gleicht dem Wunsch, etwas zu kaufen, das wir in einem Geschäft gesehen haben, aber höhere Absicht zu entwickeln gleicht dem eigentlichen Entschluss, zu kaufen, was wir wollen.

BODHICHITTA ENTWICKELN

Die Stufen der Meditation, die bis hierher erklärt wurden, führen uns tatsächlich zur Erzeugung von Bodhichitta. Die Erklärung über Bodhichitta wird in drei Teilen gegeben:

1. Die Grundlage für die Erzeugung von Bodhichitta
2. Die Natur von Bodhichitta und wie er erzeugt wird
3. Die Unterteilungen von Bodhichitta

DIE GRUNDLAGE FÜR DIE ERZEUGUNG VON BODHICHITTA

Obwohl Bodhichitta von nichtmenschlichen Wesen erzeugt werden kann, wie zum Beispiel von Göttern und Nagas, die die Gelegenheit haben, Dharma zu erhalten, ist ein menschliches Leben mit all seinen Freiheiten und Ausstattungen die beste Grundlage, diesen besonderen Geist zu entwickeln. Menschen können kraftvolleren Bodhichitta erzeugen, weil der menschliche Bereich mehr Objekte des Mitgefühls hat. Im menschlichen Bereich gibt es viel mehr

Leiden und bessere Möglichkeiten, Dharma zu erhalten. Deshalb können Menschen leichter Entsagung und Mitgefühl entwickeln. Weil wir erkennen, dass wir jetzt die beste Gelegenheit für das Studium und die Praxis der Mahayanapfade haben, sollten wir meditieren:

> *Weil ich eine perfekte menschliche Wiedergeburt erlangt habe und jetzt in Kontakt mit den reinen Mahayana Unterweisungen gekommen bin, gibt es keinen besseren Zeitpunkt für mich, Bodhichitta zu erzeugen. Wenn ich diese Gelegenheit nicht wahrnehme, wann werde ich wohl je wieder eine solche finden? Sie ist so selten. Ich muss sie nun nutzen, solange ich kann. Obwohl dies degenerierte Zeiten sind, sind sie für mich sehr vom Glück begünstigt, weil ich eine wundervolle Gelegenheit habe, die ich nie zuvor hatte.*

Es lebte einst ein Tibeter namens Drukku Shewo, der keine Beine hatte. Eines Tages fiel er vom Rand einer Klippe auf den Rücken eines wilden Pferdes. Das Pferd war so überrascht, dass es im Galopp lossprengte und Drukku Shewo sich festhalten musste, um sein Leben zu retten. Als das Pferd schließlich müde und langsamer wurde, riefen einige Leute Drukku Shewo zu, er solle schnell absteigen, er aber rief zurück: «Auf keinen Fall! Wann hat ein Mann ohne Beine je das Glück, ein wildes Pferd zu reiten? Ich werde diese Gelegenheit vielleicht nie mehr haben und deshalb werde ich hier oben bleiben, solange ich kann.»

Wir sind wie Drukku Shewo, weil wir durch äußerst glückliche Umstände reinen Mahayana Unterweisungen begegnet sind. Diese waren bisher im Westen unbekannt und sie werden vielleicht nicht lange verfügbar sein. Wie können wir sicher sein, je wieder eine solche Gelegenheit zu haben? Umstände ändern sich rasch und niemand ist imstande zu sagen, wie lange die reinen Mahayana Unterweisungen noch in dieser Welt sind. Vor der Invasion Tibets durch die Chinesen, dachten viele Tibeter, dass der Dharma für Jahrhunderte dort bleiben würde, und sie erwarteten, dass sie in zukünftigen Leben in ihre Klöster zurückkehren könnten. Sie hätten sich nie vorstellen können, dass diese Klöster, jahrhundertealt, noch während ihrer eigenen Lebenszeit vollständig zerstört würden. Aber es ist geschehen und in kürzester Zeit ist Buddhadharma praktisch aus Tibet verschwunden.

Es wurde gesagt, dass Buddhadharma einem kostbaren goldenen Joch gleicht, das, von den Wellen der Zeit hin- und hergeworfen, sich niemals an einem bestimmten Ort aufhält. Er kann aus diesem Land oder aus dieser Welt verschwinden und in anderen Bereichen auftauchen. Niemand kann sagen, dass dies nicht geschehen wird. Da wir im Moment in einer so glücklichen Lage sind, sollten wir die Gelegenheit ergreifen und unsere Zeit weise nutzen, um stabile Dharma Erfahrungen zu erlangen und die Ursachen zu schaffen, in der Zukunft Glück zu erleben.

DIE NATUR VON BODHICHITTA UND WIE ER ERZEUGT WIRD

Bodhichitta ist ein spontaner, durch großes Mitgefühl motivierter Wunsch, Erleuchtung zu erlangen, um allen Lebewesen von Nutzen sein zu können. Es wurde bereits erklärt, dass Bodhichitta aus zwei Bestrebungen besteht: der Bestrebung, selbst die Erleuchtung zu erlangen, und der Bestrebung, alle anderen Lebewesen zum gleichen Zustand zu führen. Es sollte betont werden, dass die erste Bestrebung nicht den Wunsch beinhaltet, Erleuchtung für sich allein zu erlangen, sondern dass sie der Wunsch ist, selbst Erleuchtung zu erlangen, als das einzige vollkommen wirksame Mittel, um unseren Hauptwunsch zu erfüllen, nämlich andere Lebewesen zum gleichen Zustand zu führen. Die Erleuchtung für uns selbst zu erlangen ist lediglich ein Mittel zum Zweck. Wollen wir zum Beispiel eine Tasse Tee trinken, ist unser eigentlicher Wunsch, Tee zu trinken. Wir wollen nur deshalb eine Tasse, weil sie ein notwendiges Utensil ist, um Tee zu trinken. Das Bestreben, anderen zu nützen, gleicht unserem Wunsch, Tee zu trinken, während die Bestrebung, unsererseits Erleuchtung zu erlangen, dem Wunsch gleicht, eine Teetasse zu bekommen.

Wenn wir höhere Absicht erzeugt haben, sind wir entschlossen, alle Lebewesen zur vollen Erleuchtung zu führen. Wir meditieren:

> *Bin ich zurzeit fähig, zu erfüllen, was ich versprochen habe? Selbst Hinayana Feindzerstörer, die Befreiung erlangt haben, haben nicht die Fähigkeit, andere zum voll erwachten Zustand der Buddhaschaft zu führen. Weltliche Götter wie Brahma und Ishvara können andere nicht zur Erleuchtung führen, und selbst Bodhisattvas auf den vier Pfaden des Lernens haben diese Fähigkeit nicht, weil sie noch keine Buddhas sind. Wer kann diese Aufgabe ausführen? Nur Buddhas haben alle notwendigen Eigenschaften. Deshalb muss ich Erleuchtung erlangen, um mein Versprechen erfüllen zu können.*

Wenn wir auf diese Weise meditieren, entwickeln wir Bodhichitta – den spontanen Wunsch, Erleuchtung zum Wohle anderer zu erlangen. Das Zeichen, dass wir Bodhichitta verwirklicht haben ist, dass wir diesen Gedanken nie verlieren; Tag und Nacht wünschen wir, zum Wohl anderer erleuchtet zu werden. Wir sind nun in den Mahayanapfad eingetreten.

DIE UNTERTEILUNGEN VON BODHICHITTA

Es gibt viele Arten von Bodhichitta. Sie können in vier Gruppen unterteilt werden:

1. Die zweifache Unterteilung
2. Die dreifache Unterteilung
3. Die vierfache Unterteilung
4. Die zweiundzwanzigfache Unterteilung

Die zweifache Unterteilung erfolgt vom Standpunkt der Natur des Bodhichitta; die dreifache Unterteilung vom Standpunkt der Art und Weise, wie wir Bodhichitta erzeugen; und die vier- und die zweiundzwanzigfache Unterteilung vom Standpunkt der Grundlage für die Erzeugung von Bodhichitta.

DIE ZWEIFACHE UNTERTEILUNG

Die vielen verschiedenen Ebenen des Bodhichitta sind alle in den folgenden zwei Kategorien enthalten: anstrebender Bodhichitta und ausübender Bodhichitta. Anstrebender Bodhichitta ist jeder Bodhichitta, den wir erzeugen, bevor wir die Bodhisattva Gelübde ablegen. Wenn wir anstrebenden Bodhichitta haben, haben wir den Wunsch, Buddhaschaft zum Wohle anderer zu erlangen, doch wir üben die zur Buddhaschaft führenden Pfade noch nicht aus. Anstrebender Bodhichitta gleicht der Entscheidung, an einen bestimmten Zielort zu gehen.

Ausübender Bodhichitta ist der Bodhichitta, den wir erzeugen, nachdem wir die Bodhisattva Gelübde abgelegt haben. Wenn wir die Bodhisattva Gelübde ablegen, übernehmen wir die Verpflichtung, den Pfaden eines Bodhisattva zu folgen, den Pfaden zur Buddhaschaft. Auf diese Weise verwandeln wir unseren anstrebenden Bodhichitta in ausübenden Bodhichitta. Ausübenden Bodhichitta zu haben gleicht dem tatsächlichen Antritt der Reise zu unserem Ziel. Wenn wir nur anstrebenden Bodhichitta haben, ist es immer noch möglich, ihn zu verlieren oder aufzugeben, aber haben wir einmal die Bodhisattva Gelübde abgelegt, kommen wir der Buddhaschaft von Augenblick zu Augenblick näher, selbst im Schlaf.

DIE DREIFACHE UNTERTEILUNG

Bodhichitta kann auch in königsgleichen Bodhichitta, hirtengleichen Bodhichitta und steuermannsgleichen Bodhichitta unterteilt werden. Ein Bodhisattva, der königsgleichen Bodhichitta hat, wünscht alle Lebewesen zur Buddhaschaft zu führen, so wie ein König seinen Untertanen dient – indem er zuerst selber mächtig und reich wird, und dann seine Mittel verwendet, um seinen Untertanen zu helfen. Ein Bodhisattva, der hirtengleichen Bodhichitta hat, wünscht alle Lebewesen zur Buddhaschaft zu führen, so wie ein Hirte seine Schafe in Sicherheit bringt. Wie Hirten, die zuerst dafür sorgen, dass ihre Herde alles hat, was sie benötigt, und sich erst zuletzt um ihre eigenen Bedürfnisse kümmern, wollen einige Bodhisattvas zuerst alle Lebewesen zur Buddhaschaft führen und erst zuletzt selbst die Erleuchtung erlangen. Sie haben diesen Wunsch, weil ihnen ihr eigenes Wohlergehen am wenigsten bedeutet und sie alle anderen mehr als sich selbst schätzen. Diese Art des Bodhichitta entsteht durch die Praxis des Austauschens vom Selbst mit anderen. Es heißt, dass dies die Geisteshaltung ist, die Manjushri entwickelte. Ein Bodhisattva, der steuermannsgleichen Bodhichitta hat, wünscht alle Lebewesen zur Buddhaschaft zu bringen, so wie ein Steuermann Menschen ans andere Ufer bringt – indem er sie auf ihrer Reise begleitet. Dieser Bodhisattva hat den Wunsch, dass alle Lebewesen gleichzeitig mit ihm die Erleuchtung erlangen.

In Wirklichkeit sind die beiden letzten Arten des Bodhichitta Wünsche, die unmöglich zu erfüllen sind, weil es nur möglich ist, andere zur Erleuchtung zu führen, nachdem man sie selbst erlangt hat. Deshalb ist nur der königsgleiche Bodhichitta tatsächlicher Bodhichitta. Je Tsongkhapa sagt, dass die Geisteshaltung der anderen Bodhisattvas erhaben und angebracht sei, obwohl sie etwas wünschen, was unmöglich ist. Die Geisteshaltung eines Kindes, das den starken Wunsch hat, seine Eltern zu beschützen, ist bewundernswert, obwohl das Kind nicht wirklich in der Lage ist, ihnen Schutz zu gewähren. In gleicher Weise sind die erhabenen Gedanken eines hirtengleichen Bodhisattva und eines steuermannsgleichen Bodhisattva höchst bewundernswert.

DIE VIERFACHE UNTERTEILUNG

Bodhichitta kann auch wie folgt unterteilt werden: die geistige Erzeugung vorgestellter Ausübung, die geistige Erzeugung reiner höherer Absicht, die geistige Erzeugung voller Reife und die geistige Erzeugung aufgegebener Behinderungen.

Die geistige Erzeugung vorgestellter Ausübung ist der Bodhichitta eines Bodhisattva auf den Pfaden der Ansammlung und Vorbereitung. Auf diesen Pfaden meditieren

Bodhisattvas sowohl über Bodhichitta als auch über Leerheit, weil ein Bodhisattva Methode und Weisheit benötigt, um Erleuchtung zu erlangen, genauso wie ein Vogel beide Flügel zum Fliegen braucht. Die Meditation über Bodhichitta vergrößert ihre Verdienste, und die Meditation über Leerheit vergrößert ihre Weisheit. Wenn Bodhisattvas das Leerheit beobachtende höhere Sehen erlangen, betreten sie den Pfad der Vorbereitung. Auf diesem Pfad sind ihr Bodhichitta und ihre Leerheit erkennende Weisheit kraftvoller als auf dem Pfad der Ansammlung. Bodhisattvas auf diesen ersten zwei Pfaden sind gewöhnliche Bodhisattvas, weil sie Leerheit noch nicht direkt verwirklicht haben. Sie erfassen ihr Objekt, Leerheit, mittels eines allgemeinen Bildes. Deshalb heißt es, sie hätten die geistige Erzeugung begrifflicher oder vorgestellter Ausübung.

Wenn Bodhisattvas Leerheit direkt verwirklichen, treten sie in den Pfad des Sehens ein und erlangen die erste Ebene eines höheren Bodhisattva. Von Bodhisattvas auf der ersten bis zur siebten Ebene heißt es, dass sie die geistige Erzeugung reiner höherer Absicht haben, weil ihre Meditationen über Leerheit und Bodhichitta den Meditationen der Bodhisattvas auf den Pfaden der Ansammlung und Vorbereitung überlegen sind. Bodhisattvas auf der achten, neunten und zehnten Ebene haben die geistige Erzeugung voller Reife. Die geistige Erzeugung aufgegebener Behinderungen ist der Bodhichitta eines Buddha.

DIE ZWEIUNDZWANZIGFACHE UNTERTEILUNG

Bodhichitta kann vom Standpunkt der Grundlage für die Entwicklung des Bodhichittas in zweiundzwanzig Arten unterteilt werden. Die erste der zweiundzwanzig Arten wird «erdgleicher Bodhichitta» genannt. Dies ist ein anderer Name für anstrebenden Bodhichitta. Genauso wie Bäume, Häuser und große Städte von der Erde abhängig sind, sind alle anderen Stufen von Bodhichitta von anstrebendem Bodhichitta abhängig, der die notwendige Grundlage für das Ablegen der Bodhisattva Gelübde ist. Wenn Bodhisattvas ausübenden

Bodhichitta entwickeln, erlangen sie die zweite der zweiundzwanzig Stufen namens «goldgleicher Bodhichitta». Er wird so genannt, weil er wie Gold niemals degeneriert. Von dieser Stufe an verbessert sich der Bodhichitta eines Bodhisattva, bis er zum «wolkengleichen Bodhichitta» eines Bodhisattva der zehnten Ebene wird. Genauso wie Regen aus den Wolken fällt, um die Erde zu nähren, fällt vom wolkengleichen Bodhichitta eines Bodhisattva der zehnten Ebene der Regen des Dharmas, um alle Lebewesen zu nähren.

Ausführliche Erklärungen der zweiundzwanzig Arten des Bodhichitta können in den Kommentaren zu den *Sutras der Vollkommenheit der Weisheit* gefunden werden. Vorläufig genügt es, uns auf die Erzeugung des ersten, des erdgleichen Bodhichitta, zu konzentrieren.

DIE SCHULUNG DES GEISTES IM GLEICHSTELLEN UND AUSTAUSCHEN VOM SELBST MIT ANDEREN

Die Schulung des Geistes im Gleichstellen und Austauschen vom Selbst mit anderen und die Praxis des Nehmens und Gebens sind die zwei Hauptformen der Praxis in der Kadam Tradition der Geistesschulung, Lojong auf Tibetisch. Diese Unterweisungen wurden von Buddha Shakyamuni in ununterbrochener Folge an Atisha überliefert, von Atisha an Dromtönpa und von Dromtönpa in ununterbrochener Überlieferungslinie an Geshe Potowa, Geshe Langri Tangpa, Geshe Sharawa und Geshe Chekhawa. Vor der Zeit Geshe Chekhawas waren die Unterweisungen als «geheimer Dharma» bekannt, weil sie nur Schülern mit besonderer Weisheit gelehrt wurden, während die anderen Stufen des Pfades öffentlich gelehrt wurden. In *Leitfaden für die Lebensweise eines Bodhisattva* sagt Shantideva:

> Wer also sich selbst und andere
> Rasch beschützen möchte,
> Sollte dieses heilige Geheimnis
> Des Austauschens vom Selbst mit anderen praktizieren.

Geshe Chekhawa war der erste Lehrer, der diese Unterweisungen öffentlich und in ganz Tibet verbreitete, und in Folge dessen erlangten viele Leute die Verwirklichung von Bodhichitta. Geshe Chekhawa schrieb einen Urtext mit dem Titel *Geistesschulung in sieben Punkten*, der alle Hauptübungen der Kadam Geistesschulung beinhaltet. Die besondere Methode, nach dieser Tradition Bodhichitta zu erzeugen, wird nun unter den folgenden fünf Überschriften erklärt:

1. Das Gleichstellen vom Selbst und anderen
2. Die Nachteile der Selbstwertschätzung überdenken
3. Die Vorteile überdenken, andere zu schätzen
4. Das Austauschen vom Selbst mit anderen
5. Nehmen und Geben

DAS GLEICHSTELLEN VOM SELBST UND ANDEREN

Wir können die Selbstwertschätzung, die Geisteshaltung, uns selbst für das Kostbarste und Wichtigste zu halten, nicht sofort in die gegenteilige Geisteshaltung der Wertschätzung für andere umwandeln, das heißt, andere als äußerst kostbar und wichtig zu betrachten. Deshalb müssen wir damit beginnen, uns und andere gleichzustellen, indem wir lernen, uns selbst und andere als gleichermaßen wertvoll zu betrachten. Dazu meditieren wir:

> *Ich selbst habe nicht den geringsten Wunsch, Leiden zu erleben, und ich bin nicht zufrieden mit dem Glück, das ich genieße, aber das gleiche gilt für alle anderen. Deshalb ist es unangemessen, dass ich mich selbst für wichtiger halte als andere. Ich will glücklich sein, aber dasselbe gilt auch für andere. Ich möchte frei von Elend sein, aber das möchten andere auch. Da wir alle dasselbe wollen, werde ich andere so betrachten, wie ich mich selbst betrachte.*

Wenn dieser Entschluss entsteht, sollten wir ihn in der verweilenden Meditation halten, um gründlich mit ihm vertraut zu werden. Wenn wir Weisheit haben, werden wir nicht viele verschiedene logische Schlussfolgerungen anwenden müssen, um zum Entschluss zu gelangen, andere so zu schätzen wie uns selbst, aber wenn es für uns schwierig ist, einen klaren Entschluss zu fassen, müssen wir logische Begründungen anwenden, um unsere Zweifel zu beseitigen. Es gibt allerdings keine Garantie dafür, dass uns dies befähigen wird, zu einer solchen Entscheidung zu gelangen, weil die Fähigkeit, sie zu treffen, aus unserer Erfahrung stammt. Es ist wundervoll, wenn wir diesen Schritt ohne Zögern ausführen können, weil es ein Schritt ist, den wir unbedingt machen müssen, wenn wir volle Erleuchtung erlangen wollen.

DIE NACHTEILE DER SELBSTWERTSCHÄTZUNG ÜBERDENKEN

Es wurde bereits erklärt, dass die Unwissenheit des Festhaltens am Selbst das bloße Ich beobachtet und an ihm als inhärent existierend festhält. Bei gewöhnlichen Wesen ist Selbstwertschätzung ein Geist, der das durch Festhalten am Selbst vorgestellte inhärent existierende Selbst als höchst wichtig erachtet. Selbstwertschätzung entsteht in Abhängigkeit von Festhalten am Selbst. Diese zwei sind wie unzertrennliche Freunde und die Quelle all unserer Probleme. Aufgrund unseres Geistes der Selbstwertschätzung entwickeln wir den starken Wunsch, unser eigenes Wohlergehen sicherzustellen, aber dazu müssen wir manchmal nichttugendhafte Handlungen ausüben, die die Ursache sind, dass wir Leiden und Unzufriedenheit erleben. Auf diese Weise entstehen all unsere Probleme, innere wie äußere, direkt oder indirekt aus unserer Geisteshaltung der Selbstwertschätzung und können nicht auf irgendeine andere Quelle zurückgeführt werden. In *Leitfaden für die Lebensweise eines Bodhisattva* sagt Shantideva, dass jedes einzelne Leiden, das in dieser Welt erlebt wird, als Ergebnis der Selbstwertschätzung entsteht.

In einem seiner früheren Leben war Buddha Shakyamuni ein Bodhisattva namens Kraftvolles Herz. Eines Tages ging er mit einer Gruppe von Freunden in den Wald und sah dort eine hungernde Tigerin mit vielen Jungen. Die Tigerin hatte so lange keine Nahrung mehr gefunden, dass sie sich darauf vorbereitete, eines ihrer Jungen zu töten und zu fressen. Als Kraftvolles Herz dies sah, erklärte er: «Das zeigt klar, dass es überhaupt nichts Gutes über Samsara zu sagen gibt, wenn sogar eine Mutter dazu getrieben werden kann, so etwas zu tun! Wie kann das nur geschehen? Es ist nur der Geist der Selbstwertschätzung, der sie zu einer solchen Tat verleiten könnte.»

Was ist die Ursache dafür, dass ein Verbrecher das Elend der Gefangenschaft erfahren muss? Der wirkliche Verbrecher ist der Geist der Selbstwertschätzung, der ihn dazu trieb, sein Verbrechen zu begehen. Das gleiche gilt für eine Maus, die in eine Falle gerät: Es ist in Wirklichkeit ihr eigener Geist der Selbstwertschätzung, der sie fängt, weil es die Selbstwertschätzung ist, die die Maus dazu treibt, den Käse zu holen. Wenn ein Fisch gefangen wird, so ist es auch hier seine eigene Selbstwertschätzung, die ihn dazu treibt, den Köder des Fischers anzubeißen und auf den Haken gespießt zu werden.

Was ist die Ursache dafür, dass wir Leiden erfahren, wenn jemand unseren Besitz stehlen oder uns töten will? Es ist allein unser Geist der Selbstwertschätzung, der direkt oder indirekt für unseren Schmerz und unsere Angst verantwortlich ist. Alles Elend, das wir in diesem Leben erfahren, wie die Trauer, wenn wir Menschen verlieren, die uns lieb sind, das Elend der Armut oder die Qualen der Krankheiten, entsteht in Abhängigkeit davon, dass wir eine samsarische Wiedergeburt angenommen haben; und Wiedergeburt in Samsara erfolgt als ein Ergebnis vergangener Handlungen, die wir aus Selbstwertschätzung ausgeführt haben. Wenn uns jemand Schaden zufügen will, dann ist dies eine Folge unserer eigenen negativen Handlungen, und wenn er sich nähert, haben wir Angst, weil wir uns weiterhin selbst schätzen und unser Wohlergehen so hoch bewerten. Das Unglück, das wir jetzt erleben, entsteht infolge unserer vergangenen Selbstwertschätzung, und unsere gegenwärtigen Gefühle des Schmerzes und der Angst entstehen aus der Selbstwertschätzung, die wir gerade jetzt empfinden. Deshalb ist es äußerst gefährlich, diesen Feind der Selbstwertschätzung zu ermutigen und zu vergrößern oder es zuzulassen, von ihm beherrscht zu werden.

Wenn jemand in rauem Ton mit uns spricht, fühlen wir uns verletzt und unglücklich. Warum? Nur weil wir uns für so wichtig halten. Wenn wir nicht so denken würden, könnten uns Worte der Kritik, des Tadels oder des Spotts nicht verletzen. All die verschiedenen Formen der verletzenden Rede haben nur kraft unserer eigenen Selbstwertschätzung die Macht, uns Schmerzen zuzufügen. Zusammen mit Selbstwertschätzung verletzen solche Worte unseren Geist zutiefst, wenn sie ausgesprochen werden, und wir streuen Salz in unsere Wunden, indem wir uns immer wieder an sie erinnern. Danach werden wir wütend und hegen Groll gegen den anderen, alles nur, weil wir meinen, so kostbar zu sein. Oder wenn wir jemandem etwas ausleihen, und er es nicht zurückgibt, dann regen wir uns auf und denken fortwährend daran, dass er unser Eigentum nicht zurückgegeben hat; wäre unsere Selbstwertschätzung nicht so stark, würden wir uns nicht so sehr darum sorgen, was andere mit unserem Besitz anfangen.

Selbstwertschätzung lässt uns jedes Mal die Fassung verlieren, wenn unsere Wünsche nicht erfüllt werden und wenn wir nicht erhalten, was wir wollen oder was wir erwartet haben; werden aber die Wünsche von jemand anderem nicht erfüllt, haben wir keine derartigen Gefühle. Solche Umstände, wie beispielsweise ein Geschäftsmann, der nicht bekommt, was er will, oder jemand, der in Armut leben muss, oder ein Tier, das zur Schlachtbank geführt wird, verursachen nicht die gleichen Schmerzen, wie wenn unsere eigenen Wünsche vereitelt werden.

Sowohl die kleinsten als auch die größten Leiden entstehen durch die Selbstwertschätzung. Wenn wir zu viel essen oder wenn das Essen schlecht ist und wir krank werden, neigen wir dazu, unserem Essen die Schuld für unser Leiden zuzuschieben. Wenn wir es aber überprüfen, werden wir sehen, dass es unsere eigene Selbstwertschätzung ist, die uns leiden lässt, weil wir das Essen in erster Linie mit einer Haltung der Selbstwertschätzung zu uns genommen haben. Selbst die kleinste Störung, wie ein Insekt oder eine Maus in unserem Zimmer zu haben, entsteht aus unserer Selbstwertschätzung.

Jedes Unbehagen, das wir während unserer Meditation erfahren, entsteht aus Selbstwertschätzung. Wenn uns etwas stört, ärgern wir uns, und innerlich schreien wir unter Protest: «Ich versuche zu meditieren!» Wir glauben, dass es äußerst wichtig ist, dass unsere eigenen Meditationssitzungen sehr gut verlaufen, und es fällt uns schwer, irgendeine Unterbrechung zu tolerieren; aber der spirituellen Praxis anderer messen wir nicht die gleiche Bedeutung bei. So wie diese kleinen Leiden als Ergebnis unserer Selbstwertschätzung entstehen, so tun dies auch die größten Leiden, die Menschen erleben können, wie beispielweise die Leiden des Krieges.

In den Texten der Geistesschulung werden dem Geist der Selbstwertschätzung viele Namen gegeben. Er wird als Schlächter bezeichnet, der das Leben der Befreiung zerstört, indem er uns dazu bringt, ungeschickte Handlungen auszuführen; er ist ein Dieb, der unsere tugendhaften Potenziale stiehlt, indem er uns dazu bringt, wütend zu werden; er ist ein Bauer, der die Samen der negativen Handlungen in das Feld unseres Bewusstseins pflanzt, sodass die Frucht des Leidens in unseren Leben reifen wird; und er ist ein Besitzer, weil er begehrlich ist. Mit Selbstwertschätzung gleichen wir einem Geschäftsmann, der aus Begehrlichkeit mit einem Mann verhandelt, der für seine Gefährlichkeit bekannt ist und der versuchen könnte, ihn zu töten; oder wir gleichen einem Soldaten, der aus Siegessucht leichtsinnig außer Acht lässt, dass er jeden Moment getötet werden könnte. Selbstwertschätzung verursacht alle möglichen Formen des Leichtsinns. Sie wird auch Rücksichtslosigkeit genannt, weil sie uns rücksichtslos macht und wir anderen Probleme bereiten, ihnen Lügen erzählen, ihren Besitz wegnehmen oder es vernachlässigen, ihnen Respekt zu zollen; und sie wird Schamlosigkeit genannt, weil sie uns dazu verleitet, unser Gewissen zu ignorieren und unbekümmert zu handeln.

In *Leitfaden für die Lebensweise eines Bodhisattva* sagt Shantideva, dass unser Erfolg lediglich darin bestanden habe, Leiden zu erhalten, obwohl wir unserem Wohlergehen seit anfangsloser Zeit nachgejagt sind. In diesem Leben und in all unseren unzähligen vergangenen Leben haben wir darum gekämpft, glücklich und erfolgreich zu sein, und all unsere Bemühungen waren durch Selbstwertschätzung motiviert; aber selbst nachdem wir viele Äonen lang auf diese Weise gearbeitet haben, haben wir immer noch nichts vorzuweisen. Wir haben keinen wirklichen Fortschritt gemacht. Alles, was wir aus unseren früheren Leben mitgebracht haben, ist Leiden.

Um uns von den großen Gefahren der Selbstwertschätzung zu überzeugen, müssen wir gründlich überprüfen, ob wir irgendein körperliches oder geistiges Leiden finden können, das nicht direkt oder indirekt durch Selbstwertschätzung verursacht wird. Wenn wir es nicht können, sollten wir klar erkennen, dass all unsere Probleme und unser Elend sowie alle äußeren und inneren Fehler aus der Selbstwertschätzung entstehen. Mit dieser Erkenntnis können wir einen festen Entschluss fassen: «Weil ich keine Probleme und kein Unglück erleben will, werde ich die Selbstwertschätzung aufgeben.» Wenn wir diese Entscheidung getroffen haben, nehmen wir sie als unser Objekt der verweilenden Meditation.

Wir müssen diesen Entschluss jederzeit aufrechterhalten. Wann immer wir Problemen begegnen, sollten wir denken: «Genau dieses Problem ist die Folge meiner Selbstwertschätzung.» Auf diese Weise können wir die Gelegenheit wahrnehmen, unseren Entschluss zu festigen.

DIE VORTEILE ÜBERDENKEN, ANDERE ZU SCHÄTZEN

In seinem Lamrim sagt Gyalwa Ensäpa, dass wir uns wünschen würden, anderen von Nutzen zu sein, wenn wir sie schätzten, und wir würden mit dieser Motivation positive Handlungen ausüben und die Ursache für zukünftiges Glück schaffen. Shantideva sagte, dass alles Glück dieser Welt aus einem Geist stammt, der wünscht, dass andere glücklich sein mögen.

Es ist dieser Wunsch, dass andere glücklich sein mögen, der uns in der Vergangenheit veranlasst hat, die Ursachen für ein kostbares menschliches Leben zu schaffen, indem wir die moralische Disziplin, negative Handlungen des Körpers, der Rede und des Geistes aufzugeben, praktiziert haben.

Unser menschliches Leben mit all seinen Freiheiten und Ausstattungen gibt uns die Möglichkeit, die Freuden und das Glück menschlicher Existenz zu erfahren. Die vorteilhaften Bedingungen, die wir als Mensch genießen, sind auch eine Auswirkung unserer vergangenen Geisteshaltung der Wertschätzung für andere, weil es diese Einstellung war, die uns dazu bewegte, anderen durch die Praxis des Gebens, der Geduld und anderer Tugenden von Nutzen zu sein. Wenn andere uns heute Wärme und Liebe entgegenbringen und sich um uns kümmern, ist dies die Folge unserer Wertschätzung ihnen gegenüber in der Vergangenheit. All die Güte, die wir von unseren Eltern erhalten haben, und all die Hilfe, die wir in diesem Leben erhalten haben, ist ein Ergebnis der Wertschätzung für andere.

In *Leitfaden für die Lebensweise eines Bodhisattva* sagt Shantideva:

> Warum aber lange darüber reden?
> Die Kindischen arbeiten nur für sich selbst,
> Während Buddhas nur für andere arbeiten.
> Seht euch einfach den Unterschied zwischen ihnen an!

Hier sind mit «die Kindischen» gewöhnliche Lebewesen gemeint, die viele Leben lang gearbeitet haben, ohne etwas von bleibendem Wert zu erreichen. Seit anfangsloser Zeit waren wir durch Selbstwertschätzung motiviert und wir haben nur Leiden erhalten, während Buddhas durch Wertschätzung anderer motiviert waren und endgültiges Glück erlangt haben.

In *Geschichten der Wiedergeburt* und in vielen Sutras wird erzählt, wie Buddha Shakyamuni in vergangenen Leben die Selbstwertschätzung aufgegeben und für das Wohlergehen anderer gearbeitet hat. *Der wunscherfüllende Baum der hundertacht Taten* ist ein Text, der hundertacht aus den Sutras ausgewählte Kapitel enthält. Jedes Kapitel erzählt von einem Leben, das zum Wohle anderer vollbracht wurde. In einem dieser Leben war der zukünftige Buddha ein König namens Pema Chän. Zu jener Zeit gab es in vielen Ländern dieser Welt Menschen, die an einer Krankheit litten, die starke Kopfschmerzen verursachte. Ärzte berieten sich, um ein Heilmittel zu finden, aber es ließ sich keines entdecken. Schließlich fand ein Arzt ein Gegenmittel, aber er erklärte den anderen: «Um diese Krankheit heilen zu können, müssen wir viele hochwirksame Ingredienzen sammeln. Ich habe sie alle beisammen außer einer – dem Fleisch eines Rohitafisches. Ich kann diese Ingredienz nicht bekommen, weil der Rohitafisch ausgestorben ist.» Als König Pema Chän dies hörte, rief er den Arzt zu sich und erzählte ihm, dass es einen besonderen Ort gäbe, wo der Rohitafisch gefunden werden könne, und er sagte dem Arzt, er solle in ein paar Tagen dorthin gehen und danach suchen. Der Arzt war zuerst skeptisch, weil er bereits gründlich an dem Ort, den der König genannt hatte, gesucht hatte, doch er war bereit, erneut nachzusehen. Wenig später starb König Pema Chän und wurde an diesem Ort als Rohitafisch wiedergeboren. Als der Arzt dort ankam, fand er den Fisch. Er stellte die Medizin her und heilte alle Menschen. Dieser Bodhisattva, Pema Chän, der spätere Buddha Shakyamuni, wurde viele Male als Rohitafisch geboren und gab sein Leben zum Wohle anderer.

Wann immer wir etwas schätzen, tun wir es, weil wir die guten Eigenschaften erkennen und würdigen. Daher werden wir andere Lebewesen ganz natürlich schätzen und ihre Güte erwidern wollen, wenn wir ihre guten Eigenschaften und besonders ihre große Güte erkennen und würdigen. Alles, was wir besitzen, gehört uns nur aufgrund der Güte anderer. Ohne andere Lebewesen könnten wir unseren Besitz nicht unser Eigen nennen. Weder haben wir ihn selbst hergestellt, noch ist er wie durch ein Wunder von selbst entstanden. Alles wurde in Abhängigkeit von der Güte anderer hergestellt. Nehmen wir als Beispiel das Brot, das wir täglich essen. Woher kommt es? Viele Menschen mühen sich auf den Feldern ab, um den Weizen anzubauen, und viele Menschen arbeiten, um den Weizen zu Brot zu verarbeiten und es in den Laden zu bringen, wo wir es kaufen. Vielleicht nehmen wir an, dass das Brot uns gehört, weil wir schließlich dafür bezahlt haben, aber Geld kann kein Brot hervorbringen. Wenn wir Münzen pflanzen, wird keine Ernte entstehen. Es ist die Güte anderer, die uns das Brot zur

Verfügung stellt, das wir benötigen, und nicht unser eigenes Geld.

Selbst unser Geld verdanken wir der Güte anderer. Wir stellen es nicht selbst her. Wir denken vielleicht: «Dieses Geld gehört mir, weil ich es verdient habe. Niemand anderer hat etwas damit zu tun.» Aber wer stellte uns die Arbeitsstelle zur Verfügung, die es uns erlaubt, das Geld zu verdienen? Wer ist es, der sicherstellt, dass unsere Arbeit gefragt ist? Andere sind es, die uns anstellen und unsere Arbeitsstellen schaffen.

Selbst die kleinsten Dinge, die wir für selbstverständlich halten, gehören uns nur aufgrund der Güte anderer. Es dauert zwei Minuten, um eine Tasse Tee zuzubereiten, aber wenn wir bedenken würden, wie viele Menschen daran gearbeitet haben, den Tee zu pflanzen, zu pflücken, zu verpacken und zu transportieren, wären wir überrascht zu sehen, dass unser Tee direkt oder indirekt von der Güte der ganzen Welt abhängt. Dasselbe gilt für den Zucker und die Milch, die wir dem Tee beifügen. Denken wir nur an die Güte der Kuh, die uns die Milch überlassen hat, die für ihr Kalb vorgesehen war!

Unsere Häuser, unsere Büros, unsere Städte entstehen alle in Abhängigkeit von Lebewesen, die hart arbeiten, um dies zu erschaffen. Generationen haben sich abgemüht, die Umgebung hervorzubringen, die wir unser Eigen nennen, und die Straßen zu bauen, auf denen wir reisen. Wenn wir in Hotels wohnen oder einkaufen gehen, betrachten wir all diese Dienstleistungen als selbstverständlich, doch es sind Tausende von Leuten nötig, sie bereitzustellen.

Alles vorübergehende Glück und den Besitz dieses Lebens, einschließlich unseres eigenen Körpers, erhalten wir in Abhängigkeit von der Güte anderer; und all das Glück zukünftiger Leben wird in Abhängigkeit von der Güte anderer entstehen, weil wir von anderen abhängig sind, um Geben, moralische Disziplin, Geduld und Bemühen zu praktizieren, die die Ursachen für höhere Wiedergeburten sind. Auch alles endgültige Glück hängt von der Güte anderer ab, weil wir andere brauchen, um großes Mitgefühl und Bodhichitta zu entwickeln, die Ursachen der vollen Erleuchtung.

In *Leitfaden für die Lebensweise eines Bodhisattva* sagt Shantideva, dass Lebewesen und Buddhas für die Erlangung der Buddhaschaft von gleich großer Bedeutung sind. Normalerweise wird gesagt, dass Buddhas andere zur Erleuchtung führen, aber das tun alle anderen Lebewesen auch, weil wir die Ursache für die Erleuchtung, Bodhichitta, nur entwickeln können, wenn wir alle anderen Lebewesen als unser Objekt für die Praxis nehmen. Weil andere von derart großem Nutzen für uns sind, sollten wir sie zutiefst schätzen. In *Acht Verse der Geistesschulung* sagt Geshe Langri Tangpa:

Mit der Absicht, das endgültige, höchste Ziel zu erlangen,
Das selbst das wunscherfüllende Juwel übertrifft,
Möge ich ohne Unterlass
Alle Lebewesen schätzen.

DAS AUSTAUSCHEN VOM SELBST MIT ANDEREN

Dies wird in drei Teilen dargelegt:

1. Erkennen, warum wir das Selbst mit anderen austauschen müssen
2. Erkennen, dass wir das Selbst mit anderen austauschen können
3. Wie wir das Selbst mit anderen austauschen

ERKENNEN, WARUM WIR DAS SELBST MIT ANDEREN AUSTAUSCHEN MÜSSEN

Shantideva sagte, dass wir unsere Selbstwertschätzung in die Einstellung, andere zu schätzen, umwandeln müssen, weil es keinen Weg für uns gebe, die Erleuchtung zu erlangen, wenn wir es nicht tun; und es ist mit Sicherheit notwendig, dass wir Erleuchtung erlangen, weil nirgendwo in Samsara anhaltendes Glück gefunden werden kann. Wenn wir andere nicht schätzen, werden selbst die Wünsche für dieses Leben nicht erfüllt werden, geschweige denn die Wünsche für zukünftige Leben. Unsere eigene Erfahrung zeigt uns, dass wir auch in höchst weltlichen Situationen nicht erfolgreich sind, wenn wir andere nicht schätzen. Wenn zum Beispiel ein Arbeitgeber keinen Respekt für seine Angestellten hat oder die Angestellten keinen Respekt für ihren Arbeitgeber haben, wird die Zusammenarbeit nicht gut sein. Es mag sein, dass die Arbeitnehmer streiken und ihre Löhne einbüßen, während das Unternehmen des Arbeitgebers nicht erfolgreich sein wird. Dasselbe gilt für sämtliche Beziehungen zwischen Menschen. Wenn es an gegenseitiger Fürsorge und Respekt mangelt, wird niemand erhalten, was er sich wünscht. Wenn eine Ehefrau ihren Mann nicht schätzt, wird er das Interesse verlieren, ihre Wünsche zu erfüllen. Er wird schließlich aufhören, für sie zu sorgen, und es wird nichts mehr geben, was die Ehe noch zusammenhält. Wenn ein Lehrer die Schüler nicht achtet, werden sie sich schlecht benehmen und seine Wünsche durchkreuzen; und wenn die Schüler ihren Lehrer nicht respektieren, werden sie nichts lernen. Eine Gemeinschaft wird auseinanderfallen, wenn die einzelnen Mitglieder einander nicht schätzen; und wenn die Gemeinschaft als Ganzes ihre Mitglieder nicht achtet, wird sie schwach und unharmonisch werden. Ohne die gegenseitige Unterstützung der Mitglieder innerhalb einer Gemeinschaft, wird diese viele Probleme erfahren müssen und die Wünsche von niemanden werden erfüllt werden. Oder wenn wir ein Haus mieten, aber den Hauseigentümer nicht achten, so werden wir das Grundstück vernachlässigen und als Folge davon die Kündigung erhalten. Auf solche und viele andere Arten bereiten wir uns selbst Schwierigkeiten, weil wir es versäumen, andere zu schätzen. Wenn unsere Hauptsorge unserem eigenen Wohlergehen gilt, können wir sicher sein, dass wir Probleme erfahren werden.

Mit diesen Gedanken können wir den festen Entschluss fassen: «Ich muss andere schätzen, damit ich Mitgefühl und Bodhichitta entwickeln und damit auch den vollen Nutzen von Bodhichitta erfahren kann.» Dann meditieren wir einsgerichtet über diesen Entschluss.

ERKENNEN, DASS WIR DAS SELBST MIT ANDEREN AUSTAUSCHEN KÖNNEN

Wir mögen begriffen haben, dass wir das Selbst mit anderen austauschen, die Selbstwertschätzung aufgeben und nur andere schätzen sollten, und uns dennoch nicht in der Lage fühlen, dies auch tatsächlich zu tun. Vielleicht kommt uns beispielsweise der Gedanke: «Die Lebewesen sind zahllos. Ich kann unmöglich alle lieben.» Wir können diese Art der Entmutigung überwinden und zur gegenteiligen Überzeugung gelangen, indem wir die Gründe betrachten, warum es möglich ist, andere zu schätzen.

Shantideva sagte, dass es für uns nicht schwierig sein wird, selbst unsere Feinde zu lieben, wenn wir uns bemühten, das Objekt unserer Wertschätzung zu ändern. Je vertrauter wir mit der Praxis sind, desto leichter wird es sein. Die eigene Erfahrung zeigt uns, wie Menschen, die so starke Abneigung empfinden, dass sie den Anblick des anderen nicht ertragen können, später oft Freunde werden. Manchmal heiraten sie sogar und der einst so unerträgliche Name des anderen wird zu einer Quelle der gegenseitigen Freude. Innerhalb unseres kurzen Lebens haben wir viele solche Erfahrungen gemacht.

In der Tat ist es für uns ziemlich leicht, das Objekt unserer Wertschätzung auszutauschen. Genau in diesem Moment schätzen wir etwas von ganzem Herzen, das eigentlich anderen gehört. Was ist es? Es ist unser eigener Körper. In Wirklichkeit gehört dieser Körper nicht uns, weil er sich aus der Vereinigung des Samens unseres Vaters und der Eizelle unserer Mutter entwickelt hat. Obwohl unser Körper aus den Körpern unserer Eltern entstanden ist und ihnen gehört, nennen wir ihn unser Eigen und schätzen ihn. Warum? Nur weil wir so vertraut mit ihm sind. Daraus folgt, dass wir andere genauso innig schätzen werden, wenn wir nur vertraut mit ihnen werden. Wir müssen lediglich das Objekt unserer Wertschätzung ändern, und das ist es auch, was wir ständig tun. Nehmen wir zum Beispiel einen Novizenmönch. Bevor er die Gelübde eines Novizen ablegte, schätzte er den Körper eines Laien, aber jetzt schätzt er den Körper eines Novizen, und wenn er die volle Ordination empfängt, wird er den Körper eines voll ordinierten Mönches schätzen. Auf die gleiche Weise schätzt ein junger Mann den Körper eines Jugendlichen. Wenn er dreißig Jahre alt ist, schätzt er den Körper eines Dreißigjährigen, und wenn er achtzig Jahre alt ist, schätzt er den Körper eines alten Mannes. Das beobachtete Objekt unserer Selbstwertschätzung ändert sich fortwährend. Der Körper, den wir gestern schätzten, hat aufgehört zu existieren. Obwohl das Kontinuum unseres Körpers erhalten bleibt, unterscheidet sich der Körper, den wir in einem Moment schätzen, von demjenigen, den wir im nächsten Moment schätzen.

Unser Körper gleicht dem Haus, in dem wir leben. Wir leben vielleicht schon ein paar Jahre in unserem Haus und nennen es unser Eigen, doch das Haus gehört in Wirklichkeit anderen. Selbst wenn wir es gekauft haben und keine Hypothek darauf lastet, werden wir es einmal anderen übergeben oder es zum Zeitpunkt unseres Todes aufgeben müssen. Wenn wir das verstehen, werden wir sehen, wie wir die besondere Beachtung, die wir unserem Körper schenken, genau jetzt aufgeben und andere zu unserem Objekt der Wertschätzung wählen können.

Wir denken: «Ich bin dies, ich bin das», aber die Person, auf die wir so stolz sind, wechselt ihre Identität häufig. Augenblick für Augenblick ändert sich das Selbst, das wir schätzen. Wenn wir subtile Unbeständigkeit verstehen, werden wir leicht begreifen, wie sich das Objekt unserer Selbstwertschätzung stetig ändert. Warum sollte es also schwierig sein, unsere Wertschätzung auf andere zu verlagern, wenn dem so ist?

Je Tsongkhapa erklärte, dass sich das Selbst und andere nicht auf die Weise unterscheiden, wie sich Gelb und Blau unterscheiden, sondern wie sich «dieser Berg» und «jener Berg» unterscheiden. Wenn etwas gelb ist, kann es nicht richtigerweise als blau erfasst werden, und wenn etwas blau ist, kann es nicht richtigerweise als gelb erfasst werden. Das Objekt eines Geistes, der gelb richtig erfasst, und das Objekt eines Geistes, der blau richtig erfasst, sind vollständig verschieden, aber «dieser Berg» kann richtig als «jener Berg» und «jener Berg» kann richtig als «dieser Berg» erfasst werden. Wenn wir auf dem Gipfel eines Berges stehen und zu einem anderen Berg hinübersehen, wird der Berg, auf dem wir stehen, «dieser Berg» sein, und der andere Berg wird «jener Berg» sein; aber wenn wir «diesen Berg» hinunterklettern und dann auf «jenen Berg» hinaufklettern, wird «jener Berg» «dieser Berg» und «dieser Berg» «jener Berg» sein.

Das Selbst und andere sind wie «dieser Berg» und «jener Berg». Wir können jemand anders betrachten und ihn als unser Selbst oder Ich schätzen. Dazu klettern wir den Berg des Selbst hinunter und gehen hinüber zum Berg des andern. Auf diese Weise werden wir den Berg des Selbst in weite Ferne rücken, sodass er aus unserer Sicht von geringster Wichtigkeit und am weitesten entfernt ist.

WIE WIR DAS SELBST MIT ANDEREN AUSTAUSCHEN

Wenn wir wissen, warum wir andere schätzen müssen, und wir überzeugt sind, dass wir es tun können, werden wir zu einem festen Entschluss gelangen, unser Selbst mit anderen auszutauschen, und es wird leicht sein, die eigentliche Praxis auszuüben.

In jeder Situation müssen wir die Gelegenheit wahrnehmen, unseren Geist im Austauschen vom Selbst mit anderen zu schulen. Außerhalb der Meditation werden wir viele Leute treffen, und es sieht so aus, als ob einige leicht zu schätzen wären, während es bei anderen praktisch unmöglich erscheint. Wir können nicht sofortigen Erfolg erwarten, denn wir müssen wie zuvor Schritt für Schritt vorgehen, indem wir mit denjenigen beginnen, die uns bereits nahe stehen, um dann den Bereich unserer Wertschätzung auszudehnen, bis er mehr und mehr Menschen einschließt. Es kann viele Jahre dauern, diese Schulung zu vollenden, und wir müssen geduldig ausharren. In der eigentlichen Meditation wählen wir alle Lebewesen als unser Objekt und entwickeln einen Geist, der alle schätzt; wir müssen aber immer und immer wieder in dieser Weise meditieren, ohne zu erwarten, dass sich unser Verhalten anderen gegenüber schon nach wenigen Sitzungen ändert.

Was ist das Zeichen, dass wir diese Schulung abgeschlossen haben? Bis jetzt haben wir eine sehr hohe Meinung von uns selbst gehabt, haben andere vernachlässigt und auf sie herabgeschaut. Wenn wir sehen, dass sich diese Haltung durch die Praxis des Austauschens vom Selbst mit anderen umkehrt, sodass wir andere, wenn wir sie sehen, spontan auf die gleiche Weise schätzen, wie wir uns selbst zu schätzen pflegten, dann ist dies das Zeichen, dass wir das Austauschen vom Selbst mit anderen verwirklicht haben. Wann immer wir mit dieser Verwirklichung jemanden leiden sehen, finden wir es so unerträglich, als ob es unser eigenes Leiden wäre; und wann immer wir jemanden sehen, dem es an Glück mangelt, empfinden wir Liebe und wünschen ihm, dass er unaufhörliches Glück genießen möge.

NEHMEN UND GEBEN

Es ist nicht ungewöhnlich, das Selbst für kurze Zeit mit anderen auszutauschen zu können – für einige Minuten, ein paar Stunden oder sogar ein paar Tage –, aber was wir anstreben, ist eine bleibende Erfahrung, eine stabile Verwirklichung. Haben wir einmal eine gewisse Vertrautheit mit dem Austauschen vom Selbst mit anderen, können wir die Praxis des Nehmens und Gebens ausüben, um unsere Erfahrung zu vergrößern und zu stabilisieren. Das Hauptziel dieser Praxis ist unser Mitgefühl und unsere Liebe zu verbessern. Zudem wandelt sie die widrigen Umstände, die wir erleben, in den spirituellen Pfad um, und sammelt große und kraftvolle Verdienste an. Zuerst praktizieren wir Nehmen, indem wir das Elend und Leiden anderer auf uns nehmen, und dann praktizieren wir Geben, indem wir ihnen Glück und Gesundheit geben. Wir praktizieren Nehmen und Geben in dieser Reihenfolge, weil es für andere schwierig ist, Glück und Zufriedenheit zu erleben, solange sie mit Sorgen belastet sind.

NEHMEN

Diese Praxis ist durch Mitgefühl motiviert, das wünscht, das Leiden, die Angst, das Unglück und die Fehler anderer Wesen zu beseitigen. Wir können Nehmen auf zwei Arten praktizieren: entweder nehmen wir die Leiden aller Lebewesen kollektiv oder wir nehmen die Leiden einzelner Personen oder Personengruppen auf uns.

Wenn wir die erste Art praktizieren, stellen wir uns vor, von allen Lebewesen umgeben zu sein, die die sechs Bereiche bewohnen, und betrachten ihre Leiden. Auf diese Weise erzeugen wir Mitgefühl und denken: «Wie wundervoll wäre es, wenn alle Lebewesen gleich jetzt frei von ihren Leiden wären. Ich selbst werde dafür sorgen.» Dann visualisieren wir das gesamte Leiden der Lebewesen in Form schwarzen Rauchs, den wir in unser Herz ziehen, wo unser Geist der Selbstwertschätzung konzentriert ist. Während sich dieser Rauch in unser Herz auflöst, verzehrt er unsere Selbstwertschätzung. Wenn wir den gesamten schwarzen Rauch der Leiden anderer Lebewesen aufgenommen haben, denken wir: «Jetzt hat dieser schwarze Rauch meine Selbstwertschätzung vollkommen ausgelöscht, und alle anderen Lebewesen sind von ihren Leiden befreit. Ihre Körper sind rein geworden und ihr Geist wurde in nichtverunreinigte große Glückseligkeit umgewandelt.» Dann verweilen wir in Meditation auf diesem Gefühl.

Wenn wir auf die zweite Art praktizieren, führen wir verschiedene Meditationsdurchgänge aus und richten uns der Reihe nach auf die Leiden der Lebewesen in jedem einzelnen Bereich Samsaras. Wenn wir die sechs Durchgänge der Meditation abgeschlossen haben, stellen wir uns vor, dass alle Wesen der sechs Bereiche vollständig frei von jeder Art des Leidens sind. Ihre Körper sind rein geworden, und ihr Geist hat sich in nichtverunreinigte große Glückseligkeit umgewandelt. Wenn wir es wünschen, können wir diese Praxis des Nehmens auch ausüben, indem wir unsere Aufmerksamkeit nur auf eine Person oder eine Anzahl individueller Personen richten.

Es ist möglich, das Ziel dieser Praxis falsch zu verstehen und zu denken: «Ich selbst stecke genügend tief im Elend; ich kann nicht auch noch das Leiden der ganzen Welt auf mich nehmen.» Das Ziel dieser Praxis ist nicht, uns eine unerträgliche Last von Leiden aufzubürden, sondern unser Mitgefühl zu vergrößern, unsere Erfahrung des Austauschens vom Selbst mit anderen zu festigen und Verdienste anzusammeln. Wir können nicht sagen, dass als direktes Ergebnis dieser Praxis des Nehmens alle Lebewesen frei von ihren Leiden sein werden, aber wenn wir diese Meditation üben ist es sicher, dass wir unser Mitgefühl vergrößern werden. Weil Mitgefühl die Ursache der Erleuchtung ist, können wir sicher sein, dass unsere Praxis des Nehmens zur Ursache für uns wird, erleuchtet zu werden und dass wir damit vollkommen fähig werden, anderen zu helfen, Befreiung von ihren Leiden zu erlangen.

Wenn es uns am Anfang schwerfällt, die Leiden anderer auf uns zu nehmen, können wir dem Ratschlag Geshe Chekhawas in der *Geistesschulung in sieben Punkten* folgen, wo er vorschlägt, damit zu beginnen, unsere eigenen zukünftigen Leiden auf uns zu nehmen. Es ist sicher, dass wir in der Zukunft die Leiden des Alterns, der Krankheit, des Todes und viel weiteres Elend erleben werden. Wenn wir diese Leiden jetzt auf uns nehmen, werden wir mit der Praxis hinreichend vertraut, um auch die Leiden anderer auf uns zu nehmen. Zudem werden wir uns indirekt von unseren zukünftigen Leiden befreien, indem wir hierdurch unsere Selbstwertschätzung beseitigen, die die Quelle unseres gesamten zukünftigen Unglücks ist. Die Praxis des Nehmens der eigenen zukünftigen Leiden kann mit der Motivation geübt werden, unsere Negativität zu reinigen, unsere Selbstwertschätzung zu überwinden oder fähig zu werden, die Leiden anderer auf uns zu nehmen. Nachdem wir solch eine Motivation erzeugt haben, visualisieren wir unsere eigenen zukünftigen Leiden in der Form schwarzen Rauchs, der sich sammelt, sich in unserem Herzen auflöst und unser negatives Karma reinigt, das unser zukünftiges Leiden verursacht. Dann denken wir: «Jetzt habe ich mich von meinem zukünftigen Leiden befreit», und erzeugen große Freude. Wir sollten diese Praxis viele Male wiederholen.

Die Praxis, die Leiden anderer auf uns zu nehmen, erlaubt es uns, widrige Umstände in den spirituellen Pfad umzuwandeln, weil unsere eigenen widrigen Umstände relativ unbedeutend erscheinen, wenn wir Nehmen praktizieren. Wir sind in der Lage, sie zu ertragen, weil wir uns der Aufgabe gewidmet haben, die Leiden aller Lebewesen zu ertragen. Wenn wir auf diese Weise denken, scheinen unsere eigenen Schwierigkeiten keine großen Probleme darzustellen und wir können neue Situationen, welcher Art auch immer, akzeptieren. Wenn unsere Praxis des Nehmens aufrichtig ist, kann uns unser eigenes Leiden nicht deprimieren. Wenn wir ausschließlich mit unserem eigenen Wohlergehen beschäftigt sind, werden wir uns leicht aufregen oder deprimiert werden. Mit einem dermaßen unausgewogenen Geist ist es schwierig, Dharma zu praktizieren, aber wenn wir andere schätzen und ihre Leiden auf uns nehmen, wird es für uns möglich sein, einen ausgeglichen Geisteszustand hinsichtlich unserer eigenen persönlichen Umstände zu bewahren. Auf diese Weise werden wir Ablenkungen und andere unvorteilhafte Umstände in den spirituellen Pfad umwandeln können.

GEBEN

Diese Praxis ist durch die Liebe motiviert, die wünscht, dass alle Lebewesen Glück haben. Wiederum visualisieren wir, dass wir von allen Lebewesen umgeben sind, und überlegen uns: «Jeder will reines Glück, aber niemand hat es. Wie wundervoll wäre es, wenn jeder reines Glück hätte. Ich selbst werde dafür sorgen.» Dann stellen wir uns vor, dass sich unser Körper in ein wunscherfüllendes Juwel verwandelt, das Licht in alle Richtungen ausstrahlt und jedes einzelne Lebewesen erreicht. Wenn es Lebewesen erreicht, die in den heißen Höllen leiden, ist es wie kühlendes Wasser; wenn es Lebewesen in den kalten Höllen erreicht, ist es wie die Wärme der Sonne; wenn es hungrige Geister erreicht, ist es wie nahrhafte Speise und Trank; wenn es Menschen erreicht, wird es zu all den Objekten, die sie begehren; und wenn es Götter erreicht, wird es zu Objekten, die ihre fünf Sinne erfreuen. Auf diese Weise stellen wir uns vor, dass wir allen Lebewesen der sechs Bereiche von Nutzen sind. Wenn wir diese Visualisierung abgeschlossen haben, denken wir: «Jetzt erfahren alle Lebewesen Zufriedenheit und Freude», und wir halten dieses Gefühl in verweilender Meditation.

Wenn wir hohe Verwirklichungen erlangen, werden wir alles emanieren können, was sich andere wünschen. Unsere Potenziale, solche Kräfte zu entwickeln, werden durch die Praxis des Gebens genährt, die die Ursache ist, dass wir in Zukunft wirkliches Glück geben können. Wenn wir diese Meditation jeden Tag üben, werden wir eine warme und liebevolle Haltung gegenüber den Menschen entwickeln, denen wir begegnen. Schließlich werden wir spontane Liebe, spontanes Mitgefühl und spontanen Bodhichitta erzeugen. Um ein Bodhisattva zu werden, sind keine anderen Qualitäten nötig. Wir müssen nicht gut aussehen, gut gekleidet oder in irgendeiner anderen Hinsicht ungewöhnlich sein. Bodhisattvas mögen gewöhnlich erscheinen, aber innerlich haben sie ein tiefgründiges, außergewöhnliches Verständnis.

Am Schluss jeder Sitzung der Praxis des Nehmens und Gebens widmen wir unsere Verdienste, sodass andere von Leiden und Hindernissen frei sein und andauernden Frieden und immerwährendes Glück finden mögen. In der Meditationspause sollten wir das Gefühl aufrechterhalten, Nehmen und Geben praktizieren zu wollen, und so oft wie möglich versuchen, Schwierigkeiten anzunehmen und anderen Glück zu geben. Zur Unterstützung können wir Zeilen rezitieren, die uns an diese Praxis erinnern, wenn wir unsere täglichen Handlungen ausführen. Es gibt zwei Zeilen von Nagarjuna, die einfach zu merken sind:

Mögen die Leiden und die Negativität der Lebewesen in mir reifen,
Und mögen mein Glück und meine Tugend in ihnen reifen.

Oder wir können die folgenden zwei Zeilen aus *Acht Verse der Geistesschulung* von Geshe Langri Tangpa rezitieren:

Möge ich die Niederlage annehmen
Und anderen den Sieg anbieten.

Oder wir können den Vers aus *Darbringung an den spirituellen Meister* rezitieren:

Deshalb, o mitfühlender, ehrwürdiger Guru, erbitte ich Deine Segnungen,
Damit all die Leiden, Negativität und Behinderungen der fühlenden Mutterwesen
Gleich jetzt in mir reifen;
Und durch das Geben meines Glückes und meiner Tugend an andere
Alle wandernden Wesen glücklich sein mögen.

Wenn wir über Nehmen und Geben meditieren, können wir diese Zeilen rein und sanft als Vorbereitung rezitieren, nachdem wir das Feld für die Ansammlung von Verdiensten visualisiert und das Mandala dargebracht haben.

Die Praxis des Nehmens und Gebens gleicht der Praxis des Geheimen Mantra, die «das Ergebnis in den Pfad bringen» genannt wird und unser Potenzial, Buddhaschaft zu erlangen, rasch reifen lässt. Wenn wir Nehmen praktizieren, stellen wir uns vor, dass wir die Welt und den Geist aller Lebewesen gereinigt haben. Wenn wir Geben praktizieren, stellen wir uns vor, dass wir die Welt und den Geist aller Lebewesen mit allen guten Eigenschaften ausgestattet haben. Diese Art der Praxis hilft uns, gewöhnliche Erscheinungen zu überwinden. Auch in dieser Hinsicht gleicht die Praxis des Nehmens und Gebens der Praxis des Geheimen Mantra, und das ist ein anderer Grund, warum diese Unterweisungen als geheimer Dharma bekannt sind.

Diejenigen, die schon etwas Erfahrung mit der Praxis haben, wie sie bisher beschrieben wurde, können Nehmen und Geben in Verbindung mit der Atmung ausüben. Mit der Motivation von Mitgefühl und Liebe stellen wir uns beim sanften Einatmen vor, dass wir die Leiden und Hindernisse anderer auf uns nehmen, und wenn wir sanft ausatmen, stellen wir uns vor, dass wir ihnen unser Glück und unsere tugendhaften Handlungen geben. Wer auf diese Weise praktizieren kann, braucht nicht einen einzigen Atemzug zu verschwenden. Dies ist eine sehr kraftvolle Praxis, weil unser Atem und unser Geist in einer engen Beziehung stehen. Je Tsongkhapa war geschickt im Nehmen und Geben. Sein Schüler Khädrubje sagte zu ihm:

> O Beschützer, selbst dein täglicher Atem ist für unzählige Wandernde von Nutzen. Muss da noch erwähnt werden, wie weise und mitfühlend all deine anderen Handlungen sind?

Wenn wir die zwei Arten des Entwickelns von Bodhichitta praktiziert haben – durch Meditation über die siebenfache Ursache und Wirkung und über das Austauschen vom Selbst mit anderen –, können wir diese zwei Arten der Praxis miteinander verbinden und wie folgt in elf Durchgängen meditieren:

(1) Gleichmut entwickeln
(2) Alle Lebewesen als unsere Mütter erkennen
(3) Sich an die frühere und gegenwärtige Güte aller Mutterwesen erinnern
(4) Den Wunsch entwickeln, die Güte aller Mutterwesen zu erwidern
(5) Das Gleichstellen vom Selbst und anderen
(6) Die Nachteile der Selbstwertschätzung überdenken
(7) Die Vorteile überdenken, andere zu schätzen
(8) Das Austauschen vom Selbst mit anderen durch die Praxis des Nehmens
(9) Das Austauschen vom Selbst mit anderen durch die Praxis des Gebens
(10) Höhere Absicht entwickeln
(11) Bodhichitta entwickeln

Wir können Bodhichitta auch durch vier Kontemplationen entwickeln. Die erste ist, über die guten Eigenschaften eines Buddha und den außerordentlichen Nutzen, Erleuchtung zu erlangen, nachdenken. Dies wird in uns die starke Entschlossenheit wecken, Erleuchtung zu erlangen.

Im Allgemeinen bedeutet «Buddha» «ein Erwachter». Er ist jemand, der aus dem Schlaf der Unwissenheit erwacht ist und sieht, wie die Dinge wirklich sind. Ein Buddha ist jemand, der vollkommen frei von allen Fehlern und geistigen Behinderungen ist. Es gibt nichts, was ein Buddha nicht weiß. Weil er aus dem Schlaf der Unwissenheit erwacht ist und alle Behinderungen aus seinem Geist entfernt hat, weiß er alles aus Vergangenheit, Gegenwart und Zukunft direkt und gleichzeitig. Außerdem hat Buddha großes Mitgefühl, das vollkommen unvoreingenommen ist und alle Lebewesen ohne Unterscheidung einschließt. Er hilft ausnahmslos allen Lebewesen, indem er im ganzen Universum verschiedene Formen emaniert und dem Geist der Wesen seine Segnungen gewährt. Indem sie Buddhas Segnungen erhalten, entwickeln und erleben alle Wesen, sogar kleine Insekten, von Zeit zu Zeit friedvolle und tugendhafte Geisteszustände. Schließlich wird jeder, indem er eine Emanation Buddhas in Gestalt eines spirituellen Meisters trifft, die Gelegenheit haben den Pfad zur Befreiung und Erleuchtung zu betreten.

Indem wir über die unendlichen guten Eigenschaften eines Buddhas nachdenken und uns vorstellen, wie es wäre, ein Buddha zu sein, denken wir: «Wie wundervoll wäre es, würde ich selbst ein Buddha werden.» Über diesen Gedanken meditieren wir einsgerichtet so lange wie möglich.

Zweitens denken wir darüber nach, wie tragisch es wäre, würden die Mahayana Lehren aus dieser Welt verschwinden. Und wie wichtig es deshalb ist, schnell Erleuchtung zu erlangen, um dies zu verhindern. Würden die Mahayana Lehren aus dieser Welt verschwinden, hätten Menschen keine Gelegenheit mehr erleuchtete Buddhas zu werden. In früheren Jahrhunderten erblühten Buddhas Mahayana Lehren überall in Asien. Doch heutzutage sind reine Mahayana Lehren äußerst selten geworden und es besteht die große Gefahr, dass sie aussterben.

Warum sind die Mahayana Lehren heute so selten? Das ist deshalb so, weil die Absicht des Mahayana das vollkommene Gegenteil von weltlichen Denkweisen ist. Deshalb ist es für viele Menschen schwierig, diese Lehren anzunehmen und umzusetzen, und manche mögen sie sogar kritisieren und ablehnen. Es ist äußerst selten, einen spirituellen Meister zu finden, der den vollständigen Pfad zur Erleuchtung lehren kann und ebenso selten ist es, jemanden zu finden, der bereit ist diesen Pfad rein und in Gänze zu praktizieren.

Wenn wir diese Lehren nicht jetzt in die Praxis umsetzen, dann werden wir zukünftigen Generationen nichts hinterlassen können. Vielleicht wird es noch die Bücher geben, aber ohne lebendige Praktizierende sind es nur trockene Worte, die keine Kraft haben den Geist zu verwandeln. Es gibt nichts Kostbareres als Mahayana Dharma. Bevor die Mahayana Lehren aus dieser Welt verschwinden, müssen wir uns entschließen sie uns zu Herzen zu nehmen, sie zu praktizieren und so schnell wie möglich, solange wir noch die Gelegenheit haben, Erleuchtung zu erlangen.

Drittens denken wir darüber nach, dass wir jetzt den Mahayana Lehren und einem qualifizierten spirituellen Meister des Mahayana begegnet sind und dass diese beiden zusammen uns die vollkommene Gelegenheit geben, Erleuchtung zu erlangen. Diese Gelegenheit sollten wir jetzt ergreifen, indem wir den starken Wunsch hegen, Erleuchtung so schnell wie möglich zu erlangen.

Schließlich denken wir darüber nach, dass alle Lebewesen weiterhin unerträgliches Leiden erleben, wenn wir kein Buddha werden. Wir erkennen, dass nur ein Buddha die vollkommene Kraft hat, leidenden Wesen auf so viele Weisen zu helfen und entwickeln den starken Wunsch ein Buddha zu werden, um alle Wesen von ihren Leiden zu befreien. Dies ist der eigentliche Bodhichitta.

BODHICHITTA DURCH RITUAL BEWAHREN

Dies hat zwei Teile:

1. Den anstrebenden Geist durch Ritual bewahren
2. Den ausübenden Geist durch Ritual bewahren

DEN ANSTREBENDEN GEIST DURCH RITUAL BEWAHREN

Jeder der eintausend Buddhas erzeugte zum ersten Mal Bodhichitta, als er dem Feld für die Ansammlung von Verdiensten Gaben verschiedenster Art darbrachte. Buddha Shakyamuni, der vierte der eintausend Buddhas, erzeugte zum ersten Mal Bodhichitta, als er in einem früheren Leben der Sohn eines Brahmanen war. Der Buddha, der zu jener Zeit Unterweisungen gab, hieß Tathagata Shakya Mahamuni. Der zukünftige Buddha füllte eine Bettelschale mit Speisen, erzeugte Bodhichitta und brachte dann Tathagata Shakya Mahamuni die Schale dar, wobei er dachte: «Möge ich zum Wohle aller Lebewesen Erleuchtung erlangen.» Darauf sagte Tathagata Shakya Mahamuni voraus, dass dieser Brahmanensohn ein Buddha namens Shakyamuni würde, und machte fünfzehn weitere Voraussagen, die alle eintrafen. Unter diesen waren die Voraussage des Ortes, wo Prinz Siddhartha geboren werden würde, die Eigenschaften seiner Eltern, der Ort seiner Erleuchtung, die Anzahl seiner Schüler und so weiter.

Anstrebender Bodhichitta wird durch Ritual bewahrt, indem man die Grundsätze des anstrebenden Bodhichitta ablegt. Das tun wir, indem wir zuerst entweder künstlichen oder spontanen Bodhichitta entwickeln, und dann vor allen heiligen Wesen versprechen, niemals den Geist des Bodhichitta aufzugeben. Wir können dieses Versprechen vor einem spirituellen Meister, vor dem Symbol oder einer Darstellung Buddhas machen, oder indem wir alle Buddhas vor uns visualisieren. Wir beginnen mit der Darbringung des siebengliedrigen Gebetes und des Mandalas. Dann nehmen wir Zuflucht, erzeugen Bodhichitta und legen die Grundsätze mit den folgenden Gebeten ab:

Bis wir Erleuchtung erlangen, nehmen ich und alle fühlenden Wesen
Zuflucht zu Buddha, Dharma und Sangha.
Möge ich aufgrund der Tugenden, die ich durch Geben und andere Vollkommenheiten ansammle,
Ein Buddha werden zum Wohle alle. (3x)

Von jetzt an bis ich ein Buddha werde,
Werde ich, selbst wenn es mein Leben kostet,
Die Geisteshaltung bewahren, den Wunsch, volle Erleuchtung zu erlangen,
Um alle Lebewesen von den Gefahren Samsaras und des alleinigen Friedens zu befreien. (3x)

Wenn wir diese Grundsätze direkt vor einem spirituellen Meister ablegen, müssen wir diese zwei Verse nach ihm wiederholen. Wenn wir sie vor der Darstellung eines Buddha oder vor einer visualisierten Versammlung ablegen, stellen wir uns vor, dass wir Buddha die Worte nachsprechen. Wenn wir die Grundsätze empfangen haben, behalten wir sie als unsere tägliche Praxis bei.

Die acht Grundsätze sind:

(1) Sich sechsmal am Tag an den Nutzen des Bodhichitta erinnern
(2) Sechsmal am Tag Bodhichitta erzeugen
(3) Kein einziges Lebewesen aufgeben
(4) Verdienste und Weisheit ansammeln
(5) Unsere Lehrer oder spirituellen Meister nicht betrügen oder täuschen
(6) Diejenigen, die in das Mahayana eingetreten sind, nicht kritisieren
(7) Andere nicht dazu bringen, ihre tugendhaften Handlungen zu bereuen
(8) Nicht vortäuschen, gute Eigenschaften zu haben, oder ohne eine besondere, reine Absicht unsere Fehler verbergen

Die ersten vier Grundsätze einzuhalten verhindert, dass unser Bodhichitta in diesem Leben degeneriert, und die zweiten vier Grundsätze einzuhalten verhindert, dass unser Bodhichitta in zukünftigen Leben degeneriert.

DEN AUSÜBENDEN GEIST DURCH RITUAL BEWAHREN

Wir bewahren ausübenden Bodhichitta mittels Ritual, indem wir die eigentlichen Bodhisattva Gelübde ablegen. Wir müssen diese zuerst von einem qualifizierten spirituellen Meister empfangen. Wenn wir sie einmal erhalten haben, können wir sie selbst wieder ablegen, zu jeder Zeit und so oft wir wollen. Dazu visualisieren wir das Feld für die Ansammlung von Verdiensten und wiederholen dreimal das Versprechen, die moralische Disziplin eines Bodhisattva einzuhalten und alle Übertretungen der Gelübde zu vermeiden, indem wir die Praxis der sechs Vollkommenheiten ausüben. Wir können dieses Versprechen erneuern oder stärken, indem wir den folgenden Vers dreimal rezitieren:

O Gurus, Buddhas und Bodhisattvas,
Bitte hört, was ich jetzt sage.
So wie all die früheren Sugatas, die Buddhas
Den Erleuchtungsgeist, Bodhichitta, erzeugt
Und alle Stufen der Bodhisattva Schulung vollendet haben,
So will auch ich zum Wohle aller Wesen
Den Erleuchtungsgeist erzeugen
Und alle Stufen
Der Bodhisattva Schulung vollenden.

Am Schluss der dritten Rezitation sollten wir daran denken, dass wir jetzt unsere Bodhisattva Gelübde stabilisiert und verstärkt haben.

Die Handlungen eines Bodhisattva ausführen

WIE DIE HANDLUNGEN EINES BODHISATTVA AUSGEFÜHRT WERDEN

Wenn wir einmal Bodhichitta erzeugt und die Bodhisattva Gelübde abgelegt haben, beginnen wir wie ein Bodhisattva zu handeln. Das Bewahren der Bodhisattva Gelübde ist die Grundlage für die Schulung in den Handlungen eines Bodhisattva, die die Praxis der sechs Vollkommenheiten umfassen, den Pfad zur Erleuchtung. Wenn wir Erleuchtung erlangen wollen, diese Handlungen aber nicht ausüben möchten, gleichen wir jemandem, der zwar nach Indien will, aber die Reise nicht tatsächlich antritt.

In *Zusammengefasstes Sutra der Vollkommenheit der Weisheit* wird gesagt, dass alle Buddhas der Vergangenheit, der Gegenwart und der Zukunft die sechs Vollkommenheiten praktiziert haben, die wie die Hauptstraße zur Erleuchtung sind. Jede Mahayana Praxis von Sutra und Tantra ist in den sechs Vollkommenheiten enthalten. Diese Übungen führen ausschließlich Bodhisattvas aus, weil jede einzelne Praxis durch Bodhichitta motiviert ist. Jede Handlung des Gebens, die nicht durch Bodhichitta motiviert ist, ist keine Vollkommenheit des Gebens. Genauso ist jede Praxis der moralischen Disziplin, der Geduld, des Bemühens, der geistigen Stabilisierung oder der Weisheit keine Praxis einer Vollkommenheit, wenn sie nicht durch Bodhichitta motiviert ist.

Das Hauptziel der Praxis der sechs Vollkommenheiten ist die Ansammlung von Verdiensten und Weisheit zu vervollständigen. Während die unreinen Körper gewöhnlicher Wesen aus unreinen Ursachen stammen, den verunreinigten

Handlungen und Verblendungen, entstehen die reinen Körper eines Buddha aus der Ansammlung von Verdiensten und Weisheit. Die Praxis der ersten fünf Vollkommenheiten vervollständigt die Ansammlung von Verdiensten und die Praxis der sechsten Vollkommenheit, der Vollkommenheit der Weisheit, vervollständigt die Ansammlung von Weisheit. Die Ansammlung von Verdiensten ist die Hauptursache für den Formkörper eines Buddha und die Ansammlung von Weisheit ist die Hauptursache für den Wahrheitskörper eines Buddha.

Das Ausüben der Handlungen eines Bodhisattva wird in zwei Teilen erklärt:

1. Die Schulung in den sechs Vollkommenheiten, um unser eigenes Geisteskontinuum zur Reife zu bringen
2. Die Schulung in den vier Arten des Ansammelns, um das Geisteskontinuum anderer zur Reife zu bringen

DIE SCHULUNG IN DEN SECHS VOLLKOMMENHEITEN, UM UNSER EIGENES GEISTESKONTINUUM ZUR REIFE ZU BRINGEN

Dies hat vier Teile:

1. Die sechs Vollkommenheiten im Allgemeinen
2. Die Vollkommenheiten der geistigen Stabilisierung und der Weisheit im Besonderen
3. Wie man durch die Vereinigung von ruhigem Verweilen und höherem Sehen auf den spirituellen Ebenen und Pfaden fortschreitet
4. Die Schulung in den Vajrayanapfaden

DIE SECHS VOLLKOMMENHEITEN IM ALLGEMEINEN

All die unzähligen Handlungen eines Bodhisattva sind in den sechs Vollkommenheiten enthalten:

1. Die Vollkommenheit des Gebens
2. Die Vollkommenheit der moralischen Disziplin

3. Die Vollkommenheit der Geduld
4. Die Vollkommenheit des Bemühens
5. Die Vollkommenheit der geistigen Stabilisierung
6. Die Vollkommenheit der Weisheit

DIE VOLLKOMMENHEIT DES GEBENS

Geben ist ein tugendhafter geistiger Entschluss zu geben oder eine körperliche oder sprachliche Handlung des Gebens, die durch einen tugendhaften Geisteszustand motiviert ist. Geben, das durch Bodhichitta motiviert ist, ist eine Vollkommenheit des Gebens. Es gibt drei Arten des Gebens:

(1) Materielle Dinge geben
(2) Dharma geben
(3) Furchtlosigkeit geben

MATERIELLE DINGE GEBEN

Materielle Dinge geben ist ein tugendhafter Gedanke, unseren Besitz, unsere Vergnügen oder unseren Körper wegzugeben. Es ist unmöglich, den Wunsch zu entwickeln, anderen unseren Körper zu geben, wenn wir nicht einmal den Wunsch entwickeln können, unseren eigenen Besitz und unsere Vergnügen wegzugeben. Deshalb müssen wir uns zuerst darin schulen, unseren Besitz wegzugeben.

Um das Geben unseres Besitzes zu praktizieren, müssen wir zuerst die Vorteile des Gebens und die Nachteile des Geizes überdenken, sodass wir den Wunsch entwickeln zu geben. Dann müssen wir die eigentliche Praxis, unsere Dinge anderen zu geben, ausüben. Wir meditieren:

> *Wenn ich jetzt nicht Geben praktiziere, werde ich in Zukunft eine Wiedergeburt in Armut erleben, und ich werde nicht in der Lage sein, die Praxis zu üben, anderen materiellen Besitz zu geben; somit werde ich keine Ursache erschaffen können, in Zukunft erneut Mittel zu erhalten. So werde ich gezwungen sein, in vielen zukünftigen Leben Armut zu erfahren. Deshalb spielt es keine Rolle, wenn ich in diesem Leben nur wenige*

Mittel behalte und den Rest weggebe, denn dies wird die Ursache dafür sein, in Zukunft eine Menge zu erhalten.

Wenn wir Ferien machen, achten wir darauf, genügend Geld für den ganzen Urlaub mitzunehmen, aber wie viel wichtiger ist es, sicherzustellen, dass wir mit genügend Tugend in unsere zukünftigen Leben reisen, um mit allen notwendigen Mitteln ausgestattet zu sein. Unsere Praxis des Gebens ist die beste Versicherung gegen zukünftige Armut. Wenn wir starke Anhaftung an unseren Besitz haben, müssen wir an das denken, was Buddha in *Zusammengefasstes Sutra der Vollkommenheit der Weisheit* sagt – dass Geizhälse im Bereich der hungrigen Geister wiedergeboren oder, sollten sie als Menschen wiedergeboren werden, in Armut leben. Wir sollten meditieren:

In früheren Leben verfügte ich über großen Reichtum. Oft besaß ich den Reichtum eines Königs und erfreute mich am sagenhaften Überfluss von Göttern wie Brahma. Wenn all mein früherer Reichtum zusammengetragen würde, würde er die ganze Erde bedecken, aber heute kann ich nicht den kleinsten Teil meines vergangenen Reichtums nutzen. Wenn ich meinen Besitz jetzt nicht weggebe, werde ich ihn anderen überlassen müssen, wenn ich sterbe, und dann werde ich mich nicht nur um den Nutzen gebracht haben, ihn freiwillig wegzugeben, sondern ich werde auch alle Nachteile meines Geizes erleben müssen – das heißt wiederholt Entbehrungen in der Zukunft erfahren. Es besteht kein wirklicher Nutzen darin, stark an Besitz festzuhalten, weil er vergänglich und dem Verlust und Zerfall unterworfen ist. Er bekommt nur dann einen Sinn, wenn er weggegeben wird. An sich ist mein Besitz wertlos, aber er wird kostbar, wenn ich ihn anderen gebe. Dadurch wird er zu einem Mittel, dauerhaftes Glück zu erlangen.

Die Menge der Verdienste, die wir durch die Praxis des Gebens ansammeln, hängt von vielen Faktoren ab. Ein wichtiger Faktor ist der Empfänger, dem wir das Geschenk machen. Von allen Objekten des Gebens ist es am verdienstvollsten, den Buddhas zu geben. Andere besonders kraftvolle Objekte des

Gebens sind unsere spirituellen Meister, unsere Eltern und solche, die unter großer Not leiden.

Auch wenn wir wenig zu geben haben, können wir diese Art des Gebens praktizieren. Zum Beispiel können wir Insekten, Vögeln und Fischen kleine Portionen zu fressen geben oder wir können den Buddhas frisches Wasser darbringen. Wenn wir große oder teure Geschenke machen, heißt das nicht, dass unsere Verdienste größer sind, als wenn wir kleine Dinge schenken, weil die Stärke unserer tugendhaften Motivation ein anderer wichtiger Faktor ist, der die Verdienste unserer Handlung des Gebens bestimmt. Wenn wir zum Beispiel einem Insekt mit sehr reinem Mitgefühl auch nur ein Krümelchen zu fressen geben, ist dies verdienstvoller, als jemandem einen Diamanten zu schenken und dabei stolz auf die große Seltenheit unseres Geschenkes zu sein. Zudem sind unsere Handlungen des Gebens weniger kraftvoll, wenn sie von einem Gefühl des Verlustes begleitet werden oder wenn wir später unsere Großzügigkeit bereuen. Solche Reue entzieht unserer tugendhaften Handlung jede Kraft.

Einige Handlungen des sogenannten Gebens sind vollständig ohne Verdienste und manche sind sogar nichttugendhaft, wie im Falle des Gebens mit einer schlechten Motivation. Handlungen dieser Art sind nicht wirklich Handlungen des Gebens, weil Geben notwendigerweise durch einen tugendhaften Geisteszustand motiviert ist. Wenn große und mächtige Nationen kleinere Nationen mit Waffen oder mit materieller Hilfe versorgen, tun sie dies aus Arroganz oder Habgier, mit dem Wunsch, das kleinere Land zu beherrschen und zu kontrollieren oder ihr eigenes internationales Ansehen zu steigern. Das sind nicht wirkliche Handlungen des Gebens. Wenn wir geben, sollte unser Geist frei von starken Verblendungen wie Stolz sein, und wir sollten eine wohlwollende Motivation haben. Die beste Motivation ist Bodhichitta. Wenn wir mit Bodhichitta einem Insekt auch nur das kleinste Krümelchen geben, dann ist dies die Vollkommenheit des Gebens.

Wenn wir sehr vertraut damit sind, unseren Besitz wegzugeben, können wir das Weggeben unseres Körpers praktizieren.

In *Handbuch der Schulungen* erklärt Shantideva vier Arten des Weggebens unseres Körpers:

(1) Geben
(2) Behalten
(3) Reinigen
(4) Vergrößern

GEBEN

Um das Weggeben unseres Körpers zu praktizieren, müssen alle dafür geeigneten Bedingungen zusammenkommen. Damit alle Bedingungen stimmen, darf es keine Hindernisse geben, und wir müssen die Fähigkeit entwickelt haben, unseren Körper mit der Motivation reinen Mitgefühls wegzugeben. Auch muss sichergestellt sein, dass derjenige, dem wir unseren Körper geben, großen Nutzen aus unserer Handlung ziehen wird.

BEHALTEN

Diese Art, unseren Körper zu geben, besteht darin, ihn zu behalten und zu beschützen, solange die richtigen Bedingungen ihn wegzugeben nicht vorhanden sind. Wenn wir unseren Körper nicht mit vollkommenem Mitgefühl weggeben können, wenn es Hindernisse gibt oder wenn der Empfänger nicht in hohem Maße von unserer Handlung profitiert, dürfen wir unseren Körper auf keinen Fall weggeben. Wenn es nicht der richtige Zeitpunkt ist, unseren Körper wegzugeben, müssen wir ihn beschützen, weil wir dadurch anderen von viel größerem Nutzen sein werden. Da wir mit diesem Körper Erleuchtung erlangen können, sollten wir unser Möglichstes tun ihn zu beschützen, wann immer er in Gefahr ist. Wenn Bodhisattvas ihren Körper auf diese Weise schützen, tun sie das nicht aus starker Selbstwertschätzung, sondern weil sie andere so sehr schätzen, dass sie ihren eigenen Körper zum Wohle aller auf die bestmögliche Weise verwenden wollen. Shantideva sagte, dass wir unseren Körper nicht weggeben sollten, wenn es uns an reinem Mitgefühl fehlt, weil wir uns selbst oder anderen durch diese Handlung nicht nützen werden. Deshalb sollten wir die Freigebigkeit des Behaltens praktizieren, bis die Zeit reif ist, ihn wegzugeben.

REINIGEN

Bei dieser Art des Gebens verwenden wir unseren Körper nur für tugendhafte Handlungen und halten uns, während wir ihn behalten und schützen, von nichttugendhaften Handlungen zurück. Wir reinigen unseren Körper, indem wir ihn von der Ausübung jeglicher Negativität fernhalten.

VERGRÖSSERN

Diese Art des Gebens besteht darin, unseren Körper dafür zu verwenden, die Ursachen für die Erlangung einer menschlichen Wiedergeburt mit den acht besonderen Merkmalen zu verstärken, während wir ihn behalten und schützen. Wir sollten unseren Körper nicht aufgeben, bevor wir nicht zahlreiche Ursachen angesammelt haben, um eine solch gute menschliche Wiedergeburt in der Zukunft zu erlangen.

Diese vier Arten des Gebens sollten auch hinsichtlich des Weggebens unseres Besitzes angewandt werden. Wir sollten unseren Besitz erst dann weggeben, wenn die Zeit dafür reif ist, das heißt, wenn unsere spirituelle Praxis nicht behindert oder unser Leben nicht gefährdet wird, und wenn die Person, die unser Geschenk erhält, großen Nutzen daraus ziehen kann. Andernfalls sollten wir unseren Besitz nicht weggeben, auch dann nicht, wenn uns jemand darum bittet. Wenn wir zum Beispiel sehen können, dass unser Geschenk anderen Schaden zufügt, sollten wir es nicht geben. Wir sollten alle Konsequenzen unseres Handelns in Betracht ziehen, nicht nur die Auswirkungen auf denjenigen, der das Geschenk erhält, sondern auch auf andere Personen. Auch sollten wir die Dinge behalten, die für unsere Dharma Praxis notwendig sind. Wenn wir diese Dinge weggeben, schaden wir anderen indirekt, weil wir dadurch Hindernisse schaffen auf unserem Weg zur Erleuchtung, die wir doch zu ihrem Wohl erlangen wollen. Ein Beispiel für solch ein fehlgeleitetes Geben ist, wenn wir unsere Dharma Bücher jemandem schenken würden, der kein wirkliches Interesse daran hat. Auch wäre es unangebracht jemandem Geld zu geben, der vermögender ist als wir und unser Geschenk nicht braucht. Wir sollten unseren Besitz entweder behalten, bis wir jemanden finden, der ihn wirklich braucht, oder wir sollten ihn Buddha oder Sangha darbringen.

Es ist unmöglich aufgrund der Größe des Besitzes zu sagen, ob jemand Geben praktiziert oder nicht. Wir können das am Beispiel Marpas sehen. Indem er viele Dinge ansammelte und aufbewahrte, um sie schließlich gegen Gold zu verkaufen, häufte er eine Menge Reichtum an. Mit diesem Reichtum reiste er nach Indien und erhielt Unterweisungen von vielen spirituellen Meistern. Als er den gesamten Reichtum aufgebraucht hatte, kehrte er als armer Mann mit vielen Dharma Texten nach Tibet zurück. Dies wiederholte er mehrere Male. Marpas wirkliche Absicht beim Erwirtschaften von Reichtum war anderen von Nutzen zu sein, denn er wusste, dass die Tibeter Dharma sehr nötig hatten. Als ihn die Menschen auf den Feldern arbeiten sahen, praktizierte Marpa die Freigebigkeit des Behaltens. Anschließend praktizierte er Geben. Schließlich gab er alles zum Wohle des Buddhadharma weg. Wenn er nie Behalten praktiziert, sondern immer alles, was er besaß, weggegeben hätte, wäre er niemals fähig gewesen, so vielen Menschen von so großem Nutzen zu sein. Marpas Praxis, Besitz zu behalten, hilft den Lebewesen noch heute.

Es gibt vielleicht ein paar Dinge, die wir zu jeder Zeit weggeben können, weil dies unsere Dharma Praxis niemals behindern oder anderen schaden würde. Genauso wie ein erfolgreicher Geschäftsmann seine Mittel auf die bestmögliche Weise einsetzt, um damit den größtmöglichen Gewinn zu erwirtschaften, sollten wir Geben auf die Weise praktizieren, die uns und anderen den größten spirituellen Vorteil bringt.

Was das Geben unseres Besitzes betrifft, besteht die Praxis des Reinigens und Vergrößerns darin, zu vermeiden, dass wir unseren Besitz als Mittel für nichttugendhafte Handlungen verwenden und sicherzustellen, dass wir ihn nur dazu gebrauchen, Gutes zu tun. Wir müssen unseren Reichtum und unsere Mittel dazu verwenden, die Ursachen für größere Ressourcen in zukünftigen Leben zu schaffen und anderen zu nützen.

DHARMA GEBEN

Es gibt viele Arten, Dharma zu geben. Wenn wir mit einer guten Motivation auch nur ein Wort des Dharma geben, geben wir Dharma. Wann immer wir Mantras in die Ohren von Tieren flüstern oder unsere Tugend widmen, sodass alle Lebewesen Frieden und Glück genießen mögen, geben wir Dharma. Wenn wir jemandem mit einer guten Motivation auch nur einen Vers reiner Dharma Unterweisungen geben, wird dies von größerem Nutzen für ihn sein als jedes materielle Geschenk, denn materielle Geschenke helfen anderen nur in diesem Leben, während das Geschenk des Dharma ihnen in diesem und in allen zukünftigen Leben helfen wird.

FURCHTLOSIGKEIT GEBEN

Furchtlosigkeit geben heißt, andere Lebewesen vor Angst und Gefahr zu beschützen. Wenn wir zum Beispiel jemanden aus einem Feuer oder vor irgendeiner anderen Naturkatastrophe retten, wenn wir andere vor körperlicher Gewalt schützen oder Insekten und andere Tiere retten, die ins Wasser gefallen oder in eine Falle geraten sind, praktizieren wir das Geben von Furchtlosigkeit. Wenn wir nicht in der Lage sind Lebewesen zu retten, die in Gefahr sind, können wir auch Furchtlosigkeit geben, indem wir Gebete sprechen und Gaben darbringen, sodass sie von der Gefahr befreit werden mögen. Wir können auch Furchtlosigkeit praktizieren, indem wir beten, dass andere frei von Verblendungen sein mögen, insbesondere von der Verblendung des Festhaltens am Selbst, der eigentlichen Quelle aller Furcht.

DIE VOLLKOMMENHEIT DER MORALISCHEN DISZIPLIN

Moralische Disziplin ist ein tugendhafter geistiger Entschluss, irgendeinen Fehler aufzugeben, oder eine körperliche oder sprachliche Handlung, die durch einen solchen Entschluss motiviert ist. Moralische Disziplin, die mit Bodhichitta Motivation praktiziert wird, ist eine Vollkommenheit der moralischen Disziplin. Es gibt drei Arten von moralischer Disziplin:

(1) Die moralische Disziplin der Zurückhaltung
(2) Die moralische Disziplin, tugendhafte Dharmas anzusammeln
(3) Die moralische Disziplin, Lebewesen zu nutzen

DIE MORALISCHE DISZIPLIN DER ZURÜCKHALTUNG

Das ist die moralische Disziplin, sich von Nichttugend zurückzuhalten. Um diese moralische Disziplin zu praktizieren, müssen wir die Gefahren verstehen, die aus nichttugendhaften Handlungen entstehen, ein Versprechen oder ein Gelübde ablegen, damit aufzuhören, und dann dieses Versprechen oder Gelübde einhalten. Es heißt also nicht, dass wir die moralische Disziplin der Zurückhaltung praktizieren, wenn wir unbewusst davon absehen negative Handlungen auszuüben, weil selbst Babys dazu in der Lage sind.

Jede spirituelle Disziplin, die entweder geistige Fehler oder negative Handlungen des Körpers oder der Rede vermeidet oder überwindet, ist in der moralischen Disziplin der Zurückhaltung enthalten. Wenn wir beispielsweise die Gefahren der zehn nichttugendhaften Handlungen verstehen, versprechen sie zu unterlassen und dieses Versprechen halten, praktizieren wir die moralische Disziplin der Zurückhaltung.

Wir müssen die Gelübde nicht vor unserem spirituellen Meister oder vor einem visualisierten Feld für die Ansammlung von Verdiensten ablegen. Wir können sie für uns selbst ablegen, indem wir die Fehler der Handlungen erkennen, die wir aufgeben wollen, und versprechen, sie während einer für uns möglichen Zeitspanne zu unterlassen. Wenn wir ein Versprechen oder ein Gelübde ablegen, sollten wir die Zeitdauer geschickt wählen, während der wir dies einzuhalten gedenken. Selbst wenn wir versprechen, nur eine negative Handlung auch nur für kurze Zeit zu unterlassen, wie zum Beispiel Töten für nur eine Woche aufzugeben, und dieses Versprechen dann halten, praktizieren wir die moralische Disziplin der Zurückhaltung. Wenn unsere Fähigkeit zunimmt, sollten wir diese Zeitdauer aber allmählich ausdehnen und außerdem versprechen, auch andere nichttugendhafte Handlungen aufzugeben.

Wenn wir die Bodhisattva Gelübde ablegen, müssen wir die Absicht haben, diese ununterbrochen einzuhalten, bis wir erleuchtet sind. Wenn wir unseren Wunsch erfüllen wollen, rasch Erleuchtung zum Wohle anderer zu erlangen, müssen wir unsere Fehler so schnell wie möglich überwinden. Für einen Bodhisattva ist das Hauptobjekt des Aufgebens die Absicht, nur für sich selbst zu arbeiten. Bodhisattvas sehen klar die Gefahren der Selbstwertschätzung und begreifen, dass diese das Haupthindernis für die Entwicklung des Bodhichitta und für die Erlangung der Erleuchtung sind. In *Zusammengefasstes Sutra der Vollkommenheit der Weisheit* sagt Buddha, dass die moralische Disziplin eines Bodhisattva nicht degeneriert, wenn er sich an schönen Formen und Klängen, herrlichen Geschmäcken und an anderen Sinnesobjekten erfreut, dass aber seine moralische Disziplin wie auch sein Bodhichitta degenerieren, falls er um sein eigenes Wohlergehen besorgt ist. Wenn wir Bodhichitta erzeugen und später denken, es wäre besser, nur unsere eigene Befreiung anzustreben, begehen wir eine Hauptübertretung der Bodhisattva Gelübde und brechen unsere moralische Disziplin der Zurückhaltung.

Mit Bodhichitta Motivation kann keine Handlung nichttugendhaft sein, weil Bodhichitta Selbstwertschätzung beseitigt, die die Wurzel aller nichttugendhaften Handlungen ist. Selbst wenn ein Bodhisattva töten muss, ist dies keine nichttugendhafte Handlung, weil sie ausschließlich zum Wohle aller Lebewesen begangen wird. Auch wenn andere sie verurteilen, schaffen Bodhisattvas kein negatives Karma, wenn sie solche Handlungen begehen, weil ihr Bodhichitta sicherstellt, dass all ihre Handlungen rein sind.

DIE MORALISCHE DISZIPLIN, TUGENDHAFTE DHARMAS ANZUSAMMELN

Die moralische Disziplin, tugendhafte Dharmas anzusammeln, beinhaltet verschiedene Arten der Praxis, wie die moralische Disziplin, aufrichtig die Praxis der sechs Vollkommenheiten auszuüben und die moralische Disziplin, die zehn Dharma Aktivitäten auszuführen. Diese sind: Dharma Bücher schreiben, Dharma Bücher lesen, Dharma Texte auswendig lernen, Dharma Texte rezitieren, dem Dharma Gaben darbringen, Dharma Bücher verschenken, die Bedeutung des Dharma erklären, Dharma hören, über die Bedeutung des Dharma nachdenken und über die Bedeutung des Dharma meditieren. Selbst wenn wir nicht verstehen, was wir hören oder lesen, sind die Handlungen des Hörens und Lesens von Dharma niemals Zeitverschwendung, weil sie gute Potenziale in unseren Geist säen.

DIE MORALISCHE DISZIPLIN, LEBEWESEN ZU NUTZEN

Das ist die moralische Disziplin, anderen in jeder für uns möglichen Weise zu helfen. Wenn wir jemandem keine praktische Hilfe anbieten können, so können wir wenigstens Gebete sprechen und eine beständige Absicht bewahren Hilfe zu leisten, wenn sich eine Gelegenheit dazu bietet. Arya Asanga erklärte, dass es elf wesentliche Arten gibt, anderen zu helfen:

(1) Das Leiden anderer lindern und ihnen bei ihrer Arbeit Hilfe anbieten.

(2) Anderen Fertigkeiten beibringen, wenn sie nicht wissen, wie bestimmte Arbeiten erledigt werden. Wir können anderen helfen, indem wir ihnen weltliche Kenntnisse beibringen, wie Lesen und Schreiben, und indem wir spirituelle Fähigkeiten vermitteln, zum Beispiel wie man meditiert.

(3) Die Güte erwidern, die wir erhalten haben. Wenn wir nichts im eigentlichen Sinne tun können, können wir uns zumindest an die Güte erinnern, die wir erhalten haben, und gebührenden Respekt zeigen.

(4) Gefahren aus dem Weg räumen, die andere bedrohen, und alles beseitigen, was in ihnen Angst auslöst. Wenn wir nichts Praktisches tun können, können wir zumindest Gebete für sie sprechen.

(5) Andere trösten, wenn sie Kummer haben. Wenn zum Beispiel andere von ihrer Familie getrennt sind, sie ihren Arbeitsplatz verlieren oder ihre Hoffnungen unerfüllt bleiben, können wir versuchen, ihr Unglück zu beseitigen und ihnen guten Rat zu erteilen.

(6) Den Notleidenden materielle Hilfe geben.

(7) Denen helfen, die Probleme haben aufgrund ihrer starken Verblendungen wie Wut oder begehrender Anhaftung.

(8) Anderen auf eine Weise helfen, die ihren eigenen Sichtweisen und Gepflogenheiten angemessen ist. Wenn wir anderen helfen, sollten wir taktvoll und feinfühlig sein. Wir sollten versuchen, die Erfahrung und den Standpunkt des anderen zu verstehen und ihm dann die Hilfe anbieten, die ihm entspricht und dies auf eine Weise, die er annehmen kann. Wir können anderen nicht helfen, wenn wir ihre Wertvorstellungen und Überzeugungen angreifen oder wenn wir ihr Temperament und ihre persönlichen Umstände ignorieren. Wir müssen unser eigenes Verhalten anpassen, sodass es für den anderen geeignet ist und er sich wohl fühlt. Wir brauchen sowohl Flexibilität im Geist als auch Flexibilität in unserem Verhalten. Auch wenn wir zum Beispiel keinen Alkohol trinken, kann es manchmal für andere hilfreich sein, wenn wir mit ihnen eine Bar aufsuchen und uns dort mit ihnen unterhalten.

Weil Bodhisattvas großes Mitgefühl haben, unternehmen sie alles Notwendige, um anderen zu helfen. Tatsächlich tun Bodhisattvas alles, was nötig ist, um alle anderen glücklich zu machen, denn wenn andere glücklich sind, ist ihr Geist für Ratschläge und Vorbilder offener und empfänglicher. Wenn wir andere beeinflussen möchten, können wir dies nur erreichen, wenn wir sie nicht vor den Kopf stoßen und sie sich durch unser Verhalten nicht unbehaglich oder sogar ängstlich fühlen. So wie eine Mutter mit ihrem Kind spielt, um es bei Laune zu halten, auch wenn sie selbst kein Interesse am Spiel hat, so passen sich Bodhisattvas anderen an, damit diese glücklich bleiben und um die Gelegenheit zu schaffen, ihnen nach Möglichkeit zu helfen.

Eine Frau, die kurz zuvor ein Mädchen zur Welt gebracht hatte, fürchtete, ihr Baby zu verlieren, weil sie schon einmal ein Kind geboren hatte, das als Säugling gestorben war. Die Frau vertraute ihre Sorgen ihrer Mutter an, die ihr erklärte, dass Kinder unter der Obhut Geshe Langri Tangpas nicht sterben würden. Als das kleine Mädchen später krank wurde, machte sich die Frau mit ihm auf den Weg zu Geshe Langri Tangpa, aber als sie dort ankam, fand sie ihn auf einem Thron sitzend, mitten in einem Vortrag vor tausend Schülern. Die Frau begann sich zu sorgen, dass das Kind vor der Beendigung des Vortrages sterben könnte. Sie wusste, dass Geshe Langri Tangpa ein Bodhisattva war und Geduld zeigen würde, und so ging sie vor den Thron und verkündete in lautem und beleidigendem Ton: «Hier, nimm dein Kind. Jetzt kannst du für sie sorgen!» Sie wandte sich an die Zuhörer und sagte: «Das ist der Vater meines Kindes.» Und dann wandte sie sich erneut Geshe Langri Tangpa zu und bat flüsternd: «Bitte lass sie nicht sterben.» Geshe Langri Tangpa nickte nur zustimmend. So als ob er der wirkliche Vater des Kindes wäre, wickelte er es vorsichtig in seine Roben und setzte seinen Vortrag fort. Seine Schüler waren erstaunt und fragten ihn: «Bist du wirklich der Vater dieses Kindes?» Im Wissen, dass die Frau für verrückt gehalten und verspottet werden würde, falls er es verneinte, antwortete Geshe Langri Tangpa, dass dem so sei.

Obwohl er ein Mönch war, verhielt sich Geshe Langri Tangpa gegenüber dem Kind wie ein richtiger Vater, freute sich an ihm und sorgte für es. Nach einiger Zeit kehrte die Mutter zurück, um zu sehen, ob es ihrem Kind gut gehe. Als sie sah, wie gesund das Kind war, fragte sie Geshe Langri Tangpa, ob sie es wieder zurückhaben könne. Darauf gab der Geshe das Mädchen der Mutter freundlich zurück. Als die Schüler merkten, was geschehen war, sagten sie: «So bist du also doch nicht wirklich der Vater!» Und Geshe Langri Tangpa sagte: «Nein, das bin ich nicht.» Auf diese Weise hatte Geshe Langri Tangpa auf die

Handlungen der Frau mit reinem Mitgefühl reagiert und im Einklang mit den Bedürfnissen zu jenem Zeitpunkt gehandelt.

(9) Denen von Nutzen sein, die richtige spirituelle Pfade betreten haben, indem man sie lobt und ermutigt, ihnen gebührenden Respekt erweist und ihnen auf jede erdenkliche Weise hilft, ihre Praxis fortzuführen.

(10) Denen von Nutzen sein, die falsche Pfade betreten haben, indem man ihnen hilft, ihren Fehler einzusehen und richtige spirituelle Pfade zu betreten. Wir müssen mit Menschen sprechen, die falsche Sichtweisen haben, und versuchen, ihnen zu helfen, diese allmählich gegen richtige Sichtweisen auszutauschen.

(11) Anderen helfen, indem wir alle uns zur Verfügung stehenden übernatürlichen Kräfte einsetzen. Maudgalyanaputra half Nanda durch den Einsatz übernatürlicher Kräfte, seine begehrende Anhaftung zu überwinden. Eines Tages lud Maudgalyanaputra Nanda zu einem Spaziergang im Wald ein und während sie gingen, strahlte Maudgalyanaputra mittels Magie einen Höllenbereich aus und führte Nanda hindurch. Nanda war so erschrocken, dass seine gesamte begehrende Anhaftung beseitigt und er fähig war, Dharma auf reine Weise zu praktizieren und Entsagung zu entwickeln. Wenn wir solche Kräfte haben, müssen wir sie dazu verwenden, um denjenigen, die negative Handlungen ausführen zu helfen, diese aufzugeben und Vertrauen zu entwickeln.

DIE VOLLKOMMENHEIT DER GEDULD

Geduld ist ein tugendhafter Geist, der jede Art von Leiden oder Schaden ertragen kann. Geduld, die mit Bodhichitta Motivation praktiziert wird, ist eine Vollkommenheit der Geduld. Mit Geduld können wir jeden Schmerz annehmen, der uns zugefügt wird, und wir können unsere gewöhnlichen Sorgen und unser Unbehagen leicht ertragen. Nichts kann mit Geduld unseren Geistesfrieden stören und wir haben keine Probleme. Selbst wenn uns spirituelle

Entwicklung nicht interessiert, gilt es Geduld zu pflegen, weil wir ohne sie durch Angst, Frustration und Unruhe verletzlich sind. Wenn wir keine Geduld haben, ist es schwierig, friedvolle Beziehungen mit anderen aufrechtzuerhalten.

Geduld ist das Gegenmittel gegen Wut, dem mächtigsten Zerstörer der Tugend. Wir können aus unserer eigenen Erfahrung sehen, wie viel Leiden durch Wut entsteht. Sie hindert uns daran, eine Situation richtig zu beurteilen und bringt uns dazu, auf bedauernswerte Weise zu handeln. Sie zerstört unseren eigenen Geistesfrieden und stört jeden, dem wir begegnen. Selbst Menschen, die sich normalerweise zu uns hingezogen fühlen, sind abgestoßen, wenn sie uns wütend sehen. Wut kann dazu führen, dass wir unsere eigenen Eltern zurückweisen oder beschimpfen, und wenn sie stark ist, kann sie uns sogar so weit treiben, die Menschen, die wir lieben, oder auch uns selbst, zu töten. Obwohl wir es normalerweise unerträglich finden, wenn uns irgendeine Wunde zugefügt wird, schadet uns unsere Wut viel mehr als jede körperliche Verletzung.

Wenn wir gefragt würden: «Wer verursachte all die Kriege, in denen so viele Menschen getötet wurden?», müssten wir antworten, dass sie durch wütende Geisteszustände hervorgerufen wurden. Wenn die Nationen voller ruhiger und friedliebender Menschen wären, wie könnte da jemals ein Krieg entstehen? Wut ist der größte Feind der Lebewesen. Sie verletzte uns in der Vergangenheit, sie verletzt uns jetzt und sie wird uns weiterhin in der Zukunft verletzen, wenn wir sie nicht mittels der Praxis der Geduld überwinden. Sie hat uns seit anfangsloser Zeit Schmerzen und Kummer bereitet. Wenn wir diesen inneren Feind nicht überwinden, wird er uns immer wieder besiegen. Shantideva sagte:

> Dieser Feind der Wut hat keine andere Aufgabe,
> Als mir zu schaden.

Äußere Feinde schaden uns auf langsamere und weniger subtile Weise, und falls wir Geduld praktizieren, können wir sie sogar für uns gewinnen und sie zu unseren Freunden machen; aber es gibt keine Versöhnung mit der Wut. Wenn wir versuchen, sie sanft zu behandeln, wird sie schlimmer. Sie nützt unsere Nachsicht aus, um uns nur noch mehr zu schaden. Es gibt keinen äußeren Feind, der so bösartig sein kann wie unsere eigene Wut, weil andere Menschen uns nur in diesem Leben schaden können, während unsere Wut uns in vielen zukünftigen Leben Schaden zufügt. Deshalb müssen wir die Wut beseitigen, sobald wir uns bewusst werden, dass sie in unserem Geist auftaucht. Weil Wut wie ein loderndes Feuer ist, das all unsere tugendhaften Potenziale schnell verzehrt, müssen wir das Streichholz der Wut, sobald es angezündet ist, sofort mit Geduld löschen.

Geduld andererseits hilft uns in diesem und in allen zukünftigen Leben. Chandrakirti sagte, dass wir in der Zukunft eine schöne Form haben und ein heiliges Wesen mit hohen Verwirklichungen werden, wenn wir Geduld praktizieren. Es gibt drei Arten der Geduld:

(1) Die Geduld, keine Vergeltung zu üben
(2) Die Geduld, freiwillig Leiden zu ertragen
(3) Die Geduld, entschieden über Dharma nachzudenken

DIE GEDULD, KEINE VERGELTUNG ZU ÜBEN

Um diese Art der Geduld zu praktizieren, müssen wir uns der Gefahren der Wut und der Vorteile des geduldigen Annehmens ständig bewusst sein. Wann immer Wut in unserem Geist entsteht, müssen wir sofort die Methoden anwenden, um sie zu beseitigen. Wenn wir unsere Wut in jeder Situation bändigen wollen, genügt es nicht, uns nur an ihre Fehler und an die Vorteile des geduldigen Annehmens zu erinnern. Wir brauchen auch Erfahrung, um die Methoden, die wir zur Beseitigung unserer Wut erlernt haben, in die Tat umzusetzen.

Einst lebte ein Lehrer, der einen sehr übellaunigen Assistenten hatte. Dieser Lehrer brachte seinem Assistenten die Meditation über Geduld bei. Während der Meditation sah der Assistent die Gefahren der Wut und die große Bedeutung der Praxis der Geduld klar, aber außerhalb der Meditation vergaß er die Geduld vollständig. Sein Lehrer gab ihm den Rat, ein großes Schild mit der Aufschrift GEDULD an seiner Tür zu befestigen, und dies half dem Assistenten für gewöhnlich, seine Achtsamkeit außerhalb der Meditation aufrechtzuerhalten. Eines Tages aber drang ein Dieb in den Raum des Assistenten ein und stahl einige seiner Besitztümer. Als der Assistent den Dieb erwischte, verlor er die Beherrschung und begann ihn kräftig zu verprügeln. Der Lehrer sah dies und rief: «Hör auf, ihn so zu schlagen!», aber der Assistent war derart in seine Rache vertieft, dass er die Worte seines Lehrers nicht hören konnte. Der Lehrer lief ins Haus, holte das Schild mit der Aufschrift GEDULD und streckte es dem Assistenten vor das Gesicht. Als der Schüler das Schild sah, erinnerte er sich sofort an alle Unterweisungen über Geduld und ließ den Dieb los. Außerhalb der Meditation können uns solche Methoden von Nutzen sein, weil unser Geist sich so leicht verändert wie eine im Wind flackernde Kerzenflamme.

Wenn wir über Geduld meditieren, können wir viele verschiedene Gedankengänge anwenden. Zum Beispiel sagt Shantideva in *Leitfaden für die Lebensweise eines Bodhisattva*, dass wir nicht auf den Stock wütend sind, mit dem wir geschlagen werden, weil die Hände unseres Angreifers den Stock schwingen und dieser keine Freiheit hat; auch sind wir nicht auf die Hände wütend, weil sie nicht die Kontrolle über ihre eigenen Bewegungen haben. Auf gleiche Weise sollten wir keine Wut gegenüber demjenigen empfinden, der uns angreift, weil auch er keine Wahl hat. Er wird von Wut getrieben und hat keine Kontrolle über seine eigenen Handlungen. Wenn es irgendetwas gibt, auf das wir wütend werden sollten, ist es die Wut selbst.

Wenn wir dabei sind, auf jemanden wütend zu werden, der mit uns unfreundlich gesprochen, uns kritisiert oder sich über uns lustig gemacht hat, sollten wir uns fragen:

> *Warum werde ich wütend? Diese Worte können meinen Körper nicht verletzen und sie können meinen Geist nicht verletzen, aber die Wut, die ich erzeuge, schadet meinem Geist. An sich sind die Worte bloß leer und können mir nichts anhaben. Wenn mich jemand einen Esel nennt, werde ich deshalb nicht zu einem Esel!*

Wenn jemand danach trachtet, uns körperlich zu verletzen oder sich in unser Leben einzumischen, sollten wir versuchen, diese Probleme geschickt zu lösen, ohne Wut. Wenn wir es nicht schaffen, unsere Probleme zu bewältigen, sollten wir nicht wütend werden, sondern denken:

> *Ich selbst habe die Ursache dafür geschaffen, diesen Schaden zu erleiden. Und somit bin ich derjenige, der in Wirklichkeit für das Leiden verantwortlich ist, das ich jetzt erfahre. Auch jetzt trage ich teilweise die Schuld, weil ich das Objekt der Wut dieses Menschen bin. So wie es ohne Brennstoff kein Feuer gibt, gibt es ohne mich keine Wut im Geist dieses Menschen. Deshalb habe ich keinen Grund wütend zu werden oder dem anderen die Schuld für diese Situation zu geben.*

Ein Arzt gerät nicht aus der Fassung, wenn ein Geisteskranker auf grobe Weise mit ihm spricht, weil er weiß, dass sein Patient keine Kontrolle über seinen Geist hat. Stattdessen entwickelt er Mitgefühl und sucht nach einer wirksamen Behandlung für die Krankheit seines Patienten. Ist ein Kind mental unausgeglichen, wird seine Mutter nicht wütend. Ganz gleich wie gewalttätig oder schwierig das Kind wird, betrachtet die Mutter dies als Fehler der Krankheit des Kindes und denkt: «Wie wundervoll wäre es, wenn mein Kind wieder gesund werden würde.» Jedes Mal, wenn jemand wütend wird, gerät er vollständig unter die Herrschaft der Verblendungen und ist vorübergehend geisteskrank. Es gibt keinen Grund für uns, auf eine Weise zu reagieren, dass wir selbst geisteskrank werden.

Wir können meditieren:

> *Wenn ich meine Hand in ein Feuer halte und mich verbrenne, werde ich nicht auf das Feuer wütend, weil ich weiß, dass es in der Natur des Feuers liegt zu brennen. Ebenso sollte ich nicht wütend werden, wenn mir jemand, der wütend ist, Schaden zufügt, weil es in der Natur der Wut liegt zu schaden; es ist nicht der Fehler dieses Menschen. Die Wut ist nur vorübergehend. Sie wird nicht sehr lange andauern.*

Wenn Schnee fällt, werden wir nicht auf den Himmel wütend. Wir denken: «Es ist Winter und deshalb schneit es.» Wenn es regnet, wäre es albern, die Wolken zu beschimpfen, weil es natürlich ist, dass aus den Wolken Regen fällt, wenn sie schwarz und voller Feuchtigkeit sind. Ebenso natürlich ist es, dass jemand, der wütend ist, Schläge und Beschimpfungen austeilt. Warum sollten wir dann auf Menschen und nicht auf die Wolken oder den Winterhimmel wütend werden?

Wir halten an unserer Welt und unseren Problemen fest, als ob sie fest, solide und beständig wären. Weil wir sie auf diese Weise begreifen, werden wir häufig missgelaunt und wütend; aber unsere ganze Wut kommt aus unseren fehlerhaften Vorstellungen.

Indem wir über diese Gedankengänge immer wieder meditieren, werden wir eine besondere Weisheit entwickeln. Wenn wir dann unsere Weisheit mit Achtsamkeit verbinden und nie vergessen, was wir begriffen haben, wird es uns leicht fallen, geduldig zu sein.

DIE GEDULD, FREIWILLIG LEIDEN ZU ERTRAGEN

Haben wir keine Geduld, Leiden freiwillig zu ertragen, werden wir entmutigt, wann immer wir Hindernissen begegnen und unsere Wünsche unerfüllt bleiben. Es fällt uns schwer, unsere Aufgaben zu beenden, weil wir sie aufgeben möchten, sobald es schwierig wird; und unser Elend wird durch unsere Ungeduld weiter verschlimmert. Dennoch ist es möglich, Leiden anzunehmen und zu ertragen, wenn wir einen guten Grund dazu haben, und jedes Mal wenn wir diese Geduld üben, verringern wir tatsächlich unsere Leiden. Wenn jemand beispielsweise eine spitze Nadel in unser Fleisch stechen würde, empfänden wir den Schmerz unerträglich. Enthielte die Nadel aber einen Impfstoff, den wir benötigen, stiege unsere Toleranz beträchtlich an.

Wenn wir in der Lage sind, widrige Umstände zu ertragen, werden wir reichlich belohnt. Unsere gegenwärtigen Leiden werden abnehmen und wir werden sowohl unsere vorübergehenden als auch unsere endgültigen Wünsche erfüllen können. Indem sie Leiden freiwillig ertragen, haben Geschäftsleute weltlichen Erfolg und spirituell Praktizierende sind in der Lage, alles zu vollenden, was getan werden muss, um Erleuchtung zu erlangen.

Wenn zwei Menschen im Krankenhaus leiden, wobei der eine freiwilliges Ertragen praktiziert und der andere nicht, werden ihre Erfahrungen sehr verschieden sein, selbst wenn ihre Körper von der gleichen Krankheit heimgesucht werden. Derjenige, der geduldiges Ertragen praktiziert, wird nicht die Fassung verlieren, sich allein fühlen oder irritiert sein. Sein Geist wird friedlich und entspannt bleiben, der andere hingegen wird Frustration und Unannehmlichkeiten erfahren und vielleicht sogar unerträgliche Qualen empfinden. Im Krankenhaus gibt es Menschen mit schweren Krankheiten, die lachen können. Wenn wir sie fragen, wie es ihnen geht, sagen sie, dass es ihnen gut geht.

Alle Leiden der Krankheit, des Alterns und des Todes sowie alle anderen Leiden unseres Lebens sollten ertragen werden. Doch wie? Wir sollten wie folgt meditieren:

> *Obwohl meine Umstände nicht meinen eigentlichen Wünschen entsprechen, hat es keinen Sinn, mich frustriert zu fühlen. Die Lage, in der ich mich befinde, habe ich selbst durch meine früheren Handlungen geschaffen. Ich empfinde diese Situation als unbefriedigend, aber sie entstand infolge samsarischer Wiedergeburt. Wäre ich nicht unkontrollierter Wiedergeburt unterworfen, würde ich mich nicht in schwierigen und unangenehmen Situationen wie diesen wiederfinden. Meine eigene Situation ist keine so große Katastrophe, weil jedes Lebewesen sich an einem Ort befindet, wo Leiden ertragen werden müssen, und die meisten erfahren viel größere Schwierigkeiten als diejenigen, die ich erlebe. Anstatt angespannt und frustriert zu sein, sollte ich deshalb diese Erfahrungen des Schmerzes und der Unzufriedenheit verwenden, um Entsagung und Mitgefühl zu erzeugen.*

Wenn wir einsehen, dass jedes Lebewesen in einer schmerzhaften und unbefriedigenden Situation gefangen ist, werden wir anstelle von Selbstmitleid Mitgefühl entwickeln und denken: «Wie wundervoll wäre es, wenn alle Lebewesen frei von Leiden wären.» Unsere Erfahrungen von Schmerz und Frustration in die Geisteshaltungen von Entsagung und Mitgefühl umzuwandeln ist die Essenz der Praxis Leiden geduldig zu ertragen. Mit einer solchen Praxis bleiben wir glücklich inmitten von Umständen, die andere als großes Problem und großes Elend betrachten würden. Entsagung und Mitgefühl sind tugendhafte Geisteshaltungen, die nur Frieden und Glück bringen.

Wenn wir mit Problemen konfrontiert werden, sollten wir uns stärker bemühen die Situation in einer guten Weise zu nutzen, anstatt entmutigt zu sein. Dann werden wir rasch Ergebnisse erzielen. Wenn Soldaten ihren Mut verlieren und um ihr Leben rennen würden, sobald sie in Hörweite des ersten Angriffs sind, würden sie nie einen Kampf gewinnen. Ebenso werden wir nie Erfolge in unserer spirituellen Praxis erzielen, wenn wir leicht entmutigt und deprimiert werden; wenn wir aber ausharren und durch die widrigen Umstände Stärke und Mut gewinnen, werden wir unsere Ziele leicht erlangen.

Wenn es uns an materiellen Mitteln fehlt, können wir wie folgt meditieren:

> *Im Moment kann ich mit diesen Unannehmlichkeiten zurechtkommen, weil ich weiß, dass sich meine Umstände verbessern werden, wenn ich Dharma aufrichtig praktiziere. Indem ich jetzt schlechte Bedingungen geduldig annehme, schaffe ich die Ursache für bessere Bedingungen in der Zukunft. Die langfristigen Vorteile sind größer als die kurzfristigen. Hätte ich jetzt alle materiellen Annehmlichkeiten, würde mir die Gelegenheit fehlen, Geduld zu praktizieren und die Ursache für Gutes in der Zukunft zu erschaffen. Außerdem, wenn ich alle Annehmlichkeiten, die ich mir wünsche, erhielte, würden sie mir nur weitere Probleme bereiten. Sie können mir keinen endgültigen Nutzen bringen, weil ihre Natur trügerisch ist.*

Es gibt keine Garantie, dass materieller Reichtum zu größerem Glück führt. Oft bringt er großes Elend. Ein Mann fand einst eine große Menge Gold. Er war so begeistert, dass er Buddha aufsuchte, um es ihm zu zeigen, aber Buddha sprach nur zwei Sätze: «Dein Reichtum ist wie ein Gift. Für dich ist es ein tödliches Gift.» Diese Worte schienen dem Mann unverständlich und er kam zu dem Schluss, dass Buddha eifersüchtig auf sein Vermögen sein müsse. Was er nicht wusste war, dass Diebe das Gold von einem Staatsbeamten gestohlen hatten und dass dieser immer noch danach suchte. Alle, die zu jener Zeit bei Buddha waren, sahen das Gold, und die Nachricht verbreitete sich schnell, dass dieser Mann, der noch vor wenigen Tagen sehr arm war, nun plötzlich sehr wohlhabend sei. Als der Staatsbeamte davon hörte, beschuldigte er den Mann des Diebstahls und alle glaubten dieser Anschuldigung. Der Mann wurde ins Gefängnis geworfen und zum Tode verurteilt. Als er auf den Tod wartete, erinnerte er sich an Buddhas Worte und begriff ihre Bedeutung.

Wenn Menschen heutzutage vor die Wahl gestellt würden, eintausend Euro oder die Erleuchtung zu erhalten, würden die meisten die eintausend Euro wählen. Es ist wichtig, die Anhaftung an Besitz zu überwinden und uns nicht entmutigen zu lassen, wenn wir wenig haben, weil diese Geisteszustände große Hindernisse für unsere spirituelle Praxis sind.

In einigen Texten steht, dass es sechs Arten von Situationen gibt, in denen wir die Praxis Leiden freiwillig zu ertragen ausüben müssen:

(1) Wenn wir unerfreuliche Worte hören, wie Kritik oder Unfreundlichkeiten
(2) Wenn wir meditieren oder Dharma Unterweisungen anhören
(3) Wenn wir tugendhafte Handlungen wie Verbeugungen ausüben
(4) Wenn uns materielle Mittel fehlen
(5) Wenn wir geistige oder körperliche Leiden erleben
(6) Wenn unsere Wünsche nicht erfüllt werden

DIE GEDULD, ENTSCHIEDEN ÜBER DHARMA NACHZUDENKEN

Wenn wir geduldig und freudig den Dharma anhören, darüber nachdenken oder darüber meditieren, um dabei ein besonderes Verständnis zu gewinnen, praktizieren wir die Geduld, entschieden über Dharma nachzudenken. Diese Geduld ist wichtig, denn ist unser Geist ungeduldig oder unglücklich, wenn wir die Dharma Praxis ausüben, wird dies verhindern, dass wir unsere Dharma Weisheit vergrößern. Wenn wir Dharma hören, darüber nachdenken und meditieren, sollten wir es mit einem glücklichen Geist tun, selbst wenn die Bedeutung schwer verständlich ist. Es gibt drei Arten der Geduld, entschieden über Dharma nachzudenken, entsprechend den drei Arten von Wesen: den kleinen Wesen, den mittleren Wesen und den großen Wesen.

DIE VOLLKOMMENHEIT DES BEMÜHENS

Bemühen ist ein Geist, der sich an Tugend erfreut. Bemühen, das mit Bodhichitta Motivation praktiziert wird, ist eine Vollkommenheit des Bemühens. Wenn wir uns aber mit viel Energie bei nichttugendhaften oder neutralen Handlungen bemühen, ist das keine Praxis des Bemühens.

In *Schmuckstück für Mahayana Sutras* sagt Maitreya, dass Bemühen die höchste der Tugenden sei, weil wir mit Bemühen alle guten Eigenschaften erlangen könnten. Mit Bemühen können wir alles zeitweilige weltliche Glück, die Glückseligkeit der Geschmeidigkeit und alle weltlichen und überweltlichen Erlangungen erreichen. Wir können die gesamte Negativität von Körper, Rede und Geist reinigen, wir können unsere Hindernisse beseitigen und das endgültige Glück der Befreiung und vollen Erleuchtung erlangen. In *Zusammengefasstes Sutra der Vollkommenheit der Weisheit* sagt Buddha, dass wir mit Bemühen alle von uns gewünschten guten Eigenschaften erlangen könnten. Ohne Bemühen sind wir unfähig, unsere spirituelle Praxis zu vollenden, selbst wenn wir Weisheit haben. Deshalb, sagt Chandrakirti in *Leitfaden zum Mittleren Weg*, würden alle guten Eigenschaften auf Bemühen folgen.

Um uns zu bemühen, müssen wir seinen Hauptwidersacher, die Faulheit, überwinden. Es gibt drei Arten von Faulheit:

(1) Die Faulheit des Aufschiebens
(2) Die Faulheit des Hingezogenseins zu dem, was sinnlos oder nichttugendhaft ist
(3) Die Faulheit der Entmutigung

DIE FAULHEIT DES AUFSCHIEBENS

Diese Faulheit ist ein Widerstreben oder ein Widerwille, uns gleich jetzt in unserer spirituellen Praxis zu bemühen. Wenn wir uns zum Beispiel für Dharma interessieren und denken, dass es sich lohnt, und wir die Absicht haben, ihn zu praktizieren, dann aber der Meinung sind, dass der Zeitpunkt dafür irgendwann in der Zukunft liege, leiden wir an der Faulheit des Aufschiebens. Diese Haltung ist sehr schädlich, weil die Zeit schnell vergeht, unsere Möglichkeiten bald verloren sind und unsere Lebensdauer ungewiss ist.

Es ist gefährlich zu denken, dass wir praktizieren werden, wenn wir unsere derzeitige Aufgabe beendet haben, weil es immer wieder neue Aufgaben geben wird, die zu erledigen sind. Gungtang Rinpoche sagte, dass weltliche Arbeit wie der Bart eines alten Mannes sei, der, obwohl am Morgen abrasiert, am Abend wieder nachgewachsen ist. Da weltliche Arbeit endlos ist, müssen wir Dharma praktizieren, während wir unseren täglichen Aufgaben nachgehen.

Die Meditationen über dieses kostbare menschliche Leben und über Tod und Unbeständigkeit sind kraftvolle Methoden, um die Faulheit des Aufschiebens zu überwinden, weil uns diese Meditationen zu einem festen Entschluss führen, gleich jetzt den reinen Dharma zu praktizieren.

DIE FAULHEIT DES HINGEZOGENSEINS ZU DEM, WAS SINNLOS ODER NICHTTUGENDHAFT IST

Die meisten von uns sind sehr vertraut mit dieser Art der Faulheit. Wir überlassen uns ihr immer dann, wenn wir stundenlang fernsehen, ungeachtet dessen, was gesendet wird, oder wenn wir lange Gespräche ohne Sinn und Zweck führen oder wenn wir uns in sportliche oder geschäftliche Unternehmungen um ihrer selbst willen stürzen. Aktivitäten wie diese zehren die Energie für die Dharma Praxis auf. Wenn wir uns ihnen hingeben, scheint es, als ob unsere spirituelle Praxis ein Hindernis für unsere Vergnügen und Süchte sei. Wenn wir diese Faulheit nicht überwinden, können wir nach und nach dermaßen in sinnlose Aktivitäten verwickelt werden, dass wir unsere Dharma Praxis vollständig aufgeben. Deshalb müssen wir immer wieder über die Gefahren Samsaras meditieren und uns daran erinnern, dass alle Vergnügen des weltlichen Lebens trügerisch sind. In Wirklichkeit binden sie uns an Samsara und sind die Ursache für noch mehr Leiden.

Weltliche Vergnügen gleichen einer Flamme und wir gleichen den Motten. Wenn eine Motte eine Flamme sieht, ist sie derart angezogen von ihr, so fasziniert, dass sie immer näher kommt und damit spielt, bis sie tot ist. Die Motte sieht die Flamme als einen wundervollen Aufenthaltsort. Tatsächlich aber ist sie ein Ort der Zerstörung. Ganz ähnlich sind wir von weltlichen Unternehmungen und Vergnügungen fasziniert und wollen uns mehr und mehr auf sie einlassen, aber es sind starke Krallen, die uns im Rad des Lebens festhalten und uns zu Leiden verurteilen. Wenn wir das Bemühen entwickeln wollen, das die Faulheit des Hingezogenseins zu Bedeutungslosem und Nichttugend überwindet, müssen wir uns immer wieder daran erinnern, wie wir durch solche Aktivitäten unser kostbares menschliches Leben verschwenden und seine Essenz zerstören.

DIE FAULHEIT DER ENTMUTIGUNG

In diesen degenerierten Zeiten gibt es Vieles, das uns in unserer spirituellen Praxis entmutigen kann. Weil wir mit unseren eigenen Augen keine lebendigen Beispiele von erleuchteten Wesen sehen können und unser spiritueller Fortschritt oftmals viel langsamer ist, als wir erwarten, zweifeln wir vielleicht daran, dass Buddhaschaft überhaupt möglich ist. Oder wir gelangen zu dem Schluss, dass sie so selten sein muss, dass es praktisch keine Hoffnung gibt sie zu erlangen. Vielleicht sehen wir Fehler in unserem spirituellen Meister und in denjenigen, die Dharma praktizieren, und schließen daraus, dass sie keine Verwirklichungen haben und dass Bemühen in der Dharma Praxis vergeblich ist. Wenn wir sehen, dass uns dies alles entmutigt, sollten wir uns daran erinnern, dass jede Erscheinung, die der Geist eines gewöhnlichen Lebewesens hat, fehlerhaft ist, weil sie von Unwissenheit verunreinigt ist. Was unserem Geist erscheint, existiert nicht wirklich so, wie es erscheint. Die Erscheinungen unseres Geistes gleichen Halluzinationen. Sie sind nicht wahr. Wir glauben, dass das, was unserem Geist erscheint, wahr ist, weil wir annehmen, dass unser Geist nicht fehlerhaft ist. Wir denken, dass erleuchtete Wesen nicht existieren, weil die einzigen Wesen, die unserem Geist erscheinen, unvollkommen sind. Wenn wir jedoch verstehen, was die Halluzinationen der gewöhnlichen Erscheinungen verursacht, werden wir nicht so stark an der Sichtweise festhalten, dass das, was unserem Geist nicht erscheint, wie Buddhas und verwirklichte Wesen, nicht existiert. Wenn wir diese Sichtweise aufgeben, wird es keine Grundlage dafür geben, uns in unserer spirituellen Praxis entmutigen zu lassen.

Halluzinationen haben zwei Arten von Ursachen: äußere und innere. Die äußeren Ursachen sind zahlreich. Unser Gesicht vor einem Spiegel zum Beispiel ist eine äußere Ursache einer Halluzination, weil sich ein wirkliches Gesicht im Spiegel zu befinden scheint, wenn wir hineinschauen. Wenn wir in einer felsigen Schlucht «Hallo» rufen, ist es eine äußere Ursache einer Halluzination, weil das Echo die Stimme von jemand anderem zu sein scheint, der auf unseren Gruß antwortet. Wenn wir die Droge Dhatura (Stechapfel) einnehmen, ist sie eine äußere Ursache einer Halluzination, weil diese Droge den ganzen Boden goldgelb erscheinen lässt. Diese Arten von Halluzinationen helfen uns zu verstehen wie Dinge, die nicht existieren, unserem Geist erscheinen können.

Die innere Ursache einer Halluzination ist die Unwissenheit des Festhaltens am Selbst. Diese Unwissenheit lässt alle Phänomene als wahrhaft existierend erscheinen, obwohl sie es tatsächlich nicht sind. Solange wir starkes Festhalten am Selbst haben, nehmen wir die Dinge nicht wahr, wie sie sind. Deshalb sollten wir uns Folgendes überlegen: «Wenn ich im Moment keine Beispiele erleuchteter Wesen sehen kann, so beweist dies gar nichts, weil ich nicht erwarten kann, Buddhas zu sehen, bis ich meinen Geist gereinigt habe.» Wenn die Oberfläche eines Teiches beispielsweise mit einem Schmutzfilm bedeckt ist, kann sie den Mond nicht spiegeln, selbst wenn Vollmond ist und er direkt über ihr scheint; aber sobald der Schmutzfilm beseitigt wird, ist die Spiegelung des Mondes hell und klar. Auf ähnliche Weise halten uns die Behinderungen in unserem Geist davon ab, die Buddhas zu sehen, obwohdel sie sich überall befinden, direkt vor uns, auf unserem Scheitel und in unserem Herzen.

Um dies besser zu verstehen, können wir über die Sicht des Chittamatra Systems meditieren. Nach diesem System gibt es kein Objekt, das außerhalb des Geistes existiert. Und alle Objekte, die dem Geist erscheinen, haben die Natur des Geistes selbst. Nach dieser Sicht sind die Erscheinungen des Geistes gewöhnlicher Lebewesen nicht verlässlich, sicher oder wahr, weil ihrem Geist äußerlich existierende Objekte erscheinen und es solche Objekte nicht gibt. Eine Erfahrung der Chittamatra Sichtweise zu erlangen ist der beste Weg, sich dem Verständnis der höchsten Sichtweise anzunähern, wie sie vom Madhyamika-Prasangika System vertreten wird. Nach diesem System fehlt allen Objekten inhärente Existenz. Im dritten Kapitel in *Kommentar zum gültigen Erkennen* erklärt Dharmakirti die Chittamatra Sichtweise und im sechsten Kapitel in *Leitfaden zum Mittleren Weg* erklärt Chandrakirti die Madhyamika Sichtweise. Je Tsongkhapa sagte, dass wir die Sichtweise verwirklichen müssen, die beide vereinigt.

Es ist hilfreich, uns zu überlegen, was mit unserem Geist geschieht, wenn wir einschlafen. Wenn wir wach sind, nehmen wir viele Dinge wahr und haben viele Erinnerungen. Wenn wir aber einschlafen, enden diese Erscheinungen, und wenn wir wieder aufwachen ist alles, was unserem Geist erscheint, neu. Wenn wir die subtile Unbeständigkeit verstehen, die jeden Augenblick stattfindende Auflösung der Dinge, werden wir verstehen, dass das, was unserem Geist gestern erschien, aufgehört hat zu existieren und dass das, was unserem Geist gerade jetzt erscheint, vollständig neu ist. Genauso enden die Erscheinungen dieses Lebens, wenn wir sterben, und wenn wir wiedergeboren werden, sind die Erscheinungen unseres nächsten Lebens vollständig neu. Dies weist darauf hin, dass alles, was unserem Geist erscheint, vom Geist selbst stammt. Wenn alle Erscheinungen aus dem Geist entstehen, brauchen wir nicht entmutigt zu sein, wenn wir keine lebendigen Beispiele von erleuchteten Wesen sehen können, denn es ist sicher, dass wir reine Objekte wahrnehmen werden, wenn unser Geist rein geworden ist.

Mit Bemühen können wir alles erreichen. Wir erlangen Erfahrungen im Dharma und unsere Probleme nehmen ab. Mit weniger Problemen werden wir leicht Fortschritte auf dem Weg zur Erleuchtung machen und wir können viele Taten vollbringen, wie zum Beispiel das Geben des eigenen Körpers eines Bodhisattva. Wir haben den Samen der Erleuchtung in uns und wir haben die vollkommenen Methoden gefunden, um Erleuchtung zu erlangen. Was jetzt noch zu tun bleibt ist uns zu bemühen. Es ist nicht nötig, dass wir ungewöhnliche Mühsal auf uns nehmen. Welchen Grund gibt es also noch entmutigt zu sein? Es gibt drei Arten von Bemühen:

(1) Rüstungsgleiches Bemühen
(2) Das Bemühen, tugendhafte Dharmas anzusammeln
(3) Das Bemühen, anderen zu helfen

RÜSTUNGSGLEICHES BEMÜHEN

Dies ist das Bemühen, wenn wir zuversichtlich sind und denken: «Ganz gleich, welchen Schwierigkeiten ich begegnen werde oder wie lange es dauern wird, ich werde meine Aufgabe zu Ende führen und Buddhaschaft zum Wohle anderer erlangen» oder «Selbst wenn ich sehr viel Zeit brauche, um einem einzigen Lebewesen ein klein wenig von Nutzen zu sein, ich werde meine spirituelle Aufgabe zu Ende bringen.»

Es heißt rüstungsgleiches Bemühen, weil es uns vor Faulheit schützt wie eine Rüstung einen Soldaten vor seinem Feind schützt. Wenn wir diese Art von Bemühen zu Beginn unserer Praxis erzeugen und uns entscheiden, sie unser ganzes Leben lang nicht aufzugeben, werden wir uns nicht entmutigt fühlen, selbst wenn wir für lange Zeit ohne erkennbare Ergebnisse praktizieren.

Wenn wir am Morgen aufstehen, müssen wir dieses rüstungsgleiche Bemühen anlegen und uns entschließen, den ganzen Tag lang nicht aufzugeben, ganz gleich, welche Schwierigkeiten wir zu ertragen haben. Genauso sollten wir jedes Mal, wenn wir ein Retreat durchführen, damit beginnen, dieses rüstungsgleiche Bemühen anzulegen, und den festen Entschluss fassen, uns von den Schwierigkeiten, denen wir begegnen werden, nicht überwältigen oder deprimieren zu lassen. Wir müssen beschließen, unser Retreat zu Ende zu führen, ganz gleich was geschieht. Rüstungsgleiches Bemühen muss bei allen anderen Arten des Bemühens immer dabei sein.

DAS BEMÜHEN, TUGENDHAFTE DHARMAS ANZUSAMMELN

Das ist das Bemühen, wenn wir Energie in tugendhafte Handlungen stecken. Es ist nicht dasselbe wie die moralische Disziplin, tugendhafte Dharmas anzusammeln. Die moralische Disziplin, tugendhafte Dharmas anzusammeln, ist im Wesentlichen der Wunsch oder die Absicht Tugend auszuüben, während das Bemühen, tugendhafte Dharmas anzusammeln, das tatsächliche Bemühen bei die Entwicklung von Tugend ist.

DAS BEMÜHEN, ANDEREN ZU HELFEN

Das ist das Bemühen, wenn wir handeln, um anderen zu helfen. Es ist wiederum nicht dasselbe wie die moralische Disziplin, anderen zu helfen. Die moralische Disziplin, anderen zu helfen, ist im Wesentlichen der Wunsch oder die

Absicht anderen zu helfen, während das Bemühen, anderen zu helfen, das tatsächliche Bemühen zu diesem Zweck ist.

Es gibt vier Methoden, unser Bemühen zu vergrößern. Sie werden die «vier Kräfte» genannt:

(1) Die Kraft des Bestrebens
(2) Die Kraft der Unerschütterlichkeit
(3) Die Kraft der Freude
(4) Die Kraft der Entspannung

DIE KRAFT DES BESTREBENS

Die Kraft des Bestrebens ist der Wunsch, tugendhafte Handlungen auszuüben. Wenn wir uns in irgendeiner tugendhaften Praxis bemühen wollen, müssen wir damit beginnen, das Bestreben zu haben, dieses Ziel zu erlangen. Starkes Bestreben bewirkt starkes Bemühen. Wenn wir uns zum Beispiel in unserer Bodhichitta Praxis stark bemühen wollen, müssen wir den festen Wunsch haben, die Verwirklichung von Bodhichitta zu erlangen, und wenn wir Leerheit verwirklichen wollen, müssen wir den Wunsch haben: «Wie wundervoll wäre es doch, wenn ich die richtige Sicht der Leerheit verwirklichen würde.» Wir entwickeln das Bestreben, tugendhaft zu handeln, indem wir die Vorteile und die Gefahren von nichttugendhaften Handlungen bedenken. Bestreben wird eine Kraft genannt, weil es unser Bemühen kraftvoll macht.

DIE KRAFT DER UNERSCHÜTTERLICHKEIT

Wenn wir einmal Bemühen erzeugt haben, müssen wir es ununterbrochen aufrechterhalten. Es ist nicht schwierig, uns für einige Tage zu bemühen, auch nicht für ein paar Wochen oder Monate, aber wenn wir unser Ziel erreichen wollen, muss unser Bemühen beständig sein. Manche Menschen entwickeln am Anfang große Begeisterung für die Dharma Praxis und eine gewisse Zeit lang denken sie an nichts anderes und vergessen sogar zu essen. Sie bemühen sich für kurze Zeit enorm und während sie dies tun, haben sie große Hoffnungen und Erwartungen und denken: «Ich kann schon bald Leerheit verwirklichen», oder «Ich werde sehr gelehrt sein und für mein Wissen in buddhistischer Philosophie berühmt», oder «Ich werde in Kürze ein Buddha sein». Wenn wir uns aber überanstrengen und überenthusiastische Vorstellungen von unserem Fortschritt haben, werden wir uns verausgaben. Und wenn wir dann keine großartigen Ergebnisse erzielen, werden wir entmutigt sein und uns vielleicht sogar entschließen unsere Praxis aufzugeben. Diese Art uns zu bemühen ist dumm und schädlich, weil sie zu einer Reaktion führt, die schlimmer ist, als wenn wir uns überhaupt nicht bemüht hätten. Es macht uns träge und deprimiert. Mit einer solchen Gemütsverfassung entwickeln wir Abneigung gegen die spirituelle Praxis. Die Lethargie, die durch Überanstrengung hervorgerufen wird, kann genauso stark oder sogar noch stärker sein als der anfängliche Eifer. Deshalb müssen wir sehr geschickt sein und uns in einer Weise bemühen, die fest, stabil und anhaltend ist. Es ist weitaus besser, uns beständig nur ein wenig zu bemühen als uns nur für wenige Tage gewaltig anzustrengen. Es heißt, unser Bemühen sollte wie ein breiter Strom sein und Tag und Nacht, Jahr für Jahr sanft fließen. Dummes Bemühen gleicht einem Wasserfall, der durch ein plötzliches Gewitter entstanden ist. Er stürzt lautstark in die Tiefe, entlädt für kurze Zeit gewaltige Energien und versickert dann, als wäre nichts gewesen.

Solange wir uns beständig bemühen, gibt es keinen Zweifel, dass wir Ergebnisse erzielen werden. Es heißt, dass sich mit stabilem, unzerstörbarem Bemühen alle guten Eigenschaften und Verwirklichungen Tag für Tag vergrößern. Je Tsongkhapa sagte, dass wir mit solchem Bemühen unsere spirituelle Praxis vollenden werden.

DIE KRAFT DER FREUDE

Wenn wir uns in unserer Dharma Praxis bemühen, sollte unser Geist ruhig und freudvoll sein. Diese Freude ist eine Kraft, weil sie es uns ermöglicht, unsere spirituellen Aufgaben

Je Tsongkhapa

Jampel Gyatso

Khädrubje

schnell und leicht zu erfüllen. Unser Bemühen wird durch sie stark und mutig. Wenn wir ängstlich und deprimiert sind, wird unser Bemühen blockiert und vergeblich sein. Wenn andere uns unglücklich sehen, wenn wir Dharma praktizieren, werden sie nicht glauben, dass Dharma Frieden und Glück bringt. Praktizieren wir Dharma, sollten wir wie ein spielendes Kind sein. Kinder, die von ihrem Spiel vollkommen in Anspruch genommen sind, sind zufrieden und nichts kann sie ablenken. Selbst wenn ihnen Süßigkeiten angeboten werden, haben sie kein Interesse, weil ihnen das Spiel so großes Vergnügen bereitet.

Manchmal, wenn unser Geist übererregt ist, müssen wir ihn beruhigen, indem wir über Tod und Unbeständigkeit oder über wahre Leiden meditieren. Dann wieder müssen wir uns ermutigen, wenn wir traurig oder deprimiert sind, indem wir über unser kostbares menschliches Leben meditieren.

DIE KRAFT DER ENTSPANNUNG

Es ist sehr wichtig, uns nicht durch zu starkes Bemühen zu ermüden. Wenn wir uns zur rechten Zeit entspannen, werden wir schon bald in der Lage sein, uns erneut zu bemühen. Rechtzeitige Entspannung hält die Beständigkeit unserer Praxis aufrecht. Wenn wir das Bedürfnis nach Erholung vernachlässigen, werden wir übermüdet und nicht fähig sein, uns erneut mit Freude zu bemühen. Es heißt, Entspannung sei eine Kraft, weil sie unser Bemühen schützt und unterstützt.

Wir alle wissen, dass selbst auf Gebieten, die keinen spirituellen Nutzen haben, Einzigartiges geleistet werden kann, wenn wir uns bemühen. Menschen sind zum Beispiel auf dem Mond gelandet, obwohl man dies früher für unmöglich hielt. Wenn so etwas mit einer gewöhnlichen, weltlichen Motivation erreicht werden kann, gibt es keinen Zweifel, dass wir, wenn wir uns bemühen, alle spirituellen Ziele und Erleuchtung erlangen können, denn Erleuchtung ist nicht einzigartig, sondern wurde zahllose Male erreicht.

Asanga zog sich einst mit dem Ziel, eine Vision von Maitreya zu erhalten, zur Meditation zurück. Nach drei Jahren war ihm noch immer kein Erfolg beschieden und so verlor er den Mut und beschloss, sein Retreat aufzugeben. Auf dem Weg, der von seiner Höhle herabführte, kam er an einem Mann vorüber, der mit einer Feder wiederholt über einen riesigen Eisenblock strich. Asanga fragte ihn nach seinem Tun und der Mann antwortete, dass er den Block in zwei Teile zertrennen würde. Asanga sagte: «Wie kannst du erwarten, einen Block aus Eisen mit einer Feder entzweizuschneiden?» Der Mann antwortete: «Natürlich kann ich das! Schau! Ich habe bereits eine kleine Markierung gemacht. Ganz gewiss werde ich es schaffen, solange ich in meinem Bemühen nicht nachlasse.» Da dachte Asanga: «Wenn dieser Mann solch ein beständiges Bemühen für eine derartige Aufgabe aufbringen kann, dann kann ich sicherlich in meinem Retreat durchhalten, um ein viel sinnvolleres Ziel zu erreichen.» Dann kehrte er in seine Höhle zurück und erlangte schließlich eine Vision von Maitreya.

Wenn wir über diese Punkte meditieren, werden wir uns fest dazu entschließen, uns stark, unerschüttlich und freudig zu bemühen.

DIE VOLLKOMMENHEIT DER GEISTIGEN STABILISIERUNG

Geistige Stabilisierung oder Konzentration ist ein Geist, dessen Natur es ist, einsgerichtet auf einem tugendhaften Objekt zu ruhen, und dessen Funktion es ist, Ablenkung zu verhindern. Geistige Stabilisierung, die mit Bodhichitta Motivation praktiziert wird, ist eine Vollkommenheit der geistigen Stabilisierung.

Bei gewöhnlichen Wesen funktioniert Konzentration im Wesentlichen mittels geistigem Gewahrsein. Unsere verschiedenen Arten von Sinnesgewahrsein können ihre Objekte wahrnehmen und einsgerichtet darauf verweilen, aber das ist keine Konzentration. Wenn zum Beispiel unser Augengewahrsein einsgerichtet eine Kerzenflamme fixiert, praktizieren wir nicht Konzentration. Für uns ist das Hauptobjekt der Konzentration das allgemeine Bild eines Objekts und dieses allgemeine Bild wird durch unser geistiges Gewahrsein festgehalten.

Es gibt viele verschiedene Arten von Konzentration. Aufgrund ihrer Natur können zwei Arten unterschieden werden: weltliche und überweltliche. Weltliche Konzentrationen sind durch rein weltliche Wünsche motiviert, zum Beispiel durch den Wunsch, Hellsicht und Wunderkräfte zu erlangen, den Wunsch, in einem Götterbereich wiedergeboren zu werden, oder den Wunsch, das weltliche Glück zu vergrößern. Überweltliche Konzentrationen sind entweder durch Entsagung oder Bodhichitta motiviert. Sie werden nur von Praktizierenden des Buddhadharma erreicht, die auf reine Weise praktizieren, weil nur buddhistische Schriften richtige und genaue Erklärungen des durchdringenden Leidens enthalten, und wir müssen durchdringendes Leiden verstehen, um Entsagung zu verwirklichen. Wenn wir wissen, dass unsere eigenen angeeigneten Anhäufungen die eigentliche Grundlage für alle unsere Leiden sind, werden wir den festen Entschluss fassen, das Kontinuum unserer angeeigneten Anhäufungen zu durchtrennen. Dieser Entschluss ist notwendig, wenn wir überweltliche Konzentrationen erlangen wollen. Alle kennen manifestes Leiden und wollen frei davon sein. Manche Nichtbuddhisten kennen sich veränderndes Leiden. Sie wissen, dass weltliches Glück veränderlich ist und die Natur von Leiden hat, und sie meditieren, um eine Beendigung aller angenehmen und unangenehmen Gefühle zu erlangen. Aber nur Buddhisten verwirklichen durchdringendes Leiden.

Wenn wir Entsagung oder Bodhichitta noch nicht verwirklicht haben, uns aber wünschen, Befreiung oder Erleuchtung zu erlangen, und meditieren, um diesen Wunsch zu erfüllen, wird jede Konzentration, die wir erlangen, als ein «Aspekt überweltlicher Konzentration» bezeichnet. Diese Konzentrationen gleichen den eigentlichen überweltlichen Konzentrationen und gehen in die gleiche Richtung.

Geistige Stabilisierungen können auch dem Begierdebereich, dem Formbereich und dem formlosen Bereich zugeordnet werden. Während sich unsere Konzentrationen verbessern, wird unser Geist immer subtiler. Der Geist des

Formbereichs ist subtiler als der Geist des Begierdebereichs, und der Geist des formlosen Bereichs ist subtiler als der Geist des Formbereichs.

Es heißt, dass Menschen, die während des ersten Äons in dieser Welt lebten, leicht starke Konzentration entwickeln konnten. Sie mussten sich nicht groß anstrengen, um die neun Ebenen des geistigen Verweilens zu erlangen, die zu ruhigem Verweilen führen. Im Gegensatz dazu müssen wir viel Zeit und Mühe darauf verwenden, um auch nur die erste der neun Ebenen zu erlangen, und es fällt uns schwer, die weiteren Ebenen zu erreichen. Wir müssen für lange Zeit auf der zweiten Ebene bleiben und auf der dritten und vierten Ebene dauert es noch länger. Die Menschen des ersten Äons stammten aus dem Formbereich und deshalb bewahrten sie eine sehr starke Kraft der Konzentration. Mit der Zeit ließen ihre Kräfte nach und ihr Geist wurde immer gröber. Ihre Ablenkungen und begrifflichen Geistesarten wurden stärker und zahlreicher, und es wurde immer schwieriger, Konzentration zu erlangen. Zur Zeit Buddha Shakyamunis waren bei allen Unterweisungen, die er gab, Tausende von Menschen in der Lage, die Konzentration des ruhigen Verweilens zu entwickeln. In diesen degenerierten Zeiten ist es schwierig, überhaupt jemanden zu finden, der einen solch kraftvollen Geist hat. Unsere Verblendungen werden stärker und unsere Verdienste nehmen ab, und deshalb ist es schwieriger, spirituelle Verwirklichungen zu erlangen.

Konzentrationen können auch unterteilt werden in Konzentrationen, die in erster Linie auf die Erlangung des ruhigen Verweilens ausgerichtet sind, in Konzentrationen, die in erster Linie auf die Erlangung des höheren Sehens ausgerichtet sind, und in Konzentrationen, die in erster Linie auf die Erlangung der Vereinigung von ruhigem Verweilen und höherem Sehen ausgerichtet sind. Sie werden weiter unten ausführlich erklärt.

Von ihrer Funktion her betrachtet gibt es drei Arten von Konzentrationen: Konzentrationen, die die Glückseligkeit von geistiger und körperlicher Geschmeidigkeit erzeugen, Konzentrationen, die uns helfen, Entsagung, Bodhichitta und die richtige Sicht der Leerheit zu verwirklichen, und Konzentrationen, die uns mit den Mitteln versieht, anderen zu helfen. Alle Konzentrationen haben die erste Funktion. Geschmeidigkeit macht unseren Körper leicht und frei von Spannungen und hilft uns, geistige Störungen zu beseitigen. Wenn wir vollkommene Konzentration haben, werden wir ununterbrochen Freude erleben und alle unsere Meditationen werden erfolgreich sein. Wir werden mit Leichtigkeit und Nachdruck geistige Behinderungen beseitigen und schnell die Natur jedes Objekts erfassen, das wir verstehen wollen. Geistige Stabilisierung bringt den Geist näher und näher an sein Objekt, bis sich der Geist und sein Objekt mischen. Auf diese Weise bewirkt Konzentration spontane Verwirklichungen aller Stufen des Pfades wie Entsagung, Bodhichitta und die richtige Sicht der Leerheit. Wenn wir keine gute Konzentration haben, dauert es sehr lange, etwas zu erreichen. Wir müssen die Anleitungen immer wieder anhören oder lesen und viel Zeit in der Meditation verbringen, und begegnen dennoch vielen Schwierigkeiten. Ohne die Kraft der Konzentration ist unser Geist schwach wie eine Kerzenflamme im Wind und wir sind nicht fähig, große geistige Kräfte aufzubringen, wenn wir tugendhafte Handlungen ausüben.

Wenn wir uns in den neun Ebenen des geistigen Verweilens schulen und ruhiges Verweilen erlangen, werden wir allmählich Hellsicht und Wunderkräfte entwickeln, und diese werden uns eine große Hilfe bei der Arbeit zum Wohle anderer sein. Jede Konzentration, die uns mit den Mitteln anderen zu helfen versieht, wird eine Konzentration zur Hilfe anderer genannt. Wenn wir keine Wunderkräfte und keine Hellsicht haben, können wir Schaden anrichten, selbst wenn wir den Wunsch haben zu helfen. Atisha sagte, dass wir anderen ohne Hellsicht nicht helfen können, genauso wie ein Vogel ohne Flügel nicht fliegen kann.

Wenn wir Dharma entsprechend der Mahayana Tradition auf reine Weise praktizieren, gibt es keinen Grund, diese Kräfte zu unserem eigenen Nutzen zu entwickeln. Es muss immer unser Hauptziel sein, Befreiung und volle Erleuchtung zum Wohle anderer zu erlangen. Wenn wir dieses Ziel erreichen wollen, müssen wir auf jeden Fall geistige

Stabilisierung entwickeln, und indem wir unsere Fähigkeit der geistigen Stabilisierung verbessern, stellen sich Hellsicht und Wunderkräfte von selbst ein. Wenn unsere Motivation Bodhichitta ist und wir die Bodhisattva Gelübde abgelegt haben, sollten wir sehr an der Verbesserung unserer geistigen Stabilisierung interessiert sein, denn sie ist ein Mittel zur Erfüllung unseres Wunsches anderen zu helfen. Wenn wir die Bodhisattva Gelübde abgelegt haben, aber keinerlei Wunsch haben, unsere geistige Stabilisierung zu verbessern, brechen wir indirekt eine unserer Verpflichtungen.

DIE VOLLKOMMENHEIT DER WEISHEIT

Weisheit ist ein tugendhafter Geist, dessen Hauptfunktion es ist, Zweifel und Verwirrung zu vertreiben, indem er sein Objekt gründlich versteht. Weisheit, die mit Bodhichitta Motivation praktiziert wird, ist eine Vollkommenheit der Weisheit.

In *Zusammengefasstes Sutra der Vollkommenheit der Weisheit* sagt Buddha, dass genauso wie ein blinder Mann sein Reiseziel ohne Führer nicht erreichen kann, so können uns die anderen fünf Vollkommenheiten ohne Weisheit nicht zu unserem Ziel der vollen Erleuchtung bringen. Tatsächlich ist es sogar unmöglich, irgendeine tugendhafte Handlung ohne Weisheit auszuführen, weil Weisheit zwischen Tugendhaftem und Nichttugendhaftem unterscheidet und den Nutzen des ersteren und die Gefahren des letzteren enthüllt. Unser Wunsch, das zu tun, was tugendhaft ist, entsteht aus dieser Weisheit, und dieser Wunsch wiederum lässt das Bemühen entstehen, das wir in unserer Praxis aufbringen. Je mehr Weisheit wir haben, desto stärker wird unsere Praxis sein. Deshalb stammen alle guten Eigenschaften und spirituellen Verwirklichungen aus Weisheit. Geistige Stabilisierung und Weisheit stehen in enger Verbindung. Größere Weisheit führt zu stärkerer geistiger Stabilisierung und stärkere geistige Stabilisierung zu größerer Weisheit.

Es gibt viele Arten von Weisheit. Die wichtigsten vier sind: tiefgründige Weisheit, klare Weisheit, schnelle Weisheit und große Weisheit. Tiefgründige Weisheit ist eine Weisheit, die leicht subtile Themen, wie subtile Unbeständigkeit oder Leerheit, versteht. Wenn jemand großes Wissen und Geschick hat und viel von Technik versteht, aber tiefgründige Themen nicht ohne weiteres verstehen kann, wenn sie erklärt werden, zeigt dies, dass ihm tiefgründige Weisheit fehlt. Klare Weisheit ist eine Weisheit, die ihr Objekt klar und genau erkennt. Wenn wir sehr leicht verstehen können, was immer wir verstehen wollen, wenn wir ein klares Gedächtnis und eine klare Vorstellungskraft haben, und wenn wir die subtilsten Themen auseinander halten können, weist dies darauf hin, dass wir klare Weisheit haben. Mit klarer Weisheit können wir uns klar an das erinnern, was wir verstanden haben. Klare Weisheit bringt klare Konzentration hervor. Schnelle Weisheit ist eine Weisheit, die Objekte der Kontemplation rasch versteht und keine weiteren Untersuchungen braucht. Große Weisheit ist eine Weisheit, die Objekte der Kontemplation leicht versteht und keine Erklärungen braucht. Wenn wir verstehen können, was wir in einem Dharma Buch gelesen haben, und niemanden brauchen, der es uns erklärt, zeigt dies, dass wir große Weisheit haben. Mit großer Weisheit können Dharma Bücher unser spiritueller Meister werden, weil wir alle unsere Zweifel beseitigen können, ohne dass wir weitere Anleitungen brauchen.

Weisheit kann auch unterteilt werden in Weisheit, die durch Zuhören entsteht, Weisheit, die durch Kontemplation entsteht, und Weisheit, die durch Meditation entsteht. Um unsere Weisheit die durch Zuhören entsteht, zu vergrößern, müssen wir richtige Unterweisungen von vollkommen qualifizierten spirituellen Meistern anhören, authentische Dharma Bücher lesen und über das Gehörte diskutieren. Die Weisheit der Kontemplation entsteht dadurch, dass wir immer wieder überdenken, was wir gehört und verstanden haben, und die Weisheit der Meditation entsteht durch die Meditation über das, was wir gehört und überdacht haben. Wir müssen diese drei Weisheiten ständig verbessern, bis wir die volle Erleuchtung erlangt haben.

Weisheit kann auch in Weisheit, die konventionelle Wahrheiten erkennt, und Weisheit, die endgültige Wahrheiten erkennt, unterteilt werden. Dies wird weiter unten erklärt.

Da Bodhisattvas so rasch wie möglich erleuchtet werden wollen, haben sie einen starken Wunsch, schnell kraftvolle Verdienste anzusammeln. Deshalb praktizieren sie jede der sechs Vollkommenheiten in Verbindung mit allen anderen. Wenn Bodhisattvas zum Beispiel die Vollkommenheit des Gebens praktizieren, praktizieren sie so, dass sie in der Lage sind, alle anderen Vollkommenheiten zur gleichen Zeit auszuüben. Wenn sie Geben praktizieren, geben sie alle Eigeninteressen auf und erwarten keine Gegenleistung. Auf diese Weise praktizieren sie in Übereinstimmung mit ihren Bodhisattva Gelübden und verbinden die Vollkommenheit des Gebens mit der Vollkommenheit der moralischen Disziplin. Indem sie alle dabei auftauchenden Unannehmlichkeiten ertragen und es nicht zulassen, dass Wut entsteht, wenn keine Dankbarkeit gezeigt wird, verbinden sie die Vollkommenheit des Gebens mit der Vollkommenheit der Geduld. Indem sie mit Freude geben, verbinden sie die Vollkommenheit des Gebens mit der Vollkommenheit des Bemühens. Und indem sie ihren Geist konzentrieren und denken: «Möge dieses Geschenk diesem Menschen wirklichen Nutzen bringen», verbinden sie es mit der Vollkommenheit der geistigen Stabilisierung. Schließlich verbinden sie die Vollkommenheit des Gebens mit der Vollkommenheit der Weisheit, indem sie erkennen, dass der Gebende, die Gabe und die Handlung des Gebens frei von inhärenter Existenz sind.

Die anderen Vollkommenheiten können in gleicher Weise praktiziert werden, wobei jede Vollkommenheit in Verbindung mit allen anderen praktiziert wird. Das ist die rüstungsgleiche geschickte Handlung eines Bodhisattva, die die Vollendung der zwei Ansammlungen, die Ansammlung von Verdiensten und die Ansammlung von Weisheit, beschleunigt.

Die Schulung des Geistes in ruhigem Verweilen

DIE VOLLKOMMENHEITEN DER GEISTIGEN STABILISIERUNG UND DER WEISHEIT IM BESONDEREN

Dieser Abschnitt hat zwei Teile:

1. Wie der Geist in ruhigem Verweilen geschult wird, der Essenz der Konzentration
2. Wie der Geist in höherem Sehen geschult wird, der Essenz der Weisheit

WIE DER GEIST IN RUHIGEM VERWEILEN GESCHULT WIRD, DER ESSENZ DER KONZENTRATION

Der tibetische Ausdruck für ruhiges Verweilen ist «shi nä». «Shi» bedeutet ruhig oder befriedet und «nä» bedeutet verweilen oder bleiben. Ruhiges Verweilen ist also ein Geist, der die Ablenkungen befriedet hat und der einsgerichtet auf einem Objekt verweilt. Ruhiges Verweilen ist definiert als eine Konzentration, die die besondere Glückseligkeit der körperlichen und geistigen Geschmeidigkeit hat, die in Abhängigkeit des Vollendens der neun Ebenen des geistigen Verweilens erreicht wird. Mit Bemühen ist es nicht schwer, einen Geist zu erlangen, der für kurze Zeit einsgerichtet und ohne Ablenkung auf einem Objekt ruhen kann, aber das ist nicht ruhiges Verweilen. Eigentliches ruhiges Verweilen wird nur erreicht, indem man diesen Geist verbessert, bis er zur besonderen Glückseligkeit der Geschmeidigkeit führt.

Wir müssen ruhiges Verweilen sowohl zu unserem eigenen Wohl als auch zum Wohle anderer entwickeln. Da wir nicht leiden wollen, müssen wir die Wurzel des Leidens, das Festhalten am Selbst, beseitigen. Dazu müssen wir Leerheit direkt verwirklichen. Aber ohne zuerst ruhiges Verweilen zu erlangen, können wir Leerheit nicht direkt verwirklichen, weil Leerheit ein sehr subtiles Objekt ist und wir die besondere Weisheit des höheren Sehens benötigen, und diese Weisheit nur aus ruhigem Verweilen entsteht. Zurzeit ist unser Geist wild und leicht abzulenken und seine Natur ist Bewegung. Um Leerheit direkt zu verwirklichen, muss unser Geist durch die Kraft des ruhigen Verweilens ruhig und verfeinert werden.

Bevor wir Konzentration entwickeln, fühlen wir mehr oder weniger ständig irgendein geistiges und körperliches Unbehagen. Unser Geisteszustand ändert sich schnell. Für kurze Zeit sind wir glücklich, doch schon bald sind wir traurig. Auch unser körperliches Befinden ändert sich rasch. Am Morgen fühlen wir uns vielleicht wohl, doch schon am Abend geht es uns schlecht. Wenn wir ruhiges Verweilen erlangen, erfahren wir weder körperliches noch geistiges Unbehagen. Unser Geist wird ruhig und wir können jederzeit tugendhafte Gedanken und Gefühle entwickeln und die Ursachen für Glück erschaffen.

Wenn wir ruhiges Verweilen erlangen, werden nicht nur wir selbst diese Vorteile genießen, sondern wir werden anderen von größtem Nutzen sein können, weil ruhiges Verweilen zur Entstehung weiterer Erlangungen führt, wie den verschiedenen Formen der Hellsicht. Es gibt fünf Arten der Hellsicht: die Hellsicht des göttlichen Auges, die Hellsicht des göttlichen Ohres, die Hellsicht, den Geist anderer zu kennen, die Hellsicht der Kenntnis früherer Leben und die Hellsicht der Wunderkräfte. Mit der Hellsicht des göttlichen Auges können wir sehen, was jemandem widerfährt, der weit entfernt ist, und mit der Hellsicht, den Geist anderer zu kennen, können wir wissen, was andere denken und was ihre Probleme sind.

Ein König wollte einst wissen, ob Arya Asanga hellsichtig sei, und unterzog ihn einer Prüfung. Der König bat Asanga, seine Fragen vor einer großen Menschenmenge zu beantworten, aber anstatt die Fragen laut zu formulieren, stellte er sie lediglich in seinem Geist. Die Fragen betrafen die *Sutras der Vollkommenheit der Weisheit*. Dank seiner Hellsicht gelang es Asanga, alle stummen Fragen des Königs zu beantworten.

Wenn Buddha Shakyamuni Unterweisungen erteilte, las er die Gedanken der Teilnehmer. Manchmal stellte er ihre Ablenkungen öffentlich bloß und sagte: «Denk nicht so!» Andere angesehene Lehrer machten dasselbe. Einmal gab Je Tsongkhapa tausend Schülern eine Unterweisung über Leerheit an einem Ort namens Sera Chödhing oberhalb des Klosters Sera. Während dieser Unterweisung verwirklichte ein Mönch namens Sherab Senge Leerheit. Seine Verwirklichung war so stark, dass er glaubte, vollständig verschwunden zu sein. Um sich zu vergewissern, dass er konventionell immer noch existierte, zupfte er an seiner Robe. Je Tsongkhapa verstand dank seiner Hellsicht, was geschah, und erklärte: «Sherab Senge hat das konventionelle Ich gefunden.» Er war hoch erfreut über das, was sein Schüler erreicht hatte.

Wenn wir ruhiges Verweilen erlangen, gewinnen wir auch die Hellsicht der Wunderkräfte. Damit werden wir fähig, sowohl belebte als auch unbelebte Objekte zu manifestieren. Einmal wurde Milarepas Schüler Rechungpa ziemlich stolz auf sein Wissen und seine Fähigkeiten und so lud Milarepa ihn zu einem Spaziergang ein. Unterwegs manifestierte Milarepa einen Hagelsturm. Rechungpa verlor Milarepa aus den Augen und konnte keinen Unterschlupf finden. Schließlich fand er Milarepa im Horn eines toten Yaks. Er sah, dass Milarepa nicht kleiner und das Horn nicht größer geworden war. Trotzdem winkte Milarepa seinem Schüler aus dem Horn zu und sagte: «Sohn, wenn du glaubst, dass du mir, deinem spirituellen Vater, ebenbürtig bist, dann komm ins Innere dieses Horns. Es ist sehr bequem und geräumig hier.» Doch Rechungpa hatte nicht die Fähigkeit es Milarepa gleichzutun, und so war sein Stolz besiegt.

Niemand möchte Fehler haben, doch nur die Buddhas sind fehlerlos. Wenn wir frei von Fehlern sein und unseren

Wunsch nach Vollkommenheit erfüllen wollen, müssen wir daher erleuchtet werden, indem wir nach und nach immer höhere spirituelle Ebenen und Pfade und die Verwirklichungen der Erzeugungs- und Vollendungsstufe des Geheimen Mantra erreichen. Um diese fortgeschrittenen Verwirklichungen zu erlangen, brauchen wir ruhiges Verweilen. Tatsächlich brauchen wir zur Vollendung jeder tugendhaften Handlung einen gewissen Grad an Konzentration, denn Konzentration überwindet Hindernisse unserer Praxis, wie zum Beispiel geistiges und körperliches Unbehagen. Mit ruhigem Verweilen können wir jede Verwirklichung leicht erlangen, weil unser Geist auf jedem von uns gewählten Objekt konzentriert ruhen kann, bis sich das Objekt und der Geist mischen.

Zurzeit werden wir, wenn wir eine tugendhafte Handlung ausführen und unseren Geist darauf gerichtet halten wollen, noch durch viele Ablenkungen und negative Gedanken gestört und deshalb ist unsere Tugend schwach und unrein. Unser Geist wird ständig durch Verblendungen wie Wut, Neid und begehrende Anhaftung bedrängt. Unser Erinnerungsvermögen ist unklar und unstabil, und unsere Intelligenz ist dumpf. Mit ruhigem Verweilen aber erlangen wir die Glückseligkeit körperlicher und geistiger Geschmeidigkeit und alle unsere früheren Hindernisse für die Konzentration verschwinden. Unser Körper ist geschmeidig und gesund und fühlt sich so leicht wie Watte an, als ob er durch feste Mauern schweben könnte. Wir spüren kein körperliches Unwohlsein und sind physisch in der Lage, jegliche tugendhafte Handlung auszuführen. Wir brauchen keine Fitnessübungen, um einen gesunden und geschmeidigen Körper zu entwickeln, und wir können uns für sehr lange Zeit ohne Schmerz konzentrieren. Wir werden nicht durch Faulheit geplagt und können jede spirituelle Aufgabe ohne Probleme erfüllen, wie lange sie auch dauern mag. Wir fühlen uns jederzeit ruhig, weil unser Geist völlig frei von Spannungen ist. Er ist immer geschmeidig und beweglich.

Mit ruhigem Verweilen können wir schwierige Umstände und Entbehrungen mit Leichtigkeit durchstehen. Wir kommen lange ohne Nahrung aus und fühlen doch kein

Unbehagen. Es gibt in Tibet immer noch einige Mönche in abgelegenen Höhlen, die seit der chinesischen Invasion von 1959 unentdeckt geblieben sind. Sie haben in Einzelretreats überlebt, ohne die Nahrung, die sie von Laien zu erhalten pflegten. Wie ist ihnen das gelungen? Sie konnten ihre Praxis bequem weiterführen, weil sie das ruhige Verweilen erlangt hatten. Sie mögen keine angesehenen Gelehrten sein, aber sie sind ernsthaft Praktizierende mit großer innerer Stärke und mit Verwirklichungen. Diese waren ihre Nahrung und ihr Schutz.

Wir müssen über diese Vorteile des Entwickelns von ruhigem Verweilen nachdenken, bis wir den starken Wunsch haben, diese Praxis auszuüben. Ist dieser Wunsch einmal klar in unserem Geist entstanden, sollten wir die verweilende Meditation ausführen, um uns damit vertraut zu machen.

Die Erläuterung, wie ruhiges Verweilen erlangt wird, hat zwei Teile:

1. Die Bedingungen, die zur Erlangung von ruhigem Verweilen notwendig sind
2. Wie ruhiges Verweilen erlangt wird

DIE BEDINGUNGEN, DIE ZUR ERLANGUNG VON RUHIGEM VERWEILEN NOTWENDIG SIND

Um ruhiges Verweilen zu erlangen, müssen alle Bedingungen, äußere wie innere, vorhanden sein. Haben wir uns nicht genügend vorbereitet und versuchen, in einem Retreat das ruhige Verweilen zu erlangen, kann es sein, dass wir viele erfolglose Jahre verbringen. In *Eine Lampe für den Pfad zur Erleuchtung* sagt Atisha:

> Jemand, der die Zweige des ruhigen Verweilens
> vernachlässigt,
> Wird nie Konzentration erlangen,
> Selbst wenn er tausend Jahre lang
> Mit großem Bemühen meditiert.

Es gibt sechs «Zweige» oder notwendige Bedingungen, um ruhiges Verweilen zu erlangen:

1. Ein für das Retreat geeigneter Ort
2. Geringe Wünsche
3. Zufriedenheit
4. Keine ablenkenden Tätigkeiten
5. Reine moralische Disziplin
6. Keine ablenkenden Vorstellungen

EIN FÜR DAS RETREAT GEEIGNETER ORT

Wenn wir ein Retreat zur Erlangung von ruhigem Verweilen durchführen, müssen wir einen geeigneten Ort finden. In *Schmuckstück für Mahayana Sutras* erklärt Maitreya, dass ein Ort, der geeignet für ein Retreat ist, die folgenden fünf Eigenschaften hat:

(1) Es ist ein Ort, wo es leicht ist, das Nötigste, wie Nahrung und Kleider, zu beschaffen.
(2) Buddhas und hoch verwirklichte Wesen haben ihn gesegnet oder unser spiritueller Meister hat ihn besucht. Wenn wir keinen solchen Ort finden können, so sollte es wenigstens ein Ort sein, wo keine Übertretung von Verpflichtungen begangen wurde und es keine Unstimmigkeiten zwischen spirituell Praktizierenden gegeben hat. Wenn wir ein Retreat an einem Ort durchführen, wo spirituell Praktizierende Konflikte miteinander hatten, wird es uns schwerfallen Verwirklichungen zu entwickeln.
(3) Die Umgebung ist gesund, das Klima ist gut, weder zu heiß noch zu kalt, und das Wasser ist sauber.
(4) Spirituelle Freunde, die uns unterstützen können, sind in der Nähe. Sehr erfahrene Praktizierende und diejenigen, die besondere Verwirklichungen haben, können in vollständiger Einsamkeit meditieren. Sind wir aber in der Meditation nicht sehr erfahren, muss es möglich sein andere leicht zu erreichen, wenn wir ihre Hilfe brauchen.

(5) Es ist ein ruhiger Ort. Wenn wir einen gewissen Grad der Konzentration erlangen, wird ein lautes Geräusch, ein Motorrad zum Beispiel oder Hundegebell, unsere Konzentration durchdringen, so wie sich ein Dorn in unser Fleisch bohrt. Wir müssen deshalb einen Ort finden, wo es sowohl am Tag als auch in der Nacht keine störenden Geräusche gibt – keinen störenden Lärm von Menschen, von Tieren oder der Umgebung, einem Wasserfall zum Beispiel.

GERINGE WÜNSCHE

In *Leitfaden für die Lebensweise eines Bodhisattva* sagt Shantideva:

> ... Sollte ich als erstes bestrebt sein, ruhiges Verweilen zu erlangen,
> Indem ich freudig der Anhaftung an das weltliche Leben entsage.

Wenn wir die Anhaftung an Objekte des Begehrens während des Retreats nicht aufgeben können, wird es sehr schwierig sein, andere Ablenkungen aufzugeben, und es wird unmöglich sein, reine Konzentration zu entwickeln. Eine der notwendigen Voraussetzungen, um ein Retreat in ruhigem Verweilen durchzuführen, ist deshalb, unsere Anhaftung an weltliche Dinge wie Reichtum und guten Ruf zu vermindern.

ZUFRIEDENHEIT

Wenn wir während unseres Retreats mit unseren äußeren Umständen, der Unterkunft, dem Essen und so weiter, nicht zufrieden sind, werden wir ständig danach trachten sie zu verbessern, und dadurch werden unsere Ablenkungen und begrifflichen Gedanken vergrößert. Genau dies aber sind die Feinde der Konzentration. Wenn wir nicht zufrieden sind, werden wir zudem körperliches und geistiges Unbehagen verspüren, leicht entmutigt sein und unser Retreat aufgeben wollen. Um diese Unzufriedenheit zu überwinden, sollten wir wiederholt über Folgendes nachdenken:

> *Es spielt keine Rolle, dass meine Umstände ein paar Monate oder ein paar Jahre lang schlecht sind. Mein Hauptziel ist die Erlangung der Befreiung und Erleuchtung, und dieses Ziel kann ich nur durch Erlangen von ruhigem Verweilen erreichen.*

KEINE ABLENKENDEN TÄTIGKEITEN

Wenn wir vollkommen reine Konzentration erlangen wollen, müssen wir uns von allen weltlichen Tätigkeiten lösen und uns dazu anhalten, nur die Dinge zu tun, die uns helfen, einen ruhigen Geist zu entwickeln und zu bewahren. Wir müssen alle schädlichen und bedeutungslosen Tätigkeiten beiseitelassen. Während der Meditationspausen zum Beispiel müssen wir es vermeiden, Bücher zu lesen, die keinen Bezug zu unserer Praxis haben. Stattdessen sollten wir Erläuterungen zu den Stufen des Pfades lesen, um eine starke Motivation zu entwickeln, unsere Erfahrung zu verbessern. Insbesondere sollten wir Erläuterungen der Ebenen des ruhigen Verweilens studieren. In den Meditationspausen sollten wir Tätigkeiten ausführen, die unsere Ansammlung von Verdiensten vergrößern und unsere Negativität reinigen.

REINE MORALISCHE DISZIPLIN

In diesem Zusammenhang bedeutet reine moralische Disziplin Gewissenhaftigkeit hinsichtlich unserer Handlungen von Körper, Rede und Geist. Wenn wir unbesonnen Tätigkeiten ausführen, werden Ablenkungen ganz natürlich auftreten. Deshalb müssen wir uns vor jeder Neigung zu negativen Handlungen schützen und uns vor falschen Einstellungen und verunreinigten Vorstellungen hüten. Um moralische Disziplin einzuhalten, braucht man keine Gelübde abzulegen. Haben wir kraftvolle Achtsamkeit, wird sie uns vor den negativen Handlungen des Körpers, der Rede und des Geistes beschützen und sicherstellen, dass alle unsere Tätigkeiten rein sind. Mit Achtsamkeit können wir grobe Ablenkungen überwinden und moralische Disziplin aufrechterhalten. Wenn wir die groben Ablenkungen nicht überwinden, wird es uns nicht gelingen, die Konzentration zu erzeugen, die die subtileren Ablenkungen, durch Anwendung von Achtsamkeit und Wachsamkeit während der Meditation, überwindet. Moralische Disziplin einzuhalten ist deshalb eine Grundvoraussetzung für das Erlangen des ruhigen Verweilens. Sie gleicht einem Zaun, der die Feinde der Ablenkung fernhält, so wie ein Gartenzaun unerwünschte Tiere fernhält.

KEINE ABLENKENDEN VORSTELLUNGEN

Während des Retreats über ruhiges Verweilen müssen wir ablenkende Vorstellungen stoppen, wie zum Beispiel sich an frühere Tätigkeiten und weltliche Erfahrungen zu erinnern, oder über zukünftige Tätigkeiten nachzudenken und sie zu planen.

WIE RUHIGES VERWEILEN ERLANGT WIRD

Wie ruhiges Verweilen erlangt wird, wird nun unter den folgenden sechs Überschriften erklärt:

1. Die fünf Hindernisse für die Erlangung von ruhigem Verweilen
2. Die acht Gegenmittel gegen die fünf Hindernisse
3. Wie die neun Ebenen des geistigen Verweilens erlangt werden
4. Die sechs Kräfte
5. Die vier Aufmerksamkeiten
6. Das Maß dafür, ruhiges Verweilen erlangt zu haben

Wir müssen die Anleitungen, wie ruhiges Verweilen erlangt wird, vollständig verstanden haben, bevor wir unser Retreat beginnen. Sonst besteht die Gefahr, dass wir unser Retreat verlassen müssen, um Rat zu suchen, oder dass wir verwirrt werden und an dem zweifeln, was wir tun. Wenn wir diese Anleitungen genau kennen, werden wir wissen, wie wir unser Retreat vorbereiten müssen und wie jede Ebene der Konzentration erlangt wird. Es wird uns möglich sein, die Hindernisse für das ruhige Verweilen zu erkennen, und wir werden wissen, welche Methoden anzuwenden sind, um sie zu überwinden.

Wenn wir ein Haus bauen wollen, müssen wir zuerst genaue Anleitungen bekommen, welche Vorbereitungen zu treffen sind, wie das Gebäude gebaut wird und wie Probleme, die auftauchen können, gelöst werden. Wenn wir diese Anleitungen nicht erhalten, werden wir Fehler begehen, viel Zeit verlieren und vielleicht sogar verzweifelt aufgeben. Das gleiche gilt für ruhiges Verweilen. Wenn wir Erfolg haben wollen, müssen wir innere Vorbereitungen treffen und vollständige und richtige Anleitungen erhalten, wie wir das Ziel erreichen.

Maitreya erteilte richtige und konkrete Anleitungen über ruhiges Verweilen in seinen Abhandlungen, wie in *Schmuckstück für Mahayana Sutras* und in *Unterscheidung des Mittleren und der Extreme.* Asanga nahm diese Anleitungen und fügte sie in die *Fünf Gruppen über die spirituellen Ebenen* ein, wo er ausführlich erklärt, wie ruhiges Verweilen erlangt wird. Auch der große Yogi Kamalashila gab vollkommene Anleitungen in den *Stufen der Meditation.* Später nahm Je Tsongkhapa die Essenz aller Anleitungen und fügte sie in *Große Darlegung der Stufen des Pfades* zusammen. Die Überlieferungslinie dieser Anleitungen und Praktizierenden ist ungebrochen. Es besteht deshalb große Hoffnung, dass wir das ruhige Verweilen in diesem Leben erlangen, wenn wir uns auf diese Anleitungen verlassen.

DIE FÜNF HINDERNISSE FÜR DIE ERLANGUNG VON RUHIGEM VERWEILEN

Diese werden in Maitreyas Text *Unterscheidung des Mittleren und der Extreme* erklärt. Es sind:

1. Faulheit
2. Vergesslichkeit

3. Geistiges Sinken und geistige Erregung
4. Nichtanwendung
5. Unnötige Anwendung

FAULHEIT

Im Allgemeinen ist Faulheit ein Geist, der ungern tugendhafte Handlungen ausführt. In diesem Zusammenhang ist es ein Geist, der sich ungern in ruhigem Verweilen schult. Diese Faulheit kann jederzeit entstehen, entweder bevor wir unser Retreat beginnen oder im Verlauf unseres Retreats. Es gibt viele Arten von Faulheit. Durch Anhaftung an weltliche Tätigkeiten zum Beispiel werden wir unwillig, uns in ruhigem Verweilen zu schulen, und daher ist es eine Art von Faulheit. Auch Folgendes sind Arten von Faulheit: Wenn wir deprimiert oder entmutigt werden, weil wir denken, dass ruhiges Verweilen zu schwer für uns zu erlangen ist, oder wenn wir es aufschieben und denken, wir sollten das Retreat irgendwann in der Zukunft ausführen, obwohl der richtige Zeitpunkt für uns gerade jetzt ist. Zu Beginn unserer Praxis ist Faulheit unser größtes Hindernis, weil sie uns davon abhält, Gebrauch von Bemühen zu machen um ruhiges Verweilen zu erlangen. Solange wir nicht glücklich sind Bemühen aufzubringen, bleibt das Tor zum ruhigen Verweilen verschlossen.

VERGESSLICHKEIT

Vergesslichkeit bedeutet hier, dass wir während der Meditation das Objekt vergessen oder die Anleitungen vergessen, die wir von unserem spirituellen Meister erhalten haben. Vergesslichkeit führt zu einer sinnlosen Meditation: Wir gleichen einem Reiter, der vom Pferd gefallen ist. Während wir meditieren, müssen wir unser Objekt fest mit den Zügeln der Achtsamkeit halten.

GEISTIGES SINKEN UND GEISTIGE ERREGUNG

Wenn wir einmal mit der Schulung in ruhigem Verweilen begonnen haben, stellen geistiges Sinken und geistige

Erregung die beiden größten Hindernisse dar, denen wir begegnen, weil sie die vollkommene Konzentration zerstören. Vollkommene Konzentration hat zwei Eigenschaften: Sie ruht einsgerichtet auf ihrem Objekt und nimmt ihr Objekt klar wahr, während sie es festhält. Geistige Erregung zerstört die Einsgerichtetheit der Konzentration, weil sie auftritt, wenn Ablenkungen entstehen. Geistiges Sinken zerstört die Klarheit der Konzentration und den festen Halt am Objekt.

Geistige Erregung tritt auf, wenn der Geist zu einem Objekt der Anhaftung abschweift. Erinnert sich ein Teil unseres Geistes an ein Objekt der Anhaftung, an einen Freund oder ein köstliches Essen zum Beispiel, dann ist dies geistige Erregung, weil unser Geist zu einem Objekt der Anhaftung abschweift, während wir uns konzentrieren. Wenn wir uns dessen nicht schnell gewahr werden und den Geist nicht zum Meditationsobjekt zurückführen, werden wir das Objekt vollständig verlieren. Da wir sehr mit den Objekten der Anhaftung vertraut sind, entwickeln wir zu Beginn der Praxis oft geistige Erregung.

Es gibt zwei Arten geistiger Erregung: grobe und subtile. Wenn wir zuerst eine klare Erscheinung unseres Objekts erlangen, es fest halten und einsgerichtet auf ihm verweilen, dann werden wir, während wir uns in dieser Konzentration befinden und uns an etwas Begehrenswertes, wie zum Beispiel Essen erinnern, nicht unbedingt unser Meditationsobjekt ganz plötzlich verlieren. Ein Teil unseres Geistes wird auf dem Objekt ruhen, während ein anderer Teil abschweift. Wenn dies geschieht, erleben wir subtile geistige Erregung. Wenn wir fortfahren, an das Objekt des Begehrens zu denken, wird die geistige Erregung stärker, bis unser Objekt vollständig verloren geht. Wenn dies geschieht, erleben wir grobe geistige Erregung. Subtile geistige Erregung gleicht der Bewegung eines kleinen Fisches unter der Wasseroberfläche: Die Wasseroberfläche bleibt ruhig, während sich der Fisch darunter bewegt. Wenn der Geist sich in subtiler geistiger Erregung befindet, hält er das Objekt der Konzentration immer noch, aber ein Teil von ihm hat sich weg bewegt. Geistige Erregung kann auch zu anderer Zeit auftreten, nicht nur in der Meditation. Wenn wir zum Beispiel eine Unterweisung anhören, kann es vorkommen, dass wir uns an ein Objekt der Anhaftung erinnern und einen Teil unserer Aufmerksamkeit für die Unterweisung verlieren. Tatsächlich erleben wir ziemlich häufig geistige Erregung, während geistiges Sinken nur in der Meditation auftritt.

Geistige Erregung ist eine besondere Art der Ablenkung oder des geistigen Abschweifens. Wenn unser Geist durch irgendein anderes Objekt als ein Objekt der begehrenden Anhaftung abgelenkt wird, ist es geistiges Abschweifen und ein Hindernis zur vollkommenen Konzentration, selbst wenn das Objekt tugendhaft ist. Wenn wir zum Beispiel über unseren Atem meditieren und an die Gestalt Buddha Shakyamunis denken, haben wir den Fehler geistigen Abschweifens begangen, denn selbst eine Ablenkung durch tugendhafte Objekte unterbricht unsere Konzentration und muss aus unserem Geist beseitigt werden, wenn wir Fortschritte auf dem Weg zu ruhigem Verweilen machen wollen.

Auch von geistigem Sinken gibt es zwei Arten: grobes und subtiles. Wenn wir gute Konzentration erzeugen und das Objekt klar halten, die Klarheit dann aber abnimmt, handelt es sich um grobes geistiges Sinken. Wenn die Klarheit bleibt, aber unser Halt am Objekt nachlässt, ist es subtiles geistiges Sinken. Mit subtilem geistigen Sinken bleibt der Geist einsgerichtet auf seinem Objekt und nimmt das Objekt klar wahr, aber der Halt am Objekt, die Intensität der Konzentration, nimmt ab. Es ist die Achtsamkeit, die unseren Halt am Objekt fest bleiben lässt. Nimmt die Kraft unserer Achtsamkeit ab, lockert sich unser Halt. Wenn subtiles Sinken auftritt und nicht behoben wird, können wir das Objekt vollständig verlieren. Wenn das geschieht, haben wir grobes Sinken entwickelt.

Zuerst müssen wir subtiles geistiges Sinken intellektuell verstehen. Um es aber vollständig zu begreifen, müssen wir es in der Meditation identifizieren und beobachten, was geschieht. Können wir subtiles geistiges Sinken nicht entdecken, wird unsere Konzentration fehlerhaft. Da der Geist einsgerichtet auf das Objekt gerichtet bleibt und er das Objekt weiterhin klar wahrnimmt, auch wenn subtiles geistiges

Sinken auftritt, ist es schwer, den Fehler zu identifizieren. In der Tat bleiben manche Menschen für lange Zeit im Zustand geistigen Sinkens und glauben, sie verweilten in fehlerloser Konzentration. Mit geistigem Sinken ist es jedoch unmöglich, ruhiges Verweilen zu entwickeln. Deshalb müssen wir lernen, wie subtiles geistiges Sinken erkannt wird, sobald es auftritt, und die jeweils geeignete Maßnahme ergreifen, um die Störung zu beseitigen.

NICHTANWENDUNG

Wir begehen den Fehler der Nichtanwendung, wenn wir es versäumen, die richtigen Gegenmittel gegen geistige Erregung und geistiges Sinken anzuwenden. Die meisten begehen diesen Fehler, wenn sie meditieren. Wenn wir uns zum Beispiel während einer Meditationssitzung an ein Objekt erinnern, das wir begehren, lassen wir es oft zu, dass das Objekt in unserem Geist bleibt, und fassen nicht den festen Entschluss, es zu beseitigen. Wir lassen es zu, dass Gedanken, die in unserem Geist auftauchen, dort bleiben, und so mag es den Anschein haben, als ob wir meditierten, doch unser Geist wandert überall hin, er plant die Ferien, besucht jemanden, geht einkaufen und so weiter. Da Nichtanwendung zu einer starken Gewohnheit des Geistes werden kann, müssen wir unwichtige Gedanken entdecken und aufgeben, sobald sie entstehen, und unsere Aufmerksamkeit immer wieder zum Objekt der Konzentration zurückführen. Wenn grobes Sinken auftritt und wir aufgrund von Nichtanwendung unser Objekt vollkommen vergessen, treten wir in ein Stadium ein, das weder Meditation noch Schlaf ist. Unser Geist ist einfach leer, er wartet darauf, dass Gedanken in ihm erscheinen. Dieser Zustand mag zur Entspannung ganz gut sein, aber das ist keine Meditation.

UNNÖTIGE ANWENDUNG

Zu Beginn unserer Praxis der Konzentration ist es unmöglich, dass wir diesen Fehler begehen, denn er entsteht erst, wenn wir vollkommene Konzentration erlangt haben. Wenn wir die siebte oder achte Ebene des ruhigen Verweilens erlangt und die Hindernisse des Sinkens und der Erregung überwunden haben, aber immer noch die Gegenmittel gegen diese Fehler anwenden, wird diese unangemessene Anwendung der Gegenmittel die Einsgerichtetheit unserer Konzentration stören.

DIE ACHT GEGENMITTEL GEGEN DIE FÜNF HINDERNISSE

Maitreya erklärt in *Unterscheidung des Mittleren und der Extreme* die acht Gegenmittel gegen die fünf Fehler:

1. Vertrauen
2. Bestreben
3. Bemühen
4. Geschmeidigkeit
5. Achtsamkeit
6. Wachsamkeit
7. Anwendung
8. Nichtanwendung

Die ersten vier sind Gegenmittel gegen Faulheit und die restlichen vier sind jeweils Gegenmittel gegen Vergesslichkeit, geistiges Sinken und geistige Erregung, Nichtanwendung und unnötige Anwendung.

VERTRAUEN, BESTREBEN, BEMÜHEN UND GESCHMEIDIGKEIT: DIE GEGENMITTEL GEGEN FAULHEIT

Vertrauen und Bestreben sind indirekte Gegenmittel gegen Faulheit, und Bemühen und Geschmeidigkeit sind direkte Gegenmittel. Bemühen bezieht sich hier insbesondere auf einen Geist, der sich an der Praxis der Konzentration erfreut, und wann immer wir es anwenden, sind wir frei von Faulheit. Geschmeidigkeit wird durch Bemühen erlangt, und wenn wir vollständige Geschmeidigkeit entwickeln, werden wir völlig frei sein von Faulheit.

Vertrauen bezieht sich hier auf das Vertrauen, ruhiges Verweilen zu erlangen. Wir erzeugen dieses Vertrauen, indem wir den großen Nutzen von ruhigem Verweilen und das Gute, das damit erreicht werden kann, verstehen. Dies ist ein Beispiel von bewunderndem Vertrauen, einem der drei Arten von Vertrauen. Mit diesem Vertrauen entwickeln wir das Bestreben, ruhiges Verweilen zu erlangen, und mit einem derartigen Bestreben erzeugen wir ganz natürlich Bemühen für die Praxis, die uns zu unserem Ziel führt. Auf diese Weise führen die indirekten Gegenmittel, Vertrauen und Bestreben, zu den direkten Gegenmitteln, Bemühen und Geschmeidigkeit.

Wenn die guten Eigenschaften eines Produktes im Werbefernsehen angepriesen werden, entsteht in uns ganz natürlich der Wunsch, es zu kaufen. Ebenso werden wir ganz natürlich nach ruhigem Verweilen streben, wenn wir seine hervorragenden Eigenschaften kennen, und wollen uns in unserer Praxis bemühen.

Wenn wir jetzt nicht danach streben, ruhiges Verweilen zu erlangen, wird es schwierig sein, ein solches Bestreben in zukünftigen Leben zu erzeugen. Es ist gut möglich, dass wir in unserem nächsten Leben nicht einmal die Worte «ruhiges Verweilen» hören. In dieser Welt gibt es viele Menschen, die sie nicht gehört haben. Daher müssen wir unser großes Glück schätzen, solange wir die Möglichkeit haben, und stark danach streben ruhiges Verweilen zu erlangen. Wir müssen daran denken, dass es leichter ist, Konzentration zu praktizieren, solange wir jung sind. Wenn wir stark und gesund sind, fällt es uns leichter, möglicherweise auftretende Schwierigkeiten zu ertragen, unser Geist ist klarer, unser Gedächtnis ist besser und unsere Achtsamkeit stabiler.

ACHTSAMKEIT: DAS GEGENMITTEL GEGEN VERGESSLICHKEIT

Achtsamkeit ist das Gegenmittel gegen Vergesslichkeit. Ihre Natur ist es, sich an das Objekt zu erinnern und es fest zu halten, und ihre Funktion ist es, Ablenkungen zu überwinden und zu verhindern. Das Objekt der Achtsamkeit ist eines, mit dem wir bereits vertraut sind und das wir schon verstanden haben. In *Handbuch des Abhidharma* erklärt Asanga drei Eigenschaften von Achtsamkeit: ihr Objekt ist bereits bekannt, ihre

Natur ist, ihr Objekt nicht zu vergessen, und ihre Funktion ist, Ablenkungen zu überwinden.

Während wir uns in Konzentration schulen, müssen wir Vergesslichkeit beseitigen, indem wir die Achtsamkeit immer wieder erneuern, sodass das Objekt immer vertrauter wird. Wenn wir unsere Achtsamkeit ständig erneuern, werden wir verhindern, dass sie degeneriert. Solange unsere Achtsamkeit funktioniert, werden wir unser Objekt der Konzentration nicht vergessen.

WACHSAMKEIT: DAS GEGENMITTEL GEGEN GEISTIGES SINKEN UND GEISTIGE ERREGUNG

Wachsamkeit ist das Gegenmittel gegen geistiges Sinken und geistige Erregung. Sie ist ein Aspekt von Weisheit, der die Konzentration untersucht und weiß, ob die Fehler des Sinkens oder der Erregung entstehen oder nicht. Sie ist wie ein Spion, weil sie darauf spezialisiert ist, die Gegenwart dieser zwei Feinde der Konzentration zu entdecken und uns zu warnen, wenn diese stören wollen. Wenn wir uns in Konzentration schulen, müssen wir Wachsamkeit geschickt einsetzen. Wenden wir sie zu oft an, wird sie zu einem Hindernis, denn sie wird die Einsgerichtetheit unserer Konzentration stören. Wenden wir sie andererseits zu wenig an, werden sich die Feinde des Sinkens und der Erregung einschleichen.

Wie Wachsamkeit angewendet werden soll, zeigt die folgende Analogie: Wenn wir mit viel Geld auf der Straße unterwegs sind und bemerken, dass uns jemand folgt, der ein Dieb sein könnte, werden wir vorsichtig sein. Wir werden unser Hauptaugenmerk auf die Straße vor uns richten, aber aus den Augenwinkeln werden wir regelmäßig überprüfen, was der andere unternimmt. Ebenso sollte unser Geist im Wesentlichen auf unserem Objekt weilen, wenn wir uns in Konzentration schulen, aber ein Teil unseres Geistes sollte nach Sinken und Erregung Ausschau halten. Diese Überwachung muss sehr ruhig durchgeführt werden, damit sie die Konzentration nicht unterbricht. So wie jemand, der von einem möglichen Dieb verfolgt wird, nicht plötzlich stehen bleibt und dem Verfolger direkt ins Gesicht starrt, so sollten wir unsere Meditation unauffällig überprüfen, indem wir mit einem Teil des Geistes schauen, aber nie die Konzentration aufgeben. Die Aufgabe der Spione ist es lediglich zu überprüfen und zu berichten, was sie wissen. Sie greifen nicht tatsächlich zu den Waffen. Haben sie ihre Information einmal bei ihrem Befehlshaber abgeliefert, wird die Armee eingesetzt, um die Gefahr zu beseitigen. Ähnlich begegnet Wachsamkeit geistigem Sinken und geistiger Erregung, indem sie uns warnt, dass diese Fehler entstehen, und uns drängt, die direkten Gegenmittel anzuwenden.

Das direkte Gegenmittel gegen subtiles geistiges Sinken ist, das Objekt fester zu fassen, weil subtiles Sinken unseren Halt am Objekt lockert. Halten wir einen Ball und lockern unseren Griff, besteht die Gefahr, dass wir den Ball fallen lassen. Subtiles Sinken hat die gleiche Auswirkung auf unsere Konzentration. Beheben wir geistiges Sinken nicht, wird das Objekt schließlich unserem Griff entgleiten.

Es gibt viele direkte Gegenmittel gegen grobes geistiges Sinken. Wenn grobes Sinken auftritt, erscheint das Objekt dem Geist weniger klar. Diesen Fehler können wir beheben, indem wir weitere analytische Meditationen ausführen. Ist unser Objekt zum Beispiel die visualisierte Form Buddha Shakyamunis, können wir zur analytischen Meditation zurückkehren, indem wir uns an die verschiedenen Merkmale des Objekts von Kopf bis Fuß erinnern. Da grobes Sinken auftritt, wenn unser Geist schwer wird, als ob er gefallen wäre oder an Dichte gewonnen hätte, können wir grobes geistiges Sinken überwinden, indem wir unseren Geist leichter machen und mit Energie aufladen. Eine Möglichkeit besteht darin, uns an frühere Meditationen zu erinnern, wie zum Beispiel an die Meditation über unser kostbares menschliches Leben oder die Meditation über den großen Nutzen von ruhigem Verweilen.

Es gibt noch eine kraftvollere Methode zur Beseitigung von grobem geistigen Sinken. Wir visualisieren unseren Ursprungsgeist in unserem Herzen im Aspekt von weißem

Licht in der Form eines winzigen Eies. Dann rufen wir laut den Buchstaben PHAT («Päh» ausgesprochen). Während wir das tun, stellen wir uns vor, dass unser Ursprungsgeist im Aspekt eines winzigen Lichtballs durch den Zentralkanal hinaufschießt, durch unseren Scheitel und weit in den Raum hinaus. Dann stellen wir uns vor, dass unser Geist untrennbar mit dem Raum vermischt ist, und halten diese Erkenntnis in einsgerichteter Meditation.

Das direkte Gegenmittel gegen subtile geistige Erregung ist die Intensität unserer Konzentration leicht zu vermindern. Subtile geistige Erregung tritt dann auf, wenn wir zu stark versuchen unser Objekt klar zu sehen und uns mehr als nötig bemühen Einsgerichtetheit aufrechtzuerhalten. Wenn wir uns zu stark bemühen und das Objekt zu fest halten, verlieren wir die Einsgerichtetheit und unsere Konzentration wankt. Wenn dies geschieht, geht ein Teil unseres Geistes zu einem anderen Objekt. Wir können Einsgerichtetheit wiederherstellen, indem wir sanft die Stärke unseres Halts am Objekt vermindern.

Das direkte Gegenmittel gegen grobe geistige Erregung ist, das Objekt der Anhaftung zu vergessen. Um grobe geistige Erregung zu überwinden, müssen wir immer wieder über Unbeständigkeit und die Gefahren Samsaras meditieren und versuchen, Entsagung zu erzeugen. Wenn das nicht hilft, können wir über unseren Atem meditieren, um begriffliche Gedanken zu vermindern und unsere Aufmerksamkeit zeitweilig vom Objekt der Anhaftung zu entfernen.

Reine Konzentration gleicht einem zweischneidigen Schwert. Sie hat die Schneide der Einsgerichtetheit oder Stabilität und die Schneide der Klarheit und Intensität. Zu Beginn müssen wir uns sehr stark bemühen, um Einsgerichtetheit zu erlangen. Wenn wir uns jedoch zu sehr anstrengen, verlieren wir unsere Einsgerichtetheit und der Geist beginnt zu einem anderen Objekt zu wandern. Andererseits verlieren wir unseren Halt am Objekt, wenn wir uns nicht genug bemühen und geistiges Sinken einsetzt. Der große Meditierende Chandragomin sagte:

> Verlasse ich mich auf Bemühen, tritt geistige Erregung auf, wenn ich mein Bemühen aber aufgebe, beginnt geistiges Sinken.

Wir müssen lernen, unser Bemühen auf das richtige Maß zu bringen, sodass es weder zu stark noch zu schwach ist, etwa so wie ein Musiker die Saiten eines Instruments spannt.

ANWENDUNG: DAS GEGENMITTEL GEGEN NICHTANWENDUNG

Wenn wir Konzentration praktizieren, ist das Gegenmittel gegen Nichtanwendung die Anwendung des richtigen Gegenmittels für jeden möglichen auftretenden Fehler. Um das richtige Gegenmittel anwenden zu können, müssen wir uns daran erinnern, was es ist, und wir müssen den festen Entschluss fassen, es auch wirklich anzuwenden.

NICHTANWENDUNG: DAS GEGENMITTEL GEGEN UNNÖTIGE ANWENDUNG

Wenn unsere Konzentration vollkommen ist, ist die Nichtanwendung des Gegenmittels das Gegenmittel gegen unnötige Anwendung. Ganz natürlich in vollkommener Konzentration zu verweilen heißt «Gleichmut der Anwendung». Der Geist ist friedvoll und die Konzentration ist ohne Fehler.

Je höher unsere Verwirklichungen sind, desto besser wird unsere Konzentration sein. Wenn wir die mittleren Ebenen der Konzentration erlangen, müssen wir genau wissen, wann wir die Gegenmittel gegen Sinken und Erregung anwenden müssen, aber wenn wir die achte Ebene des geistigen Verweilens erlangen, brauchen wir uns nicht mehr zu bemühen. Von diesem Punkt an bleibt unsere Konzentration fehlerlos. Auf dieser Ebene ist unsere Konzentration stark, der Halt am Objekt ist fest, und damit ist das Bemühen Gegenmittel anzuwenden, entspannt.

Geistiges Sinken und geistige Erregung sind zwar die häufigsten Hindernisse für Konzentration, doch es gibt noch viele andere. Wie bereits erklärt, ist jede Ablenkung ein Hindernis, weil unser Geist zurzeit nicht zwei Objekte auf einmal halten kann, und somit ist unsere Konzentration zerstört, sobald wir uns an ein anderes Objekt erinnern. Schlaf und Dumpfheit sind große Hindernisse für unsere Konzentration. Es ist leicht zu verstehen, wie Schlaf stört! Sind wir schläfrig, wenn wir uns zur Meditation hinsetzen, müssen wir dafür sorgen, dass viel Licht und frische Luft im Raum sind. Wir sollten gerade sitzen, unsere Augen sollten etwas offener als gewöhnlich sein und wir sollten keine schwere Kleidung tragen. Wenn wir mit Konzentration vertraut sind, können wir Schläfrigkeit ganz einfach dadurch beseitigen, dass wir uns an unser Objekt erinnern und uns darauf konzentrieren. Die Konzentration an sich wirkt dann als Gegenmittel gegen Schläfrigkeit. Wenn wir ruhiges Verweilen erlangen, wird unser Schlaf selbst Konzentration werden.

Auch Dumpfheit ist ein Hindernis für die Konzentration. Sie ist eine Art Verwirrung, die zu einem körperlichen und geistigen Gefühl der Schwere führt und geistiges Sinken und Schlaf verursacht. Dumpfheit ist eine der Ursachen von geistigem Sinken, und werden die beiden auch manchmal verwechselt, so sind sie doch nicht dasselbe. Wenn die Stärke unserer Konzentration durch Dumpfheit leicht vermindert wird, erfahren wir subtiles geistiges Sinken. Zerstört Dumpfheit die Stärke unserer Konzentration vollkommen und können wir das Objekt nicht mehr klar sehen, erleben wir grobes geistiges Sinken.

Konzentration ist wie ein Samen. Hindernisse zu überwinden und für die nötigen Umstände zu sorgen sind wie Wasser und andere Faktoren, die den Samen nähren. Ruhiges Verweilen gleicht der Frucht, die entsteht, wenn der Samen und alle nährenden Umstände zusammenkommen.

WIE DIE NEUN EBENEN DES GEISTIGEN VERWEILENS ERREICHT WERDEN

Die Erklärung erfolgt in zwei Teilen:

1. Das Meditationsobjekt
2. Die neun Ebenen des geistigen Verweilens

DAS MEDITATIONSOBJEKT

Bevor wir mit dem Retreat über ruhiges Verweilen beginnen, müssen wir uns entscheiden, was unser Meditationsobjekt sein soll und dieses dann während des ganzen Retreats als einziges Objekt behalten. Wir sollten das Objekt aussuchen, das am besten für uns geeignet ist. Und haben wir es einmal gewählt, sollten wir damit vertraut werden, sowohl in der Meditation als auch während der Meditationspausen. Schon jetzt können wir uns auf unser Retreat über ruhiges Verweilen vorbereiten, indem wir kurze Retreats machen, um mit unserem gewählten Objekt vertraut zu werden. Auch in unseren täglichen Meditationssitzungen können wir uns in Konzentration schulen. Wenn wir uns in der Konzentrationspraxis ganz ruhig bemühen, können wir die ersten vier Ebenen des geistigen Verweilens vollenden, bevor wir mit dem Retreat beginnen. Einigen Mönchen gelang es sogar, das ruhige Verweilen in ihren Klöstern zu erlangen, indem sie nachts praktizierten.

In *Essenz des mittleren Weges* heißt es, dass wir unseren elefantenähnlichen Geist mit dem starken Strick der Achtsamkeit an den Pfahl unseres tugendhaften Objekts binden und den Haken der Wachsamkeit benutzen müssen, um ihn zu bändigen. Zurzeit ist unser Geist wie ein verrückter, wilder Elefant. Unsere Verblendungen sind stark, sie treiben uns dazu, viele schädliche Handlungen zu begehen und wir wurden seit anfangsloser Zeit von ihnen beherrscht. Die Schulung in ruhigem Verweilen ist die Methode unseren wilden, elefantenähnlichen Geist zu zähmen und Kontrolle über ihn zu erhalten. Und unser Konzentrationsobjekt ist wie ein fester Pfahl, an den wir unseren Geist binden. Ohne ein solches tugendhaftes Objekt wird unser Geist nicht ruhig verweilen, sondern zu Objekten der Verblendung abschweifen.

Es gibt viele geeignete Objekte, die wir zu unserem Objekt des ruhigen Verweilens wählen können. Buddha erwähnte vier Arten:

1. Durchdringende Objekte
2. Objekte zur Aufgabe individueller Verblendungen

3. Objekt zur Aufgabe von Verblendungen im Allgemeinen
4. Objekte für Gelehrte

DURCHDRINGENDE OBJEKTE

Durchdringende Objekte sind die zwei Wahrheiten, konventionelle Wahrheiten und endgültige Wahrheiten. Sie werden «durchdringende Objekte» genannt, weil sie alle Meditationsobjekte des ruhigen Verweilens durchdringen.

OBJEKTE ZUR AUFGABE INDIVIDUELLER VERBLENDUNGEN

Objekte zur Aufgabe individueller Verblendungen sind Konzentrationsobjekte, die Gegenmittel gegen spezielle Verblendungen sind. So ist zum Beispiel Widerwärtigkeit ein Objekt für jemanden, der starke begehrende Anhaftung hat. Nimmt man Widerwärtigkeit als Konzentrationsobjekt, wird man ruhiges Verweilen erlangen und gleichzeitig die begehrende Anhaftung beseitigen. Unbeständigkeit ist ein Objekt für diejenigen, die sich um das Wohl dieses Lebens sorgen. Nehmen sie Unbeständigkeit als ihr Objekt, werden sie ruhiges Verweilen erlangen und gleichzeitig ihre Ängste überwinden. Ähnlich können diejenigen, deren größtes Problem Wut ist, Liebe als ihr Objekt nehmen. Diejenigen, die Entsagung entwickeln wollen, können die Leiden Samsaras als ihr Objekt nehmen. Diejenigen, die die Erleuchtung erlangen wollen, indem sie in das Mahayana eintreten, können großes Mitgefühl oder Bodhichitta als ihr Objekt nehmen. Diejenigen, die unter vielen Ablenkungen leiden, können ihren Atem als Objekt nehmen. Diejenigen, die eine tantrische Einweihung empfangen haben, können ihren als Gottheit erzeugten Körper als Objekt nehmen. Und diejenigen, die Vollendungsstufe praktizieren, können Samenbuchstaben, Kanäle, Winde, Tropfen und so weiter als ihr Objekt nehmen.

In *Sutra des Königs der Konzentration* wird empfohlen, die Form eines Buddha als Konzentrationsobjekt zu wählen.

Wenn wir unsere Aufmerksamkeit auf die Form eines Buddha richten, werden wir, selbst wenn unsere Konzentration nicht klar ist, besondere tugendhafte Potenziale entwickeln, Verdienste ansammeln und Negativität reinigen. Wenn wir mit der Form eines Buddha sehr vertraut geworden sind und immer an sie denken, werden wir uns zur Zeit des Todes daran erinnern und mit Sicherheit eine höhere Wiedergeburt erlangen.

Manche erlangen ruhiges Verweilen schneller, indem sie Mahamudra praktizieren, d.h. ihren eigenen subtilen Geist als Konzentrationsobjekt nehmen. Diese Art der Praxis birgt weniger die Gefahr von geistigem Sinken und geistiger Erregung und bewirkt, dass die Praktizierenden die Verwirklichung der Vollendungsstufe leicht erlangen.

OBJEKT ZUR AUFGABE VON VERBLENDUNGEN IM ALLGEMEINEN

Leerheit ist das Objekt zur Aufgabe der Verblendungen im Allgemeinen, weil wir mit der Meditation über Leerheit letztendlich das Festhalten am Selbst, die Wurzel aller Verblendungen, aufgeben.

OBJEKTE FÜR GELEHRTE

Unser Objekt wird Objekt für Gelehrte genannt, wenn sich durch die Konzentration darauf sowohl unsere Weisheit als auch unsere Konzentration verbessern. Damit sich sowohl unsere Weisheit als auch unsere Konzentration verbessern, müssen wir mit einem scharfen Geist und großer Geschicklichkeit meditieren. Beispiele für Objekte für Gelehrte sind die fünf Anhäufungen, die achtzehn Elemente, die zwölf Quellen, die zwölf in abhängiger Beziehung stehenden Glieder und die zwei Wahrheiten.

Die eigene Natur jedes Phänomens ist sein Element. Elemente können in äußere und innere unterteilt werden. Wissenschaftler wissen sehr viel über äußere Elemente. Sie kennen die Bestandteile und die möglichen Wirkungen von äußeren Substanzen und was geschieht, wenn sie verbunden werden. Da sich Wissenschaftler darauf spezialisiert haben, die äußeren Elemente zu verstehen, haben sie gelernt, wie die materielle Welt manipuliert werden kann, wie großer technologischer Fortschritt erreicht und viele wunderbare Dinge hergestellt werden können.

Um subtile Elemente genau zu kennen, sowohl ihre Natur als auch ihre Funktionen, müssen wir die innere Wissenschaft des Buddhadharma studieren. Wenn wir die Themen der inneren Wissenschaft beherrschen, werden wir besondere Verwirklichungen erlangen, die die inneren Früchte unseres Studiums sind. Wenn wir ein vollkommenes Verständnis der inneren Wissenschaft haben, werden wir Erleuchtung erlangen. Alle Verwirklichungen, die wir infolge der Dharma Praxis erlangen, sind innere Kräfte. Innere Wissenschaft bringt ausschließlich Frieden, niemals Gefahr. Im Vergleich dazu beschwört die äußere Wissenschaft, trotz ihres großen Nutzens, viele Gefahren und Konflikte herauf. Tatsächlich sind zurzeit die Gefahren bei weitem größer als der Nutzen, denn unser technischer Fortschritt hat uns Atomwaffen gebracht, deren destruktives Potenzial die kreative Kraft aller unserer anderen Erfindungen um ein Vielfaches übertrifft. Heute gefährdet die äußere Wissenschaft das Wohl der ganzen Welt. Es ist deshalb wichtiger, die innere der zwei Wissenschaften zu lernen.

Es können achtzehn Elemente unterschieden werden. Wenn wir die achtzehn Elemente als unser Konzentrationsobjekt wählen, führen wir zuerst die analytische Meditation aus, bis wir eine besondere Erfahrung entwickeln. Diese Erfahrung ist dann unser eigentliches Konzentrationsobjekt. Ähnlich gehen wir vor, wenn wir die zwölf in abhängiger Beziehung stehenden Glieder als Objekt wählen: Zuerst führen wir die analytische Meditation aus, bis wir einen festen Entschluss fassen, Befreiung zu erlangen, und dann nehmen wir diesen besonderen Gedanken als unser eigentliches Konzentrationsobjekt.

Die achtzehn Elemente sind: die sechs Objekte des Bewusstseins (sichtbare Formen, Klänge, Gerüche, Geschmäcke, Tastobjekte und Phänomene), die sechs Kräfte (Augensinneskraft, Ohrensinneskraft, Nasensinneskraft, Zungensinneskraft,

Körpersinneskraft und geistige Kraft) und die sechs Arten von Bewusstsein (Augenbewusstsein, Ohrenbewusstsein, Nasenbewusstsein, Zungenbewusstsein, Körperbewusstsein und geistiges Bewusstsein). Die fünf Sinneskräfte sind nicht die groben Sinnesorgane des Körpers, sondern die inneren subtilen Energiekräfte, die direkt die Sinnesbewusstseinsarten erzeugen. Die geistige Kraft ist der vorherige Moment vor jedem geistigen Bewusstsein. Die sechs Kräfte geben ihrem jeweiligen Bewusstsein die Kraft, ihre Objekte zu erfassen. Die Organe des Körpers allein können dem jeweiligen Sinnesbewusstsein nicht die Kraft geben, seine Objekte zu erkennen. Wenn sie es könnten, wäre ein Blinder, der noch ein Augenorgan hat, in der Lage zu sehen.

Wie gehen wir vor, wenn wir die achtzehn Elemente als unser Konzentrationsobjekt nehmen? Zuerst sollten wir versuchen zu verstehen, dass alle Objekte des Wissens in den achtzehn Elementen enthalten sind. Die achtzehn Elemente sind in den zwölf enthalten: den sechs Kräften und den sechs Objekten der sechs Arten von Bewusstsein. Wenn wir die achtzehn Elemente als unser Konzentrationsobjekt nehmen, beginnen wir mit einer ausführlichen analytischen Meditation, indem wir die achtzehn Elemente in ihre zahllosen Teile aufteilen. Analysieren wir die Elemente, ist es, als ob sich unser Geist in zahllose Teile aufgeteilt hätte. Haben wir die Teile jedes Elements unterschieden, führen wir die Untersuchung weiter, um die Kraft, die Natur, die Funktion und so weiter jedes einzelnen Elements zu erkennen. Diese Art der Meditation vergrößert unsere Weisheit enorm. Dann sammeln wir die unzähligen Teile in die achtzehn Elemente, die achtzehn in die zwölf und die zwölf in die sechs Objekte des Bewusstseins. Zum Schluss sind alle sechs in einer Kategorie enthalten: den Objekten des geistigen Bewusstseins oder dem Phänomenenelement. Dies nehmen wir dann als unser Objekt der geistigen Stabilisierung. Diese Art zu meditieren heißt «den Geist sammeln». Wenn wir Erfahrung mit Leerheit haben, erinnern wir uns daran, dass dieses Objekt leer ist, und meditieren über Leerheit. Die Leerheit selbst ist im Phänomenenelement enthalten.

Objekte können in Objekte, die nicht Geist sind, und in Objekte, die Geist oder Subjekte sind, unterteilt werden. Wie man über jedes einzelne Objekt meditiert, ist unterschiedlich. Wenn wir über Objekte meditieren, die nicht Geist sind, zum Beispiel über Leerheit, über Unbeständigkeit oder die Form eines Buddha, müssen wir zuerst das Objekt finden, indem wir eine analytische Meditation durchführen. Haben wir es gefunden, halten wir es und ruhen einsgerichtet in verweilender Meditation darauf. Nehmen wir zum Beispiel grobe Unbeständigkeit als unser Objekt, erzeugen wir zuerst ein geistiges Bild der Unbeständigkeit, indem wir uns selbst als unbeständig betrachten und uns an die neun Durchgänge der Todesmeditation erinnern. Wenn wir ein starkes Gefühl unserer eigenen Unbeständigkeit haben, halten wir es mit Hilfe der Konzentration fest.

Wenn wir über Subjekte meditieren, führen wir die analytische Meditation durch, um unseren Geist in dieses Subjekt zu verwandeln, und dann halten wir diesen Geist in einsgerichteter verweilender Meditation. Wir beginnen, indem wir unseren Geist tatsächlich in sein Objekt, zum Beispiel in Gleichmut, Mitgefühl oder Bodhichitta, umwandeln und dann halten wir diesen Geisteszustand aufrecht und verstärken ihn mit Hilfe der Konzentration. In diesem Fall denken wir niemals, dass das Objekt außerhalb von uns ist. Unser Geist wandelt sich tatsächlich in sein Objekt um, er ist nicht ein bloßer Beobachter. Wenn der Geisteszustand, der unser Konzentrationsobjekt ist, spontan und anhaltend wird, haben wir zur gleichen Zeit ruhiges Verweilen erlangt. Ist unser Objekt zum Beispiel Bodhichitta und wird dieser Geist spontan, dann haben wir zu diesem Zeitpunkt auch ruhiges Verweilen erlangt.

Wenn wir Lamrim Meditationen ausführen, die nicht Meditationen über die Ebenen des ruhigen Verweilens sind, schulen wir uns nicht explizit in ruhigem Verweilen. Unsere Meditationen sind aber ähnlich, denn wie zuvor erklärt, finden wir bei allen zuerst das Objekt durch analytische Meditation und halten es dann durch verweilende Meditation. Auf diese Weise bereiten uns alle unsere Meditationen auf die Erlangung des ruhigen Verweilens vor.

DIE NEUN EBENEN DES GEISTIGEN VERWEILENS

Um ruhiges Verweilen zu erlangen, müssen wir nacheinander neun Ebenen der Konzentration mit einem einzelnen Objekt erlangen. Diese werden genannt:

1. Verweilen des Geistes
2. Kontinuierliches Verweilen
3. Wiederverweilen
4. Nahes Verweilen
5. Kontrollieren
6. Befrieden
7. Vollständiges Befrieden
8. Einsgerichtetheit
9. Verweilen im Gleichgewicht

Wenn ein Kind aufwächst, wird es von Jahr zu Jahr stärker und reifer. Ähnlich wird unsere Konzentration mit jeder Ebene stärker und kraftvoller, bis wir das ruhige Verweilen erlangen. Es folgt jetzt eine Erklärung, was die einzelnen Ebenen kennzeichnet und wie sie nacheinander erlangt werden.

VERWEILEN DES GEISTES

Wenn wir unsere Schulung in ruhigem Verweilen beginnen, sitzen wir in der Sieben-Punkte-Haltung Buddha Vairochanas oder versuchen ihr möglichst nahe zu kommen. Dann erzeugen wir die Bodhichitta Motivation: Wir entschließen uns, uns in ruhigem Verweilen zu schulen, damit unser Wunsch, anderen von Nutzen zu sein, erfüllt werden kann.

Auf dieser Stufe der Schulung ist es unser Ziel, das Objekt zu finden und unseren Geist darauf zu richten oder zu verweilen. Wenn wir «Verweilen des Geistes» erlangen, können wir das Objekt noch nicht ununterbrochen für längere Zeit halten. Wir können unseren Geist bloß darauf richten.

Wir finden das Objekt, indem wir es ganz genau untersuchen. Ist unser Objekt zum Beispiel die visualisierte Form Buddhas, finden wir es, indem wir uns an die verschiedenen Aspekte ihrer Erscheinung erinnern. Zu Beginn visualisieren wir das Objekt etwa in der Größe eines Daumens, mit fortschreitender Schulung aber visualisieren wir unser Objekt so klein wie möglich. Unterliegen wir vielen Ablenkungen, können wir das Objekt auf der Höhe unseres Nabels visualisieren, denn das hilft, geistige Erregung und andere Ablenkungen zu vermindern. Das Objekt weiter oben zu visualisieren hilft, geistiges Sinken zu vermindern. Wir müssen es ausprobieren, um die für uns beste Stelle zu finden, obwohl allgemein die beste Stelle auf der Höhe unserer Augenbrauen ist.

Vor unserer Meditation und in der Meditationspause können wir Abbildungen von Buddha untersuchen. Indem wir uns in unseren Meditationssitzungen daran erinnern, versuchen wir ein klares allgemeines Bild wahrzunehmen. Wir versuchen, dieses Bild in unserem geistigen Auge zu verankern, indem wir uns an die verschiedenen Aspekte von Kopf bis Fuß erinnern. Wir denken: «Das Haar ist so, das Gesicht ist so ...» und so weiter. Dann überprüfen wir es in umgekehrter Reihenfolge von den Füßen bis zum Scheitel. Dieser Überprüfungsvorgang heißt das Objekt «suchen». Nach einer gewissen Zeit werden wir ein grobes allgemeines Bild der ganzen Form bilden können. Dann nehmen wir dieses grobe allgemeine Bild als unser Objekt und versuchen unseren Geist darauf zu richten, ohne es klarer machen zu wollen. Wenn wir zu diesem Zeitpunkt in der Lage sind, das ganze Bild klar wahrzunehmen, haben wir sehr viel Glück, aber auch wenn wir nur ein vages Bild aufbauen können, genügt es vorläufig. Wir sind trotzdem bereit dafür, das Verweilen des Geistes zu praktizieren. Wenn wir das Objekt gefunden oder es gut aufgebaut haben und in der Lage sind, unseren Geist darauf zu richten und es einsgerichtet zu halten, haben wir die erste Ebene des ruhigen Verweilens erlangt. Es kann einige Monate dauern, um diese Ebene zu erlangen.

Auf der Ebene des Verweilens des Geistes haben wir während unserer Meditationssitzungen immer noch mehr Ablenkungen als Konzentration. Es kann uns sogar so vorkommen, als ob wir mehr Ablenkungen als gewöhnlich hätten. Tatsächlich trifft dies aber nicht zu. Es scheint nur so zu sein, weil unser Geist etwas klarer und mehr nach innen gerichtet ist. Im täglichen Leben haben wir mehr Ablenkungen als in der Meditation, aber da wir uns dieser Ablenkungen meist nicht bewusst sind, scheinen es vielleicht weniger zu sein, als wenn wir uns zur Meditation hinsetzen.

KONTINUIERLICHES VERWEILEN

Nachdem wir Verweilen des Geistes erlangt haben, fahren wir fort, immer wieder über das gleiche Objekt zu meditieren, bis wir unser Objekt für etwa fünf Minuten einsgerichtet halten können. Wenn uns das gelingt, haben wir die zweite Ebene, kontinuierliches Verweilen, erlangt. Auf dieser Stufe haben wir immer noch viele begriffliche Gedanken und andere Ablenkungen, aber es sind weniger als auf der ersten Ebene. Die Ablenkungen sind weniger hektisch und es ist, als ob sie sich zurückziehen wollten. Unsere Konzentration ist stärker. Es gibt Zeiten, wo unser Geist frei von begrifflichen Gedanken ist, und es gibt Zeiten, wo er es nicht ist.

WIEDERVERWEILEN

Wenn wir kontinuierliches Verweilen erlangt haben und immer weiter meditieren, werden wir schließlich die dritte Ebene, Wiederverweilen, erreichen. Auf der zweiten Ebene können wir unser Objekt für etwa fünf Minuten halten, bevor wir es verlieren, und wenn wir es verlieren, können wir es nicht sofort wieder zurückholen. Jedes Mal, wenn wir das Objekt verlieren, müssen wir zur analytischen Meditation zurückkehren. Auf der dritten Ebene aber können wir das Objekt sofort wieder zurückholen, sobald wir es verloren haben, und brauchen die Suche nicht von vorne zu beginnen. Auf der zweiten Ebene gleichen wir einem Kind, das einen Ball, den es fallengelassen hat, nicht einfach wieder aufheben kann. Auf der dritten Ebene gleichen wir einem Erwachsenen, der den Ball, hat er ihn fallengelassen, sofort wieder aufnehmen kann. Wenn wir Wiederverweilen erlangen, wird unsere Achtsamkeit viel stärker, und wir können eine Stunde lang meditieren, ohne unser Objekt jemals vollständig zu verlieren. Während dieser Zeit lassen wir das Objekt viele Male fallen, aber es gelingt uns jedes Mal, es sofort wieder zurückzuholen.

NAHES VERWEILEN

Nachdem wir Wiederverweilen erlangt haben, werden wir die vierte Ebene des geistigen Verweilens, nahes Verweilen, erlangen, wenn wir fortfahren, immer wieder zu meditieren. Auf dieser Stufe ist die Kraft unserer Achtsamkeit vollständig und somit vergessen wir unser Meditationsobjekt zu keiner Zeit während der Sitzung. Diese Ebene heißt nahes Verweilen, weil uns das Objekt immer nahe ist.

KONTROLLIEREN

Nachdem wir nahes Verweilen erlangt haben, fahren wir fort, immer wieder zu meditieren, und unsere Konzentration verbessert sich, bis wir die fünfte Ebene, Kontrollieren, erlangen. Auf dieser Ebene besteht keine Gefahr mehr durch geistige Erregung oder grobes geistiges Sinken, aber aufgrund der Kraft der stabilen Konzentration ist es möglich, dass unser Geist sich zu stark nach innen sammelt, und damit besteht die große Gefahr subtiles geistiges Sinken zu entwickeln. Mit Wachsamkeit können wir subtiles geistiges Sinken kontrollieren und durch die Anwendung des geeigneten Gegenmittels sofort beseitigen. Auf dieser Stufe wird Wachsamkeit im Wesentlichen zur Überwindung dieses Hindernisses angewendet.

BEFRIEDEN

Nachdem wir Kontrollieren erlangt haben, werden wir die sechste Ebene, Befrieden, erlangen, wenn wir fortfahren, unsere Konzentration zu verbessern. Auf dieser Stufe besteht keine Gefahr mehr durch irgendwelches geistiges Sinken oder grobe Erregung, aber aufgrund der Anwendung des Gegenmittels gegen geistiges Sinken auf der Ebene des Kontrollierens droht die Gefahr der leichten Überanwendung, die zu subtiler geistiger Erregung führt. Wir erkennen dieses Hindernis durch die Kraft der Wachsamkeit und überwinden es durch Anwendung des geeigneten Gegenmittels.

VOLLSTÄNDIGES BEFRIEDEN

Nachdem wir die Ebene des Befriedens erlangt haben, erreichen wir die siebte Ebene, vollständiges Befrieden, wenn wir fortfahren, unsere Konzentration zu verbessern. Weil wir die Kraft der Achtsamkeit und Wachsamkeit vervollkommnet haben, besteht auf dieser Ebene keine große Gefahr durch subtile geistige Erregung oder subtiles geistiges Sinken. Treten diese Hindernisse auf, können sie sofort durch die Kraft des Bemühens beseitigt werden.

EINSGERICHTETHEIT

Indem wir mit unserer Praxis der Konzentration fortfahren, erlangen wir die achte Ebene, Einsgerichtetheit. Auf dieser Stufe ist es unmöglich, dass sich während der Meditation geistiges Sinken oder geistige Erregung entwickeln. Obwohl wir uns auf das Objekt konzentrieren und einsgerichtet darauf verweilen können, solange wir es wünschen, müssen wir uns dennoch bemühen, um die Konzentration aufrechtzuerhalten.

VERWEILEN IM GLEICHGEWICHT

Indem wir mit der Praxis der Konzentration fortfahren, erlangen wir die neunte Ebene, Verweilen im Gleichgewicht. Sobald wir uns auf dieser Ebene konzentrieren, ist die Konzentration mühelos aufrechtzuerhalten. Wenn wir uns entschließen, uns zu konzentrieren, müssen wir uns zu Beginn ganz leicht bemühen, um unseren Geist auf das Objekt zu lenken. Ist dies aber geschehen, ist kein weiteres Bemühen erforderlich, um unsere Konzentration aufrechtzuerhalten. So wie wir mühelos einschlafen, wenn wir zu Bett gegangen sind und uns hingelegt haben, so entsteht auf dieser Stufe Konzentration natürlich und spontan, sobald wir uns entschlossen haben sie zu praktizieren und uns an unser Objekt erinnern. Alle Lebewesen müssen sich zumindest etwas bemühen, um eine Handlung zu vollbringen, weil nur Buddhas die Vollkommenheit des Bemühens vollendet haben und alle Aufgaben mühelos erfüllen können.

DIE SECHS KRÄFTE

Die sechs Kräfte sind Methoden, die neun Ebenen des geistigen Verweilens zu erlangen und zu verbessern. Es sind:

1. Die Kraft des Zuhörens
2. Die Kraft der Kontemplation
3. Die Kraft der Achtsamkeit
4. Die Kraft der Wachsamkeit
5. Die Kraft des Bemühens
6. Die Kraft vollkommener Vertrautheit

Die Kraft des Zuhörens bezieht sich auf das Anhören von Anleitungen, wie das Objekt der Konzentration zu finden ist. Wir müssen diese Anleitungen von einem qualifizierten Lehrer erhalten, wenn wir die erste Ebene des geistigen Verweilens, Verweilen des Geistes, erreichen wollen.

Wir erlangen die zweite Ebene des geistigen Verweilens, kontinuierliches Verweilen, in Abhängigkeit von der Kraft der Kontemplation. Dazu gehört, dass wir immer wieder über unser Konzentrationsobjekt nachdenken, bis wir mit ihm vertraut sind. Wir tun dies sowohl in unserer Meditationssitzung als auch in der Meditationspause. Wir sollten versuchen, sogar in unseren Träumen über unser Meditationsobjekt nachzudenken. Auf diese Weise werden wir sehr vertraut mit ihm, so wie wir mit Objekten der Anhaftung vertraut werden, indem wir von ihnen träumen. Es fällt uns leicht, uns ein Objekt der Anhaftung in Erinnerung zu rufen und einsgerichtet auf ihm zu verweilen. Wir können über die Objekte unserer Wünsche nachdenken, selbst wenn wir anderweitig beschäftigt sind, mit Essen zum Beispiel. Wenn wir uns an sie erinnern, ist es, als ob unser Geist in das Objekt versunken wäre. Dies gleicht wirklicher Konzentration, die durch

Kontemplation hervorgerufen wird, ist aber nicht wirkliche Konzentration, denn das Objekt ist nicht tugendhaft.

Die Kraft der Achtsamkeit ermöglicht es uns, die dritte und vierte Ebene des geistigen Verweilens zu erlangen, Wiederverweilen und nahes Verweilen. Die Kraft der Wachsamkeit ermöglicht es uns, die fünfte und sechste Ebene des geistigen Verweilens zu erlangen, Kontrollieren und Befrieden. Durch die Kraft der Wachsamkeit wird geistiges Sinken auf der Ebene des Kontrollierens und geistige Erregung auf der Ebene des Befriedens zum größten Teil überwunden.

Die Kraft des Bemühens ermöglicht es uns, die siebte und achte Ebene des geistigen Verweilens, vollständiges Befrieden und Einsgerichtetheit, zu erlangen. Die Kraft des Bemühens bringt geistiges Sinken und geistige Erregung auf der Ebene des vollständigen Befriedens unter Kontrolle, sobald sie entstehen, und auf der Ebene der Einsgerichtetheit hält sie unsere Konzentration aufrecht.

Die Kraft der vollständigen Vertrautheit mit unserem Objekt ermöglicht es uns, die neunte Ebene des geistigen Verweilens, Verweilen im Gleichgewicht, zu erlangen.

DIE VIER AUFMERKSAMKEITEN

Aufmerksamkeit ist ein alles begleitender geistiger Faktor, dessen Funktion es ist, den Geist zu seinem Objekt zu bewegen, ihn zu lenken und ihn einsgerichtet darauf zu konzentrieren. Wenn sich zum Beispiel mehrere Objekte auf einem Tisch befinden, ist es der geistige Faktor Aufmerksamkeit, der unseren Geist auf eines davon lenkt, ihn darauf konzentriert und dann zum nächsten Objekt bewegt. Wenn die Aufmerksamkeit nicht funktionieren würde, wäre es uns nicht möglich, ein Objekt nach dem anderen herauszugreifen.

Es gibt vier Arten von Aufmerksamkeit:

1. Enge Aufmerksamkeit
2. Unterbrochene Aufmerksamkeit
3. Ununterbrochene Aufmerksamkeit
4. Spontane Aufmerksamkeit

Auf den ersten zwei Stufen der Konzentration benutzen wir enge Aufmerksamkeit, um unser Bemühen immer wieder zu erneuern. Auf den nächsten fünf Ebenen benutzen wir unterbrochene Aufmerksamkeit, weil unsere Konzentration manchmal durch geistiges Sinken oder geistige Erregung unterbrochen wird. Auf der achten Ebene benutzen wir ununterbrochene Aufmerksamkeit, weil unsere Konzentration nie durch Fehler unterbrochen wird. Auf der neunten Ebene haben wir spontane Aufmerksamkeit, weil unsere Konzentration mühelos ist. Wenn wir uns in ruhigem Verweilen schulen, entstehen diese vier Arten von Aufmerksamkeit ganz natürlich und zur richtigen Zeit. Wir müssen uns nicht besonders bemühen sie zu entwickeln.

DAS MASS DAFÜR, RUHIGES VERWEILEN ERLANGT ZU HABEN

Wenn wir vollständige Geschmeidigkeit erlangen, die durch das Erlangen der neunten Ebene des geistigen Verweilens, des Verweilens im Gleichgewicht, hervorgerufen wird, dann haben wir das ruhige Verweilen erlangt. Auf der zweiten Ebene des geistigen Verweilens entwickeln wir eine leichte Geschmeidigkeit, die schwer zu erkennen ist, und auf der dritten und vierten Ebene hat sich unsere Geschmeidigkeit weiter entwickelt. Wer mit Meditation vertraut ist, kann die Geschmeidigkeit schon auf den ersten zwei Ebenen erkennen. Die vollständige Geschmeidigkeit aber wird einige Zeit nach dem Erlangen des Verweilens im Gleichgewicht erlangt. Die Zeit, die dazu benötigt wird, ist abhängig von der jeweiligen Person. Einige Meditierende kommen schnell voran, während andere, nachdem sie das Verweilen im Gleichgewicht erlangt haben, noch mehrere Wochen weiter meditieren müssen, bevor sie das ruhige Verweilen erreichen.

Wenn wir die besondere Geschmeidigkeit des ruhigen Verweilens erlangen, werden wir frei von jeder Art geistiger und körperlicher Unbeweglichkeit und Schwere, unser Geist wird klar und es werden uns keine Hindernisse mehr stören, wenn wir tugendhaft handeln wollen. Körperliche Geschmeidigkeit entsteht in Abhängigkeit von geistiger Geschmeidigkeit und unser Körper wird leicht, gesund und nicht mehr müde werden. Dies geschieht, weil durch das Erlangen der geistigen Geschmeidigkeit eine Geschmeidigkeit in den subtilen Winden, die durch unseren Körper fließen, hervorgerufen wird. Die körperliche Geschmeidigkeit durchdringt unseren ganzen Körper, und das verursacht ein Gefühl von Glückseligkeit. Abhängig von der Glückseligkeit körperlicher Geschmeidigkeit erleben wir die Glückseligkeit geistiger Geschmeidigkeit. Wenn wir zum ersten Mal die Glückseligkeit körperlicher Geschmeidigkeit erleben, ist sie so intensiv, dass wir eine Art Schock verspüren, und dies bringt unsere Konzentration zum Erzittern, wodurch die Glückseligkeit ein wenig abnimmt. Wenn die Erfahrung der Glückseligkeit stabiler wird, erlangen wir die unveränderliche Glückseligkeit der Konzentration. Dies ist das Zeichen, dass wir ruhiges Verweilen erreicht haben. Auf dieser Stufe ist es, als ob sich unser Geist in das Objekt aufgelöst hätte. Der Geist ist äußerst klar und es ist, als ob wir die Atome einer Wand zählen könnten. Wenn wir ruhiges Verweilen erlangen, wird unser Geist von einem Geist des Begierdebereichs in einen Geist der höheren Bereiche umgewandelt. In der Folge benutzen wir unsere Erlangung von ruhigem Verweilen, um immer höhere spirituelle Ebenen und Pfade zu erreichen, bis wir Befreiung und volle Erleuchtung erlangen.

Die Schulung des Geistes in höherem Sehen

WIE DER GEIST IN HÖHEREM SEHEN GESCHULT WIRD, DER ESSENZ DER WEISHEIT

Wie wir in Abhängigkeit von ruhigem Verweilen höheres Sehen erlangen, wird nun in drei Teilen erklärt:

1. Die Natur des höheren Sehens
2. Die Funktion des höheren Sehens
3. Das Objekt des höheren Sehens

DIE NATUR DES HÖHEREN SEHENS

Die Natur des höheren Sehens ist Weisheit. So wie ruhiges Verweilen eine besondere und höhere Art der Konzentration ist, so ist höheres Sehen eine höhere Weisheit, die in Abhängigkeit von ruhigem Verweilen entsteht. Wenn wir ruhiges Verweilen erlangt haben, kann unsere Konzentration nicht durch begriffliche Gedanken gestört werden. Sie ist unerschütterlich wie ein gewaltiger Berg, den der Wind nicht bewegen kann. Mit einer solch stabilen Konzentration können wir unser beobachtetes Objekt eingehender untersuchen. Durch die Kraft wiederholter Untersuchung werden wir schließlich ein höheres Wissen oder eine höhere Einsicht in die Natur unseres Meditationsobjekts erlangen. Diese Weisheit der Untersuchung ruft eine besondere Geschmeidigkeit hervor. Weisheit, die sich durch eine solche Geschmeidigkeit auszeichnet, ist höheres Sehen.

Die Geschmeidigkeit des höheren Sehens und die Geschmeidigkeit des ruhigen Verweilens sind insofern gleich, als sie beide Geschmeidigkeit sind. Sie unterscheiden sich aber durch ihre Ursachen. Die Geschmeidigkeit des ruhigen Verweilens wird in erster Linie durch Konzentration hervorgerufen, während die Geschmeidigkeit des höheren Sehens in erster Linie durch Weisheit hervorgerufen wird. Die Natur der analytischen Meditation ist Weisheit und die Natur der verweilenden Meditation ist Konzentration. Höheres Sehen wird so genannt, weil ein Meditierender, der höheres Sehen erlangt hat, die Natur des beobachteten Objekts deutlicher sieht. Daher ist diese Art des Sehens in gewisser Weise der Art überlegen, wie es ein Meditierender sieht, der nur ruhiges Verweilen erlangt hat.

Zurzeit ist unsere Konzentration schwach und daher kann unser Geist, wenn wir meditieren, nicht gleichzeitig sowohl die analytische als auch die verweilende Meditation ausführen. Wenn wir jedoch ruhiges Verweilen erlangen, können wir unser Objekt untersuchen, ohne unsere Konzentration zu stören. Nach dem Mahamudra System ist ruhiges Verweilen wie klares Wasser und höheres Sehen wie ein kleiner Fisch, der geschickt im Wasser schwimmt, ohne die Ruhe der Wasseroberfläche zu stören. Ein Meditierender, der eine Vereinigung von ruhigem Verweilen und höherem Sehen erlangt hat, kann schnell zu höheren Ebenen und Pfaden fortschreiten.

DIE FUNKTION DES HÖHEREN SEHENS

Das höhere Sehen der Vollkommenheit der Weisheit ist ein Pfad zur Befreiung und vollen Erleuchtung. Seine Hauptfunktion ist es, alle Fehler und Verblendungen zu beseitigen. Wenn wir ruhiges Verweilen erlangt haben, können wir die Natur unseres Meditationsobjekts sehr gründlich untersuchen. Ist unser Objekt zum Beispiel die visualisierte Form Buddhas, können wir unsere Weisheit benutzen, um sie zu untersuchen, und werden schließlich entdecken, dass sie von zweifacher Natur ist: sie hat eine konventionelle Natur und eine endgültige Natur. Durch weitere Untersuchungen werden wir die endgültige Natur des Objekts, die Leerheit, immer deutlicher sehen, bis wir sie schließlich direkt verwirklichen.

DAS OBJEKT DES HÖHEREN SEHENS

Im Allgemeinen können alle Objekte ruhigen Verweilens auch Objekte höheren Sehens sein. Unter all diesen Objekten ist die endgültige Wahrheit, die Leerheit, das beste Objekt für höheres Sehen, weil wir Leerheit direkt verwirklichen müssen, um Befreiung und volle Erleuchtung zu erlangen. Höheres Sehen ist ein Geist, aber da sein Hauptobjekt Leerheit ist, wird nun Leerheit erklärt.

In *Die drei Hauptaspekte des Pfades* sagt Je Tsongkhapa:

> Doch selbst wenn ihr mit Entsagung und Bodhichitta vertraut seid,
> Werdet ihr die Wurzel Samsaras nicht durchschneiden können,
> Wenn ihr nicht die Weisheit habt, die erkennt, wie die Dinge sind.
> Strebt deshalb nach den Mitteln, die abhängige Beziehung zu verwirklichen.

In *Kommentar zum gültigen Erkennen* sagt Dharmakirti:

> Wir werden durch die Sicht der Leerheit aus Samsara befreit. Die anderen Meditationen helfen dieser Sicht.

Buddha Shakyamuni sagte, dass die Wesen in Samsara bleiben, weil sie Leerheit noch nicht verwirklicht haben. In *Zusammengefasstes Sutra der Vollkommenheit der Weisheit* sagt er, dass ohne Leerheit erkennende Weisheit alle anderen Vollkommenheiten blind sind.

In *Leitfaden für die Lebensweise eines Bodhisattva* sagt Shantideva:

> Buddha lehrte alle Methodenübungen, die oben erklärt wurden,
> Um es uns zu ermöglichen, die Schulung in Leerheit verwirklichender Weisheit zu vollenden.

Hier sind mit «Methodenübungen» alle anderen Arten der Praxis gemeint, die Buddha lehrte. Sie unterstützen die Leerheit verwirklichende Weisheit, die das wichtigste Werkzeug zum Durchschneiden der zwei Behinderungen ist.

Um Erleuchtung zu erlangen, ist es notwendig, die richtige Sicht der Leerheit zu verstehen. Diese endgültige Sicht wurde seit der Zeit Buddha Shakyamunis von Praktizierenden verwirklicht und gelehrt. Es gibt keine andere endgültige Sicht. Während die Meinungen indischer und tibetischer Buddhisten kaum auseinander gehen, was die Methodenlehren über Entsagung, Bodhichitta und so weiter angeht, so sind die Meinungen hinsichtlich der Lehren Buddhas über Leerheit unterschiedlich. Die richtige Sicht ist die Sicht, die von Nagarjuna in seinem System der Madhyamika-Prasangika gelehrt wird. Es ist Buddhas Absicht, dass alle diese Sicht kennen.

Bevor Buddha Shakyamuni starb, sagte er voraus, dass vierhundert Jahre später ein Mönch namens Bhikkshu Palden in die Stadt Bendra in Südindien kommen werde. Dieser Mann würde später als Nagarjuna bekannt sein und vollkommene Erklärungen über die richtige Sicht, die frei von den Extremen der Existenz und Nichtexistenz ist, geben. Nagarjuna würde der vollkommenen Lehre in der ganzen Welt zur Blüte verhelfen. Wenn wir Buddhisten sind und den Worten Buddhas nicht vertrauen, wessen Worten können wir dann vertrauen? Nagarjuna kam, wie es von Buddha vorhergesagt wurde. In *Sechs Sammlungen von Begründungen* erklärt Nagarjuna die richtige Sicht der Leerheit, indem er die Bedeutung aller Themen enthüllt, die in den zwölf Bänden des *Sutra der Vollkommenheit der Weisheit in einhunderttausend Zeilen* dargelegt sind. Leerheit erklärt Nagarjuna vor allem in *Grundlegende Weisheit des Mittleren Weges*, einer dieser sechs Abhandlungen. In diesem Werk erklärt Nagarjuna alle Stufen des tiefgründigen Pfades unter Verwendung vieler Begründungen. Später verfasste Nagarjunas Schüler Chandrakirti einen Kommentar zu diesem Text mit dem Titel *Leitfaden zum Mittleren Weg*. Als Atisha in Tibet lehrte, gab er den Schülern der Zukunft folgenden Rat:

> Chandrakirti ist der Schüler Nagarjunas. Es gibt Buddhaschaft in dieser Überlieferungslinie. Außer in dieser Überlieferungslinie gibt es keine Buddhaschaft.

Er meint damit, dass Erleuchtung unmöglich zu erlangen ist, wenn man einer Sicht folgt, die dem System Nagarjunas und Chandrakirtis widerspricht.

Zu der Zeit Je Tsongkhapas wurden in Tibet viele verschiedene Interpretationen der Leerheit gelehrt. Je Tsongkhapa fragte Manjushri: «Auf welche Werke soll ich mich verlassen, um ein vollkommenes Verständnis von Buddhas endgültiger Sicht zu erlangen?» Manjushri antwortete, er solle sich im Wesentlichen auf die Werke des glorreichen Chandrakirti verlassen. Chandrakirti, sagte er, sei ein hoher Bodhisattva gewesen, der aus einem Reinen Land gekommen sei, um die richtige Sicht der Leerheit zu lehren, wie sie von Nagarjuna erklärt wurde.

In *Leitfaden zum Mittleren Weg* sagt Chandrakirti, dass es keinen Weg gibt, Befreiung zu erlangen, ohne die Leerheit zu erkennen, wie sie von Nagarjuna erklärt wurde. Haben wir eine andere Sicht, dann haben wir nicht die Praxis der zwei Wahrheiten, und so gibt es für uns keinen Weg, Befreiung zu erlangen. Wenn wir Weisheit haben, aber dennoch die Sicht Nagarjunas und Chandrakirtis zu Gunsten einer anderen Sicht aufgeben, gleichen wir jemandem, der mit weit geöffneten Augen über den Rand einer Klippe schreitet.

Es wurde bereits erklärt, dass die *Sutras der Vollkommenheit der Weisheit* Leerheit explizit und alle Stufen des weiten Pfades implizit erklären. Nagarjunas *Grundlegende Weisheit des mittleren Weges* ist ein genauer Kommentar zu den expliziten Unterweisungen der Sutras und in *Kostbare Girlande von Ratschlägen für den König* gibt er einen ausführlichen Kommentar zu den impliziten Unterweisungen der Sutras. In *Sutra der Vollkommenheit der Weisheit in einhunderttausend Zeilen* gibt Buddha ausführliche Unterweisungen über Leerheit. Er zählt jede Grundlage von Leerheit auf, die fünf Anhäufungen, die zwölf Quellen, die achtzehn Elemente, die zwölf in abhängiger Beziehung stehenden Glieder Samsaras und so weiter. Er erklärt in allen Einzelheiten, dass sie alle leer sind und gibt Begründungen, die ihre Leerheit festlegen. Er zählt hundertacht Kategorien auf, die alle Objekte des Wissens einschließen, von Form bis zu allwissendem Geist, und er beweist, dass ihnen allen inhärente Existenz fehlt. Diese hundertacht Leerheiten können zu sechzehn zusammengefasst werden, die sechzehn zu vier und die vier zu zwei: Leerheit von Personen und Leerheit von Phänomenen, die nicht Personen sind. Da alle Grundlagen der Leerheit – alle Objekte des Wissens – in Personen und andere Phänomene aufgeteilt werden können, werden wir alle Leerheiten verwirklichen, wenn wir die Leerheit von Personen und die Leerheit von Phänomenen vollkommen verwirklichen. Aus diesem Grund wird die Erklärung der Leerheit, das Objekt von höherem Sehen, unter den folgenden zwei Überschriften dargelegt:

1. Die Leerheit von Personen
2. Die Leerheit von Phänomenen

DIE LEERHEIT VON PERSONEN

Dies hat zwei Teile:

1. Wie raumähnliches meditatives Gleichgewicht über die Leerheit von Personen aufrechterhalten wird
2. Wie die illusionsähnliche nachfolgende Erlangung aufrechterhalten wird

WIE RAUMÄHNLICHES MEDITATIVES GLEICHGEWICHT ÜBER DIE LEERHEIT VON PERSONEN AUFRECHTERHALTEN WIRD

Um die Bedeutung des Begriffs «Leerheit von Personen» zu verstehen, müssen wir untersuchen, wie es kommt, dass eine Person leer ist. Wenn wir zuerst verstehen, dass eine Person leer ist, werden wir leicht begreifen, dass alle andere Phänomene leer sind. Wenn möglich, sollten wir Nagarjunas *Grundlegende Weisheit des mittleren Weges* und Chandrakirtis *Leitfaden zum Mittleren Weg* zusammen mit den jeweiligen Kommentaren, vor allem den Kommentaren Je Tsongkhapas, studieren. Ein Kommentar zu *Leitfaden zum Mittleren Weg* findet sich im Buch *Ozean von Nektar*. Die Texte von Nagarjuna und Chandrakirti gleichen Türen, die die Bedeutung der *Sutras der Vollkommenheit der Weisheit* öffnen, und Je Tsongkhapas

Texte gleichen den Schlüsseln zu diesen Türen. Ist es uns jedoch nicht möglich, derart intensive Studien zu betreiben, dann sollten wir nach den folgenden Lamrim Anleitungen studieren und praktizieren, denn sie enthalten die essenzielle Bedeutung aller anderen großen Texte.

Es gibt viele Methoden, die zu einem klaren Verständnis der Leerheit von Personen führen. Die hier vorgestellte Methode hat vier Stufen:

1. Das verneinte Objekt feststellen
2. Die Durchdringung feststellen
3. Die Abwesenheit der Identität feststellen
4. Die Abwesenheit der Verschiedenheit feststellen

DAS VERNEINTE OBJEKT FESTSTELLEN

Leerheit ist ein nichtbestätigendes negatives Phänomen, das inhärente Existenz verneint und kein positives Phänomen bestätigt. Sie ist eine bloße Abwesenheit von inhärenter Existenz. Nicht jede «Leere» ist Leerheit. Die Leere einer leeren Weinflasche zum Beispiel ist keine Leerheit, denn das verneinte Objekt ist Wein, während im Falle der Leerheit das verneinte Objekt immer inhärente Existenz ist. Wenn wir Leerheit verstehen wollen, ist es unbedingt notwendig zu erkennen, was inhärente Existenz ist. Wenn man sagt, dass inhärente Existenz das verneinte Objekt von Leerheit ist, so heißt dies nicht, dass sie durch Leerheit zum Verschwinden gebracht wird, denn inhärente Existenz hat es niemals gegeben. Trotzdem müssen wir dieses Objekt untersuchen und einen klareren Eindruck davon erlangen, weil wir glauben, dass es inhärente Existenz tatsächlich gibt.

Es ist möglich, einen sehr klaren Eindruck von einem Objekt zu erlangen, das nicht existiert. Obwohl es keine Hasen mit Hörnern gibt, können wir uns zum Beispiel klar vorstellen, wie ein Horn auf dem Kopf eines Hasen aussieht, wenn es so etwas gäbe. Tatsächlich müssen wir genau wissen, was nicht vorhanden ist, um ohne jeden Zweifel erkennen zu können, dass der Kopf eines Hasen «leer» von Hörnern ist. Mit anderen Worten, wir brauchen eine klare Vorstellung des verneinten Objekts. Ebenso müssen wir, wenn wir die Leerheit einer Person verwirklichen wollen, eine klare Vorstellung davon haben, wie eine inhärent existierende Person wäre, wenn es ein solches Wesen gäbe. Wenn wir das verneinte Objekt der Leerheit nicht klar identifizieren können, dann können wir seine Nichtexistenz nicht festlegen, und wenn wir seine Nichtexistenz nicht festlegen können, dann können wir Leerheit nicht verwirklichen.

Wenn wir unseren Feind bezwingen wollen, müssen wir ihn klar identifizieren, denn sonst überwältigen wir vielleicht unseren Freund. Ebenso wird unser Verständnis falsch sein und wir werden Leerheit nicht verwirklichen, wenn wir einen Fehler bei der Identifizierung des Objekts der Verneinung von Leerheit machen. In diesem Punkt hat es schon viele Fehler gegeben, denn das verneinte Objekt ist subtil und schwer zu erkennen. Ein chinesischer Mönch namens Hashang las in den Schriften Buddhas, dass alle Objekte des Wissens leer von inhärenter Existenz sind, und er schloss daraus, dass alle Objekte des Wissens nicht existierten. Als er las: «Es gibt keine Form …», glaubte er, es hieße, dass Form in gar keiner Weise existieren würde. Dann unterwies er seine Schüler, danach zu streben, das Nichts zu erkennen. Es gibt auch heute noch Menschen, die nicht zwischen Leerheit und dem Nichts unterscheiden können und ihren Geist darin schulen, wie ein Stein zu werden und nichts zu erfassen.

Die klarste Beschreibung des verneinten Objekts von Leerheit, inhärente Existenz, gibt Chandrakirti im Kommentar über Aryadevas *Vierhundert*, wo er sagt:

> Damit Dinge inhärent existieren können, darf ihre Existenz nicht von anderen Faktoren abhängig sein. Da aber Dinge von anderen Faktoren abhängen, kann es keine inhärent existierenden Objekte geben.

Weil eine Rose von ihren Ursachen und Bedingungen abhängt, existiert sie nicht inhärent. Wenn wir ein unabhängiges Objekt finden können, haben wir ein inhärent existierendes Objekt gefunden. Aber ein derartiges Objekt können wir nicht finden, denn jedes Objekt des Wissens hängt von seinen Teilen ab. Nach Nagarjuna und seinen Anhängern ist der beste Weg,

Leerheit zu verwirklichen das Verstehen von in abhängiger Beziehung stehenden Phänomenen.

Der erste Schritt bei der Verwirklichung der Leerheit von Personen ist die Identifizierung des verneinten Objekts – einer unabhängigen Person. Wenn wir in einer Untersuchung eine derartige Person finden können, existiert diese Person inhärent. Um diese Untersuchung durchzuführen, beginnen wir mit der Meditation über unser Ich. Unserem Geist erscheint immer ein inhärent existierendes Ich und es gibt keinen Moment, wo wir nicht daran festhalten, sogar während wir schlafen. Wir beginnen unsere Meditation mit der Überlegung: «Wie halte ich am Selbst fest? Was ist das Ich, das meinem Geist erscheint?» Mit dieser Untersuchung versuchen wir ein klares Bild des inhärent existierenden Ich zu bekommen. Wenn uns jemand sein Ferienhaus beschreibt, können wir ein klares Bild davon wahrnehmen, auch wenn wir es noch nie gesehen haben. Unser Bild des Hauses ist das allgemeine Bild des Hauses. Ebenso können wir ein klares allgemeines Bild des inhärent existierenden Ich bekommen, indem wir über das Ich nachdenken, das unserem Geist gewöhnlich erscheint: das Objekt unseres Festhaltens am Selbst.

Wenn wir es nicht untersuchen, nehmen wir an, dass es ein inhärent existierendes Ich tatsächlich gibt. Obwohl wir gewöhnlich nicht behaupten: «Ich existiere inhärent», ist das Objekt, auf das wir uns beziehen, sobald wir an uns denken oder über uns sprechen, das inhärent existierende Ich. Wir haben aber in der Regel keine sehr klare Vorstellung von diesem Ich und deshalb müssen wir damit beginnen, das Ich hervorzuheben, um dann unsere Aufmerksamkeit darauf richten zu können. Wir können denken: «Ich lese dieses Buch», und uns dann fragen: «Wie erscheint meinem Geist das Ich, das dieses Buch liest?» Wenn wir auf diese Weise nachdenken, werden wir beobachten, dass dieses Ich verschieden und unabhängig von Körper und Geist zu sein scheint. Wir haben nicht das Gefühl, dass «Ich lese dieses Buch» das gleiche bedeutet wie «Mein Körper liest dieses Buch» oder «Mein Geist liest dieses Buch». Das Ich scheint von sich aus zu existieren. Wenn es existiert, dann ist dieses unabhängige Ich das inhärent existierende Ich, das wir schätzen.

Wenn wir das verneinte Objekt der Leerheit untersuchen, ist es wichtig, keine voreiligen Schlüsse zu ziehen und zu denken: «Ich habe gehört, dass es kein inhärent existierendes Ich gibt und so brauche ich nicht darüber nachzudenken.» Ganz im Gegenteil, wir sollten bewusst ein starkes Gefühl von Ich entwickeln und ein grobes allgemeines Bild davon erschaffen. Dann können wir uns darauf konzentrieren und denken: «Das ist das Ich, das ich schätze. Das ist das Ich, das dieses Buch liest. Das ist das Ich, das arbeitet und schläft. Das ist das Ich, das verletzt wird. Das ist das unabhängige, inhärent existierende Ich.» Auf dieser Stufe müssen wir uns mit einem groben allgemeinen Bild zufrieden geben. Wenn wir die Untersuchung weiter treiben wollen, wird das Bild unklar und wir werden es verlieren. Sobald wir ein grobes allgemeines Bild des Ich gefunden haben, müssen wir die verweilende Meditation ausführen, um vertrauter damit zu werden. Auf dieser Stufe der Meditation sollten wir uns so viel Zeit wie nötig nehmen. Es kann sogar Jahre dauern, bis wir ein klares allgemeines Bild des inhärent existierenden Ich wahrnehmen, aber es spielt keine Rolle, wie lange es dauert, denn dieser Schritt ist eine notwendige Grundlage für die anderen Stufen der Meditation. Wenn wir diese Grundlage gut legen, wird es leicht sein eine Verwirklichung der nachfolgenden Stufen zu erlangen.

Es ist nicht möglich, eine klarere Erklärung zu geben, wie das verneinte Objekt identifiziert wird. Haben wir diese Erklärung einmal verstanden, ist das Einzige, was zu tun bleibt, die Anleitungen zu überdenken, darüber zu meditieren und unsere eigenen Erfahrungen zu machen. Es gibt viele Möglichkeiten, das inhärent existierende Ich zu beobachten, sowohl in den Meditationssitzungen als auch in den Meditationspausen, denn wir halten immer an diesem Ich fest. Deshalb können wir diese Anleitungen nehmen, um wiederholt unser gewohnheitsmäßiges Gefühl eines inhärent existierenden Ich herauszufordern. Wenn es uns schwerfällt, Fortschritte in dieser Praxis zu machen, so liegt es nicht an ungenügenden Erklärungen, sondern es fehlt uns an Weisheit und Vertrautheit mit der Materie. In dieser Hinsicht gleichen wir alten Menschen, die schlecht sehen und sich darüber beklagen, dass sie Bücher im Großdruck nicht lesen können, obwohl der Druck an sich klar ist.

In den Meditationspausen müssen wir damit fortfahren über das verneinte Objekt der Leerheit nachzudenken. Wenn wir maßgebliche Erklärungen wie diejenigen lesen, die im neunten Kapitel von Shantidevas *Leitfaden für die Lebensweise eines Bodhisattva* und im sechsten Kapitel von Chandrakirtis *Leitfaden zum Mittleren Weg* dargelegt sind, müssen wir uns bemühen sorgfältig zu lesen und über jeden Satz gründlich nachdenken. Es ist möglich, dass wir zwei Stunden brauchen, um nur eine Seite zu lesen, doch die Zeit ist gut genutzt, denn solche Texte sollten nicht wie Zeitungen gelesen werden. In *Leitfaden für die Lebensweise eines Bodhisattva* nimmt sich Shantideva viel Zeit, um unrichtige Sichtweisen der Leerheit zu widerlegen. Wenn wir diese Seiten sorgfältig lesen, werden wir unsere eigenen falschen Sichtweisen beseitigen und die essenziellen Punkte des Madhyamika-Prasangika Systems verstehen, aber solch ein Verständnis braucht Zeit. In *Leitfaden zum Mittleren Weg* erklärt Chandrakirti, dass er die Sichtweisen anderer widerlege und seine eigenen festlege, um richtige Pfade für die Befreiung Suchenden zu enthüllen und nicht um der bloßen Debatte willen. Da solche Erklärungen mit diesem großen Ziel und dieser nutzbringenden Absicht geschrieben wurden, sollten wir sie mit Geduld und Sorgfalt studieren.

Es hat etwas Sonderbares auf sich mit diesem inhärent existierenden Ich. Wenn wir es nicht untersuchen, erscheint es ständig, und wir halten es sogar in unseren Träumen fest, aber sobald wir es tatsächlich untersuchen, wird es sehr unklar. Anstatt es zu finden, wenn wir danach suchen, verlieren wir es. Diese Erfahrung an sich ist ein Zeichen dafür, dass das Ich nicht aus sich selbst heraus existiert, denn würde es aus sich selbst heraus existieren, müsste eine Untersuchung es immer klarer hervorbringen. Das gleiche gilt für äußere Objekte. Wenn wir zum Beispiel eine Rose nicht zu genau betrachten, erscheint uns die Rose, sobald wir in ihre Richtung blicken. Beginnen wir jedoch, sie zu analysieren, und versuchen herauszufinden, was die Rose ist, werden wir viele Teile der Rose, aber die Rose selbst nicht finden. Je genauer wir die Rose untersuchen, desto schwieriger wird es, sie zu sehen. Wenn jemand sagt: «Wo ist die Rose?», zeigen wir gewöhnlich in ihre Richtung und sagen: «Dort ist sie!» Wenn wir aber bei einer Untersuchung genauer hinsehen, werden wir die Rose selbst nicht finden können. Diese Art der Erfahrung ist ein Zeichen, das darauf hinweist, dass auch Phänomene, die nicht Personen sind, keine inhärente Existenz oder wahre Existenz haben. Personen und Phänomene existieren nicht aus sich selbst heraus.

DIE DURCHDRINGUNG FESTSTELLEN

Wenn wir als Ergebnis der ersten Stufe der Meditation das allgemeine Bild des Objekts der Verneinung erfassen, das inhärent existierende Ich, fahren wir mit unserer Untersuchung ohne Vorurteil fort, um zu sehen, ob ein derartiges Ich wirklich existiert oder nicht. Wenn ein derartiges Ich existiert, wird es uns durch eine Untersuchung immer klarer erscheinen, und wir werden gute Gründe haben, die seine Existenz beweisen. Wenn es nicht existiert, so wird auch das durch eine Untersuchung offenbar werden. Der nächste Schritt besteht im Feststellen der Durchdringung:

> *Wenn das Ich, das wir immer als aus sich selbst heraus existierend wahrnehmen, wirklich existiert, dann muss es entweder mit den Anhäufungen identisch oder verschieden von ihnen sein. Es gibt keine dritte Möglichkeit.*

Wenn unsere Suche nach dem inhärent existierenden Ich schlüssig sein soll, müssen wir sicher sein, dass unsere Suche jeden nur möglichen Ort, wo sich ein inhärent existierendes Ich befinden könnte, abdeckt. Sind wir nicht sicher, dass unsere Suche jede Möglichkeit abdeckt, werden wir zu keinem sicheren Schluss kommen können. Um einen Vergleich zu ziehen: Wenn wir glauben, ein Fisch sei in unserem Haus, dann kann er nur an zwei Orten sein. Entweder er ist im Aquarium oder er ist außerhalb des Aquariums. Es gibt keinen dritten Ort, wo er sein könnte. Wenn wir nachweisen, dass der Fisch nicht im Aquarium und nicht außerhalb des Aquariums ist, dann können wir sicher daraus schließen, dass kein Fisch in unserem Haus ist.

DIE ABWESENHEIT DER IDENTITÄT FESTSTELLEN

Der nächste Schritt in der Meditation ist herauszufinden, ob das inhärent existierende Ich mit den Anhäufungen identisch ist oder nicht. Wir meditieren über die folgenden Begründungen:

> *Wenn dieses Ich mit den Anhäufungen identisch ist, dann folgt daraus, dass eine Person fünf Ichs hat, weil es fünf Anhäufungen gibt.*
>
> *Wenn das Ich mit den Anhäufungen identisch ist, dann muss es entweder mit dem Körper oder mit dem Geist identisch sein. Wenn es mit dem Körper identisch ist, dann folgt daraus, dass das Ich aufhört zu existieren, wenn der Körper eingeäschert wird. Wenn dem so ist, dann gibt es keine nächste Wiedergeburt, weil das Ich zusammen mit dem Körper zerstört wird.*
>
> *Außerdem kann das Ich nicht mit dem Körper identisch sein, denn wir sprechen von «meinem Körper». Dies bringt klar zum Ausdruck, dass wir glauben, dass der Körper im Besitz des Ich ist.*
>
> *Ebenso kann das Ich nicht mit dem Geist identisch sein, weil wir von «meinem Geist» sprechen. Dies bringt klar zum Ausdruck, dass wir den Geist als im Besitz des Ich betrachten.*
>
> *Wenn das Ich und der Geist identisch sind, dann folgt daraus, dass eine Person viele Ichs hat, denn es gibt viele Arten von Geist: den hauptsächlichen Geist, die sekundären Geistesarten, tugendhafte Geistesarten, nichttugendhafte Geistesarten und so weiter.*

Aus diesen Gründen folgt, dass das Ich nicht mit den Anhäufungen oder mit einer einzelnen Anhäufung identisch ist. Wenn uns unsere analytische Meditation zu diesem klaren Schluss bringt, führen wir die verweilende Meditation aus.

DIE ABWESENHEIT DER VERSCHIEDENHEIT FESTSTELLEN

Der vierte Schritt in der Meditation ist die verbleibende Möglichkeit zu untersuchen, dass das inhärent existierende Ich verschieden von den Anhäufungen ist. Wir meditieren über die folgenden Begründungen:

> *Wenn das Ich von Geist und Körper verschieden ist, dann ergibt es keinen Sinn zu sagen: «Ich werde alt», wenn unser Körper alt wird. Genauso gut könnten wir sagen: «Ich werde alt», wenn der Körper unseres Hundes alt wird, denn beide Körper wären in gleicher Weise verschieden von unserem Ich. Das Gleiche gilt, wenn das Ich verschieden von Geist und Körper wäre, denn dann wäre es unsinnig zu sagen: «Ich habe Kopfschmerzen.» Tatsächlich wäre der größte Teil unserer gewöhnlichen Sprache Unsinn.*
>
> *Chandrakirti sagte, dass es kein Ich getrennt von den Anhäufungen gibt, denn ohne die Anhäufungen wahrzunehmen, kann das Ich nicht wahrgenommen werden. Es gibt keine Möglichkeit, das Ich zu erfassen, außer die Anhäufungen erscheinen dem Geist.*
>
> *Wenn es möglich wäre, das Ich zu erfassen, ohne dass die Anhäufungen unserem Geist erscheinen, könnte es Festhalten am Selbst geben, wo keine Anhäufungen sind, so wie es einen Esel geben kann, wo kein Pferd ist, weil Esel und Pferd verschieden sind und nicht notwendigerweise zusammen existieren.*
>
> *Zudem könnten wir das Ich getrennt von den Anhäufungen finden, wenn das Ich verschieden von ihnen wäre. Nehmen wir zum Beispiel jemanden mit dem Namen Peter. Wäre Peters Ich verschieden von seinen Anhäufungen, könnten wir Peter getrennt von seinem Körper und Geist finden, weil der Name «Peter» sich auf Peters Ich und nicht auf seinen Körper und Geist bezieht. Es ist jedoch unmöglich, Peter getrennt von seinem Körper und Geist zu finden.*

Aus diesen Gründen folgt, dass das Ich nicht getrennt von Körper und Geist existiert. Wenn unsere analytische Meditation uns zu diesem klaren Schluss führt, üben wir die verweilende Meditation aus.

Wenn wir die Abwesenheit der Verschiedenheit festgestellt haben, sind wir nahe daran, zu erkennen, dass das inhärent existierende Ich überhaupt nicht existiert. An diesem Punkt der Meditation müssen wir uns an das allgemeine Bild des inhärent existierenden Ich erinnern und meditieren:

> *Bis jetzt habe ich geglaubt, dass dieses Ich existiert, aber durch gründliche Untersuchung habe ich gesehen, dass kein derartiges Ich existiert. Nachdem ich die beiden Möglichkeiten geprüft habe, dass es entweder identisch mit den Anhäufungen oder verschieden von ihnen ist, habe ich herausgefunden, dass keine der beiden Möglichkeiten zutrifft.*

Infolge dieser analytischen Meditation wird uns bewusst, dass das inhärent existierende Ich, das wir gewöhnlich wahrnehmen, nicht existiert. Wir stellen die Leerheit unseres Ich fest. Wir nehmen eine Abwesenheit wahr, wo wir ein Ich wahrzunehmen pflegten. Diese Abwesenheit ist das nichtbestätigende Negativ, das das inhärent existierende Ich verneint. An diesem Punkt brauchen wir nicht gesondert zu denken: «Das ist Leerheit.» Wir meditieren ganz einfach einsgerichtet über die Abwesenheit eines derartigen Ich.

Das Erfahren der Abwesenheit des inhärent existierenden Ich als Ergebnis von sorgfältiger analytischer Meditation gleicht der Erfahrung, die wir machen, wenn wir eine gründliche Suche nach einem bestimmten Objekt in unserem Haus durchführen und, nachdem wir an jedem nur möglichen Ort nachgesehen haben, begreifen, dass es nicht da ist.

Wenn wir das allgemeine Bild einer Leerheit wahrnehmen, die die Negation des inhärent existierenden Ich ist, erkennen wir Leerheit begrifflich. Nur raumähnliche Leerheit erscheint unserem Geist. Das allgemeine Bild der Leerheit des Ich ist das Objekt des raumähnlichen meditativen Gleichgewichts. Was wir auf dieser Stufe verstehen, ist die bloße Abwesenheit des inhärent existierenden Ich. Wir spüren, dass es kein Ich gibt, das geschätzt werden kann. Durch wiederholte Meditation über Leerheit werden sich unser Festhalten am Selbst und andere Verblendungen vermindern, und unsere Leiden und Probleme werden geringer. Schließlich werden wir

Leerheit direkt verwirklichen und die Wurzel all unserer Probleme beseitigen.

Die Konzentration, deren Objekt die bloße Abwesenheit eines inhärent existierenden Ich ist, hat zwei Eigenschaften: sie nimmt nur raumähnliche Leerheit wahr und bleibt einsgerichtet auf ihrem Objekt, wobei sie alle Ablenkungen beseitigt. Mit der bloßen Abwesenheit eines inhärent existierenden Ich als Objekt versuchen wir zumindest die zweite Ebene des geistigen Verweilens, kontinuierliches Verweilen, zu erlangen. Sobald wir unser Objekt vergessen, müssen wir unsere Achtsamkeit erneuern, indem wir uns mit einem Teil unseres Geistes daran erinnern, dass ein inhärent existierendes Ich nicht existiert. Wenn wir mit Konzentration auf dieser raumähnlichen Leerheit bleiben können, indem wir die geeigneten Gegenmittel anwenden, nennt man dies «raumähnliches meditatives Gleichgewicht über Leerheit aufrechterhalten».

Wir meditieren über raumähnliche Leerheit, so wie ein Adler still am Himmel segelt: er schlägt nur ab und zu mit den Flügeln, um den Flug aufrechtzuerhalten. Wir richten unseren Geist einsgerichtet auf raumähnliche Leerheit und bemühen uns ab und zu, unsere Achtsamkeit aufrechtzuerhalten. Auf diese Weise halten wir unser meditatives Gleichgewicht über Leerheit sanft aufrecht und verbessern es.

Einige Meditierende erleben große Freude, wenn sie sich aus dieser Meditation erheben, in der sie Leerheit verwirklicht haben. Sie fühlen sich wie ein armer Mann, der einen unbezahlbaren Schatz gefunden hat. Andere Meditierende verspüren Angst. Sie glauben, etwas sehr Kostbares verloren zu haben, aber durch weitere Meditation verwirklichen sie das konventionelle Ich, und ihre Angst lässt nach und verschwindet schließlich ganz. Die erste der beiden Reaktionen lässt die größere Weisheit des Meditierenden erkennen, aber beide Reaktionen sind Zeichen einer fehlerlosen Meditation über Leerheit.

Nachdem wir die Leerheit des Ich verwirklicht haben, müssen wir unser Verständnis verbessern, damit wir das subtile konventionelle Ich erkennen, das Ich, das durch bloße

Vorstellung zugeschrieben ist. Sind wir zu dem sicheren Schluss gekommen, dass es kein inhärent existierendes Ich gibt, müssen wir uns überlegen: «Wie existiert das Ich?» Wenn wir begreifen, dass das Ich als bloßer Name existiert, dann haben wir sowohl seine subtile konventionelle Natur als auch die Vereinigung der zwei Wahrheiten verwirklicht. Es besteht dann nicht mehr die Gefahr, dass wir in die Extreme der Nichtexistenz oder der Existenz fallen. Indem wir seine konventionelle Natur verstehen, wird unser Verständnis der Leerheit vergrößert.

Wenn wir den Namen, der einem Objekt gegeben wurde, verstehen und keine Untersuchung durchführen, akzeptieren wir den Namen und verwenden das Objekt weiter in angemessener Weise. Werden wir beispielsweise jemandem vorgestellt und man sagt uns, diese Person heißt Peter, dann sagen wir: «Guten Tag Peter, wie geht es Dir?» Wir fangen nicht an, nach Peter zu suchen und uns zu fragen: «Wo ist Peter?», so als ob Peter verschieden von dem Namen wäre, der einer Gruppe von menschlichen Anhäufungen gegeben wurde. Haben wir einmal die subtile konventionelle Natur der Dinge verwirklicht, dann werden wir nur die Namen akzeptieren und sie auf geeignete Weise verwenden, genauso, wie es weltliche Menschen tun. Zum Beispiel werden wir nicht das Bedürfnis haben, eine weitere Analyse durchzuführen, um herauszufinden, wo Peter ist, denn wir werden wissen, dass wir Peter niemals finden könnten, wenn wir an diesem Punkt eine derartige Untersuchung durchführen würden.

Die richtige Sicht der Leerheit macht Namen, so wie sie gewöhnlich in der Welt gebraucht werden, nicht ungültig. Wir verstehen das, wenn wir die Vereinigung der konventionellen und der endgültigen Wahrheiten verstanden haben. Wenn wir die Vereinigung der zwei Wahrheiten verstanden haben, dann sehen wir, dass funktionierende Dinge als bloße Zuschreibung existieren und dass es das bloß zugeschriebene Ich ist, das Karma erschafft, das leidet und so weiter. Mit dem bloß zugeschriebenen Ich ist das Ich gemeint, das durch Vorstellung bloß zugeschrieben ist. Diese Vorstellung ist ein Geist, der sich das Ich vorstellt und sich daran klammert. Wenn uns zum Beispiel jemand grundlos beschuldigt, entsteht in uns der Gedanke: «Ich werde grundlos beschuldigt.» Der Geist, der sich an das Ich klammert, ist ein «Vorsteller». Das Ich ist nur das, was sich dieser Geist vorstellt. Da wir uns ein Ich vorstellen, sagen wir «Ich». Dieses Ich wird durch Sprache ausgedrückt oder durch einen Vorsteller zugeschrieben, genau wie die Dinge, von denen wir träumen. Nehmen wir an, wir hätten letzte Nacht geträumt, wir würden von einem Tiger verfolgt. Diesen Traumtiger stellt sich unser Geist bloß vor. Wir fürchten uns vielleicht in unserem Traum, aber nur, weil wir glauben, dass der Tiger wirklich ist, während er doch tatsächlich die Schöpfung unseres Geistes ist. Unser Ich ist wie dieser Traumtiger. Sobald das Ich unserem Geist erscheint, glauben wir, dass es wirklich existiert, und wir entwickeln Sorgen, Unzufriedenheit und so weiter. Aber außer der bloßen Vorstellung des Ich gibt es kein Ich. Das gleiche gilt für jedes andere Objekt, das wir untersuchen. Wir werden niemals etwas finden, das von sich aus existiert. Alles, was wir je finden, ist Leerheit.

Wenn wir verstehen, dass unser eigenes Ich leer von wahrer Existenz ist, werden wir die Selbstlosigkeit anderer Personen verstehen. Solange wir uns selbst und andere als inhärent existierend erfassen, unterscheiden wir klar zwischen Selbst und anderen und begehen viele negative Handlungen, die die Ursache dafür sind, dass wir weiterhin Leiden in Samsara erleben. Durch die Verwirklichung der Leerheit vom Selbst und von anderen, werden wir aufhören diese nichttugendhaften Handlungen zu begehen.

Um über die Leerheit von anderen Personen zu meditieren, geht man genau wie oben beschrieben vor, identifiziert aber dieses Mal das verneinte Objekt als einen inhärent existierenden Freund, Fremden oder Feind. Wenn wir zum Beispiel nach unserem inhärent existierenden Freund suchen, werden wir herausfinden, dass unser Freund weder der Körper noch der Geist unseres Freundes ist und dass es getrennt von diesen keinen Freund gibt. Gewöhnlich sagen wir, wenn wir auch bloß den Hinterkopf unseres Freundes sehen: «Da ist mein Freund», und wir empfinden die inhärente Existenz des Freundes sehr deutlich. Doch wenn wir es untersuchen, werden wir diese Empfindung eines substanziell existierenden Freundes verlieren und nur noch Leerheit erfassen.

WIE DIE ILLUSIONSÄHNLICHE NACHFOLGENDE ERLANGUNG AUFRECHTERHALTEN WIRD

Wenn wir uns aus der Meditation erheben, in der wir die Leerheit des Ich von inhärenter Existenz erkannt haben, wird uns das Ich weiterhin als inhärent existierend erscheinen. Es ist seit anfangsloser Zeit so erschienen und diese Erscheinung hört nicht auf, sobald wir die inhärente Existenz in unserer Meditation verneint haben. Das Ich wird noch für lange Zeit danach als inhärent existierend erscheinen. Unsere Praxis während der Meditationspause ist deshalb, dieser Erscheinung nicht zu glauben. Wir sollten uns ständig an unsere Verwirklichung der Leerheit erinnern und erkennen, dass die Erscheinung inhärenter Existenz falsch ist.

Wenn ein Magier die Illusion eines Pferdes erschafft, erscheint das Pferd seinem Geist, aber er weiß, dass das Pferd nicht wirklich ist. Ebenso wissen wir, wenn wir uns von unserer Meditation über Leerheit erheben, dass das inhärent existierende Ich, das unserem Geist erscheint, eine Illusion ist. Schauen wir in einen Spiegel, können wir unser gespiegeltes Gesicht sehen, aber das Gesicht im Spiegel ist nur eine Reflexion und kein wirkliches Gesicht, das von sich aus existiert. Auf ähnliche Weise nennt man das Wissen, dass das Ich auch nicht von sich aus existiert, und das Aufrechterhalten dieses Verständnisses zu jeder Zeit «das Aufrechterhalten der illusionsähnlichen nachfolgenden Erlangung». Das Aufrechterhalten der illusionsähnlichen nachfolgenden Erlangung ist wie Fernsehen mit dem Verständnis, dass zwar viele Dinge auf dem Bildschirm erscheinen, keines dieser Dinge aber tatsächlich im Gehäuse des Fernsehers ist.

DIE LEERHEIT VON PHÄNOMENEN

In *Zusammengefasstes Sutra der Vollkommenheit der Weisheit* sagt Buddha:

> Alles, was wir in Bezug auf uns selbst verstanden haben, sollten wir auf alle anderen fühlenden Wesen anwenden. Und alles, was wir in Bezug auf alle anderen fühlenden Wesen verstanden haben, sollten wir auf alle Phänomene anwenden.

Wenn wir die Verwirklichung erlangt haben, dass sowohl wir selbst als auch andere frei von inhärenter Existenz sind, haben wir die Selbstlosigkeit von Personen verwirklicht. Wir sollten dann andere Phänomene untersuchen. Wenn wir die Leerheit eines Objekts verstehen, verstehen wir indirekt die Leerheit aller Objekte, weil wir dieselbe Begründung auf jede andere Grundlage der Leerheit anwenden können. Wenn wir zum Beispiel über unseren eigenen Körper meditieren, versuchen wir zuerst das verneinte Objekt zu identifizieren, indem wir uns fragen: «Was ist es, das meinem Geist erscheint, wenn ich ‹mein Körper› denke?» Wenn wir unseren eigenen Körper festhalten, erscheinen seine Teile unserem Geist, aber diese sind nicht das, was wir als unseren Körper festhalten. Wir haben ein geistiges Bild unseres Körpers, dass der Körper verschieden von seinen Teilen ist. Wenn wir denken: «Mein Körper ist anziehend», denken wir nicht: «Meine Füße sind anziehend, meine Ellbogen sind anziehend, meine Stirn ist anziehend ...» und so weiter, sondern wir erfassen einen unabhängigen Körper.

Wie zuvor sollten wir nicht überhastet zu irgendwelchen Schlüssen kommen. Wir versuchen zuerst ein klares allgemeines Bild unseres inhärent existierenden Körpers zu bekommen. Ein derartiger Körper erscheint uns ständig und vorausgesetzt wir untersuchen es nicht weiter, werden wir immer daran festhalten, dass er so existiert, wie er erscheint. Hat unser Körper besondere Merkmale, ist er zum Beispiel groß, so sollten wir denken: «Mein großer Körper», um ein starkes Gefühl unseres inhärent existierenden Körpers hervorzurufen. Wenn wir ein klares allgemeines Bild aufgebaut haben, denken wir: «Das ist der Körper, den ich schätze. Das ist der Körper, an den ich denke, wenn ich denke: ‹Mein Körper ist schön.›» Dann führen wir auf die gleiche Weise wie zuvor eine Untersuchung durch, indem wir die folgenden Begründungen anwenden:

> *Wenn mein Körper so existiert, wie er mir erscheint, muss er entweder identisch mit den Teilen des Körpers oder verschieden von den Teilen des Körpers sein.*
>
> *Wenn der Körper identisch mit den Teilen des Körpers ist, folgt daraus, dass eine Person viele Körper haben muss, denn es gibt viele Teile.*
>
> *Außerdem können die Teile des Körpers nicht der Körper sein, weil sie die Teile des Körpers sind, und eine Sache kann nicht Teil ihrer selbst sein.*
>
> *Wäre der Körper verschieden von seinen Teilen, wäre es möglich, den Körper an einem anderen Ort zu finden, aber wir können nicht auf irgendetwas außerhalb der Glieder und der anderen Teile des Körpers zeigen und sagen: «Da ist mein Körper.»*
>
> *Außerdem, wäre der Körper verschieden von den Teilen des Körpers, würde es keinen Sinn ergeben zu sagen: «Mein Körper ist verletzt», wenn unser Fuß verletzt ist.*

Wenn wir es auf diese Weise untersuchen, werden wir unseren Körper nicht finden können und wir werden zum Schluss kommen müssen, dass unser Körper nicht von sich aus existiert. Unser Gefühl eines inhärent existierenden Körpers, der unabhängig von allem anderen ist, wird unklar. Wir werden es schließlich verlieren und nur noch Leerheit erfassen. Zu dieser Zeit erkennen wir die Leerheit unseres eigenen Körpers. Wir können dann fortfahren und jeden Teil unseres Körpers auf die gleiche Weise untersuchen. Wir können zum Beispiel nach unserem Gesicht suchen, bis wir nur noch Leerheit finden. Schließlich werden wir herausfinden, dass sogar die Atome unseres Körpers leer sind.

Wenn unser Körper die Natur von Leerheit hat, warum nehmen wir ihn dann als fest und substanziell wahr? In

Leitfaden für die Lebensweise eines Bodhisattva sagt Shantideva, dass wir, obwohl es keinen Körper gibt, den Geist entwickeln, der einen Körper erfasst, weil wir aufgrund von Unwissenheit den Geist entwickeln, der Hände und so weiter erfasst. Wir tun dies, nicht weil unser Körper tatsächlich auf diese Weise existiert, sondern weil wir schon immer die Unwissenheit hatten, die an unserem Körper als inhärent existierend festhält. Die Teile des Körpers und die Ansammlung der Teile des Körpers sind die Grundlage für die Zuschreibung des Körpers, und der Körper ist das zugeschriebene Objekt. Was wir direkt sehen, sind die Teile des Körpers, und wenn wir diese sehen, erfassen wir irrtümlicherweise einen unabhängigen Körper, der von sich aus existiert, «auf und über» den Teilen des Körpers. Der Geist, der den Körper auf diese Weise erfasst, ist das Festhalten am Selbst von Phänomenen. Seit anfangsloser Zeit haben wir diese Unwissenheit.

Wenn wir die Leerheit unseres eigenen Körpers verwirklicht haben, müssen wir diese Verwirklichung in raumähnlichem meditativem Gleichgewicht aufrechterhalten. Wie zuvor praktizieren wir in der Meditationspause die illusionsähnliche nachfolgende Erlangung. Dann versuchen wir, die Leerheit aller anderen Phänomene zu verstehen, sodass wir schließlich mit raumähnlichem meditativem Gleichgewicht über die Leerheit aller Phänomene meditieren können. Haben wir auf diese Weise meditiert, verbessern wir unser Verständnis, sodass wir die subtile konventionelle Natur aller Phänomene verwirklichen, nämlich dass alle Phänomene bloß durch Vorstellung zugeschrieben sind und lediglich als Namen existieren. Was bleibt, nachdem alle verneinten Objekte verneint wurden, sind bloße Namen. Wenn wir zum Beispiel über die Leerheit unseres Körpers meditieren, widerlegen wir nachdrücklich den inhärent existierenden Körper und nehmen bloß Leerheit wahr. Wenn wir uns von unserer Meditation erheben und überprüfen: «Was bleibt zurück?», dann bleibt nur der Name «Körper». Wenn wir den bloßen Namen akzeptieren, können wir vernünftig über unseren Körper reden und Dinge sagen wie beispielsweise: «Mein Körper ist stark.» Wir können unsere normale Arbeit weiterführen, mit anderen kommunizieren und uns verhalten wie alle anderen, aber unser Verständnis ist anders. Wir wissen, würden wir «hinter» dem bloßen Namen suchen, könnten wir die Sache, auf die er sich bezieht, nicht finden.

Verstehen wir, wie sich der Mond in einer klaren, wolkenlosen Nacht im Wasser spiegelt, wird uns die Spiegelung des Mondes an sich, sobald wir sie erblicken, daran erinnern, dass in Wirklichkeit kein Mond im Wasser ist. Das gleiche gilt, wenn wir uns aus der Meditation über Leerheit erheben und unserem Geist inhärent existierende Phänomene erscheinen. Die Erscheinungen an sich werden uns daran erinnern, dass es keine inhärent existierenden Phänomene gibt. Die Tatsache, dass inhärent existierende Phänomene erscheinen, wird uns helfen, die Verwirklichung der Leerheit jederzeit zu bewahren.

Buddha Shakyamuni sagte, dass wir uns immer an Leerheit erinnern sollten, ganz gleich, was wir auch tun, ob wir uns auf einer Reise befinden, in der Stadt arbeiten, uns amüsieren oder es uns schlecht geht. Wenn wir auf diese Weise praktizieren, wird unser ganzes Leben Bedeutung erhalten, und alle unsere Handlungen werden Ursachen für die Erlangung der Befreiung sein.

Manjushri sagte zu Je Tsongkhapa, dass es vier notwendige Bedingungen für die Verwirklichung von Leerheit gibt:

(1) Vertrauen in einen qualifizierten und erfahrenen spirituellen Meister, der Leerheit klar erklären kann
(2) Reinigung von Negativität
(3) Ansammlung von Verdiensten
(4) Häufige Meditation über Leerheit

Die Meditation über Leerheit gleicht einem Samen und die anderen drei Bedingungen gleichen dem Wasser, das den Samen nährt. Wir fangen damit an, die Unterweisungen über Leerheit sorgfältig zu lesen, sie anzuhören und immer wieder zu überdenken, damit unser Verständnis immer klarer wird. Es kann sein, dass wir sehr lange meditieren müssen, aber schließlich werden wir Leerheit verwirklichen und größere

Freude empfinden, als hätten wir einen unbezahlbaren Schatz gefunden. Wenn wir diese Erfahrung machen, treten wir durch das Tor zur Befreiung, durch das Tor zum Frieden. Aryadeva sagte, dass es nur ein Tor zur Befreiung gibt, die Leerheit erkennende Weisheit, und dass ohne diese Weisheit keine andere Praxis das Tor zur Befreiung öffnen wird.

Die Verwirklichung der Leerheit ist eine universelle Arznei, ein Allheilmittel, weil es die einzige Erfahrung ist, die ganz allein alle unsere Probleme lösen kann. Sie beseitigt die körperlichen und geistigen Qualen dieses und zukünftiger Leben, weil sie das Festhalten am Selbst, die Grundursache unseres gesamten Leidens, vollständig zerstört.

Durch die spirituellen Ebenen und Pfade fortschreiten

WIE MAN DURCH DIE VEREINIGUNG VON RUHIGEM VERWEILEN UND HÖHEREM SEHEN DURCH DIE SPIRITUELLEN EBENEN UND PFADE FORTSCHREITET

Um volle Erleuchtung zu erlangen, müssen wir die Vereinigung von ruhigem Verweilen und höherem Sehen erreichen und alle Mahayanapfade vollenden. Es gibt fünf Mahayanapfade:

(1) Der Pfad der Ansammlung
(2) Der Pfad der Vorbereitung
(3) Der Pfad des Sehens
(4) Der Pfad der Meditation
(5) Der Pfad des Nicht-mehr-Lernens

Sie heißen «Pfade», weil uns diese inneren Pfade zu unserem endgültigen Ziel der vollen Erleuchtung führen, so wie uns äußere Pfade zu unserem Ziel bringen. Sie können auch Ebenen genannt werden, denn so wie eine Ebene dem Wachstum der Pflanzen, der Bäume und der Ernte als Grundlage dient, so sind die spirituellen Ebenen die Grundlage aller spirituellen Qualitäten.

Wir betreten den Mahayanapfad der Ansammlung, wenn wir spontanen Bodhichitta erzeugen und ein Bodhisattva sind. Auf dieser Stufe sind alle tugendhaften Geistesarten eines Bodhisattva, wie zum Beispiel Liebe, Mitgefühl, Bodhichitta und Leerheit erkennende Weisheit, Mahayanapfade der Ansammlung. Aufgrund der spontanen Erlangung von Bodhichitta sind die Verwirklichungen von Methode und

Weisheit im Geist eines Bodhisattva den Verwirklichungen eines Hinayana Praktizierenden weit überlegen.

Der Mahayanapfad der Ansammlung hat drei Stufen: klein, mittel und groß. Wenn wir spontanen anstrebenden Bodhichitta erlangen, bevor wir die Bodhisattva Gelübde ablegen, haben wir den Geist von erdgleichem Bodhichitta und wir betreten die kleine Stufe des Pfades der Ansammlung. Nachdem wir die Bodhisattva Gelübde abgelegt haben, verwandelt sich der erdgleiche Bodhichitta, der allen nachfolgenden Verwirklichungen des Mahayana als Grundlage dient, in goldgleichen Bodhichitta und wir gelangen auf die mittlere Stufe des Pfades der Ansammlung. Wenn wir diesen Pfad erlangt haben, wird unsere Verwirklichung von Bodhichitta nicht mehr nachlassen. Dann erlangen wir die «Konzentration des Dharma Kontinuums». Mit dieser Erlangung können wir uns an alles, was wir in vergangenen Leben studiert und verstanden haben, erinnern und wir vergessen nicht, was wir in diesem Leben gelernt haben. Mit dieser Konzentration können wir die erhabenen Emanationskörper der Buddhas direkt sehen und direkt von ihnen Unterweisungen erhalten. Zu diesem Zeitpunkt sind wir auf die große Stufe des Pfades der Ansammlung gelangt.

Bodhisattvas auf dem Pfad der Ansammlung verbessern ihre Verwirklichungen von Methode und Weisheit und gelangen dadurch auf den Pfad der Vorbereitung. Sie erreichen den Pfad der Vorbereitung, während sie sich in meditativem Gleichgewicht über Leerheit befinden. Auf dem Pfad der Ansammlung meditieren die Bodhisattvas mit ruhigem Verweilen über Leerheit. Durch wiederholte Meditation führt ihre Leerheit analysierende Weisheit zu einer besonderen Geschmeidigkeit. Wenn sich diese Geschmeidigkeit entwickelt, haben sie Leerheit beobachtendes höheres Sehen erlangt. Wenn die Bodhisattvas eine Vereinigung von ruhigem Verweilen und Leerheit beobachtendem höheren Sehen erreicht haben, gelangen sie auf den Mahayanapfad der Vorbereitung. Auf diesem Pfad ist ihre Erfahrung von Leerheit größer als zuvor und sie haben eine ganz besondere Leerheit erkennende Weisheit erlangt.

Der Mahayanapfad der Vorbereitung wird so genannt, weil sich der Bodhisattva jetzt auf eine direkte Verwirklichung der Leerheit vorbereitet. Zu diesem Zeitpunkt ist die Meditation des Bodhisattva über Leerheit immer noch begrifflich, d.h. dem Geist des Bodhisattva erscheint Leerheit immer noch mit einem geistigen Bild vermischt. Aus diesem Grund hat er noch immer dualistische Erscheinung. Das Ziel des Mahayanapfades der Vorbereitung ist den Geist und sein Objekt, die Leerheit, immer näher zusammenzubringen, bis sie sich schließlich vollständig vermischen, das geistige Bild sich auflöst und jede dualistische Erscheinung in Leerheit versinkt. Dies erlangt man durch wiederholte Meditation über Leerheit mit der Vereinigung von ruhigem Verweilen und höherem Sehen.

Der Mahayanapfad der Vorbereitung hat vier Stufen: Hitze, Gipfel, Geduld und höchster Dharma. Wenn Bodhisattvas die erste Stufe des Pfades der Vorbereitung erlangen, haben sie eine besondere Erfahrung der Leerheit, die ein Zeichen ist, das auf ihre zukünftige Erlangung von feuergleicher Weisheit auf dem Mahayanapfad des Sehens hindeutet. Die Erfahrung der Leerheit des Bodhisattva auf dem Pfad der Vorbereitung ist nicht das eigentliche Feuer der Weisheit, aber sie ist der Anfang dieses Feuers. Die erste Stufe heißt Hitze, weil die Bodhisattvas zu diesem Zeitpunkt beginnen die Hitze zu erzeugen, die zum eigentlichen Feuer der Weisheit auf dem Pfad des Sehens wird.

Bodhisattvas auf der Hitzeebene des Pfades der Vorbereitung meditieren einsgerichtet über Leerheit. In den Meditationspausen führen sie Methodenübungen aus, wie zum Beispiel Dharma geben. Sie gehen viele Male in Meditation und wieder heraus, bis ihre Erfahrung von Leerheit, während sie sich in meditativem Gleichgewicht befinden, schließlich stärker wird und sie zur Gipfelebene des Pfades der Vorbereitung gelangen. Auf dieser Stufe wird die Hitze stärker und erreicht ihren Gipfel. Sie ist kurz davor, ein loderndes Feuer zu werden. Die Bodhisattvas auf der Hitzestufe können sich sehr stark auf Leerheit konzentrieren und es scheint, als ob ihr Geist mit Leerheit vermischt wäre, obwohl dies noch nicht der Fall ist. Wenn Bodhisattvas zur

Gipfelstufe kommen, vermischt sich ihr Geist stärker mit dem Objekt und damit ist ihre Erfahrung von Leerheit intensiver.

Auch auf der Gipfelstufe führen Bodhisattvas außerhalb der Meditation Methodenübungen aus. Sie gehen viele Male in Meditation und wieder heraus, bis ihre Erfahrung der Leerheit, während sie sich in Meditation befinden, schließlich stärker wird und sie zur Geduldsstufe des Pfades der Vorbereitung gelangen. Die Bodhisattvas dieser Stufe haben die besondere Geduld erlangt, entschieden über Dharma nachzudenken, und ihre Geduld in Bezug auf Leerheit ist besonders gut. Zu diesem Zeitpunkt ist der Geist des Bodhisattva während der Meditation noch stärker mit Leerheit vermischt als zuvor. Der Bodhisattva glaubt, dass die dualistische Erscheinung von Geist und Objekt verschwunden sei. Trotzdem ist die subtile dualistische Erscheinung immer noch vorhanden und solange auch nur die Spur von dualistischer Erscheinung zurückbleibt, ist der Geist nicht vollständig mit dem Objekt, der Leerheit, vermischt.

Das Ziel der Meditation über Leerheit mit der Vereinigung von ruhigem Verweilen und höherem Sehen ist, den Geist und sein Objekt näher und näher zusammenzubringen, bis sie untrennbar vermischt sind. Bevor dies geschieht, erfährt man verschiedene Abstufungen der Vermischung. Je stärker der Geist mit Leerheit vermischt ist, desto weniger ist dualistische Erscheinung vorhanden. Auf dem Mahayanapfad des Sehens verschwindet dualistische Erscheinung vollständig während der Meditation und der Geist und Leerheit vermischen sich, wie Wasser in Wasser gegossen wird. Geist und Objekt fühlen sich gleich an. Man nimmt nur Leerheit wahr, und kein anderes Phänomen erscheint, nicht einmal der Geist. Jede dualistische Erscheinung verschwindet.

Auf der Geduldsstufe des Pfades der Vorbereitung ist dualistische Erscheinung weniger stark als zuvor und die Erfahrung der Leerheit ist feiner. Grobe dualistische Erscheinung ist so gut wie verschwunden, aber es ist immer noch subtile dualistische Erscheinung vorhanden. Weil sie subtil ist, bemerkt der Meditierende sie nicht und denkt, dass der Geist sich vollständig mit Leerheit vermischt hat. Wenn sich die Bodhisattvas auf der Geduldsstufe aus der Meditation erheben, führen sie die Methodenübungen aus, um anderen zu helfen. Sie gehen viele Male in Meditation und wieder heraus und erreichen schließlich die nächste Stufe, während sie sich in meditativem Gleichgewicht über Leerheit befinden.

Auf der Stufe des höchsten Dharma sind der Geist des Bodhisattvas und Leerheit fast vollständig vermischt, und die Erfahrung der Leerheit übertrifft diejenige auf der Geduldsstufe. Sie heißt Stufe des höchsten Dharma, weil sie die höchste Erfahrung eines gewöhnlichen Bodhisattva ist. Auf dieser Stufe sind alle Erfahrungen eines Bodhisattva höchste Dharmapfade der Vorbereitung. Auch auf dieser Stufe führen die Bodhisattvas während der Meditationspausen die Methodenübungen aus. Schließlich vermischt sich ihr Geist, während sie sich in meditativem Gleichgewicht über Leerheit befinden, vollständig mit Leerheit wie Wasser mit Wasser, und es gibt keine dualistische Erscheinung mehr. An diesem Punkt wird Leerheit direkt verwirklicht und die Stufe des höchsten Dharma verwandelt sich in den Mahayanapfad des Sehens. Der Bodhisattva erlangt so die erste Bodhisattva Ebene «Sehr freudvoll» und wird ein höherer Bodhisattva. Der erste Moment des Pfades des Sehens entsteht in der gleichen Meditationssitzung wie der letzte Moment der Ebene des höchsten Dharma auf dem Pfad der Vorbereitung. Der erste Moment heißt «der ununterbrochene Pfad» des Pfades des Sehens, weil er ununterbrochen als direktes Gegenmittel gegen intellektuell gebildetes Festhalten am Selbst wirkt. Er ist wie die Axt, die den Baum dieser Unwissenheit fällt.

Die Natur dieses Pfades des Sehens ist Weisheit. Es ist eine Weisheit, die einsgerichtet über Leerheit meditiert. Wenn Bodhisattvas in meditativem Gleichgewicht intellektuell gebildetes Festhalten am Selbst und alle anderen intellektuell gebildeten Verblendungen aufgeben, verwandelt sich der ununterbrochene Pfad des Pfades des Sehens in den befreiten Pfad des Pfades des Sehens. Der befreite Pfad ist die Frucht des Aufgebens der intellektuell gebildeten Verblendungen. Sowohl der ununterbrochene Pfad als auch der befreite Pfad werden in der gleichen Meditationssitzung erlangt. Wenn die

Bodhisattvas sich aus dieser Meditation erheben, ist ihre Kraft anderen zu helfen sehr groß. Auf dieser Ebene erlangen sie die höchste Vollkommenheit des Gebens und werden fähig, ihren Körper zum Wohle anderer wegzugeben.

Im Ganzen gibt es zehn Bodhisattva Ebenen. Diese werden auch ursächliche Ebenen genannt, weil sie die Ursache der resultierenden Ebene der Buddhaschaft sind. Alle zehn Ebenen sind Verwirklichungen von höheren Bodhisattvas auf den Mahayanapfaden des Sehens und der Meditation. Die erste Bodhisattva Ebene hat zwei Stufen: den Pfad des Sehens und den ununterbrochenen Pfad des Pfades der Meditation der ersten Bodhisattva Ebene. Auf dem Pfad des Sehens gibt der Bodhisattva die intellektuell gebildeten Verblendungen und das intellektuell gebildete Festhalten am Selbst auf, das angeborene Festhalten am Selbst muss aber immer noch überwunden werden. Angeborenes Festhalten am Selbst hat neun Stufen: groß-groß, mittel-groß, klein-groß, groß-mittel, mittel-mittel, klein-mittel, groß-klein, mittel-klein und klein-klein. Bodhisattvas auf dem Pfad des Sehens gehen in meditatives Gleichgewicht über Leerheit, um groß-großes angeborenes Festhalten am Selbst zu überwinden.

Wenn ihre Weisheit des meditativen Gleichgewichts kraftvoll genug ist, um als direktes Gegenmittel gegen groß-großes angeborenes Festhalten am Selbst zu wirken, hat sie sich in die Weisheit des meditativen Gleichgewichts des ununterbrochenen Pfades des Pfades der Meditation auf der ersten Ebene umgewandelt. Zu diesem Zeitpunkt erlangt der Bodhisattva den Mahayanapfad der Meditation. In der gleichen Sitzung gibt der Bodhisattva groß-großes angeborenes Festhalten am Selbst auf. Ist dieses Aufgeben erfolgt, hat der Bodhisattva den befreiten Pfad der zweiten Bodhisattva Ebene «Makellos» erlangt. Die guten Eigenschaften eines Bodhisattva auf dieser Ebene werden eintausend Mal vervielfacht. Diese Bodhisattvas erheben sich dann aus der Meditation und arbeiten, um anderen zu helfen. Später gehen sie wieder in die Meditation, um mittel-großes angeborenes Festhalten am Selbst zu beseitigen.

Wenn Bodhisattvas mittel-großes angeborenes Festhalten am Selbst beseitigt haben, gelangen sie zur dritten Bodhisattva

Ebene. Wenn sich Bodhisattvas auf der dritten Ebene aus der Meditation erheben, führen sie Handlungen aus, um anderen zu helfen und gehen dann wieder in die Meditation, um klein-großes angeborenes Festhalten am Selbst zu beseitigen. Wenn sie klein-großes angeborenes Festhalten am Selbst beseitigt haben, betreten sie die vierte Bodhisattva Ebene, und in den Meditationspausen fahren sie fort, für das Wohl anderer zu arbeiten. Dieser Vorgang geht nun so weiter und die Bodhisattvas beseitigen die nächsten drei Stufen von angeborenem Festhalten am Selbst. Ein Bodhisattva auf der siebten Bodhisattva Ebene geht, nachdem er außerhalb der Meditation für andere gearbeitet hat, wieder in die Meditation und gibt die letzten drei Stufen von angeborenem Festhalten am Selbst in einer einzigen Sitzung auf. Dadurch erlangt er die achte Bodhisattva Ebene.

Auf der achten Ebene haben Bodhisattvas jedes Festhalten am Selbst und alle Verblendungen überwunden, aber sie haben immer noch die Behinderungen zur Allwissenheit. Sie gehen wieder in die Meditation über Leerheit, und wenn sie die groben Behinderungen zur Allwissenheit aufgegeben haben, betreten sie die neunte Bodhisattva Ebene. Bodhisattvas auf der neunten Ebene gehen wieder in meditatives Gleichgewicht, beseitigen die subtilen Behinderungen zur Allwissenheit und betreten dadurch die zehnte Bodhisattva Ebene.

Wenn Bodhisattvas auf der zehnten Ebene in meditatives Gleichgewicht über Leerheit gehen, wird ihre Weisheit kraftvoll genug, um als direktes Gegenmittel gegen sehr subtile Behinderungen zur Allwissenheit zu wirken. Diese Konzentration wird «vajragleiche Konzentration des Pfades der Meditation» genannt oder auch «erhabene Weisheit des letzten Kontinuums», weil sie der letzte Moment des Geistes eines fühlenden Wesens ist. Im nächsten Moment wird der Bodhisattva ein Buddha. In einer einzigen Sitzung befreien sich Bodhisattvas von den sehr subtilen Behinderungen zur Allwissenheit und erreichen den letzten befreiten Pfad, den Mahayanapfad des Nicht-mehr-Lernens. Wenn dieser Pfad erreicht ist, ist der Bodhisattva ein Buddha geworden und hat die erhabene allwissende Weisheit erlangt. Zu diesem Zeitpunkt erlangt der Meditierende die vier Körper eines Buddha. Bodhisattvas auf der zehnten Ebene haben zahlreiche Emanationen, und wenn die Bodhisattvas Buddhaschaft erreichen, werden alle ihre Emanationen zu Buddhas und arbeiten für das Wohl aller fühlenden Wesen.

Die Vajrayanapfade

SCHULUNG IN DEN VAJRAYANAPFADEN

Wenn wir in diesem Leben erleuchtet werden wollen, müssen wir den Vajrayanapfad oder tantrischen Pfad betreten, weil nur im Vajrayana Methoden zur Erlangung der Buddhaschaft in einem einzigen Leben gelehrt werden. Es ist eine große Seltenheit, Unterweisungen im Vajrayana zu erhalten. Es heißt, dass von den eintausend Buddhas dieses glücklichen Äons nur drei das Vajrayana lehren, und einer dieser drei ist Buddha Shakyamuni. Außerdem bewegen sich die Lehren sehr schnell von einem Ort zum anderen. Jetzt, da wir die Gelegenheit haben sie zu bekommen und in die Praxis umzusetzen, sollten wir es auch tun, weil wir erkennen, wie selten es ist, dass wir solch wertvolle Unterweisungen erhalten.

Vajrayana bedeutet wörtlich «Vajrafahrzeug». «Vajra» bezieht sich auf die Nichtdualität von Methode und Weisheit, und «Fahrzeug» bezieht sich auf den spirituellen Pfad. Es ist der schnelle Pfad zur Erleuchtung, weil wir durch das Praktizieren des Vajrayana sowohl die Ansammlung von Verdiensten als auch die Ansammlung von Weisheit in einer Konzentration über Leerheit sammeln und dadurch alle Ursachen für den Formkörper und den Wahrheitskörper eines Buddha gleichzeitig erschaffen. Weil sowohl die Ansammlung von Verdiensten als auch von Weisheit in einer Konzentration angesammelt werden, heißt es, dass sie untrennbar wie ein Vajra sind. Diese Praxis der Konzentration wird nur im Vajrayana enthüllt.

Buddha lehrte vier Klassen von Tantra, entsprechend den verschiedenen Neigungen seiner Schüler. Es sind:

Kyabje Phabongkha Rinpoche

Trijang Rinpoche

Kelsang Gyatso Rinpoche

(1) Handlungstantra
(2) Ausführungstantra
(3) Yoga Tantra
(4) Höchstes Yoga Tantra

Das Handlungstantra wird so genannt, weil dieses Tantra im Wesentlichen äußere Handlungen betont. Das Ausführungstantra betont sowohl äußere als auch innere Handlungen. Das Yoga Tantra betont hauptsächlich innere Handlungen und das Höchste Yoga Tantra ist die höchste Klasse des Tantra.

Das Handlungstantra hat vier wichtige Urtexte: *Allgemeines Geheimes Tantra, Ausgezeichnetes Bildungstantra, Von Subahu erbetenes Tantra* und *Konzentrationskontinuumstantra*. Dazu gibt es viele Zweigtantras. Alle Handlungstantras sind in drei Überlieferungslinien enthalten: der Tathagata Überlieferung, der Lotos Überlieferung und der Vajra Überlieferung. Alle diese Überlieferungen bestehen aus weiteren Unterteilungen und werden in Texten wie Je Tsongkhapas *Große Darlegung der Stufen des Geheimen Mantra* beschrieben, wo die Praxis aller Tantras erklärt wird.

Verglichen mit dem Handlungstantra, gibt es weniger ins Tibetische übersetzte Texte des Ausführungstantra. Das wichtigste Tantra des Ausführungstantra ist das *Vairochana Bhisambodhitantra*. Daneben wurde nur *Zusammengefasstes Vairochana Tantra*, ein Zweig des oben genannten Tantra, und *Vajrapani Ermächtigungstantra* ins Tibetische übersetzt, obwohl es viele tibetische Kommentare zu diesen Tantras gibt.

Die Haupttantras des Yoga Tantra sind *Zusammenfassung des Dasheitstantra* und der Kommentar dazu, *Vajragipfel Erläuterungstantra*.

Höchstes Yoga Tantra besteht aus zwei Unterteilungen: Vater Tantra und Mutter Tantra. Vater Tantras, wie zum Beispiel das *Guhyasamaja Tantra*, betonen im Wesentlichen die Entwicklung des illusorischen Körpers. Die Mutter Tantras, wie zum Beispiel das *Heruka Tantra*, betonen hauptsächlich die Entwicklung des klaren Lichts. Nur im Höchsten Yoga Tantra findet man die vollständige Methode zur Erlangung der Erleuchtung in diesem kurzen Leben. Manche Praktizierende der drei niederen Tantras können ihre Lebenszeit verlängern, aber um Erleuchtung in einem Leben zu erlangen, müssen sie in die Praxis des Höchsten Yoga Tantra eintreten. Ohne sich auf Höchstes Yoga Tantra zu verlassen, ist es unmöglich, volle Erleuchtung zu erlangen.

Die Praxis des Höchsten Yoga Tantra ist sehr umfangreich, aber alle Übungen sind in fünf enthalten:

(1) Die Erzeugung eines besonderen Bodhichitta
(2) Das Empfangen einer Ermächtigung
(3) Die reine Einhaltung von Gelübden und Verpflichtungen
(4) Das Praktizieren der Yogas der Erzeugungsstufe
(5) Das Praktizieren der Yogas der Vollendungsstufe

Wenn wir den Vajrayanapfad oder das Geheime Mantra ohne Bodhichitta Motivation praktizieren, können wir die Erleuchtung nicht erlangen. Deshalb müssen wir, wollen wir Geheimes Mantra praktizieren, als erstes Erfahrungen in allen vorangehenden Stufen des Pfades, die zur Verwirklichung von Bodhichitta führen, erlangen. Bodhichitta gleicht dem äußeren Tor zum Geheimen Mantra und das Empfangen einer Ermächtigung gleicht dem inneren Tor. Deshalb werden jedes Mal die Bodhisattva Gelübde gewährt, bevor eine Ermächtigung erteilt wird. Wenn wir eine tantrische Ermächtigung erhalten, die uns die Befugnis gibt, die eigentliche Praxis auszuüben, legen wir eine Anzahl von Gelübden ab, wie zum Beispiel die Bodhisattva Gelübde und die tantrischen Gelübde, und gehen Verpflichtungen ein. Der spätere Erfolg unserer tantrischen Praxis hängt von der reinen Einhaltung dieser Gelübde und Verpflichtungen ab. So wie die Saat in einem Feld voller Steine und Unkraut nur schwer wachsen kann, so ist es schwierig für uns, die besonderen Verwirklichungen des Geheimen Mantra zu erlangen, wenn unsere moralische Disziplin unrein ist.

Diese ersten drei Teile der Praxis sind Vorbereitungen. Die eigentliche Praxis des Höchsten Yoga Tantra sind die Yogas der

Erzeugungsstufe und der Vollendungsstufe. Die Meditationen der Erzeugungsstufe sind Pfade, die zur Vollendungsstufe führen und die Verwirklichungen der Vollendungsstufe zur Reife bringen. Deshalb wird unsere Vollendungsstufenpraxis leicht vorankommen, wenn wir gut über die Erzeugungsstufe meditieren. Es sind die Yogas der Vollendungsstufe, die uns tatsächlich aus Samsara befreien und zur Buddhaschaft führen.

Um zu verstehen, wie die tantrische Praxis zur Buddhaschaft führt, müssen wir die Grundlage, den Pfad und das Ergebnis verstehen. Die Grundlage ist das zu reinigende Objekt, der Pfad ist das Mittel zur Reinigung und das Ergebnis ist die reine Wirkung. Die zu reinigende Grundlage ist Samsara, d.h. gewöhnlicher Tod, Zwischenzustand und Wiedergeburt. Normalerweise folgen diese aufeinander und verurteilen uns dadurch zu einer samsarischen Wiedergeburt nach der anderen. Durch die Praxis der Yogas der Erzeugungs- und Vollendungsstufe können wir diese reinigen und in die drei Körper eines Buddha umwandeln: den Wahrheitskörper, den Freudenkörper und den Emanationskörper. Die Yogas der Erzeugungsstufe reinigen indirekt gewöhnlichen Tod, Zwischenzustand und gewöhnliche Wiedergeburt. Die Yogas der Vollendungsstufe reinigen sie direkt.

Um die Verwirklichungen der Erzeugungsstufe zu erlangen, müssen wir die Erzeugungsstufenmeditation ausführen. Sie hat folgende drei Merkmale:

(1) Die drei Körper eines Buddha in den Pfad bringen
(2) Meditation über klare Erscheinung und göttlichen Stolz
(3) Gewöhnliche Erscheinungen und gewöhnliche Vorstellungen in Abhängigkeit von klarer Erscheinung und göttlichem Stolz überwinden

Punkt eins umfasst drei Yogas: den gewöhnlichen Tod in den Pfad des Wahrheitskörpers bringen, den gewöhnlichen Zwischenzustand in den Pfad des Freudenkörpers bringen und die gewöhnliche Wiedergeburt in den Pfad des Emanationskörpers bringen. Mit diesen Yogas erzeugen wir uns als Gottheit und üben uns dann mit Konzentration in klarer

Erscheinung und göttlichem Stolz. Durch die Schulung in klarer Erscheinung überwinden wir gewöhnliche Erscheinungen und durch die Schulung in göttlichem Stolz überwinden wir gewöhnliche Vorstellungen.

Die Sadhanas des Höchsten Yoga Tantra enthalten diese drei Formen der Praxis und andere untergeordnete Arten der Praxis, wie beispielsweise die Mantrarezitation. Alle drei Merkmale müssen vorhanden sein, damit eine Praxis tatsächlich eine Erzeugungsstufenpraxis ist. Die Erzeugung als Gottheit allein ist noch kein Yoga der Erzeugungsstufe. Selbst einige Nichtbuddhisten üben eine ähnlich Praxis aus: Sie erzeugen sich als Götter, wie zum Beispiel Ishvara. Die Yogas der Erzeugungsstufe werden ausführlicher in *Mahamudra Tantra, Führer ins Dakiniland* und *Essenz des Vajrayana* erklärt.

Die Hauptfunktion der Yogas der Erzeugungs- und Vollendungsstufe ist die Reinigung von gewöhnlichem Tod, gewöhnlichem Zwischenzustand und gewöhnlicher Wiedergeburt sowie deren Umwandlung in die drei Körper eines Buddha. Die Yogas der Erzeugungsstufe reinigen sie indirekt, während die Yogas der Vollendungsstufe sie direkt reinigen. Gewöhnlicher Tod, gewöhnlicher Zwischenzustand und gewöhnliche Wiedergeburt folgen unerbittlich aufeinander wie ein sich drehendes Rad und halten die gewöhnlichen Wesen in Samsara gefangen. Im Geheimen Mantra nennt man gewöhnlichen Tod, gewöhnlichen Zwischenzustand und gewöhnliche Wiedergeburt die drei Basiskörper. Der gewöhnliche Tod heißt Basiswahrheitskörper. Er ist nicht der wirkliche Wahrheitskörper, aber er ist die Basis des Wahrheitskörpers. Ebenso heißt der gewöhnliche Zwischenzustand Basisfreudenkörper, weil er die Basis des Freudenkörpers ist. Und die gewöhnliche Wiedergeburt heißt Basisemanationskörper, weil sie die Basis des Emanationskörpers ist. Diese drei Basiskörper sind die zu reinigende Grundlage im Geheimen Mantra.

In der Vollendungsstufe gibt es drei entsprechende Pfadkörper. Die zwei Stufen des Vollendungsstufenyogas von klarem Licht – endgültiges beispielklares Licht und sinnklares Licht – werden die Pfadwahrheitskörper genannt. Diese zwei klaren Lichte reinigen direkt den gewöhnlichen Tod. Mit der Erlangung von endgültigem beispielklarem Licht des isolierten Geistes wird der Meditierende zuerst frei von gewöhnlichem Tod. Der unreine illusorische Körper und der reine illusorische Körper heißen Pfadfreudenkörper und reinigen direkt den gewöhnlichen Zwischenzustand. Die groben physischen Gottheitskörper derjenigen, die entweder den unreinen oder den reinen illusorischen Körper erlangt haben, heißen Pfademanationskörper und reinigen direkt die gewöhnliche Wiedergeburt. Die Praxis von klarem Licht, illusorischem Körper und grobem Gottheitskörper sind die Hauptyogas der Vollendungsstufe. Genauer betrachtet, hat die Vollendungsstufe fünf Hauptstufen, die Je Tsongkhapa ausführlich in *Klare Lampe der fünf Stufen* erklärt. Eine weitere Erläuterung der fünf Stufen kann in *Das klare Licht der Glückseligkeit* und *Tantrische Ebenen und Pfade* gefunden werden.

Die drei Pfadkörper reinigen direkt den gewöhnlichen Tod, den gewöhnlichen Zwischenzustand und die gewöhnliche Wiedergeburt. Danach erlangen wir die drei resultierenden Körper eines Buddha: den Emanationskörper, den Freudenkörper und den Wahrheitskörper. Die eigentliche Frucht der Praxis des Geheimen Mantra ist das Erlangen dieser drei resultierenden Körper, die in Abhängigkeit von der Vollendungsstufenpraxis vollendet werden. Und diese wiederum hängt von der Erlangung der Verwirklichungen der Erzeugungsstufe ab.

Die Buddhaschaft kann nicht erlangt werden, ohne dass man sich auf die Yogas der Erzeugungs- und Vollendungsstufe verlässt. Sie sind der schnelle Pfad, den Buddha in seinen tantrischen Schriften lehrte und keine neuen Erfindungen. Ein authentisches Tantra ist ein Tantra, das von Buddha selbst gelehrt wurde. Alle maßgeblichen Tantras wurden von den buddhistischen Mahasiddhas, wie zum Beispiel Saraha, Nagarjuna und Tilopa, praktiziert. Die Mahasiddhas erklärten die zwei tantrischen Stufen in ihren Schriften und enthüllten, was sie selbst erfahren hatten. Zudem gibt Je Tsongkhapa in *Große Darlegung der Stufen des Geheimen Mantra* ausführliche Erklärungen der vier Klassen des Tantra. Alles, was er schreibt, ist in den Tantras aufgeführt, die Buddha lehrte. Je Tsongkhapa zitiert die Worte Buddhas und alles, was er in seinem Kommentar schreibt, belegt er mit Originalquellen aus den Schriften.

Wir sollten uns mit dem Leben und Werk Je Tsongkhapas vertraut machen und Vertrauen in ihn entwickeln. Er wird hier nicht gelobt, weil er der Gründer der Gelug Tradition ist, sondern wegen seiner hervorragenden Leistungen. Würden wir seine Werke studieren, wären wir überrascht, von welcher Klarheit und Schönheit sie sind. Wir würden verstehen, dass dies die Werke eines verwirklichten Meisters sind, der ehrlich und aufrichtig über seine eigenen Erfahrungen berichtet. Es heißt, dass die Unterweisungen Je Tsongkhapas zwei besondere Eigenschaften aufweisen: Die Unterweisungen des Geheimen Mantra enthüllen den Sinn der Tantras fehlerfrei und klarer als andere Werke, und die besondere Art der Darlegung der tiefgründigen Sicht kann nirgendwo sonst gefunden werden. Zu dieser Überzeugung gelangen wir nicht durch Zuhören. Diese besonderen Eigenschaften können wir nur durch Studium und Praxis verstehen.

Die volle Erleuchtung

DAS ENDGÜLTIGE ERGEBNIS, DIE VOLLE ERLEUCHTUNG

Jedes Wesen, das frei von den zwei Behinderungen geworden ist, die die Wurzel aller Fehler sind, hat volle Erleuchtung erlangt. Unsere eigenen Erfahrungen lehren uns, dass auch wir alle Fehler aufgeben und ein Buddha werden können. Manchmal sind unsere Fehler groß und zahlreich, dann wieder sind sie klein und es sind wenige. Da sogar ohne Bemühen unsere Fehler und Verblendungen manchmal weniger werden, zeigt dies, dass wir sie mit Bemühen sicherlich vollständig aufgeben können.

Wie schon erklärt, gibt es zwei Arten von Behinderungen: Verblendungsbehinderungen und Behinderungen zur Allwissenheit. Letztere verhindern, dass wir alle Objekte direkt und gleichzeitig erkennen, d.h. dass wir den allwissenden Geist eines Buddha erlangen. Da die Verblendungen – die Behinderungen, die Befreiung verhindern – vermindert und beseitigt werden können, folgt, dass auch die Prägungen der Verblendungen – die Behinderungen, die Allwissenheit verhindern – vollständig aufgegeben werden können. Damit dies geschieht, müssen wir uns jedoch bemühen und die Methoden anwenden, die unseren Geist auf allen Stufen von Sutra und Tantra schulen. Wenn wir uns bemühen, unseren Geist in allen Methoden zu schulen, die erklärt wurden, wird unser Geist in den allwissenden Geist eines Buddha umgewandelt.

Buddha Shakyamuni sagte:

> Verwirklichst du deinen eigenen Geist, wirst du ein Buddha werden. Du solltest Buddhaschaft nirgendwo anders suchen.

Unseren eigenen Geist zu verwirklichen bedeutet hier, unseren eigenen Geist als rein und frei von den zwei Behinderungen zu erfahren.

Wenn wir die volle Erleuchtung erlangen, erlangen wir die vier Körper eines Buddha. Wie schon erklärt, ist der Hauptkörper eines Buddha der Wahrheitskörper, der zwei Arten hat: den Weisheits-Wahrheitskörper und den Naturkörper. Der Weisheits-Wahrheitskörper ist der allwissende Geist eines Buddha und der Naturkörper ist die endgültige Natur des Geistes eines Buddha, der frei von den zwei Behinderungen ist. Die anderen zwei Körper eines Buddha, der Freudenkörper und der Emanationskörper, bilden zusammen den Formkörper. Der subtilere dieser beiden Körper ist der Freudenkörper.

Wenn sich Buddhas nur als Wahrheitskörper zeigen würden, würde das anderen Wesen nicht helfen, denn nur Buddhas können den Wahrheitskörper wahrnehmen. Deshalb manifestieren Buddhas aus dem Wahrheitskörper einen Freudenkörper. Und da nur höhere Bodhisattvas diesen wahrnehmen können, manifestieren sie aus dem Freudenkörper Emanationskörper. Den erhabenen Emanationskörper können nur Wesen mit reinem Karma sehen. Für Menschen mit unreinem Karma manifestieren sich Buddhas als gewöhnliche Wesen. Um anderen zu helfen, können Buddhas jeden Aspekt, sei er buddhistisch oder nichtbuddhistisch, und jede Form, ob belebt oder unbelebt, annehmen. Da der Geist derjenigen, die sie wahrnehmen, durch Unwissenheit behindert ist, ahnen diese nicht, dass die gewöhnlich aussehenden Formen die Emanationskörper von Buddhas sind. Tatsächlich ist es sehr schwierig für uns zu erkennen, wer eine Emanation Buddhas ist. Der einzige Mensch, von dem wir mit Sicherheit sagen können, dass er kein Buddha ist, sind wir selbst. Buddha sagte: «Jemand wie ich erkennt die Menschen, aber andere können es nicht.» Er meint damit, dass jemand, der ein Buddha ist, erkennen kann, ob ein anderer Buddha ist oder nicht, aber andere, die keine Buddhas sind, können dies nicht.

Der Körper eines Buddha hat viele wunderbare, gute Eigenschaften, wie beispielsweise frei zu sein von Geburt, Altern,

Krankheit und Tod. Er ist unveränderlich, ein Vajrakörper. Es heißt, dass der Körper eines Buddha den Dharma verstehen und ihn darlegen kann und dass Vorträge von der Scheitelerhebung eines Buddha gegeben wurden. Ebenso ist die Rede eines Buddha nicht zu vergleichen mit der Rede gewöhnlicher Wesen. Ihre Lautstärke ändert sich nicht, gleichgültig, wie nah oder entfernt ein Zuhörer auch sein mag, und was immer ein Buddha sagt, der Zuhörer versteht es in seiner eigenen Sprache. Allein schon durch das Hören der Rede eines Buddha werden Verblendungen im Geist aller, die zuhören, besänftigt. Die Rede Buddhas kann den Dharma darlegen, der von anderen nicht dargelegt werden kann, und somit befreit sie die Lebewesen aus Samsara. Unsere Befreiung und die volle Erleuchtung hängen von der Rede Buddhas ab, denn wenn Buddha den Dharma nicht gelehrt hätte, gäbe es keine Methode, die uns aus Samsara befreien könnte. Indem wir den Worten Buddhas zuhören, über sie nachdenken und meditieren, werden wir alle guten Eigenschaften und Verwirklichungen erlangen.

Die außerordentlichen Eigenschaften des Geistes eines Buddha werden in den Schriften als die zehn Kräfte, die achtzehn ungeteilten Eigenschaften, die vier Furchtlosigkeiten und die vier richtigen, spezifischen Erkenner zusammengefasst.

Die zehn Kräfte eines Buddha sind:

(1) Die Kraft, die Quellen und Nichtquellen zu kennen. Ein Buddha erkennt direkt alle Ursachen und ihre Wirkungen.

(2) Die Kraft, die volle Reifung der Handlungen zu kennen. Ein Buddha erkennt direkt alle Handlungen und ihre Wirkungen.

(3) Die Kraft, all die verschiedenen Wünsche zu kennen. Buddhas erkennen direkt jeden einzelnen Wunsch eines jeden fühlenden Wesens.

(4) Die Kraft, die verschiedenen Elemente zu kennen. Ein Buddha erkennt direkt alle groben und subtilen Elemente.

(5) Die Kraft, die erhabenen und nicht erhabenen Kräfte zu kennen. Ein Buddha erkennt direkt alle Kräfte und wie sie sich gegenseitig unterstützen.
(6) Die Kraft, alle Pfade zu kennen, die zu Samsara und Alleinigem Frieden führen. Ein Buddha erkennt direkt alle richtigen und falschen Pfade.
(7) Die Kraft, geistige Stabilisierungen, Konzentrationen der vollkommenen Befreiung, Konzentrationen, Versenkungen und so weiter zu kennen. Ein Buddha erkennt direkt alle Konzentrationen.
(8) Die Kraft, frühere Leben zu kennen. Ein Buddha erkennt direkt alle früheren Wiedergeburten sämtlicher fühlender Wesen.
(9) Die Kraft, Tod und Wiedergeburt zu kennen. Ein Buddha erkennt direkt den gesamten Vorgang von Tod und Wiedergeburt eines jeden fühlenden Wesens.
(10) Die Kraft, die Beendigung von Verunreinigungen zu kennen. Ein Buddha erkennt direkt die drei Arten der Erleuchtung: die Erleuchtung eines Hörers, die Erleuchtung eines Alleinigen Verwirklichers und die Erleuchtung eines Buddha.

Die achtzehn ungeteilten Eigenschaften eines Buddha sind die sechs ungeteilten Handlungen, die sechs ungeteilten Verwirklichungen, die drei ungeteilten Taten und die drei ungeteilten erhabenen Gewahrseinsarten. Sie heißen ungeteilt, weil fühlende Wesen sie nicht haben. Es sind außergewöhnliche Eigenschaften, die nur Buddhas haben.

(1) Sie haben keine fehlerhaften Handlungen des Körpers
(2) Sie haben keine fehlerhaften Handlungen der Rede
(3) Sie haben keine fehlerhaften Handlungen des Geistes. Buddhas haben vollkommene Achtsamkeit
(4) Sie haben keinen Geist, der nicht in meditativem Gleichgewicht ist. Nur Buddhas können sich gleichzeitig in meditativem Gleichgewicht und nachfolgender Erlangung befinden

(5) Sie haben keine Begrifflichkeit
(6) Sie haben keine Neutralität. Alle Handlungen der Buddhas sind tugendhaft, niemals negativ oder neutral. Sie betrachten alle Wesen als ihre Kinder. Sie betrachten sie mit vollkommenem Gleichmut, vollkommenem Mitgefühl und vollkommener Liebe, und niemand ist ihnen gleichgültig
(7) Sie sind frei von der Degeneration des Bestrebens
(8) Sie sind frei von der Degeneration des Bemühens
(9) Sie sind frei von der Degeneration der Achtsamkeit
(10) Sie sind frei von der Degeneration der Konzentration
(11) Sie sind frei von der Degeneration der Weisheit
(12) Sie sind frei von der Degeneration der vollkommenen Befreiung
(13) Den Handlungen des Körpers geht erhabene Achtsamkeit voraus und folgt darauf, und damit sind sie vollkommen rein und grenzenlos
(14) Den Handlungen der Rede geht erhabene Achtsamkeit voraus und folgt darauf, und damit sind sie vollkommen rein und grenzenlos
(15) Den Handlungen des Geistes geht erhabene Achtsamkeit voraus und folgt darauf, und damit sind sie vollkommen rein und grenzenlos
(16) Ihre ungehinderte, erhabene Weisheit erkennt die gesamte Vergangenheit direkt und ohne Behinderung
(17) Ihre erhabene Weisheit erkennt die gesamte Zukunft direkt und ohne Behinderung
(18) Ihre erhabene Weisheit erkennt die gesamte Gegenwart direkt und ohne Behinderung

Die vier Furchtlosigkeiten eines Buddha sind:

(1) Die Furchtlosigkeit, den Dharma der Entsagung zu offenbaren
(2) Die Furchtlosigkeit, den Dharma der Überwindung von Behinderungen zu offenbaren
(3) Die Furchtlosigkeit, den Dharma ausgezeichneten Aufgebens zu offenbaren

(4) Die Furchtlosigkeit, den Dharma ausgezeichneter Verwirklichungen zu offenbaren

Die vier richtigen, spezifischen Erkenner eines Buddha sind:

(1) Richtige Erkenner spezifischer Phänomene
(2) Richtige Erkenner spezifischer Bedeutungen
(3) Richtige Erkenner spezifischer, bestimmter Wörter
(4) Richtige Erkenner spezifischer Zuversicht

Sogar sehr hoch verwirklichte Bodhisattvas können die guten Eigenschaften des Geistes eines Buddha nur unvollkommen wiedergeben. Ein Vogel, der hoch am Himmel fliegt, muss schließlich wieder irgendwo landen, gleichgültig, wie weit er auch geflogen sein mag. Nicht etwa, weil der Vogel das Ende des Raumes erreicht hätte, sondern weil er keine Kraft zum Fliegen mehr hat. Der Raum ist riesig und ohne Ende. Die Kraft des Vogels ist daher erschöpft, bevor er den Raum durchquert hat. Die guten Eigenschaften eines Buddha sind wie der Raum und unser Verständnis gleicht diesem Vogel. Würden wir versuchen, alle guten Eigenschaften eines Buddha zu beschreiben, wären unsere Weisheit und unser Geschick am Ende, bevor wir mit der Beschreibung fertig sind. Sie entziehen sich unserer Vorstellungskraft.

DIE SCHULUNG IN DEN VIER ARTEN DES ANSAMMELNS, UM DAS GEISTESKONTINUUM ANDERER ZUR REIFE ZU BRINGEN

Der wichtigste Grund, warum sich Bodhisattvas in den sechs Vollkommenheiten schulen und damit ihr eigenes geistiges Kontinuum zur Reife bringen, ist, dass sie allen Lebewesen helfen wollen. Im Allgemeinen gibt es zahllose Arten, wie man anderen in Übereinstimmung mit ihrem Bestreben helfen kann. Doch es gibt vier wesentliche Arten. Sie werden die «vier Arten des Ansammelns» genannt:

(1) Anderen Freude bereiten, indem man materielle Dinge, oder was gerade benötigt wird, gibt.

(2) Dharma lehren, um andere zur Befreiung zu führen.
(3) Anderen durch Ermutigung in ihrer Dharma Praxis helfen.
(4) Ein gutes Beispiel zeigen, indem wir immer praktizieren, was wir lehren.

Auf diese Weise sammeln Bodhisattvas viele Schüler um sich und führen sie auf den spirituellen Pfad. Haben wir einmal die Bodhisattva Gelübde abgelegt, dürfen wir niemals wieder die Absicht verlieren, anderen zu helfen. Wir müssen uns ständig überlegen, wie wir anderen helfen können. Und um ihnen von größtmöglichem Nutzen zu sein, müssen wir beständig volle Erleuchtung erlangen wollen. Wir erlangen das endgültige Ergebnis, die volle Erleuchtung, indem wir den Geist in allen Stufen des Pfades schulen, wie es erklärt wurde. Wenn wir zudem eine Einweihung in die Praxis des Höchsten Yoga Tantra erhalten, unsere Gelübde und Verpflichtungen rein einhalten und die Yogas der Erzeugungs- und Vollendungsstufe aufrichtig praktizieren, werden wir volle Erleuchtung noch in diesem Leben erlangen.

Zusammenfassend gesagt, hängt unsere Erlangung der vollen Erleuchtung von unserer Praxis der Stufen des Pfades des Geheimen Mantra ab, unsere Praxis der Stufen des Pfades des Geheimen Mantra hängt von der Praxis der Stufen des Pfades von Sutra ab, und unsere Praxis der Stufen des Pfades von Sutra hängt von unserem innigen Verlassen auf unseren spirituellen Meister, dem Ursprung des Pfades, ab.

Widmung

Mögen durch die Tugenden, die ich durch das Lesen, Überdenken und Praktizieren dieser Anleitungen angesammelt habe, alle Lebewesen die Gelegenheit finden, die Stufen des Pfades zu praktizieren.

Mögen alle Lebewesen große Weisheit wie Manjushri, großes Mitgefühl wie Avalokiteshvara und große Kraft wie Vajrapani entwickeln, und mögen alle die große Erleuchtung Buddha Shakyamunis erlangen.

Anhang I
Die zusammengefasste Bedeutung des Textes

Die zusammengefasste Bedeutung des Textes

Die Unterweisungen über die Stufen des Pfades zur Erleuchtung, Lamrim hat vier Teile:

1. Die Erklärung der herausragenden Qualitäten des Autors, die zeigen, dass die Unterweisungen des Lamrim authentisch sind
2. Die Erklärung der herausragenden Qualitäten des Lamrim, um Vertrauen und Respekt für die Lamrim Unterweisungen zu wecken
3. Die Erklärung, wie man Dharma hört und lehrt
4. Die Erklärung der eigentlichen Anleitungen der Stufen des Pfades zur Erleuchtung

Die Erklärung der herausragenden Qualitäten des Autors, die zeigen, dass die Unterweisungen des Lamrim authentisch sind hat drei Teile:

1. Atishas Geburt in eine königliche Familie und seine frühen Jahre
2. Atishas Erlangung von Wissen und spirituellen Verwirklichungen
3. Atishas Werk der Verbreitung des Buddhadharma in Indien und Tibet

Die Erklärung der herausragenden Qualitäten des Lamrim, um Vertrauen und Respekt für die Lamrim Unterweisungen zu wecken hat zwei Teile:

1. Die herausragenden Eigenschaften des Lamrim
2. Die herausragenden Merkmale des Lamrim

Die herausragenden Eigenschaften des Lamrim hat drei Teile:

1. Die Lamrim Unterweisung ist die Zusammenfassung des gesamten Buddhadharma

2. Die Anleitungen des Lamrim sind leicht in die Praxis umzusetzen
3. Die Darlegung der Anleitungen des Lamrim ist anderen Traditionen überlegen

Die herausragenden Merkmale des Lamrim hat vier Teile:

1. Wir werden verstehen, dass sich Buddhas Lehren nicht widersprechen
2. Wir werden alle Lehren Buddhas als persönlichen Ratschlag betrachten und in die Praxis umsetzen
3. Wir werden Buddhas endgültige Absicht leicht verwirklichen
4. Wir werden ganz natürlich frei vom großen Fehler und allen anderen Fehlern werden

Die Erklärung, wie man Dharma hört und lehrt hat drei Teile:

1. Wie man Dharma hört
2. Wie man Dharma lehrt
3. Der Abschluss, der für Lehrer und Schüler gemeinsam gilt

Wie man Dharma hört hat drei Teile:

1. Über die Vorteile nachdenken, Dharma zu hören
2. Respekt für Dharma und seinen Lehrer entwickeln
3. Die eigentliche Methode, Dharma zu hören

Die eigentliche Methode, Dharma zu hören hat zwei Teile:

1. Das Aufgeben von drei Fehlern
2. Das Entwickeln von sechs Erkenntnissen

Das Aufgeben von drei Fehlern hat drei Teile:

1. Der Fehler, wie ein umgedrehter Topf zu sein
2. Der Fehler, wie ein schlecht riechender Topf zu sein
3. Der Fehler, wie ein undichter Topf zu sein

Das Entwickeln von sechs Erkenntnissen hat sechs Teile:

1. Wir sollten uns selbst als krank betrachten, weil wir an begehrender Anhaftung, Hass, Unwissenheit und anderen geistigen Krankheiten leiden
2. Wir sollten Dharma als erhabene Medizin gegen unsere geistige Krankheit betrachten

3. Wir sollten unseren Dharmalehrer als erhabenen Arzt betrachten
4. Wir sollten das Umsetzen des Dharma in die Praxis als die Methode betrachten, die uns von unserer geistigen Krankheit heilt
5. Wir sollten Vertrauen in Buddha Shakyamuni als heiliges Wesen entwickeln, auf das vollkommen Verlass ist
6. Wir sollten einen starken Wunsch entwickeln, dass Dharma für lange Zeit erblüht und bestehen bleibt

Wie man Dharma lehrt hat vier Teile:

1. Das Nachdenken über die Vorteile, Dharma zu lehren
2. Das Vergrößern des Vertrauens und Respektes für Dharma und seinen Lehrer
3. Die zu fördernden Einstellungen und das Verhalten während man Dharma lehrt
4. Erkennen, wer unterrichtet und wer nicht unterrichtet werden sollte

Die Erklärung der eigentlichen Anleitungen der Stufen des Pfades zur Erleuchtung hat zwei Teile:

1. Wie man sich auf einen spirituellen Meister verlässt: der Ursprung spiritueller Pfade
2. Wie wir die Essenz unseres menschlichen Lebens gewinnen

Wie man sich auf einen spirituellen Meister verlässt: der Ursprung spiritueller Pfade hat zwei Teile:

1. Wie der Geist während der Meditationssitzung geschult wird
2. Wie der Geist während der Meditationspause geschult wird

Wie der Geist während der Meditationssitzung geschult wird hat drei Teile:

1. Die Vorbereitung auf die Meditation
2. Die eigentliche Meditation
3. Der Abschluss der Meditation

Die Vorbereitung auf die Meditation hat sechs Teile:

1. Die Reinigung des Meditationsraumes und das Errichten eines Altars mit Darstellungen von Buddhas Körper, Rede und Geist
2. Das Aufstellen geeigneter Darbringungen
3. Das Sitzen in der richtigen Meditationshaltung, die Zufluchtnahme und das Erzeugen und Verstärken des Bodhichitta
4. Das Feld für die Ansammlung von Verdiensten visualisieren
5. Das Ansammeln von Verdiensten und das Reinigen von Negativität durch das Darbringen der siebengliedrigen Praxis und des Mandalas
6. Das Feld für die Ansammlung von Verdiensten im Allgemeinen und die Gurus der Lamrim Überlieferungslinie im Besonderen um ihre Segnungen bitten

Die eigentliche Meditation hat zwei Teile:

1. Die Qualifikationen eines spirituellen Meisters und eines Schülers des Mahayana
2. Die eigentliche Meditation, uns auf unseren spirituellen Meister zu verlassen

Die eigentliche Meditation, uns auf unseren spirituellen Meister zu verlassen hat vier Teile:

1. Die Vorteile, uns vollkommen auf unseren spirituellen Meister zu verlassen
2. Die Gefahren, unsere Verpflichtung gegenüber unserem spirituellen Meister zu brechen
3. Wie wir uns auf unseren spirituellen Meister verlassen, indem wir Vertrauen und Respekt entwickeln
4. Wie wir uns auf unseren spirituellen Meister durch Handlungen des Dienens und der Hingabe verlassen

Die Vorteile, uns vollkommen auf unseren spirituellen Meister zu verlassen hat acht Teile:

1. Wir machen Fortschritte auf dem Weg zur Erleuchtung
2. Wir erfreuen alle Buddhas
3. Weder Dämonen noch andere bösartige Einflüsse können uns schaden

4. Wir überwinden mit Leichtigkeit unsere Fehler und Verblendungen
5. Unsere Erfahrungen und Verwirklichungen der spirituellen Ebenen und Pfade nehmen außerordentlich stark zu
6. In allen unseren zukünftigen Leben werden uns niemals spirituelle Freunde fehlen
7. Wir werden nicht in den niederen Bereichen wiedergeboren
8. Alle unsere vorübergehenden und endgültigen Wünsche werden mit Leichtigkeit erfüllt

Die Gefahren, unsere Verpflichtung gegenüber unserem spirituellen Meister zu brechen hat acht Teile:

1. Wenn wir unseren spirituellen Meister verlassen oder verachten, wird diese Handlung die gleiche Auswirkung haben, als ob wir alle Buddhas verlassen oder verachten würden, weil unser spiritueller Meister eine Emanation aller Buddhas ist.
2. Jeder Moment der Wut, der in unserem Geist gegenüber unserem spirituellen Meister entsteht, zerstört das gesamte gute Karma, das wir in einem Äon erschaffen können, und schafft die Ursache dafür, dass wir für ein ganzes Äon in der Hölle wiedergeboren werden.
3. Selbst wenn wir Geheimes Mantra für Äonen praktizieren, wird es unmöglich für uns sein, Verwirklichungen zu erlangen, wenn wir unseren spirituellen Meister aufgegeben haben.
4. Praktizieren wir Geheimes Mantra mit einem kritischen oder wütenden Geist gegenüber unserem spirituellen Meister, wird es zur Ursache für eine Wiedergeburt in der Hölle.
5. Es wird unmöglich sein, neue Verwirklichungen zu erlangen, und die Verwirklichungen, die wir bereits erlangt haben, werden degenerieren.
6. Wir werden von Unglück wie Krankheit, Angst und Besessenheit durch böse Geister geplagt sein.
7. Wir werden wiederholt in den niederen Bereichen wiedergeboren werden.

8. In vielen zukünftigen Leben werden wir keinem gut qualifizierten spirituellen Meister begegnen, wir werden ohne Dharma sein und wann immer wir spirituellen Meistern begegnen, wird uns weiterhin Vertrauen und Respekt fehlen.

Wie wir uns auf unseren spirituellen Meister verlassen, indem wir Vertrauen und Respekt entwickeln hat zwei Teile:

1. Wie man das Vertrauen entwickelt, dass unser spiritueller Meister ein Buddha ist, was der Ursprung aller Erlangungen ist
2. Wie wir durch die Erinnerung an die Güte unseres spirituellen Meisters Respekt entwickeln

Wie man das Vertrauen entwickelt, dass unser spiritueller Meister ein Buddha ist, was der Ursprung aller Erlangungen ist hat drei Teile:

1. Warum es notwendig ist, unseren spirituellen Meister als Buddha zu betrachten
2. Wie es möglich ist, unseren spirituellen Meister als Buddha zu betrachten
3. Wie die Überzeugung entwickelt wird, dass unser spiritueller Meister ein Buddha ist

Wie die Überzeugung entwickelt wird, dass unser spiritueller Meister ein Buddha ist hat vier Teile:

1. Buddha Vajradhara sagte, dass spirituelle Meister Buddhas sind
2. Unser spiritueller Meister führt die erleuchteten Handlungen eines Buddha aus
3. In diesen degenerierten Zeiten arbeiten Buddhas weiterhin zum Wohle aller Lebewesen
4. Erscheinungen sind täuschend und unsere eigenen Meinungen sind nicht verlässlich

Wie wir durch die Erinnerung an die Güte unseres spirituellen Meisters Respekt entwickeln hat zwei Teile:

1. Bedenken, dass unser spiritueller Meister gütiger als alle Buddhas ist
2. Bedenken, dass unser spiritueller Meister sogar gütiger als Buddha Shakyamuni ist

Wie wir uns auf unseren spirituellen Meister durch Handlungen des Dienens und der Hingabe verlassen hat vier Teile:

1. Handlungen körperlichen oder sprachlichen Respektes darbringen, wie Verbeugungen oder Lobpreis
2. Materielle Dinge darbringen
3. Dienste darbringen
4. Unsere eigene Dharma Praxis darbringen

Wie wir die Essenz unseres menschlichen Lebens gewinnen hat zwei Teile:

1. Wie wir den Entschluss entwickeln, die Essenz unseres kostbaren menschlichen Lebens zu gewinnen
2. Die Schulung des Geistes in den eigentlichen Methoden, mit denen wir die Essenz unseres kostbaren menschlichen Lebens gewinnen

Wie wir den Entschluss entwickeln, die Essenz unseres kostbaren menschlichen Lebens zu gewinnen hat drei Teile:

1. Die Erkenntnis, dass wir jetzt ein kostbares menschliches Leben haben
2. Die Meditation über den großen Wert unseres kostbaren menschlichen Lebens
3. Die Meditation über die große Seltenheit unseres kostbaren menschlichen Lebens

Die Erkenntnis, dass wir jetzt ein kostbares menschliches Leben haben hat zwei Teile:

1. Die acht Freiheiten
2. Die zehn Ausstattungen

Die acht Freiheiten hat acht Teile:

1. Freiheit von einer Geburt als Höllenwesen
2. Freiheit von einer Geburt als hungriger Geist
3. Freiheit von einer Geburt als Tier
4. Freiheit von einer Geburt als gewöhnlicher Gott
5. Freiheit von einer Geburt und einem Dasein in einem Land, in dem es keine Religion gibt
6. Freiheit von einer Geburt und einem Dasein in einem Land, in dem es keinen Buddhadharma gibt

7. Freiheit von einer Geburt und einem Dasein mit geistigen oder körperlichen Behinderungen
8. Freiheit von falschen Sichtweisen, die Dharma verneinen

Die zehn Ausstattungen hat zehn Teile:

1. Als Mensch geboren zu sein
2. Als Mensch in einem Land geboren zu sein, in dem Dharma blüht, und dort zu leben
3. Mit vollständigen Kräften und ohne geistige und körperliche Behinderungen geboren zu werden und leben zu können
4. Keine der fünf Handlungen sofortiger Vergeltung begangen zu haben
5. Vertrauen in die drei Gruppen der Lehren Buddhas zu haben
6. Eine menschliche Wiedergeburt in einer Welt zu erlangen, in der Buddha erschienen ist
7. Eine menschliche Wiedergeburt in einer Welt zu erlangen, in der Buddha Dharma gelehrt hat
8. Eine menschliche Wiedergeburt in einer Welt zu erlangen, in der immer noch reiner Dharma gelehrt wird
9. Eine menschliche Wiedergeburt in einer Welt zu erlangen, in der es Menschen gibt, die reinen Dharma praktizieren
10. Eine menschliche Wiedergeburt in einer Welt zu erlangen, in der es Gönner und Förderer von Dharma Praktizierenden gibt

Die Meditation über den großen Wert unseres kostbaren menschlichen Lebens hat drei Teile:

1. Der große Wert unseres kostbaren menschlichen Lebens aus der Sicht unseres vorübergehenden Zieles
2. Der große Wert unseres kostbaren menschlichen Lebens aus der Sicht unseres endgültigen Zieles
3. Der große Wert jeden Moments unseres kostbaren menschlichen Lebens

Die Meditation über die große Seltenheit unseres kostbaren menschlichen Lebens hat drei Teile:

1. Wie wir die Seltenheit unseres kostbaren menschlichen Lebens in Bezug auf seine Ursache erkennen
2. Wie wir die Seltenheit unseres kostbaren menschlichen Lebens durch einen Vergleich erkennen
3. Wie wir die Seltenheit unseres kostbaren menschlichen Lebens zahlenmäßig erkennen

Die Schulung des Geistes in den eigentlichen Methoden, mit denen wir die Essenz unseres kostbaren menschlichen Lebens gewinnen hat drei Teile:

1. Die Schulung des Geistes in den Stufen des Pfades einer Person anfänglicher Ausrichtung
2. Die Schulung des Geistes in den Stufen des Pfades einer Person mittlerer Ausrichtung
3. Die Schulung des Geistes in den Stufen des Pfades einer Person großer Ausrichtung

Die Schulung des Geistes in den Stufen des Pfades einer Person anfänglicher Ausrichtung hat zwei Teile:

1. Die Entwicklung des Bestrebens, in zukünftigen Leben das Glück höherer Existenzzustände zu erfahren
2. Die eigentlichen Methoden, das Glück höherer Existenzzustände in zukünftigen Leben zu erlangen

Die Entwicklung des Bestrebens, in zukünftigen Leben das Glück höherer Existenzzustände zu erfahren hat zwei Teile:

1. Die Meditation über den Tod
2. Die Meditation über die Leiden der niederen Bereiche

Die Meditation über den Tod hat drei Teile:

1. Über die Gefahren nachdenken, den Tod zu vergessen
2. Über die Vorteile nachdenken, in Bezug auf den Tod achtsam zu bleiben
3. Die eigentliche Meditation über den Tod

Über die Gefahren nachdenken, den Tod zu vergessen hat sechs Teile:

1. Wir werden Dharma leicht vergessen
2. Selbst wenn wir Dharma nicht vergessen, werden wir ihn kaum in die Praxis umsetzen
3. Selbst wenn wir Dharma nicht vergessen und ihn in die Praxis umsetzen, wird unsere Praxis nicht rein sein
4. Selbst wenn wir Dharma nicht vergessen und ihn rein in die Praxis umsetzen, wird uns anhaltendes Bemühen in unserer Praxis fehlen
5. Wir werden weiterhin nichttugendhafte Handlungen ausführen
6. Wir werden voller Bedauern sterben

Über die Vorteile nachdenken, in Bezug auf den Tod achtsam zu bleiben hat sechs Teile:

1. Wir praktizieren Dharma aufrichtig und mit Nachdruck
2. Unsere Dharma Praxis wird sehr kraftvoll und sehr rein
3. Es ist am Anfang unserer Praxis wichtig
4. Es ist während unserer gesamten Praxis wichtig
5. Es ist wichtig, um das endgültige Ziel unserer Praxis zu erreichen
6. Wir werden zum Zeitpunkt des Todes einen glücklichen Geist haben

Die eigentliche Meditation über den Tod hat zwei Teile:

1. Die Meditation über den Tod, indem wir neun Begründungen anwenden
2. Die Meditation über den Tod, indem wir uns vorstellen, dass der Zeitpunkt unseres Todes gekommen ist

Die Meditation über den Tod durch Anwenden von neun Begründungen hat drei Teile:

1. Drei Begründungen anwenden, um zu der Überzeugung zu gelangen, dass der Tod sicher ist
2. Drei Begründungen anwenden, um zu der Überzeugung zu gelangen, dass der Zeitpunkt des Todes ungewiss ist

3. Drei Begründungen anwenden, um zu der Überzeugung zu gelangen, dass uns zur Todeszeit und nach dem Tod nur unsere Dharma Praxis helfen kann

Drei Begründungen anwenden, um zu der Überzeugung zu gelangen, dass der Tod sicher ist hat drei Teile:

1. Der Tod ist uns sicher und nichts kann ihn verhindern
2. Unsere Lebenszeit kann nicht verlängert werden und nimmt ständig ab
3. Der Tod ist uns sicher, ganz gleich ob wir uns die Zeit für Dharma Praxis genommen haben oder nicht

Drei Begründungen anwenden, um zu der Überzeugung zu gelangen, dass der Zeitpunkt unseres Todes ungewiss ist hat drei Teile:

1. Die Lebensspanne der Wesen dieser Welt ist nicht festgesetzt
2. Es gibt viel mehr Umstände, die dem Tod förderlich sind als dem Überleben
3. Der menschliche Körper ist sehr zerbrechlich

Drei Begründungen anwenden, um zu der Überzeugung zu gelangen, dass uns zum Zeitpunkt des Todes und nach dem Tod nur unsere Dharma Praxis helfen kann hat drei Teile:

1. Zum Zeitpunkt des Todes kann uns unser Reichtum nicht helfen
2. Zum Zeitpunkt des Todes können uns unsere Freunde und Verwandten nicht helfen
3. Zum Zeitpunkt des Todes ist selbst unser eigener Körper nutzlos

Die Meditation über die Leiden der niederen Bereiche hat drei Teile:

1. Die Leiden der Höllenwesen
2. Die Leiden der hungrigen Geister
3. Die Leiden der Tiere

Die Leiden der Höllenwesen hat zwei Teile:

1. Die Überzeugung gewinnen, dass es die Hölle gibt
2. Die eigentliche Meditation über die Leiden der Höllenwesen

Die Überzeugung gewinnen, dass es die Hölle gibt hat zwei Teile:

1. Die Begründung mit äußeren Zeichen
2. Die Begründung mit inneren Zeichen

Die Begründung mit inneren Zeichen hat drei Teile:

1. Das Gesetz des Karmas im Allgemeinen in Betracht ziehen
2. Träume in Betracht ziehen
3. In Betracht ziehen, dass die Welt, so wie sie uns erscheint, von Karma abhängig ist

Die eigentliche Meditation über die Leiden der Höllenwesen hat vier Teile:

1. Die Leiden der Wesen in den großen Höllen
2. Die Leiden der Wesen in den benachbarten Höllen
3. Die Leiden der Wesen in den kalten Höllen
4. Die Leiden der Wesen in den ähnelnden Höllen

Die Leiden der hungrigen Geister hat sechs Teile:

1. Intensive Hitze
2. Intensive Kälte
3. Intensiver Hunger
4. Intensiver Durst
5. Große Erschöpfung
6. Große Angst

Die Leiden der Tiere hat fünf Teile:

1. Unwissenheit und Dummheit
2. Hitze und Kälte
3. Hunger und Durst
4. Ausbeutung durch Menschen für Arbeit, Nahrung, Ressourcen und Unterhaltung
5. Sie dienen einander als Beute

Die eigentlichen Methoden, das Glück höherer Existenzzustände in zukünftigen Leben zu erlangen hat zwei Teile:

1. Die Zufluchtnahme, das Tor zu Buddhadharma
2. Überzeugung in das Gesetz des Karmas gewinnen: der Ursprung aller guten Eigenschaften und allen Glücks

Die Zufluchtnahme: das Tor zum Buddhadharma hat sieben Teile:

1. Die Ursachen der Zufluchtnahme
2. Die Zufluchtsobjekte
3. Wie man Zuflucht nimmt
4. Das Maß der vollkommenen Zufluchtnahme
5. Der Nutzen der Zufluchtnahme
6. Die Verpflichtungen der Zufluchtnahme
7. Wie man Zuflucht nimmt, indem man die drei Meditationsfolgen ausführt

Die Zufluchtsobjekte hat zwei Teile:

1. Das Erkennen der Zufluchtsobjekte
2. Wie wir verstehen, weshalb die Drei Juwelen geeignete Zufluchtsobjekte sind

Das Erkennen der Zufluchtsobjekte hat drei Teile:

1. Das Buddha Juwel
2. Das Dharma Juwel
3. Das Sangha Juwel

Wie wir verstehen, weshalb die Drei Juwelen geeignete Zufluchtsobjekte sind hat vier Teile:

1. Buddha ist frei von jeder Furcht
2. Buddha ist im Befreien fühlender Wesen sehr geschickt
3. Buddha hat Mitgefühl für alle fühlenden Wesen ohne Unterschied
4. Buddha bringt allen fühlenden Wesen Nutzen, ob sie ihm geholfen haben oder nicht

Wie man Zuflucht nimmt hat vier Teile:

1. Zuflucht nehmen durch Verstehen der guten Eigenschaften der Drei Juwelen
2. Zuflucht nehmen durch Unterscheiden der Eigenschaften eines jeden der Drei Juwelen
3. Zuflucht nehmen durch das Versprechen, Zuflucht zu nehmen
4. Zuflucht nehmen durch das Aufgeben der endgültigen Zufluchtnahme zu anderen Objekten

Zuflucht nehmen durch Unterscheiden der Eigenschaften eines jeden der Drei Juwelen hat sechs Teile:

1. Zuflucht nehmen durch Verstehen der unterschiedlichen Natur der Drei Juwelen
2. Zuflucht nehmen durch Verstehen der unterschiedlichen Funktionen der Drei Juwelen
3. Zuflucht nehmen, indem man die Drei Juwelen mittels einer Analogie voneinander unterscheidet
4. Zuflucht nehmen durch Erkennen des Zeitpunkts der Zufluchtnahme
5. Zuflucht nehmen durch Verstehen der verschiedenen Arten, wie Verdienste durch Zufluchtnahme zu jedem der Drei Juwelen vermehrt werden
6. Zuflucht nehmen durch Verstehen der verschiedenen Arten, wie die Drei Juwelen die Praxis unterstützen

Der Nutzen der Zufluchtnahme hat acht Teile:

1. Wir werden reine Buddhisten
2. Wir schaffen die Grundlage für alle anderen Gelübde
3. Wir reinigen das negative Karma, das wir in der Vergangenheit angesammelt haben
4. Wir sammeln täglich eine große Menge von Verdiensten an
5. Es wird verhindert, dass wir in die niederen Bereiche fallen
6. Wir werden vor Schaden durch Menschen und nichtmenschliche Wesen beschützt
7. Alle unsere vorübergehenden und endgültigen Wünsche werden in Erfüllung gehen
8. Wir werden schnell die volle Erleuchtung der Buddhaschaft erlangen

Die Verpflichtungen der Zufluchtnahme hat zwei Teile:

1. Die besonderen Verpflichtungen
2. Die allgemeinen Verpflichtungen

Die besonderen Verpflichtungen hat drei Teile:

1. Ein Aufgeben und ein Anerkennen in Bezug auf das Buddha Juwel

2. Ein Aufgeben und ein Anerkennen in Bezug auf das Dharma Juwel
3. Ein Aufgeben und ein Anerkennen in Bezug auf das Sangha Juwel

Die allgemeinen Verpflichtungen hat sechs Teile:

1. Immer wieder Zuflucht zu den Drei Juwelen nehmen, wobei wir uns an ihre guten Eigenschaften und an ihre Unterschiede erinnern
2. Die erste Portion von allem, was wir essen oder trinken, den Drei Juwelen darbringen und uns dabei ihre Güte vergegenwärtigen
3. Mit Mitgefühl andere immer dazu ermutigen, Zuflucht zu nehmen
4. Mindestens dreimal am Tag und dreimal in der Nacht Zuflucht nehmen, wobei wir uns an den Nutzen der Zufluchtnahme erinnern
5. Jede Handlung mit vollkommenem Vertrauen in die Drei Juwelen ausführen
6. Die Drei Juwelen niemals aufgeben, nicht im Spaß und nicht einmal wenn es unser Leben kostet

Überzeugung in das Gesetz des Karmas gewinnen: der Ursprung aller guten Eigenschaften und allen Glücks hat vier Teile:

1. Die allgemeinen Eigenschaften von Karma
2. Bestimmte Arten von Handlungen und ihre Auswirkungen
3. Die acht Merkmale eines voll ausgestatteten menschlichen Lebens
4. Wie man moralische Disziplin praktiziert, nachdem man Überzeugung in das Gesetz des Karmas gewonnen hat

Die allgemeinen Eigenschaften von Karma hat vier Teile:

1. Die Folgen der Handlungen sind bestimmt
2. Die Folgen der Handlungen werden größer
3. Wenn eine Handlung nicht ausgeführt wird, kann ihre Folge nicht erfahren werden
4. Eine Handlung erschöpft sich nicht

Bestimmte Arten von Handlungen und ihre Auswirkungen hat vier Teile:

1. Nichttugendhafte Handlungen und ihre Auswirkungen
2. Tugendhafte Handlungen und ihre Auswirkungen
3. Faktoren, die die Kraft einer Handlung bestimmen
4. Werfende Handlungen und abschließende Handlungen

Nichttugendhafte Handlungen und ihre Auswirkungen hat drei Teile:

1. Die zehn nichttugendhaften Handlungen und die Faktoren ihrer Vollendung
2. Faktoren, die die Schwere nichttugendhafter Handlungen bestimmen
3. Die Auswirkungen nichttugendhafter Handlungen

Die zehn nichttugendhaften Handlungen und die Faktoren ihrer Vollendung hat zehn Teile:

1. Töten
2. Stehlen
3. Sexuelles Fehlverhalten
4. Lügen
5. Entzweiende Rede
6. Verletzende Rede
7. Leeres Geschwätz
8. Begehrlichkeit
9. Böswilligkeit
10. Falsche Sichtweisen halten

Faktoren, die die Schwere nichttugendhafter Handlungen bestimmen hat sechs Teile:

1. Die Natur der Handlung
2. Die Absicht
3. Die Methode
4. Das Objekt
5. Wie oft die Handlung ausgeführt wird
6. Die Anwendung oder Nichtanwendung eines Gegenmittels

Die Auswirkungen nichttugendhafter Handlungen hat drei Teile:

1. Die gereifte Auswirkung
2. Die Auswirkungen ähnlich der Ursache
3. Die Umweltauswirkung

Die Auswirkungen ähnlich der Ursache hat zwei Teile:

1. Neigungen ähnlich der Ursache
2. Erfahrungen ähnlich der Ursache

Tugendhafte Handlungen und ihre Auswirkungen hat drei Teile:

1. Die zehn tugendhaften Handlungen und die Faktoren ihrer Vollendung
2. Faktoren, die die nützliche Kraft tugendhafter Handlungen bestimmen
3. Die Auswirkungen tugendhafter Handlungen

Die zehn tugendhaften Handlungen und die Faktoren ihrer Vollendung hat zehn Teile:

1. Töten aufgeben
2. Stehlen aufgeben
3. Sexuelles Fehlverhalten aufgeben
4. Lügen aufgeben
5. Entzweiende Rede aufgeben
6. Verletzende Rede aufgeben
7. Leeres Geschwätz aufgeben
8. Begehrlichkeit aufgeben
9. Böswilligkeit aufgeben
10. Das Halten falscher Sichtweisen aufgeben

Faktoren, die die nützliche Kraft tugendhafter Handlungen bestimmen hat vier Teile:

1. Die Person, die das Objekt der Handlung ist
2. Die abgelegten Gelübde
3. Das Objekt, mit dem die Handlung ausgeführt wird
4. Die Motivation

Die acht Merkmale eines voll ausgestatteten menschlichen Lebens hat drei Teile:

1. Die Vorteile
2. Die Funktionen
3. Die Ursachen

Die Schulung des Geistes in den Stufen des Pfades einer Person mittlerer Ausrichtung hat drei Teile:

1. Die Entwicklung des Wunsches, Befreiung zu erlangen
2. Eine einleitende Erklärung, um den Pfad zu begründen, der zur Befreiung führt
3. Wie man den Pfad praktiziert, der zur Befreiung führt

Die Entwicklung des Wunsches, Befreiung zu erlangen hat zwei Teile:

1. Eine Einführung in die Vier Edlen Wahrheiten
2. Über wahre Leiden meditieren

Eine Einführung in die Vier Edlen Wahrheiten hat vier Teile:

1. Wahre Leiden
2. Wahre Ursprünge
3. Wahre Beendigungen
4. Wahre Pfade

Über wahre Leiden meditieren hat drei Teile:

1. Die allgemeinen Leiden Samsaras
2. Die besonderen Leiden eines jeden Bereichs samsarischer Wiedergeburt
3. Die drei Arten des Leidens

Die allgemeinen Leiden Samsaras hat sechs Teile:

1. Ungewissheit
2. Keine Befriedigung zu erfahren
3. Unseren Körper immer wieder verlassen zu müssen
4. Immer wiedergeboren zu werden
5. Unseren gesellschaftlichen Status immer wieder verlieren zu müssen
6. Keine Gesellschaft zu haben

Die besonderen Leiden eines jeden Bereichs samsarischer Wiedergeburt hat zwei Teile:

1. Die Leiden der niederen Bereiche
2. Die Leiden der höheren Bereiche

Die Leiden der höheren Bereiche hat drei Teile:

1. Die Leiden der Menschen
2. Die Leiden der Halbgötter
3. Die Leiden der Götter

Die Leiden der Menschen hat sieben Teile:

1. Geburt
2. Altern
3. Krankheit
4. Tod
5. Sich von dem trennen zu müssen, was wir mögen
6. Dem begegnen zu müssen, was wir nicht mögen
7. Unsere Wünsche nicht erfüllen zu können

Geburt hat fünf Teile:

1. Die extremen Schmerzen, die wir im Mutterleib und während der Geburt erleben
2. Die unaufhörlichen Schmerzen, die wir nach der Geburt erleben
3. Geburt ist die Grundlage für alle Leiden des Lebens
4. Geburt ist die Grundlage für alle Verblendungen
5. Geburt wandelt sich in den Tod

Altern hat fünf Teile:

1. Verlust von Schönheit und Gesundheit
2. Verlust von körperlicher Kraft und Vitalität
3. Verlust der Stärke unserer Sinneskraft und geistigen Fähigkeiten
4. Verlust von Vergnügen
5. Verlust von Lebensspanne

Krankheit hat fünf Teile:

1. Verlust von Kraft und Kontrolle über die Funktionen unseres Körpers
2. Wachsende Unzufriedenheit

3. Verlust von Vergnügen
4. Erfahren müssen, was wir nicht erfahren wollen
5. Wissen, dass unsere Krankheit unheilbar ist und unser Leben zu Ende geht

Tod hat fünf Teile:

1. Trennung von unserem Besitz
2. Trennung von unseren Freunden
3. Trennung von Menschen, die mit uns leben und arbeiten
4. Trennung von unserem Körper
5. Empfinden geistiger und körperlicher Schmerzen

Die drei Arten des Leidens hat drei Teile:

1. Das Leiden des manifesten Schmerzes
2. Sich veränderndes Leiden
3. Durchdringendes Leiden

Eine einleitende Erklärung, um den Pfad zu begründen, der zur Befreiung führt hat zwei Teile:

1. Die Entwicklung von Verblendungen und Handlungen, Tod und Wiedergeburt
2. Eine Erklärung der zwölf in abhängiger Beziehung stehenden Glieder

Die Entwicklung von Verblendungen und Handlungen, von Tod und Wiedergeburt hat sechs Teile:

1. Die Verblendungen identifizieren
2. Die Entwicklungsstufen der Verblendungen
3. Die Ursachen der Verblendungen
4. Die Gefahren der Verblendungen
5. Wie Handlungen in Abhängigkeit von Verblendungen erzeugt werden
6. Wie wir sterben und wiedergeboren werden

Die Verblendungen identifizieren hat zwei Teile:

1. Die Definition von Verblendung
2. Die sechs Ursprungsverblendungen

Die sechs Ursprungsverblendungen hat sechs Teile:

1. Begehrende Anhaftung
2. Wut
3. Verblendeter Stolz

4. Unwissenheit
5. Verblendeter Zweifel
6. Verblendete Sicht

Verblendete Sicht hat fünf Teile:

1. Die Sicht der vergänglichen Ansammlung
2. Die extreme Sicht
3. Unwahre Sichtweisen für das Höchste halten
4. Falsche moralische Disziplin und falsches Verhalten für das Höchste halten
5. Falsche Sicht

Die Ursachen der Verblendungen hat sechs Teile:

1. Der Samen
2. Das Objekt
3. Ablenkung und Beeinflussung durch andere
4. Schlechte Gewohnheiten
5. Vertrautheit
6. Unangemessene Aufmerksamkeit

Wie wir sterben und wiedergeboren werden hat drei Teile:

1. Wie wir sterben
2. Wie wir in den Zwischenzustand eintreten
3. Wie wir wiedergeboren werden

Wie wir sterben hat fünf Teile:

1. Die Zeichen des Todes
2. Die Ursachen des Todes
3. Die Umstände des Todes
4. Die Geisteszustände während des Todes
5. Das Zeichen, welches das Ende des Sterbens anzeigt

Wie wir in den Zwischenzustand eintreten hat drei Teile:

1. Wie wir zur Überzeugung gelangen, dass der Bardo existiert, indem wir die Analogie des Traumzustandes in Betracht ziehen
2. Die Eigenschaften des Körpers eines Bardowesens
3. Was einem Bardowesen erscheint

Wie wir wiedergeboren werden hat drei Teile:

1. Die Ursachen und Bedingungen der Wiedergeburt
2. Wie wir wiedergeboren werden
3. Die Natur der Wiedergeburt

Eine Erklärung der zwölf in abhängiger Beziehung stehenden Glieder hat vier Teile:

1. Eine allgemeine Erklärung in abhängiger Beziehung stehender Phänomene
2. Die zwölf in abhängiger Beziehung stehenden Glieder
3. Eine Erklärung des Diagramms des Lebensrades
4. Die eigentliche Meditation über die zwölf in abhängiger Beziehung stehenden Glieder

Die zwölf in abhängiger Beziehung stehenden Glieder hat zwölf Teile:

1. In abhängiger Beziehung stehende Unwissenheit
2. In abhängiger Beziehung stehende zusammensetzende Handlungen
3. In abhängiger Beziehung stehendes Bewusstsein
4. In abhängiger Beziehung stehender Name und in abhängiger Beziehung stehende Form
5. In abhängiger Beziehung stehende sechs Quellen
6. In abhängiger Beziehung stehender Kontakt
7. In abhängiger Beziehung stehendes Gefühl
8. In abhängiger Beziehung stehendes Verlangen
9. In abhängiger Beziehung stehende Gier
10. In abhängiger Beziehung stehende Existenz
11. In abhängiger Beziehung stehende Geburt
12. In abhängiger Beziehung stehendes Altern und in abhängiger Beziehung stehender Tod

Eine Erklärung des Diagramms des Lebensrades hat drei Teile:

1. Der Nutzen der Kontemplation und Meditation über das Diagramm
2. Die Herkunft des Diagramms
3. Die Symbolik des Diagramms

Die eigentliche Meditation über die zwölf in abhängiger Beziehung stehenden Glieder hat vier Teile:

1. Meditation in fortlaufender Folge über die abhängige Beziehung vonseiten der Verblendung

2. Meditation in umgekehrter Folge über die abhängige Beziehung vonseiten der Verblendung
3. Meditation in fortlaufender Folge über die abhängige Beziehung der vollständig gereinigten Seite
4. Meditation in umgekehrter Folge über die abhängige Beziehung der vollständig gereinigten Seite

Wie man den Pfad praktiziert, der zur Befreiung führt hat zwei Teile:

1. Die körperliche Grundlage, die wir benötigen, um Befreiung zu erlangen
2. Die Pfade, denen wir folgen müssen, um Befreiung zu erlangen

Die Pfade, denen wir folgen müssen, um Befreiung zu erlangen hat drei Teile:

1. Die drei höheren Schulungen
2. Warum wir die drei höheren Schulungen praktizieren müssen, um Befreiung zu erlangen
3. Wie die drei höheren Schulungen praktiziert werden

Die drei höheren Schulungen hat drei Teile:

1. Schulung in höherer moralischer Disziplin
2. Schulung in höherer Konzentration
3. Schulung in höherer Weisheit

Wie die drei höheren Schulungen praktiziert werden hat drei Teile:

1. Wie höhere moralische Disziplin praktiziert wird
2. Wie höhere Konzentration praktiziert wird
3. Wie höhere Weisheit praktiziert wird

Die Schulung des Geistes in den Stufen des Pfades einer Person großer Ausrichtung hat fünf Teile:

1. Weshalb wir in das Mahayana eintreten müssen
2. Der Nutzen des Bodhichitta
3. Wie Bodhichitta entwickelt wird
4. Wie die Handlungen eines Bodhisattva ausgeübt werden
5. Das endgültige Ergebnis, die volle Erleuchtung

Der Nutzen des Bodhichitta hat zehn Teile:

1. Wir betreten das Tor zum Mahayana
2. Wir werden ein Sohn oder eine Tochter der Buddhas
3. Wir übertreffen Hörer und Alleinige Verwirklicher
4. Wir werden würdig sein, Darbringungen und Verbeugungen von Menschen und Göttern zu erhalten
5. Wir sammeln mit Leichtigkeit eine große Menge an Verdiensten an
6. Wir zerstören rasch starke Negativität
7. Wir erfüllen alle unsere Wünsche
8. Wir sind frei von Schaden durch Geister und so weiter
9. Wir vollenden alle spirituellen Ebenen und Pfade
10. Wir haben einen Geisteszustand, der die Quelle von Frieden und Glück für alle Lebewesen ist

Wie Bodhichitta entwickelt wird hat zwei Teile:

1. Die Stufen der eigentlichen Schulung des Geistes in Bodhichitta
2. Bodhichitta durch Ritual bewahren

Die Stufen der eigentlichen Schulung des Geistes in Bodhichitta hat zwei Teile:

1. Die Schulung des Geistes in der siebenfachen Ursache und Wirkung
2. Die Schulung des Geistes im Gleichstellen und Austauschen vom Selbst mit anderen

Die Schulung des Geistes in der siebenfachen Ursache und Wirkung hat acht Teile:

1. Gleichmut entwickeln
2. Alle Lebewesen als unsere Mütter erkennen
3. Sich an die Güte aller Mutterwesen erinnern
4. Den Wunsch entwickeln, die Güte aller Mutterwesen zu erwidern
5. Zuneigungsvolle Liebe entwickeln
6. Großes Mitgefühl entwickeln
7. Höhere Absicht entwickeln
8. Bodhichitta entwickeln

Bodhichitta entwickeln hat drei Teile:

1. Die Grundlage für die Erzeugung von Bodhichitta
2. Die Natur von Bodhichitta und wie er erzeugt wird
3. Die Unterteilungen von Bodhichitta

Die Unterteilungen von Bodhichitta hat vier Teile:

1. Die zweifache Unterteilung
2. Die dreifache Unterteilung
3. Die vierfache Unterteilung
4. Die zweiundzwanzigfache Unterteilung

Die Schulung des Geistes im Gleichstellen und Austauschen vom Selbst mit anderen hat fünf Teile:

1. Das Gleichstellen vom Selbst und anderen
2. Die Nachteile der Selbstwertschätzung überdenken
3. Die Vorteile überdenken, andere zu schätzen
4. Das Austauschen vom Selbst mit anderen
5. Nehmen und Geben

Das Austauschen vom Selbst mit anderen hat drei Teile:

1. Erkennen, warum wir das Selbst mit anderen austauschen müssen
2. Erkennen, dass wir das Selbst mit anderen austauschen können
3. Wie wir das Selbst mit anderen austauschen

Bodhichitta durch Ritual bewahren hat zwei Teile:

1. Den anstrebenden Geist durch Ritual bewahren
2. Den ausübenden Geist durch Ritual bewahren

Wie die Handlungen eines Bodhisattva ausgeübt werden hat zwei Teile:

1. Die Schulung in den sechs Vollkommenheiten, um unser eigenes Geisteskontinuum zur Reife zu bringen
2. Die Schulung in den vier Arten des Ansammelns, um das Geisteskontinuum anderer zur Reife zu bringen

Die Schulung in den sechs Vollkommenheiten, um unser eigenes Geisteskontinuum zur Reife zu bringen hat vier Teile:

1. Die sechs Vollkommenheiten im Allgemeinen
2. Die Vollkommenheiten der geistigen Stabilisierung und der Weisheit im Besonderen

3. Wie man durch die Vereinigung von ruhigem Verweilen und höherem Sehen auf den spirituellen Ebenen und Pfaden fortschreitet
4. Die Schulung in den Vajrayanapfaden

Die sechs Vollkommenheiten im Allgemeinen hat sechs Teile:

1. Die Vollkommenheit des Gebens
2. Die Vollkommenheit der moralischen Disziplin
3. Die Vollkommenheit der Geduld
4. Die Vollkommenheit des Bemühens
5. Die Vollkommenheit der geistigen Stabilisierung
6. Die Vollkommenheit der Weisheit

Die Vollkommenheiten der geistigen Stabilisierung und der Weisheit im Besonderen hat zwei Teile:

1. Wie der Geist in ruhigem Verweilen geschult wird, der Essenz der Konzentration
2. Wie der Geist in höherem Sehen geschult wird, der Essenz der Weisheit

Wie der Geist in ruhigem Verweilen geschult wird, der Essenz der Konzentration hat zwei Teile:

1. Die Bedingungen, die zur Erlangung von ruhigem Verweilen notwendig sind
2. Wie ruhiges Verweilen erlangt wird

Die Bedingungen, die zur Erlangung von ruhigem Verweilen notwendig sind hat sechs Teile:

1. Ein für das Retreat geeigneter Ort
2. Geringe Wünsche
3. Zufriedenheit
4. Keine ablenkenden Tätigkeiten
5. Reine moralische Disziplin
6. Keine ablenkenden Vorstellungen

Wie ruhiges Verweilen erlangt wird hat sechs Teile:

1. Die fünf Hindernisse für die Erlangung von ruhigem Verweilen
2. Die acht Gegenmittel gegen die fünf Hindernisse
3. Wie die neun Ebenen des geistigen Verweilens erlangt werden

4. Die sechs Kräfte
5. Die vier Aufmerksamkeiten
6. Das Maß dafür, ruhiges Verweilen erlangt zu haben

Die fünf Hindernisse für die Erlangung von ruhigem Verweilen hat fünf Teile:

1. Faulheit
2. Vergesslichkeit
3. Geistiges Sinken und geistige Erregung
4. Nichtanwendung
5. Unnötige Anwendung

Die acht Gegenmittel gegen die fünf Hindernisse hat acht Teile:

1. Vertrauen
2. Bestreben
3. Bemühen
4. Geschmeidigkeit
5. Achtsamkeit
6. Wachsamkeit
7. Anwendung
8. Nichtanwendung

Wie die neun Ebenen des geistigen Verweilens erreicht werden hat zwei Teile:

1. Das Meditationsobjekt
2. Die neun Ebenen des geistigen Verweilens

Das Meditationsobjekt hat vier Teile:

1. Durchdringende Objekte
2. Objekte zur Aufgabe individueller Verblendungen
3. Objekt zur Aufgabe von Verblendungen im Allgemeinen
4. Objekte für Gelehrte

Die neun Ebenen des geistigen Verweilens hat neun Teile:

1. Verweilen des Geistes
2. Kontinuierliches Verweilen
3. Wiederverweilen
4. Nahes Verweilen
5. Kontrollieren
6. Befrieden

7. Vollständiges Befrieden
8. Einsgerichtetheit
9. Verweilen im Gleichgewicht

Die sechs Kräfte hat sechs Teile:

1. Die Kraft des Zuhörens
2. Die Kraft der Kontemplation
3. Die Kraft der Achtsamkeit
4. Die Kraft der Wachsamkeit
5. Die Kraft des Bemühens
6. Die Kraft vollkommener Vertrautheit

Die vier Aufmerksamkeiten hat vier Teile:

1. Enge Aufmerksamkeit
2. Unterbrochene Aufmerksamkeit
3. Ununterbrochene Aufmerksamkeit
4. Spontane Aufmerksamkeit

Wie der Geist in höherem Sehen geschult wird, der Essenz der Weisheit hat drei Teile:

1. Die Natur des höheren Sehens
2. Die Funktion des höheren Sehens
3. Das Objekt des höheren Sehens

Das Objekt des höheren Sehens hat zwei Teile:

1. Die Leerheit von Personen
2. Die Leerheit von Phänomenen

Die Leerheit von Personen hat zwei Teile:

1. Wie raumähnliches meditatives Gleichgewicht über die Leerheit von Personen aufrechterhalten wird
2. Wie die illusionsähnliche nachfolgende Erlangung aufrechterhalten wird

Wie raumähnliches meditatives Gleichgewicht über die Leerheit von Personen aufrechterhalten wird hat vier Teile:

1. Das verneinte Objekt feststellen
2. Die Durchdringung feststellen
3. Die Abwesenheit der Identität feststellen
4. Die Abwesenheit der Verschiedenheit feststellen

Anhang II
Sadhanas

INHALT

Befreiendes Gebet

LOBPREIS AN BUDDHA SHAKYAMUNI

O Gesegneter, Shakyamuni Buddha,
Kostbarer Schatz des Mitgefühls,
Gewährer höchsten inneren Friedens,

Du, der ohne Ausnahme alle Wesen liebt,
Bist die Quelle von Glück und Güte,
Und Du führst uns auf den befreienden Pfad.

Dein Körper ist ein wunscherfüllendes Juwel,
Deine Rede ist höchster, reinigender Nektar
Und Dein Geist ist Zuflucht für alle Lebewesen.

Mit gefalteten Händen wende ich mich an Dich,
Höchster, beständiger Freund,
Aus der Tiefe meines Herzens bitte ich Dich:

Bitte gib mir das Licht Deiner Weisheit,
Um die Dunkelheit meines Geistes zu vertreiben
Und mein Geisteskontinuum zu heilen.

Bitte nähre mich mit Deiner Güte,
Damit auch ich alle Wesen
Mit einem unaufhörlichen Festmahl der Freude
nähren kann.

Möge durch Deine mitfühlende Absicht,
Deine Segnungen und tugendhaften Taten
Und meinen starken Wunsch, mich auf Dich
zu verlassen,

Alles Leiden schnell beendet sein
Und alles Glück und alle Freude erfüllt werden;
Und möge heiliger Dharma für immer erblühen.

Kolophon: Dieses Gebet wurde vom Ehrwürdigen Geshe Kelsang Gyatso verfasst. Es wird regelmäßig immer am Anfang von Unterweisungen, Meditationen und Gebeten in den Kadampa Zentren auf der ganzen Welt rezitiert.

Essenz des Glücks

GEBETE DER SECHS VORBEREITENDEN ÜBUNGEN FÜR DIE MEDITATION ÜBER DIE STUFEN DES PFADES ZUR ERLEUCHTUNG

Einleitung

Verwirklichungen der Stufen des Pfades zur Erleuchtung hängen von vier Faktoren ab: Verdienste ansammeln, Negativität reinigen, Segnungen der Buddhas, Bodhisattvas und spirituellen Meister empfangen und den Geist in der eigentlichen Meditation über die Stufen des Pfades schulen. Die beste Methode, die ersten drei Faktoren zu vollenden, sind die sechs vorbereitenden Übungen. Diese sind:

1. Den Meditationsraum reinigen und einen Altar mit Darstellungen von Buddhas Körper, Rede und Geist errichten.
2. Geeignete Darbringungen aufstellen.
3. In der richtigen Meditationshaltung sitzen, Zuflucht nehmen, Bodhichitta erzeugen und verbessern.
4. Das Feld für die Ansammlung von Verdiensten visualisieren.
5. Verdienste ansammeln und Negativität reinigen, indem wir die Praxis der sieben Glieder und ein Mandala darbringen.
6. Das Feld der Ansammlung von Verdiensten im Allgemeinen und die Gurus der Lamrim Überlieferungslinie im Besonderen um Segnungen bitten.

Die Essenz dieser sechs vorbereitenden Übungen ist in den folgenden Gebeten enthalten, die in jeder Meditationssitzung rezitiert werden sollten.

Weitere Erklärungen über die sechs vorbereitenden Übungen finden sich im Kapitel *Die Vorbereitung auf die Meditation* und auch im Buch *Das neue Meditationshandbuch*.

Geshe Kelsang Gyatso
1986

Essenz des Glücks

Die Umgebung geistig reinigen

Möge die ganze Erde
Völlig rein werden,
Eben wie die Innenseite einer Hand
Und glatt wie Lapislazuli.

Reine Darbringungen geistig aufstellen

Möge der ganze Raum erfüllt sein
Mit Darbringungen von Göttern und Menschen,
Sowohl vorhandenen wie vorgestellten,
Wie diejenigen des Nur-Guten.

Die Zufluchtsobjekte visualisieren

Im Raume vor mir auf einem Löwenthron, auf einem Kissen von Lotos, Sonne und Mond, sitzt Buddha Shakyamuni, die Essenz aller meiner gütigen Lehrer, umgeben von der Versammlung der direkten und indirekten Gurus, Yidams, Buddhas, Bodhisattvas, Hörer, Alleinigen Verwirklicher, Helden, Dakinis und Dharma Beschützer.

Die Ursachen für die Zufluchtnahme erzeugen

Ich und alle meine gütigen Mütter, die die Qualen Samsaras fürchten, wenden uns zu Buddha, Dharma und Sangha, den einzigen Quellen der Zuflucht. Von jetzt an bis zur Erleuchtung nehmen wir Zuflucht zu den Drei Juwelen.

Kurzes Gebet der Zufluchtnahme

Bis wir Erleuchtung erlangen, nehmen ich und alle
fühlenden Wesen
Zuflucht zu Buddha, Dharma und Sangha.
(7x, 100x oder mehr)

Bodhichitta erzeugen

Möge ich aufgrund der Tugenden, die ich durch Geben
und andere Vollkommenheiten ansammle,
Ein Buddha werden zum Wohle aller. (3x)

Reinigen und Segnungen empfangen

Aus den Herzen aller Zufluchtsobjekte strömen Licht und Nektar herab. Sie lösen sich in mich und alle Lebewesen auf, reinigen negatives Karma und Hindernisse, verlängern unsere Leben und lassen unsere Tugenden und Dharma Verwirklichungen anwachsen.

Die vier Unermesslichen erzeugen

Mögen alle glücklich sein.
Mögen alle frei von Leiden sein.
Möge niemand je von Glück getrennt sein.
Mögen alle Gleichmut haben, frei von Hass und Anhaftung.

Das Feld für die Ansammlung von Verdiensten einladen

Du, Beschützer aller Lebewesen,
Großer Zerstörer von Dämonenscharen,
Bitte, o Gesegneter, Allwissender,
Komme mit Deinem Gefolge an diesen Ort.

Das siebengliedrige Gebet

Mit Körper, Rede und Geist verbeuge ich mich in Demut
Und bringe Gaben dar, sowohl vorhandene wie vorgestellte.
Ich bekenne meine falschen Taten, begangen seit anfangs-
loser Zeit,
Und erfreue mich an den Tugenden aller.
Bitte bleibt, bis Samsara endet,

Und dreht das Rad des Dharma für uns.
Ich widme alle Tugenden der großen Erleuchtung.

Die Mandala Darbringung

Den Boden mit Duftwasser besprengt und mit Blumen geschmückt,
Den großen Berg, vier Länder, Sonne und Mond,
Als Buddhaland betrachtet bringe ich sie dar,
Mögen sich alle Wesen an solch Reinen Ländern erfreuen.

Ohne Gefühl von Verlust bringe ich die Objekte dar,
Die in mir Anhaftung, Hass und Verwirrung erzeugen,
Meine Freunde, Feinde und Fremde, unsere Körper und Vergnügen.
Bitte nehmt dies an und segnet mich, damit ich sofort von den drei Giften befreit werde.

IDAM GURU RATNA MANDALAKAM NIRYATAYAMI

Bitten an das Feld für die Ansammlung von Verdiensten und die Gurus der Lamrim Überlieferungslinie

Mein gütigster Wurzelguru,
Bitte verweile jetzt auf dem Lotos und Mond über meinem Scheitel,
Und gewähre mir durch Deine große Güte
Die Erlangungen Deines Körpers, Deiner Rede und Deines Geistes.

Visualisiere, dass dein Wurzelguru zu deinem Scheitel kommt und mit dir zusammen folgende Bitten spricht:

Ich richte meine Bitten an Dich, Buddha Shakyamuni,
Dessen Körper aus unermesslicher Tugend entspringt,
Dessen Rede die Hoffnungen der Sterblichen erfüllt,
Dessen Geist alles Existierende klar erkennt.

Ich richte meine Bitten an Euch, Gurus der Linie der umfassenden Taten,
Ehrwürdiger Maitreya, Edler Asanga, Vasubandhu,
Und all die anderen kostbaren Lehrer,
Die den weiten Pfad enthüllt haben.

Ich richte meine Bitten an Euch, Gurus der Linie der
tiefgründigen Sicht,
Ehrwürdiger Manjushri, Nagarjuna, Chandrakirti,
Und all die anderen kostbaren Lehrer,
Die den tiefgründigsten aller Pfade enthüllt haben.

Ich richte meine Bitten an Euch, Gurus der Linie des
Geheimen Mantra,
Eroberer Vajradhara, Tilopa und Naropa,
Und all die anderen kostbaren Lehrer,
Die den Pfad des Tantra enthüllt haben.

Ich richte meine Bitten an Euch, Gurus der Alten Kadam
Linie,
Zweiter Buddha Atisha, Dromtönpa, Geshe Potowa,
Und all die anderen kostbaren Lehrer,
Die die Vereinigung des weiten und tiefgründigen Pfades
enthüllt haben.

Ich richte meine Bitten an Euch, Gurus der Neuen Kadam
Linie,
Ehrwürdiger Tsongkhapa, Jampäl Gyatso, Khädrubje,
Und all die anderen kostbaren Lehrer,
Die die Vereinigung von Sutra und Tantra enthüllt haben.

Ich richte meine Bitten an Dich, Ehrwürdiger Kelsang
Gyatso,
Beschützer eines weiten Ozeans an Lebewesen,
Unvergleichlicher Lehrer der Pfade zur Befreiung und
Erleuchtung,
Der alles vollendet und erklärt,
Was vom Vierten Befreier dieses glücklichen Äons enthüllt
wurde.

Ich richte meine Bitten an Dich, mein gütiger, kostbarer
Lehrer,
Der für diejenigen mit unbeherrschtem Geist sorgt,
Ungezähmt von allen früheren Buddhas,
Als ob sie vom Glück begünstigte Schüler wären.

Die drei großen Ziele erbitten

Bitte lasst Eure inspirierenden Segnungen über mich und alle meine Mütter herabströmen, damit wir schnell alle verkehrten Geisteshaltungen aufgeben, von Respektlosigkeit gegenüber unserem gütigen Lehrer bis zur subtilsten, dualistischen Erscheinung.

Bitte lasst Eure inspirierenden Segnungen herabströmen, damit wir schnell reine Geisteshaltungen erzeugen, von Respekt für unseren gütigen Lehrer bis zum höchsten Geist der Vereinigung.

Bitte lasst Eure inspirierenden Segnungen herabströmen, um alle inneren und äußeren Hindernisse zu überwinden.
(3x)

Segnungen empfangen und reinigen

Aus den Herzen aller heiligen Wesen fließen Licht- und Nektarströme herab, gewähren Segnungen und reinigen.

Das Gebet der Stufen des Pfades

Der Pfad beginnt mit tiefem Vertrauen
Zum gütigen Lehrer, Quelle alles Guten.
O segne mich, damit ich dies verstehe,
Um ihm mit großer Hingabe zu folgen.

O segne mich, dass ich verstehen möge
Die Seltenheit und Bedeutsamkeit
Dieses menschlichen Lebens mit allen Freiheiten
Und dann Tag und Nacht seinen Sinn erfasse.

Schnell wird mein Körper vergehen und sterben
So wie eine Luftblase im Wasser.
Nach dem Tod reifen die Folgen des Karmas,
So wie der Schatten dem Körper folgt.

Segne mich, dass ich durch diese Gewissheit
Und diese Erinnerung sehr achtsam bin,
Stets schädliche Handlungen vermeide
Und eine Fülle von Tugend ansammle.

Die Vergnügen Samsaras sind täuschend,
Geben keine Zufriedenheit, nur Qualen.
Bitte segne mich, damit ich aufrichtig
Die Glückseligkeit vollkommener Befreiung erstrebe.

O segne mich, dass aus diesem reinen Gedanken
Achtsamkeit und größte Vorsicht entstehen,
So dass die Wurzel der Lehre, die Pratimoksha,
Als meine essenzielle Praxis bewahrt sei.

Gleich mir ertrinken all meine gütigen Mütter
Im weiten Ozean Samsaras.
Segne mich, dass ich mich in Bodhichitta schule,
Damit ich sie bald erlösen kann.

Ohne drei Arten moralischer Disziplin
Kann ich jedoch kein Buddha werden.
O segne mich darum bitte mit der Kraft,
Den Bodhisattva Gelübden zu folgen.

Durch das Überwinden meiner Ablenkungen
Und die Analyse vollkommener Bedeutungen,
Segne mich, die Vereinigung schnell zu erlangen
Von höherem Sehen und ruhigem Verweilen.

Wenn ich durch allgemeine Wege
Zu einem reinen Gefäß werde,
Segne mich, in das höchste Fahrzeug Vajrayana,
Die essenzielle Praxis des Glücks, einzutreten.

Die Grundlage der zwei Erlangungen
Sind heilige Gelübde und Verpflichtungen.
Segne mich, dass ich dies klar verstehe
Und sie noch höher schätze als mein Leben.

Durch beständige Praxis in vier Sitzungen,
Wie von den heiligen Lehrern erklärt,
Segne mich, dass ich beide Stufen vollende,
Die die Essenz der Tantras sind.

Mögen alle, die mich auf dem Pfad führen,
Und meine Gefährten lange leben.
Segne mich, damit ich alle Hindernisse,
Innere und äußere, überwinden kann.

Möge ich stets vollkommene Lehrer finden
Und mich am heiligen Dharma erfreuen,
Alle Ebenen und Pfade schnell vollenden
Und den Zustand Vajradharas erlangen.

Du kannst hier oder an einer anderen geeigneten Stelle im Gebet der Stufen des Pfades *deine Meditation üben.*

Mantrarezitation

Nach unserer Meditation stellen wir uns vor, dass aus dem Herzen Buddha Shakyamunis, dem hauptsächlichen Verdienstfeld vor uns im Raum, unendliche Lichtstrahlen ausströmen, bis hin zu allen Welten und Wesen. Diese lösen sich in Licht auf und sammeln sich allmählich im Verdienstfeld. Das Verdienstfeld löst sich in Buddha Shakyamuni in der Mitte auf. Er wiederum löst sich in unseren Wurzelguru über unserem Scheitel auf und verwandelt ihn augenblicklich in den Aspekt von Guru Buddha Shakyamuni. Er wird allmählich kleiner und sinkt durch unseren Scheitel hinab in unser Herz. Sein Geist und unser Geist werden eins. Wir rezitieren das Mantra:

OM MUNI MUNI MAHA MUNIYE SÖHA
(7x, 100x, oder mehr)

Widmungsgebete

Mögen durch die Tugenden,
Die ich durch die Praxis der Stufen des Pfades
angesammelt habe,
Alle Lebewesen die Gelegenheit finden,
Auf gleiche Weise zu üben.

Ganz gleich, wie viele Lebewesen es gibt,
Die körperlich und geistig leiden,
Mögen ihre Leiden durch die Kraft meiner Verdienste
beendet sein,
Und mögen sie immer währendes Glück und Freude finden.

Mögen alle Wesen das Glück
Von Menschen und Göttern erfahren
Und schnell Erleuchtung erlangen,
Damit Samsara schließlich endet.

Möge ich zum Wohle aller Lebewesen, so unermesslich wie der Raum,
Große Weisheit wie Manjushri erlangen,
Großes Mitgefühl wie Avalokiteshvara,
Große Kraft wie Vajrapani.

Der Buddhadharma ist die höchste Medizin,
Die jeden geistigen Schmerz überwindet.
So mag dieses kostbare Dharma Juwel
Alle Welten im unendlichen Raum durchdringen.

Möge im Bewusstsein aller Lebewesen
Großes Vertrauen in Buddha, Dharma und Sangha entstehen,
Und mögen sie somit immer
Die Segnungen der Drei Kostbaren Juwelen empfangen.

Mögen in dieser Welt nie mehr
Unheilbare Krankheiten, Hungersnöte oder Krieg entstehen
Oder Gefahren durch Erdbeben, Feuer,
Fluten, Stürme und dergleichen.

Mögen alle Mutterwesen kostbaren Lehrern begegnen,
Die die Stufen des Pfades zur Erleuchtung enthüllen,
Und mögen sie durch das Begehen dieses Pfades
Schnell den endgültigen Frieden der vollen Erleuchtung erlangen.

Mögen durch die Segnungen der Buddhas und Bodhisattvas,
Die Wahrheit von Handlung und Wirkung
Und die Kraft meiner reinen höheren Absicht
Alle meine Gebete erfüllt sein.

Gebete für die Tugendhafte Tradition

Damit die Tradition Je Tsongkhapas,
Des Königs des Dharma, erblühe,
Mögen alle Hindernisse überwunden sein
Und mögen alle vorteilhaften Bedingungen im Überfluss vorhanden sein.

Durch die zwei Ansammlungen von mir und anderen,
Die während der drei Zeiten zusammengetragen werden,
Möge die Lehre des Eroberers Losang Dragpa
Für immer erblühen.

Das neunzeilige *Migtsema* Gebet

Tsongkhapa, Kronjuwel der Gelehrten vom Lande des Schnees,
Du bist Buddha Shakyamuni und Vajradhara, Quelle aller Erlangungen,
Avalokiteshvara, Schatz des nichtbeobachtbaren Mitgefühls,
Manjushri, erhabene, makellose Weisheit,
Und Vajrapani, Zerstörer der Scharen von Maras.
O ehrwürdiger Guru Buddha, Vereinigung aller Drei Juwelen,
Mit Körper, Rede und Geist ersuche ich Dich mit Respekt:
Bitte gewähre Deine Segnungen, damit ich und andere zur Reife und Befreiung gelangen,
Und gewähre die allgemeinen und höchsten Erlangungen (3x)

Ist es uns nicht möglich, alle Gebete der sechs vorbereitenden Übungen in jeder Meditationssitzung zu rezitieren, sollten wir uns zumindest immer daran erinnern, dass Guru Buddha Shakyamuni auf unserem Scheitel ist. Wir denken daran, dass sein Geist die Synthese aller Buddha Juwelen, seine Rede die Synthese aller Dharma Juwelen und sein Körper die Synthese aller Sangha Juwelen ist. Dann nehmen wir mit starkem Vertrauen Zuflucht, indem wir das kurze Gebet der Zufluchtnahme rezitieren und erzeugen Bodhichitta mit den Worten: «Möge ich durch diese Tugenden … zum Wohle aller.» *Wir bringen das Mandala dar, bitten um die drei großen Ziele und erhalten Segnungen und reinigen.*

Wenn wir diese drei Übungen vor jeder Meditation machen, nämlich Verdienste ansammeln, negatives Karma reinigen und um Segnungen und Inspiration bitten, haben wir die drei Ziele der vorbereitenden Übungen vollendet. Zum Abschluss jeder Meditationssitzung sollten wir unsere Verdienste widmen.

Kolophon: Diese Sadhana wurde vom Ehrwürdigen Geshe Kelsang Gyatso Rinpoche 1986 aus traditionellen Quellen zusammengestellt und unter seiner mitfühlenden Anleitung übersetzt. Der Vers der Bitte an Geshe Kelsang Gyatso wurde vom Dharma Beschützer Duldzin Dorje Shugden verfasst und auf Ersuchen der vertrauensvollen Schüler Geshe Kelsangs in die Gebete aufgenommen.

Gebete für die Meditation

KURZE VORBEREITENDE GEBETE FÜR DIE MEDITATION

Gebete für die Meditation

Zuflucht nehmen

Bis wir Erleuchtung erlangen, nehmen ich und alle
fühlenden Wesen
Zuflucht zu Buddha, Dharma und Sangha.
(3x, 7x, 100x, oder mehr)

Bodhichitta erzeugen

Möge ich aufgrund der Tugenden, die ich durch Geben
und andere Vollkommenheiten ansammle,
Ein Buddha werden zum Wohle aller. (3x)

Die Vier Unermesslichen erzeugen

Mögen alle glücklich sein.
Mögen alle frei von Leiden sein.
Möge niemand je von Glück getrennt sein.
Mögen alle Gleichmut haben, frei von Hass und Anhaftung.

Das Feld für die Ansammlung von Verdiensten visualisieren

Im Raume vor mir ist der lebendige Buddha Shakyamuni, umgeben von allen Buddhas und Bodhisattvas, gleich dem Vollmond inmitten von Sternen.

Das siebengliedrige Gebet

Mit Körper, Rede und Geist verbeuge ich mich in Demut.
Und bringe Gaben dar, sowohl vorhandene wie vorgestellte.
Ich bekenne meine falschen Taten, begangen seit
anfangsloser Zeit,
Und erfreue mich an den Tugenden aller.
Bitte bleibt, bis Samsara endet,
Und dreht das Rad des Dharma für uns.
Ich widme alle Tugenden der großen Erleuchtung.

Die Mandala Darbringung

Den Boden mit Duftwasser besprengt und mit
Blumen geschmückt,
Den großen Berg, vier Länder, Sonne und Mond,
Als Buddhaland betrachtet bringe ich sie dar,
Mögen sich alle Wesen an solch Reinen Ländern erfreuen.

Ohne Gefühl von Verlust bringe ich die Objekte dar,
Die in mir Anhaftung, Hass und Verwirrung erzeugen,
Meine Freunde, Feinde und Fremde, unsere Körper und
Vergnügen.
Bitte nehmt dies an und segnet mich, damit ich sofort von
den drei Giften befreit werde.

IDAM GURU RATNA MANDALAKAM NIRYATAYAMI

Das Gebet der Stufen des Pfades

Der Pfad beginnt mit tiefem Vertrauen
Zum gütigen Lehrer, Quelle alles Guten.
O segne mich, damit ich dies verstehe,
Um ihm mit großer Hingabe zu folgen.

O segne mich, dass ich verstehen möge
Die Seltenheit und Bedeutsamkeit
Dieses menschlichen Lebens mit allen Freiheiten
Und dann Tag und Nacht seinen Sinn erfasse.

Schnell wird mein Körper vergehen und sterben
So wie eine Luftblase im Wasser.
Nach dem Tod reifen die Folgen des Karmas,
So wie der Schatten dem Körper folgt.

Segne mich, dass ich durch diese Gewissheit
Und diese Erinnerung sehr achtsam bin,
Stets schädliche Handlungen vermeide
Und eine Fülle von Tugend ansammle.

Die Vergnügen Samsaras sind täuschend,
Geben keine Zufriedenheit, nur Qualen.
Bitte segne mich, damit ich aufrichtig
Die Glückseligkeit vollkommener Befreiung erstrebe.

O segne mich, dass aus diesem reinen Gedanken
Achtsamkeit und größte Vorsicht entstehen,
Sodass die Wurzel der Lehre, die Pratimoksha,
Als meine essenzielle Praxis bewahrt sei.

Gleich mir ertrinken all meine gütigen Mütter
Im weiten Ozean Samsaras.
Segne mich, dass ich mich in Bodhichitta schule,
Damit ich sie bald erlösen kann.

Ohne drei Arten moralischer Disziplin
Kann ich jedoch kein Buddha werden.
O segne mich darum bitte mit der Kraft,
Den Bodhisattva Gelübden zu folgen.

Durch das Überwinden meiner Ablenkungen
Und die Analyse vollkommener Bedeutungen,
Segne mich, die Vereinigung schnell zu erlangen
Von höherem Sehen und ruhigem Verweilen.

Wenn ich durch allgemeine Wege
Zu einem reinen Gefäß werde,
Segne mich, in das höchste Fahrzeug Vajrayana,
Die essenzielle Praxis des Glücks, einzutreten.

Die Grundlage der zwei Erlangungen sind
Heilige Gelübde und Verpflichtungen.
Segne mich, dass ich dies klar verstehe
Und sie noch höher schätze als mein Leben.

Durch beständige Praxis in vier Sitzungen,
Wie von den heiligen Lehrern erklärt,
Segne mich, dass ich beide Stufen vollende,
Die die Essenz der Tantras sind.

Mögen alle, die mich auf dem Pfad führen,
Und meine Gefährten lange leben.
Segne mich, damit ich alle Hindernisse,
Innere und äußere, überwinden kann.

Möge ich stets vollkommene Lehrer finden
Und mich am heiligen Dharma erfreuen,
Alle Ebenen und Pfade schnell vollenden
Und den Zustand Vajradharas erlangen.

Segnungen empfangen und reinigen

Aus den Herzen aller heiligen Wesen fließen Licht- und Nektarströme herab, gewähren Segnungen und reinigen.

An dieser Stelle beginnen wir mit der eigentlichen Kontemplation und Meditation. Im Anschluss an die Meditation widmen wir unsere Verdienste mit dem folgenden Gebet:

Widmungsgebete

Mögen durch die Tugenden,
Die ich durch die Praxis der Stufen des Pfades
angesammelt habe,
Alle Lebewesen die Gelegenheit finden,
Auf gleiche Weise zu üben.

Mögen alle Wesen das Glück
Von Menschen und Göttern erfahren
Und schnell Erleuchtung erlangen,
Damit Samsara schließlich endet.

Gebete für die Tugendhafte Tradition

Damit die Tradition Je Tsongkhapas,
Des Königs des Dharma, erblühe,
Mögen alle Hindernisse überwunden sein
Und mögen alle vorteilhaften Bedingungen im Überfluss
vorhanden sein.

Durch die zwei Ansammlungen von mir und anderen,
Die während der drei Zeiten zusammengetragen werden,
Möge die Lehre des Eroberers Losang Dragpa
Für immer erblühen.

Das neunzeilige *Migtsema* Gebet

Tsongkhapa, Kronjuwel der Gelehrten vom Lande des Schnees,
Du bist Buddha Shakyamuni und Vajradhara, Quelle aller Erlangungen,
Avalokiteshvara, Schatz des nichtbeobachtbaren Mitgefühls,
Manjushri, erhabene, makellose Weisheit,
Und Vajrapani, Zerstörer der Scharen von Maras.
O ehrwürdiger Guru Buddha, Vereinigung aller Drei Juwelen,
Mit Körper, Rede und Geist ersuche ich Dich mit Respekt:
Bitte gewähre Deine Segnungen, damit ich und andere zur Reife und Befreiung gelangen,
Und gewähre die allgemeinen und höchsten Erlangungen
(3x)

Kolophon: Diese Gebete wurden vom Ehrwürdigen Geshe Kelsang Gyatso Rinpoche aus traditionellen Quellen zusammengestellt.

Glossar

Absicht Ein geistiger Faktor, der die Funktion hat, seinen primären Geist zum Objekt zu bewegen. Seine Funktion ist es, den Geist mit tugendhaften, nichttugendhaften und neutralen Objekten zu beschäftigen. Alle körperlichen und verbalen Handlungen werden durch den geistigen Faktor Absicht eingeleitet. Siehe *Wie wir den Geist verstehen*.

Achtsamkeit Ein geistiger Faktor, dessen Funktion es ist, das Objekt, das der primäre Geist verwirklicht, nicht zu vergessen. Siehe *Wie wir den Geist verstehen*, *Sinnvoll zu betrachten* und *Das klare Licht der Glückseligkeit*.

Alleiniger Friede Ein Hinayana Nirvana.

Alleiniger Verwirklicher Eine der zwei Arten von Hinayana Praktizierenden. Auch als «Alleiniger Eroberer « bekannt. Siehe auch *Hörer*.

Allgemeines Bild Das erscheinende Objekt eines begrifflichen Geistes. Ein allgemeines oder geistiges Bild eines Objekts gleicht einer Widerspiegelung dieses Objekts. Begriffliche Geistesarten verstehen ihr Objekt durch die Erscheinung eines allgemeinen Bildes dieses Objekts, nicht indem sie das Objekt direkt sehen. Siehe *Das neue Herz der Weisheit* und *Wie wir den Geist verstehen*.

Amitayus Ein Buddha, der unser langes Leben, unsere Verdienste und Weisheit vergrößert. Er ist der Freudenkörperaspekt Buddha Amitabhas.

Analyse Ein geistiger Faktor, der ein Objekt untersucht, um ein Verständnis seiner subtilen Natur zu gewinnen. Siehe *Wie wir den Geist verstehen*.

Anhäufung Im Allgemeinen sind alle funktionierenden Sachen Anhäufungen, weil sie eine Anhäufung ihrer Teile sind. Insbesondere hat eine Person des Begierde- oder Formbereichs fünf Anhäufungen: die Anhäufungen von Form, Gefühl, Unterscheidung, zusammensetzenden Faktoren und Bewusstsein. Einem Wesen des formlosen Bereichs fehlt die Anhäufung von Form, es hat aber die anderen vier. Die Formanhäufung einer Person ist ihr Körper. Die verbleibenden vier Anhäufungen sind Aspekte ihres Geistes. Siehe *Das neue Herz der Weisheit*.

Ansammlung von Verdiensten Eine tugendhafte Handlung, die durch Bodhichitta motiviert und eine Hauptursache für das Erlangen des Formkörpers eines Buddha ist. Beispiele sind: den heiligen Wesen mit Bodhichitta Motivation Gaben darbringen und Verbeugungen vor ihnen machen sowie die Praxis der Vollkommenheit des Gebens, der moralischen Disziplin und der Geduld.

Ansammlung von Weisheit Eine tugendhafte geistige Handlung, die durch Bodhichitta motiviert ist und eine Hauptursache für das Erlangen des Wahrheitskörpers eines Buddha ist. Beispiele sind: mit Bodhichitta Motivation Unterweisungen über Leerheit hören, darüber nachdenken und meditieren.

Asanga Ein großer buddhistischer Yogi und Gelehrter des fünften Jahrhunderts aus Indien, Autor von *Handbuch des Abhidharma*. Siehe *Das neue Herz der Weisheit* und *Sinnvoll leben, freudvoll sterben*.

Avalokiteshvara ‹Chenresig› auf Tibetisch Die Verkörperung des Mitgefühls aller Buddhas. Zu der Zeit Buddha Shakyamunis manifestierte er sich als ein Bodhisattvaschüler. Siehe *Sinnvoll leben, freudvoll sterben*.

Begierdebereich Der Bereich der Höllenwesen, hungrigen Geister, Tiere, Menschen, Halbgötter und der Götter, die die fünf Objekte des Begehrens genießen.

Beobachtetes Objekt Jedes Objekt, auf das der Geist gerichtet ist. Siehe *Wie wir den Geist verstehen*.

Berg Meru Der buddhistischen Kosmologie zufolge ein göttlicher Berg, der im Mittelpunkt des Universums steht.

Beständiges Phänomen Phänomene sind entweder beständig oder unbeständig. Ein beständiges Phänomen ist ein Phänomen, das nicht von Ursachen abhängig ist und das nicht von Moment zu Moment zerfällt.

Bewusstseinsübertragung «Powa» auf Tibetisch. Eine Praxis zur Übertragung des Bewusstseins in ein Reines Land zum Zeitpunkt des Todes. Siehe *Sinnvoll leben, freudvoll sterben*.

Buddha Familie Es gibt fünf hauptsächliche Buddha Familien: die Familie von Vairochana, Ratnasambhava, Amitabha, Amoghasiddhi und Akshobya. Sie sind jeweils eine der fünf gereinigten Anhäufungen von Form, Gefühl, Unterscheidung, zusammensetzenden Faktoren und Bewusstsein und jeweils eine der fünf erhabenen Weisheiten: die erhabene spiegelgleiche Weisheit, die erhabene Weisheit der Gleichheit, die erhabene Weisheit der individuellen Verwirklichung, die erhabene Weisheit, Tätigkeiten zu vollenden und die erhabene Weisheit des Dharmadhatu. Siehe *Große Schatzkammer der Verdienste.*

Buddha Linie /Samen Der Ursprungsgeist eines fühlenden Wesens und seine endgültige Natur. Buddha Linie, Buddha Samen und Buddha Natur sind Synonyme. Alle fühlenden Wesen haben Buddha Linie und haben deshalb das Potenzial, Buddhaschaft zu erlangen. Siehe *Mahamudra Tantra.*

Buddha Shakyamuni Der vierte von eintausend Gründer-Buddhas, die in dieser Welt in diesem glücklichen Äon erscheinen werden. Die ersten drei waren Krakuchchanda, Kanakamuni und Kashyapa. Der fünfte Buddha wird Maitreya sein. Siehe *Einführung in den Buddhismus.*

Chandrakirti (ca. 7. Jh. n. Chr.) Ein großer buddhistischer Gelehrter und Meditationsmeister aus Indien, der neben vielen anderen Büchern den bekannten *Leitfaden zum Mittleren Weg* verfasste. Darin erhellt er klar die Sicht der Madhyamika-Prasangika Schule gemäss den Unterweisungen, die Buddha in den *Sutras der Vollkommenheit der Weisheit* gab. Siehe *Ozean von Nektar.*

Chittamatra Die niedere der zwei Schulen der Mahayana Lehrsätze. «Chittamatra» bedeutet «nur Geist». Nach dieser Schule haben alle Phänomene die gleiche Natur wie der sie erfassende Geist. Sie behauptet auch, dass abhängige Phänomene wahrhaft existierend sind, aber nicht außerhalb des Geistes existieren. Ein Chittamatrin ist ein Befürworter von Chittamatra Lehrsätzen. Siehe *Sinnvoll zu betrachten* und *Ozean von Nektar.*

Dakinis/Dakas Weibliche tantrische Buddhas und diejenigen Frauen, die das sinnklare Licht verwirklicht haben. Dakas sind die männliche Entsprechung. Siehe *Führer ins Dakiniland.*

Dämon Sanskrit für «Mara». Alles, was die Erlangung der Befreiung oder Erleuchtung behindert. Es gibt vier Hauptarten von Dämonen: den Dämon der Verblendungen, den Dämon der verunreinigten Anhäufungen, den Dämon des unkontrollierten Todes und die Devaputra Dämonen. Nur letztere sind eigentliche fühlende Wesen. Der wichtigste Devaputra Dämon ist der zornvolle Ishvara, der höchste der Götter des Begierdebereichs, der im Land des Kontrollierens der Emanationen wohnt. Buddha wird «Eroberer» genannt, weil er oder sie alle vier Arten von Dämonen erobert oder besiegt hat. Siehe *Das neue Herz der Weisheit.*

Darbringung an den spirituellen Meister *Lama Chöpa* auf Tibetisch. Ein besonderer Guru Yoga von Je Tsongkhapa, bei dem unser spiritueller Meister im Aspekt von Lama Losang Tubwang

Dorjechang visualisiert wird. Die Anleitung zu dieser Praxis wurde von Buddha Manjushri in der *Kadam Emanationsschrift* enthüllt und vom ersten Panchen Lama (1569-1662 n. Chr.) niedergeschrieben. Es ist eine wesentliche vorbereitende Praxis für Vajrayana Mahamudra. Vgl. auch *Lama Losang Tubwang Dorjechang*. Übersetzung und vollständiger Kommentar siehe *Große Schatzkammer der Verdienste*.

Degenerierte Zeiten Eine Zeit, in der spirituelle Aktivität degeneriert.

Dharma Buddhas Lehre und die inneren Verwirklichungen, die erlangt werden, wenn wir sie praktizieren. «Dharma» bedeutet «Schutz». Indem wir Buddhas Lehre praktizieren, schützen wir uns selbst vor Leiden und Problemen.

Dharma Beschützer Eine Manifestation eines Buddha oder Bodhisattva, dessen Hauptfunktion es ist, Hindernisse zu beseitigen und alle notwendigen Bedingungen für reine Dharma Praktizierende bereitzustellen. Auf Sanskrit auch «Dharmapala» genannt. Siehe *Herzjuwel*.

Drei Bereiche Die drei Ebenen innerhalb Samsaras: der Begierdebereich, der Formbereich und der formlose Bereich. Die Wesen des Begierdebereichs haben starke Verblendungen, die Wesen des Formbereichs haben subtilere Verblendungen und die Wesen des formlosen Bereichs haben sehr subtile Verblendungen. Siehe auch *Begierdebereich, Formbereich* und *formloser Bereich*.

Drei Zeiten Vergangenheit, Gegenwart und Zukunft. Siehe *Ozean von Nektar*.

Ebene/Spirituelle Ebene Eine klare Verwirklichung, die als Grundlage für viele gute Eigenschaften dient. Eine klare Verwirklichung ist eine Verwirklichung, die von spontaner Entsagung oder Bodhichitta gehalten wird. Die zehn Ebenen sind die Verwirklichungen höherer Bodhisattvas: Sehr freudvoll, Makellos, Leuchtend, Strahlend, Schwer zu überwinden, Sich nähernd, Weit gegangen, Unbeweglich, Gute Intelligenz und Wolke des Dharma. Siehe auch *Pfad/Spiritueller Pfad*. Siehe *Ozean von Nektar*.

Element Tibetisch «Kham» Die Natur jedes Phänomens. Alle Phänomene haben ihre eigene Natur, die alle in den achtzehn Elementen enthalten sind. Siehe auch *Elemente, vier*. Siehe *Das neue Herz der Weisheit* und *Ozean von Nektar*.

Elemente, vier Tibetisch «jung wa». Erde, Wasser, Feuer, Wind und Raum. Man kann sagen, dass alle Materie aus einer Kombination dieser Elemente zusammengesetzt ist. Es gibt fünf innere Elemente (diejenigen, die mit dem Kontinuum einer Person verbunden sind) und fünf äußere Elemente (diejenigen, die nicht mit dem Kontinuum einer Person verbunden sind). Diese Elemente sind nicht das Gleiche wie die Erde eines Feldes, das Wasser eines Flusses und so weiter. Vielmehr sind die Elemente Erde, Wasser, Feuer, Wind und Raum im weitesten Sinne jeweils die Eigenschaften von Festigkeit, flüssigem Zustand, Hitze, Bewegung und Raum.

Endgültige Wahrheit Die endgültige Natur aller Phänomene, Leerheit. Siehe *Das neue Herz der Weisheit*, *Sinnvoll zu betrachten* und *Ozean von Nektar*.

Erzeugungsstufe Die Verwirklichung eines kreativen Yoga vor dem Erreichen der eigentlichen Vollendungsstufe, die durch die Praxis des Bringens der drei Körper in den Pfad erlangt wird. In dieser Praxis erzeugt man sich im Geist als tantrische Gottheit und die Umgebung als Mandala dieser Gottheit. Die Meditation über die Erzeugungsstufe wird «kreativer Yoga» genannt, weil ihr Objekt durch richtige Vorstellung «kreiert» oder erzeugt wird. Siehe *Moderner Buddhismus*, *Tantrische Ebenen und Pfade* und *Mahamudra Tantra*.

Feindzerstörer «Arhat» in Sanskrit. Ein Praktizierender, der alle Verblendungen und ihre Samen durch Schulung auf den spirituellen Pfaden aufgegeben hat und nie wieder in Samsara geboren wird. Das Wort «Feind» bezieht sich in diesem Zusammenhang auf die Verblendungen. Siehe auch *Hörer*.

Formbereich Die Umgebung der Götter, die Form haben.

Formloser Bereich Der Bereich der Götter, die keine Form haben.

Fühlendes Wesen Jedes Wesen, das einen von Verblendungen oder deren Prägungen verunreinigten Geist hat. Begriffe wie «fühlendes Wesen» und «Lebewesen» werden verwendet, um Wesen, deren Geist von einer dieser beiden Behinderungen verunreinigt ist, von den Buddhas zu unterscheiden, deren Geist völlig frei von diesen Behinderungen ist.

Fünfunddreißig Bekenntnisbuddhas Fünfunddreißig Buddhas, die besondere Kräfte haben, um die Negativität und Übertretungen derjenigen zu reinigen, die ihre Namen mit Vertrauen rezitieren. Siehe *Das Bodhisattva Gelübde*.

Geheimes Mantra Gleichbedeutend mit Tantra. Die Lehren des Geheimen Mantra unterscheiden sich insofern von den Lehren des Sutra, als sie Methoden der Geistesschulung enthüllen, die das zukünftige Ergebnis, Buddhaschaft, in den gegenwärtigen Pfad bringen. Geheimes Mantra ist der höchste Pfad zur vollen Erleuchtung. Der Begriff «Mantra» weist darauf hin, dass es sich um Buddhas besondere Anleitung handelt, wie wir unseren Geist vor gewöhnlichen Erscheinungen und Vorstellungen schützen können. Praktizierende des Geheimen Mantra überwinden gewöhnliche Erscheinungen und Vorstellungen indem sie ihren Körper, ihre Umgebung, ihre Vergnügen und Taten als diejenigen eines Buddha visualisieren. Der Begriff «Geheim» zeigt, dass die Praxis diskret und nur von denjenigen geübt werden soll und kann, die eine tantrische Ermächtigung empfangen haben. Siehe *Tantrische Ebenen und Pfade, Moderner Buddhismus, Mahamudra Tantra, Führer ins Dakiniland* und *Essenz des Vajrayana.*

Geistesschulung in sieben Punkten Ein Kommentar zu *Acht Verse der Geistesschulung*, der von Bodhisattva Chekhawa verfasst wurde. Übersetzung und vollständiger Kommentar siehe *Allumfassendes Mitgefühl.*

Geistige Stabilisierung Im Allgemeinen sind die Begriffe «geistige Stabilisierung» und «Konzentration» austauschbar. Insbesondere wird der Begriff «Konzentration» benutzt, wenn man sich auf die Natur der Konzentration bezieht, Einsgerichtetheit, und der Begriff «geistige Stabilisierung» wird benutzt, wenn man sich auf die Funktion der Konzentration bezieht, nämlich Stabilität.

Geistiger Faktor Ein Erkenner, der hauptsächlich ein bestimmtes Merkmal eines Objekts erfasst. Es gibt einundfünfzig spezifische geistige Faktoren. Jeder Moment von Geist besteht aus einem primären Geist und unterschiedlichen geistigen Faktoren. Siehe *Wie wir den Geist verstehen.*

Gelübde Ein tugendhafter Entschluss, bestimmte Fehler aufzugeben, der in Verbindung mit einem traditionellen Ritual erzeugt wird. Die drei Gruppen von Gelübden sind die Pratimoksha Gelübde der individuellen Befreiung, die Bodhisattva Gelübde und die Gelübde des Geheimen Mantra. Siehe *Das Bodhisattva Gelübde* und *Tantrische Ebenen und Pfade.*

Gelug Die von Je Tsongkhapa begründete Tradition. Der Name «Gelug» bedeutet «Tugendhafte Tradition». Ein Gelugpa ist ein Praktizierender, der dieser Tradition folgt. Manchmal bezieht man sich auf Gelugpas als «neue Kadampas». Siehe *Herzjuwel.*

Geshe Ein Titel, der vollendeten buddhistischen Gelehrten von den Kadampa Klöstern verliehen wird. Eine Abkürzung des tibetischen «ge wai she nyen», was wörtlich «tugendhafter Freund» bedeutet.

Gewissenhaftigkeit Ein geistiger Faktor, der in Abhängigkeit von Bemühen Tugendhaftes schätzt und den Geist vor Verblendung und Nichttugend schützt. Siehe *Sinnvoll zu betrachten* und *Wie wir den Geist verstehen.*

Gewöhnliche Erscheinung und Vorstellung Gewöhnliche Erscheinung ist jede Erscheinung, die durch einen unreinen Geist entsteht und gewöhnliche Vorstellung ist jeder Geist, der sich Dinge als gewöhnlich vorstellt. Dem Geheimen Mantra zufolge sind gewöhnliche Erscheinungen Behinderungen zur Allwissenheit und gewöhnliche Vorstellungen sind Behinderungen zur Befreiung. Siehe *Tantrische Ebenen und Pfade, Moderner Buddhismus, Mahamudra Tantra* und *Führer ins Dakiniland.*

Gewöhnliches Wesen Jeder, der Leerheit nicht direkt verwirklicht hat.

Glückliches Äon Der Name, der diesem Weltzeitalter gegeben wurde. Es wird so genannt, weil eintausend Gründer-Buddhas in diesem Äon erscheinen werden. Buddha Shakyamuni war der vierte und Buddha Maitreya wird der fünfte sein. Ein Äon, in dem keine Buddhas erscheinen, wird ein «dunkles Äon» genannt.

Göttlicher Stolz Ein nichtverblendeter Stolz, der sich selbst als Gottheit und die Umgebung und die Vergnügen als diejenigen der Gottheit betrachtet. Er ist das Gegenmittel gegen gewöhnliche Vorstellungen. Siehe *Führer ins Dakiniland.*

Goldenes Zeitalter Eine Zeit, in der fühlende Wesen Verdienste im Überfluss haben und in der Dharma Aktivitäten blühen. Es ist das Gegenteil von degenerierten Zeiten.

Gottheit «Yidam» auf Tibetisch. Ein tantrisches erleuchtetes Wesen.

Grundlage der Leerheit Jedes Phänomen, für das inhärente Existenz durch die Verwirklichung seiner Leerheit verneint wird. Da alle Phänomene, einschließlich der Leerheit selbst, leer von inhärenter Existenz sind, ist jedes Phänomen eine Grundlage von Leerheit. In den *Sutras der Vollkommenheit der Weisheit in einhunderttausend Zeilen* erklärt Buddha, dass alle Phänomene in hundertacht Kategorien enthalten sind, von Form bis allwissendem Geist, wobei jedes eine Grundlage von Leerheit ist. Siehe *Das neue Herz der Weisheit* und *Ozean von Nektar.*

Grundlage der Zuschreibung Alle Phänomene werden auf ihre Teile zugeschrieben. Deshalb ist jeder einzelne Teil oder die gesamte Ansammlung der Teile jedes Phänomens seine Grundlage der Zuschreibung. Ein Phänomen wird in Abhängigkeit von der Grundlage der Zuschreibung, die diesem Geist erscheint, vom Geist zugeschrieben. Siehe *Das neue Herz der Weisheit* und *Ozean von Nektar.*

Guru Sanskrit für «spiritueller Meister». Siehe auch *Wurzelguru* und *spiritueller Meister.*

Handlungsmudra Gefährtin oder Gefährte im Höchsten Yoga Tantra, die bei der Erzeugung großer Glückseligkeit unterstützen. Siehe *Das klare Licht der Glückseligkeit* und *Tantrische Ebenen und Pfade.*

Held und Heldin Ein Held ist eine männliche tantrische Gottheit, die Methode verkörpert. Eine Heldin ist eine weibliche tantrische Gottheit, die Weisheit verkörpert. Siehe *Führer ins Dakiniland*.

Hellsicht Fähigkeiten, die aus besonderer Konzentration entstehen. Es gibt fünf Hauptarten der Hellsicht: die Hellsicht des göttlichen Auges (die Fähigkeit, subtile und entfernte Formen zu sehen), die Hellsicht des göttlichen Ohres (die Fähigkeit, subtile und entfernte Laute zu hören), die Hellsicht der Wunderkräfte (die Fähigkeit, aus dem Geist verschiedene Formen auszustrahlen), die Hellsicht, fühere Leben zu kennen und die Hellsicht, den Geist anderer zu kennen. Manche Wesen, wie zum Beispiel Bardowesen und manche Menschen und Geister, haben verunreinigte Hellsicht, die aufgrund von Karma entwickelt wird. Dies ist aber nicht eigentliche Hellsicht.

Herr des Todes Obwohl der Dämon des unkontrollierten Todes kein fühlendes Wesen ist, ist er als der Herr des Todes oder «Yama» personifiziert. Der Herr des Todes wird auf dem Diagramm des Lebensrades gezeigt, wie er das Rad mit Klauen und Zähnen umklammert.

Heruka Eine Hauptgottheit des Mutter Tantra, die die Verkörperung der untrennbaren Glückseligkeit und Leerheit ist. Er hat einen blaufarbigen Körper, vier Gesichter und zwölf Arme, und umarmt seine Gefährtin Vajravarahi. Siehe *Moderner Buddhismus* und *Essenz des Vajrayana*.

Herz Sutra Eines von mehreren *Sutras der Vollkommenheit der Weisheit*, die Buddha lehrte. Obwohl es viel kürzer als die anderen *Sutras der Vollkommenheit der Weisheit* ist, enthält es explizit oder implizit ihre gesamte Bedeutung. Auch als *Sutra der Essenz der Weisheit* bekannt. Übersetzung und vollständiger Kommentar siehe *Das neue Herz der Weisheit*.

Hinayana Sanskrit für «Kleineres Fahrzeug». Das Ziel des Hinayana ist, nur uns selbst von Leiden zu befreien, indem wir Verblendungen vollkommen aufgeben.

Höheres Wesen «Arya» in Sanskrit. Ein Wesen, das eine direkte Verwirklichung der Leerheit hat. Es gibt Hinayana Höhere und Mahayana Höhere.

Hörer Eine der zwei Arten von Hinayana Praktizierenden. Sowohl Hörer als auch Alleinige Verwirklicher sind Hinaya Praktizierende, aber sie unterscheiden sich in ihrer Motivation, ihrem Benehmen, ihren Verdiensten und ihrer Weisheit. Auf allen diesen Gebieten sind Alleinige Verwirklicher den Hörern überlegen. Siehe *Ozean von Nektar*.

Illusorischer Körper Der subtile Gottheitskörper, der in erster Linie aus dem unzerstörbaren Wind entwickelt wird. Wenn sich ein Praktizierender oder eine Praktizierende aus der Meditation des isolierten Geistes des endgültigen beispielklaren Lichts erhebt, erlangt er oder sie einen Körper, der nicht der gleiche ist, wie ihr gewöhnlicher physischer Körper. Dieser neue Körper ist der illusorische Körper. Er hat die gleiche Erscheinung wie der Körper der persönlichen Gottheit der Erzeugungsstufe, außer dass er von weißer Farbe ist. Er kann nur von denjenigen wahrgenommen werden, die bereits den illusorischen Körper erlangt haben. Siehe *Das klare Licht der Glückseligkeit* und *Tantrische Ebenen und Pfade.*

Indra Ein weltlicher Gott. Siehe *Das neue Herz der Weisheit.*

Innere Winde Besondere subtile Winde, die mit dem Geist in Beziehung stehen und durch die Kanäle unseres Körpers fließen. Unser Körper und Geist können ohne diese Winde nicht funktionieren. Siehe *Mahamudra Tantra, Das klare Licht der Glückseligkeit* und *Tantrische Ebenen und Pfade.*

Ishvara Ein Gott, der im Land des Kontrollierens von Emanationen weilt, der höchsten Existenzform im Begierdebereich. Ishvara hat begrenzte, verunreinigte Wunderkräfte, die ihn mächtiger als andere Wesen im Begierdebereich machen. Wenn wir uns Ishvara anvertrauen, können wir möglicherweise vorübergehenden Nutzen in diesem Leben erhalten, wie zum Beispiel eine Zunahme von Vermögen oder Besitz, aber der zornvolle Ishvara ist der Feind derjenigen, die Befreiung suchen, und er stört ihren spirituellen Fortschritt. Deshalb sagt man, er sei eine Art von Devaputra Dämon.

Je Phabongkhapa (1878-1941 n. Chr.) Ein großer tibetischer Lama, der eine Emanation Herukas war. Phabongkhapa Rinpoche war der Halter vieler Überlieferungslinien von Sutra und Geheimem Mantra. Er war der Wurzelguru von Vajradhara Trijang Rinpoche.

Je Tsongkhapa (1357-1419 n. Chr.) Eine Emanation des Weisheitsbuddha Manjushri, dessen Erscheinen als Mönch und Halter der reinen Sicht und reinen Taten im Tibet des vierzehnten Jahrhunderts von Buddha vorhergesagt wurde. Er verbreitete einen sehr reinen Buddhadharma in ganz Tibet und zeigte, wie man die Übungen von Sutra und Tantra miteinander verbindet und reinen Dharma in degenerierten Zeiten praktiziert. Seine Tradition wurde später als «Gelug» oder «Ganden Tradition» bekannt. Siehe *Herzjuwel* und *Große Schatzkammer der Verdienste.*

Kadampa Ein tibetischer Begriff, wobei «Ka» «Wort» bedeutet und sich auf alle Unterweisungen Buddhas bezieht. «Dam» bezieht sich auf die besonderen Lamrim Anleitungen von Atisha, die als «Stufen des Pfades zur Erleuchtung» bekannt sind, und «pa» bezieht sich auf einen Anhänger des Kadampa Buddhismus, der alle Lehren Buddhas, die er kennt, in seine Lamrim Praxis integriert. Siehe auch *Kadampa Buddhismus* und *Kadampa Tradition*. Siehe *Moderner Buddhismus.*

Kadampa Buddhismus Eine Schule des Mahayana Buddhismus, die vom großen indischen buddhistischen Meister Atisha (982–1054 n. Chr.) begründet wurde. Siehe auch *Kadampa, Kadampa Tradition* und *Neue Kadampa Tradition*.

Kadampa Tradition Die reine Tradition des Buddhismus, die von Atisha begründet wurde. Die Anhänger dieser Tradition heißen bis zu der Zeit Je Tsongkhapas «alte Kadampas». Diejenigen nach Je Tsongkhapas Zeit werden «neue Kadampas» genannt. Siehe auch *Kadampa, Kadampa Buddhismus* und *Neue Kadampa Tradition*.

Kanäle Subtile innere Durchgänge des Körpers, durch die subtile Tropfen fließen, die von inneren Winden bewegt werden. Siehe *Mahamudra Tantra* und *Das klare Licht der Glückseligkeit*.

Khädrubje (1385-1438 n. Chr.) Einer der Hauptschüler Je Tsongkhapas, der Großes leistete, um die Tradition Je Tsongkhapas zu fördern, nachdem dieser verstorben war. Siehe *Große Schatzkammer der Verdienste*.

Klare Erscheinung Im Allgemeinen eine klare Wahrnehmung des Meditationsobjekts. Im Besonderen ist sie eine Praxis des Geheimen Mantra, wobei der Praktizierende, der sich selbst als Gottheit und die Umgebung als Mandala der Gottheit erzeugt hat, versucht, eine klare Erscheinung des gesamten Objekts für seine oder ihre Konzentration zu erlangen. Sie ist das Gegenmittel gegen gewöhnliche Erscheinungen. Siehe *Moderner Buddhismus* und *Führer ins Dakiniland*.

Klares Licht Ein manifester sehr subtiler Geist, der eine Erscheinung wie von klarem, leerem Raum wahrnimmt. Siehe *Moderner Buddhismus, Das klare Licht der Glückseligkeit, Mahamudra Tantra* und *Tantrische Ebenen und Pfade*.

Kollektives Karma Das Karma, das wir erschaffen, wenn wir in Verbindung mit anderen handeln. Diejenigen, die gemeinsam Karma erschaffen, erleben auch seine Auswirkungen gemeinsam.

Konventionelle Wahrheit Jedes Phänomen außer Leerheit. Konventionelle Wahrheiten sind in Bezug auf den Geist gewöhnlicher Wesen wahr, aber in Wirklichkeit sind sie unwahr. Siehe *Das neue Herz der Weisheit, Moderner Buddhismus*.

Konzentrationswesen Ein Symbol für Buddhas Wahrheitskörper, der normalerweise als ein Samenbuchstabe im Herzen eines Verpflichtungs- oder Weisheitswesens visualisiert wird. Es wird so genannt, weil es durch Konzentration erzeugt wird.

Lama Losang Tubwang Dorjechang Eine besondere Manifestation Je Tsongkhapas, die dem großen Yogi Dharmavajra direkt offenbart wurde. In dieser Manifestation erscheint Je Tsongkhapa als vollordinierter Mönch, der den Hut eines Pandits mit langen Ohrenklappen trägt. Buddha Shakyamuni ist in seinem Herzen und in dessen Herzen ist Eroberer Vajradhara. In der Praxis *Darbringung an den spirituellen Meister* visualisieren wir unseren spirituellen Meister in diesem Aspekt. Siehe *Große Schatzkammer der Verdienste.*

Land der dreiunddreißig Himmel Einer von den sechs Bereichen der Begierdebereichsgötter. Diese sind der Reihe nach: Land der vier großen Könige, Land der dreiunddreißig Himmel, Land ohne Kampf, Freudvolles Land, Land des Genießens der Emanationen und Land des Kontrollierens der Emanationen.

Langri Tangpa, Geshe (1054-1123 n. Chr.) Ein großer Kadampa Lehrer, der aufgrund seiner Verwirklichung des Austauschens vom Selbst mit anderen berühmt war. Er verfasste *Acht Verse der Geistesschulung.* Siehe *Acht Schritte zum Glück.*

Lehrsätze Siehe auch *Schulen buddhistischer Lehrsätze.*

Leitfaden für die Lebensweise eines Bodhisattva Ein klassischer Text des Mahayana Buddhismus, der vom großen indischen buddhistischen Yogi und Gelehrten Shantideva verfasst wurde und alle Übungen eines Bodhisattva darlegt, von der anfänglichen Erzeugung von Bodhichitta bis zur Vollendung der Praxis der sechs Vollkommenheiten. Übersetzung siehe *Leitfaden für die Lebensweise eines Bodhisattva.* Vollständiger Kommentar dazu siehe *Sinnvoll zu betrachten.*

Leitfaden zum Mittleren Weg Ein klassischer Text des Mahayana Buddhismus, der vom großen indischen buddhistischen Yogi und Gelehrten Chandrakirti verfasst wurde und der eine umfassende Erläuterung der Madhyamika-Prasangika Sicht der Leerheit bietet, wie sie in den *Sutras der Vollkommenheit der Weisheit* gelehrt wird. Übersetzung und vollständiger Kommentar siehe *Ozean von Nektar.*

Madhyamika Ein Sanskritbegriff, der wörtlich «mittlerer Weg» bedeutet. Die höhere der zwei Schulen der Mahayana Lehrsätze. Die Madhyamika Sicht wurde von Buddha in den *Sutras der Vollkommenheit der Weisheit* während der zweiten Drehung des Dharma Rades gelehrt. Später wurde diese Sicht von Nagarjuna und seinen Anhängern weiter erläutert. Diese Schule ist unterteilt in die Madhyamika-Svatantrika und die Madhyamika-Prasangika, wobei letztere Buddhas endgültige Sicht ist. Siehe *Sinnvoll zu betrachten* und *Ozean von Nektar*.

Mahamudra Sanskritbegriff, der wörtlich «großes Siegel» bedeutet. Laut Sutra bezieht es sich auf die tiefgründige Sicht der Leerheit. Da Leerheit die Natur aller Phänomene ist, wird sie ein «Siegel» genannt und da uns eine direkte Verwirklichung der Leerheit befähigt, das große Ziel zu erreichen, die vollständige Befreiung von den Leiden Samsaras, wird sie auch «groß» genannt. Laut Tantra, oder Vajrayana, ist das große Siegel die Vereinigung von spontaner großer Glückseligkeit und Leerheit. Siehe *Große Schatzkammer der Verdienste, Das klare Licht der Glückseligkeit* und *Mahamudra Tantra*.

Mahasiddha Sanskrit für «Großer Verwirklichter». Wird für Yogis und Yoginis mit hohen Erlangungen verwendet.

Maitreya Die Verkörperung der liebenden Güte aller Buddhas. Zu der Zeit Buddha Shakyamunis manifestierte er sich als ein Bodhisattvaschüler. In Zukunft wird er sich als der fünfte Gründer-Buddha manifestieren.

Manjushri Die Verkörperung der Weisheit aller Buddhas. Zu der Zeit Buddha Shakyamunis manifestierte er sich als ein Bodhisattvaschüler. Siehe *Große Schatzkammer der Verdienste* und *Herzjuwel*.

Mantra Ein Sanskritwort, das wörtlich «Geistesschutz» bedeutet. Mantra beschützt den Geist vor gewöhnlichen Erscheinungen und Vorstellungen. Es gibt vier Arten von Mantras: Mantras, die Geist sind; Mantras, die innerer Wind sind; Mantras, die Klang sind; und Mantras, die Form sind. Im Allgemeinen gibt es drei Arten der Mantrarezitation: verbale Rezitation, geistige Rezitation und Vajrarezitation. Siehe *Tantrische Ebenen und Pfade*.

Meditatives Gleichgewicht Einsgerichtete Konzentration auf ein tugendhaftes Objekt wie Leerheit. Siehe *Ozean von Nektar*.

Milarepa (1040-1123 n. Chr.) Ein großer tibetischer buddhistischer Meditierender und Schüler von Marpa, der für seine wunderschönen Lieder der Verwirklichung berühmt ist.

Mittlerer Weg Die richtige Sicht der Leerheit vermeidet beide Extreme, deshalb wird Leerheit der «mittlere Weg» genannt. Siehe auch *Madhyamika*.

Mündliche Überlieferung Das Gewähren von Segnungen durch mündliche Anleitung. Diese Segnungen zu erhalten ist essenziell für das Erlangen authentischer Verwirklichungen. Alle Urtexte und die Kommentare dazu wurden in einer reinen, ungebrochenen Überlieferungslinie von Lehrer an Schüler weitergeben, von Buddhas Zeit an bis zum heutigen Tag. Es ist Brauch, dass der Lehrer am Ende einer Unterweisung alle Worte des Textes rezitiert, genau wie er oder sie diese von seinem oder ihrem eigenen Lehrer gehört hat. Es gilt, ein Schüler habe eine Unterweisung nicht erhalten, ehe er nicht Worte aus dem Munde eines qualifizierten spirituellen Meisters vernommen hat. Eine Unterweisung, die auf diese Weise empfangen wurde, ist vollkommen rein und trägt die Segnungen aller Überlieferungsliniengurus, die die gleiche Unterweisung in der Vergangenheit überliefert haben.

Naga Ein nichtmenschliches Wesen, das von Menschen normalerweise nicht gesehen werden kann. Es heist, dass die obere Hälfte menschlich und die untere Hälfte eine Schlange ist. Nagas leben gewöhnlich in den Meeren dieser Welt, aber manchmal sind sie auch auf dem Land in Wäldern oder auf Bergen zu finden. Sie sind sehr mächtig, einige sind wohlwollend, andere böswillig. Viele Krankheiten, die als «Naga Krankheiten» bekannt sind, werden durch sie verursacht und können nur durch bestimmte Naga Rituale geheilt werden.

Nagarjuna Ein großer buddhistischer Gelehrter und Meditationsmeister aus Indien, der das Mahayana im ersten Jahrhundert nach Christus wiederbelebte, indem er die Unterweisungen über die *Sutras der Vollkommenheit der Weisheit* ans Licht brachte. Siehe *Ozean von Nektar*.

Naropa (1016-1100 n. Chr.) Ein Mahasiddha aus Indien und Linienguru in der Höchsten Yoga Tantra Praxis von Vajrayogini. Siehe *Führer ins Dakiniland*.

Negatives Phänomen Ein Objekt, das durch einen Geist verwirklicht wird, der ausdrücklich ein verneintes Objekt beseitigt. Leerheit ist zum Beispiel ein negatives Phänomen, da sie durch einen Geist verwirklicht wird, der direkt sein verneintes Objekt, inhärente Existenz, verneint. Es gibt zwei Arten von negativen Phänomenen: bestätigende Negative und nichtbestätigende Negative. Ein bestätigendes Negativ ist ein negatives Phänomen, das durch einen Geist verwirklicht wird, der sein verneintes Objekt beseitigt, während er ein anderes Phänomen verwirklicht. Ein nichtbestätigendes Negativ ist ein negatives Phänomen, das durch einen Geist verwirklicht wird, der lediglich sein verneintes Objekt beseitigt, ohne ein anderes Phänomen zu verwirklichen. Siehe *Moderner Buddhismus, Das neue Herz der Weisheit* und *Ozean von Nektar*.

Neid/Eifersucht Ein verblendeter geistiger Faktor, dem es missfällt, wenn er die Vergnügen, guten Eigenschaften oder das Glück anderer beobachtet. Siehe *Wie wir den Geist verstehen*.

Neue Kadampa Tradition – Internationale Union des Kadampa Buddhismus (NKT-IKBU) Die Vereinigung der Zentren des Kadampa Buddhismus, ein internationaler Verband von Studien- und Meditationszentren, die der reinen Tradition des Mahayana Buddhismus folgen, die von den buddhistischen Meditierenden und Gelehrten Atisha und Je Tsongkhapa stammt und durch den buddhistischen Lehrer, den Ehrwürdigen Geshe Kelsang Gyatso, in den Westen gebracht wurde.

Nichttugend Ein Phänomen, das die Hauptursache von Leiden ist. Es kann sich auf nichttugendhafte Geisteszustände, nichttugendhafte Handlungen, nichttugendhafte Prägungen oder die endgültige Nichttugend von Samsara beziehen. Siehe *Wie wir den Geist verstehen.*

Nur-Gute, der Eine deutsche Bezeichnung für Samantabhadra, einen Bodhisattva, der für seine umfangreichen Darbringungen berühmt war. Siehe *Große Schatzkammer der Verdienste.*

Objekt, das aufzugeben ist Jedes Objekt, das die Hauptursache von Leiden ist wie Unwissenheit, andere Verblendungen oder nichttugendhafte Handlungen.

Pfad/spiritueller Pfad Ein erhabenes Gewahrsein, das mit nichtgeschaffener oder spontaner Entsagung verbunden ist. Spiritueller Pfad, spirituelle Ebene, spirituelles Fahrzeug und erhabenes Gewahrsein sind Synonyme. Siehe auch *Ebene/spirituelle Ebene.* Siehe *Tantrische Ebenen und Pfade, Mahamudra Tantra* und *Ozean von Nektar.*

Prägung Es gibt zwei Arten von Prägungen: Prägungen der Handlungen und Prägungen der Verblendungen. Jede Handlung, die wir begehen, lässt eine Prägung im Geisteskontinuum zurück und diese Prägungen sind karmische Potenziale, die dazu führen, in der Zukunft bestimmte Auswirkungen zu erleben. Die Prägungen der Verblendungen bleiben zurück, selbst nachdem die eigentlichen Verblendungen aufgegeben wurden, wie etwa der Geruch von Knoblauch in einem Gefäß zurückbleibt, nachdem der Knoblauch entfernt wurde. Die Prägungen der Verblendungen sind Behinderungen zur Allwissenheit und werden nur von Buddhas vollständig aufgegeben.

Pratimoksha Sanskrit für «individuelle Befreiung». Siehe *Das Bodhisattva Gelübde.*

Primärer Geist Ein Erkenner, der hauptsächlich die bloße Wesenheit eines Objekts erfasst. Synonym zu Bewusstsein. Es gibt sechs primäre Geistesarten: Augenbewusstsein, Ohrenbewusstsein, Nasenbewusstsein, Zungenbewusstsein, Körperbewusstsein und geistiges Bewusstsein. Jeder Moment des Geistes besteht aus einem primären Geist und verschiedenen geistigen Faktoren. Ein primärer Geist und seine begleitenden geistigen Faktoren sind dieselbe Wesenheit, haben aber unterschiedliche Funktionen. Siehe *Wie wir den Geist verstehen*.

Rad des Dharma Sammlung von Buddhas Lehren. Buddha gab seine Lehren in drei wesentlichen Phasen, die als die «Drei Drehungen des Dharma Rades» bekannt sind. Während der ersten Drehung lehrte er die Vier Edlen Wahrheiten, während der zweiten lehrte er die *Sutras der Vollkommenheit der Weisheit* und enthüllte die Sicht der Madhyamika-Prasangika und während der dritten lehrte er die Chittamatra Sicht. Diese Lehren wurden entsprechend der Neigung und Veranlagung der Schüler gegeben. Buddhas endgültige Sicht ist die der zweiten Drehung des Dharma Rades. Der Dharma wird mit dem kostbaren Rad verglichen, einem der Güter eines legendären Chakravatin Königs. Dieses Rad konnte den König in sehr kurzer Zeit über große Entfernungen tragen und es hieß, dass dort, wo das kostbare Rad war, der König regierte. Ganz ähnlich hieß es, dass Buddha das Dharma Rad drehte, als er den Pfad zur Erleuchtung enthüllte, weil verblendete Geisteszustände gebändigt werden, wo auch immer diese Lehre gegenwärtig ist.

Reines Land Eine reine Umgebung, in der es keine wahren Leiden gibt. Es gibt viele Reine Länder. Tushita zum Beispiel ist das Reine Land von Buddha Maitreya, Sukhavati ist das Reine Land von Buddha Amitabha und Dakiniland oder Keajra ist das Reine Land von Buddha Vajrayogini und Buddha Heruka. Siehe *Sinnvoll leben, freudvoll sterben*.

Rücksicht auf andere Ein geistiger Faktor, dessen Funktion es ist, unangemessene Handlungen zu vermeiden, aus Gründen, die andere betreffen. Siehe *Wie wir den Geist verstehen*.

Sadhana Ein rituelles Gebet für spirituelle Erlangungen. Es kann mit Sutra oder Tantra verbunden sein.

Samenbuchstabe Der heilige Buchstabe, aus dem eine Gottheit erzeugt wird. Jede Gottheit hat einen bestimmten Samenbuchstaben. Der Samenbuchstabe Manjushris ist zum Beispiel DHI, Taras ist TAM, Vajrayoginis ist BAM und Herukas ist HUM. Um tantrische Verwirklichungen zu erlangen, müssen wir erkennen, dass die Gottheiten und ihre Samenbuchstaben die gleiche Natur sind.

Sautrantika Die höhere der beiden Schulen von Hinayana Lehrsätzen. Diese Schule akzeptiert, dass sowohl Selbsterkenner als auch äußere Objekte wahrhaft existieren. Siehe *Sinnvoll zu betrachten* und *Ozean von Nektar*.

Schamgefühl Ein geistiger Faktor, der die Funktion hat, unangemessene Handlungen aus Gründen, die uns selbst betreffen, zu vermeiden. Siehe *Wie wir den Geist verstehen.*

Schulen buddhistischer Lehrsätze Vier philosophische Sichtweisen, die von Buddha entsprechend den Neigungen und Veranlagungen der Schüler gelehrt wurden. Sie sind die Vaibashika, Sautrantika, Chittamatra und Madhyamika Schule. Die ersten beiden sind Hinayana Schulen und die anderen beiden sind Mahayana Schulen. Sie werden der Reihe nach studiert, wobei die niederen Lehrsätze das Mittel sind, durch das die höheren verstanden werden. Siehe *Sinnvoll zu betrachten* und *Ozean von Nektar.*

Segnungen Die Umwandlung unseres Geistes von einem negativen zu einem positiven Zustand, von einem unglücklichen zu einem glücklichen Zustand oder von einem Zustand der Schwäche zu einem Zustand der Stärke, durch die Inspiration von heiligen Wesen wie unserem spirituellen Meister, den Buddhas und Bodhisattvas.

Shantideva (687-763 n. Chr.) Großer buddhistischer Gelehrter und Meditationsmeister aus Indien. Er verfasste den *Leitfaden für die Lebensweise eines Bodhisattva*. Siehe *Sinnvoll zu betrachten* und *Leitfaden für die Lebensweise eines Bodhisattva.*

Siebenunddreißig Verwirklichungen, die der Erleuchtung förderlich sind Jeder spirituelle Pfad, der zur Erleuchtung führt. Siehe *Ozean von Nektar.*

Sinneskraft Eine innere Kraft, die sich genau in der Mitte eines Sinnesorgans befindet und die Funktion hat, direkt ein Sinnesgewahrsein zu erzeugen. Es gibt fünf Sinneskräfte, eine für jede Art von Sinnesgewahrsein, dem Augengewahrsein und so weiter. Sie sind auch als «Sinneskräfte, die Form haben» bekannt. Siehe *Wie wir den Geist verstehen.*

Spiritueller Meister «Guru» in Sanskrit und «Lama» auf Tibetisch. Ein Lehrer, der uns entlang des spirituellen Pfades führt. Siehe *Große Schatzkammer der Verdienste.*

Spontane große Glückseligkeit Eine besondere Glückseligkeit, die durch das Schmelzen der Tropfen im Zentralkanal erzeugt wird. Sie wird erlangt, indem man Kontrolle über die inneren Winde gewinnt. Siehe *Das klare Licht der Glückseligkeit* und *Tantrische Ebenen und Pfade.*

Subtiler Geist Es gibt verschiedene Ebenen des Geistes: grobe, subtile und sehr subtile. Subtile Geistesarten manifestieren sich, wenn die inneren Winde sich innerhalb des Zentralkanals sammeln und auflösen. Siehe *Moderner Buddhismus* und *Das klare Licht der Glückseligkeit.*

Sutra Die Lehren Buddhas, die von allen geübt werden können, ohne dass dafür eine Ermächtigung notwendig ist. Sie beinhalten Buddhas Lehren der drei Drehungen des Dharma Rades.

Tantra Siehe auch *Geheimes Mantra.*

Tara Ein weiblicher Buddha, der eine Manifestation der endgültigen Weisheit aller Buddhas ist. «Tara» bedeutet «Retterin». Da sie ein Weisheitsbuddha ist und da sie die Manifestation des vollständig gereinigten Windelements aller Buddhas ist, kann Tara uns sehr schnell helfen.

Tathagata Sanskrit für «Jemand, der hinübergegangen ist», ein anderes Wort für Buddha.

Trijang Rinpoche (1901-1981 n. Chr.) Ein besonderer tibetischer Lama des zwanzigsten Jahrhunderts, der eine Emanation von Buddha Shakyamuni, Heruka, Atisha, Amitabha und Je Tsongkhapa war. Auch als «Trijang Dorjechang» und «Losang Yeshe» bekannt.

Tropfen Es gibt zwei Arten von Tropfen im Körper: weiße Tropfen und rote Tropfen. Sie sind die reine Essenz von Sperma und Blut. Wenn die Tropfen schmelzen und durch die inneren Kanäle fließen, führen sie zu einer Erfahrung von Glückseligkeit. Siehe *Das klare Licht der Glückseligkeit* und *Tantrische Ebenen und Pfade.*

Tugend Ein Phänomen, das eine Hauptursache von Glück ist. Es kann sich auf tugendhafte Geisteszustände, tugendhafte Handlungen, tugendhafte Prägungen oder die endgültige Tugend des Nirvana beziehen. Siehe *Wie wir den Geist verstehen.*

Überweltlicher Pfad Jeder Pfad, der zu Befreiung oder Erleuchtung führt, zum Beispiel die Verwirklichungen von Entsagung, Bodhichitta und der richtigen Sicht der Leerheit. Streng genommen besitzen nur höhere Wesen überweltliche Pfade. Siehe *Tantrische Ebenen und Pfade.*

Unbeständiges Phänomen Phänomene sind entweder beständig oder unbeständig. «Unbeständig» bedeutet «momentan». Daher ist ein unbeständiges Phänomen ein Phänomen, das innerhalb eines Moments erzeugt wird und zerfällt. Synonyme für unbeständiges Phänomen sind «funktionierende Sache», «Sache» und «Erzeugnis». Es gibt zwei Arten von Unbeständigkeit: grobe und subtile. Grobe Unbeständigkeit ist jede Unbeständigkeit, die mit einem gewöhnlichen Sinnesgewahrsein erkannt werden kann, zum Beispiel Altern und Tod eines fühlenden Wesens. Subtile Unbeständigkeit ist der momentane Zerfall einer funktionierenden Sache. Siehe *Das neue Herz der Weisheit.*

Unzerstörbarer Tropfen Der sehr subtile Tropfen, der sich im Herzen befindet. Er wird aus der Essenz der weißen und roten Tropfen gebildet, die wir von unseren Eltern zum Zeitpunkt der Empfängnis erhalten haben und umschließt den sehr subtilen Geist und seinen tragenden Wind. Diese roten und weißen Tropfen trennen sich nicht bis zum Zeitpunkt des Todes, wenn sie sich öffnen und den sehr subtilen Geist und seinen tragenden Wind ins nächste Leben gehen lassen. Siehe *Mahamudra Tantra, Tantrische Ebenen und Pfade* und *Das klare Licht der Glückseligkeit*.

Vaibhashika Die niedere der zwei Schulen der Hinayana Lehrsätze. Diese Schule akzeptiert keine Selbsterkenner und behauptet, dass äußere Objekte wahrhaft existieren. Siehe *Sinnvoll zu betrachten* und *Ozean von Nektar*.

Vairochana Die Manifestation der Anhäufung der Form aller Buddhas. Er hat einen weißfarbigen Körper.

Vajra Das Sanskritwort «Vajra» bedeutet im Allgemeinen unzerstörbar wie ein Diamant und kraftvoll wie ein Donnerschlag. Im Zusammenhang mit dem Geheimen Mantra bedeutet es die Untrennbarkeit von Methode und Weisheit, allwissende große Weisheit oder spontane große Glückseligkeit. Es ist ebenso der Name für einen Ritualgegenstand aus Metall. Siehe *Tantrische Ebenen und Pfade*.

Vajradhara Der Gründer des Vajrayana oder Tantra. Er ist das gleiche Geisteskontinuum wie Buddha Shakyamuni, zeigt aber einen anderen Aspekt. Buddha Shakyamuni erscheint im Aspekt eines Emanationskörpers und Eroberer Vajradhara erscheint im Aspekt eines Freudenkörpers. Siehe *Große Schatzkammer der Verdienste*.

Vajrakörper Im Allgemeinen die Kanäle, Tropfen und inneren Winde. Insbesondere jedoch der reine illusorische Körper. Der Körper eines Buddha ist als «resultierender Vajrakörper» bekannt. Siehe *Das klare Licht der Glückseligkeit*.

Vajrayana Das Fahrzeug des Geheimen Mantra. Siehe auch *Geheimes Mantra*. Siehe *Tantrische Ebenen und Pfade*.

Vajrayogini Eine weibliche Gottheit des Höchsten Yoga Tantra, die die Verkörperung der untrennbaren Glückseligkeit und Leerheit ist. Sie ist die gleiche Natur wie Heruka. Siehe *Führer ins Dakiniland*.

Verborgenes Objekt Ein Objekt, dessen anfängliche Verwirklichung durch einen gültigen Erkenner von richtigen logischen Begründungen abhängt. Siehe *Wie wir den Geist verstehen*.

Verdienst Das Glück, das durch tugendhafte Handlungen erschaffen wird. Sie sind die potenzielle Kraft, unsere guten Eigenschaften zu vergrößern und Glück zu hervorzubringen.

Verpflichtungswesen Ein visualisierter Buddha oder wir selbst visualisiert als Buddha. Ein Verpflichtungswesen wird so genannt, weil es im Allgemeinen die Verpflichtung aller Buddhisten ist, Buddha zu visualisieren oder an ihn zu denken. Insbesondere haben diejenigen, die eine Ermächtigung ins Höchste Yoga Tantra erhalten haben, die Verpflichtung, sich selbst als Gottheit zu erzeugen.

Verunreinigtes Phänomen Jedes Phänomen, das Verblendungen hervorruft oder verstärkt. Beispiele sind die Umwelten, Wesen und Vergnügen Samsaras.

Vier Schulen buddhistischer Lehrsätze Siehe auch *Schulen buddhistischer Lehrsätze*

Vollendungsstufe Verwirklichungen des Höchsten Yoga Tantra, die in Abhängigkeit davon entwickelt werden, dass die Winde in den Zentralkanal eintreten, in ihm verweilen und sich auflösen. Siehe *Moderner Buddhismus, Klare Licht der Glückseligkeit, Tantrische Ebenen und Pfade* und *Mahamudra Tantra.*

Vorgestelltes Objekt Das erfasste Objekt eines begrifflichen Geistes. Es muss kein existierendes Objekt sein. Das vorgestellte Objekt der Sicht der vergänglichen Ansammlung zum Beispiel ist ein inhärent existierendes Ich, aber dieses Ich existiert nicht. Siehe *Wie wir den Geist verstehen.*

Wachsamkeit Ein geistiger Faktor, der eine Form von Weisheit ist, die die Tätigkeit unseres Körpers, unserer Rede und unseres Geistes untersucht und weiß, ob sich Fehler entwickeln oder nicht. Siehe *Wie wir den Geist verstehen.*

Weisheitswesen Ein tatsächlicher Buddha, insbesondere einer, der eingeladen wird, um sich mit einem visualisierten Verpflichtungswesen zu vereinen.

Weltliche Pfade Verunreinigte Handlungen, die zu einer Wiedergeburt in Samsara führen. Es gibt zwei Arten: die zehn nichttugendhaften Handlungen, die in die niederen Bereiche führen, und die zehn tugendhaften Handlungen und verunreinigten Konzentrationen, die in die höheren Bereiche führen.

Winde Siehe auch *Innere Winde.*

Wunscherfüllendes Juwel Ein sagenumwobenes Juwel, das wie Aladins Wunderlampe alle Wünsche gewährt.

Wurzelguru Der hauptsächliche spirituelle Meister, von dem wir die Ermächtigungen, Unterweisungen und mündlichen Überlieferungen zu unserer Hauptpraxis erhalten haben. Siehe *Große Schatzkammer der Verdienste* und *Freudvoller Weg.*

Yama Siehe auch *Herr des Todes*.

Yidam Siehe auch *Gottheit*.

Yoga Ein Begriff, der für verschiedene spirituelle Übungen verwendet wird, die das Aufrechterhalten einer besonderen Sicht mit sich bringen, wie Guru Yoga und die Yogas des Essens, Schlafens, Träumens und Aufwachens. «Yoga» bezieht sich auch auf «Vereinigung», wie zum Beispiel die Vereinigung von ruhigem Verweilen und höherem Sehen. Siehe *Führer ins Dakiniland*.

Yogi/Yogini Sanskritbegriffe, die sich gewöhnlich auf einen männlichen Meditierenden oder eine weibliche Meditierende beziehen, der oder die eine Vereinigung von ruhigem Verweilen und höherem Sehen erlangt hat.

Zehn Richtungen Die vier Hauptrichtungen, die vier Zwischenrichtungen und die Richtungen oben und unten.

Zufriedenheit Durch eine tugendhafte Absicht motiviert, mit seinen inneren und äußeren Umständen zufrieden zu sein.

Zwei Wahrheiten Konventionelle Wahrheit und endgültige Wahrheit. Siehe *Das neue Herz der Weisheit, Sinnvoll zu betrachten* und *Ozean von Nektar*.

Zweiunddreißig Hauptzeichen Manchmal «Hauptmerkmale» genannt. Besondere Merkmale der Form eines Buddha. Beispiele sind: das Zeichen des Rades auf den Handflächen und den Fußsohlen. Zu den achtzig Merkmalen, die manchmal «Nebenmerkmale» genannt werden, gehören Zeichen wie kupferfarbige Nägel.

Zwölf Quellen Die sechs Kräfte (die Augensinneskraft und so weiter.) und die sechs Objekte dieser Kräfte (visuelle Formen und so weiter.). Siehe *Das neue Herz der Weisheit*.

Bibliografie

Der Ehrwürdige Geshe Kelsang Gyatso Rinpoche ist ein hoch angesehener Meditationsmeister und Gelehrter der buddhistischen Mahayana Tradition, die von Je Tsongkhapa gegründet wurde. Seit er im Jahre 1977 in den Westen kam, hat der Ehrwürdige Geshe Kelsang unermüdlich dafür gearbeitet, den reinen Buddhadharma auf der ganzen Welt zu etablieren. Während dieser Zeit hat er ausführliche Unterweisungen über die wichtigsten Schriften des Mahayana gegeben. Diese Lehren geben eine umfassende Darstellung der essenziellen Übungen aus Sutra und Tantra des Mahayana Buddhismus.

Bücher

Die folgenden Bücher des Ehrwürdigen Geshe Kelsang Gyatso Rinpoche werden vom Tharpa Verlag gegenwärtig auf Deutsch veröffentlicht:

Acht Schritte zum Glück Der buddhistische Weg der liebevollen Güte. (2001, überarb. Aufl. 2012)

Allumfassendes Mitgefühl Inspirierende Lösungen für schwierige Zeiten. (2. Aufl. 2006)

Das Bodhisattva Gelübde Ein praktischer Leitfaden, anderen zu helfen. (2015)

Das klare Licht der Glückseligkeit Ein tantrisches Meditationshandbuch. (2004)

Das neue Herz der Weisheit Tiefgründige Lehren aus Buddhas Herzen (eine Erklärung des *Herz Sutra*). (2. überarb. Aufl. 2013)

Das neue Meditationshandbuch Meditationen für ein glückliches und sinnvolles Leben. (2. Aufl. 2013)

Die mündlichen Anleitungen des Mahamudra (2016)

Einführung in den Buddhismus Eine Erklärung der buddhistischen Lebensweise. (5. Aufl. 2011)

Freudvoller Weg Der vollständige buddhistische Pfad zur Erleuchtung. (4. Aufl. 2017)

Führer ins Dakiniland Die Praxis des Höchsten Yoga Tantra von Buddha Vajrayogini. (2005)

Herzjuwel Die essenziellen Übungen des Kadampa Buddhismus. (1996)

Leitfaden für die Lebensweise eines Bodhisattva Wie man sich eines sinnvollen und selbstlosen Lebens erfreut (eine Übersetzung von Shantidevas lyrischem Meisterwerk). (2. Auflage 2015)

Mahamudra Tantra Der erhabene Herzjuwel Nektar. (2006)

Moderner Buddhismus Der Weg des Mitgefühls und der Weisheit. (2011)

Sinnvoll leben, freudvoll sterben Die tiefgründige Übung der Bewusstseinsübertragung. (2014)

Sinnvoll zu betrachten Die Lebensweise eines Bodhisattva. (2000)

Tantrische Ebenen und Pfade Wie wir in den Vajrayanapfad eintreten, auf ihm fortschreiten und ihn vollenden. (2015)

Wie wir unser Leben verwanden Eine glückselige Reise. (3. Aufl. 2017)

Wie wir den Geist verstehen Die Natur und die Kraft des Geistes. (komplett überarb. Aufl. 2013)

Wie wir unsere menschlichen Probleme lösen Die Vier Edlen Wahrheiten. (3. Aufl. 2015)

Sadhanas und andere Broschüren

Der Ehrwürdige Geshe Kelsang Gyatso Rinpoche hat auch die Übersetzung einer Reihe wichtiger Sadhanas oder ritueller Gebete für spirituelle Erlangungen beaufsichtigt. In deutscher Sprache sind erschienen:

Avalokiteshvara Sadhana Gebete und Bitten an den Buddha des Mitgefühls.

Befreiendes Gebet Lobpreis an Buddha Shakyamuni.

Befreiung von Leid Gebete und Bitten an die einundzwanzig Taras.

Dakini Yoga Die mittlere Selbsterzeugungssadhana von Vajrayogini.

Das Bekenntnis der moralischen Übertretungen eines Bodhisattva Die Reinigungspraxis des *Mahayana Sutra der drei höheren Anhäufungen.*

Darbringung an den spirituellen Meister (Lama Chöpa) Eine besondere Art, sich auf den spirituellen Meister zu verlassen.

Der außergewöhnliche Yoga der Unvorstellbarkeit Die besondere Anleitung, wie man das Reine Land Keajra mit diesem menschlichen Körper erreicht.

Der glückselige Pfad Die zusammengefasste Selbsterzeugungssadhana von Vajrayogini.

Der Keajra Himmel Der essenzielle Kommentar zur Praxis *Der außergewöhnliche Yoga der Unvorstellbarkeit.*

Der Pfad des Mitgefühls für Verstorbene Powa Sadhana zum Nutzen der Verstorbenen.

Der Pfad ins Reine Land Powa Schulung – die Übertragung des Bewusstseins.

Der schnelle Pfad zur großen Glückseligkeit Ausführliche Selbsterzeugungssadhana von Vajrayogini.

Der Urtext: Acht Verse der Geistesschulung.

Der Yoga der erleuchteten Mutter Arya Tara Selbsterzeugungssadhana.

Der Yoga der Großen Mutter Prajnaparamita Selbsterzeugungssadhana.

Der Yoga der Weißen Tara, des Buddha des langen Lebens.

Der Yoga des tausendarmigen Avalokiteshvara Selbsterzeugungssadhana.

Der Yoga von Buddha Amitayus Eine besondere Methode, Lebenszeit, Weisheit und Verdienste zu vergrößern.

Der Yoga von Buddha Heruka Die kurze Selbsterzeugungssadhana des Heruka Körpermandalas & Zusammengefasster Yoga der sechs Sitzungen.

Der Yoga von Buddha Maitreya Selbsterzeugungssadhana.

Der Yoga von Buddha Vajrapani Selbsterzeugungssadhana.

Die Gelübde und Verpflichtungen des Kadampa Buddhismus.

Die Große Mutter Eine Methode, Behinderungen und Hindernisse durch die Rezitation des *Sutra der Essenz der Weisheit* (*Herz Sutra*) zu überwinden.

Die Hunderte von Gottheiten des Freudvollen Landes gemäß Höchstem Yoga Tantra Der Guru Yoga von Je Tsongkhapa als vorbereitende Übung für Mahamudra.

Die Kadampa Lebensweise Die essenzielle Praxis des Kadam Lamrim.

Die neue Essenz des Vajrayana Die Selbsterzeugungspraxis des Heruka Körpermandalas, eine Anleitung der mündlichen Ganden Überlieferungslinie.

Ein Handbuch zur täglichen Praxis der Bodhisattva Gelübde und der tantrischen Gelübde.

Ein reines Leben Die Praxis des Nehmens und Einhaltens der acht Mahayana Grundsätze.

Essenz des Glücks Gebete der sechs vorbereitenden Übungen für die Meditation über die Stufen des Pfades zur Erleuchtung.

Essenz des Vajrayana Die Selbsterzeugungssadhana des Heruka Körpermandalas nach dem System von Mahasiddha Ghantapa.

Fest der großen Glückseligkeit Selbsteinweihungssadhana von Vajrayogini.

Gebete für den Weltfrieden.

Gebete für die Meditation Kurze vorbereitende Gebete für die Meditation.

Große Befreiung der Mutter Vorbereitende Gebete für die Mahamudra Meditation in Verbindung mit der Vajrayogini Praxis.

Große Befreiung des Vaters Vorbereitende Gebete für die Mahamudra Meditation in Verbindung mit der Heruka Praxis.

Herzjuwel Der Guru Yoga von Je Tsongkhapa in Verbindung mit der zusammengefassten Sadhana seines Dharma Beschützers.

Klangvolle Trommel, siegreich in allen Richtungen Das ausführliche Erfüllungs- und Wiederherstellungsritual des Dharma Beschützers, des großen Königs Dorje Shugden, in Verbindung mit Mahakala, Kalarupa, Kalindewi und anderen Dharma Beschützern.

Meditation und Rezitation des Alleinigen Vajrasattva.

Medizinbuddha Gebet Eine Methode, anderen zu helfen.

Medizinbuddha Sadhana Eine Methode, die Erlangungen von Medizinbuddha zu erreichen.

Powa Zeremonie Bewusstseinsübertragung für Verstorbene.

Pratimoksha Zeremonie für Laien.

Schatzkammer der Weisheit Sadhana des Ehrwürdigen Manjushri.

Tiefempfundene Gebete Trauerfeier bei Feuerbestattungen und Beerdigungen.

Tropfen des essenziellen Nektars Eine besondere Fasten- und Reinigungspraxis in Verbindung mit dem elfgesichtigen Avalokiteshvara.

Wunscherfüllendes Juwel Der Guru Yoga von Je Tsongkhapa in Verbindung mit der Sadhana seines Dharma Beschützers.

Zeremonie der Mahayana Zuflucht und des Bodhisattva Gelübdes.

Wenn Sie etwas bestellen oder sich einen Katalog zuschicken lassen möchten, besuchen Sie bitte www.tharpa.com/de oder setzen Sie sich mit einer Tharpa Niederlassung in Verbindung. (Eine Liste finden Sie auf S. 758.)

NKT – IKBU

Studienprogramme des Kadampa Buddhismus

Der Kadampa Buddhismus ist eine Schule des Mahayana Buddhismus. Er wurde vom großen, indischen buddhistischen Meister Atisha (982-1054 n. Chr.) gegründet. Seine Anhänger heißen Kadampas: «Ka» bedeutet Wort und bezieht sich auf die Lehren Buddhas. «Dam» bezieht sich auf die besonderen Lamrim Unterweisungen Atishas, die als die Stufen des Pfades zur Erleuchtung bekannt sind. Kadampa Buddhisten integrieren das Wissen aller Lehren Buddhas in ihre Lamrim Praxis. Indem sie dieses Wissen in ihrem Alltag umsetzen, sind für sie alle Unterweisungen Buddhas praktische Methoden, um tägliches Handeln in den Pfad zur Erleuchtung umzuwandeln. Die großen Kadampa Lehrer sind nicht nur als große Gelehrte bekannt, sondern auch als spirituell Praktizierende von außerordentlicher Reinheit und Aufrichtigkeit.

Die Überlieferungslinie dieser Lehren, sowohl die mündliche Überlieferung als auch ihre Segnungen, wurde jeweils vom Lehrer an den Schüler weitergegeben. Sie verbreitete sich in weiten Teilen Asiens und gegenwärtig auch in vielen Ländern der westlichen Welt. Buddhas Lehren, «Dharma» genannt, werden mit einem Rad verglichen, das sich in Übereinstimmung mit den sich verändernden Bedingungen und den karmischen Neigungen der Menschen von einem Land zum anderen bewegt. Die äußere Form der Präsentation des Buddhismus mag sich je nach Kultur und Gesellschaft ändern. Die Authentizität aber wird durch die Weiterführung der ungebrochenen Überlieferungslinie von verwirklichten Praktizierenden sichergestellt.

Der angesehene buddhistische Meister, der Ehrwürdige Geshe Kelsang Gyatso Rinpoche, brachte den Kadampa Buddhismus im Jahr 1977 erstmals in den Westen. Seit dieser Zeit arbeitete er unermüdlich dafür, den Kadampa Buddhismus in der ganzen

Welt zu verbreiten. Er gab ausführliche Unterweisungen, verfasste tiefgründige Texte zum Kadampa Buddhismus und gründete die Neue Kadampa Tradition – Internationale Union des Kadampa Buddhismus (NKT-IKBU), die bis jetzt weltweit über tausend Kadampa Zentren und Gruppen umfasst. Jedes Zentrum bietet Studienprogramme über buddhistische Psychologie, Philosophie und über die Anleitungen zur Meditation sowie Retreats für Praktizierende aller Stufen an. Hierbei wird betont, die Lehren Buddhas in den Alltag einzubeziehen, damit wir unsere Probleme lösen und immerwährenden Frieden und Glück in der Welt verbreiten können.

Der Kadampa Buddhismus der NKT-IKBU ist eine völlig unabhängige buddhistische Tradition und hat keinerlei politische Zugehörigkeit. Es ist ein Zusammenschluss von buddhistischen Zentren und Praktizierenden, die Inspiration und Führung von den Vorbildern und den Unterweisungen der alten Meister des Kadampa Buddhismus erhalten, so wie sie vom Ehrwürdigen Geshe Kelsang gelehrt werden.

Es gibt drei Gründe, warum wir die Lehre Buddhas studieren und praktizieren müssen: Wir wollen unsere Weisheit entwickeln, unser gutes Herz fördern und einen friedvollen Geisteszustand bewahren. Wenn wir nicht danach streben, unsere Weisheit zu entwickeln, wird uns die endgültige Wahrheit, die wahre Natur der Wirklichkeit, für immer verschlossen bleiben. Obwohl wir uns Glück wünschen, bringt uns unsere Unwissenheit dazu, nichttugendhaft zu handeln, was die Hauptursache all unserer Leiden ist. Wenn wir unser gutes Herz nicht fördern, zerstört unsere egoistische Motivation die Harmonie mit anderen und die guten Beziehungen zu ihnen. Wir finden keinen Frieden und haben keine Gelegenheit, reines Glück zu erlangen. Ohne inneren Frieden ist äußerer Frieden nicht möglich. Wenn wir keinen friedvollen Geisteszustand bewahren, sind wir selbst unter den besten Bedingungen nicht glücklich. Wenn andererseits unser Geist friedvoll ist, sind wir glücklich, auch wenn die äußeren Bedingungen unangenehm sind. Deshalb ist die Entwicklung dieser Eigenschaften von größter Wichtigkeit für unser tägliches Glück.

Der Ehrwürdige Geshe Kelsang oder «Geshe-la», wie er liebevoll von seinen Schülern genannt wird, hat drei besondere spirituelle Programme für das systematische Studium und die

Praxis des Kadampa Buddhismus entwickelt. Diese Programme sind besonders gut für den modernen Lebensstil geeignet. Es sind das Allgemeine Programm (AP), das Grundlagenprogramm (GP) und das Lehrerausbildungsprogramm (LAP).

ALLGEMEINES PROGRAMM

Das Allgemeine Programm vermittelt eine grundlegende Einführung in buddhistische Sicht, Meditation und Praxis. Es ist besonders für Anfänger geeignet, umfasst aber auch fortgeschrittene Unterweisungen und Übungen aus Sutra und Tantra.

GRUNDLAGENPROGRAMM

Das Grundlagenprogramm bietet die Möglichkeit, unser Verständnis und unsere Erfahrung des Buddhismus durch das systematische Studium von sechs Texten zu vertiefen:

1. *Freudvoller Weg* – ein Kommentar zu Atishas Lamrim Unterweisungen, den Stufen des Pfades zur Erleuchtung.
2. *Allumfassendes Mitgefühl* – ein Kommentar zu Bodhisattva Chekhawas *Geistesschulung in sieben Punkten.*
3. *Acht Schritte zum Glück* – ein Kommentar zu Bodhisattva Langri Tangpas *Acht Verse der Geistesschulung.*
4. *Das neue Herz der Weisheit* – ein Kommentar zum *Herz Sutra.*
5. *Sinnvoll zu betrachten* – ein Kommentar zu Bodhisattva Shantidevas *Leitfaden für die Lebensweise eines Bodhisattva.*
6. *Wie wir den Geist verstehen* – eine ausführliche Erklärung des Geistes, die auf den Werken der buddhistischen Gelehrten Dharmakirti und Dignaga beruht.

Das Studium und die Praxis dieser Texte bringen uns vielfachen Nutzen:

(1) *Freudvoller Weg* – Wir erlangen die Fähigkeit, alle Lehren Buddhas, sowohl Sutra als auch Tantra, in die Praxis umzusetzen. Wir machen rasch Fortschritte und vollenden die Stufen des Pfades zum höchsten Glück der Erleuchtung. Von einem praktischen Standpunkt aus betrachtet, ist Lamrim der Hauptteil der Lehre Buddhas, ähnlich einem Stamm, und die anderen Unterweisungen gleichen Zweigen.

(2) und (3) *Allumfassendes Mitgefühl* und *Acht Schritte zum Glück* – Wir erlangen die Fähigkeit, alle Unterweisungen Buddhas in unser Leben zu integrieren und alle unsere Probleme zu lösen.

(4) *Das neue Herz der Weisheit* – Wir erlangen eine Verwirklichung der endgültigen Natur der Wirklichkeit. Durch diese Verwirklichung können wir die Unwissenheit des Festhaltens am Selbst, die Wurzel all unseres Leidens, beseitigen.

(5) *Sinnvoll zu betrachten* – Wir wandeln unser tägliches Handeln in die Lebensweise eines Bodhisattva um. Damit wird jeder Moment unseres Lebens von Bedeutung sein.

(6) *Wie wir den Geist verstehen* – Wir verstehen die Beziehung zwischen unserem Geist und äußeren Objekten. Wenn wir verstehen, dass die Objekte von unserem subjektiven Geist abhängen, können wir die Art und Weise verändern, wie uns Objekte erscheinen, indem wir unseren Geist verändern. Allmählich erlangen wir die Fähigkeit, unseren Geist zu bändigen und auf diese Weise alle unsere Probleme zu lösen.

LEHRERAUSBILDUNGSPROGRAMM

Das Lehrerausbildungsprogramm ist für diejenigen bestimmt, die sich zu authentischen Dharmalehrern ausbilden lassen wollen. In Ergänzung zum Studium von vierzehn Texten aus Sutra und Tantra, zu denen auch die oben erwähnten sechs Texte gehören, werden an die Schülerinnen und Schüler gewisse Anforderungen bezüglich Verhalten und Lebensweise gestellt. Zudem müssen sie etliche Meditationsretreats abschließen.

Außerdem wird ein besonderes Lehrerausbildungsprogramm am Manjushri KMC England angeboten, an dem man entweder direkt im Zentrum oder in Form eines Fernstudiums teilnehmen kann. Dieses besondere Meditations- und Studienprogramm besteht aus sechs Kursen, die über drei Jahre verteilt sind. Folgende Bücher des Ehrwürdigen Geshe Kelsang Gyatso Rinpoche werden studiert: *Wie wir den Geist verstehen, Moderner Buddhismus, Das neue Herz der Weisheit, Tantrische Ebenen und Pfade,* Shantidevas *Leitfaden für die Lebensweise eines Bodhisattva* mit dem Kommentar *Sinnvoll zu betrachten* sowie *Ozean von Nektar*.

Alle Zentren des Kadampa Buddhismus sind der Öffentlichkeit frei zugänglich. Jedes Jahr finden mehrere Festivals in vielen

Ländern der Welt statt, einschließlich England, Deutschland und der Schweiz. Auf den zwei großen Festivals in England treffen sich Menschen aus der ganzen Welt, um besondere Unterweisungen und Ermächtigungen zu empfangen und um einen spirituellen Urlaub zu verbringen. Besuchen Sie ein Zentrum – Sie sind jederzeit willkommen!

Weitere Informationen über die Studienprogramme der NKT-IKBU oder Ihr nächstgelegenes Zentrum finden Sie unter: www.kadampa.org oder schreiben Sie im deutschsprachigen Raum an:

Kadampa Meditationszentrum Deutschland
Chausseestrasse 108, 10115 Berlin
Tel.: +49 (0) 30 430 55 666
E-Mail: mail@meditieren-lernen.de
www.meditieren-lernen.de
www.kadampa.org/de

Kadampa Meditationszentrum Schweiz
Mirabellenstrasse 1, CH-8048 Zürich
Tel.: +41 (0) 44 461 33 88
E-Mail: info@nkt-kmc-switzerland.org
www.nkt-kmc-switzerland.org
www.kadampa.ch

Kadampa Meditationszentrum Österreich
Schottenfeldgasse 63/2, A-1070 Wien
Tel: 0043 1 911 1841
E-Mail: zentrum@buddha.at
www.buddha.at

International:

NKT – IKBU Central Office
Conishead Priory, Ulverston
Cumbria, LA12 9QQ, England
Tel./Fax: +44 (0) 1229 588 599
E-Mail: info@kadampa.org
www.kadampa.org

Tharpa Niederlassungen weltweit

Bücher von Tharpa werden derzeit in Englisch (GB und USA), Chinesisch, Deutsch, Französisch, Italienisch, Portugiesisch und Spanisch herausgegeben. Sie können diese Bücher über jede der folgenden Tharpa Niederlassungen beziehen.

Deutschland
Tharpa Verlag Deutschland
Chausseestraße 108,
10115 Berlin
DEUTSCHLAND
Tel.: +49 (0) 30 430 55 666
Web: www.tharpa.com/de
E-Mail: info.de@tharpa.com

Schweiz
Tharpa Verlag Schweiz
Mirabellenstrasse 1
CH-8048 Zürich
SCHWEIZ
Tel.: +41 44 401 02 20
Fax: +41 44 461 36 88
Web: www.tharpa.com/ch
E-Mail: info.ch@tharpa.com

Asien
Tharpa Asia
1st Floor Causeway Tower,
16-22 Causeway Road,
Causeway Bay,
HONG KONG
Tel: +(852) 2507 2237
Web: tharpa.com/hk-en
E-mail: info.asia@tharpa.com

Australien
Tharpa Publications Australia
25 McCarthy Road
Monbulk Vic 3793
AUSTRALIEN
Tel.: +61 (0)3 9752 7203
Web: www.tharpa.com/au
E-Mail: info.au@tharpa.com

Brasilien
Editora Tharpa Brasil
Rua Artur de Azevedo 1360
Pinheiros, 05404-003
SÃO PAULO
BRASILIEN
Tel: +55 (11) 3476-2328
Web: www.tharpa.com.br
E-Mail: info.br@tharpa.com

Frankreich
Éditions Tharpa
Château de Segrais
72220 Saint-Mars-d'Outillé
FRANKREICH
Tel./Fax: +33 (0)2 43 87 71 02
Web: www.tharpa.com/fr
E-Mail: info.fr@tharpa.com

Großbritannien
Tharpa Publications UK
Conishead Priory
Ulverston
Cumbria, LA12 9QQ
ENGLAND
Tel.: +44 (0)1229-588 599
Web: www.tharpa.com/uk
E-Mail: info.uk@tharpa.com

Japan
Tharpa Japan
KMC Tokio
Web: www.kadampa.jp
E-mail: info@kadampa.jp

Kanada
Tharpa Publications Canada
631 Crawford St.
Toronto ON M6G 3K1
KANADA
Tel.: (+1) 416-762-8710
Kostenfrei: (+1) 866-523-2672
Fax: (+1) 416-762-2267
Web:Engl: www.tharpa.com/ca
French: www.tharpa.com/ca-fr
E-Mail: info.ca@tharpa.com

Mexiko
Tharpa México
Enrique Rébsamen No 406
Col. Narvate Poniente
Ciudad de México, CDMX,
C.P. 03020, MÉXICO D.F.
MEXICO
Tel.: +52 (55) 56 39 61 80
Fax: +52 (55) 56 39 61 86
Web: www.tharpa.com/mx
E-Mail: info.mx@tharpa.com

Portugal
Publicações Tharpa Portugal
Rua Moinho do Gato, 5
Várzea de Sintra
710-661 SINTRA
PORTUGAL
Tel: +351 219231064
Web: tharpa.pt
E-mail: info.pt@tharpa.com

Spanien
Editorial Tharpa España
Calle La Fabrica 8, 28221
Majadahonda, MADRID
SPANIEN
Tel.: +34 911 124 914
Web: www.tharpa.com/es
E-Mail: info.es@tharpa.com

Südafrika
26 Menston Rd., Westville
Durban, 3629
SÜDAFRIKA
Tel: +27 (0)31 266 0096
Mobile: +27 (0)72 551 3429
Web: www.tharpa.com/za
E-Mail: info.za@tharpa.com

USA
Tharpa Publications USA
47 Sweeney Road
Glen Spey NY 12737
USA
Tel.: +1 845-856-5102
Kostenfrei: +1 888-741-3475
Fax: +1 845-856-2110
Web: www.tharpa.com/us
E-Mail: info.us@tharpa.com

Stichwortverzeichnis

Der Buchstabe G verweist auf einen Eintrag im Glossar.

C

D

F

H

I

L

M

N

O

P

R

S

T

U

V

W

Y

Z

Leseempfehlungen

Hat Ihnen dieses Buch gut gefallen und möchten Sie mehr über buddhistisches Denken und buddhistische Praxis erfahren, dann finden Sie hier weitere Bücher des Ehrwürdigen Geshe Kelsang Gyatso Rinpoche, die Sie vielleicht lesen möchten. Sie sind alle beim Tharpa Verlag erhältlich.

MODERNER BUDDHISMUS
Der Weg des Mitgefühls und der Weisheit

Gelingt es uns, in unserem Alltag Mitgefühl und Weisheit zu entwickeln und aufrechtzuhalten, können wir unser Leben verwandeln, unsere Beziehungen zu anderen verbessern und hinter die Erscheinungen blicken, um zu sehen wie die Dinge wirklich sind. In dieser Weise können wir alle unsere täglichen Probleme lösen und den wirklichen Sinn unseres Lebens als Mensch vollenden. Mitgefühl und Weisheit sind wie die zwei Flügel eines Vogels, mit denen wir schnell die erleuchtete Welt eines Buddha erreichen können.

Kostenloses eBook oder PDF von Moderner Buddhismus unter www.ModernerBuddhismus.com

DAS BODHISATTVA GELÜBDE

Ein praktischer Leitfaden, um anderen zu helfen.

Wie wir uns in den wesentlichen Übungen des Mahayana Buddhismus schulen, indem wir die Bodhisattva Gelübde – praktische Richtlinien für eine mitfühlende Lebensweise – ablegen und einhalten; einschließlich einer Reinigungspraxis, die auf Das Sutra der drei höheren Anhäufungen beruht. Mit diesem Handbuch als Begleiter können wir in die Lebensweise eines Bodhisattva eintreten und mit Zuversicht auf dem Pfad zur vollen Erleuchtung voranschreiten.

Auch als eBook erhältlich.

DAS NEUE HERZ DER WEISHEIT

Tiefgründige Lehren aus Buddhas Herzen

Diese völlig neue Darlegung bietet dem zeitgenössischen Leser wahrhaft befreiende Einsichten und Ratschläge. Es enthüllt die tiefgründige Bedeutung der Sutras der Vollkommenheit der Weisheit, die das eigentliche Herz der Lehre Buddhas sind. Der Autor zeigt auf, wie alle unsere Probleme und Leiden aus unserer Unwissenheit über die endgültige Natur der Dinge entstehen. Er zeigt auch, wie wir diese Unwissenheit aufgeben und uns durch eine besondere Weisheit, verbunden mit Mitgefühl für alle Lebewesen, eines reinen, immerwährenden Glücks erfreuen.

„… außerordentlich und umfassend." North American Board for East West Dialogue

„Ein außerordentliches Buch … für ernsthaft Studierende des Buddhismus wird es schwerlich ein besseres Buch geben." The Middle Way

ACHT SCHRITTE ZUM GLÜCK
NEUAUSGABE
Der buddhistische Weg der liebevollen Güte

Dieses inspirierende Buch erklärt, wie wir alle Schwierigkeiten des Lebens in wertvolle spirituelle Einsichten umwandeln, indem wir über eine der beliebtesten Lehren im Buddhismus, die Acht Verse der Geistesschulung des großen tibetischen Bodhisattva Geshe Langri Tangpa, meditieren. Diese alte Weisheit ist nun allen, die beständiges Glück und einen tieferen Sinn in ihrem Leben suchen, zugänglich.

„ … bringt Gelassenheit und Mitgefühl in unser Leben." New Humanity Journal

OZEAN VON NEKTAR
Die wahre Natur aller Dinge

Ozean von Nektar ist die erste vollständige Erklärung von Chandrakirtis Leitfaden des Mittleren Weges in Deutsch. Dies ist ein Klassiker des Mahayana, der bis zum heutigen Tag als Hauptwerk der tiefgründigen Sicht Buddhas von Leerheit, der endgültigen Natur der Wirklichkeit, betrachtet wird.

ALLUMFASSENDES MITGEFÜHL
Inspirierende Lösungen für schwierige Zeiten

Bedingungslose Liebe und Mitgefühl sind das Herz der Lehren Buddhas. Diese inspirierende Erläuterung des berühmten Gedichts Geistesschulung in sieben Punkten enthüllt kraftvolle und umfassende Methoden, um diese uneigennützigen Geisteszustände zu entwickeln. Alte Meditationstechniken, jahrhundertelang geübt und bewährt, werden lebendig und geben unserem Alltag tiefen Sinn.

„Dies kann von jedem gelesen werden, dessen Religion den Anspruch auf Schulung in Mitgefühl erhebt." Faith and Freedom

WIE WIR DEN GEIST VERSTEHEN

Die Natur und die Kraft des Geistes

Dieses Buch bietet uns tiefe Einsichten in unseren Geist und zeigt auf, wie ein Verständnis seiner Natur und Funktion ganz praktisch in unseren alltäglichen Erfahrungen umgesetzt werden kann, um unser Leben zu verbessern.

Der erste Teil ist ein praktischer Leitfaden, um einen leichten, positiven Geist zu entwickeln und zu bewahren. Er zeigt uns, wie wir Geisteszustände, die uns schaden, erkennen und vermeiden. Und wie wir sie durch friedvolle und heilsame ersetzen können.

Der zweite Teil beschreibt ausführlich unterschiedliche Arten von Geist und enthüllt die Tiefgründigkeit des buddhistischen Verständnisses des Geistes. Er schließt mit einer ausführlichen Erklärung der Meditation und zeigt, wie wir unseren Geist zähmen und umwandeln können, und somit dauerhafte Freude erleben, unabhängig von äußeren Bedingungen.

Auch als eBook erhältlich.

Möchten Sie eines unserer Bücher bestellen oder einen Katalog anfordern? Besuchen Sie unsere Webseite auf www.tharpa.com/de oder setzen Sie sich mit der nächsten Tharpa Niederlassung (siehe Seite 728) in Verbindung.

So finden Sie Ihr nächstgelegenes Kadampa Meditationszentrum

Sie können Ihr Verständnis dieses Buches und anderer Bücher, die vom Tharpa Verlag veröffentlicht werden, vertiefen und ihre Anwendung im Alltag besser verstehen, wenn Sie sich von qualifizierten Lehrern und Praktizierenden unterstützen und inspirieren lassen.

Der Tharpa Verlag ist Teil der großen spirituellen Gemeinschaft der Neuen Kadampa Tradition. Diese Tradition hat eine wachsende Anzahl von Zentren und Zweigzentren in über 40 Ländern auf der ganzen Welt. In jedem Zentrum werden besondere Studienprogramme für modernen Buddhismus und Meditation von qualifizierten Lehrer unterrichtet. Weitere Informationen finden Sie in *Studienprogramme des Kadampa Buddhismus* (S. 723-727).

Diese Programme beruhen auf dem Studium der Bücher des Ehrwürdigen Geshe Kelsang Gyatso Rinpoche und sind so gestaltet, dass sie in angenehmer Weise zu einer modernen Lebensweise passen.

Ihr örtliches Kadampa Zentrum finden sie unter tharpa.com/zentren